Führich
Wirtschaftsprivatrecht

Wirtschaftsprivatrecht

Basiswissen des Bürgerlichen Rechts
und des Handels- und Gesellschaftsrechts
für Wirtschaftswissenschaftler und
Unternehmenspraxis

von

Prof. Dr. Ernst Führich

10., aktualisierte und überarbeitete Auflage

Verlag Franz Vahlen München

VERLAG
VAHLEN
MÜNCHEN
www.vahlen.de

ISBN 978 3 8006 3740 9

© 2010 Verlag Franz Vahlen GmbH, Wilhelmstr. 9, 80801 München
Satz: ottomedien, Marburger Str. 11, 64289 Darmstadt
Druck und Bindung: Druckerei C.H. Beck, Nördlingen
(Adresse wie Verlag)
Gedruckt auf säurefreiem, alterungsbeständigem Papier
(hergestellt aus chlorfrei gebleichtem Zellstoff)

Für meinen Sohn Matthias

Vorwort zur 10. Auflage

Die Neuauflage dieses erfolgreichen Lehrbuchs bringt das Werk auf den aktuellen Stand von Rechtsprechung und Literatur bis Januar 2010. Zu berücksichtigen waren insbesondere seit 2006 das Gesetz über elektronische Handelsregister sowie das Unternehmensregister, das Allgemeine Gleichstellungsgesetz (AGG) und die Reform des GmbH-Gesetzes durch das MoMiG. Anregungen zur Erweiterung einzelner Kapitel wurde nicht gefolgt, um den Umfang des Buches zu begrenzen.

Dieser praxisorientierte Überblick des Wirtschaftsprivatrechts wendet sich an **Studierende der Wirtschaftswissenschaften** an Universitäten, Hochschulen und Akademien und solcher Studiengänge, in denen Grundzüge im Wirtschaftsprivatrecht vermittelt werden. Aber auch die **Unternehmenspraxis** soll ein Basisbuch zum Einstieg und als gut strukturierte Nachschlagehilfe erhalten.

Ziel dieses Buches ist die anwendungsbezogene und fundierte Vermittlung der wirtschaftsrelevanten Bereiche des Bürgerlichen Rechts sowie des Handels- und Gesellschaftsrechts. Der Student, aber auch der Praktiker wirtschaftswissenschaftlicher Berufe erlernt mit diesem Buch die Fähigkeit, juristische Probleme des privaten Wirtschaftsrechts zu erkennen, einfache Fälle der beruflichen Praxis selbständig zu lösen und dialogfähig zu werden mit Juristen und steuerberatenden Berufen.

Die funktionale Verflechtung der privatrechtlichen Rechtsgebiete in der Praxis hat in diesem Buch zu einem Ineinandergreifen von BGB, der bürgerlich-rechtlichen Nebengesetze, des HGB und des Gesellschaftsrechts geführt. Gleichwohl werden nach der klassischen Lernmethode im **1. Teil** die **Allgemeinen Grundlagen** des Wirtschaftsprivatrechts mit den Grundzügen des Allgemeinen Teils des BGB, des Schuldrechts und des Sachenrechts in Verbindung mit den Vorschriften des HGB über den Handelsstand behandelt. Im Mittelpunkt des **2. Teils** stehen die **wirtschaftstypischen vertraglichen und gesetzlichen Schuldverhältnisse** des BGB und des HGB. Im **3. Teil** werden die Grundzüge des **Gesellschaftsrechts** der Personen- und Kapitalgesellschaften dargestellt. In den **Anhang** wurde das Gerichtliche Mahnverfahren aufgenommen.

Die didaktische Konzeption verfolgt eine verständliche und prägnante Darstellung mit kleinen Fällen und vielen Beispielen. Entsprechend dem Wunsch vieler Benutzer wurde die Darstellung auf die Kernbereiche des Wirtschaftsprivatrechts beschränkt. Im Hinblick auf die Bedeutung der höchstrichterlichen Rechtsprechung werden in den Merksätzen und in Beispielsfällen wichtige **Leitentscheidungen** zitiert. Durch viele **Schaubilder**, **Lernziele** und **Merksätze mit Checklisten** im neuen **Farbdruck** wird der Stoff transparent. Gleichwohl sind alle zitierten Gesetzesvorschriften des BGB, HGB und den jeweiligen Nebengesetzen nachzulesen. Insoweit wird die Vahlen Textausgabe „Aktuelle Wirtschaftsgesetze" empfohlen.

Zur Vertiefung und Übung des erworbenen Wissens dient das Prüfungstraining „*Führich/Werdan*, Wirtschaftsprivatrecht in Fällen und Fragen".

Kempten, im Januar 2010   *Ernst Führich*

Inhaltsübersicht

Inhaltsverzeichnis

Teil 1: Allgemeine Grundlagen des Wirtschaftsprivatrechts

1. Kapitel: Elemente des Wirtschaftsprivatrechts

2. Kapitel: Rechtsgeschäfte und Allgemeines Schuldrecht mit handelsrechtlichen Bezügen

Teil 2: Wirtschaftstypische Schuldverhältnisse mit handelsrechtlichen Bezügen

4. Kapitel: Kaufverträge und Veräußerungsgeschäfte

5. Kapitel: Gebrauchsüberlassungsverträge und Kreditgeschäfte

6. Kapitel: Tätigkeitsverträge und Absatzgeschäfte

7. Kapitel: Gesetzliche Schuldverhältnisse

9. Kapitel: Kapitalgesellschaften

Verzeichnis der Schaubilder

Abkürzungsverzeichnis

ABl.	Amtsblatt
ADSp	Allgemeine Deutsche Spediteurbedingungen
AG	Aktiengesellschaft
AG	Amtsgericht
AG	Arbeitgeber
AGB	Allgemeine Geschäftsbedingungen
AGG	Allgemeines Gleichbehandlungsgesetz
AktG	Aktiengesetz
AN	Arbeitnehmer
AR	Aufsichtsrat
ArbZG	Arbeitszeitgesetz
Art.	Artikel
BetrVG	Betriebsverfassungsgesetz
BeurkG	Beurkundungsgesetz
BGB	Bürgerliches Gesetzbuch
BGB-InfoV	BGB-Informationspflichten-VO
BGBl.	Bundesgesetzblatt
BGH	Bundesgerichtshof
BGHSt	Entscheidungen des BGH in Strafsachen (Amtliche Sammlung)
BGHZ	Entscheidungen des BGH in Zivilsachen (Amtliche Sammlung)
BSchG	Binnenschiffahrtsgesetz
BtMG	Betäubungsmittelgesetz
bzw.	beziehungsweise
cic	culpa in contrahendo
CISG	Convention on Contracts for the International Sale of Goods (UN-Kaufrecht)
CMR	Übereinkommen über den Beförderungsvertrag im internationalen Straßengüterverkehr
COTIF/CIV	Übereinkommen über den internationalen Eisenbahnverkehr
d. h.	das heißt
DIN	Deutsches Institut für Normung e. V. (Deutsche Industrie-Norm)
e. V.	eingetragener Verein
EDV	Elektronische Datenverarbeitung
EFZG	Entgeltfortzahlungsgesetz
eG	eingetragene Genossenschaft
EG	Europäische Gemeinschaft
EGBGB	Einführungsgesetz zum Bürgerlichen Gesetzbuch
EGV	Vertrag zur Gründung der Europäischen Gemeinschaft mit den Änderungen durch den Vertrag von Amsterdam
EHUG	Gesetz über elektronische Handelsregister und Genossenschaftsregister sowie das Unternehmensregister

EU	Europäische Union
EuGH	Europäischer Gerichtshof
EuGVÜ	EWG-Übereinkommen über die gerichtliche Zuständigkeit und Vollstreckung in Zivil- und Handelssachen
EuGVVO	VO (EG) Nr. 44/2001 über die gerichtliche Zuständigkeit und die Anerkennung und Vollstreckung von Entscheidungen in Zivil- und Handelssachen
e.V.	Eingetragener Verein
EVO	Eisenbahnverkehrsordnung
EWIV	Europäische Wirtschaftliche Interessenvereinigung
FGG	Gesetz über die Angelegenheiten der freiwilligen Gerichtsbarkeit
G	Gesetz
GBO	Grundbuchordnung
GbR	Gesellschaft bürgerlichen Rechts
GebrMG	Gebrauchsmustergesetz
gem.	gemäß
GenossG	Genossenschaftsgesetz
GeschmMG	Geschmacksmustergesetz
GewO	Gewerbeordnung
GG	Grundgesetz
GmbH	Gesellschaft mit beschränkter Haftung
GmbHG	Gesetz betreffend die Gesellschaften mit beschränkter Haftung
GüKG	Güterkraftverkehrsgesetz
GWB	Gesetz gegen Wettbewerbsbeschränkungen (Kartellgesetz)
HGB	Handelsgesetzbuch
hM	herrschende Meinung
HRV	Handelsregisterverordnung
HWiG	Haustürwiderrufsgesetz
IPR	Internationales Privatrecht
Ins	Insolvenz
InsO	Insolvenzordnung
i.S.	im Sinne
iVm	in Verbindung mit
IHK	Industrie- und Handelskammer
Incoterms	International Commercial Terms
KG	Kommanditgesellschaft
KGaA	Kommanditgesellschaft auf Aktien
KWG	Kreditwesengesetz
LG	Landgericht
LuftVG	Luftverkehrsgesetz
MarkenG	Markengesetz
MoMiG	Gesetz zur Modernisierung des GmbH-Rechts und zur Bekämpfung von Missbräuchen
MontanMitbestG	Montanmitbestimmungsgesetz

MÜ	Montrealer Übereinkommen über die Beförderung im internationalen Luftverkehr
NJW	Neue Juristische Wochenschrift (Zeitschrift)
NJW-RR	NJW-Rechtsprechungs-Report Zivilrecht
OHG	offene Handelsgesellschaft
OLG	Oberlandesgericht
OLSchVO	Verordnung über Orderlagerscheine
PAngV	Preisangabenverordnung
PatG	Patentgesetz
plc	public limited company
ProdHaftG	Produkthaftungsgesetz
ProdSG	Produktsicherheitsgesetz
pVV	Positive Vertragsverletzung
RVG	Rechtsanwaltsvergütungsgesetz
SchE	Schadensersatz
ScheckG	Scheckgesetz
SigG	Signaturgesetz
StGB	Strafgesetzbuch
stRspr	ständige Rechtsprechung
StVG	Straßenverkehrsgesetz
SZR	Sonderziehungsrechte des Internationalen Währungsfonds
TzWrG	Teilzeit-Wohnrechtegesetz
u. a.	unter anderem
UKlaG	Unterlassungsklagengesetz
UmweltHG	Umwelthaftungsgesetz
UrhG	Urheberrechtsgesetz
usw.	und so weiter
UWG	Gesetz gegen den unlauteren Wettbewerb
VerbrKrG	Verbraucherkreditgesetz
vgl.	vergleiche
VO	Verordnung
VOB	Verdingungsordnung für Bauleistungen
VVaG	Versicherungsverein auf Gegenseitigkeit
VVG	Versicherungsvertragsgesetz
VwGO	Verwaltungsgerichtsordnung
VwVfG	Verwaltungsverfahrensgesetz
WA	Warschauer Abkommen zur Vereinheitlichung des Luftprivatrechts
WE	Willenserklärung
WEG	Wohnungseigentumsgesetz
WG	Wechselgesetz
WZG	Warenzeichengesetz
z. B.	zum Beispiel
ZPO	Zivilprozeßordnung
ZVG	Zwangsversteigerungsgesetz

Teil 1:
Allgemeine Grundlagen
des Wirtschaftsprivatrechts

1. Kapitel: Elemente des Wirtschaftsprivatrechts

§ 1
Begriffe und Rechtsquellen des Wirtschaftsprivatrechts

> **Lernziele:**
>
> Nachdem Sie dieses Kapitel 1 durchgearbeitet haben, können Sie
> * die Grundlagen der Rechtsordnung, die verschiedenen Rechtsbegriffe und die Rechtsquellen erläutern.
> * beschreiben, welche Rechtsgebiete zum Wirtschaftsprivatrecht gehören, wie das BGB aufgebaut ist und das Abstraktionsprinzip verstehen.
> * die Grundgedanken des HGB zusammenfassen.
> * die Grundzüge der Fallbearbeitung.

I. Aufgabe der Rechtsordnung

1. Wesen des Rechts

Fall 1: Der Kaufmann Klug (K) erlitt bei der Heimfahrt von seinem Betrieb einen schweren Verkehrsunfall, da ihm der Student Schnell (S) die Vorfahrt mit seinem Pkw nahm. K wurde verletzt und hat einen Sachschaden am Pkw. Die Polizei nahm den Unfall auf. Mit welchen rechtlichen Folgen muß S rechnen? 1

Schaubild 1: *Rechtsordnung*

(1) Recht im objektiven Sinne ist die **Rechtsordnung**, d. h. die Gesamtheit aller Rechtsgrundsätze. Die Rechtsordnung hat die Aufgabe, soziale Konflikte der Bürger verbindlich durch Rechtsvorschriften zu regeln. Ohne solche allgemein verbindlichen Verhaltensregeln ist keine Gesellschaftsordnung lebensfähig. Hierbei hat die Rechtsordnung einen **gerechten Interessenausgleich** zwischen den Interessen des Einzelnen und der Gesellschaft herbeizuführen.

> Nach dem Unfall im Straßenverkehr muß zum einen sichergestellt sein, daß K vom Unfallschuldigen S Schadensersatz für die ärztliche Behandlung, für seine Schmerzen, für die Reparatur seines Kfz und die Begutachtung des Fahrzeugs durch einen Sachverständigen erhält. Wenn S also schuldhaft und rechtswidrig geschützte Rechte des K verletzt (§ 823 I BGB), gesetzliche Schutzpflichten mißachtet (§ 823 II BGB) oder einen Gefährdungstatbestand verwirklicht (§ 7 StVG), ist S dem K zum **Schadensersatz** verpflichtet. Ferner stellt sich die Frage nach der **Durchsetzung** dieser Schadensersatzansprüche, wenn S nicht bezahlen will oder kann. Letztlich kommt eine **Bestrafung** des S wegen fahrlässiger Körperverletzung in Betracht.

(2) Im Gegensatz zum objektiven Recht ist unter **subjektivem Recht** eine Berechtigung zu verstehen, die sich für den Rechtsinhaber aus dem objektiven Recht unmittelbar ergibt. Das subjektive Recht kann ein **Herrschaftsrecht** (z. B. Eigentum), ein **Anspruch** (z. B. Kaufpreisanspruch) oder ein **Gestaltungsrecht** (z. B. Anfechtungsrecht) sein.

2. Rechtsquellen

2   Nach ihrer Entstehung unterscheidet man die Rechtsquellen in Gewohnheitsrecht und gesetztes Recht (Gesetze).

(1) Gesetztes Recht ist kodifiziert durch den Gesetzgeber im Rahmen eines ordnungsgemäßen Gesetzgebungsverfahrens. Die Rechtsordnung kennt hierbei folgende in absteigender Reihenfolge aufgeführte Gesetze, wobei immer die niederrangige Rechtsquelle im Einklang mit der höherrangigen stehen muß:

- **Grundgesetz (GG)**,
- **Gesetze** im formellen Sinn des Bundes und der Länder einschließlich **Staatsverträge,**
- **Rechtsverordnungen**, erlassen von den Regierungen aufgrund einer gesetzlichen Ermächtigungsgrundlage,
- **autonome Satzungen** von nichtstaatlichen Verbänden im Rahmen ihrer Selbstverwaltung, insbesondere Tarifverträge.

(2) Das ungeschriebene **Gewohnheitsrecht** hat sich durch eine langdauernde Anwendung in der Rechtspraxis entwickelt und wird als Recht empfunden, ohne daß es in einem Gesetzesblatt steht.

> **Beispiel:** Handelsbräuche wie kaufmännisches Bestätigungsschreiben und Handelsklauseln (vgl. Rn. 170 ff.)

Keine Rechtsnormen sind die ständige Rechtsprechung der Obergerichte. Eine Ausnahme gilt für das **Bundesverfassungsgericht** (BVerfG), dessen Entscheidungen grundsätzlich **Gesetzeskraft** haben (Art. 94 II GG) und für die Urteile des **Europäischen Gerichtshofs** (EuGH).

Dennoch hat die ständige Rechtsprechung oder herrschende Meinung für die Praxis eine enorme Bedeutung. Wenn diese Rechtsprechung für einzelne Rechtsfragen allgemein anerkannt ist, wird sie zum **Gewohnheitsrecht.** Gleichwohl ist zu beachten, daß Gerichte immer nur den Einzelfall klären, mit dem sich die Entscheidung befaßt. Kein Gericht ist in einem anderen Rechtsstreit gezwungen, die Rechtsprechung anderer Gerichte zu übernehmen!

(3) Keinen Rechtscharakter haben Selbstverpflichtungen wie **Kodexe** der Industrie (z. B. Corporate-Governance-Kodex) als freiwillige Verhaltensregeln.

II. Rechtssystem

Die Fülle der Rechtsnormen erfordert, diese zu untergliedern und zusammen- 3 zufassen und ein Rechtssystem zu schaffen. Die für das deutsche Recht grundlegende Unterscheidung der Rechtsvorschriften ist die **Zweiteilung in öffentliches und privates Recht**, welche im römischen Recht ausgebildet wurde und Grundlage dafür ist, welches Gericht zur Entscheidung über einen Rechtsstreit zuständig ist.

Schaubild 2: *Rechtssystem*

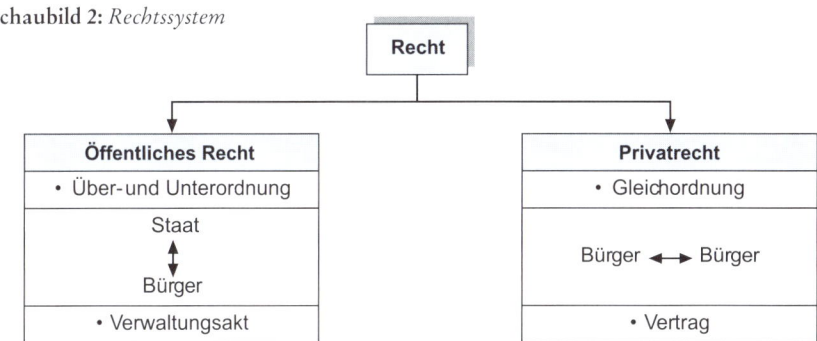

1. Öffentliches Recht

> **Fall 2:** S bekommt zwei Monate nach dem Unfall einen Strafbefehl vom Amtsgericht des Unfallorts wegen eines Vergehens der fahrlässigen Körperverletzung nach § 229 StGB über 20 Tagessätze zu je 5 € zugestellt. Was kann er unternehmen?

(1) Das öffentliche Recht regelt das Verhältnis des Bürgers zum Staat und den anderen Trägern öffentlicher Gewalt sowie das Verhältnis der Verwaltungsträger zueinander. Die Vorschriften des öffentlichen Rechts sind damit geprägt vom Prinzip der **Über- und Unterordnung** zwischen einem Hoheitsträger und dem Bürger.

> **Beispiele:** Erteilung einer Baugenehmigung der Baubehörde an Kaufmann K, Erlaß eines Steuerbescheids durch das Finanzamt gegenüber Kaufmann K, Erteilung einer Gaststättenerlaubnis durch die Gemeinde an Restaurantpächter R

Im Vordergrund dieser öffentlich-rechtlichen Rechtsverhältnisse zwischen der Behörde und dem Bürger steht das **Interesse der Allgemeinheit**. Zur Gestaltung dieser Rechtsbeziehungen verwendet die Behörde nicht Verträge, sondern hoheitliche **Verwaltungsakte** (Bescheide).

(2) Das öffentliche Recht umfaßt insbesondere das Europa-, Staats-, Verwaltungs-, Strafrecht sowie das Prozeßrecht. In öffentlich-rechtlichen Streitigkeiten sind in der Regel **Verwaltungsgerichte** zuständig (§ 40 I VwGO). Dieser Rechtsweg beginnt beim Verwaltungsgericht (VG) und führt über das Oberverwaltungsgericht (OVG)/Verwaltungsgerichtshof (VGH) zum Bundesverwaltungsgericht (BVerwG).

> Der Strafbefehl des Amtsgerichts (AG) gegenüber S ist als Hoheitsakt dem öffentlichen Recht zuzuordnen. S kann Einspruch einlegen und so eine mündliche Verhandlung über die ihm zur Last gelegte Strafe wegen fahrlässiger Körperverletzung nach § 229 StGB herbeiführen. StGB und die Strafprozeßordnung (StPO) sind dem öffentlichen Recht zuzuordnen.

Schaubild 3: *Öffentliches Recht*

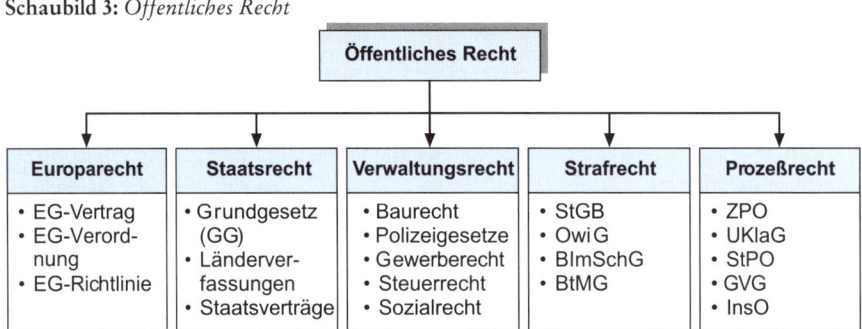

2. Privatrecht

4   (1) Gegenstand des Privatrechts sind die Rechtsbeziehungen der Bürger untereinander. Die Privatpersonen treten auf der **Ebene der Gleichordnung** einander gleichberechtigt gegenüber und wenden Rechtsvorschriften an, die **jedermann** berechtigen und verpflichten. Das typische Gestaltungsmittel dieser privatrechtlichen oder zivilrechtlichen Beziehungen ist der **Vertrag.** Hierbei handeln die Vertragspartner theoretisch gleichberechtigt vornehmlich in Angelegenheiten ihres Privatvermögens, ihrer Geschäftstätigkeit, ihres Arbeitsverhältnisses oder ihrer Familie.

(2) Wird der Staat, die Gemeinde oder die Verwaltungsbehörde allerdings **wie ein normaler Vertragspartner mit einem Bürger** tätig (**fiskalische Tätigkeit**), etwa als Vermieter eines Hauses oder Käufer eines Grundstücks, dann richten sich solche Rechtsbeziehungen nur nach **privatem Recht.**

> **Beispiele:** Gemeinde baut eine Stadthalle und schließt einen Bauvertrag mit Bauunternehmer B, Hochschule H kauft neue PCs bei Computerhändler C

(3) Nach § 13 GVG gehören solche „bürgerlichen Rechtsstreitigkeiten" regelmäßig vor die **ordentlichen Gerichte.** Damit sind die beiden Instanzenzüge gemeint, welche vom Amtsgericht (AG) zum Landgericht (LG) oder vom LG, Oberlandesgericht (OLG) zum Bundesgerichtshof (BGH) reichen.

> Verlangt K von S Schadensersatz wegen des Verkehrsunfalls, liegt ein bürgerlicher Rechtsstreit vor, dessen Rechtsvorschriften im BGB und dem Straßenverkehrsgesetz (StVG) zu finden sind. Will oder kann S nicht zahlen, muß K grundsätzlich S vor dem AG, ab einer Schadenshöhe von € 5000 vor dem LG mit Anwaltspflicht verklagen (vgl. Rn. 12).

Schaubild 4: *Privatrecht*

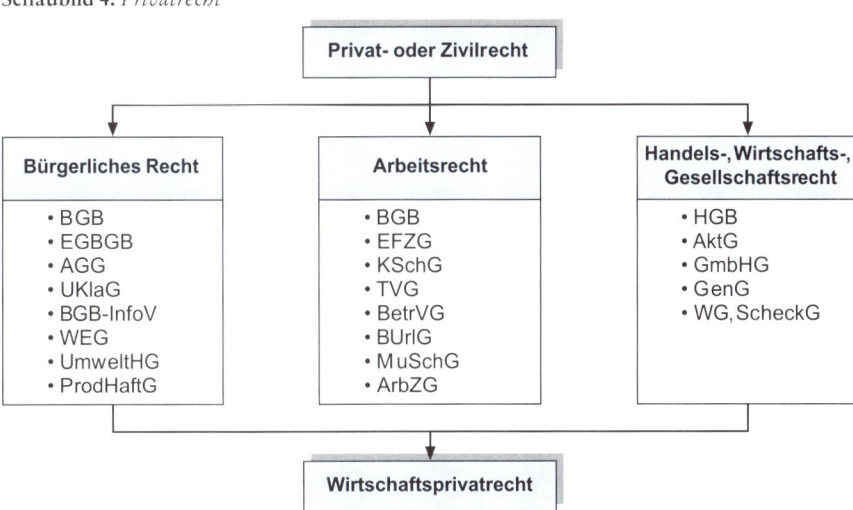

III. Wirtschaftsprivatrecht als Teil des Privatrechts

Innerhalb des Privatrechts werden die drei großen Rechtsgebiete Bürgerliches **5** Recht, Arbeitsrecht und Handels-, Wirtschafts- und Gesellschaftsrecht unterschieden. Die wirtschaftlich relevanten Gesetze des Privatrechts und des Verfahrensrechts zu dessen Durchsetzung zählen zum Wirtschaftsprivatrecht.

1. Bürgerliches Recht

Das Bürgerliche Recht oder Zivilrecht gilt für Personen und regelt den Persönlichkeitsschutz, die Geschäftsfähigkeit, das Vermögensrecht, das Eigentum und andere Sachenrechte, das Vertragsrecht sowie das Familien- und Erbrecht. Diese Materien sind im BGB und seinen Nebengesetzen wie z. B. BGB-Informationspflichten-VO (BGB-InfoV), Allgemeines Gleichbehandlungsgesetz (AGG), Unterlassungsklagengesetz (UKlaG), Wohnungseigentumsgesetz (WEG) und Straßenverkehrsgesetz (StVG) geregelt.

> Der Schadensersatzanspruch des K gegen S als Fahrer und Halter des Kfz ist in den zivilrechtlichen Vorschriften der §§ 823 ff. BGB und §§ 7, 8 StVG geregelt.

2. Arbeitsrecht

Das Arbeitsrecht faßt alle Rechtsvorschriften zusammen, welche die abhängigen, **6** unselbständigen Arbeitsverhältnisse betreffen. Es ist also ein **Sonderrecht der schutzbedürftigen Arbeitnehmer** und regelt den Arbeitsvertrag (Individualarbeitsrecht) sowie das Tarif- und Mitbestimmungsrecht (Kollektivrecht). Das Arbeitsrecht ist jedoch teilweise vermischt mit öffentlich-rechtlichen Vorschriften wie dem Arbeitsschutz. Rechtsstreitigkeiten aus dem Arbeitsrecht sind der **Arbeitsgerichtsbarkeit** zugewiesen (§ 1 ArbGG).

3. Handels- und Wirtschaftsrecht

7 Das Handels-, Wirtschafts- und Gesellschaftsrecht ist das **Sonderprivatrecht des Kaufmanns** und der handelsrechtlichen Gesellschaften (z. B. OHG, KG, GmbH, AG). Hierzu zählen auch das Wettbewerbsrecht, der Gewerbliche Rechtsschutz (z. B. Patentrecht und das Markenrecht), das Wertpapierrecht und das Versicherungsrecht. Ein solches kaufmännisches Sonderrecht ist erforderlich, weil Kaufleute im Geschäftsverkehr in **anderer Weise schutzwürdig** sind als Privatpersonen. Darüber hinaus haben Kaufleute ein besonderes Interesse an einer **unkomplizierten Geschäftsdurchführung**.

4. Wirtschaftsprivatrecht und Unternehmenspraxis

8 Der Begriff Wirtschaftsprivatrecht ist nicht gesetzlich genau bestimmt. Gleichwohl kann unter diesem Begriff das Querschnittsrecht des **wirtschaftlich relevanten Teils des Privatrechts** zusammengefaßt werden. Wegen des starken Schutzcharakters des Arbeitsrechts für die Arbeitnehmerschaft und der starken Vermengung mit öffentlich-rechtlichen Vorschriften wird das Sonderprivatrecht der Arbeitnehmer nicht dem Wirtschaftsprivatrecht zugeordnet.

Vom Wirtschaftsprivatrecht ist das **öffentliche Wirtschaftsverwaltungsrecht** abzugrenzen, welches alle Normen umfaßt, welche die selbständige Erwerbstätigkeit in Industrie, Handel, Handwerk, Landwirtschaft, Verkehr und den freien Berufen begrenzen und lenken. Diese Vorschriften sollen also die **gesamtwirtschaftliche Ordnung** als solche verwirklichen.

> **Beispiele**: Gewerbeordnung (GewO), Handwerksordnung (HandwO), Recht gegen Wettbewerbsbeschränkungen (GWB), Subventionsrecht, Außenwirtschaftsrecht, Energierecht, Verkehrswirtschaftsrecht, Medienrecht, EG-Recht (EG-Vertrag, Richtlinien, Verordnungen)

a) Bürgerliches Recht

9 (1) Kern des Wirtschaftsprivatrechts ist das BGB von 1896 mit seinen ersten drei Büchern (Allgemeiner Teil, Schuldrecht, Sachenrecht) und die vermögensrechtlichen Teile des Familien- und Erbrechts sowie die Nebengesetze des BGB. In den §§ 1 bis 1296 BGB sind die grundlegenden Strukturen des **privaten Vermögensrechts** festgelegt. Familien- und erbrechtliche Vorschriften regeln Güterrechtsfragen bzw. die Unternehmensnachfolge im Todesfall. Mit dem **Gesetz zur Modernisierung des Schuldrechts** wurden ab 1. 1. 2002 die privatrechtlichen Nebengesetze **AGB-Gesetz** (jetzt §§ 305–310 BGB), das **Haustürwiderrufsgesetz** (jetzt §§ 312, 312 a BGB), das **Fernabsatzgesetz** (jetzt §§ 312 b–d BGB), das **Teilzeitwohnrechtgesetz** (jetzt §§ 481–487 BGB) und das **Verbraucherkreditgesetz** (jetzt §§ 491–507 BGB) in das BGB integriert.

> **Beispiele zivilrechtlicher Gesetze**: Bürgerliches Gesetzbuch (BGB), Allgemeines Gleichbehandlungsgesetz (AGG), BGB-Informationspflichten-VO (BGB-InfoV), Unterlassungsklagengesetz (UKlaG), Produkthaftungsgesetz (ProdHaftG), Umwelthaftungsgesetz (UmweltHG)

(2) Für folgende **unternehmerische Tätigkeitsfelder** gewinnt das Bürgerliche Recht besondere **Bedeutung**:

- Vertragsanbahnung, Vertragsgestaltung und Vertragsdurchführung,
- Ein- und Verkauf,
- Produktion und Materialwirtschaft,
- Unternehmenskauf,
- Miete und Leasing,
- Dienst- und Werkleistungen,
- Investition, Finanzierung und Kreditsicherung,
- Haftung des Unternehmens, Produkthaftung,
- Güter- und erbrechtliche Fragen.

b) Handels- und Gesellschaftsrecht

(1) Das Sonderprivatrecht der Kaufleute im **HGB** und den gesellschaftsrechtli- 10
chen Gesetzen des **Aktiengesetzes** (AktG) und des **GmbH-Gesetzes (GmbHG)**
zählt ebenfalls zu den wichtigen Eckpfeilern des Wirtschaftsprivatrechts. Gerade
weil das Handels- und Gesellschaftsrecht sich eng an das BGB anlehnt und mit
ihm verzahnt ist – viele handelsrechtliche Bestimmungen sind Sondervorschriften gegenüber ähnlichen Regelungen im BGB –, ist es sachgerecht, diese Gesetze
unter dem Begriff **Wirtschaftsprivatrecht** zusammenfassend darzustellen. Nur
so werden beispielsweise die dem Kaufmann zur Verfügung stehenden Unternehmensformen verständlich.

(2) Für die **Unternehmenspraxis** sind folgende handels- und gesellschaftsrechtliche Rechtsfragen von größter **Bedeutung**:

- Firmenbezeichnung,
- Organisation zwischen Unternehmer, Prokuristen, Handlungsbevollmächtig-
  ten, kaufmännischen Angestellten und Außendienst,
- Buchführung und Bilanzierung,
- Unternehmensformen der Personengesellschaft (OHG, KG),
- Produktion und Logistik (Handelskauf, Spedition, Fracht, Lagergeschäft),
- Qualitätssicherung.

c) Wettbewerbsrecht und gewerblicher Rechtsschutz

Von zunehmender Bedeutung für das Unternehmen sind die Rechtsfragen des 11
Wettbewerbsrechts zur **Sicherung des Leistungswettbewerbs** zwischen den
Konkurrenten

- im Gesetz gegen den unlauteren Wettbewerb (UWG) und der
- der Preisangabenverordnung (PAngV),

aber auch die **Erhaltung der Marktwirtschaft**, um unerwünschte Kartelle und
Marktbeherrschungen durch

- das Gesetz gegen Wettbewerbsbeschränkungen (GWB)

zu verhindern. Das GWB enthält jedoch überwiegend Überwachungsregeln für
die Kartellbehörden, so daß es als öffentlich-rechtliches Gesetz hier nicht zum
Wirtschaftsprivatrecht zählt.

Die **gewerblichen Schutzgesetze** des Patentgesetzes (PatG), Gebrauchsmuster-
gesetzes (GebrMG), Geschmacksmustergesetzes (GschmMG), Markengesetzes

(MarkenG) und Urheberrechtsgesetzes (UrhG) haben zusätzlich das Ziel, gewerbliche Erfindungen und geistige Leistungen vor Mißbrauch zu schützen. Aufgrund der **selbständigen Bedeutung,** die der gewerbliche Rechtsschutz und das Wettbewerbsrecht in den letzten Jahren gewonnen hat, ist dieser Komplex aus diesem Lehrbuch ausgegliedert.

5. Wirtschaftsprivatrecht und Rechtsdurchsetzung

12 (1) Wenn ein Anspruch gerichtlich durchgesetzt werden soll, ist zuerst die

- **sachliche** und
- **örtliche Zuständigkeit**

der Gerichte zu prüfen. Streitigkeiten in den Rechtsgebieten des Wirtschaftsprivatrechts werden von den **ordentlichen Gerichten** (§§ 13, 23, 23a, 71 GVG) entschieden. In erster Instanz sind die **Amtsgerichte (AG)** für vermögensrechtliche Streitigkeiten bis zu einem Streitwert von einschließlich € 5000 zuständig. Unabhängig von der Höhe des Streitwerts werden vor dem Amtsgericht z. B. Mietstreitigkeiten über Wohnraum verhandelt. Außerdem ist das Familiengericht dem Amtsgericht zugewiesen. Höhere Streitwerte entscheidet das **Landgericht (LG)**. Örtlich ist grundsätzlich der **Wohn- oder Geschäftssitz des Beklagten** maßgeblich (§§ 12, 13, 17 GVG), außer es greifen ausschließliche Gerichtsstände ein wie in Mietsachen im Bezirk des Wohnraums. Eine **Gerichtsstandsvereinbarung,** z. B. in AGB, ist nur rechtswirksam zwischen **Kaufleuten** (§ 38 I ZPO) oder zwischen Nichtkaufleuten, wenn sie schriftlich nach Entstehen des Streits geschlossen wird, oder bei erschwerter Rechtsverfolgung, wenn der Wohnsitz nicht bekannt ist.

(2) Im **Prozeß** stehen sich Kläger und Beklagter gegenüber. Die Erhebung der Klage erfolgt durch die Zustellung einer Klageschrift an den Beklagten durch das

Schaubild 5: *Zivilgerichte*

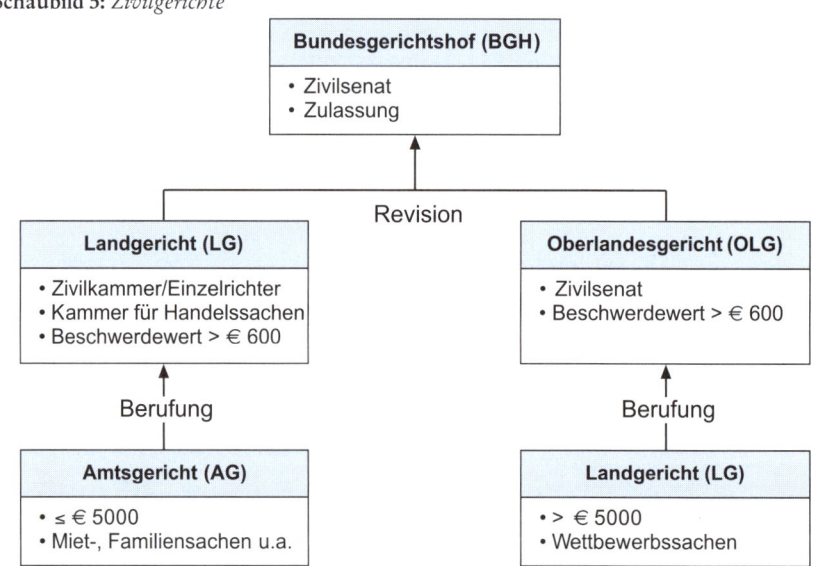

Gericht (§§ 253 ff. ZPO). Sieht das Gericht das Vorbringen des Klägers oder des Beklagten als erwiesen an, wird die Instanz in der Regel durch ein Endurteil (Titel) beendet.

(3) Die **Berufung** ist die nächste Instanz zum Landgericht (LG), die den Rechtsstreit nochmals vollständig in tatsächlicher und rechtlicher Hinsicht überprüft, wobei gegebenenfalls eine Beweisaufnahme wiederholt wird. Dabei muß ein Beschwerdewert von € 600 überschritten werden (§§ 511, 511 a ZPO). Ab Landgericht herrscht **Anwaltszwang**. Über die Berufung gegen ein erstinstanzliches Urteil des LG entscheidet das Oberlandesgericht (OLG).

(4) Gegen Urteile der Berufungsinstanz findet grundsätzlich die **Revision** statt, wenn diese zugelassen worden ist. In der Revisionsinstanz findet lediglich eine rechtliche Überprüfung des Berufungsurteils statt (§§ 543 ff. ZPO).

Beispiel: Falsche Besetzung des Gerichts, BGB oder HGB nicht richtig angewendet

Berufung und Revision müssen binnen einen Monats nach Zustellung des schriftlichen Urteils eingelegt werden.

(5) Erfüllt der Schuldner seine im Titel festgelegten Verpflichtungen nicht freiwillig, kann der Gläubiger die Zwangsvollstreckung betreiben. Hierbei ist im wesentlichen zu unterscheiden zwischen der **Einzelzwangsvollstreckung** wegen Geldforderungen sowie wegen anderer Ansprüche (z. B. Herausgabe eines Pkw). Geldforderungen können vollstreckt werden in bewegliche Sachen, Forderungen und Rechte oder unbewegliche Sachen.

(6) Eine **Gesamtzwangsvollstreckung** in das gesamte Vermögen des Schuldners zur Befriedigung mehrerer Gläubiger ist in der **Insolvenzordnung** geregelt. Insbesondere der redliche Schuldner, der eine natürliche Person ist, soll die Möglichkeit haben, sich nach Ablauf von sechs Jahren von seinen **restlichen Verbindlichkeiten zu befreien**. (§§ 1, 286 ff. InsO). Nach § 304 ff InsO bestehen Sonderregelungen für Verbraucherinsolvenzen.

Ein Insolvenzverfahren kann eröffnet werden über das Vermögen jeder **natürlichen und juristischen Person**, einer **Gesellschaft ohne Rechtspersönlichkeit** (OHG, KG, GbR, EWIV, PartGG) und eines **Nachlasses**. Insolvenzgericht ist das **AG** am Sitz des LG. Das Verfahren wird auf **Antrag** eines Gläubigers oder Schuldners eröffnet, wenn einer der **Eröffnungsgründe** Zahlungsunfähigkeit, drohende Zahlungsunfähigkeit (nur bei Antrag des Schuldners) oder Überschuldung vorliegt. Das AG bestellt einen **Insolvenzverwalter** und legt dem Schuldner ein **Verfügungsverbot** auf. Diese Befugnis geht auf den Insolvenzverwalter über, der das Unternehmen fortführt und prüft, ob das Vermögen für die Verfahrenskosten ausreicht. Ist dies der Fall, werden die Gläubiger aufgefordert, ihre **Forderungen bzw. Sicherungsrechte anzumelden**. Das dem Schuldner gehörende Vermögen wird als Insolvenzmasse auf die Massegläubiger entsprechend einer gesetzlichen Rangordnung verteilt. Möglich ist auch ein **Insolvenzplan**, in dem die Fortführung des Unternehmens mit einer Regelung der Gläubigerrechte festgelegt wird.

Schaubild 6: *BGB*

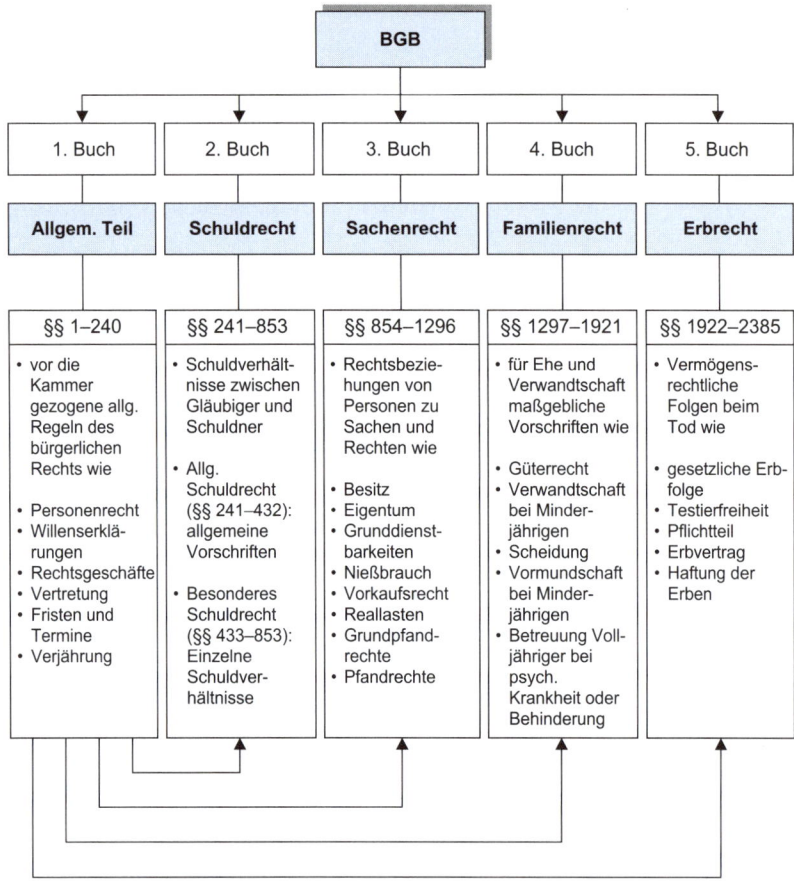

IV. Leitlinien des Wirtschaftsprivatrechts

1. Grundgedanken des BGB

a) Aufbau des BGB

13 Das BGB ist in **fünf Büchern** nach dem **Klammerprinzip** aufgebaut (Allgemeiner Teil, Recht der Schuldverhältnisse, Sachenrecht, Familienrecht, Erbrecht). Zunächst werden die allgemeinen, für alle Sachverhalte geltenden Regeln behandelt, danach werden die Regelungen für spezielle Sachverhalte niedergelegt.

(1) Im **Allgemeinen Teil** (§§ 1 bis 240 BGB) werden Vorschriften, welche für alle vorgenannten Bücher des BGB gelten, gleichsam wie in einer mathematischen Formel **„vor die Klammer gezogen"**. Diese Regelungstechnik verwendet der Gesetzgeber auch in jedem der weiteren 4 Bücher. Immer werden die allgemeinen Grundsätze den spezielleren vorangestellt.

> **Beispiel:** BGB = AT (SchuldR + SachenR + FamR + ErbR)

Wie der Name sagt, enthält der Allgemeine Teil in erster Linie abstrakte Vorschriften über Personen, Sachen, Definitionen und **allgemeine Regeln** über den Vertragsabschluß, die Stellvertretung und Verjährung. Diese Regeln gelten nur **subsidiär**, also nur dann, wenn nicht in anderen Regelungskomplexen Spezialvorschriften gelten. Das für eine solche Regelungstechnik erforderliche hohe Maß an Abstraktion wurde durch die römische Rechtswissenschaft und durch diejenige des 19. Jahrhunderts erarbeitet.

(2) Gegenstand des **Zweiten Buchs** im **Allgemeinen Schuldrecht** (§§ 241–853 BGB) sind Fragen, die jedes Schuldverhältnis betreffen. Zu diesem Teil gehören im **Besonderen Schuldrecht** die durch Vertrag begründeten Schuldverhältnisse (Kauf, Miete, Werkvertrag u. a.) ebenso wie jene, die kraft Gesetzes entstehen (Ansprüche aus ungerechtfertigter Bereicherung, aus unerlaubter Handlung oder Geschäftsführung ohne Auftrag). Kennzeichen des Schuldrechts ist die „**Relativität**" der Ansprüche, d. h., die Rechte beschränken sich auf die Beziehungen zwischen einem **Gläubiger** und **Schuldner.**

(3) Im **Dritten Buch** ist das **Sachenrecht** (§§ 854–1296 BGB) geregelt, in dem die dinglichen Rechte, d. h. die Rechtsbeziehungen von Personen zu Sachen, erfaßt werden (z. B. Eigentum an beweglichen und unbeweglichen Sachen, Grundpfandrechte). Das Sachenrecht unterscheidet sich vom Schuldrecht dadurch, daß diese „**dinglichen Rechte**" nur in dem vom Gesetz geregelten Umfang bestehen und insoweit die Vertragsfreiheit ausgeschlossen ist. Dies ist dadurch bedingt, daß dingliche Rechte von jedermann zu beachten, also sogenannte **absolute Rechte** sind. Kennzeichen des Sachenrechts ist daher seine „Absolutheit".

(4) Im **Vierten Buch** wird im **Familienrecht** (§§ 1297–1921 BGB) die Rechtsstellung des einzelnen in der Familie und deren Vermögensverhältnisse geordnet.

(5) Das **Fünfte Buch** behandelt im **Erbrecht** (§§ 1922–2385 BGB) die Rechtsnachfolge in das Vermögen eines Verstorbenen und die Rechtsstellung der Erben.

b) Privatautonomie

(1) Das Bürgerliche Recht geht vom Grundsatz der Privatautonomie aus. Es über- **14** läßt es dem einzelnen, seine Lebensverhältnisse im Rahmen der Rechtsordnung selbst eigenverantwortlich zu gestalten. Die Privatautonomie ist Ausdruck des verfassungsrechtlich in Art. 1, 2 GG geschützten Prinzips der **Selbstbestimmung des Menschen.**

(2) Wegen der stetigen Gefahr des Mißbrauchs der Parteiautonomie haben umfangreiche Novellierungen des BGB auch eine ursprünglich nicht vorhandene **soziale Komponente** zu einem Merkmal des BGB gemacht. Gerade in jüngster Zeit hat der Gesetzgeber das Bürgerliche Recht im Bereich des Familienrechts, wie z. B. Einführung der **Lebenspartnerschaft**, die Benachteiligungsverbote des AGG und des Schuldrechts tiefgreifend sozial reformiert (vgl. Rn. 202 ff.). Gerade das **Allgemeine Gleichbehandlungsgesetz** (AGG) verbietet in seinem Anwendungsbereich (Arbeitsleben, Sozialschutz, Bildung, Versorgung mit Dienstleistungen) Personen wegen bestimmter Gründe zu benachteiligen.

Schaubild 7: *Abstraktionsprinzip bei Veräußerung einer beweglichen Sache*

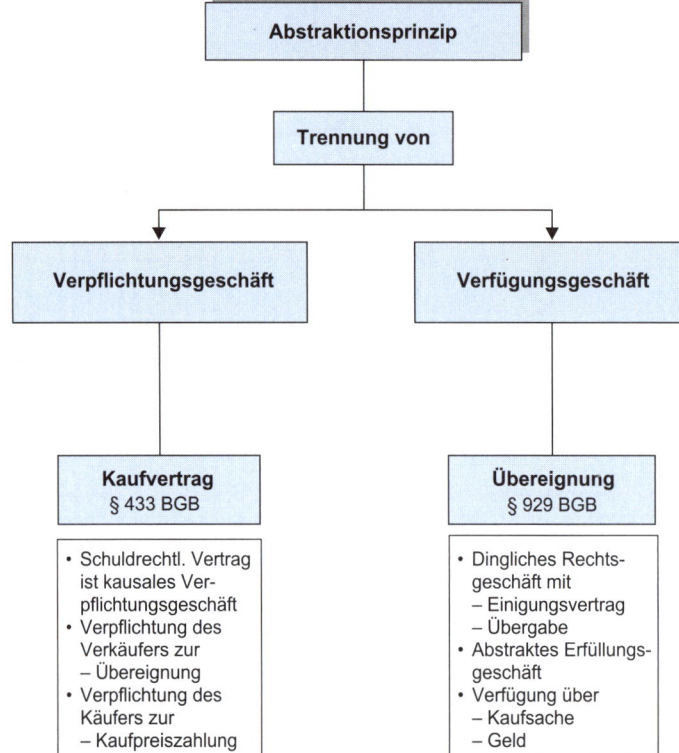

c) Abstraktionsprinzip

15 **Fall 3**: Unternehmer V schließt am 3.4. mit dem Geschäftspartner K einen Kaufvertrag über die Lieferung eines Kraftfahrzeuges zum Preis von € 30000 ab. Ist damit K am 3.4. auch Eigentümer des Kfz geworden?

(1) Das Abstraktions- oder Trennungsprinzip des BGB im Schuld- und Sachenrecht (2. und 3. Buch des BGB) besagt, daß streng zwischen dem **Verpflichtungsgeschäft** (Grundgeschäft) und dem **Verfügungsgeschäft** (Erfüllungsgeschäft) zu trennen ist, obwohl im täglichen Leben beide Geschäfte als zusammengehörig betrachtet werden. Unter einem Verpflichtungsgeschäft versteht man ein Rechtsgeschäft, durch das sich eine Person einer anderen zu einer Leistung verpflichtet. Diese Verpflichtung als solche ändert noch nicht die Rechtslage am Vermögensgegenstand, um den es geht. Das Verfügungsgeschäft ist das abstrakte Rechtsgeschäft, welches den Rechtszustand des Gegenstandes (z.B. das Eigentum am Kfz) unmittelbar verändert.

Der Abschluß des Kaufvertrages zwischen V und K am 3.4. über die Lieferung des Kfz ist ein Verpflichtungsgeschäft. Der Verkäufer V verpflichtet sich, das Eigentum und den Besitz am Kfz auf K zu übertragen (§ 433 I BGB), während K sich verpflichtet, den Kaufpreis von € 30000 zu zahlen, also das Eigentum am Geld zu übertragen (§ 433 II

BGB). Der verpflichtende Kaufvertrag ändert die Eigentumslage des Kfz ebensowenig wie die am Geld des K. Der Kaufvertrag ist also der Grund (lat. causa), warum die davon abstrakte Eigentumsübertragung in Gestalt der sog. Übereignungsverträge für Kfz und Geld vorgenommen wird (§ 929 BGB). Rechtlich liegen damit **drei Verträge** nach Abschluß des Geschäfts vor: Der **Kaufvertrag** über das Kfz als kausales Verpflichtungsgeschäft zur Eigentumsübertragung des Kfz und des Geldes. Erst durch **die beiden Verfügungsgeschäfte** nach § 929 BGB (Einigung und Übergabe) ändert sich die Eigentumslage hinsichtlich des Kfz und des Geldes.

(2) Auf dieser Trennung zwischen Verpflichtungs- und Verfügungsgeschäften **16** bauen das **Schuld- und Sachenrecht** auf. Das Verpflichtungsgeschäft ist im Schuldrecht, das Verfügungsgeschäft als Erfüllung dieser Verpflichtung grundsätzlich im Sachenrecht geregelt (vgl. Rn. 103). Die Schuldverhältnisse schaffen ein **rechtliches Band zwischen zwei Personen**, die als Gläubiger und Schuldner bezeichnet werden (§ 241 BGB).

> **Beispiele: Kaufvertrag** zwischen Käufer K und Verkäufer V (§ 433 BGB), **Mietvertrag** zwischen Mieter Student und Vermieter Studentenwerk (§ 535 BGB), **Darlehensvertrag** zwischen Darlehensnehmer Bauherr und -geber Bank (§ 488 BGB), **Dienstvertrag** zwischen Dienstberechtigten Mandant M und Dienstverpflichteten Steuerberater (§ 611 BGB)

Demgegenüber schafft derjenige, der einen sachenrechtlichen (= dinglichen) Vertrag schließt, ein **rechtliches Band zwischen einer Person und einer Sache**, welches absolut von jedermann zu respektieren ist.

> **Beispiele: Übereignungsvertrag** zwischen Erwerber und Veräußerer eines Kfz (§ 929 BGB), **Auflassung** zwischen Erwerber und Veräußerer eines Grundstückes (§§ 873, 925 BGB)

Daher werden die Verträge des Schuldrechts **relative Verpflichtungsgeschäfte** und die dinglichen Rechtsgeschäfte als **absolute Verfügungen** bezeichnet.

(3) Beide Vertragsarten führen ein juristisches „Eigenleben". Nach dem **Ab-** **17** **straktionsprinzip** gelten und wirken Verfügungen unabhängig davon, ob eine wirksame Verpflichtung zugrunde liegt. Ist das Verpflichtungsgeschäft fehlerhaft, hat das Abstraktionsprinzip jedoch nicht zur Folge, daß der neue Rechtsinhaber das Erworbene trotz Fehlens eines wirksamen Verpflichtungsgeschäfts behalten darf. Da er das Erworbene ohne kausalen rechtlichen Grund sein eigen nennt, hat er es nach den Regeln über „ungerechtfertigte Bereicherung" nach § 812 I 1 BGB herauszugeben (vgl. Rn. 647).

> Wäre im Fall 3 der Kaufvertrag zwischen V und K nichtig wegen arglistiger Täuschung (§§ 123, 142 BGB), müßte K das übereignete Kfz wegen ungerechtfertigter Bereicherung (§ 812 BGB) zurückübertragen.

d) Zwingendes und dispositives Recht

(1) Aufgrund der durch die Privatautonomie grundsätzlich gewährleisteten Frei- **18** heit der inhaltlichen Gestaltung der Rechtsbeziehungen ist es den Beteiligten in vielen Fällen möglich, eine rechtlich vorgeschriebene Regelung selbst zu ändern. Soweit es sich um solche abänderbaren Rechtsnormen handelt, spricht man von

nachgiebigem oder **dispositivem Recht**. Es steht zur Disposition der Geschäftspartner.

> **Beispiele**: Vertragsrecht des BGB, Verhältnis der Gesellschafter untereinander bei Per-
> sonengesellschaften

Dispositive Rechtsvorschriften liegen in der Regel bei den Wendungen, „sofern
nicht ein anderes bestimmt ist", oder „im Zweifel" vor.

(2) Viele Vorschriften des Wirtschaftsprivatrechts, insbesondere im Bereich des
Verbraucherschutzes, sind jedoch **zwingendes Recht**. Sie können nicht durch die
Beteiligten im Wege der Vereinbarung abgeändert werden. Verstöße hiergegen
machen die entsprechende Vereinbarung nichtig (§ 134 BGB).

> **Beispiele**: Vorschriften des Reisevertragsrechts in §§ 651a–m BGB, Informations- und
> Nachweisvorschriften und das Widerrufsrecht bei Haustürgeschäften (§ 312 BGB),
> Fernabsatzverträgen (§ 312 d BGB) und bei Verbraucherdarlehensverträgen (§ 495
> BGB), sachenrechtliche Normen, Vorschriften über Formfragen, deren Zweck es ist,
> Personen zu schützen (§§ 311 b, 125 BGB), Vorschriften des Familien- und Erbrechts,
> Verhältnis der Gesellschaften von Kapitalgesellschaften zu Dritten

e) Einfluß des Grundgesetzes

19 Das Grundgesetz (GG) ist nicht nur im öffentlichen Recht, sondern auch für das
Privatrecht die **ranghöchste Rechtsquelle**. Eine Bestimmung des BGB, die einer
Vorschrift des GG widerspricht, ist nicht gültig (Art. 1 III, 20 III GG). Daher ist
das in den Grundrechten (Art. 1–19 GG) und in den Staatszielbestimmungen
(Art. 20, 28 GG) verkörperte Wertsystem auch für die Anwendung des Wirtschaftsprivatrechts bindend. Diese „**Ausstrahlung**" des GG führt einmal zu einer
verfassungskonformen Auslegung einer Bestimmung des BGB, und zum anderen
wirken die Grundrechte auch auf Verträge über die Generalklauseln des BGB ein
(sog. Drittwirkung der Grundrechte).

> **Beispiele**: Allgemeines Persönlichkeitsrecht (Art. 1 und 2 GG), Sittenwidrigkeit (§ 138
> BGB), Treu und Glauben (§ 242 BGB), vorsätzliche sittenwidrige Schädigung (§ 826
> BGB)

f) Harmonisierung durch EU-Recht

20 (1) Durch diverse Rechtsangleichungen auf der Grundlage des EG-Vertrags
wurde seit 1993 der EG-Binnenmarkt geschaffen und wettbewerbsverzerrende
Unterschiede in den nationalen Rechtsordnungen der Mitgliedstaaten beseitigt
und ein gemeinsamer **Mindeststandard** verwirklicht. Diese Rechtsangleichungen
greifen zwangsläufig auch in Vorschriften ein, die nur für den nationalen Markt
gelten. Hierbei gilt der Grundsatz des **Vorrangs des EG-Rechts** (nicht EU!) vor
dem deutschen Recht. Deutschland ist Mitglied der **Europäischen Union**. Diese
ist rechtlich zu trennen von den **Europäischen Gemeinschaften** (EG).

(2) Wesentliches Mittel zur Rechtsangleichung sind neben dem

- **Primärrecht** des **EG-Vertrags** (EGV), das
- **Sekundärrecht** der **EG-Richtlinien (RiL)** und **EG-Verordnungen (VO)**.

Im Gegensatz zu den VO, die als Gesetze direkt wirken (Art. 249 II EGV), sind
EG-Richtlinien Rahmenbestimmungen, die in nationales Recht umgesetzt wer-

den müssen (Art. 249 III EGV). Auf vielen Gebieten des Wirtschaftsprivatrechts ist diese Harmonisierung schon weit vorangeschritten, insbesondere im Verbraucherrecht, Gesellschaftsrecht, Wettbewerbsrecht und in der Produkthaftung.

> **Beispiele**: EG-Richtlinien für Produkthaftung vom 25. 7. 1985 (1985/374/EG), für Verbraucherkredite vom 22. 12. 1986 (1987/102/EG), für Pauschalreisen vom 13. 6. 1990 (1990/314/EG), für Handelsvertreter vom 18. 12. 1986 (1986/653/EG), für mißbräuchliche Klauseln in Verbraucherverträgen vom 5. 4. 1993 (1993/13/EG), für Fernabsatzverträge vom 20. 5. 1997 (1997/7/EG), für elektronische Signaturen vom 13. 12. 1999 (1999/93/EG), für den Verbrauchsgüterkauf vom 7. 7. 1999 (1999/44/EG), für elektronischen Geschäftsverkehr (E-Commerce) vom 8. 6. 2000 (2000/31/EG) und zur Bekämpfung des Zahlungsverzugs im Geschäftsverkehr vom 29. 6. 2000 (2000/35/EG)

(3) Wird eine Richtlinie nicht innerhalb der festgesetzten Frist oder unzureichend in nationales Recht umgesetzt, kann sich der Bürger auf inhaltlich konkrete Bestimmungen der RiL gegenüber allen innerstaatlichen Vorschriften berufen, die nicht „**richtlinienkonform**" sind. Die Nichtumsetzung einer RiL führt auch zu einer **Schadensersatzpflicht** des säumigen Mitgliedstaates gegenüber einem geschädigten Bürger.

2. Grundgedanken des Handels- und Gesellschaftsrechts

a) Zielsetzung

Das Handels- und Gesellschaftsrecht als Sonderprivatrecht der Kaufleute dient 21 den besonderen Anforderungen des Wirtschaftsverkehrs, für den das Bürgerliche Recht keine ausreichenden Regelungen enthält. Der kaufmännische Rechtsverkehr ist insbesondere interessiert an

- **rascher Geschäftsabwicklung** (z. B. unverzügliche Mängelrüge, § 377 HGB),
- **Rechtsklarheit, Publizität** der Geschäftsorganisation und hohem **Vertrauensschutz** des Gutgläubigen (z. B. Handelsregister, § 15 HGB),
- Bindung an **Handelsbräuche** (§ 346 HGB),
- **internationalen Übereinkommen** (CMR über Straßengüterverkehr, Warschauer Abkommen über Luftprivatrecht),
- **weniger Schutzvorschriften** als im BGB wegen der Professionalität der Kaufleute.

b) Verhältnis zum BGB

Das Handelsrecht steht nicht isoliert neben dem BGB, sondern ist mit diesem eng 22 verknüpft. Als **Sonderprivatrecht** für Kaufleute geht es dem allgemeinen Recht des **BGB vor**. Regelungen des BGB werden für den Kaufmann ergänzt und modifiziert. Das HGB ist somit als Ergänzung zum Bürgerlichen Recht zu sehen.

> **Beispiel:** Wenn ein Kaufmann eine mangelhafte Ware geliefert bekommt, muß er unverzüglich rügen, sonst verliert er seine Mängelrechte. Nach BGB hat dagegen der Verbraucher grundsätzlich eine zweijährige Verjährungszeit bei Mängelansprüchen (§§ 377 HGB, 438 BGB).

Nur soweit im HGB und den gesellschaftsrechtlichen Sondergesetzen wie GmbHG oder AktG Regelungen nicht getroffen sind oder nicht ausreichen, kann **subsidiär** auf die Bestimmungen des BGB zurückgegriffen werden.

Schaubild 8: *Handelsgesetzbuch*

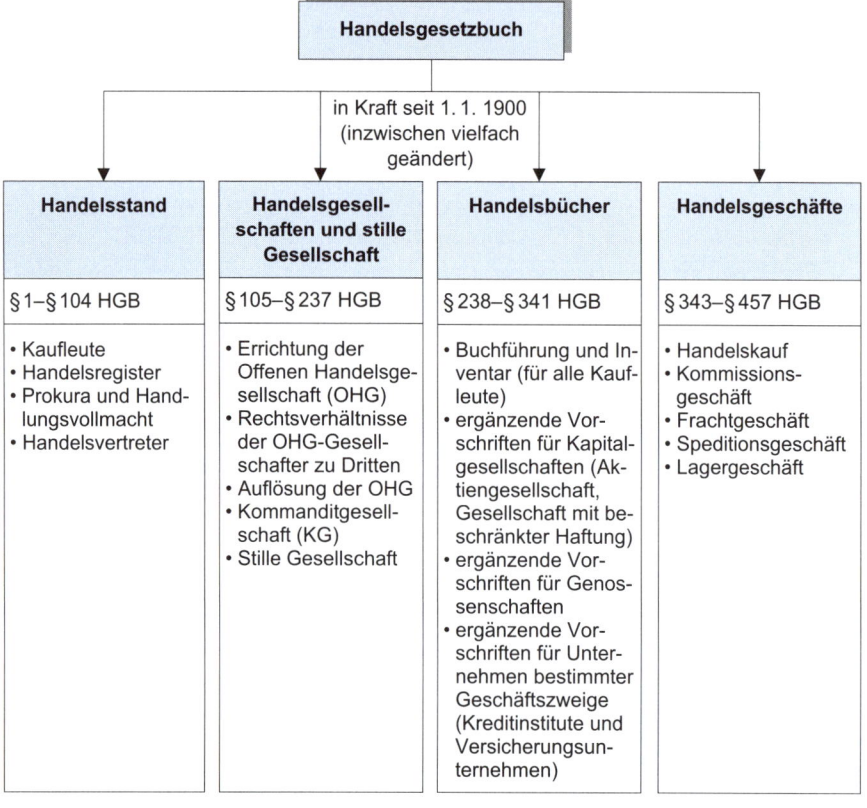

c) Anwendung des Handelsrechts

23   Maßgebend für die Anwendbarkeit des Handelsrechts ist der **Begriff des Kaufmanns**. Handelsrecht gilt nur für Kaufleute, und zwar unabhängig, in welcher Rechtsform der Unternehmer tätig wird, sei es

- als Einzelunternehmer (Einzelkaufmann),
- in Form von Handelsgesellschaften (Offene Handelsgesellschaft, Kommanditgesellschaft, Europ. wirtschaftliche Interessenvereinigung (EWIV)) oder
- als juristische Person (GmbH, AG).

d) Aufbau des HGB und Nebengesetze

24   Das HGB ist aus den gleichen Gründen wie das BGB in **fünf Bücher** unterteilt:

- 1. Buch: Handelsstand
- 2. Buch: Handelsgesellschaften und stille Gesellschaft
- 3. Buch: Handelsbücher
- 4. Buch: Handelsgeschäfte
- 5. Buch: Seehandel

Die gesetzlichen Grundlagen der Kapitalgesellschaften sind außerhalb des HGB geregelt. Wichtige Nebengesetze sind das

- Gesetz betreffend die Gesellschaften mit beschränkter Haftung (**GmbHG**) und
- Aktiengesetz (**AktG**).

V. Methodik der Rechtsanwendung

Die Aufgabe der Rechtsanwendung bei unternehmerischer Tätigkeit besteht im- **25**
mer in der **rechtlichen Bewertung von Lebenssachverhalten** und deren juristischer Lösung. Nicht nur der Jurist, sondern auch der kaufmännisch Tätige hat gesetzliche Bestimmungen auf Lebensvorgänge anzuwenden. Soweit diese sich in
der Vergangenheit schon ereignet haben, sind die sich daraus ergebenden **Rechts-**
folgen, also die rechtlichen Konsequenzen, festzustellen.

1. Aufbau von Rechtsnormen

> **Fall 4**: Kaufmann Krösus (K) verlangt von seinem Mitarbeiter Massig (M) Erstattung **26**
> von Reparaturkosten an seinem Privatfahrzeug, weil M das Fahrzeug mutwillig nach
> einer Betriebsfeier beschädigt hat.

Alle Rechtsnormen haben den gleichen inneren Aufbau. Zunächst beschreibt der
Gesetzgeber mit den abstrakten Begriffen der **Tatbestandsmerkmale** den zu re-
gelnden Sachverhalt und zieht dann die **Rechtsfolge**. Wenn die Rechtsfolge einer
Norm jemandem das Recht zuweist, von einem anderen ein Tun oder Unterlas-
sen zu verlangen (… ist verpflichtet, … kann verlangen), handelt es sich um einen
Anspruch. Der jeweilige Paragraph heißt **Anspruchsgrundlage**. Die anderen
Paragraphen sind dann Hilfsnormen.

> **Beispiel**: § 823 I BGB lautet: Wer vorsätzlich oder fahrlässig das Leben, den Körper, die
> Gesundheit, die Freiheit, das Eigentum oder ein sonstiges Recht eines anderen wider-
> rechtlich verletzt (= Tatbestandsmerkmale), ist dem anderen zum Ersatze des daraus
> entstehenden Schadens verpflichtet (= Rechtsfolge).

2. Schritte der Fallbearbeitung

Bei der Lösung einer rechtlichen Fragestellung vollzieht sich die Rechtsanwen- **27**
dung grundsätzlich ebenso wie der Aufbau einer Rechtsvorschrift. Man prüft, ob
der **Lebenssachverhalt den gesetzlichen Tatbestand erfüllt**. Trifft das zu, greift
die im Gesetz genannte Rechtsfolge ein. Es ist damit unter den gesetzlichen Tatbestand als Obersatz der konkrete Lebenssachverhalt als Untersatz einzuordnen
(= zu subsumieren). Der Schlußsatz ist die Rechtsfolge, die sich aus dem Gesetz
für den konkreten Fall ergibt. Diesem Denkvorgang in 3 Stufen liegt die Lehre
des deduktiven Schlusses (Syllogismus) zugrunde. Aus zwei Prämissen wird ein
Schlußsatz (Konklusion) gefolgert.

> 1. **Obersatz**: § 823 I BGB: „Wer vorsätzlich… daraus entstehenden Schadens ver-
>   pflichtet" (Rechtsgrundlage).
> 2. **Untersatz**: M hat vorsätzlich das Eigentum des K widerrechtlich verletzt, indem er
>   mutwillig das Kfz des K beschädigt hat (Subsumtion).
> 3. **Schlußsatz**: M ist K zum Ersatz des daraus entstehenden Schadens verpflichtet
>   (Schlußfolge).

3. Arbeitstechnik

28   **Fall 5**: Student Konrad (K) bestellt beim Versandhaus Becker (V) den PC X zum Preis von € 1500. V bestätigt die Bestellung nach einer Woche. Als nach 3 Monaten die bestellte Ware gegen Rechnung ausgeliefert wird, weigert sich K, den Kaufpreis zu zahlen, mit der Begründung, er sei nunmehr nicht mehr an diesem Modell interessiert. Kann V die Zahlung von € 1500 von K verlangen?

Die Anwendung des vorgenannten „**Gutachtenstils**" kann nur durch Übung anhand von Fällen erlernt werden. Hierbei den typischen Dreischritt des Syllogismus anzuwenden, ist der Ausgangspunkt für jede juristische Arbeitsweise. Aus der Praxiserfahrung kann empfohlen werden, grundsätzlich folgende Arbeitstechnik einzuhalten:

a) Sachverhaltserfassung

29   Der Fallbearbeiter muß sich zuerst den vorgegebenen Lebenssachverhalt **einprägen, nichts weglassen** und **nichts unterstellen**. Obwohl die Ermittlung und Beweisbarkeit des Lebenssachverhalts in der Unternehmenspraxis oftmals die eigentliche Schwierigkeit ist und der Fall meist abhängt von der Beweisfrage streitiger Punkte, hat der Bearbeiter davon auszugehen, daß der Rechtsfall in tatsächlicher Hinsicht vollständig geklärt ist. Eine **graphische Darstellung** des Sachverhalts und seiner Schwerpunkte erleichtert die Erfassung aller Probleme insbesondere, wenn mehrere Personen beteiligt sind.

$$\text{Beispiel: } V \xleftarrow[\S\,929\;BGB]{\S\,433\;BGB} K$$

b) Fallfrage

30   Im zweiten Schritt muß geklärt werden, zu welcher Frage Stellung zu nehmen ist. Hierbei ist der Bearbeitervermerk („Kann V die Zahlung von € 1500 von K verlangen?") zu beachten. Grundsätzlich ist nur diese Fallfrage zu bearbeiten! Als Hilfsmittel dient folgende Frage nach den vier W:

- WER   (= Anspruchsteller)
- will WAS   (= Anspruch)
- von WEM   (= Anspruchsgegner)
- WORAUS   (= Anspruchsgrundlage).

> Im Fall 5 verlangt das Versandhaus V (= Anspruchsteller) einen Kaufpreis von € 1500 (= Anspruch) von Student K (= Anspruchsgegner). Bei dem Bearbeitervermerk: „Kann V Zahlung von € 1500 von K verlangen?" muß sich der Bearbeiter darauf beschränken, nur diese Fallfrage zu beantworten. Nur wenn allgemein gefragt ist: „Wie ist die Rechtslage?", müssen sämtliche Probleme erörtert werden, die der Fall aufwerfen könnte.

c) Anspruchsgrundlage

31   Wenn feststeht, welche Rechtsfrage zu beantworten ist, müssen über das WORAUS die **rechtserheblichen Vorschriften** gesucht werden, aus denen sich die **Antwort auf die Fallfrage** ergibt. Im Gesetz sind also alle Anspruchsgrundlagen zu suchen, welche den Anspruch zu rechtfertigen vermögen. Jede Anspruchsgrundlage ist in einem Schema zu prüfen, ob sie in Betracht kommt.

Anspruchsgrundlagen werden nach dem **Begehren** eingruppiert (Ansprüche auf Leistung, Herausgabe einer Sache, Schadensersatz, Unterlassung einer Handlung). Bei der Suche nach der Anspruchsgrundlage sollte man unterscheiden zwischen:

- **vertraglichen Ansprüchen**, welche zuerst geprüft werden, und
- **gesetzlichen Ansprüchen**, die keinen Vertrag voraussetzen, wie
  - dingliche Ansprüche (z. B. §§ 985 ff. BGB),
  - Ansprüche aus ungerechtfertigter Bereicherung (§§ 812 ff. BGB),
  - Ansprüche aus unerlaubter Handlung (§§ 823 ff. BGB),
  - Ansprüche aus Gefährdungshaftung (z. B. § 1 ProdHaftG),

welche in obiger Reihenfolge geprüft werden.

Die **Anspruchsgrundlage** bildet den **Obersatz**, auf dem das Gutachten aufgebaut wird. Es enthält den abstrakten Tatbestand und die Rechtsfolge, die sich aus der Erfüllung des Tatbestands ergibt.

> Die Anspruchsgrundlage für einen Kaufpreisanspruch enthält § 433 II BGB. Es heißt dort: „Der Käufer ist verpflichtet, dem Verkäufer den vereinbarten Kaufpreis zu zahlen…" Anders ausgedrückt, kann auch gesagt werden: Nach Abschluß eines Kaufvertrags ist der Käufer verpflichtet, den Kaufpreis an den Verkäufer zu zahlen. Dies ist der Obersatz.

d) Subsumtion

Nach dem Auffinden der Anspruchsgrundlage beginnt man die Lösung des Falls **32** mit der Subsumtion. Zuerst beantwortet man die Fallfrage und macht deren Beantwortung von den Tatbestandsvoraussetzungen abhängig. Die Subsumtion setzt damit voraus, daß alle Tatbestandsmerkmale der Anspruchsgrundlage isoliert werden und diese Merkmale vollständig niedergeschrieben werden.

> V kann von K die Zahlung des Kaufpreises von € 1500 gemäß § 433 II BGB verlangen, wenn ein Kaufvertrag zwischen V und K über den PC X zustande gekommen ist.

Bei jedem einzelnen Tatbestandsmerkmal ist nun zu **prüfen**, ob es eine Entsprechung im Sachverhalt findet, d. h., ob die **Tatbestandsmerkmale** durch den Sachverhalt **erfüllt** werden. Hierbei ist es häufig erforderlich, die in der Subsumtionsfrage genannten Voraussetzungen noch weiter genauer zu erläutern und verwendete Begriffe zu erklären.

> Ein Kaufvertrag nach § 433 BGB kommt zustande durch Angebot und Annahme. Das Angebot ist eine Willenserklärung zu einer Leistung, dem ein rechtlicher Bindungswille zugrunde liegt.

Nachdem die Tatbestandselemente erläutert sind, ist nun zu prüfen, ob diese Tatbestandselemente die im Sachverhalt dargelegten Tatsachen erfüllen. Den Vorgang

- **Definition** eines Tatbestandsmerkmals,
- **Prüfung**, ob der Sachverhalt der Definition entspricht,

nennt man Subsumtion.

> Dadurch, daß K an das Versandhaus V schrieb, er bestelle den PC X zum Preis von € 1500, machte er V ein Angebot zum Abschluß eines Kaufvertrags.

Wenn nun die erste Tatbestandsvoraussetzung des Kaufvertrags – das Angebot – geprüft und bejaht wurde, wird mit den weiteren Voraussetzungen genauso verfahren.

> V müßte das Angebot des K angenommen haben. Die Annahme ist die Erklärung, mit der sich der Empfänger des Angebots mit dem Inhalt des Angebots einverstanden erklärt. Im vorliegenden Fall bestätigte V die Bestellung des K nach einer Woche und nahm das Angebot des K an.

Die Subsumtion kann zum Ergebnis kommen, daß

- der Sachverhalt **eindeutig erfüllt** oder **nicht erfüllt** ist,
- der Sachverhalt den Tatbestand **nicht eindeutig** erfüllt, so daß durch **Auslegung**
  - der **Wortlaut** der Norm,
  - der **Bedeutungszusammenhang**,
  - die **Entstehungsgeschichte** des Gesetzes,
  - der **Sinn und Zweck** (die ratio legis) des Gesetzes festgestellt werden muß,
- der Sachverhalt von **keinem Tatbestand** erfaßt wird, so daß eine mögliche **Regelungslücke** im Wege der **Analogie** oder Rechtsfortbildung geschlossen werden muß.

e) Schlußfolgerung

33 Nachdem die Tatbestandsvoraussetzungen auf ihre Übereinstimmung mit dem Sachverhalt hin überprüft sind, ist die Schlußfolgerung zu ziehen, ob die Rechtsfolge eintritt oder nicht eintritt, weil eine oder mehrere Voraussetzungen nicht gegeben sind.

> Zwischen V und K ist nach alledem ein Kaufvertrag über den PC X zum Preis von € 1500 zustande gekommen. V kann deshalb gem. § 433 II BGB von K die Zahlung des Kaufpreises in Höhe von € 1500 verlangen.

Meist genügt es nicht, lediglich einen Anspruch zu bejahen. Vielmehr bestehen meist **Gegenrechte des Anspruchsgegners**. Daher ist oft zu prüfen, ob der Anspruch nicht wieder entfällt. Hier unterscheidet man **Einwendungen und Einreden**. Einwendungen vernichten den Anspruch oder lassen ihn erst gar nicht entstehen, während Einreden ein Leistungsverweigerungsrecht gewähren.

> **Beispiel**: Kaufpreisanspruch aus § 433 II BGB? Voraussetzung:
> 1. Wirksamer Kaufvertrag, § 433 BGB?
> 2. Fälligkeit des Preises, § 271 BGB?
> 3. Leistungsverweigerungsrecht des Käufers, § 320 BGB?

Bei der Ausformulierung der Lösung hat der Bearbeiter den **Gutachtenstil** anzuwenden. Dieser Stil zeichnet sich dadurch aus, daß an die Spitze der Ausführungen die zu erörternde Frage gestellt wird und die Antwort auf diese Frage den Schluß bildet, nachdem alle für die Beantwortung der Frage rechtserheblichen Punkte erörtert sind. Hierbei ist auf eine klare Sprache zu achten. Klare Gedanken bedingen eine klare Sprache.

4. Vertragsgestaltung

34 In der wirtschaftswissenschaftlichen Ausbildung wird häufig die Annahme vertreten, man könne die Fertigkeiten der Vertragsgestaltung nicht lehren, sondern nur durch die Unternehmenspraxis lernen. Gleichwohl hat gerade der Wirtschaftswissenschaftler die rechtlichen Grundlagen der Vertragsverhandlung und der Vertragsgestaltung unter Zuhilfenahme von Rechtsformularbüchern sich anzueignen, weil er nicht in jedem Fall den Rat eines „teuren" Juristen einholen kann. **Rechtliche Fragestellungen** bei der Vertragsgestaltung können sein:

- Wie kommt der **Vertrag zustande**?
- Welche Rechtsfragen können im Vertrag **inhaltlich** geregelt werden?
- Welche **Form** muß der Vertrag einhalten?
- Welches **Landesrecht** kann bei der Auslandsberührung von Verträgen gewählt werden?
- Wie sind mehrdeutige Verträge **auszulegen**?
- Wer darf im Unternehmen Verträge schließen und hat die erforderliche **Gestaltungsmacht**?
- Wie können vertragliche Rechte durch staatliche Gerichte oder private Schiedsgerichte **durchgesetzt** werden?

5. Arbeitsmittel und Zitieren

(1) Als Arbeitsmittel zum Erlernen des Rechts und zur Rechtsanwendung stehen **35** dem Studierenden und Praktiker folgende Hilfsmittel zur Verfügung:

- Gesetze
  - Zitierte Vorschriften **lesen** und **markieren**! Wichtige Tatbestandsmerkmale **hervorheben**!
- Fachliteratur
  - **Kommentare** erläutern das Gesetz und geben Hinweise auf Literatur und Gerichtsentscheidungen (z. B. Palandt, BGB; Baumbach/Duden/Hopf, HGB),
  - **Lehrbücher** geben einen systematischen Überblick über ein Rechtsgebiet,
  - **Fallsammlungen** zeigen, wie theoretische Rechtskenntnisse auf konkrete **Lebenssachverhalte** angewendet werden,
  - **Monographien** sind wissenschaftliche Abhandlungen zu einem Problem,
  - **Entscheidungssammlungen** sind Sammelbände von Gerichtsentscheidungen (z.B. BGHZ),
  - **Fachzeitschriften** bestehen aus einem aktuellen Aufsatz- und Rechtsprechungsteil (z.B. NJW, NJW-RR, DB, BB, MDR),
  - **Datenbanken** sammeln Urteile und Aufsätze (www.juris.de, Beck-online, vgl. S. 450)

(2) Folgende Schreib- und Zitierweisen werden überwiegend verwendet und machen eigene Darlegungen damit für andere verständlich.

- Gesetze
  - Art.   Artikel
  - §   Paragraph
  - § 433 I 2 BGB, oder auch   I = Absatz, 2 = Satz
  - § 433 Abs. 1, S. 2 BGB   Gesetz stets angeben
- Entscheidungen
  - BGH NJW 2002, 1335, 1336

BGH	Gericht, Autor
NJW	Zeitschrift
2002	Erscheinungsjahr
1335	Seite (Beginn)
1336	Konkrete Fundstelle

Merksätze

1. **Rechtssystem gliedert sich in**
   - **Öffentliches Recht** (wendet sich an einen Hoheitsträger mit Über- und Unterord-nungsverhältnis)
     - Völkerrecht
     - Europarecht
     - Staatsrecht
     - Verwaltungsrecht
     - Strafrecht
     - Prozeßrecht
   - **Privatrecht** (wendet sich an gleichberechtigte Personen)
     - Bürgerliches Recht
     - Arbeitsrecht
     - Handels- und Wirtschaftsrecht

2. **Wirtschaftsprivatrecht:**
   alle betriebswirtschaftlich relevanten Teile des Privatrechts des
   - **Bürgerlichen Rechts**
   - **Handels-, Wirtschafts- und Gesellschaftsrechts**
   - **Wettbewerbsrechts**

3. **Grundgedanken des BGB**
   - **Aufbau des BGB**
     - Klammerprinzip
     - 5 Bücher (Allgemeiner Teil, Schuldrecht, Sachenrecht, Familienrecht, Erbrecht)
   - **Privatautonomie:** Selbstbestimmungsrecht des Menschen durch
     - formale Gleichbehandlung
     - Vertragsfreiheit, Testierfreiheit
     - Vereinigungsfreiheit
     - Privateigentum
   - **Abstraktionsprinzip**
     - Verpflichtungsgeschäft schafft Leistungspflichten zwischen Gläubiger und Schuldner
     - Verfügungsgeschäft ändert unmittelbar die Rechtslage am Vermögensgegenstand
     - Verfügungsgeschäft ist unabhängig wirksam vom Verpflichtungsgeschäft (abstrakt)
   - **Zwingendes Recht:** Abweichungen durch Vertrag nicht zulässig
   - **Dispositives Recht:** Abweichungen im Rahmen der Vertragsfreiheit möglich
   - **Grundgesetz**
     - Strahlt aus in das Privatrecht durch verfassungskonforme Auslegung
     - Drittwirkung über Generalklauseln (z. B. §§ 242, 826, 138 BGB)

4. **Grundgedanken des Handels- und Gesellschaftsrechts**
   - **Wirtschaftsverkehr erfordert**
     - Weniger Schutzvorschriften als BGB
     - Rasche Geschäftsabwicklung
     - Rechtsklarheit
     - Publizität der Geschäftsorganisation
     - Vertrauensschutz des Gutgläubigen
   - **Handelsrechtliche Spezialgesetze gehen BGB vor**
   - **Aufbau des HGB:** 5 Bücher

5. **Europarecht**
   - **EG-Gemeinschaftsrecht unterscheidet**
     - Primäres Gemeinschaftsrecht durch EG-Vertrag (EGV) und Rechtsprechung des EuGH
     - Sekundäres Gemeinschaftsrecht durch EG-Richtlinien und EG-Verordnung
   - **EG-Richtlinien** haben vom Mitgliedsstaat nationale Rechtsvorschriften anzugleichen und gelten grundsätzlich nicht unmittelbar
   - **EG-VO** gelten unmittelbar und haben Vorrang vor nationalen Vorschriften

6. **Rechtsanwendung**
   - **Hierarchie der Rechtsnormen**
     - EU-Recht hat Vorrang
     - Bundesrecht bricht Landesrecht
     - Spezialgesetze heben das Allgemeingesetz auf
     - Späteres Gesetz hebt früheres auf

- **Aufbau von Rechtsnormen** in
  - Tatbestandsmerkmale
  - Rechtsfolge
- **Methode der Fallbearbeitung**
  - Ermittlung der Rechtsnorm (Obersatz)
  - Erfüllt Lebenssachverhalt den Tatbestand der Norm (Subsumtion)
  - Feststellung der Rechtsfolge (Schlußfolge)
- **Arbeitstechnik**
  - Sachverhaltserfassung
  - Fallfrage stellen (Wer will was von wem woraus?)
  - Anspruchsgrundlagen suchen
  - Subsumtionsfrage stellen
  - Subsumtion des Lebenssachverhalts unter Tatbestandselemente
  - Schlußfolgerung
- **Hinweise zur Fallbearbeitung**
  - Sachverhalt einprägen!
  - Graphische Darstellung der Rechtsbeziehungen anfertigen!
  - Nur die Fallfrage beantworten (**W**er **w**ill **w**as von **w**em **w**oraus?)
  - Gesetz genau lesen!
  - Kurze Sätze und klare Sprache verwenden!
  - Angeführte Paragraphen nach Absatz und Satz genau zitieren (z. B. § 433 I 2 BGB)!
  - Grundaufbau beachten:
    (1) Ist das Recht entstanden?
    (2) Ist das Recht durch Einwendungen erloschen?
    (3) Bestehen Einreden?
- **Prüffolge:**
  (1) Vertragliche Ansprüche
  (2) Gesetzliche Ansprüche
  - Dingliche Ansprüche   – Deliktische Ansprüche
  - Bereicherungsrechtliche Ansprüche   – Ansprüche aus Gefährdunghaftung

§ 2
Personen und Gegenstände des Rechtsverkehrs
(Rechtssubjekte und Rechtsobjekte)

Lernziele:

Nachdem Sie dieses Kapitel 2 durchgearbeitet haben, können Sie
- die Rechtssubjekte, die das Gesetz „Personen" nennt erläutern.
- beschreiben, wann die Rechtsfähigkeit und wann die Geschäftsfähigkeit von natürlichen Personen beginnt und in welchen Fällen die Geschäftsfähigkeit beschränkt bzw. aufgehoben ist.
- den Begriff der juristischen Person und den Verein als deren Prototyp erklären.
- die Rechtsobjekte, an denen Personen Rechte ausüben können darstellen.

Jeder Gegenstand im privaten wie im wirtschaftlichen Rechtsverkehr ist einer **36** Person zugeordnet. Ein Pkw hat in der Regel einen Eigentümer, eine Kaufpreisforderung einen Gläubiger und einen Schuldner. Jedes Gesetz hat damit Adressaten, die als **Rechtssubjekte** Träger von Rechten und Pflichten sind. Das BGB unterscheidet hierbei in den §§ 1–88 zwischen natürlichen und juristischen Personen.

Den Rechtssubjekten sind grundsätzlich die Rechtsobjekte zugeordnet. Damit sind **Rechtsobjekte der Gegenbegriff zu Rechtssubjekten**. Ihnen dienen die Rechtsobjekte oder Gegenstände des Rechtsverkehrs. Rechtsobjekte sind die **körperlichen Sachen**, die **Tiere** und die **unkörperlichen Rechte** und damit wirtschaftlich gesehen alles, was einen **Wert** hat. Die Regelung der Rechtsobjekte findet sich in den §§ 90–103 BGB.

> **Beispiel:** Die A-GmbH (= Rechtssubjekt) kauft bei der B-AG (= Rechtssubjekt) eine EDV-Anlage (= Rechtsobjekt).

I. Natürliche Personen

Schaubild 9: *Natürliche Personen*

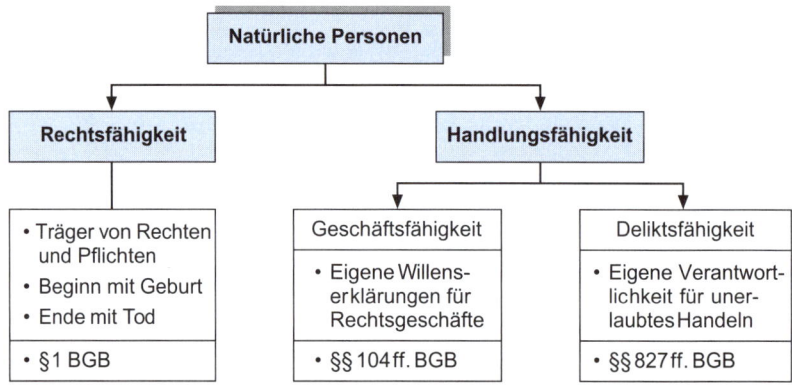

1. Begriff

37   Als natürliche Personen bezeichnet man jeden lebend geborenen **Menschen**. In die Rechtsstellung des Menschen wird in den §§ 1–14 BGB eingeführt. Weitere wichtige rechtliche Attribute des Menschen sind neben seiner Rechtsfähigkeit die Regelung seiner Geschäftsfähigkeit, der Deliktsfähigkeit, das Namensrecht und das Persönlichkeitsrecht.

38   (1) In § 13 BGB ist der Begriff des Verbrauchers und in § 14 BGB der Unternehmerbegriff normiert. Die Legaldefinition des Verbrauchers dient in erster Linie dazu, den Anwendungsbereich der verbraucherschützenden Vorschriften des BGB zu bestimmen wie z. B. in § 312 BGB für das Widerrufsrecht bei Haustürgeschäften. **Verbraucher** ist jede natürliche Person, die ein Rechtsgeschäft zu einem Zweck abschließt, der weder ihrer gewerblichen noch ihrer selbständigen beruflichen Tätigkeit zugerechnet werden kann.

39   (2) **Unternehmer** ist im Gegensatz dazu eine natürliche oder juristische Person oder eine rechtsfähige Personengesellschaft, die bei Abschluß eines Rechtsgeschäfts in Ausübung ihrer gewerblichen oder selbstständigen beruflichen Tätigkeit handelt. Unternehmer sind also

- **Kaufleute** wie Einzelkaufleute und Handelsgesellschaften,
- **nichtkaufmännische Gewerbetreibende** wie Handwerker, Landwirte und Kleingewerbetreibende
- und **Freiberufler** (vgl. Rn. 68).

Nicht jeder Unternehmer im Sinne des BGB ist auch Kaufmann im Sinne des HGB, aber jeder Kaufmann ist auch Unternehmer (vgl. Rn. 67 ff.)

2. Rechtsfähigkeit

Fall 1: Kann der geistig behinderte Sohn S des Unternehmers U Eigentümer eines Hau-   40
ses sein?

(1) Rechtsfähigkeit heißt, **Träger von Rechten und Pflichten**, z. B. Eigentümer, Gläubiger, Schuldner oder Erbe und im **Zivilprozeß parteifähig** zu sein. Die Rechtsfähigkeit des Menschen beginnt mit der **Vollendung der Geburt** (§ 1 BGB), ohne daß die Rechtsfähigkeit an irgendwelche körperlichen oder geistigen Fähigkeiten geknüpft ist. In gewissen Fällen wird darüber hinaus schon die Rechtsfähigkeit des erzeugten, aber noch nicht geborenen Kindes anerkannt (§§ 331 II, 844 II 2, 1923 II BGB: Erbfähigkeit der Leibesfrucht).

> **Beispiel:** Wer zur Zeit eines Erbfalls noch nicht lebte, aber bereits gezeugt war, gilt als vor dem Erbfall geboren. Zur Wahrung seiner Rechte als Erbe kann für ihn bereits vor seiner Geburt ein gerichtlicher Pfleger bestellt werden.

(2) Mit dem **Tode** endet die Rechtsfähigkeit, wobei nicht der Herztod, sondern der   41
Gehirntod entscheidet. Mit diesem Zeitpunkt geht das aktive Vermögen und die Schulden (Nachlaßverbindlichkeiten) des Erblassers als Ganzes auf den oder die **Erben** über (§§ 1922, 1967 BGB). **Höchstpersönliche Rechte**, wie z. B. die Mitgliedschaft in einem Verein (§ 38 BGB) oder die Pflichten des zu einer Dienstleistung verpflichteten Unternehmensberaters (§ 613 BGB), **erlöschen** mit dem Tod.

S kann Eigentümer eines Hauses sein, da es für die Eigentümerstellung nur auf dessen Rechtsfähigkeit ankommt. Im Prozeß kann S Kläger oder Beklagter sein. Eine andere Frage ist, ob S selbständig einen Kaufvertrag oder eine Übereignung des Hauses vornehmen kann, also geschäftsfähig ist.

3. Handlungsfähigkeit

Natürliche Personen sind selbst handlungsfähig, also fähig, durch **eigene Hand-   42
lungen** Rechte zu erwerben und Pflichten zu begründen. Sie benötigen keine anderen Personen, durch die sie handeln, wie z. B. der Verein, der durch seinen Vorstand handelt. Für rechtsgeschäftliche Handlungen benötigen Personen allerdings die **Geschäftsfähigkeit** und für unerlaubte Handlungen die **Deliktsfähigkeit**.

a) Geschäftsfähigkeit

Fall 2: Wodurch unterscheidet sich Rechtsfähigkeit und Geschäftsfähigkeit?   43

(1) Die Geschäftsfähigkeit ist die Fähigkeit, durch **eigene Willenserklärungen** wirksam Rechte zu erwerben und Pflichten zu begründen. Sie ist also Voraussetzung dafür, wirksame Rechtsgeschäfte vornehmen zu können. Der Geschäftsunfähige kann damit nicht am Rechtsverkehr teilnehmen. Wann eine Person geschäftsfähig ist, ergibt sich aus den §§ 2, 104–113 BGB. Altersbezogen beginnt die Geschäftsfähigkeit mit der Vollendung des 18. Lebensjahres, also mit der Volljährigkeit. Da die Geschäftsfähigkeit Voraussetzung für eine wirksame Willens-

erklärung ist, werden die Grundzüge der Geschäftsfähigkeit erst unter § 6 dargestellt.

> Rechtsfähigkeit heißt, Träger von Rechten und Pflichten zu sein, wie z. B. Eigentümer
> einer Sache. Geschäftsfähigkeit ist demgegenüber die Fähigkeit, durch eigene Willens-
> erklärungen Rechtsgeschäfte herbeizuführen, wie z. B. einen Kaufvertrag zu schließen.
> Ein sechsjähriges Kind ist zwar rechtsfähig und kann als solches auch Eigentümer eines
> Grundstücks sein. Es kann aber nicht selbständig das Grundstück an einen Käufer ver-
> kaufen, weil es noch geschäftsunfähig ist (§ 104 Nr. 1 BGB).

44   (2) Das prozessuale Gegenstück zum materiellen Begriff Geschäftsfähigkeit ist
die **Prozeßfähigkeit**, also die Fähigkeit, Prozeßhandlungen (z. B. Klageerhebun-
gen) selbst oder durch gewählte Vertreter wirksam vorzunehmen. Wer voll geschäftsfähig ist, ist grundsätzlich auch prozeßfähig (§ 51 ZPO).

b) Deliktsfähigkeit

45   **Fall 3**: Der vierjährige Klein-Bubi (B) zündelt in der Scheune des Bauern Reich (R), so
daß diese abbrennt. Haftet B für den Schaden?

(1) Deliktsfähigkeit bedeutet die Fähigkeit, durch **eigene unerlaubte Handlungen**
Pflichten zu begründen, d. h. verantwortlich für einen verursachten Schaden zu sein.
Die Deliktsfähigkeit führt nach einer begangenen unerlaubten Handlung zur Schadensersatzpflicht (§ 823 I BGB). Die Deliktsfähigkeit darf nicht mit der „Strafmün-
digkeit" verwechselt werden, welche ein Mindestalter von 14 Jahren voraussetzt.

46   (2) Ein Minderjähriger ist **vor Vollendung des 7. Lebensjahrs** für einen Schaden,
den er einem anderen zufügt, nicht verantwortlich, also nicht deliktsfähig (§ 828
I BGB). Das gleiche gilt für alle Personen – auch volljährige –, die im Zustande
der Bewußtlosigkeit oder krankhafter Störungen der Geistestätigkeit gehandelt
haben (§ 827 BGB).

> **Beispiel**: 22jähriger geistig behinderter Mann entwendet Auto mit Zündschlüssel und
> rammt bei Verfolgungsfahrt durch Polizei mehrere geparkte Pkw

Wer das 7., aber **nicht das 18. Lebensjahr** vollendet hat, ist für den zugefügten
Schaden verantwortlich, wenn er bei Begehung der Handlung die erforderliche
Einsicht hatte (bedingte Deliktsfähigkeit). Er muß seiner geistigen Entwicklung
nach imstande sein, das Unrecht seiner Handlung einzusehen. Entscheidend ist
der Stand der geistigen Entwicklung und die Art der Schadenshandlung (§ 828 III
BGB).

> **Beispiele**: 10jähriger verursacht Scheunenbrand oder schießt mit Pfeilen; 16jähriger ver-
> letzt einen Mitschüler mit Wurf einer Wunderkerze

> Der vierjährige B haftet nicht für den Schaden, da er als Minderjähriger vor Vollendung
> des 7. Lebensjahres nicht deliktsfähig ist. Von der Verantwortlichkeit des B zu trennen
> ist die Haftung der Eltern als Aufsichtspflichtige nach § 832 BGB.

Wer das 7., aber nicht das 10. Lebensjahr vollendet hat, ist für den Schaden bei
einem **Unfall** mit einem **Kfz**, einer Schienenbahn oder Schwebebahn, den er
einem anderen zufügt, grundsätzlich nicht verantwortlich, außer er handelte vorsätzlich (§ 828 II BGB).

4. Wohnsitz

Fall 4: Wo hat der Student Emil Emsig (E) seinen bürgerlich-rechtlichen Wohnsitz, 47
wenn er von Montag bis Freitag in München wohnt und am Wochenende zu seinen Eltern nach Hause fährt?

(1) Wohnsitz ist die Gemeinde, in der sich der **Mittelpunkt** oder der **räumliche Schwerpunkt** der Lebensverhältnisse einer Person befindet (§ 7 I BGB). Eine Person muß keinen und kann mehr als einen Wohnsitz haben. Juristische Personen haben keinen Wohnsitz, sondern einen **Sitz** (§ 24 BGB). Vom Wohnsitz als Rechtsbegriff ist der Ort des vorübergehenden **Aufenthalts** zu unterscheiden. Hier fehlt es am Willen, sich „ständig" im Sinne des § 7 I BGB niederzulassen.

E hat seinen Wohnsitz bei seinen Eltern, da er dort tatsächlich und willentlich den Schwerpunkt seiner Lebensverhältnisse hat. Sein Studienort München ist sein Aufenthaltsort. Die melderechtliche Anmeldung begründet allein keinen Wohnsitz.

(2) Der Wohnsitz kann durch den **Willen** (§ 7 I, III BGB) und durch das **Gesetz** als Zwangswohnsitz bei nicht voll Geschäftsfähigen (§ 8 BGB), Berufs- und Zeitsoldaten (§ 9 BGB) und minderjährigen Kindern (§ 11 BGB) bestimmt werden.

(3) Der Wohnsitz einer Person hat vielfache rechtliche **Bedeutung**. Er ist regelmäßiger Anknüpfungspunkt für die Rechtsbeziehungen einer Person (Finanzamt, Meldepflicht, Wahlrecht) und für die Rechtsdurchsetzung (z. B. Wohnsitz des Beklagten ist sein allgemeiner Gerichtsort, § 13 ZPO) und den Erfüllungsort von Verträgen (§ 269 I BGB, vgl. Rn. 270).

5. Name

Fall 5: Die Stahlfirma Krupp beantragt die Eintragung der Internet-Domain 48
„krupp.de" bei Denic eG. Krupp stellt fest, daß der Name bereits an einen Software-Kaufmann vergeben ist. Kann die Stahlfirma die Freigabe der Domain durchsetzen?

(1) Der Name dient als **Kennzeichen** einer Person zu ihrer Unterscheidung von anderen. Als besonderes Persönlichkeitsrecht des Menschen stellt § **12 BGB** den Namen unter besonderen Schutz und gewährt dem Berechtigten gegen andere Ansprüche auf Beseitigung oder Unterlassung, wenn diese den Namen unbefugt gebrauchen.

(2) **Namensschutz** genießen nicht nur bürgerliche Namen, sondern auch Künst- 49
lernamen, Namen juristischer, privater und öffentlicher Personen, politische Parteien, Firmennamen und Firmenabkürzungen mit Verkehrsgeltung von Unternehmen sowie Geschäftsbezeichnungen mit Namenscharakter (z. B. die Bezeichung eines Hotels oder der Domain-Name als Internet-Adresse.).

Der Domain-Name ist nur schutzfähig, wenn er von Natur aus unterscheidungskräftig ist und eine Namensfunktion besitzt oder er diese Eigenschaft durch Anerkennung im Rechtsverkehr erworben hat. Daher ist der Name Krupp grundsätzlich nach § 12 BGB schutzfähig. Da bei der Eintragung durch Denic der **Prioritätsgrundsatz** gilt (first come, first served), war das Softwarehaus grundsätzlich geschützt. Dieser Grundsatz wird nur dann durchbrochen, wenn der Name – wie hier Krupp – eine überragende Verkehrsgeltung besitzt (**Majoritätsprinzip**). Daher war die Domain krupp.de freizugeben.

6. Allgemeines Persönlichkeitsrecht

50   (1) Die Entwicklung der Massenkommunikationsmittel hat die Rechtsprechung schon früh zur Anerkennung eines allgemeinen Persönlichkeitsrechts jeden Menschens veranlaßt. Dieses Recht des einzelnen gegenüber jedermann auf Achtung seiner Menschenwürde und Entfaltung seiner Persönlichkeit wurde unmittelbar aus **Art. 1, 2 I GG** entwickelt und als „**sonstiges Recht**" im Sinne des § 823 I BGB bezeichnet (vgl. Rn. 662).

51   (2) Folgende typische **Fallgruppen** des Schutzes der Persönlichkeitssphäre können gebildet werden:

- **Eindringen in die Privatsphäre** wie Telefonwerbung,
- **Erforschen des persönlichen Bereiches** wie Belauschen in Wohnung, Anfertigen graphologischer Gutachten ohne Einwilligung,
- **heimliche Bild- und Tonaufnahmen** im nichtöffentlichen Bereich,
- **Weitergabe von Einzelheiten aus der Privatsphäre** wie Publikation eines Protokolls eines Telefonats; Weitergabe persönlicher Daten über die Grenzen des BDSG,
- **Kommerzialisierung** durch Bild, Foto, Name oder Ruf zu Werbezwecken,
- **Verfälschung des Unternehmensbildes** in öffentlichen Darstellungen,
- **Ehrverletzungen**, wie ehrenrührige und falsche Behauptungen in der Zeitung; Presseerklärung der Polizei mit Namens- und Berufsangabe des Beschuldigten.

Alle Ansprüche setzen außer einer **Verletzungshandlung** voraus, daß der Eingriff **rechtswidrig** ist. Eine Güter- und Interessenabwägung muß also zu einem Vorrang der Privatsphäre vor dem Recht auf freie Meinungsäußerung, Pressefreiheit und Kunstfreiheit (Art. 5 GG) führen.

(3) Die **Rechtsfolgen** solcher Persönlichkeitsverletzungen sind die gleichen wie beim Namensschutz (§§ 12, 823 I BGB).

II. Juristische Personen

1. Begriff

52   Fall 6: Wer ist Eigentümer der VW AG, der Vorstand, die Aktionäre oder wer sonst?

Eine juristische Person ist die Zusammenfassung von Personen oder/und Sachen zu einer Organisation, der die Rechtsordnung die Rechtsfähigkeit zuerkannt hat. Sie können daher selbst Träger von Rechten und Pflichten sein (z. B. Eigentümer, Gläubiger, Schuldner). Damit erkennt die Rechtsordnung die Tatsache an, daß nicht nur der einzelne Mensch rechtlich und wirtschaftlich handelt, sondern er sich gerade für wirtschaftliche Aktivitäten mit anderen zusammenschließt oder bestimmte Organisationen schaffen kann, um so gemeinschaftliche Ziele zu verwirklichen. Die Rechtsfähigkeit von juristischen Personen beginnt mit der Eintragung in ein **öffentliches Register** (Vereins-, Handels-, Genossenschafts- oder Partnerschaftsregister) und endet mit der Löschung.

> Eigentümer der VW AG ist die Aktiengesellschaft als juristische Person. Ihre Rechte und Pflichten sind ihre eignen und nicht diejenigen der Aktionäre als Anteilseigner oder der Vorstandsmitglieder.

Schaubild 10: *Juristische Personen*

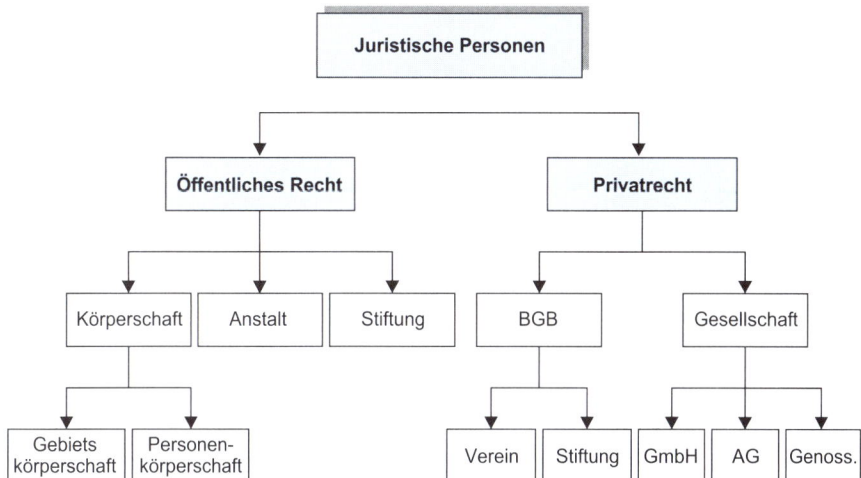

2. Arten

Bei **juristischen Personen** unterscheidet man solche des 53

- **öffentlichen Rechts** wie
  - **Körperschaften** (z. B. die Gebietskörperschaften Bund, Länder, Gemeinden, die Personalkörperschaften der Industrie- und Handelskammern, Hochschulen des Staates), d. h., Personenverbände mit eigener Rechtspersönlichkeit als selbständige, von ihren Mitgliedern getrennte Einheiten zur Erreichung bestimmter Zwecke mit wechselnden Mitgliedern,
  - **Anstalten** (z. B. Bundesbank, Sparkassen, ZDF), d. h. Organisationen mit eigener Rechtspersönlichkeit, die von einer juristischen Person des öffentlichen Rechts (Anstaltsherrn) zur Besorgung besonderer Angelegenheiten des Anstaltsherrn für die Benutzer getragen werden,
  - **Stiftungen** (z. B. Stiftung Preußischer Kulturbesitz), d. h. Vermögen mit eigener Rechtspersönlichkeit, die auf Dauer einem bestimmten Zweck gewidmet sind;
- **Privatrechts** wie
  - **rechtsfähige Vereine** (z. B. Sportverein als eingetragener Idealverein), d. h. Personenverbände mit eigener Rechtspersönlichkeit und Namen als selbständige von ihren Mitgliedern getrennte rechtliche Einheiten zur Erreichung bestimmter Zwecke mit wechselnden Mitgliedern (§§ 21 ff. BGB),
  - **Stiftungen des privaten Rechts** (z. B. Zeiss-Stiftung), d. h. Vermögen mit eigener Rechtspersönlichkeit, die auf Dauer einem bestimmten Zweck gewidmet sind (§§ 80 ff. BGB),
  - **Kapitalgesellschaften** (GmbH, AG, KGaA),
  - **Genossenschaften** (eG).

Bezüglich der juristischen Personen wird auf die Ausführungen zum Gesellschaftsrecht verwiesen (Rn. 694 ff.).

III. Rechtsobjekte

Schaubild 11: *Rechtsobjekte*

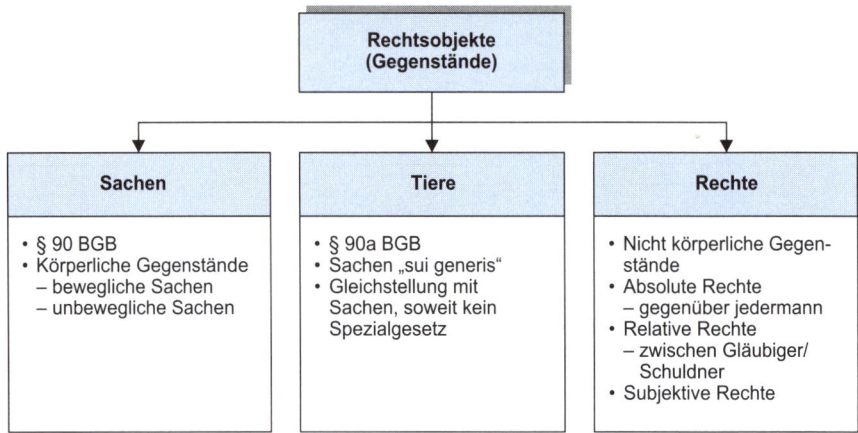

1. Rechte

54 Die zahlreichen unkörperlichen Rechte lassen sich zusammenfassen als **relative Rechte** (Forderungen), **absolute Rechte** (dingliche Rechte) und **subjektive Rechte** (Befugnis, die einem Rechtssubjekt zugeordnet ist).

a) Relative und absolute Rechte

> **Fall 7**: Die G GmbH ist Eigentümerin eines Baustellenwagens. Eines Nachts verwüsten drei Burschen (A, B und C) diesen Wagen und entwenden ihn. Welche Rechte hat G gegen A, B und C?

(1) Bei Rechten kann zwischen absoluten und relativen Rechten unterschieden werden. **Absolute Rechte wirken gegenüber jedermann.** Solche Rechte geben dem Inhaber einen absoluten Schutz gegen jede Verletzung. Zu den absoluten Rechten zählt das Persönlichkeitsrecht, die in § 823 I BGB genannten Lebensgüter Leben, körperliche Unversehrtheit, Gesundheit und Freiheit, das Eigentum, das Namensrecht oder Immaterialgüterrechte wie das Patentrecht und das Urheberrecht.

> Die GmbH hat als juristische Person und Eigentümerin des Baustellenwagens einen Schadensersatzanspruch gegen die Schädiger A, B und C (§§ 823 I, 840 BGB). Diese haben das **absolut geschützte Eigentumsrecht** der G (§ 823 I BGB) vorsätzlich verletzt. Soweit A, B und C den Wagen unbefugt weggenommen haben, kann G von ihnen die Herausgabe verlangen (§ 985 BGB). Jedermann muß das Eigentum der G am Wagen respektieren; jedermann kann es verletzen, indem er den in dem Eigentum der G stehenden Wagen beschädigt oder wegnimmt.

(2) Im Gegensatz zu absoluten Rechten wirken **relative Rechte nur zwischen bestimmten Personen** innerhalb eines vertraglichen Schuldverhältnisses (z.B. durch Abschluß eines Kaufvertrages) oder eines gesetzlichen Schuldverhältnisses (z.B. durch eine unerlaubte Handlung). Die beiden durch diese Schuldverhält-

nisse verbundenen Personen heißen **Gläubiger** und **Schuldner**. Das typisch relative Recht zwischen Gläubiger und Schuldner ist der **Anspruch des Gläubigers**, von einem bestimmten Schuldner ein bestimmtes Tun oder Unterlassen verlangen zu können (vgl. § 194 BGB). Wegen der Relativität des Anspruchs kann daher grundsätzlich nur der Schuldner die Rechtsposition des Gläubigers verletzen.

> Da A, B und C vorsätzlich den Bauwagen der G beschädigt haben, ist G Gläubigerin eines Schadensersatzanspruchs aus § 823 I BGB gegen die gemeinschaftlichen Schuldner A, B, und C (§ 840 BGB). G hat einen Anspruch auf Entschädigung, also ein relatives Recht aus dem gesetzlichen Schuldverhältnis einer unerlaubten Handlung.

b) Subjektive Rechte

> **Fall 8:** Der Gebrauchtwagenhändler V verkauft an den Studenten K einen Pkw, verschweigt aber bewußt, daß es sich um einen Unfallwagen handelt. Ist K an den Kaufvertrag gebunden? **55**

Subjektive Rechte wurden bereits als Berechtigung, die einem Rechtssubjekt zugeordnet ist, umschrieben. Gemeint sind damit die von der Rechtsordnung gewährten und geschützten „**Machtpositionen**" des einzelnen, soweit sie keiner der beiden vorgenannten Rechtsarten – relatives und absolutes Recht – zugehören. Im wesentlichen werden damit die **Gestaltungsrechte** und **Einreden** charakterisiert.

(1) Ein Gestaltungsrecht entsteht meistens innerhalb einer bestimmten Rechtsbeziehung und gibt dem Berechtigten das Recht, dieses Rechtsverhältnis zu gestalten, meistens aufzulösen. Solche Gestaltungsrechte ergeben sich aus entsprechenden **vertraglichen Vereinbarungen** oder aus dem **Gesetz**.

> **Beispiele**: Kündigungsrecht eines Mietverhältnisses, Kündigungsrecht eines Gesellschaftsverhältnisses, Anfechtungsrecht eines Kaufs wegen Irrtums, Vorkaufsrecht, Rücktrittsrecht

Zur wirksamen Ausübung von Gestaltungsrechten ist eine empfangsbedürftige Willenserklärung, nicht jedoch die Zustimmung des anderen Teils erforderlich.

> K kann den Kaufvertrag wegen arglistiger Täuschung nach § 123 BGB anfechten. K kann – aber muß nicht – gegenüber V (§ 143 I BGB) binnen eines Jahres (§ 124 BGB) die Anfechtungserklärung abgeben. Dann ist das Rechtsgeschäft von Anfang an als nichtig anzusehen (§ 142 I BGB, vgl. näher Rn. 198 ff.).

(2) Die **Einrede** ist das Recht, die Erfüllung eines Anspruchs zu verweigern. Sie **56** gibt dem Berechtigten ein **Leistungsverweigerungsrecht** (vgl. Rn. 280).

> **Fall 9:** Der private Bauherr B kauft bei Baustoffhändler H Baumaterial auf Rechnung und „vergißt" die Bezahlung. Vier Jahre nach dem Kaufvertrag mahnt H den offenen Betrag an. B beruft sich auf Verjährung. Zu Recht?

Der Anspruch erlischt nicht, sondern er ist nur nicht mehr durchsetzbar, bleibt aber erfüllbar. Die Einrede ist also ein **Gegenrecht**. Der Anspruch ist damit so lange durchsetzbar, als der Schuldner sich nicht auf die Einrede beruft. Ein Gericht beachtet eine **Einrede** nur, wenn der Schuldner sie vorträgt, also **nicht von**

Amts wegen. Anders ist es bei sogenannten Einwendungen, die das Gericht von Amts wegen beachten muß.

> Der Kaufpreisanspruch des H (§ 433 II BGB) verjährt gemäß §§ 195, 199 BGB in 3 Jahren nach dem Jahr des Vertragsabschlusses. Die Verjährungseinrede des B berechtigt ihn, die Bezahlung zu verweigern (§ 214 I BGB, vgl. Rn. 255).

2. Sachen

a) Arten

57   Sachen im Sinne des Gesetzes sind nur **körperliche Gegenstände**. Nur an Sachen kann Eigentum, ein anderes dingliches Recht oder Besitz bestehen (§§ 90 ff. BGB). Hierbei werden **bewegliche (Mobilien)** und **unbewegliche Sachen (Immobilien)** unterschieden. Diese Unterscheidung ist unter anderem deswegen praxisrelevant, weil das Eigentum von unbeweglichen und beweglichen Sachen anders übertragen wird (vgl. §§ 873, 925 und § 929 BGB) und Grundstückskaufverträge nur rechtlich wirksam sind, wenn sie vor einem Notar geschlossen wurden (§ 311 b BGB).

Schaubild 12: *Übertragung des Eigentums*

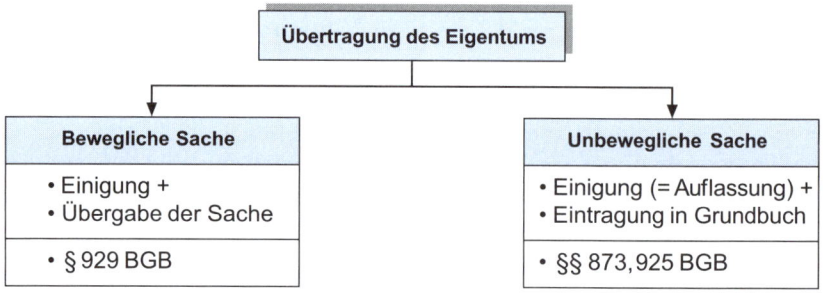

58   **(1) Unbewegliche Sachen** oder Immobilien sind nach dem BGB die Grundstücke. Ein Grundstück ist ein **abgegrenzter Teil der Erdoberfläche**, der im Grundbuch als selbständiges Grundstück eingetragen ist. Wie ein Grundstück wird das **Erbbaurecht** behandelt (§ 11 ErbbauVO), **nicht** jedoch das **Wohnungseigentum**, das nach § 3 WEG Sondereigentum an einer Wohnung ist, in Verbindung mit dem Miteigentumsanteil an dem gemeinschaftlichen Eigentum, zu dem es gehört.

59   **(2) Bewegliche Sachen** sind alle Sachen, die weder Grundstücke noch Grundstücksbestandteile sind. Insbesondere im Handelsrecht sind die beweglichen Sachen „Waren" von Interesse (vgl. §§ 373 ff. HGB).

Innerhalb der beweglichen Sachen werden vertretbare und unvertretbare Sachen unterschieden. **Vertretbar** sind Sachen, die im Rechtsverkehr nur als Stücke einer gewissen Gattung in Betracht kommen, so daß nicht die Individualität der Sache im Vordergrund steht, sondern deren Austauschbarkeit (§ 91 BGB).

> **Beispiele**: Geld, Wertpapiere, Lebensmittel, Brennstoffe, fabrikneue, serienmäßig hergestellte Maschinen

Nicht vertretbare Sachen sind im Rechtsverkehr individuell bestimmt. Hierunter fallen alle Einzelstücke, Sonderanfertigungen und Grundstücke.

> **Beispiele**: Maßarbeiten, Gebrauchtwagen, Antiquitäten

(3) **Tiere** sind nach § 90 a BGB **keine Sachen**, da das Tier als Mitgeschöpf nicht   60
der Sache gleichgestellt werden darf. Gleichwohl bestimmt § 90 a S. 2 BGB, daß
auf Tiere die für Sachen geltenden Vorschriften **entsprechend anzuwenden** sind,
soweit Spezialgesetze nicht etwas anderes bestimmen (z. B. TierschutzG, § 903
S. 2 BGB, §§ 765 a I 3 und 811 c I ZPO).

b) Bestandteile

Jede, auch die einfachste Einzelsache hat Bestandteile. So besteht ein Pkw aus Ka-   61
rosserie, Reifen, Motor, Getriebe und sonstigen Teilen. Das BGB geht nun von
dem Grundsatz aus, daß eine **Sache und ihre wesentlichen Bestandteile das gleiche rechtliche Schicksal** haben sollen, um so die nutzlose Zerstörung wirtschaftlicher Werte zu verhindern. Bei der rechtlichen Behandlung der Sachbestandteile
macht das Gesetz damit einen Unterschied, ob es sich um wesentliche Bestandteile, einfache Bestandteile oder Scheinbestandteile handelt.

Schaubild 13: *Sachen*

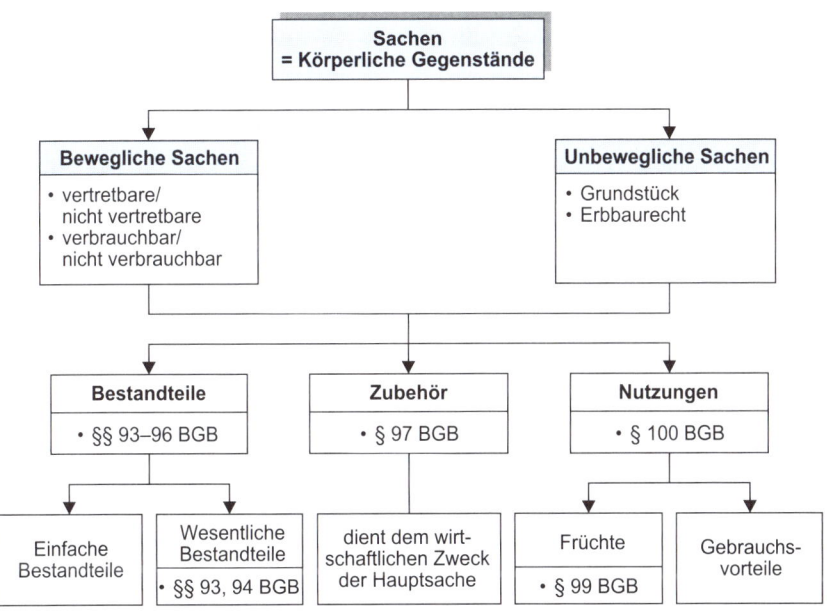

Fall 10: Der Zulieferbetrieb Z liefert Serienmotoren an den Mopedhersteller M und vereinbart, daß er das Eigentum an den Motoren bis zur vollständigen Bezahlung behält.
M wird insolvent. Kann Z die Motoren abholen und anderweitig verkaufen?

(1) Zu den **wesentlichen Bestandteilen** einer Sache gehören alle Teile, die **nicht**   62
voneinander getrennt werden können, ohne daß der eine oder andere Teil zerstört

oder im Wesen verändert wird (§ 93 BGB). Entscheidend ist also die **Trennbarkeit**, die sich weder auf das gelöste Teil, noch auf den Rest der Sache auswirkt. Es kommt also auf die wirtschaftliche Verwertbarkeit der Einzelteile und des Sachrests nach der Trennung an und nicht darauf, ob der Bestandteil für die Sache besonders wichtig ist. Bei der Beurteilung ist eine natürliche, wirtschaftliche Betrachtungsweise zugrunde zu legen unter Berücksichtigung der jeweiligen Verkehrsanschauung.

> Der **Motor** eines Mopeds ist, im Gegensatz zum Rahmen, in der Regel **kein wesentlicher Bestandteil**, da Motor und motorloses Rad je für sich wesensgemäß benutzt werden kann. Die Motoren von Z können ohne wirtschaftliche Nachteile aus den Mopeds ausgebaut und anderweitig eingebaut werden. Es kommt damit nicht darauf an, daß das Moped ohne Motor fahruntüchtig ist. Somit sind die Serienmotoren kein wesentlicher Bestandteil und Z kann bei Insolvenz des M als Verkäufer vom Kaufvertrag zurücktreten (§ 449 II BGB) und die Motoren aussondern und weiterverkaufen (§§ 985, 929, 158 I BGB; § 47 InsO).

Eine Erweiterung für **wesentliche Bestandteile eines Grundstücks** enthält § 94 BGB. Werden nämlich bewegliche Sachen mit einem Grundstück verbunden, so sind sie als wesentlich anzusehen, solange sie mit dem Grund und Boden zusammenhängen.

> **Beispiele**: Grundstücksgebäude, Heizungsanlage im Haus, Teppichboden, Fenster, Notstromaggregat für Großhotel, Grundstückspflanzen mit Einpflanzen

Die rechtliche Bedeutung liegt darin, daß die fest verbundenen oder zur Herstellung eines Gebäudes eingefügten Sachen als wesentliche Bestandteile nicht Gegenstand besonderer dinglicher Rechte sein können. Sie sind **sonderrechtsunfähig**. Kraft Gesetzes (§ 93 BGB) teilen die wesentlichen Bestandteile die dingliche Rechtslage, z.B. das Eigentum der ganzen Sache. Die Übereignung einer beweglichen oder unbeweglichen Sache erfasst damit immer auch deren wesentliche Bestandteile. Eine entgegenstehende Vereinbarung der Parteien ist nichtig. Wird eine Sache also wesentlicher Bestandteil einer anderen, erlöschen die an ihr bestehenden Rechte (§§ 946 ff. BGB). Dies gilt insbesondere für einen vereinbarten Eigentumsvorbehalt (vgl. Rn. 575 ff.).

> **Beispiel**: Kaufmann K kauft ein bebautes Betriebsgelände durch notariellen Vertrag. Das Betriebsgebäude wird automatisch mitgekauft, da Grundstück und Gebäude das gleiche rechtliche Schicksal haben. Das Grundstückseigentum hat Vorrang.

63   (2) Alle übrigen verbundenen Sachen, z.B. ein Bild und der Rahmen, sind im Umkehrschluss zu § 93 BGB **einfache Bestandteile** und damit uneingeschränkt **sonderrechtsfähig**. Sie können ein von der „Muttersache" verschiedenes Rechtsschicksal haben.

64   (3) Sachen, die nur zu einem **vorübergehenden Zweck** mit dem Boden verbunden oder in ein Gebäude eingefügt sind, gehören nicht zu den Grundstücksbestandteilen, sondern sind nur sogenannte **Scheinbestandteile** (§ 95 BGB).

> **Fall 11**: Emsig (E) pachtet ein Grundstück und errichtet darauf eine kleine Werkstatt aus Ziegel. Hat der Baustofflieferant B, welcher unter Eigentumsvorbehalt lieferte, sein Eigentum verloren?

Zur Zeit der Verbindung oder Einfügung muß die spätere Trennung beabsichtigt sein. Maßgebend ist also der **Wille des Verbindenden**. Dieser Wille, die Verbindung nur vorübergehend vorzunehmen, ist in der Regel zu bejahen, wenn der Verbindende in Ausübung eines **zeitlich begrenzten Nutzungsrechts** handelt (z. B. Miete, Pacht). Scheinbestandteile bleiben, auch wenn sie tatsächlich unbeweglich sind, im Rechtssinn bewegliche Sachen und unterliegen den für diese geltenden Regeln (§§ 929 ff. BGB).

> B hat durch den Einbau der Baustoffe nicht seinen Eigentumsvorbehalt verloren, da bei dem Pächter E, dessen Besitzrecht von vornherein zeitlich begrenzt ist, eine Vermutung für eine Verbindung zu einem vorübergehenden Zweck besteht (§ 95 BGB). Dies gilt auch dann, wenn E ein massives Bauwerk auf dem Pachtgrund errichtet.

c) Zubehör

> **Fall 12**: Hotelier H verkauft sein Hotel an K. Ist der Hotelbus mitverkauft, wenn die notarielle Kaufvertragsurkunde insoweit keine Regelung aufweist?　　　**65**

Zubehör sind **bewegliche** Sachen, die **nicht Bestandteile** sind und mit einer Hauptsache in einem gewissen **räumlichen Zusammenhang** stehen und letztlich ihrem **wirtschaftlichen Zweck** dienen (§ 97 BGB). Wichtige Abgrenzungskriterien sind somit,

- daß **sämtliche Bestandteile** (nicht nur wesentliche) **kein Zubehör** sein können,
- der **wirtschaftliche Zusammenhang** zwischen Hauptsache und Zubehör.

> **Beispiele**: Gewerbliches und landwirtschaftliches Inventar (§ 98 BGB), Materialreserven einer Fabrik

Das Zubehör ist an sich eine rechtlich selbständige Sache und damit sonderrechtsfähig, doch besteht in der Regel für Zubehör und Hauptsache die gleiche Rechtslage, insbesondere einheitliches Eigentum. Wichtig ist, daß das Zubehör auch der Haftung für eine auf dem Grundstück lastende Hypothek (§ 1120 BGB) und damit der Zwangsvollstreckung in das Grundstück unterliegt (§ 865 II 1 ZPO).

> K erwirbt den Hotelbus, der ausschließlich für Hotelzwecke genutzt wurde, als Zubehör auch ohne ausdrückliche Erwähnung im Kaufvertrag, da Zubehör im Zweifel mitverkauft ist (§§ 311c, 926 BGB).

d) Nutzungen

Nutzungen sind die **Früchte** einer Sache oder eines Rechts sowie die **Gebrauchsvorteile** (§ 100 BGB) wie z. B. das Bewohnen eines Hauses oder das Stimmrecht aus einem Gesellschaftsanteil. Wem diese Nutzungen zustehen und wer die Lasten zu tragen hat, sagt das Gesetz an verschiedenen Stellen (§§ 581, 1030, 987 ff. BGB).　　　**66**

Merksätze

1. **Rechtssubjekte** (§§ 1–89 BGB) sind die
   - **Natürliche Person**: lebender Mensch
   - **Juristische Person**:
     - Rechtlich geregelte Personenvereinigung oder Vermögensmasse
     - Selbst rechtsfähig
   - **Verbraucher und Unternehmer** (§§ 13, 14 BGB)

2. **Rechtsattribute des Menschen**
   - **Rechtsfähigkeit**: Träger von Rechten und Pflichten
   - **Handlungsfähigkeit**: Begründung von Rechten und Pflichten durch eigene Handlungen
     - **Geschäftsfähigkeit**: Begründung von Rechten und Pflichten durch eigene Willenserklärungen
     - **Deliktsfähigkeit**: Begründung von Pflichten durch eigene unerlaubte Handlungen
   - **Wohnsitz**: räumlicher Schwerpunkt der Lebensverhältnisse einer Person
   - **Name**: Kennzeichnung einer Person zur Unterscheidung
   - **Persönlichkeitsrecht**: Schutz der Privatsphäre aus Art. 1, 2 I GG

3. **Juristische Personen**
   - **Arten**
     - Öffentlich-rechtliche: Körperschaft, Anstalt, Stiftung
     - Privatrechtliche: rechtsfähiger Verein (§ 21 ff. BGB), Stiftung (§ 80 ff. BGB)

4. **System der Rechtsobjekte**: Gegenstände, an denen Personen Rechte wie Besitz und Eigentum ausüben können, sind
   - **Sachen**: körperliche Gegenstände
   - **Rechte**: nicht körperliche Gegenstände
   - **Tiere**: besondere Sachen

5. **Rechte**
   - **Relative Rechte** (Forderungen)
   - **Absolute Rechte** (dingliche Rechte)
   - **Subjektive Rechte**: Berechtigung, die einem Rechtssubjekt zugeordnet ist
     - Gestaltungsrechte (z. B. Kündigung, Anfechtung)
     - Einreden (z. B. Verjährung)

6. **Sachen** (§§ 90–103 BGB)
   - **Arten von Sachen**
     - Unbewegliche Sachen (Grundstücke, Wohnungseigentum)
     - Bewegliche Sachen (Waren)
   - **Bewegliche Sachen**
     - Vertretbare/nicht vertretbare
     - Verbrauchbare/nicht verbrauchbare
   - **Bestandteile**
     - Wesentliche Bestandteile: Trennung führt zur Vernichtung wirtschaftlicher Werte: sonderrechtsunfähig
     - Einfache Bestandteile: sonderrechtsfähig
     - Scheinbestandteile: willentliche Zeiteinbauten in Ausübung eines zeitlich begrenzten Nutzungsrechts
   - **Zubehör**
     - Bewegliche Sache
     - Kein Bestandteil der Hauptsache
     - Räumliches Verhältnis zur Hauptsache
     - Dient wirtschaftlichem Zweck der Hauptsache
   - **Nutzungen**
     - Früchte
     - Gebrauchsvorteile

7. Leitentscheidungen
- **Domain-Name**
  OLG Hamm, 13. 1. 1998, NJW-RR 1998, 909
- **Persönlichkeitsrecht – Caroline von Monaco**
  BVerfG, 15. 12. 1999, NJW 2000, 1021
- **Wärmepumpe wesentlicher Bestandteil**
  BGH NJW-RR 1990, 158
  BGHZ 18, 226 (Motor eines Kfz)

§ 3
Kaufmann, Firma und Handelsregister

Lernziele:

Nachdem Sie dieses Kapitel 3 durchgearbeitet haben, können Sie
- den Kaufmannsbegriff des HGB und seine Bedeutung im Rechtsverkehr erläutern.
- erklären, wann ein Unternehmen unter einer Firma auftreten muß und Sie kennen die Firmengrundsätze.
- die Bedeutung des Handelsregisters, das Eintragungsverfahren und seine Publizität erklären.

I. Kaufmann

Grundsätzlich gilt das Handelsrecht des HGB als Sonderprivatrecht nur für **67** Kaufleute. Die Vorschriften des HGB knüpfen also daran an, daß die an einem Geschäft Beteiligten oder doch einer von ihnen Kaufmann ist. Das Handelsrecht unterscheidet den **Kaufmann**, das heißt den in das Handelsregister eingetragenen Gewerbetreibenden aller Branchen, für den die Bestimmungen des HGB gelten, und den **Nichtkaufmann**. § 1 I HGB bestimmt: „Kaufmann ist, „**wer ein Handelsgewerbe betreibt**".

Ein Handelsgewerbe setzt voraus, daß
- die ausgeübte Tätigkeit ein **Gewerbe** darstellt und
- dieses **betrieben** wird und
- das Gewerbe den Gegenstand eines als **kaufmännisch qualifizierten Unternehmens** nach §§ 1 bis 6 HGB bietet.

Als solche Unternehmen werden unterschieden
- **Istkaufmann** kraft kaufmännisch eingerichtetem Geschäftsbetrieb (§ 1 II HGB),
- **Kannkaufmann** des Kleingewerbetreibenden oder Land- und Forstwirts (§§ 2, 3 HGB),
- **Kaufmann** kraft Eintragung im Handelsregister (§ 5 HGB),
- **Kaufmann** kraft Rechtsscheins (§ 242 BGB) und
- **Formkaufmann** der Handelsgesellschaften (§ 6 HGB).

Schaubild 14: *Kaufmann*

```
                          ┌──────────────────────┐
                          │      Kaufmann        │
                          └──────────────────────┘
                                     │
                                     ▼
                          ┌──────────────────────┐
                          │ Betreiben eines Gewerbes │
                          ├──────────────────────┤
                          │ • äußerlich erkennbar │
                          │ • selbständig        │
                          │ • planmäßig und dauerhaft │
                          │ • Gewinnerzielungsabsicht │
                          │ • nicht freier Beruf │
                          └──────────────────────┘
                                     │
                                     ▼
                          ┌──────────────────────┐
                          │   Arten der Kaufleute │
                          └──────────────────────┘
```

Istkaufmann	Kannkaufmann	Kaufmann kraft Eintragung	Kaufmann kraft Rechtsscheins	Formkaufmann
• Nach Art oder Umfang kfm. Einrichtung erforderlich wie – Buchführung – Mitarbeiterzahl – Umsatz/Gewinn • Deklaratorische Eintragung • § 1 HGB	• Kleingewerbe § 2 HGB • Land- und Forstwirt § 3 HGB • freiwillige, konstitutive Eintragung	• Bestehende Eintragung der Firma • Betriebenes Gewerbe • Objektive Rechtssicherheit hat Vorrang: Verkehrsschutz • § 5 HGB	• Rechtsschein-grundlage ist Auftreten als Kaufmann, ohne es zu sein • Vertrauensschutz gutgläubiger Dritter • § 242 BGB	• Handelsgesellschaften • Unternehmensgegenstand unerheblich • § 6 HGB

1. Gewerbe

68   **Fall 1:** Der Steuerberater S betreibt eine gutflorierende Kanzlei. Ist S Kaufmann?

(1) Wie sich aus § 1 I HGB ergibt, ist Kaufmann, wer ein Handelsgewerbe betreibt. Damit wird vorausgesetzt, daß das Unternehmen überhaupt ein Gewerbe darstellt. Der Gewerbebegriff ist **nicht gesetzlich definiert** und wird der Konkretisierung durch die Rechtsprechung überlassen. Unter einem Gewerbe ist jede

- **äußerlich erkennbare,**
- **selbständige,**
- **planmäßig, auf gewisse Dauer,**
- mit **Gewinnerzielungsabsicht** ausgeübte Tätigkeit,
- die nicht „**freier Beruf**" ist,

zu verstehen. Da bei den Freiberuflern die persönliche Fähigkeiten im Vordergrund stehen und nicht die unternehmerische Organisation, betreiben Ärzte, Rechtsanwälte, Patentanwälte, Wirtschaftsprüfer und Steuerberater kein Gewerbe. Auch **Arbeitnehmer** im Betrieb sind wegen ihrer rechtlichen Unselbständigkeit **keine Gewerbetreibende.** § 84 I 2 HGB umschreibt den Selbständigen als jemand, der im wesentlichen seine Tätigkeit frei gestalten und seine Arbeitszeit bestimmen kann. Auch Gesellschafter einer Handelsgesellschaft sind keine Gewerbetreibenden.

S übt als Steuerberater einen freien Beruf aus (§ 1 II SteuerBerG, § 1 II PartGG). Er betreibt daher kein Gewerbe und damit erst recht kein „Handels"gewerbe nach § 1 I HGB. S ist als Freiberufler kein Kaufmann.

(2) Betrieben wird das Gewerbe von demjenigen, der aus den abgeschlossenen **69** Geschäften **persönlich berechtigt und verpflichtet** wird. Wer also Geschäfte nur in fremdem Namen (z. B. als unselbständiger Arbeitnehmer) oder als Verwalter fremden Vermögens abschließt (z. B. als Insolvenzverwalter, Geschäftsführer einer GmbH), ist kein Kaufmann. Kaufmann ist nur der Vertretene.

2. Arten der Kaufleute

Die Arten der Kaufleute sind in den §§ 1 bis 6 HGB festgelegt als Istkaufmann **70** (§ 1 HGB), Kannkaufmann (§§ 2, 3 HGB), Kaufmann kraft Eintragung (§ 5 HGB) und Formkaufmann (§ 6 HGB). Hinzu kommt der Kaufmann kraft Rechtsscheins (§ 242 BGB).

a) Istkaufmann

> **Fall 2:** Emsig (E) ist Bäcker und verkauft in seinem Geschäft seine von ihm hergestellten Waren. Ist E Kaufmann?

Nach § 1 II HGB ist jeder Gewerbebetrieb ein Handelsgewerbe, es sei denn, daß das Unternehmen nach Art **oder** Umfang einen in **kaufmännischer Weise eingerichteten** Geschäftsbetrieb nicht erfordert. Wichtige Indizien für eine kaufmännische Unternehmensorganisation sind die Notwendigkeit einer kaufmännischen Buchführung, Bilanzierung, Zahl der Mitarbeiter, Umsatz und Kundenkreis. Zu beachten ist, daß das Gesetz nicht darauf abstellt, ob eine kaufmännische Unternehmensorganisation vorhanden ist, sondern darauf, ob eine solche aus betriebswirtschaftlicher Sicht **erforderlich** ist, um das Unternehmen zu führen. Es kommt darauf an, dass der Gewerbetreibende einen hinreichenden Grad an **Professionalität** besitzt, der es rechtfertigt, ihn dem strengen Handelsrecht zu unterwerfen (OLG Dresden NJW-RR 2002, 33). Die Kaufmannseigenschaft tritt unter diesen Voraussetzungen **automatisch** ein und wird, wie die Negativformulierung zeigt, **bei jedem Gewerbebetrieb vermutet**. Im Zweifel wird die Existenz eines Handelsgewerbes anzunehmen sein. Hierbei spielt es keine Rolle, ob ein Handel mit Waren, eine Dienstleistung oder ein Handwerk betrieben wird. Beruft sich der Gewerbetreibende darauf kein Kaufmann im Sinne des HGB zu sein, muß er diese Vermutung anhand der vorgenannten Indizien zu Art oder Umfang des Geschäftsbetriebs widerlegen.

Mit der Geschäftsaufnahme ist der Betreiber eines Handelsgewerbes, ob er es will oder nicht, Istkaufmann. Die **Eintragung** seines Handelsnamens, also der Firma (§ 17 HGB), in das Handelsregister, zu der nach § 29 HGB eine Anmeldepflicht besteht, hat also nur **deklaratorische** (rechtsbekundende), jedoch keine konstitutive (rechtsbegründende) Bedeutung.

Nur wenn das Unternehmen nach Art oder Umfang einen in kaufmännischer Weise eingerichteten Gewerbebetrieb nicht erfordert, handelt es sich um einen **Nichtkaufmann**.

> **Beispiel:** Der Betreiber einer Dönerbude mit einem monatlichen Umsatz von € 10 000 ist in der Regel kein Kaufmann (KG, 21. 10. 2002 – 3 U 255/01).

Es besteht aber die Möglichkeit, freiwillig als Kannkaufmann nach § 2 HGB für eine Eintragung in das Handelsregister zu optieren, ohne daß es dafür einer Begründung oder eines bestimmten Geschäftsumfangs bedarf.

> Bäcker E, dessen Haupttätigkeit im Vertrieb der von ihnen hergestellten oder bearbeiteten Produkte besteht, ist als Handwerker Istkaufmann nach § 1 II HGB, wenn sein Unternehmen einen in kaufmännischer Weise eingerichteten Geschäftsbetrieb erfordert.

b) Kannkaufmann

71   **Kaufmann kraft konstitutiver Eintragung** im Handelsregister, also Kannkaufmann, sind der

- Kleingewerbetreibende (§ 2 HGB) und der
- land- und forstwirtschaftliche Betrieb (§ 3 HGB).

(1) Ein gewerbliches Unternehmen, welches nicht schon nach § 1 II HGB Handelsgewerbe ist, gilt als Kannkaufmann nach § 2 HGB, wenn die Firma des Unternehmens in das Handelsregister eingetragen ist. Der Gesetzgeber überläßt es damit dem **Kleingewerbetreibenden**, sich auf Wunsch in das Handelsregister eintragen zu lassen und dadurch Kaufmann zu werden. In diesem Fall ist die **Eintragung konstitutiv** für die Kaufmannseigenschaft. Solange man eingetragen ist, kann man sich dann nicht auf eine fehlende kaufmännische Unternehmensorganisation berufen (§ 5 HGB). Hat der durch Option zum Handelsregister Kaufmann gewordene Kleingewerbetreibende wieder das Bedürfnis, schlichter Gewerbetreibender zu werden, darf er wieder die Löschung im Handelsregister beantragen (§ 2 S. 3 HGB). Der Kleingewerbetreibende ist damit Kannkaufmann mit „Rückfahrkarte".

72   (2) Grundsätzlich ist der Land- und Forstwirt kein Kaufmann (§ 3 I HGB). Ein **land- und forstwirtschaftliches Unternehmen**, wozu auch Obst-, Gemüse- und Weinanbau gehören, kann sich aber in das Handelsregister als **Kannkaufmann** eintragen lassen, wenn nach Art und Umfang kaufmännische Einrichtungen erforderlich sind (§ 3 II HGB). Die **freiwillige Eintragung** ist dann konstitutiv. Entsprechendes gilt für land- und forstwirtschaftliche **Nebenbetriebe** (z. B. Mühle, Brauerei, Brennerei), wobei diese Nebenbetriebe auch getrennt vom Hauptbetrieb eingetragen werden können (§ 3 III HGB).

c) Kaufmann kraft Eintragung

73   Manchmal sind Unternehmer mit einer Firma im Handelsregister eingetragen, ohne daß überhaupt ein Handelsgewerbe betrieben wird. Im Interesse der **Rechtssicherheit** stellt § 5 HGB die **unwiderlegbare Vermutung** auf, daß der im Handelsregister durch ein Versehen des Registergerichts eingetragene Gewerbetreibende **Kaufmann** ist. § 5 HGB stellt also klar, dass derjenige, der im Handelsregister eingetragen ist, als Kaufmann zu behandeln ist. Hat der Kaufmann allerdings sein Gewerbe aufgegeben und den Betrieb ganz eingestellt, ist § 5 HGB nicht anwendbar („das unter der Firma **betriebene** Gewerbe").

Voraussetzung ist in jedem Fall, daß unter der eingetragenen Firma ein echtes **Gewerbe** betrieben wird. Ob der eingetragene Fiktivkaufmann oder sein Geschäftspartner die falsche Eintragung kennt oder wissen müßte, ist dabei unerheblich. Der Fiktivkaufmann gilt als Kaufmann, bis die Löschung im Handelsregister eingetragen ist.

> **Beispiel:** Steuerberater S ist als Freiberufler zu Unrecht eingetragen. S betreibt kein Gewerbe und gilt auch nicht als Kaufmann, da der Fiktivkaufmann nach § 5 HGB immer ein Gewerbe verlangt.

d) Kaufmann kraft Rechtsscheins

Wird durch Angabe einer Firma auf Geschäftspapieren oder in Anzeigen der Anschein eines kaufmännischen Unternehmens hervorgerufen, greift § 5 HGB nicht ein. Diese Lücke im Gesetz wird durch die **Lehre vom Rechtsschein** (§ 242 BGB) geschlossen. Wer wahrheitswidrig gegenüber gutgläubigen Geschäftspartnern als Kaufmann auftritt, wird nach Treu und Glauben so behandelt, als ob er tatsächlich Kaufmann wäre. Der Scheinkaufmann muss gegenüber gutgläubigen Dritten den Schein als echt gelten, sich also als Kaufmann behandeln lassen.   **74**

> **Beispiel:** Ein Kleingewerbebetreibender oder Freiberufler bezeichnet sich im Briefkopf mit „e. K.“.

e) Formkaufmann

> **Fall 4:** Die Steuerberatungsgesellschaft S GmbH ist im Handelsregister eingetragen. Ist die S GmbH Kaufmann?   **75**

Die **Handelsgesellschaften** (OHG, KG und GmbH, AG, KGaA, eG) haben kraft ihrer Rechtsform Kaufmannstatus.

> **Beispiele:** OHG, KG (§§ 105 I, II, 161 I HGB), AG (§ 3 AktG), KGaA § 278 III AktG), GmbH § 13 III GmbHG), eG (§ 17 II GenG)

Dies gilt nicht nur für die Kapitalgesellschaften wie die GmbH oder AG, sondern durch die Neufassung des § 105 II HGB auch für die **kannkaufmännische OHG bzw. KG** und solche die nur „eigenes Vermögen verwalten“. Nach § 105 II HGB kann jede nichtgewerbliche Außengesellschaft OHG oder KG freiwillig eingetragen werden und ist dann Kaufmann nach § 6 I HGB.

> Obwohl die S GmbH kein Gewerbe betreibt, muß sie sich wegen § 6 HGB wie ein Gewerbetreibender behandeln lassen (§ 13 III GmbHG).

3. Bedeutung der Kaufmannseigenschaft im Rechtsverkehr

a) Handelsrechtliche Rechte und Pflichten

(1) Als Adressat der Vorschriften des HGB sieht sich der Kaufmann einer Vielzahl von handelsrechtlichen Pflichten und Rechten gegenüber. Daneben ist der Kaufmann Unternehmer im Sinne des § 14 I BGB (vgl. Rn. 39).   **76**

(2) Folgende wesentliche Rechtsfolgen bringt die Kaufmannseigenschaft mit sich:

- Der Kaufmann hat eine **Anmeldepflicht** aller anmeldepflichtigen Tatsachen zum Handelsregister (§§ 14, 29, 31 HGB).
- Der Kaufmann darf neben seinem bürgerlich-rechtlichen Namen einen besonderen handelsrechtlichen Namen, die **Firma**, führen (§§ 17 ff., 37a HGB).
- Der Kaufmann kann inländische und ausländische **Zweigniederlassungen** gründen (§ 13 HGB).
- Hinsichtlich der Bestellung von Bevollmächtigten ist der Kaufmann berechtigt, sich durch einen **Prokuristen** vertreten zu lassen (§§ 48 ff. HGB).
- Der Kaufmann ist verpflichtet, **Handelsbücher** zu führen, sowie zur Inventarerrichtung, zur Bilanzerstellung und zur Fertigstellung des Jahresabschlusses (§§ 238 ff. HGB).
- Bei **Handelsgeschäften** kann der Kaufmann auf die Regelungen in §§ 343 bis 372 HGB zurückgreifen und hat insbesondere fehlerhafte Warenlieferungen unverzüglich zu **rügen** (§ 377 HGB).
- Der Kaufmann verliert den Schutz bestimmter **Formvorschriften** wie z.B. § 350 HGB (Form einer Bürgschaft).
- Im **Handelsverkehr** nehmen viele Banken und Unternehmen den geschäftlichen Kontakt nur mit solchen Kaufleuten auf, die in das Handelsregister eingetragen sind.

b) Verfahrensrechte

77 Der Kaufmann kann unter seiner Firma **klagen und verklagt** werden (§ 17 II HGB). Er kann einen Zivilprozeß beim Landgericht vor der **Kammer für Handelssachen** führen, dort **Handelsrichter** werden und ohne Einschränkungen einen **Gerichtsstand** in seinen allgemeinen Geschäftsbedingungen vereinbaren (§ 38 ZPO). Vorformulierte Gerichtsstandsvereinbarungen mit einem Nichtkaufmann sind daher unwirksam.

II. Handelsfirma

1. Begriff und Bedeutung

a) Begriff

78 Die Firma ist der **Handelsname des Kaufmanns**, unter dem er im Handelsverkehr seine Geschäfte betreibt, seine Unterschrift abgibt sowie klagen und verklagt werden kann (§ 17 HGB). Der Einzelkaufmann hat also zwei Namen, seinen bürgerlichen Namen und seine Firma als Handelsname. Die Firma bezeichnet den Unternehmensträger.

b) Bedeutung

79 Zweck der Handelsfirma ist es, die **kaufmännische** und die **private Seite** im Hinblick auf die Geschäftstätigkeit zu trennen, **Verwechslungen** mit namensgleichen Kaufleuten am gleichen Ort zu vermeiden (§ 30 HGB) und schließlich bei einem **Wechsel des Inhabers** das angesammelte Vertrauenskapital, den sogenannten „Goodwill", durch Beibehaltung der alten Firma zu erhalten (§ 22 HGB). Die Firma wird als Bestandteil des „eingerichteten und ausgeübten Gewerbebetriebes" wie ein absolutes Recht nach § 823 I BGB (vgl. Rn. 662) geschützt.

Schaubild 15: *Firma*

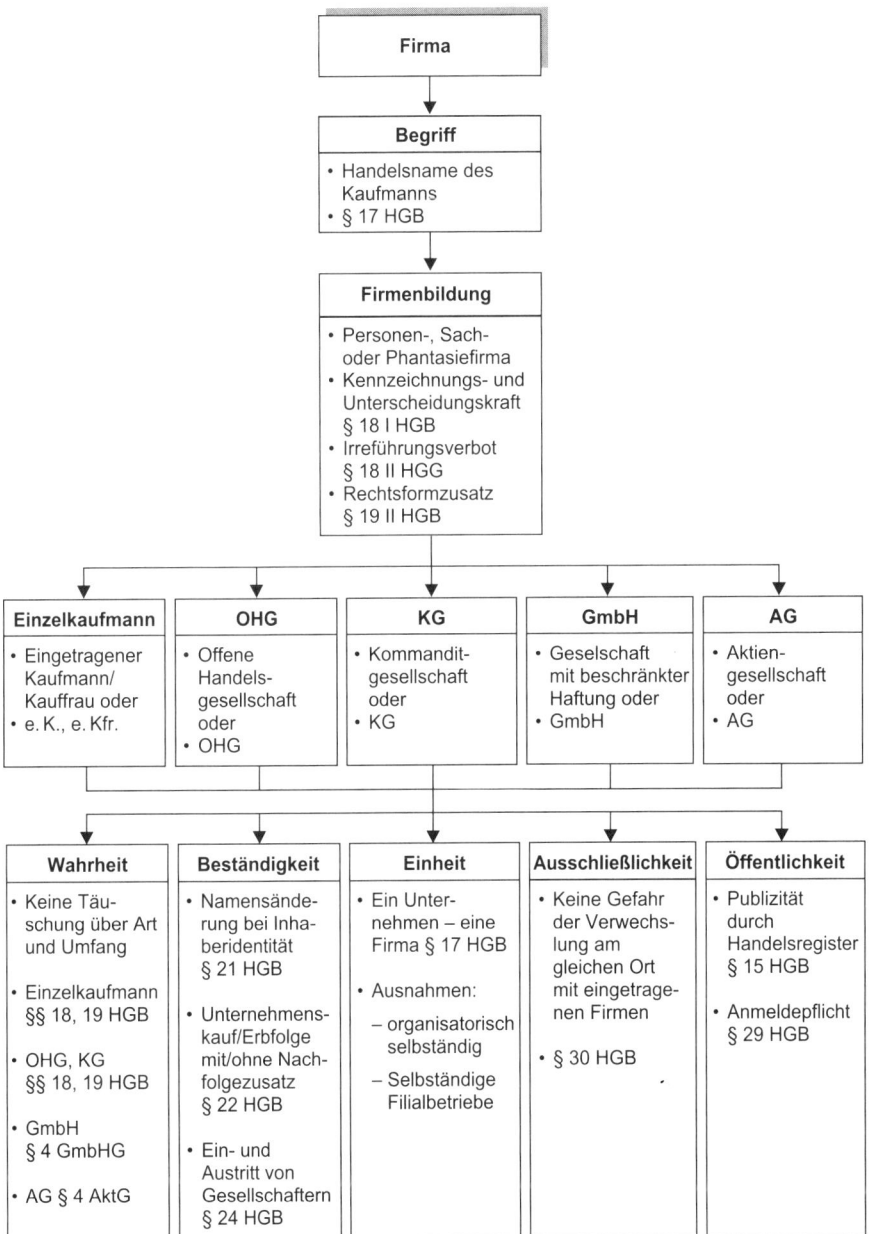

c) Abgrenzung zu Geschäftsbezeichnung

80 Mit der Firmenbezeichnung darf nicht die Geschäftsbezeichnung verwechselt werden. Während die **Firma nur durch einen Kaufmann** geführt werden darf, kann die Geschäftsbezeichnung auch von Nichtkaufleuten gebraucht werden.

> **Beispiele**: Parkhotel, Burgapotheke, Video-Center, Fahrschule Merkur, Management-Seminare Heidelberg

Der **Unterschied** zwischen Firma und Geschäftsbezeichnung liegt darin, daß die Firma den Inhaber des Unternehmens individualisiert, die Geschäftsbezeichnung dagegen nur auf das Unternehmen selbst hinweisen darf. Die Geschäftsbezeichnung dient also der **Spezifizierung des Geschäfts**. Liegt eine firmenähnliche Geschäftsbezeichnung vor, ist sie unzulässig und wird vom Registergericht untersagt (§ 37 I HGB). Auf Geschäftsbezeichnungen findet das Firmenrecht keine Anwendung, sondern nur das Namensrecht des BGB (§ 12 BGB).

2. Grundsätze der Firmenbildung

81 Die Bildung der Firma ist nicht uneingeschränkt möglich, sondern die §§ 18 ff. HGB und die §§ 4, 279 AktG, § 4 GmbHG enthalten Regelungen, die sicherstellen wollen, daß die Firma den Unternehmensträger zutreffend angibt. Aus diesen Vorschriften lassen sich die Grundsätze der

- Firmenwahrheit (§§ 18, 19 HGB),
- Firmenbeständigkeit (§§ 21, 22, 24 HGB),
- Firmeneinheit,
- Firmenausschließlichkeit (§ 30 HGB) und
- Firmenöffentlichkeit (§§ 29, 31 HGB)

entnehmen.

a) Firmenwahrheit

82 **Fall 5:** Karl Emsig gründet ein Mietwagenunternehmen als Einzelkaufmann. Er will wissen, wie seine Firma lauten kann.

(1) Das Firmenrecht will dadurch Firmenwahrheit und Klarheit schaffen, daß § 18 I HGB eine **Kennzeichnungs- und Unterscheidungskraft** der Firma und ein **Irreführungsverbot** fordert (§ 18 II HGB) und bei allen Rechtsformen einschließlich der Einzelunternehmen ein **Rechtsformzusatz** notwendig ist (§ 19 HGB). Damit besteht nunmehr in der Wahl des Firmenkerns eine weitgehende Freiheit, so daß für Einzelkaufleute und die Personenhandelsgesellschaften OHG und KG eine **Personalfirma** mit dem bürgerlichen Namen des Inhabers, eine **Sachfirma** mit dem Unternehmensgegenstand oder eine **Phantasiefirma** zulässig sind. Nach der Devise „Erlaubt ist, was gefällt" ist auch eine **Mischfirma** zwischen Personen- und Sachfirma mit kennzeichnenden Erläuterungen möglich. Auch das **@-Zeichen** kann Bestandteil des Firmennamens sein (LG Berlin NJW-RR 2004, 835; aA BayObLG NJW 2001, 2337).

> **Beispiele**: Fa. Felix Mayer e. K.; Fa. Felix Mayer KG; Fa. Sport-Rad KG; Fa. Lady Sunshine e. Kfr. Bräunungsstudio; Fa. Gute-Nacht-Hotel e. K.; Fa. Nick Knatterton Detektei OHG

In keinem Fall darf jedoch der Firmenname durch täuschende Firmenzusätze über geschäftliche Verhältnisse wie über Art, Umfang oder Organisationsform irreführen.

> **Beispiele:** Unzulässig ist
> - der Zusatz „Großmarkt" für Einzelhandelsunternehmungen
> - „deutsch", wenn das Unternehmen nicht nach Ausstattung und Umsatz auf den ganzen deutschen Markt zugeschnitten ist
> - Fa. 1, 2, 3 oder Fa. Fivty wegen fehlender Unterscheidungskraft
> - der Mißbrauch eines bekannten Namens wie „Claudia Schiffer" bei einer Boutique „Claudia Schiffer Mode GmbH"

(2) Die Firma des **Einzelkaufmanns** muß die Bezeichnung „eingetragener Kauf- **83** mann/Kauffrau" oder Abkürzungen davon wie „e. K." enthalten (§ 19 I Nr. 1 HGB). Auch **OHG** und **KG** müssen in der Firma ihre Rechtsform nennen (§ 19 I Nr. 2, Nr. 3 HGB). Auch ein Kommanditist einer KG kann in den Firmennamen aufgenommen werden. Zudem muß der Firmenname mit Rechtsform, der Ort der Handelsniederlassung, das Registergericht und die Nummer der Handelsregistereintragung auf allen **Geschäftsbriefen** gleichviel welcher Form (also auch auf **E-Mails**) einschließlich der Bestellscheine angegeben werden (§§ 37a, 125a HGB).

Die Firma des Mietwagenunternehmens im Fall 5 kann also beispielsweise lauten Fa. Emsig e. K., Fa. Emsig Mietauto e. Kfm., Fa. Rasant Mietwagen e. K.

b) Firmenbeständigkeit

Firmenbeständigkeit besagt, daß die Ursprungsfirma beibehalten werden darf, **84** obwohl sich der Name des Einzelkaufmannes geändert oder der Unternehmensinhaber gewechselt hat (§§ 21, 22, 24 HGB). Im Interesse der Erhaltung des Verkehrswerts (Goodwill) erfolgt also eine Durchbrechung der Firmenwahrheit.

> **Beispiel:** Gabriele Müller, Inh. der Fa. Gabriele Müller e. Kfr., Drogeriewaren, heiratet Karl Meyer. Sie kann auch in Zukunft unter ihrem alten Firmennamen firmieren (§ 21 HGB).

c) Firmeneinheit

Für ein und dasselbe Unternehmen darf nur eine Firma bestehen. Mehrere Fir- **85** men sind nur zulässig bei organisatorischer Selbständigkeit mehrerer Unternehmen.

d) Firmenausschließlichkeit

Dieser Grundsatz besagt, daß Firmen sich am selben Ort voneinander deutlich **86** **unterscheiden** müssen, um eine Verwechslungsgefahr auszuschließen (§ 30 HGB). Hierbei gilt der **Prioritätsgrundsatz**, d. h., die früher eingetragene Firma genießt Bestandsschutz und die neue Firma muß dann unterscheidende Zusätze aufnehmen.

e) Firmenöffentlichkeit

87   Der Kaufmann muß die Firma wählen, führen und zur Eintragung in das **Handelsregister** anmelden (§§ 29, 31 HGB). Durch die Eintragung und Bekanntmachung der Firma einschließlich aller Veränderungen wird die Offenkundigkeit der Firma gesichert.

3. Übertragung der Firma

88   Das Recht zur Firmenführung ist aufgrund der Vorschriften in den §§ 22 ff. HGB **grundsätzlich übertragbar.** Eine solche Übertragung ist jedoch **nur zusammen mit dem Handelsgeschäft** möglich (§ 23 HGB). Eine Veräußerung gegen den Willen des bisherigen Firmeninhabers bei Insolvenz ist jedoch nur dann zulässig, wenn die Firma nicht seinen bürgerlichen Namen enthält oder es sich um eine Kapitalgesellschaft (AG, GmbH) oder GmbH & Co. KG handelt. Der Inhaberwechsel durch Unternehmenskauf und die Probleme der Firmenfortführung werden bei Rn. 528 ff. behandelt.

4. Schutz der Firma

89   (1) Gebraucht ein Dritter unzulässigerweise eine ihm nicht zustehende Firma, dann ist der Inhaber durch das Registergericht geschützt, das gegen jeden Mißbrauch mit Ordnungsgeld einschreitet (**öffentlich-rechtlicher Schutz** nach § 37 I HGB).

90   (2) **Privatrechtlich** kann der Firmeninhaber sich wehren mit einer
- **Unterlassungsklage** nach § 12 BGB bei Verletzung des Namensrechts oder Verwechslungsgefahr,
- **Unterlassungsklage** nach § 37 II HGB bei Verletzung der §§ 18 ff., 30 HGB,
- **Unterlassungs- und Schadensersatzklage** nach § 15 MarkenG bei zusätzlicher Eintragung der Firma als Marke in das Markenrechtsregister und
- **Schadensersatzklage** nach §§ 823 I, 823 II BGB iVm §§ 37 II HGB, 826 BGB.

III. Handelsregister und Unternehmensregister

1. Bedeutung

91   (1) Das Handelsregister ist ein **öffentliches Verzeichnis** wie z. B. das Grundbuch, das Vereinsregister oder die Patentrolle. Es dient zur **Offenlegung** der wichtigen Rechtsverhältnisse der kaufmännischen Unternehmen zur Sicherung des Handelsverkehrs (§ 9 I HGB). Das neugeschaffene **Unternehmensregister** enthält über dessen Internetseite (www.unternehmensregister.de) vielfältige unternehmensrelevante Informationen (§ 8 b HGB).

(2) Das Handelsregister wird von den **Amtsgerichten** der jeweiligen Niederlassung elektronisch geführt (§ 8 HGB). Das Verfahren richtet sich im wesentlichen nach den §§ 125 ff. FGG und der Handelsregisterverordnung (HRV). Da das Handelsregister und das Unternehmensregister **öffentlich** sind, steht es **jedermann ohne Nachweis eines Interesses** zur Einsicht offen (§ 9 HGB), d. h., jeder hat ein
- Recht auf Einsicht (Abschreiben, Kopieren),

Schaubild 16: *Handelsregisterauszug, Abteilung A*

Nummer der Eintragung	a) Firma b) Ort der Niederlassung (Sitz der Gesellschaft) Gegenstand des Unternehmens (bei juristischen Personen)	Geschäftsinhaber Persönlich haftender Gesellschafter Vorstand Abwickler	Prokura	Rechtsverhältnisse	a) Tag der Eintragung und Unterschrift b) Bemerkungen
1	2	3	4	5	6
1	a) Karl Meyer b) Kempten	Karl Meyer Kaufmann in Kempten			a) 2. Januar 1998 gez. Kraus
2			Wolfgang Becker in Kempten u. Peter Weck in Lindau ist Gesamtprokura erteilt		a) 1. November 1998 gez. Kraus

- Recht auf Abschrift der Eintragungen,
- Recht auf Bescheinigung über die Abwesenheit von Eintragungen (Negativattest).

(3) Jede Eintragung wird in einem **elektronischen Protal** (www.handelsregister. de) bekannt gemacht (§ 10 HGB). Sie kann von jedem mit Internetanschluss jederzeit und an jedem Ort eingesehen werden (kostenfrei für Kaufleute). Bis zum 31. 12. 2008 erfolgt zusätzlich durch eine Bekanntmachung in einer Tageszeitung (Art. 61 IV 1 EGHGB).

2. Eintragungsverfahren

a) Einzutragende Tatsachen

(1) Welche Tatsachen über Kaufleute in das Handelsregister einzutragen sind, **92** ordnet das Gesetz an. Hier ist es dem Kaufmann nicht freigestellt, ob er eintragen läßt. **Eintragungspflichtig** sind z. B. die

- Eintragung des Istkaufmanns (§ 1 HGB),
- Firma, Ort der Niederlassung und deren Änderungen (§ 29 HGB),
- Unternehmenskäufe (§ 25 HGB),
- Insolvenzeröffnung (§ 32 HGB),
- Prokuraerteilung und deren Erlöschen (§ 53 HGB),

- Handelsgesellschaften (für OHG, KG §§ 106 ff., 161 ff. HGB; für AG § 39 AktG; für GmbH § 10 GmbHG).
- Ausschluß eines Gesellschafters von der Vertretung (§§ 106 II Nr. 4, 107 HGB)

93 (2) Von diesen eintragungspflichtigen Tatsachen sind die wenigen **eintragungsfähigen Tatsachen** zu unterscheiden. So können – müssen aber nicht – eingetragen werden

- der Ausschluß der Erwerberhaftung (§ 25 II HGB),
- Eintragung des Nebengewerbes eines Landwirts (§ 3 III HGB).

94 (3) **Nicht eintragungsfähig** sind z. B. die Höhe des Geschäftskapitals beim Einzelkaufmann, die Erteilung einer Handlungsvollmacht oder güterrechtliche Tatsachen, welche ins Güterrechtsregister gehören.

b) Anmeldung

95 Die Eintragung setzt eine elektronische Anmeldung durch den Beteiligten voraus (§ 12 HGB). Eine Eintragung von Amts wegen erfolgt grundsätzlich nicht (Ausnahme: z. B. Insolvenzverfahren, § 32 HGB). Der Anmeldepflichtige hat alle Anmeldungen durch Einreichung einer **öffentlich beglaubigten Erklärung** vor einem Notar (§ 129 BGB) elektronisch vorzunehmen. Wer seiner Anmeldepflicht oder seiner Pflicht zur Einreichung von Dokumenten nicht nachkommt, wird durch das Registergericht durch **Zwangsgeld** bis zu 5000 Euro hierzu angehalten (§ 14 HGB).

c) System des Handelsregisters

96 Das Handelsregister hat zwei Abteilungen. In der **Abteilung A** werden die Tatsachen über Einzelkaufleute, die OHG, die EWIV und die KG eingetragen. Die **Abteilung B** enthält dagegen die Angaben über Kapitalgesellschaften AG, KGaA und GmbH.

3. Wirkung der Eintragung

97 Die Eintragungen im Handelsregister wirken in der Regel nicht rechtsbegründend (konstitutiv, z. B. §§ 2, 25 II HGB, 11 I GmbHG), sondern meist nur **deklaratorisch**, d. h., sie dokumentieren eine auch ohne Eintragung schon bestehende Rechtslage.

> **Beispiele:**
> - Erteilung oder das Erlöschen der Prokura (§ 53 HGB)
> - Eintragung der Auflösung einer Gesellschaft (§ 143 HGB)

Wenn nun eine eintragungspflichtige Tatsache eingetragen oder nicht eingetragen ist, beurteilt sich der **öffentliche Glaube des Handelsregisters** nach § 15 HGB. Danach bewirkt das Handelsregister eine sogenannte negative oder positive Publizität, d. h., das Vertrauen auf die Eintragung bzw. Bekanntmachungen des Handelsregisters wird geschützt.

a) Negative Publizität

Fall 6: Kaufmann Klaus (K) hat Paul (P) zum Prokuristen bestellt und die ins Han-   **98**
delsregister eingetragene Bestellung widerrufen. Der Widerruf der Prokura wird entgegen § 53 HGB nicht zur Eintragung angemeldet. Der Schuldner S des K zahlt von der
Folgezeit an P in der Meinung, dieser sei noch Prokurist des K. Hat S wirksam seine
Schuld beglichen?

Negative Publizität bedeutet, daß **nicht eingetragene und nicht bekanntge-
machte Tatsachen** nicht gelten, außer ein Geschäftspartner (Dritter) kannte diese
Tatsache. Nach § 15 I HGB sind also **eintragungspflichtige Tatsachen** (z. B. §§ 2,
3, 13 bis 13h, 29, 31 bis 34, 53 HGB) so lange nicht beachtlich, wie sie noch nicht
eingetragen und auch nicht bekanntgemacht worden sind. Dieser Vertrauensschutz wird nur dann nicht zugebilligt, wenn der Dritte die einzutragende, wahre
Tatsache tatsächlich schon kennt.

§ 15 HGB gilt hierbei für deklaratorische wie für konstitutive Eintragungen, da
das Gesetz insoweit nicht unterscheidet. Im Falle einer deklaratorischen Eintragung (Hauptfall), wie die Eintragung der Erteilung der Prokura (§ 53 I HGB),
macht § 15 I HGB die Wirkung der einzutragenden Tatsache von der **Eintragung
und Bekanntmachung** abhängig. Eine Unterscheidung zwischen sog. Primär-
tatsachen, wie der Kaufmannseigenschaft oder der Prokuraerteilung, und sog. Se-
kundärtatsachen, wie z. B. die Löschung der Kaufmannseigenschaft nach §§ 2, 3
HGB oder der Widerruf der Prokura nach § 52 I, 53 II HGB ist im Gesetz nicht
vorgesehen.

Im Fall 6 hat S wirksam seine Schuld beglichen, da das Vertrauen des S in die Richtigkeit der noch bestehenden Prokuraeintragung geschützt wird. K müßte S nachweisen,
daß dieser den Widerruf aus anderer Quelle kennt, was aber nicht der Fall ist. Daß S
möglicherweise den Widerruf hätte kennen müssen, spielt keine Rolle.

b) Positive Publizität

Positive Publizität (§ 15 II HGB) bedeutet, daß **richtig eingetragene und be-**   **99**
kanntgemachte Tatsachen grundsätzlich gegen den Geschäftspartner wirken.
Solche Tatsachen werden also als bekannt vorausgesetzt. Nach § 15 II 2 HGB
kann allerdings ein Gutgläubiger noch 15 Tage nach der Bekanntmachung auf die
zuvor bestehende Rechtslage vertrauen.

Wäre im Fall 6 der Widerruf der Prokura richtig eingetragen und bekanntgemacht worden und S hätte einen Monat danach an P gezahlt, wäre S nicht von seiner Schuld los-
gekommen.

c) Schutz Dritter bei falscher Bekanntmachung

Nach § 15 III HGB kann sich bei unrichtiger Bekanntmachung einer **einzutra-**   **100**
genden Tatsache ein Dritter auf diese Falschbekanntmachung berufen, wenn er
ihre Unrichtigkeit nicht kannte. Im Streitfall muß dem Dritten die Bösgläubigkeit
nachgewiesen werden. Eingeschränkt wird der Anwendungsbereich des § 15 III
HGB dadurch, daß nicht allein die falsche Bekanntmachung ausreicht, sondern

der Betroffene zumindest irgendeinen Anlaß für den Falscheintrag gegeben haben muß.

> Wenn im Fall 6 K den Widerruf der Prokura ordnungsgemäß angemeldet hätte, die Bekanntmachung jedoch infolge eines Druckfehlers des Registergerichts fehlerhaft war, kann sich K gegenüber gutgläubigen Dritten nicht auf den Widerruf berufen. § 15 III HGB greift ein, da K einen Eintragungsantrag gestellt hat und dadurch ein Tätigwerden des Registergerichts veranlaßt hat.

Merksätze

1. **Rechtsquelle**: §§ 1–37 a HGB

2. **Kaufmann**: wer ein Handelsgewerbe betreibt (§ 1 I HGB)
   - **Gewerbe**
     - äußerlich erkennbar
     - selbständig
     - planmäßig, auf gewisse Dauer
     - Gewinnerzielungsabsicht
     - nicht freier Beruf
   - **Betreiben**
     - wer aus abgeschlossenen Geschäften persönlich berechtigt und verpflichtet wird
     - Prokuristen, Geschäftsführer und Gesellschafter einer GmbH und kaufmännische Hilfspersonen sind keine Kaufleute
   - **Kaufmannsarten**
     - Istkaufmann kraft Betätigung (§ 1 II HGB)
     - Kannkaufmann kraft konstitutiver Eintragung (§§ 2, 3 HGB)
     - Kaufmann kraft Eintragung (§ 5 HGB)
     - Scheinkaufmann kraft Rechtsschein (§ 242 BGB)
     - Formkaufmann kraft Rechtsform (§ 6 HGB)

3. **Handelsfirma**
   - **Handelsname** des Kaufmanns (§ 17 HGB)
   - Grundsätze der **Firmenbildung**:
     - **Firmenwahrheit**:
       * Kennzeichnungs- und Unterscheidungskraft (§ 18 I HGB)
       * Irreführungsverbot (§ 18 II HGB)
       * Rechtsformzusatz (§ 19 HGB)
     - **Firmenbeständigkeit** (§§ 21, 22, 24 HGB): Möglichkeit der Firmenfortführung
     - **Firmeneinheit**: eine Firma für ein Unternehmen (§ 17 HGB)
     - **Firmenausschließlichkeit** (§ 30 HGB): Unterscheidbarkeit am Ort
     - **Firmenöffentlichkeit** (§§ 29, 31 HGB): Eintragungspflicht für firmenrelevante Vorgänge
   - **Pflichtangaben auf Geschäftsbriefen** (§ 37a HGB)

4. **Handelsregister, Unternehmensregister**
   - **Aufgabe**
     - **Handelsregister**
       * Publizitätswirkung durch Offenlegung aller Kaufleute
       * Publikationswirkung durch Mitteilungswirkung an alle Kaufleute
     - **Unternehmensregister** enthält alle unternehmensrelevanten Informationen (§ 8b II HGB)
   - **Zuständigkeit**
     - Amtsgericht (Registergericht), welches Handels- und Unternehmensregister elektronisch führt
     - Rechtspfleger

- **Aufbau**
  - Abt. A: Einzelkaufleute, OHG, EWIV, KG
  - Abt. B: Kapitalgesellschaften: GmbH, AG, KGaA
- **Publizitätswirkungen** (§ 15 HGB)
  - **Negative Publizität** zum Schutz des Dritten (§ 15 I HGB)
    * Eintragungspflichtige Tatsache
    * Keine Eintragung und Bekanntmachung
    * Keine Kenntnis des Dritten
  - **Positive Publizität** zum Schutz des Betroffenen (§ 15 II HGB)
    * Eintragungspflichtige Tatsache
    * Eintragung und Bekanntmachung
    * Ablauf von 15 Tagen seit Bekanntmachung
  - **Positive Publizität** zum Schutz des Dritten (§ 15 III HGB)
    * Eintragungspflichtige Tatsache
    * Unrichtige Bekanntmachung
    * Keine Kenntnis des Dritten von Unrichtigkeit

5. Leitentscheidungen
   - **Publizität Handelsregister**
     BGH, 5. 2. 1990, NJW-RR 1990, 737
   - **Handelsfirma mit Phantasiezusatz Meditec**
     BayObLG, 17. 5. 1999, BB 1999, 1401
   - **@-Zeichen als Firmenbestandteil**
     LG Berlin, 13. 1. 2004, NJW-RR 2004, 835
     OLG München, 7. 3. 2007, NJW-RR 2007, 1677

2. Kapitel: Rechtsgeschäfte und Allgemeines Schuldrecht mit handelsrechtlichen Bezügen

§ 4
Willenserklärung und Vertrag

Lernziele:

Nachdem Sie dieses Kapitel 4 durchgearbeitet haben, können Sie
- das Rechtsgeschäft mit seinen Arten, der Auslegung und Formerfordernissen erklären.
- das Handelsgeschäft als betriebsbezogenes Rechtsgeschäft des Kaufmanns verdeutlichen.
- den Aufbau einer Willenserklärung und ihr Wirksamwerden erläutern.
- darlegen, wie ein Vertrag nach BGB und im elektronischen Geschäftsverkehr zustande kommt.
- die Besonderheiten des Vertragsschlusses im Handelsverkehr und im elektronischen Geschäfsverkehr erläutern.
- das kaufmännische Bestätigungsschreiben als Handelsbrauch des HGB definieren.

I. Begriff und Einteilung der Rechtsgeschäfte

1. Begriff des Rechtsgeschäftes

Zentrales Instrument, eine rechtliche Entscheidung zu treffen, ist das Rechtsge- **101** schäft. Es setzt sich **mindestens aus einer Willenserklärung** sowie oft aus weiteren Tatbestandsmerkmalen (z. B. Form, Übergabe des Kaufgegenstands, Grundbucheintragung) zusammen. Die Funktion des Rechtsgeschäfts ist es, einen gewollten rechtlichen Erfolg herbeizuführen (Rechtsfolge). Als mögliche Rechtsfolgen kommen Verpflichtungen, Rechtsänderungen und Regelungen des Familien-, Erb- und Gesellschaftsrechts in Betracht.

2. Arten der Rechtsgeschäfte

a) Unterscheidung nach Zahl der Willenserklärungen

Man unterscheidet einseitige und zweiseitige Rechtsgeschäfte, wenn man die An- **102** zahl der zur Begründung eines Rechtsgeschäfts erforderlichen Willenserklärungen heranzieht.

(1) **Einseitige Rechtsgeschäfte** enthalten nur die Willenserklärung einer Person und lösen Rechtsfolgen aus, ohne daß eine Erklärung einer anderen Person erforderlich ist.

Beispiele: Kündigungserklärung, Testamentserrichtung, Vollmacht

Schaubild 17: *Arten von Rechtsgeschäften*

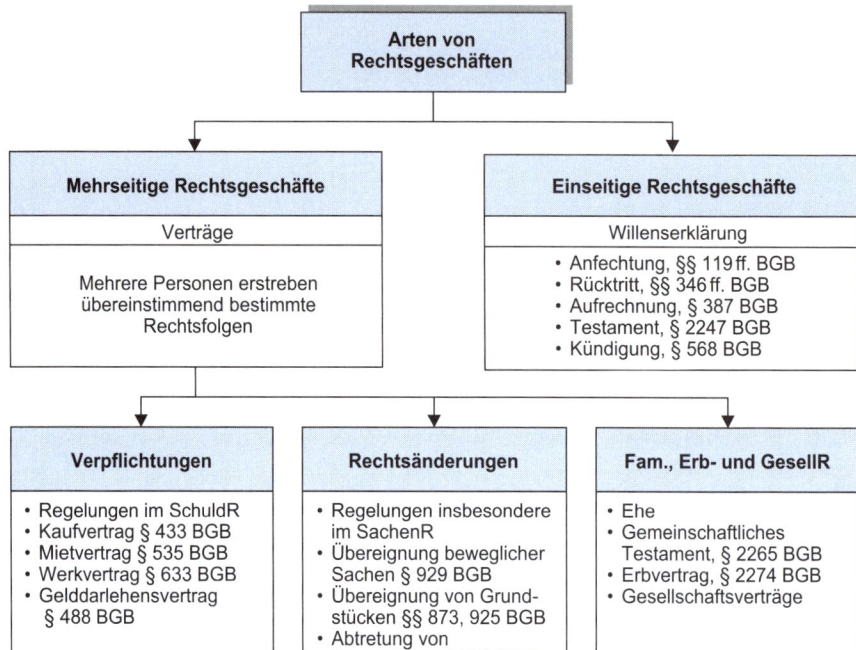

(2) **Mehrseitige Rechtsgeschäfte** enthalten die Willenserklärungen mehrerer, mindestens zweier Personen. Hierunter fallen alle Verträge, Gesellschaftsverträge und gesellschaftsrechtlichen Beschlüsse.

b) Unterscheidung zwischen Verpflichtungs- und Verfügungsgeschäften

103 (1) Rechtsgeschäfte können auch unterschieden werden zwischen Verpflichtungen und Verfügungen. Das deutsche Recht betrachtet das Verpflichtungsgeschäft und das Verfügungsgeschäft als **zwei selbständige Rechtsgeschäfte (Abstraktionsgrundsatz, vgl. Rn. 15).** **Verpflichtungsgeschäfte** begründen einen oder mehrere Ansprüche. Die meisten Verpflichtungsgeschäfte sind Verträge des Schuldrechts. **Verfügungsgeschäfte** wirken dagegen unmittelbar auf den Bestand eines subjektiven Rechts ein. Als Verfügung bezeichnet man daher jede Übertragung, Belastung, Änderung und Aufhebung eines Rechts. Weil die meisten Verfügungsgeschäfte im Sachenrecht geregelt sind, spricht man auch von dinglichen Rechtsgeschäften (vgl. Rn. 443).

> **Beispiele: Übereignung** eines Kfz nach § 929 BGB, **Belastung** eines Grundstücks mit einer Grundschuld (§§ 873, 1191 BGB), **Abtretung** einer Forderung (§ 398 BGB)

104 (2) Erst durch das Verfügungsgeschäft vermindern sich unmittelbar die **Aktiva des Verfügenden,** nicht jedoch durch das zugrundeliegende Verpflichtungsgeschäft. Zudem setzt das Verfügungsgeschäft für seine Wirksamkeit eine besondere „Macht" des Verfügenden (**Verfügungsmacht**) voraus, während für das Verpflichtungsgeschäft eine Verfügungsmacht nicht erforderlich ist. Verfügungsge-

schäfte eines sog. Nichtberechtigten bedürfen daher der Zustimmung des Berechtigten (§ 185 BGB), doch wird vielfach der gute Glaube des Erwerbers geschützt.

(3) Bei Verfügungen gilt zudem der Grundsatz der **Priorität**. Ist eine Sache einmal übereignet, kann sie von dem früheren Eigentümer, der jetzt nicht mehr Berechtigter ist, nicht nochmals übereignet werden. Eine spätere Verfügung ist grundsätzlich unwirksam. Eine solche Rangordnung besteht nicht bei Verpflichtungsgeschäften. **105**

3. Handelsgeschäfte

a) Begriff

> **Fall 1:** Der Elektrohändler E mietet Geschäftsräume in einem Einkaufszentrum. Ist dieser Mietvertrag ein Handelsgeschäft, obwohl er nicht zu den Geschäften des Unternehmensgegenstands gehört? **106**

Für Geschäfte, die ein Kaufmann in seinem Betrieb tätigt, gelten in Ergänzung und Abänderung der für alle Bürger geltenden privatrechtlichen Vorschriften des BGB die handelsrechtlichen Sonderbestimmungen der §§ 343 ff. HGB. Handelsgeschäfte sind alle Geschäfte eines Kaufmanns, die zum **Betriebe seines Handelsgewerbes** gehören (§ 343 HGB). Zwei Voraussetzungen müssen damit vorliegen. Derjenige, der das Geschäft tätigt, muß **Kaufmann** sein. Zum anderen muß ein **betriebsbezogenes Geschäft** vorliegen.

> **Beispiele**: Grundgeschäfte (dienen der Erhaltung der Substanz und der Erzielung von Gewinn), Hilfs- und Nebengeschäfte (betrifft Personal, Einrichtung, Finanzierung, Beteiligung)

Für die Betriebszugehörigkeit des Geschäfts spricht die Vermutung des § 344 HGB. Wenn also nicht eindeutig nachgewiesen werden kann, daß es sich um ein Privatgeschäft handelt, bleibt es bei der Vermutung. Der Kaufmann muß daher klar zum Ausdruck bringen, wenn er ein Privatgeschäft abschließen will. Hierfür hat er die Beweislast.

> E ist gemäß § 1 HGB Istkaufmann. Die Miete von Geschäftsräumen hat einen betrieblichen Zusammenhang, da nicht nur Geschäfte umfaßt werden, die den Unternehmensgegenstand ausmachen, sondern auch Hilfsgeschäfte.

b) Arten

Man unterscheidet einseitige und zweiseitige Handelsgeschäfte, je nach der Kaufmannseigenschaft der Beteiligten. **107**

- Grundsätzlich sind **einseitige Handelsgeschäfte ausreichend**, mit der Folge, daß das **HGB für beide Parteien gilt**, es sei denn, es ist etwas besonders bestimmt (§ 345 HGB).

> **Beispiel**: Der neunjährige Mathias (M) kauft bei Kaufmann K mit seinem Taschengeld eine CD. Es liegt ein Handelskauf vor, da ausreichend ist, daß nur ein Kaufmann beteiligt ist. Unschädlich ist auch die Minderjährigkeit des M gem. §§ 2, 106, 107, 110 BGB.

- Besonderheiten gelten für **einseitige Handelsgeschäfte** in §§ 347–350 HGB.
- Ein **beiderseitiges Handelsgeschäft** ist nur notwendig, wenn dies gesetzlich ausdrücklich bestimmt ist (§§ 369, 377 HGB).

c) Sondervorschriften

108 Die Vorschriften der Handelsgeschäfte nach §§ 343 ff. HGB regeln im wesentlichen

- die Bedeutung der **Handelsbräuche** sowie das Zustandekommen eines Vertrags durch Schweigen,
- den **Erwerb von Nichtberechtigten** in den Fällen, in denen der Erwerber bezüglich der Verfügungsbefugnis in gutem Glauben ist,
- das **Kontokorrentverhältnis**,
- das **kaufmännische Zurückbehaltungsrecht**,
- die Regeln über den **Handelskauf** sowie
- **besondere Vertragstypen** der Kommissions-, Speditions-, Lager- und Frachtgeschäfte.

Auf diese besonderen Vorschriften wird später im Sachzusammenhang näher eingegangen.

II. Willenserklärung

1. Tatbestandsmerkmale der Willenserklärung

109 Welche Anforderungen an eine Willenserklärung zu stellen sind, hat das Gesetz nicht geregelt. Als zentraler Baustein eines Rechtsgeschäfts ist sie eine auf einen **rechtlichen Erfolg** gerichtete **Willensäußerung**. Mit der Willenserkärung ist die Phase des inneren Überlegens zu Ende, und eine bestimmte rechtliche Folge wird beabsichtigt. Daher müssen **zwei Tatbestandsmerkmale** für eine Willenserklärung vorliegen:

- die – äußere – Erklärung, die darauf schließen läßt, welche Rechtsfolge der Erklärende will, den **objektiven Erklärungstatbestand der Willensäußerung**,
- der – innere – Wille mit der Erklärung eine Rechtsfolge herbeizuführen, den **subjektiven Erklärungstatbestand des Willens**.

a) Erklärung

110 **Fall 2:** S hebt bei einer Weinversteigerung die Hand, um seinen Freund zu begrüßen. Liegt ein rechtswirksamer Antrag zum Kauf vor?

(1) Der **objektive Tatbestand** einer Willenserklärung erfordert eine allgemein oder in bestimmten Geschäftskreisen erkennbare Äußerung, eine bestimmte Rechtsfolge zu wollen. Die Erklärung kann **ausdrücklich** erfolgen, es genügt auch ein **schlüssiges Verhalten**, aus welchem sich der Schluß auf einen bestimmten Willen ziehen läßt.

> **Beispiele:** Besteigen eines Busses für eine Vertragsannahme, Überweisung eines Rechnungsbetrages für die Erfüllung einer Schuld, Ingebrauchnahme einer Sache für eine Vertragsannahme, Mausklick und E-Mail im E-Commerce

111 (2) Dagegen reicht bloßes **Schweigen grundsätzlich nicht** aus. Das Gesetz behandelt ausnahmsweise manchmal Schweigen doch als Willenserklärung (z.B. §§ 108 II 2, 177 II 2 BGB (Ablehnung), §§ 545 BGB, 362 HGB (Zustimmung)).

Schaubild 18: *Empfangsbedürftige Willenserklärung*

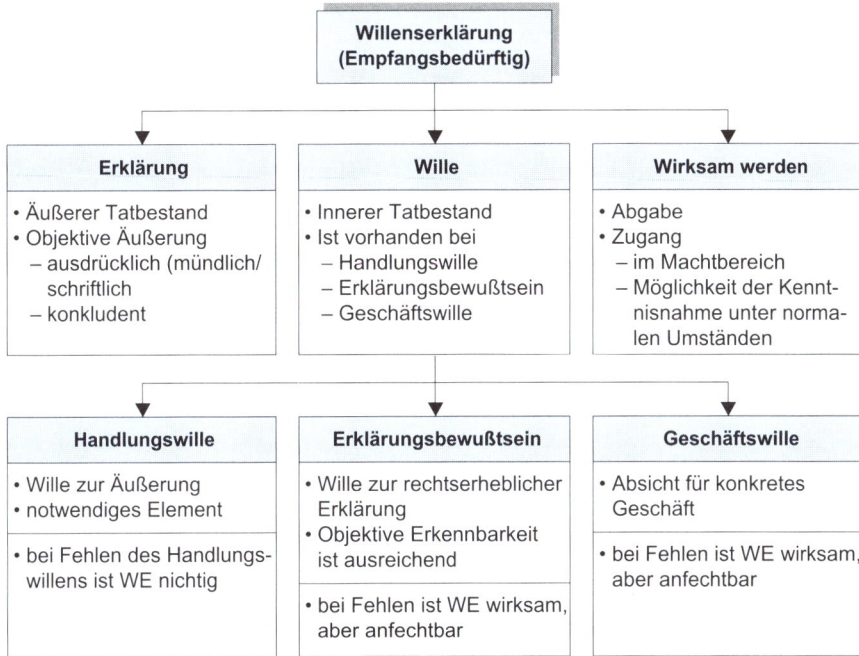

Der äußere Erklärungstatbestand, den S durch das Handaufheben bei einer Versteigerung gesetzt hat, läßt auf einen bestimmten Geschäftswillen, hier ein Vertragsangebot, schließen. Für den objektiven Tatbestand kommt es nicht darauf an, daß dieser Wille tatsächlich vorhanden ist, sondern nur darauf, daß andere aufgrund des Handaufhebens auf einen rechtlichen Bindungswillen schließen können.

b) Wille

Zum objektiven Tatbestand muß für eine rechtswirksame Willenserklärung ein **112** entsprechender Wille (**subjektiver Tatbestand**) kommen. Bei der fehlerfreien Willenserklärung stimmen dann die objektive Willensäußerung und der subjektive Wille inhaltlich überein. Der Wille wird in **drei Stufen** des Handlungswillens, des Erklärungsbewußtseins und des Geschäftswillens geprüft und gefragt, ob er tatsächlich vorhanden ist.

(1) Der Erklärende muß zunächst das Bewußtsein haben, daß er überhaupt han- **113** delt, d. h. **Handlungswillen** haben. Hieran fehlt es bei Reflexbewegungen, im Schlaf und bei Zwang. Der Handlungswille ist nach einhelliger Auffassung notwendiges Tatbestandsmerkmal einer Willenserklärung.

(2) Weiterhin ist das **Erklärungsbewußtsein** notwendig, d. h. der Handelnde **114** muß den Willen zu irgendeiner rechtlich erheblichen Erklärung haben. Dieses **potentielle Erklärungsbewußtsein fehlt**, wenn der Erklärende lediglich

- politische, wissenschaftliche oder
- vertragsvorbereitende Erklärungen abgeben oder zur Abgabe von Angeboten auffordern will (z. B. Schaufensterauslage, Bereitstellen zur Selbstbedienung im

Laden, Aufforderung zur Beteiligung an einer Ausschreibung oder ein Zeitungsinserat) oder
- außerrechtliche Gefälligkeiten erweisen will (z. B. Gefälligkeitsfahrt)

und der Erklärende nicht erkennen konnte, daß seine Erklärung als Willenserklärung aufgefaßt wird. Konnte er dies erkennen, so ist er aus Gründen des Verkehrsschutzes daran gebunden. Es liegt dann eine Willenserklärung vor. Der Erklärende kann seine Willenserklärung jedoch durch **Anfechtung** nach § 119 I BGB beseitigen.

> Im Fall 2 muß S wissen, daß sein Winken mit der Hand eine Erklärung des Gebots bei einer Versteigerung bedeutet. Da Handlungswillen und potentielles Erklärungsbewußtsein bei S vorliegt, liegt eine Willenserklärung vor, die S allerdings wegen Irrtums nach § 119 I BGB anfechten kann.

115   (3) Der **Geschäftswille** liegt nur vor, wenn der Erklärende das Bewußtsein hat, das konkrete Geschäft abzuschließen. Der Geschäftswille fehlt demnach, wenn andere als die gewollten Rechtsfolgen erklärt werden.

> **Beispiel:** Bauunternehmer U verschreibt sich im Leistungsverzeichnis statt € 300 mit € 200 oder Hausfrau unterschreibt Bestellschein in der Vorstellung, es handle sich um eine Quittung.

Auch hier ist die Willenserklärung wirksam, sie kann aber durch **Anfechtung** gemäß § 119 I BGB beseitigt werden.

2. Wirksamwerden der Willenserklärung

116   Jede Willenserklärung wird nicht schon mit der Formulierung, sondern erst dann wirksam, wenn der Erklärende sie

- **abgegeben** hat
- und – soweit es sich um eine empfangsbedürftige Willenserklärung handelt – sie **zugegangen** ist (§ 130 BGB).

Zunächst wird die Willenserklärung also formuliert, mit der Abgabe ist sie rechtlich existent und mit dem Zugang wirksam. Nach den Anforderungen für das Wirksamwerden der Willenserklärung unterscheidet man daher empfangsbedürftige und nichtempfangsbedürftige Willenserklärungen.

a) Nichtempfangsbedürftige Willenserklärung

117   Ist eine Willenserklärung nicht gegenüber einer anderen Person abzugeben, wird sie bereits mit der **Abgabe** (Äußerung) wirksam (z. B. Testament mit Unterschreiben). Die Abgabe, gesetzlich nicht geregelt, ist die willentliche Entäußerung einer Willenserklärung in den Rechtsverkehr. Ohne Abgabe ist die Willenserklärung nichtig. Eine Anfechtung ist unnötig.

b) Empfangsbedürftige Willenserklärung

118   **Fall 3:** Der Pauschalreisende Rudi Urlaub will Preisminderungsansprüche bei seinem Reiseveranstalter Sun-Tours geltend machen. Die Anmeldefrist des § 651 g I BGB läuft nach dem Reisevertrag am 16. Juli ab. Rudi Urlaub schickt daher ein Telefax zu Sun-Tours, welches am 16. Juli um 23.55 Uhr in den Geschäftsräumen eingeht. Ist die Anspruchsanmeldung wirksam?

In der Regel ist eine Willenserklärung einem anderen gegenüber abzugeben und setzt daher für ihre Wirksamkeit neben einer wirksamen **Abgabe** den **Zugang** an den Empfänger voraus (§ 130 I BGB).

> Beispiele: Vertragsannahme und -angebot, Kündigungserklärung, Anfechtungserklärung, Rücktrittserklärung

Zu entscheiden sind empfangsbedürftige Willenserklärungen unter Anwesenden und empfangsbedürftige Willenserklärungen unter Abwesenden.

(1) Eine **schriftliche** Willenserklärung ist gegenüber einem **Anwesenden** dann abgegeben, wenn der Empfänger entsprechend § 130 I BGB die tatsächliche Verfügungsgewalt über die Erklärung erlangt hat (z. B. Aushändigung). Die Kenntnisnahme des Inhalts ist nicht erforderlich. **Mündliche bzw. fernmündliche Erklärungen** werden daher wirksam, wenn sie akustisch richtig verstanden werden (Vernehmungstheorie). Einem Gastarbeiter, der die deutsche Sprache nicht spricht, geht also eine mündliche Erklärung nicht zu. **119**

(2) Für die Willenserklärungen unter **Abwesenden** liegt der Zugang vor, wenn die Erklärung so in den Organisationsbereich (**Machtbereich**) des Empfängers gelangt ist, daß unter normalen Verhältnissen damit zu rechnen ist, er könne von ihr Kenntnis nehmen. Auf die tatsächliche Kenntnisnahme kommt es nicht an. Für den Zugang sind also zwei Merkmale entscheidend: **120**

- das Gelangen in den **Machtbereich** des Empfängers
- und die **Möglichkeit der Kenntnisnahme unter normalen Umständen**.

> Beispiele: **Aushändigung** an Empfänger, Einwurf in den **Briefkasten**, sobald mit Leerung zu rechnen ist, also nicht nachts oder sonntags, **Geschäftsbriefkasten** nur in gewöhnlicher Geschäftszeit, **Postschließfach**, sobald mit Abholung zu rechnen ist, **E-Mail** mit der Möglichkeit des Abrufs während der Geschäftszeiten, Zugang bei GmbH auch bei Einwurf in **privates Postfach des Geschäftsführers** (BGH NJW 2003, 3270), Zugang einer Kündigungserklärung auch bei dem Arbeitgeber bekannten **urlaubsbedingten Ortsabwesenheit** (BAG NJW 2005, 239)

Auch bei der Verwendung von Empfangseinrichtungen wie Briefkästen geht die Willenserklärung erst dann zu, wenn mit der Kenntnisnahme durch den Empfänger zu rechnen ist (Empfangstheorie).

> Beispiel: Einwurf in Briefkasten um 23.00 Uhr führt erst zum Zugang morgens um 8.00 Uhr, da dann mit der Kenntnisnahme zu rechnen ist. Wann der Empfänger tatsächlich Kenntnis erlangt, ist nicht erheblich.

Beim Telefax setzt der Zugang der Anspruchsanmeldung bei Sun-Tours voraus, daß es in den Geschäftsbereich gelangt und deren Mitarbeiter die Möglichkeit der Kenntnisnahme haben. Der Zugang erfolgt daher nicht nachts um 23.55 Uhr, sondern erst bei Beginn der nächsten üblichen Geschäftszeit, also erst verspätet am 17. Juli. Bei Telefax im Privathaushalt erfolgt der Zugang am gleichen Tag.

Bei **Empfangsboten** eines Empfängers genügt noch nicht der Zugang an den Empfangsboten. Wird die Erklärung an den Empfangsboten ausgehändigt, geht sie erst mit dem Zeitpunkt zu, in dem üblicherweise die Weiterleitung an den Empfänger zu erwarten ist. Das Risiko falscher, verspäteter oder unterbliebener Weiterleitung durch den Boten an den Empfänger trägt dieser. Es muss damit ab dem

Zeitpunkt der Aushändigung der Erklärung noch ein Zeitraum für die Übermittlungstätigkeit des Boten hinzugerechnet werden. Empfangsbote ist hierbei, wer vom Empfänger hierzu bestellt oder zur Übermittlung bereit und geeignet ist.

> **Beispiel:** Ehegatte, Partner einer Lebensgemeinschaft, Zimmervermieter, kaufmännischer Angestellter im Betrieb, erwachsene Haushaltsmitglieder, nicht aber eine Zugehfrau

(3) Vom Empfangsboten ist der **Empfangsvertreter** zu unterscheiden, der als Stellvertreter gem. § 164 III BGB anzusehen ist (passive Stellvertretung). Insoweit geht die Erklärung schon im Zeitpunkt der Aushändigung an den Vertreter zu, der hierzu vom Erklärungsempfänger ausdrücklich oder konkludent ermächtigt sein muss.

121 (4) Nicht wirksam wird eine Willenserklärung, wenn dem anderen vorher oder gleichzeitig ein **Widerruf** zugeht (§ 130 I 2 BGB). **Tod** oder **Geschäftsunfähigkeit** auf seiten des Erklärenden nach Abgabe der Erklärung haben keinen Einfluß (§ 130 II BGB). Nach § 132 BGB gilt fiktiv eine Willenserklärung auch dann zugegangen, wenn sie durch Vermittlung eines **Gerichtsvollziehers** des Amtsgerichts zugestellt wurde.

c) Zugangshindernisse

122 Wird der rechtzeitige Zugang durch den Empfänger schuldhaft verzögert oder vereitelt, dann handelt er **rechtsmißbräuchlich**, wenn er sich auf den verspäteten Zugang beruft. Gemäß § 242 BGB ist dann ein rechtzeitiger Zugang anzunehmen. Die **Beweislast** für den Zugang trägt allerdings der Erklärende.

Bei sonstigen Zugangshindernissen kann nach § 242 BGB eine Erklärung unter zwei Voraussetzungen als rechtlich zugegangen gelten:

- **Obliegenheitsverletzung des Empfängers,** wenn ausnahmsweise eine Verpflichtung besteht, Vorkehrungen für den Zugang von Willenserklärungen zu treffen, wie bei bestehenden Geschäftsverbindungen, nach vorheriger Ankündigung, beim Kaufmann und bei einer Betriebsverlegung,
- **Ordnungsgemäßes Verhalten des Erklärenden,** wenn er also alles Erforderliche und Zumutbare für einen ordnungsgemäßen und rechtzeitigen Zugang getan hat, wie z. B. eindeutige Adressenangabe und ausreichende Frankierung.

> **Beispiel:** Einen unterfrankierten Brief braucht der Empfänger wegen des Strafportos nicht anzunehmen.

d) Wirkung des Zugangs

123 Die Willenserklärung ist stets mit dem **zugegangenen Inhalt wirksam.** Zudem ist der Erklärende an die Erklärung **gebunden** und kann sie nicht mehr frei widerrufen. Sind Fristen einzuhalten, entscheidet der Zugang über die **Rechtzeitigkeit,** nicht die Absendung. **Ausnahmen** bestimmt das Gesetz in Einzelfällen (§§ 121 S. 2, 355 I 2 BGB und 377 IV HGB).

III. Auslegung von Rechtsgeschäften

124 Vielfach sind Rechtsgeschäfte auszulegen. Willenserklärungen können mehrdeutig bzw. widersprüchlich sein, Verträge lückenhaft. Nach § 133 BGB ist bei der

Auslegung einer **Willenserklärung** der wirkliche Wille des Erklärenden zu erforschen und nicht an dem buchstäblichen Sinne des Ausdrucks zu haften. Hierbei sind Willenserklärungen wie **Verträge** nach Treu und Glauben mit Rücksicht auf die Verkehrssitte auszulegen (§ 157 BGB).

1. Mittel der Auslegung

Unklarheiten über den Inhalt von Erklärungen und Vertragslücken werden durch 125 äußerliche Umstände aufgeklärt, die das Ob und den Inhalt der Erklärung aufhellen sollen.

> **Beispiele**: Vertragsvorverhandlungen, Zeit, Ort und Begleitumstände unter denen eine Erklärung ihren Empfänger erreichte, besondere Beziehungen zwischen Erklärendem und Empfänger

2. Auslegungsgrundsätze

a) Unschädliche Falschbezeichnung

Eine falsche Bezeichnung schadet nicht, wenn der wirkliche Wille des Erklären- 126 den feststeht und der Empfänger ihn in diesem Sinne verstanden hat. Es gilt dann, was gewollt ist, mag auch ein Dritter die Erklärung anders verstehen (falsa demonstratio non nocet).

> **Beispiele**: Übereinstimmende, aber falsche Bezeichnung der Ware, Parzellenverwechslung bei Grundstücksveräußerung

b) Erheblichkeit des wirklichen Willens

Nicht empfangsbedürftige Willenserklärungen werden nur nach dem wahren 127 Willen des Erkärenden ausgelegt.

> **Beispiel**: Testamentsauslegung (§ 2084 BGB)

c) Auslegung vom Empfängerhorizont

(1) **Empfangsbedürftige Erklärungen** sind für den Empfänger bestimmt. Die 128 Auslegung dieser Erklärungen hat daher mit Rücksicht auf die Verständnismöglichkeiten des Empfängers zu erfolgen (sog. objektivierter Empfängerhorizont). Maßgeblich ist das Niveau eines durchschnittlichen Teilnehmers am Rechtsverkehr. Hier wird also nicht der wirkliche Wille des Erklärenden gesucht, sondern die **objektive Bedeutung** der Erklärung, so wie der Empfänger sie verstehen durfte. Maßgeblich ist danach zuerst der

- **Wortlaut** (grammatikalische Auslegung), ohne eine Buchstabeninterpretation vorzunehmen,
- dann der **Sprachgebrauch**, die **Zeit** und der **Ort** der Erklärung und
- schließlich der **Zweck,** den die vertragliche Regelung haben soll (teleologische Auslegung).

> **Beispiel**: „Darlehen" eines Mieters kann auch als Mietvorauszahlung verstanden werden.

(2) Gibt der Erklärende seinen rechtsgeschäftlichen Willen durch **Allgemeine Ge-** 129 **schäftsbedingungen** kund, dann ist von mehreren Auslegungsmöglichkeiten

stets die **kundenfreundlichste** maßgebend. Auslegungszweifel gehen nach der **Unklarheitsregel** des § 305 c II BGB zu Lasten des Verwenders (vgl. Rn. 295).

IV. Form des Rechtsgeschäfts

130 **Fall 4**: Studentin S steigt in einen Bus der Verkehrsbetriebe V ohne Fahrschein. Bei der Kontrolle meint sie, der Beförderungsvertrag müsse mündlich oder schriftlich geschlossen werden. Zu Recht?

1. Grundsatz der Formfreiheit

Rechtsgeschäfte bedürfen grundsätzlich keiner Form, sofern es nicht **gesetzlich** vorgeschrieben oder **vertraglich** vereinbart worden ist. Die meisten Rechtsgeschäfte können formlos, also z. B. mündlich, geschlossen werden. Sie können sogar durch schlüssiges Verhalten abgeschlossen werden, sofern dieses Verhalten auf einen bestimmten Erklärungsinhalt hindeutet.

Der Werkvertrag (Beförderungsvertrag) zwischen S und V im Fall 4 kommt nur durch das Einsteigen zustande, da das bloße Besteigen eines Busses im Rechtsverkehr als schlüssige Vertragsannahme angesehen wird.

Schaubild 19: *Formvorschriften*

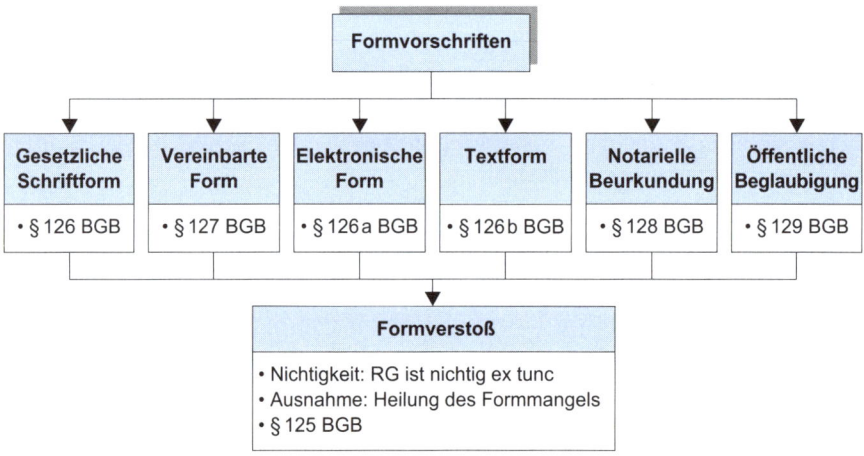

2. Bedeutung der Formbedürftigkeit

131 Mit der ausnahmsweise angeordneten Form von Rechtsgeschäften verfolgt der Gesetzesgeber zwei Zwecke. Zum einen haben Formvorschriften eine **Warnfunktion**, indem die Parteien auf die wirtschaftliche Tragweite ihrer Erklärung hingewiesen werden (z. B. Schutz vor Übereilung, Sicherstellung fachkundiger Beratung). Zum anderen haben Formvorschriften eine **Beweisfunktion**, da in einem künftigen Streitfall ein dokumentiertes Rechtsgeschäft beweiskräftiger ist als ein formloses, welches mit Zeugen bewiesen werden muß. Wird die vorgeschriebene Form nicht eingehalten, ist das Rechtsgeschäft von Anfang an (ex tunc) unwirksam, also **nichtig** (vgl. Rn. 212 ff.).

3. Arten

a) Schriftform und elektronische Form

(1) Ist Schriftform durch **Gesetz** oder durch **Vertrag** vorgeschrieben, dann muß **132** mindestens die Urkunde von dem Aussteller **eigenhändig** durch **Namensunterschrift** oder durch notariell beglaubigtes Handzeichen unterzeichnet werden (§§ 126, 127 BGB). Bei Verträgen muß die Unterzeichnung beider Parteien auf derselben Urkunde erfolgen. Daher genügen Vertragsabschlüsse durch **Fax oder E-Mail nicht** dem Schriftformerfordernis, da keine verkörperte Urkunde vorliegt.

Die gesetzliche Schriftform fordert das Gesetz in folgenden Fällen:

- **Verbraucherkreditvertrag** (§ 492 BGB)
- **Miet- und Pachtverträge** mit Vertragsdauer **über ein Jahr** (§ 550 BGB)
- **Kündigung** eines Mietverhältnisses über Wohnraum (§ 568 BGB)
- **Bürgschaftserklärung** des Bürgen (§ 766 BGB)
- **Schuldversprechen** und **Schuldanerkenntnis** (§§ 780, 781 BGB)

(2) Nach § 126 III BGB kann die schriftliche Form durch die **elektronische Form** **133** (E-Mail mit Signatur) ersetzt werden, wenn sich aus dem Gesetz nichts anderes ergibt. Der Anwendungsbereich entspricht grundsätzlich dem der Schriftform. Lediglich in den wichtigen **Fällen der §§ 484 I 2, 492 I 2, 623, 630, 761, 766, 780, 781 BGB** ist der Abschluß des Vertrages in **elektronischer Form ausgeschlossen**.

(3) Die Anforderungen, die für die elektronische Form zu erfüllen sind, regelt **134** § 126 a BGB. Die **digitale Signatur** (= Identitätsnachweis mittels Verschlüsselung für elektronische Dokumente) ist damit der handschriftlichen Unterschrift gleichgestellt. Soll die gesetzlich vorgeschriebene Schriftform durch die elektronische Form ersetzt werden, so muß der Aussteller der Erklärung dieser seinen Namen hinzufügen und das elektronische Dokument mit einer qualifizierten elektronischen Signatur nach dem Signaturgesetz versehen (§ 126 a I BGB). Das bloße E-Mail ist damit nicht der Schriftform gleichgestellt. Die elektronische Form ist nur gewahrt, wenn die Erklärung nach dem Signaturgesetz qualifiziert elektronisch gesichert ist.

b) Textform

Nach § 126 b BGB ist ein neuer Formtyp der lesbaren, aber unterschriftslosen Er- **135** klärung möglich. Diese Textform ist für Mitteilungen gedacht, in denen die Schriftform zuviel, die Formlosigkeit (= Mündlichkeit) zu wenig ist. Soweit das Gesetz im Mietrecht wie in §§ 554 III, 560 BGB die Textform vorschreibt, muß die Erklärung in einer Urkunde oder auf andere zur dauerhaften Wiedergabe in Schriftzeichen geeigneten Weise abgegeben, die Person des Erklärenden genannt und der Abschluß der Erklärung durch Nachbildung der Namensunterschrift oder anders erkennbar gemacht werden. Die Textform genügt auch für den Widerruf bei Verbraucherverträgen nach § 355 BGB (Rn. 440).

> **Beispiele:** Der Textform genügen Erklärungen durch Telefax, Diskette, CD-Rom, E-Mail, nicht aber eine Homepage.

c) Notarielle Beurkundung

136 Ist notarielle Beurkundung vorgeschrieben, so ist nach dem **Beurkundungsgesetz** eine Belehrung, Niederschrift der Erklärungen, das Verlesen und die Genehmigung sowie die Unterschrift der Parteien erforderlich. Auch der Notar hat eigenhändig zu unterschreiben (§ 128 BGB). Die notarielle Beurkundung ersetzt die Schriftform und die öffentliche Beglaubigung. In der Wirtschaftspraxis hat § 311b BGB große Bedeutung, weil danach jede rechtsgeschäftliche Verpflichtung zum Erwerb oder zur Übertragung eines Grundstücks notariell beurkundet werden muß. Auch der Schenkungsvertrag über ein Grundstück ist nach § 311b BGB formbedürftig.

d) Öffentliche Beglaubigung

137 Bei öffentlicher Beglaubigung muß die Erklärung schriftlich abgefaßt und nur die **Unterschrift** des Erklärenden von einem **Notar beglaubigt** werden (§ 129 BGB und BeurkG). Der Notar muß mit seiner Unterschrift bestätigen, daß der Erklärende mit dem Unterschriftsleistenden identisch ist.

Schaubild 20: *Formbedürftige Rechtsgeschäfte*

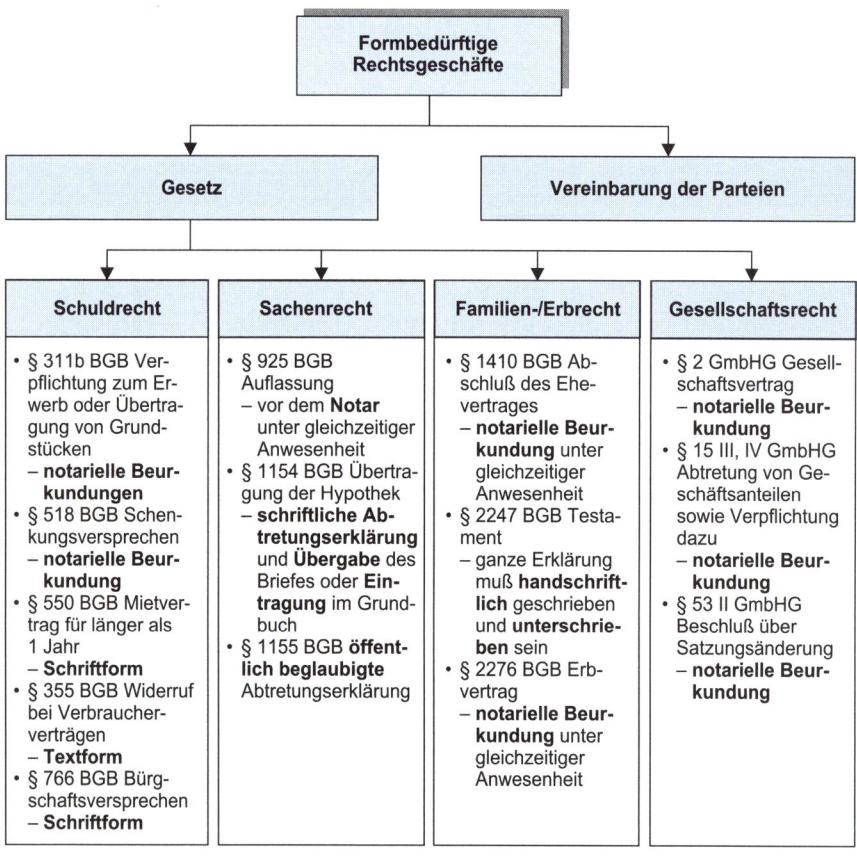

> **Beispiele**: Anmeldung zum Handelsregister (§ 12 HGB), Anmeldung zum Vereinsregister (§ 77 BGB)

e) Sondervorschriften im Grundstücksrecht

Wegen des besonderen Interesses an den rechtlichen Verhältnissen im Grund- **138** stücksrecht sind noch zwei Formvorschriften von besonderer Bedeutung.

(1) Der sachenrechtliche Erwerb eines Grundstücks muß in der Form der **Auflassung** gemäß § 925 BGB erfolgen, wonach die Einigung über den Übergang eines Grundstücks unter gleichzeitiger Anwesenheit der Parteien vor dem Notar erklärt werden muß, wobei eine Vertretung möglich ist.

(2) Die **Übertragung einer Verkehrshypothek** gemäß § 1154 BGB erfolgt durch eine schriftliche Abtretungserklärung der Forderung und Übergabe des Hypothekenbriefes bzw. der Eintragung der Abtretung in das Grundbuch.

V. Bedingte und befristete Rechtsgeschäfte

Wenn die Erklärenden **nicht wollen**, daß die mit der Willenserklärung verbunde- **139** nen Rechtsfolgen bereits **mit dem Wirksamwerden** eintreten sollen, so kann das Rechtsgeschäft bedingt oder befristet abgeschlossen werden. Die Parteien können also bestimmen, daß Rechtsfolgen erst von dem Eintritt oder Nichteintritt eines künftigen Ereignisses abhängen sollen.

1. Bedingung

> **Fall 5**: Kaufmann K will vom Fabrikant V eine Maschine erwerben, wenn die F-Bank **140** den Kaufpreis finanziert. K vereinbart mit V, daß er die Maschine nur erwerben wolle, wenn die Finanzierung sichergestellt ist. Die Finanzierung scheitert. Was ist mit dem Kaufvertrag?

Ist das Ereignis in der Zukunft **ungewiß**, handelt es sich um eine Bedingung nach §§ 158 bis 163 BGB.

a) Aufschiebende Bedingung

Falls die Parteien wollen, daß die Rechtsfolgen der Erklärung **erst mit dem Eintritt** eines zukünftigen ungewissen Ereignisses **entstehen** sollen, dann vereinbaren sie eine aufschiebende Bedingung (§ 158 I BGB). Bis zum Eintritt der Bedingung ist das Rechtsgeschäft in einem Schwebezustand. Tritt die Bedingung ein, wird das Geschäft wirksam, tritt sie nicht ein, ist das Rechtsgeschäft nicht entstanden.

> **Beispiele**: Grundstückskauf unter Bedingung einer Baugenehmigungserteilung, Kauf unter Eigentumsvorbehalt (§ 449 BGB)

Nach dem Willen der Geschäftspartner V und K soll K nicht vor einer erfolgreichen Finanzierung eine Zahlungsverpflichtung aus dem Kaufvertrag eingehen. Die Finanzierung ist damit eine aufschiebende Bedingung des Kaufs. Da die Bedingung nicht eingetreten ist, besteht kein Kaufvertrag.

b) Auflösende Bedingung

141 Falls die Parteien wollen, daß das Rechtsgeschäft bereits **mit Abschluß** des Vertrages **wirksam** werden soll, aber mit dem Eintritt eines ungewissen Ereignisses enden soll, spricht man von einer **auflösenden Bedingung** (§ 158 II BGB).

> **Beispiel:** K kauft ein Grundstück und behält sich den Rücktritt vom Vertrag binnen drei Monaten vor.

c) Bedingungsfeindliche Rechtsgeschäfte

142 Grundsätzlich ist eine Bedingung bei **jedem Rechtsgeschäft zulässig**. Eine Reihe von Rechtsgeschäften sind jedoch nicht möglich unter Beifügung einer Bedingung, weil der Geschäftspartner vor einer unzumutbaren Unsicherheit geschützt werden soll. **Bedingungsfeindliche** Rechtsgeschäfte sind beispielsweise:

- die Auflassung (§ 925 II BGB) oder
- die Ausübung von Gestaltungsrechten wie Anfechtung, Rücktritt und Kündigung.

2. Befristung

143 Statt einer Bedingung kann eine Rechtsgeschäft auch von einer **Frist** abhängen (§ 163 BGB). Für die Befristung gelten im wesentlichen die Regeln über die Bedingung entsprechend.

Beispiele: Inkrafttreten eines Mietvertrages am 1. 3., Auflösung einer Gesellschaft mit Tod eines Gesellschafters

VI. Vertragsschluß

1. Begriff des Vertrages

144   **Fall 6:** Der Student S will nach München mit dem Auto trampen. Er wird von Kaufmann K mitgenommen. K will wissen, ob ein Vertrag geschlossen wurde.

Der Vertrag ist der Hauptfall des **mehrseitigen Rechtsgeschäfts**. Begrifflich besteht der Vertrag aus inhaltlich **übereinstimmenden Willenserklärungen** von mindestens zwei Personen mit einem **rechtlichen Bindungswillen**. Die zeitlich erste Willenserklärung bezeichnet man als **Antrag** oder Angebot, die spätere als **Annahme**. Der einmal abgeschlossene Vertrag bindet also die Vertragsparteien, so daß eine nachträgliche Änderung nur noch mit Zustimmung aller Beteiligten möglich ist (pacta sund servanda).

Beim Zustandekommen des Vertrages müssen sich die Parteien über die Vertragsbestandteile einigen. Der **notwendige Vertragsinhalt** bestimmt sich dabei nach den jeweiligen Vorschriften des Schuldrechts, des Sachenrechts, des Erb- und Familienrechts oder des Gesellschaftsrechts. So sind die **wesentlichen Elemente des Kaufvertrages**: der Kaufgegenstand, die Kaufvertragsparteien und der Kaufpreis.

Fehlt es an dem für eine Willenserklärung notwendigen Erklärungsbewußtsein (Rechtsbindungswillen), liegt kein Vertrag, sondern ein **Gefälligkeitsverhältnis** vor. Entscheidend ist der Einzelfall, wobei von Bedeutung sind

- Art und Zweck der Gefälligkeit
- rechtliche Bedeutung der Angelegenheit
- wirtschaftliches Interesse des Gefälligen.

> **Beispiele**: Bereitschaft, Nachbarhaus im Urlaub zu beaufsichtigen, Einladungen, Verabredungen zur Freizeitgestaltung

Eine Gefälligkeitsfahrt, wie sie zwischen S und K vorliegt, begründet keinen Vertrag in der Form eines Auftrags (§ 662 BGB), da sich K erkennbar nicht verpflichten wollte, S nach München zu bringen. K kann jederzeit die Fahrt beenden.

2. Vorstufen des Vertrags

Verträge des Wirtschaftslebens kommen oft nicht sofort zustande. Nach dem **145** Stadium der Vorverhandlungen kommt es in vielen Fällen zu einem Vorvertrag oder zu einem Optionsvertrag, um den Abschluß des Hauptvertrages sicherzustellen.

a) Vorverhandlungen

> **Fall 7**: Der Gebrauchtwageninteressent N macht mit einem Pkw des Autohändlers A eine Probefahrt. Das Fahrzeug sagt N nicht zu. Hat A Ansprüche gegen N?

Dem Vertragsschluß gehen in der Regel Vorverhandlungen voraus. Dieser geschäftliche Kontakt ist für die Beteiligten noch **nicht rechtlich bindend**, da noch keine Einigung über die wesentlichen Vertragspunkte vorliegt (§ 154 I BGB). Während dieser Vertragsverhandlungen bestehen damit noch keine Vertragsverpflichtungen, wohl aber beiderseitige **Schutzpflichten aus einem vorvertraglichen Vertrauensverhältnis**, deren schuldhafte Verletzung zu einem Schadensersatzanspruch führen kann. Dieses Vertrauensverhältnis verpflichtet beide Seiten, dem Geschäftspartner alle für seine Entscheidungen wesentlichen Punkte mitzuteilen, ob nun der Vertrag zustande kommt oder nicht (Haftung aus Verschulden bei Vertragsschluß oder culpa in contrahendo (§§ 311 II, 241 II BGB, vgl. Rn. 381 ff.).

> Zwischen N und A kam es nur zu unverbindlichen Vertragsverhandlungen. Beide Beteiligten haben Schutz- und Obhutpflichten, so daß N darauf vertrauen darf, daß das Fahrzeug während der Probefahrt verkehrssicher ist. Eine Pflicht zum Abschluß eines Kaufvertrags besteht nicht.

b) Vorvertrag

> **Fall 8**: Zwei Kaufleute A und B beabsichtigen die Gründung einer GmbH mit fünf Ge- **146** sellschaftern. Können A und B sicherstellen, daß es zu einer späteren Gesellschaftsgründung kommt?

(1) Der Vorvertrag ist eine schuldrechtliche Vereinbarung, durch den die einklagbare **Verpflichtung** zum späteren Abschluß eines Hauptvertrages begründet wird. Gerade wenn dem Abschluß des **Hauptvertrages** rechtliche oder tatsächliche Hindernisse entgegenstehen, bietet sich der Abschluß eines Vorvertrages an.

> **Beispiele**: Fehlende Umbaugenehmigung für Mietvertrag eines Ladens, unsichere Finanzierung eines Grundstückskaufs, Vorvertrag über Unternehmenskauf oder Gesellschaftsgründung

(2) Ein Vorvertrag kann jedoch nur dann angenommen werden, wenn die Vertragsauslegung

- einen beiderseitigen **Bindungswillen** erkennen läßt und
- der **Inhalt des Hauptvertrags** schon **bestimmbar** ist.

Die Einigung muß sich also nicht auf alle Einzelheiten des Geschäfts erstrecken. Jedoch muß sich z. B. bei einem Kaufvorvertrag der Kaufgegenstand und der Preis ermitteln lassen.

(3) Ist der Hauptvertrag **gesetzlich formbedürftig**, um die Beteiligten vor einem übereilten Vertragsabschluß zu schützen, so ist es auch der Vorvertrag, da sonst der Warnzweck der Formvorschrift vereitelt würde (z. B. §§ 311 b, 766 BGB).

> A und B können durch Abschluß eines notariellen Vorvertrages die Gründung der beabsichtigten GmbH sicherstellen. Der Vorvertrag bedarf der notariellen Form wie der Gesellschaftsvertrag, da sonst der bezweckte Schutz der Gesellschafter vereitelt würde (§ 2 GmbHG, vgl. Rn. 854).

c) Optionsvertrag

147   Der Optionsvertrag schafft für einen Begünstigten das Recht (Option), durch einseitige Willenserklärung einen Vertrag zu begründen oder zu verlängern.

> **Beispiele**: Kaufoption bei Leasing, Festkauf und Kaufoption für drei weitere Flugzeuge, Verlängerungsoption bei Miete, Mietoption bei Hotelreservierung

Bei diesem **Gestaltungsrecht** ist also die Mitwirkung des Geschäftspartners nicht erforderlich. Der Optionsgeber ist fest zum Vertragsschluß zu bestimmten Bedingungen bereit, während der Optionsnehmer sich die Entscheidung noch vorbehält. Die Form des Optionsvertrags richtet sich nach der des Hauptvertrags.

3. Antrag und Annahme

148   Der Vertrag kommt dadurch zustande, daß die Parteien durch zwei übereinstimmende Willenserklärungen (Antrag und Annahme) eine Willensübereinstimmung über den wesentlichen Vertragsinhalt erreichen. Wie die für den Vertrag erforderliche Einigung erzielt werden kann, ist im Gesetz in den §§ 145 ff. BGB geregelt.

a) Antrag

149   **Fall 9**: Der Großhändler V bietet der Mühle K 5000 t Weizen unter Vorbehalt der Liefermöglichkeit an. K nimmt sofort das Angebot an. V kann in der Folge nicht liefern, da sein Zulieferer ihn nicht belieferte. Hat K einen Lieferanspruch?

(1) Der Antrag ist die auf den Abschluß des Vertrages gerichtete **Willenserklärung**. Dieser **abgegebene** und **zugegangene** Antrag muß inhaltlich so genau **bestimmt** sein, daß durch die bloße Annahme des Angebots der Vertrag zustande kommt. Das ist immer dann der Fall, wenn alle wesentlichen Vertragspunkte be-

Schaubild 21: *Vertragsschluß*

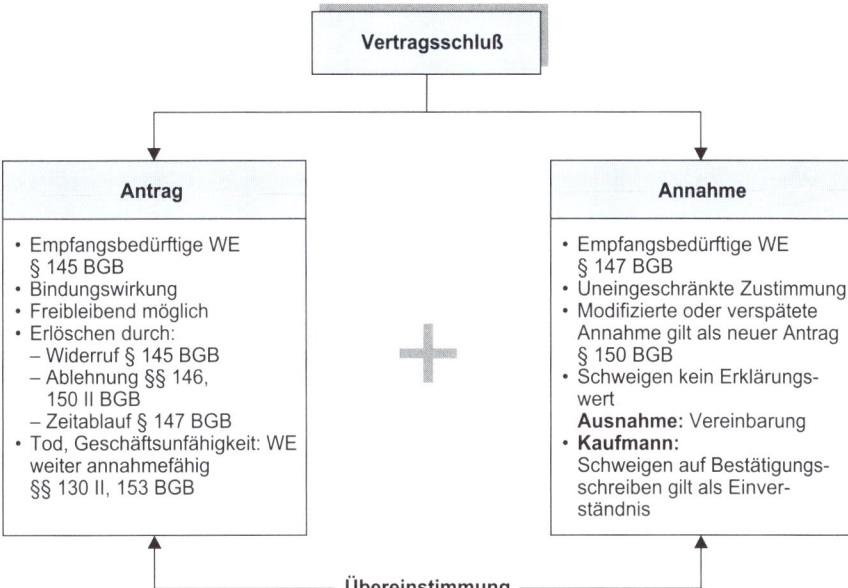

stimmt sind. Hierzu gehören beispielsweise beim Kauf die Vertragsparteien, der Kaufgegenstand und der Kaufpreis.

(2) Vom Antrag ist das vorbereitende Verhalten zu unterscheiden, welches den **150** Geschäftspartner lediglich zu einem Angebot auffordern will. Wegen des **fehlenden Erklärungsbewußtseins** liegt noch keine Willenserklärung vor (sog. **invitatio ad offerendum**).

> **Beispiele:** Werbekatalog, Zeitungsinserat, Speisekarte, Schaufensterauslage, Werbespots im Rundfunk oder TV, Wurfsendung, Warenauslage im Selbstbedienungsladen, Aufforderung zur Beteiligung an einer Ausschreibung, „freibleibendes" Angebot, Warenpräsentation im Internet mit Homepage

Durch **Auslegung** ist zu ermitteln, ob ein verbindliches Angebot oder lediglich eine Aufforderung zur Abgabe eines Angebots durch eine Werbe- oder Verkaufsmaßnahme vorliegt. Dabei kommt es auf den objektivierten Empfängerhorizont an (vgl. Rn. 128).

(3) Liegt ein Angebot vor, ist der Erklärende gem. § 145 BGB an seinen Antrag **151 gebunden,** sofern

- er nicht die Bindung **ausgeschlossen** hat (z. B. durch Vertragsklauseln: ohne obligo, freibleibend, unverbindlich),
- sein Angebot nicht nach § 146 BGB durch **Ablehnung** oder
- durch **Fristablauf** nach §§ 147–149 BGB erloschen ist.

> Ob im Fall 9 das Angebot unter Vorbehalt der Liefermöglichkeit verbindlich ist, muß durch Auslegung ermittelt werden. Es bestehen zwei Auslegungsmöglichkeiten: verbindliches Angebot mit Widerrufsmöglichkeit oder unverbindliche Aufforderung durch V an K zur Abgabe eines Angebots.

Im Fall 9 kat K keinen Anspruch auf Lieferung, da das Angebot von V wegen der Selbstbelieferungsklausel unverbindlich war. Rechtlich liegt bei V nur eine unverbindliche Aufforderung an K vor und kein Antrag.

b) Annahme

152 Die Annahme ist das uneingeschränkte Einverständnis des Antragsempfängers. Hierbei muß sich die Annahme **inhaltlich** mit dem Antrag **decken**. Mit der fristgerecht abgegebenen und zugegangenen Annahme kommt der Vertrag zustande.

aa) Annahmefrist

153 Die Annahme muß rechtzeitig erfolgen, d.h. ohne besondere zeitliche Fristen (§ 148 BGB) unter **Anwesenden sofort** (§ 147 I BGB) und unter **Abwesenden** bis zu dem Zeitpunkt, zu dem unter normalen Umständen die **Antwort erwartet werden darf** (§ 147 II BGB). Unter Abwesenden muß das **gleiche Erklärungsmittel** wie der Antragende verwendet werden. So verlangt ein Antrag mit Telefax eine beschleunigte Annahme. Gemäß § 153 BGB bleibt ein Antrag annahmefähig, wenn der Anbietende stirbt oder geschäftsunfähig wird.

bb) Verspätete und modifizierte Annahme

154 Eine **verspätet** zugegangene Annahmeerklärung gilt als neues Angebot (§ 150 I BGB). Eine **modifizierte** Annahme unter Erweiterung oder Einschränkungen gilt als Ablehnung verbunden mit einem neuen Antrag (§ 150 II BGB). Dieser neue Antrag bedarf nun wieder einer Annahme, welche dann häufig konkludent vorgenommen wird.

> **Beispiel:** Verkäufer V macht Käufer K ein Angebot über einen PC, das K unter Ausbedingung eines Skontos von 3 % annimmt. Diesen neuen Antrag nimmt V durch eine widerspruchslose Lieferung des PC an.

cc) Zugangsverzicht

155 Angebot und Annahme werden grundsätzlich erst mit deren Zugang wirksam. Eine Ausnahme bildet § 151 BGB. Danach braucht die Annahme dem Antragenden gegenüber nicht erklärt zu werden, wenn eine solche Erklärung nach der **Verkehrssitte** nicht zu erwarten ist **oder** der Antragende auf sie **verzichtet** hat. Wann dies der Fall ist, ist eine Frage des Einzelfalls. In den meisten Fällen erfolgt die Annahmeerklärung schlüssig, wobei eben nur auf den Zugang der Annahme verzichtet wird. Erforderlich bleibt weiterhin eine Annahme, d.h. ein nach außen hervortretendes Verhalten, aus dem sich der Annahmewille ergibt.

> **Beispiele**: Absenden der bestellten Ware im Versandhandel, kurzfristige Reservierung eines Hotelzimmers

c) Dissens der Vertragsparteien

156 Läßt sich durch Auslegung von Angebot und Annahme kein Konsens über die wesentlichen Vertragsbestandteile ermitteln, liegt ein Dissens (Einigungsmangel) vor. Dissens bedeutet also Nichtübereinstimmen der ausgelegten äußeren Erklärungstatbestände. Er beruht darauf, daß die Parteien einen unterschiedlichen Geschäftswillen haben. Zum Geschäftswillen gehören die wesentlichen Vertragsbestandteile sowie die Nebenpunkte. Hierbei unterscheidet das Gesetz zwischen offenem und verstecktem Dissens.

aa) Offener Dissens

> **Fall 10:** Die Kaufleute K und V erklären bei den Kaufverhandlungen, wegen der Ge-   **157**
> währleistung bei Fehlern der Ware müsse noch eine Regelung getroffen werden. In der
> Folge vergessen sie eine entsprechende Vereinbarung. Ist der Vertrag wirksam zustande
> gekommen?

Solange die Parteien **wissentlich Verschiedenes** erklärt haben und solange sie sich
noch nicht über alle Punkte geeinigt haben, über die nach dem erklärten Willen
auch nur einer Partei eine Regelung getroffen werden sollte (**wesentliche Vertragsbestandteile**), kommt nach § 154 I BGB im Zweifel, also bis zum Beweis des
Gegenteils, der Vertrag nicht zustande.

> K und V haben sich nicht über die Gewährleistung als wesentlicher Vertragsbestandteil ge-
> einigt. Die Einigung über alle anderen Punkte reicht im Zweifel nicht zum Vertragsschluß.

bb) Versteckter Dissens

Haben sich dagegen die Parteien nach ihrer Ansicht über alle wesentlichen Punkte   **158**
geeinigt und sehen sie den Vertrag als geschlossen an, obwohl tatsächlich ein
Mißverständnis über die Einigung in einem **Nebenpunkt** vorliegt, obwohl darüber eine Vereinbarung getroffen werden sollte, so gilt gemäß § 155 BGB das Vereinbarte, wenn die Parteien den Vertrag auch ohne den Nebenpunkt geschlossen
hätten. Dies ist um so eher der Fall, je bedeutungsloser die Lücke ist.

4. Vertragsschluß im elektronischen Geschäftsverkehr

a) Zustandekommen des Vertrages

> **Fall 11:** Der Buchhändler buch.de, Inhaber einer Internet-Seite mit Bestellformular,   **159**
> bietet im Internet Bücher an. Der Student Eifrig füllt das Bestellformular aus und will
> ein Lehrbuch zum Wirtschaftsprivatrecht gegen Rechnung bestellen. Wer gibt die Wil-
> lenserklärungen zum Vertragsschluß ab?

(1) Das Zustandekommen eines Vertrages im elektronischen Geschäftsverkehr
(E-Commerce) folgt grundsätzlich den allgemeinen Regeln des BGB nach
§§ 145 ff. BGB. Abgabe und Zugang elektronischer Erklärungen richten sich nach
den Regeln für **verkörperte Willenserklärungen unter Abwesenden**. Dies gilt
auch dann, wenn das Dokument ohne zeitliche Verzögerung beim Vertragspartner ankommt. Diese Grundsätze gelten auch bei Zustandekommen eines Vertrages bei **Internetauktionen**, da diese Vertriebsform keine Versteigerung im Sinne
des § 156 BGB ist (vgl. Rn. 313; LG Berlin NJW-RR 2004, 1061).

Durch Internet oder Bildschirm übermittelte Aufforderungen zu Bestellungen
sind im Zweifel als **bloße invitatio ad offerendum** aufzufassen, da der Kreis der
möglichen Käufer nicht begrenzt ist. Unterstützt wird der fehlende Wille zur
rechtlichen Bindung durch eine Freizeichnungsklausel wie z. B. freibleibend. Die
Einstellung eines Artikels bei eBay als „Sofortverkauf" stellt dagegen ein verbindliches Angebot dar.

(2) Der **Antrag** (Angebot) ist die Bestellung des Kunden durch E-Mail, Fax, Anruf   **160**
oder Mausklick im Internet. Ein versehentlicher reflexartiger Mausklick löst noch

keine Willenserklärung aus, da der Handlungswille fehlt. **Zugegangen** ist die E-Mail, wenn diese in der Mailbox abrufbar ist (§ 130 BGB). Geschäftliche Mitteilungen gehen daher noch am gleichen Arbeitstag zu. Ein Eingang außerhalb der Geschäftszeit wird daher erst am nächsten Arbeitstag wirksam (vgl. Rn. 120). Im Zweifel sollte bei wichtigen E-Mails stets eine Rückbestätigung des Empfängers angefordert werden. Für den Beweis des Zugangs genügt grundsätzlich die Empfangsbestätigung. Sie gibt den Anscheinsbeweis dafür, daß der Zugang erfolgt ist. Widerspricht der Empfänger, hat er die Gründe für einen fehlenden Zugang zu beweisen.

161 (3) Die Identifikation des Erklärenden und der Beweiswertes von E-Mails versucht die **digitale Signatur** des Signaturgesetzes zu lösen. Wegen der elektronischen Form nach dem Signaturgesetz und dem Anwendungsbereich dieser neuen Form wird auf die Ausführungen zu den Formvorschriften verwiesen (vgl. Rn. 134). Bei einem Vertrag müssen nach § 126 a II BGB die Parteien jeweils ein gleichlautendes Dokument mit einer qualifizierten elektronischen Signatur versehen.

162 (4) Da der Vertragsschluss im Internet ein solcher unter Abwesenden ist, kann nach § 147 II BGB ein Angebot bis zu dem Zeitpunkt angenommen werden, in welchem der Antragende den Eingang der Antwort unter regelmäßigen Umständen erwarten darf. Die Annahmefrist setzt sich also zusammen aus der Zeit der Übermittlung des Antrags, dessen Bearbeitungs- und Überlegungszeit sowie aus der Zeit für die Übermittlung der Antwort. Ein Antrag durch E-Mail muß daher spätestens binnen 2 Tagen angenommen werden. Für die **Vertragsannahme** stehen die gleichen Möglichkeiten der Kommunikation zur Verfügung. Sie kann aber auch konkludent durch die Zusendung der Ware erfolgen (§ 151 BGB).

163 (5) **AGB** eines Vertragspartners werden nur unter den strengen Voraussetzungen des § 305 II BGB durch

- deutlichen Hinweis auf der Bestellseite wie z. B. als Icon/Hyperlink,
- die Möglichkeit der zumutbaren Kenntnis wie z. B. durch verständliche Texte, welche gespeichert oder ausgedruckt werden können, sowie
- das Einverständnis des Kunden wie durch Absenden der Bestellung

Bestandteil des geschlossenen Vertrages (vgl. näher Rn. 292).

> Die Buchpräsentation durch buch.de auf der Homepage ist eine Einladung zur Abgabe eines Angebots durch Fleißig. Dieser gibt mit dem Ausfüllen des Bestellformulars das Vertragsangebot ab. Mit Eingang der Bestellung in der Mail-Box von buch.de am gleichen Arbeitstag ist diese abrufbar und damit zugegangen. Eine eigenhändige Unterschrift oder Signatur durch eine Formvorschrift ist nicht gesetzlich erforderlich. Buch.de kann den Kaufantrag durch Bestätigung mit E-Mail oder durch Übersendung des bestellten Buchs mit Rechnungsstellung annehmen (vgl. Rn. 160).

b) Pflichten im elektronischen Geschäftsverkehr

Fall 12: Welche Pflichten hat der Unternehmer buch.de im Fall 6 bei Vertragsschluß?

164 (1) Bei allen Verträgen, die unter **Einsatz von elektronischen Kommunikationsmitteln** (online) zustande kommen, ist die Vorschrift des § 312 e BGB über Pflichten im elektronischen Geschäftsverkehr zu beachten. Ein Vertrag im elektronischen Geschäftsverkehr liegt vor bei der Lieferung von **Waren** oder über die Erbringung von **Dienstleistungen**, die unter Nutzung eines **Tele- oder Mediendienstes** abgeschlossen werden (Internet, Telebanking).

Im Fall 12 wird der Kauf des Buches mit einem interaktiven Bestellformular vorgenommen. Der Abschluß des Vertrages erfolgt über einen Teledienst. Unerheblich ist, daß die Erfüllung des Vertrages außerhalb des Teledienstes durch einen Paketdienst erfolgt.

(2) **Nicht** erfaßt werden damit der **individuelle Brief-, Medien- oder Telefon-** 165 **verkehr**, die keinen individuellen Vertragsschluß mit dem Kunden über den Tele- oder Mediendienst erlauben.

> **Beispiel:** Beim Teleshopping wird ein Artikel beworben und zugleich eine Telefonnummer eingeblendet, unter der dieser Artikel bestellt werden kann. Der Zuschauer bestellt telefonisch. § 312 e BGB greift nicht ein, da der Abschluß des Vertrags nicht online über einen Tele- oder Mediendienst, sondern individuell durch Telefonkommunikation mit dem Kunden zustande kommt. Es liegt aber ein Fernabsatzvertrag nach §§ 312 b bis d BGB vor, der weitere Informationspflichten begründet und dem Verbraucher ein Widerrufsrecht (vgl. näher Rn. 439 ff.) gibt.

(3) Die Vorschrift § 312 e BGB gilt unabhängig vom Anwendungsbereich der 166 Fernabsatzvorschriften der §§ 312 b bis d BGB und wurde wie diese im Rahmen der Schuldrechtsreform in das BGB eingefügt. § 312 e BGB setzt Vorschriften der **E-Commerce-Richtlinie** 2000/31/EG in deutsches Recht um.

(4) Bei diesen Online-Geschäften hat der Unternehmer dem Kunden 167

- vor Vertragsschluß angemessene, wirksame und zugängliche Mittel zur Verfügung zu stellen, mit deren Hilfe der Kunde **Eingabefehler** erkennen und korrigieren kann, und ihn insoweit zu informieren (Nr. 1 iVm § 3 Nr. 3 BGB-InfoV),
- die in § 3 Nr. 1 bis 5 BGB-InfoV bestimmten **Informationen** rechtzeitig vor Abgabe der Bestellung klar und verständlich mitzuteilen (Nr. 2),
- den **Zugang seiner Bestellung** unverzüglich auf elektronischem Wege zu **bestätigen** (Nr. 3) und
- die Möglichkeit zu verschaffen, die Vertragsbestimmungen einschließlich der nach § 305 II BGB einbezogenen **AGB** bei Vertragsschluß abzurufen und in wiedergabefähiger Form zu speichern (Nr. 4).

(5) Die ersten drei Pflichten der Eingabefehlererkennung, Information und Zu- 168 gangsbestätigung und die Zugangsfiktion des § 312 e I 2 BGB sind unter Vertragsparteien, die nicht Verbraucher sind, abdingbar (§ 312 e II 2 BGB). Von den übrigen **zwingenden Vorschriften** kann der Unternehmer nicht zum Nachteil des Kunden abweichen (§ 312 f BGB). Verstößt der Unternehmer gegen diese Pflichten, hat der Kunde einen **Schadensersatzanspruch** aus Verschulden bei Vertragsschluss, wenn die Pflichtverletzung ursächlich für die Bestellung war (§§ 280, 311 II BGB, vgl. näher Rn. 381 ff.).

> Im Fall 12 hat buch.de eine wirksame Eingabefehlererkennung, Informationen nach der § 3 BGB-InfoV (technischen Schritte der Vertragschlusses, Speicherung des Vertrages und Zugangsmöglichkeit für Kunden, Sprache, Verhaltenscodizes, Zugangsbestätigung und AGB-Übermittlung) vorzunehmen.

5. Vertragsschluß im Handelsverkehr

Im Handelsverkehr müssen beim Vertragsschluß Besonderheiten beachtet wer- 169 den, die entweder gesetzlich geregelt sind wie in § 362 HGB (Schweigen des Kauf-

manns auf Anträge) oder auf allgemeinem Handelsbrauch beruhen (kaufmännisches Bestätigungsschreiben und Handelsklauseln).

a) Schweigen als Vertragsschluß

Fall 13: Kaufmann K bietet per Fax einem langjährigen Geschäftspartner G elektronische Bauteile an. Weil G sich in einer Unternehmenskrise befindet, antwortet er nicht.
Ist ein Vertrag zustande gekommen und muß ein späterer Insolvenzverwalter diesen
berücksichtigen?

Grundsätzlich bedeutet Schweigen im Rechtsverkehr **zwischen Privatleuten**
weder Zustimmung noch Ablehnung. Es ist rechtlich ein „**nullum**". Eine ausdrückliche Qualifizierung des Schweigens als Annahme eines Angebots enthält
§ 362 I HGB für den Handels- und Berufsverkehr. Danach ist

- der **Kaufmann**,
- der für andere **Geschäfte besorgt**,
- im Rahmen einer **laufenden Geschäftsverbindung**

verpflichtet, auf einen Antrag unverzüglich zu antworten, da sonst sein Schweigen als Annahme des Antrags gilt.

> **Beispiele**: Bank- und Börsengeschäfte, Geschäfte des Treuhänders oder Agenten, Kom-
> missionär, Spediteur

Im Fall 13 ist in der Zusendung unbestellter Ware nur ein Antrag auf Abschluß eines Kaufvertrages und – bei Annahme – auf Übereignung zu sehen. Durch Schweigen kommt auch
zwischen Kaufleuten kein Vertrag zustande. § 362 I HGB greift unter Kaufleuten **nicht
bei einem Kaufangebot** ein, sondern setzt einen **Antrag zu einem Geschäftsbesorgungsvertrag nach § 675 BGB** voraus. Umsatzgeschäfte wie Kaufverträge fallen also
nicht unter § 362 HGB, obwohl manchmal im Schrifttum ungenau etwas anderes behaup-
tet wird! G bzw. sein Insolvenzverwalter haben somit keine Verbindlichkeit.

b) Handelsbrauch, kaufmännisches Bestätigungsschreiben und Handelsklauseln

170   (1) Nach § 346 HGB sind für **beiderseitige Handelsgeschäfte** die kaufmännischen Verkehrssitten zu berücksichtigen. Derartige Handelsbräuche haben sich
über einen längeren Zeitraum durch **tatsächliche, freiwillige Übung für einzelne
Geschäftszweige** gebildet. Sie können auch regional unterschiedlich sein.

> **Beispiele**: Kostenfreie Stornierung von Reservierungen zwischen Hotel und Reisebüro
> bis 3 Monate vor Ankunft, kaufmännisches Bestätigungsschreiben, gesonderte Berech-
> nung von Sonderverpackung bei Versand, Unzulässigkeit von Nachnahmesendungen
> ohne Vereinbarung, Handelsklauseln

171   (2) Wer sich auf einen Handelsbrauch beruft, muß nicht nur seinen Inhalt **be-
haupten**, sondern auch **beweisen**. Handelsbräuche gelten wie Gesetze, also auch
ohne Kenntnis der Kaufleute. Wer sich einem Handelsbrauch nicht unterwerfen
will, muß dagegen bei Vertragsschluß **widersprechen**.

> **Beispiel**: Klausel in Geschäftsbedingungen: „Die Geltung von Handelsbräuchen ist aus-
> geschlossen".

In der Regel ist in einem Streitfall ein Gutachten der **IHK** erforderlich, wobei im
Prozeß den **Kammern für Handelssachen** die Feststellung aufgrund eigener
Sachkunde zugestanden wird.

(3) Das **kaufmännische Bestätigungsschreiben** gehört zu den wichtigsten Han- **172**
delsbräuchen. Zur Ausschaltung von Unsicherheiten ist es im kaufmännischen
Verkehr üblich, mündliche Vereinbarungen so bald wie möglich zu bestätigen. In
seinem Bestätigungsschreiben hält der Kaufmann die Verhandlungsergebnisse zu
Beweiszwecken fest, die aus seiner Sicht zum Vertragsschluß geführt haben. Das
Schreiben enthält häufig Abweichungen und Ergänzungen. Will der Empfänger
eines derartigen Bestätigungsschreibens dessen Inhalt nicht gelten lassen, muß er
unverzüglich widersprechen. Andernfalls gilt sein Schweigen **gewohnheitsrechtlich** als Einverständnis und der Vertrag kommt zu den Bedingungen des Bestätigungsschreibens zustande. Ob der Kaufmann das Schreiben tatsächlich gelesen hat, spielt keine Rolle. Die **Voraussetzungen** des Einverständnisses sind also:

- **Absender und Empfänger** nehmen wie Kaufleute am **Geschäftsleben** teil,
- **abgeschlossene Vertragsverhandlungen**, denen ein Unsicherheitsmoment
  (mündlich, telefonisch, telegraphisch, Telefax) angehaftet hat,
- unmittelbar **nachfolgendes Bestätigungsschreiben**, wobei die Bezeichnung
  des Schreibens (z. B. „Auftragsbestätigung") unerheblich ist,
- **Redlichkeit des Absenders**, also ein **schützenswertes Vertrauen** des Absenders auf das Schweigen als Zustimmung, das nicht vorliegt bei bewußter Falsch-
  bestätigung, erheblicher Abweichung des Schreibens vom Vertragsergebnis, bei
  sich kreuzenden, inhaltlich verschiedenen Bestätigungsschreiben oder bei aus-
  drücklichem Vorbehalt einer Bestätigung beider Seiten,
- **kein unverzüglicher** (§ 121 I 1 BGB) **Widerspruch** gegen das zugegangene Bestätigungsschreiben (max. 3 Tage).

Kein Bestätigungsschreiben ist die bloße **Auftragsbestätigung**, mit der nur auf
ein Angebot Bezug genommen und dieses angenommen wird. Soweit sie zusätzliche Bedingungen enthält, liegt ein neues Angebot vor (§ 150 II BGB). Schweigen hierauf ist grundsätzlich nicht als Annahme zu werten.

(4) Der Handelsbrauch hat zur Vereinfachung und Beschleunigung des Handels- **173**
verkehrs Abkürzungen und Formeln herausgebildet. **Typische nationale Handelsklauseln sind:**

- **Ab Werk**: Transport-, Versicherungs- und Zollkosten trägt der Käufer
- **Wie besichtigt**: Gewährleistungsausschluß für Mängel, die bei Besichtigung er-
  kennbar waren
- **C. a. d.**: cash against documents (Kasse gegen Dokumente), Barzahlung gegen
  Dokumentenvorlage ohne Aufrechnungsmöglichkeit
- **Frei (frachtfrei, franco)**: Verkäufer trägt Transportkosten
- **Freibleibend, ohne obligo**: Angebot unverbindlich
- **Netto**: ohne Zahlungsskonto
- **Preis freibleibend**: Kauf bindend, aber Preis ist Marktpreis zur Lieferzeit
- **Selbstbelieferung vorbehalten**: Verkäufer wird von Lieferpflicht frei, wenn er
  nicht selbst von seinem Lieferanten beliefert wird, muß aber seine Rechte aus
  dem Deckungsgeschäft an Käufer abtreten
- **Unfrei**: auf Kosten des Bestellers
- **Fob**: Verkäufer verlädt kostenfrei auf gewünschtes Schiff

(5) Die einheitliche Auslegung der **internationalen Handelsklauseln** wird durch **174**
die **International Commercial Terms (Incoterms)** gewährleistet, die in Außen-

handelsverträgen häufig verwendet werden. Die Incoterms wurden im Jahre 2000 revidiert und sind abgedruckt bei Baumbach/Duden/Hopt, HGB, Anh. 6 und im Internet unter www.iccwb@org.

> **Beispiele Incoterms: EXW** (ex works): Verkäufer stellt Ware am benannten Ort und zur vereinbarten Zeit zur Verfügung und benachrichtigt Käufer, **DDP** (delivered, duty paid): Verkäufer liefert mit Aus- und Einfuhrbewilligung, Beförderungsvertrag, Qualitätsprüfung, Verpackung, Transportdokumente die Ware zum benannten Ort des Einfuhrlandes

---

Merksätze

1. **Rechtsgeschäft (RG)**
   - **Begriff**: Handlung, die einen Rechtserfolg herbeiführen will
   - **Elemente**: mindestens eine Willenserklärung

2. **Arten der RG**: Unterscheidungskriterien sind
   - einseitige und mehrseitige RG
   - Verpflichtungs- und Verfügungsgeschäfte
   - schuld-, sachen-, familien-, erbrecht- und gesellschaftsrechtliche RG
   - Handelsgeschäfte
     - einseitige
     - beiderseitige

3. **Willenserklärung (WE)**
   - **Tatbestandsmerkmale**
     - objektiv: Willensäußerung
     - subjektiv: Wille mit 3 Stufen:
       * Handlungswille (notwendiges Element): Folge bei Fehlen: WE nichtig
       * potentielles Erklärungsbewußtsein: Folge bei Fehlen: WE wirksam, aber anfechtbar
       * Geschäftswille: Folge bei Fehlen: WE wirksam, aber anfechtbar
   - **Wirksamkeit**
     - nicht empfangsbedürftig: mit Abgabe
     - empfangsbedürftig: mit Abgabe und Zugang unter
       * Anwesenden: mit Verfügungsgewalt oder Verständnis
       * Abwesenden: wenn WE in den Machtbereich des Empfängers gelangt, daß die Möglichkeit der Kenntnisnahme unter normalen Umständen besteht
     - Wirkung
       * mit zugegangenem Inhalt
       * Bindung
       * Rechtzeitigkeit bei Fristen

4. **Auslegung von RG**
   - Erheblichkeit des wahren Willens bei Testamenten
   - Objektiver Empfängerhorizont entscheidend bei empfangsbedürftigen WE
   - AGB:
     - kundenfreundliche Auslegung
     - Unklarheiten zu Lasten des Verwenders (§ 305 c II BGB)

5. **Form des RG**
   - Grundsätzlich **Formfreiheit**
   - **Bedeutung** der Form
     - Warnfunktion
     - Beweisfunktion
   - **Arten** der Form
     - Schriftform und elektronische Form (§§ 126, 126 a BGB)
     - Textform (§ 126 b BGB)

    – notarielle Beurkundung (§ 128 BGB)
    – öffentliche Beglaubigung der Unterschrift (§ 129 BGB)

6. **Bedingte und befristete RG**
   - aufschiebende und auflösende Bedingung
   - bedingungsfeindlich sind
     – Gestaltungsrechte (z. B. Kündigung)
     – Auflassung (§ 925 II BGB)

7. **Vertragsbegriff**
   - Mehrseitiges Rechtsgeschäft
   - Mindestens zwei übereinstimmende WE
   - Rechtlicher Bindungswillen

8. **Vertragsarten**
   - Einseitig und zweiseitig verpflichtende Verträge des Schuldrechts
   - Dingliche Verträge zielen auf die Verfügung eines Rechts
   - Familien-, erb- und gesellschaftsrechtliche Verträge
   - Typische Verträge des BGB und atypische gem. Vereinbarung

9. **Vorstufen des Vertrags**
   - Vorverhandlungen: unverbindlich, aber cic
   - Vorvertrag: schuldrechtliche Verpflichtung zum Hauptvertrag
   - Optionsvertrag: Option, durch WE einen Vertrag zu begründen oder zu verlängern

10. **Vertragsschluß durch Antrag und Annahme**
    - Übereinstimmen zweier WE (Antrag und Annahme)
    - Antrag bindend, es sei denn
      – Freizeichnung
      – erloschen
    - Annahme: uneingeschränktes Einverständnis
      – Annahmefrist zulässig
      – Verspätete Annahme ist neuer Antrag (§ 150 I BGB)
      – Modifizierte Annahme ist Ablehnung mit neuem Antrag (§ 150 II BGB)
      – Zugang ausnahmsweise bei Verkehrssitte bzw. Verzicht entbehrlich (§ 151 BGB)

11. **Dissens**
    - **Offener** bei Kenntnis des Einigungsmangels über **Hauptpunkte**: kein Vertrag
    - **Versteckter** bei Unkenntnis über fehlende Einigung über **Nebenpunkt**: Vertrag nur, wenn dieser auch ohne divergierenden Nebenpunkt geschlossen worden wäre

12. **Vertragsschluß im elektronischen Geschäftsverkehr**
    - **Internetseite** ist invitatio ad offerendum
    - **Antrag** durch Kunde mit E-Mail, Mausklick
      – Zugang während Geschäftszeit in Mailbox
      – Identifikation durch elektronische Signatur nach SignaturG möglich, § 126 a BGB
    - **Annahme** nach §§ 147 II, 151 BGB
    - **AGB-Einbeziehung** bei Verbraucher nur über § 305 II iVm § 310 I BGB
    - **Informationspflichten im elektronischen Geschäftsverkehr** § 312 e BGB iVm § 3 BGB-InfoV

13. **Vertragsschluß im Handelsverkehr**
    - **Schweigen als Vertragsschluß**
      – Annahme nur bei „Geschäftsbesorgungs-Kaufmann" gem. § 362 I HGB
      – Sonst keine Vertragsannahme
    - **Handelsbrauch**
      – Freiwillige, regionale Übung einzelner Geschäftszweige
      – Gilt auch ohne Kenntnis, nicht bei vorherigem Widerspruch
      – Erforschung durch Gutachten der IHK
    - **Kaufmännisches Bestätigungsschreiben** ist wichtigster Handelsbrauch und Einverständnis zum Vertrag unter folgenden Voraussetzungen:
      – Vertragspartner sind Kaufleute

- – Abgeschlossene mündliche Vertragsverhandlungen
- – Nachfolgendes Bestätigungsschreiben
- – Redlichkeit des Absenders (Inhalt weicht nicht wesentlich von Verhandlungen ab)
- – Kein unverzüglicher Widerspruch des Empfängers
- • **Handelsklauseln**
  - – Nationale Klauseln
  - – Incoterms im internationalen Handelsverkehr

14. **Leitentscheidungen**
   - • **WE trotz fehlenden Erklärungsbewußtseins**
     BGHZ 91, 324 = NJW 1984, 2279
   - • **Versteigerung im Internet**
     BGH, 7. 11. 2001, NJW 2002, 263
   - • **Kaufmännisches Bestätigungsschreiben**
     BGH, 8. 2. 2001, NJW-RR 2001, 680

§ 5
Mängel beim Rechtsgeschäft

Lernziele:

Nachdem Sie dieses Kapitel 5 durchgearbeitet haben, können Sie
- • die Willensmängel darlegen und erläutern, wann Rechtsgeschäfte angefochten werden können.
- • die Grundzüge der Geschäftsfähigkeit klarmachen.
- • die Nichtigkeitsgründe der Verstösse gegen ein gesetzliches Verbot, gegen die guten Sitten, insbesondere Wucher, und gegen Formvorschriften erklären.

I. Arten der Unwirksamkeit eines Rechtsgeschäfts

175   Mängel eines Rechtsgeschäfts können zu seiner **Nichtigkeit**, Teilnichtigkeit, **Anfechtbarkeit** oder **schwebenden Unwirksamkeit** führen. Obwohl also beispielsweise der gesetzliche Tatbestand eines Kaufvertrags oder einer Willenserklärung in der Form einer Mietvertragskündigung vorliegt, kann das Rechtsgeschäft wegen Geschäftsunfähigkeit oder wegen Verstoßes gegen ein gesetzliches Verbot unwirksam sein.

1. Nichtigkeit

176   Weist das Rechtsgeschäft so starke Mängel auf, daß das Gesetz dem Rechtsgeschäft keine Rechtswirkung zubilligt, liegt Nichtigkeit vor. Das heißt, das Rechtsgeschäft ist

- • **von Anfang an** unwirksam (= ex tunc),
- • **unabhängig** vom **Willen** der Beteiligten und
- • unwirksam gegenüber **jedermann** (absolut).

Beispiele: Geschäftsunfähigkeit (§ 105 BGB), Gesetzesverstoß (§ 134 BGB), Sittenwidrigkeit (§ 138 BGB), Formverstoß (§ 125 BGB)

Schaubild 22: *Mängel beim Rechtsgeschäft*

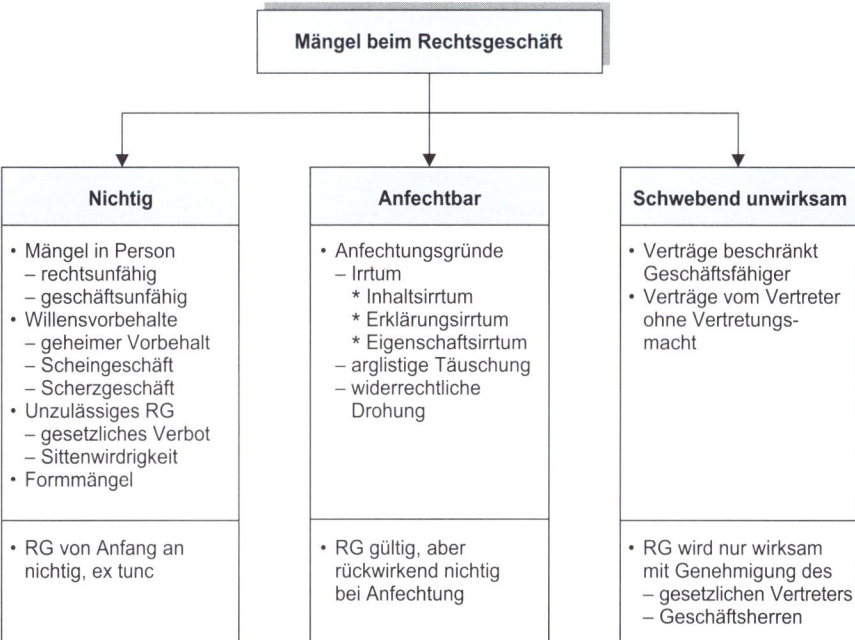

Die Nichtigkeit ist damit der stärkste Grad der Unwirksamkeit eines Rechtsgeschäfts. Sie muß ein Gericht von Amts wegen, also ohne Rüge der Parteien, berücksichtigen. Nur durch die **erneute**, nun mangelfreie **Vornahme des Rechtsgeschäfts** kann die Nichtigkeit beseitigt werden (§ 141 BGB).

2. Teilnichtigkeit und Umdeutung

(1) Ist nur ein Teil eines teilbaren Rechtsgeschäfts nichtig, so ist das ganze Rechtsgeschäft nichtig, wenn nicht anzunehmen ist, daß es auch ohne den nichtigen Teil vorgenommen worden wäre (§ 139 BGB). Grundsätzlich ist also im **Normalfall** von der **Totalnichtigkeit** des Geschäfts auszugehen. Diese Folge kann gerade im Verbraucherschutz zu unbilligen Ergebnissen führen. Daher ist ausnahmsweise die Aufrechterhaltung des Rechtsgeschäfts geboten bei Verstoß gegen Vorschriften, die den Schutz eines Vertragsteils vor bestimmten Vertragsklauseln bezwecken, ihm aber den Vertrag erhalten wollen (vgl. Rn. 297). 177

(2) Nach § 140 BGB kann ein nichtiges Rechtsgeschäft in anderes Rechtsgeschäft **umgedeutet** werden, wenn das nichtige den Anforderungen eines anderen Rechtsgeschäfts entspricht und wenn das umgedeutete Rechtsgeschäft dem mutmaßlichen Willen der Parteien entspricht.

> **Beispiele**: Praktische Bedeutung hat die Umdeutung einer unwirksamen außerordentlichen in eine ordentliche Kündigung eines Arbeitsverhältnisses. Der Kündigende muß hier zum Ausdruck gebracht haben, daß er den Vertrag in jedem Fall lösen will.

3. Anfechtbarkeit

178 Anfechtbare Rechtsgeschäfte sind gültig, können aber durch Anfechtungserklärung gegenüber dem Anfechtungsgegner (vgl. § 143 I BGB) **rückwirkend vernichtet** werden (ex tunc § 142 I BGB). Auch nichtige Rechtsgeschäfte sind anfechtbar. Für **arbeits- bzw. gesellschaftsrechtliche Rechtsgeschäfte** gelten für die Rückwirkung Einschränkungen. Wird ein Arbeitsvertrag oder ein Gesellschaftsvertrag angefochten, tritt die Nichtigkeit erst ab dem Zeitpunkt des Zugangs der Anfechtungserklärung für die Zukunft ein (ex nunc).

Für eine wirksame Anfechtung müssen in jedem Fall folgende **Voraussetzungen** vorliegen:

- **Anfechtungsgrund** wie Irrtum bei der Abgabe von Willenserklärungen (§§ 119–124 BGB),
- **Anfechtungserklärung** (§ 143 BGB) und die
- **Anfechtungsfrist** (§§ 121 I, 124 I BGB).

4. Unwirksamkeit

179 (1) **Relativ unwirksam** ist ein Rechtsgeschäft, das nicht allen („absolut"), sondern nur bestimmten Personen gegenüber unwirksam ist. Der Hauptfall ist das Verfügungsverbot über einen Gegenstand zum Schutz bestimmter Personen (§§ 135, 136 BGB).

> **Beispiele**: Gerichtliche Verfügungsverbote wie bei Pfändung, Veräußerungsverbote nach der InsO

(2) **Schwebend unwirksam** ist zunächst ein unwirksames Rechtsgeschäft, das bei Nachholung der fehlenden Wirksamkeitsvoraussetzung rückwirkend wirksam wird. Bis zur Klärung des Eintritts oder Nichteintritts der fehlenden Voraussetzung besteht ein Schwebezustand. Tritt die Voraussetzung nicht ein, ist das Rechtsgeschäft endgültig unwirksam (nichtig).

> **Beispiele**: Vertragsschluß Minderjähriger (§ 108 BGB), Vertragsschluß durch Vertreter ohne Vertretungsmacht (§ 177 BGB), Verfügung eines Nichtberechtigten (§ 185 BGB)

II. Mängel in der Person

180 Eine Willenserklärung kann nichtig infolge Mängeln in der erklärenden Person sein. So wird der Bestand des auf einer solchen Willenserklärung beruhenden Rechtsgeschäfts bei fehlender Rechtsfähigkeit und Geschäftsunfähigkeit in Frage gestellt.

1. Rechtsfähigkeit

Die Fähigkeit zur Willensbildung ist überhaupt nicht gegeben, wenn die Rechtsfähigkeit z. B. einer juristischen Person fehlt (vgl. Rn. 52). Daher kann für einen nicht existierenden Verein keine Willenserklärung abgegeben werden.

2. Mangelnde Geschäftsfähigkeit

Trotz der beim Menschen immer vorliegenden Rechtsfähigkeit kann die Fähig-   **181**
keit zur Willensbildung durch Mängel seiner Geschäftsfähigkeit eingeschränkt
sein. Die Fähigkeit, selbstverantwortlich durch Willenserklärungen Rechtsgeschäfte vorzunehmen, kann nur solchen Personen zugebilligt werden, von denen
anzunehmen ist, daß sie das dafür erforderliche Einsichts- und Urteilsvermögen
besitzen (vgl. Rn. 43). Das **Risiko**, ein Geschäft mit einem nicht erkennbar geschäftsunfähigen oder beschränkt geschäftsfähigen Partner abzuschließen, trägt
der **geschäftsfähige Partner**.

a) Geschäftsunfähigkeit

Fall 1: Der schwer geistig Behinderte V, der einem Kleinkind geistig gleichzustellen ist,   **182**
verkauft an den reisenden Händler K einen wertvollen Bauernschrank für nur € 50. Ist
der Kaufvertrag rechtswirksam?

(1) Der Geschäftsunfähige kann nicht wirksam am Rechtsverkehr teilnehmen.
Seine Willenserklärungen sind nach § 105 BGB **nichtig**, fremde Erklärungen, die
von Geschäftsunfähigen empfangen werden, gehen nicht wirksam zu, sondern
werden gemäß § 131 BGB erst mit dem Zugang an den gesetzlichen Vertreter
wirksam (§ 131 I BGB). Für Geschäftsunfähige können nur die gesetzlichen Vertreter handeln. Zu diesem Personenkreis zählen insbesondere:

- Kinder unter 7 Jahren (§ 104 Nr. 1 BGB),
- Personen mit nicht nur vorübergehender Störung der Geistestätigkeit, welche
  die freie Willensbestimmung und Einsichtsfähigkeit ausschließt (§ 104 Nr. 2 BGB).

(2) Ausnahmsweise können nach § 105 a BGB **volljährige Geschäftsunfähige** Geschäfte des täglichen Lebens mit geringfügigen Mitteln schließen. Sobald die Leistung und Gegenleistung bewirkt sind, gilt der Vertrag als wirksam zustande gekommen. Damit soll die Rechtsstellung von geistig Behinderten gestärkt werden.

Da V nicht nur an einer kurzzeitigen Störung seiner Geistestätigkeit leidet, ist sein Ver-
kaufsangebot an K nichtig und damit der Kaufvertrag unwirksam (§ 105 I BGB). Die
mangelnde dauernde Einsichtsfähigkeit muß V allerdings im Streitfall durch ein ärztli-
ches Gutachten beweisen.

b) Beschränkte Geschäftsfähigkeit

Fall 2: Der 16jährige Hans (H) bekam einen bissigen Hund geschenkt. Die Hunde-   **183**
steuer beträgt € 100 jährlich. Ist der Schenkungsvertrag wirksam?

(1) Die beschränkte Geschäftsfähigkeit beginnt mit dem 7. Lebensjahr und endet
mit der Vollendung des 18. Lebensjahres (§§ 106, 2 BGB). Zu diesem **Personenkreis** zählen aber auch die **Betreuten** nach dem Betreuungsrecht des Familienrechts, für die ein Einwilligungsvorbehalt angeordnet worden ist (§§ 1896 ff., 1903
BGB). Die gerichtlich angeordnete Betreuung hat grundsätzlich keinen Einfluß
auf die Geschäftsfähigkeit des Betreuten. Soweit im Einzelfall eine erhebliche Gefahr für dessen Person oder Vermögen besteht, kann das Vormundschaftsgericht
den **Einwilligungsvorbehalt** anordnen. Das bedeutet, daß der Betreute für Wil-

Schaubild 23: *Geschäftsfähigkeit*

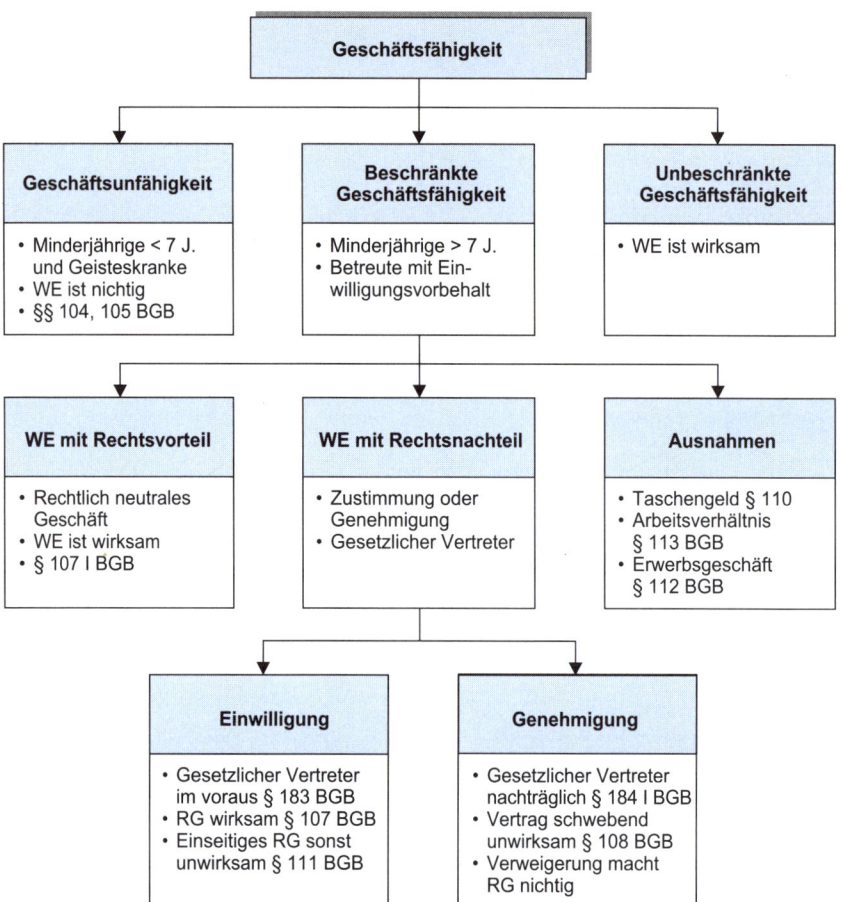

lenserklärungen, die den Aufgabenkreis seines Betreuers betreffen, dessen Einwilligung benötigt und damit einem beschränkt Geschäftsfähigen gleichgestellt wird.

(2) Der beschränkt Geschäftsfähige braucht für eine Willenserklärung, durch die er unmittelbar **nicht lediglich einen rechtlichen Vorteil** erlangt, die Einwilligung, d. h. die vorherige **Zustimmung seines gesetzlichen Vertreters** (§ 107 BGB). Das Gesetz schützt ihn also vor dem Abschluß nachteiliger Geschäfte. Ob ein rechtlicher Nachteil droht, ist keine Frage der Wirtschaftlichkeit des Geschäfts, sondern die Frage, ob das Geschäft für den beschränkt Geschäftsfähigen rechtliche Pflichten mit sich bringt. **Zustimmungsfrei** sind damit:

• Annahme einer Schenkung,

• Erwerb des Eigentums an beweglichen Sachen,

• Abtretung einer Forderung an den beschränkt Geschäftsfähigen.

Der Abschluß des Schenkungsvertrags und der Eigentumserwerb am Hund sind für den beschränkt geschäftsfähigen H rechtliche Vorteile. Unerheblich ist, daß auf den Halter des Hundes eine mittelbare steuerliche Belastung zukommt.

(3) Schließt der beschränkt Geschäftsfähige **rechtlich nachteilige Geschäfte** (z. B. **184**
einen Kaufvertrag) ohne vorherige Zustimmung (sog. Einwilligung) oder ohne
nachträgliche Zustimmung (sog. Genehmigung) des gesetzlichen Vertreters, ist der
Vertrag unwirksam. Bis zur Erteilung der Genehmigung ist der Vertrag **schwebend
unwirksam** (§§ 108, 109 BGB). Um Klarheit zu schaffen, kann der Vertragspartner
den gesetzlichen Vertreter zur Genehmigung auffordern. Dieser hat dann zwei Wochen Zeit. Wird die Genehmigung nicht erteilt, so gilt sie als verweigert.

> **Beispiel**: Der 17jährige Schüler Thomas kauft ohne Wissen seiner Eltern ein Moped für
> € 1000. Der Verkäufer glaubt, Thomas sei schon 18 Jahre alt. Der Kaufvertrag ist schwe-
> bend unwirksam, weil die Einwilligung der Eltern fehlt. Der Vertrag kann erst dann
> wirksam werden, wenn die Eltern nachträglich zustimmen. Wenn sie den Vertrag ab-
> lehnen, ist er von Anfang an unwirksam. Thomas müßte das Moped zurückgeben, der
> Verkäufer müßte den Preis zurückzahlen.

(4) **Ausnahmsweise** kann der beschränkt Geschäftsfähige **allein nachteilige 185
Rechtsgeschäfte** tätigen, wenn

- der **Taschengeldparagraph** (§ 110 BGB) eingreift oder
- **Teilgeschäftsfähigkeit** für den Betrieb eines Erwerbsgeschäfts (§ 112 BGB)
  oder für ein Arbeitsverhältnis (§ 113 BGB) vorliegt.

Der Taschengeldparagraph setzt jedoch voraus, daß der Minderjährige die Leistung, welche in dem an sich unwirksamen Vertrag von ihm verlangt wird, **vollständig mit Mitteln bewirkt** (z. B. Taschengeld, Arbeitslohn), die ihm zu **diesem
Zweck** oder zur **freien Verfügung** von einem Dritten überlassen sind. Das Verpflichtungsgeschäft (z. B. der Kaufvertrag) wird also nicht schon mit seinem Abschluß, sondern erst mit der Erfüllung, wenn auch rückwirkend, wirksam. Da es
auf die volle Erfüllung ankommt, werden Ratengeschäfte erst mit der Bezahlung
der letzten Rate wirksam.

Ermächtigt der gesetzliche Vertreter den Minderjährigen, ein **Arbeitsverhältnis**
(keine Berufsausbildung!) zu begründen (§ 113 BGB), oder mit Zustimmung des
Vormundschaftsgerichts, zum selbständigen Betrieb eines **Erwerbsgeschäfts**
(§ 112 BGB), dann erlangt der Minderjährige in den jeweiligen Teilbereichen für
Folgegeschäfte unbeschränkte Geschäftsfähigkeit, d. h., er kann alle erforderlichen Rechtsgeschäfte allein vornehmen. Trotz der Ermächtigung der §§ 112, 113
BGB sind allerdings solche Geschäfte schwebend unwirksam, zu denen der gesetzliche Vertreter die Zustimmung des Vormundschaftsgerichts benötigt, wie der
Eintritt eines Minderjährigen in eine Gesellschaft (§ 1822 Nr. 3 BGB).

(5) **Einseitige Rechtsgeschäfte** (z. B. Vollmacht, Anfechtung, Kündigung) ohne **186**
die notwendige Einwilligung des gesetzlichen Vertreters sind grundsätzlich **nichtig** (§ 111 BGB).

III. Willensvorbehalte

Nach den in §§ 116–118 BGB geregelten Willensvorbehalten will der Erklärende **187**
bewußt die Rechtsfolge seiner Erklärung nicht. Er gibt also **bewusst eine fehlerhafte Erklärung** ab.

(1) Eine Willenserklärung ist zwar **nicht** deshalb nichtig, weil sich der Erklärende
insgeheim vorbehält, das Erklärte nicht zu wollen (geheimer Vorbehalt). Die Er-

klärung ist aber nichtig, wenn der **Erklärungsempfänger** den Vorbehalt kennt (§ 116 BGB).

188 (2) **Fall 3:** Kaufmann S ist in finanziellen Nöten. Sein Freund F gibt ihm gegenüber ein Schuldanerkenntnis über eine Schuld von € 50 000 ab, das S seinen Gläubigern vorlegen will, um einen Zahlungsaufschub (Moratorium) zu erreichen. S und F sind sich aber einig, daß keine Schuld besteht. Ist der Schuldschein rechtswirksam?

In der Wirtschaftspraxis sehr bedeutsam ist das **Scheingeschäft**. Wird eine empfangsbedürftige Willenserklärung im Einverständnis mit dem Erklärungsempfänger nur zum Schein abgegeben, so ist sie **nichtig** (§ 117 I BGB). Das **verdeckte Geschäft**, also das von den Beteiligten in Wahrheit gewollte, ist **wirksam**, wenn seine besonderen Wirksamkeitsvoraussetzungen (z. B. Form, behördliche Genehmigung) vorliegen (§ 117 II BGB). Lassen also bei einem Grundstückskauf die Vertragsparteien zur Kostenersparnis zum Schein einen niedrigeren als den vereinbarten Kaufpreis vom Notar beurkunden (**Schwarzkauf**), dann ist also der beurkundete Kaufvertrag nach § 117 BGB nichtig und das gewollte verdeckte Geschäft nicht beurkundet und deshalb nichtig (§§ 311b, 125 BGB). Da die damit verbundene Steuerhinterziehung und der Betrug zum Nachteil des Notars nicht Hauptzweck ist, liegt keine Nichtigkeit nach § 134 BGB vor (vgl. Rn. 208).

Im Fall 3 haben S und F einverständlich ein Geschäft nur simuliert. Der Schuldschein ist gegenüber jedermann nach § 117 I BGB nichtig.

189 (3) Auch das sog. **Scherzgeschäft**, das in § 118 BGB geregelt wird, ist **nichtig**, wenn es in der Erwartung gemacht wird, der Mangel der Ernstlichkeit werde erkannt. Allerdings ist der Erklärende zum Ersatz des sogenannten Vertrauensschadens verpflichtet (§ 122 I, II BGB).

IV. Anfechtung einer Willenserklärung

1. Anfechtungsgründe

190 Der häufigste Fall eines Willensmangels ist der **Irrtum**. Das BGB erkennt hierbei folgende Fälle als relevantes Abweichen des Erklärungsinhalts von der eigentlich gewollten Erklärung an:

- **Inhaltsirrtum** (§ 119 I 1. Alt. BGB)
- **Erklärungsirrtum** (§ 119 I 2. Alt. BGB und § 120 BGB)
- **Eigenschaftsirrtum** (§ 119 II BGB)
- **Arglistige Täuschung und Drohung** (§ 123 BGB)

Im Interesse des Geschäftsgegners ist also nicht jeder Irrtum beachtlich. Die Rechtssicherheit erfordert es, daß der Partner grundsätzlich auf die Erklärung des anderen vertrauen darf. Dies gilt gerade für **Motivirrtümer** eines Geschäftspartners (Irrtum im Beweggrund), also welche Überlegungen, Gründe oder Erwartungen er für das Geschäft hatte.

Beispiele: Enttäuschte **Erwartungen** bei Spekulationsgeschäften, fehlgeschlagene Umsatzerwartung für Betriebserweiterung und interne **Kalkulationsfehler** bei Preisberechnung berechtigen nicht zur Anfechtung wegen Irrtums.

Schaubild 24: *Anfechtungsrecht*

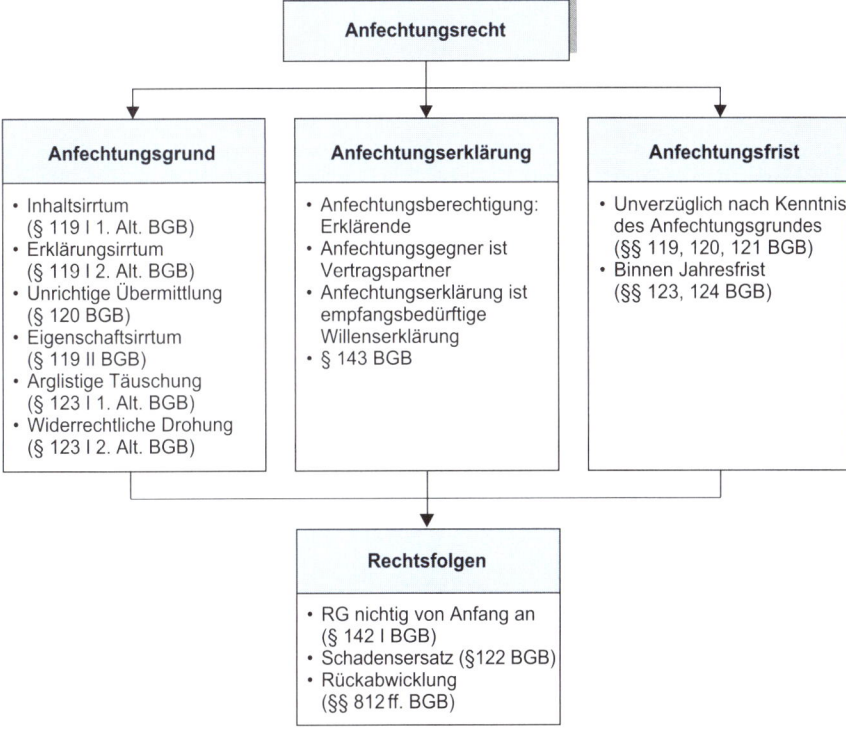

Liegt einer der gesetzlich anerkannten Irrtumsfälle vor, hat der **Erklärende** ein **Anfechtungsrecht**. Mit Hilfe einer fristgerechten **Anfechtungserklärung** kann der Erklärende die trotz Irrtums zunächst wirksame Willenserklärung rückwirkend vernichten (§ 142 I BGB). Macht er von seinem Recht Gebrauch, was er im Interesse der Geschäftsbeziehungen nicht muß, hat er jedoch dem Geschäftsgegner den **Schaden zu ersetzen**, den dieser im Vertrauen auf die Gültigkeit der Erklärung erlitten hat (§ 122 BGB, nicht bei § 123 BGB).

a) Inhaltsirrtum

Fall 4: Die Rektorin R einer Schule bestellt 25 Gros Rollen WC-Papier (= 3600 Rollen), in der Annahme, es handele sich um 25 große Rollen. Kann R die Bestellung anfechten?   **191**

Ein Inhaltsirrtum nach § 119 I 1. Alt. BGB liegt vor, wenn der Erklärende will, was er, äußerlich betrachtet erklärt, er jedoch mit dem Erklärten eine andere rechtliche **Bedeutung** verbindet. Er will damit **unbewußt** nicht, was er sagt. Wille und Erklärung fallen also unbewußt auseinander. Fälle des Inhaltsirrtums sind der Irrtum über die

- **Geschäftsart** (z. B. erklärt ist Leihe, gewollt ist Miete),
- **Person** des Vertragspartners,
- Identität des **Geschäftsgegenstands** (z. B. des gekauften Grundstücks, Fahrzeugs).

> R unterlag einem Irrtum über den Geschäftsgegenstand. Sie wollte subjektiv 25 große Rollen und erklärte objektiv, daß sie 25 × 12 × 12 Stück kauft.

b) Erklärungsirrtum

192 Beim Erklärungsirrtum irrt sich der Erklärende **unbewußt** über eine äußere Erklärungshandlung infolge einer **motorischen Fehlleistung** durch Verschreiben oder Versprechen (§ 119 I 2. Alt. BGB). Ein Erklärungsirrtum liegt auch vor bei der unbewußt unrichtigen Übermittlung einer Erklärung durch einen **Erklärungsboten** wie durch einen Mitarbeiter (§ 120 BGB). Auch hier weichen Wille und Erklärung voneinander ab.

> **Beispiel**: Kaufmann K bestätigt infolge eines Eingabefehlers seines Mitarbeiters ein Flug von Frankfurt/M. nach Bangkok mit Business Class für € 699 statt € 4699. K kann seine Vertragsannahme wegen Erklärungsirrtums anfechten.

c) Eigenschaftsirrtum

193 **Fall 5**: Der Kunsthändler K erwirbt von V ein Gemälde in der Meinung, es stamme vom bekannten Maler M. Kurz nach der Übergabe des Bildes stellt sich heraus, daß nicht M, sondern sein weniger bekannter Schüler S Schöpfer des Bildes ist. Kann K vom Kaufvertrag loskommen?

Nach § 119 II BGB berechtigt auch der Irrtum über solche Eigenschaften der Person oder Sache, die im Verkehr als wesentlich angesehen werden, zur Anfechtung. Hierbei handelt es sich um einen ausnahmsweise beachtlichen Motivirrtum über **verkehrswesentliche Eigenschaften** von **Personen** oder **Sachen**. Unter Eigenschaften sind alle auf Dauer angelegten, wertbildenden Faktoren zu verstehen, die in unmittelbarer Beziehung zum Geschäftsgegenstand stehen, wie

- Größe, Lage, Bebaubarkeit eines Grundstücks,
- Urheberschaft eines Kunstwerks,
- Alter eines Gebrauchtwagens,
- beruflich einschlägige Vorstrafen,
- Zahlungsfähigkeit bei Kreditgeschäft,
- nicht: der Preis selbst.

Die Verkehrswesentlichkeit ist als **Vertragswesentlichkeit** für das konkrete Geschäft aufzufassen. Aus dem Vertragsinhalt ergibt sich, daß bestimmte Eigenschaften einer Person oder Sache wesentlich, andere aber unwesentlich sind.

> **Beispiele**: **Zahlungsfähigkeit** ist vertragswesentlich bei Kreditgeschäften, nicht bei Bargeschäften, **Vorstrafe wegen Betrugs** vertragswesentlich bei der Anstellung als Buchhalter, nicht als Putzhilfe

> K ging beim Kauf des Bildes von einem anderen Maler aus, dessen Wertschätzung höher war als diejenige des S. Die Urheberschaft eines Bildes ist immer eine verkehrswesentliche Eigenschaft beim Kauf.

d) Täuschung und Drohung

194 **Fall 6**: Kaufmann K kauft am 2.4. einen Gebrauchtwagen vom Händler V. Trotz eindringlichen Fragens durch K versichert V die Unfallfreiheit des Luxusfahrzeugs, obwohl er das Kfz nicht untersucht hat. Am 10.5. entdeckt K Unfallschäden, erklärt jedoch erst am 30.8. die Anfechtung des Kaufvertrags wegen arglistiger Täuschung. Ist die Anfechtung wirksam?

Das Opfer einer arglistigen Täuschung oder einer widerrechtlichen Drohung kann seine Willenserklärung gemäß § 123 BGB anfechten.

(1) Die **Täuschung** kann durch **aktives Tun** (z.B. Vorspiegeln von Tatsachen) oder durch **Unterlassen** (z.B. durch mangelnde Aufklärung) erfolgen. Schweigen ist nur dann eine arglistige Täuschung, wenn eine Pflicht zur Offenlegung und Aufklärung gegeben ist. Der Umfang der Offenbarungspflicht ergibt sich aus Treu und Glauben (§ 242 BGB) und aus § 241 II BGB. Die Täuschung muß stets **vorsätzlich** begangen werden. Weiter muß der Irrtum ursächlich, also **kausal**, für die Willenserklärung sein.

> Als Gebrauchtwagenverkäufer hat V **ungefragt** über solche Unfälle aufzuklären, die für den Kaufentschluß üblicherweise relevant sind, also nicht über Bagatellschäden, sofern K nicht schon aus den Umständen (z.B. Aussehen, Preis) die Vergangenheit des Kfz erkennt. Da K ausdrücklich nach der Unfallfreiheit gefragt hat, ist grundsätzlich jeder Unfall außer Bagatellschäden wie kleine Lackschäden mitzuteilen. V hat daher den Anfechtungsgrund nach § 123 I BGB, da bereits Erklärungen „ins Blaue hinein" für eine arglistige Täuschung ausreichen, wenn er den Gebrauchtwagen ohne nähere Untersuchung als unfallfrei bezeichnet hat.

(2) Eine **Drohung** ist widerrechtlich, wenn das **Drohmittel**, der erstrebte **Zweck** oder die **Mittel-Zweck-Relation** anstößig ist, d.h., wenn dieses – an sich rechtmäßige – Mittel nicht eingesetzt werden durfte, um damit die Abgabe der Willenserklärung zu erzwingen.

> **Beispiele**: Drohung mit **Prügel,** wenn Schuldner nicht zahlt, Drohung mit **Strafanzeige** wegen Trunkenheit im Verkehr, um Kaufpreisanspruch durchzusetzen

2. Anfechtungserklärung und Frist

(1) Die Nichtigkeit einer Willenserklärung tritt bei einem **Anfechtungsgrund** erst ein, wenn der Betroffene fristgerecht durch eine **Anfechtungserklärung** dem Anfechtungsgegner uneingeschränkt und klar zum Ausdruck bringt, daß er seine Willenserklärung nicht gelten lassen will (§ 143 BGB). Der Gebrauch des Ausdrucks „anfechten" ist aber nicht notwendig. Die Anfechtungserklärung bedarf auch **keiner Form**, selbst dann nicht, wenn sie sich gegen ein förmliches Rechtsgeschäft richtet, wie z.B. einen Grundstückskaufvertrag. **195**

(2) Um möglichst bald Klarheit über das Geschäft zu bekommen, kann die Anfechtung in den Fällen der §§ 119, 120 **BGB** gemäß § 121 BGB nur **unverzüglich**, d.h. ohne schuldhaftes Zögern, nachdem der Anfechtungsberechtigte von dem Anfechtungsgrund Kenntnis erlangt hat, erfolgen. Die Länge der Frist ist vom Einzelfall abhängig. Nach Ablauf dieser Ausschlußfrist erlischt das Anfechtungsrecht. **196**

(3) Die Anfechtung nach § 123 **BGB** muß binnen **Jahresfrist** erfolgen (§ 124 BGB). Sie beginnt bei Täuschung mit der Entdeckung der Täuschung, im Falle der Drohung mit der Beendigung der Zwangslage zu laufen. In jedem Fall erlischt das Anfechtungsrecht nach 10 Jahren ab Abgabe der irrtumsbehafteten Erklärung. **197**

Auch wenn K im Fall 6 erst am 30. 8. die Anfechtung gegenüber V erklärt, war sie noch rechtzeitig, da die Jahresfrist erst mit der Entdeckung der Unfallschäden am 10. 5. zu laufen begann.

3. Rechtsfolgen der Anfechtung

198 (1) Mit dem Zugang der Anfechtungserklärung ist das Rechtsgeschäft gemäß § 142 I BGB als **von Anfang an nichtig** anzusehen. Das bedeutet, daß z. B. ein Kaufvertrag so zu bewerten ist, als sei er seit jeher nichtig (ex tunc). Damit unterscheidet sich die Anfechtung von der Kündigung, z. B. eines Mietvertrags, welche das Vertragsverhältnis für die Vergangenheit unberührt läßt und nur eine Beendigung für die Zukunft herbeiführt (vgl. Rn. 438). Von dieser Rückwirkung gibt es **zwei Ausnahmen**. Bei **Arbeits- und Gesellschaftsverträgen**, die bereits in Vollzug gesetzt sind, wirkt die Anfechtung erst ab Zugang der Erklärung (vgl. Rn. 178).

199 (2) Nach § 122 BGB hat der Anfechtende in den Fällen der §§ 119, 120 BGB dem Anfechtungsgegner **Schadensersatz** zu leisten, der in der Höhe durch das negative Interesse bestimmt wird. Da die Anfechtung für den Geschäftspartner oft mit erheblichen Nachteilen verbunden ist, ist der Gegner so zu stellen, als hätte der Irrende nie eine Erklärung abgegeben. Zu ersetzen sind beispielsweise:

- Vertragsabschlußkosten,
- Nachteile durch das Nichtzustandekommen eines möglichen anderen Geschäfts.

> **Beispiel:** Student V verkauft seiner Kommilitonin K einen Gebrauchtwagen. Nach Rückabwicklung wegen wirksamer Anfechtung durch K wegen Eigenschaftsirrtums (§ 119 II BGB) kann K verlangen, daß ihr die Kosten der Ummeldung des Pkw ersetzt werden.

Der Umfang des Ersatzanspruches ist jedoch begrenzt durch das Erfüllungsinteresse (positives Interesse), also die Lage, die bei ordnungsgemäßer Erfüllung des Vertrags entstanden wäre. Die Ersatzpflicht entfällt, wenn der Geschädigte den Anfechtungsgrund kannte oder fahrlässig nicht kannte (§ 122 II BGB). Dann hat der Geschädigte den Irrtum selbst veranlaßt und verdient keinen Vertrauensschutz.

200 (3) Bei der Anfechtung wegen **Täuschung oder Drohung** kann der Gegner natürlich keinen Schadensersatz verlangen, denn eigene Arglist oder Zwang verdient keinen Schutz. Lediglich der Anfechtungsberechtigte hat grundsätzlich einen **Schadensersatzanspruch aus unerlaubter Handlung** (§ 826 BGB).

201 (4) Soweit die Parteien **Leistungen** aufgrund eines angefochtenen Vertrags erbracht haben, müssen diese gemäß § 812 BGB nach den **Vorschriften des Bereicherungsrechts** zurückgegeben werden, da der Empfänger diese Leistungen ohne vertragliche Berechtigung erlangt hat (vgl. § 25).

> **Beispiel:** V verkauft K einen gebrauchten Lkw für € 20000. K bezahlt den Kaufpreis Zug um Zug gegen die Eigentumsübertragung des Fahrzeugs. Später ficht K den Kaufvertrag wegen Irrtums an. Mit der Anfechtung ist der Kaufvertrag rückwirkend weggefallen, so daß die Bezahlung des Preises durch K und die Eigentumsübertragung durch V an K ohne rechtlichen Grund erfolgten. Diese Leistungen sind daher nach den §§ 812 ff. BGB zurückzugewähren. Kannte V den Anfechtungsgrund, ist er nicht schutzwürdig und kann dann keine Nutzungsentschädigung von K verlangen (§§ 142 II, 818, 819 BGB).

V. Unzulässige Rechtsgeschäfte

1. Allgemeines Gleichbehandlungsgesetz und unzulässige Diskriminierung

a) Ziel des AGG

Das **Allgemeine Gleichbehandlungsgesetz (AGG)** vom 14. 8. 2006 greift stark **202** in die Rechtsgeschäfte von Verbrauchern und Unternehmen ein (vgl. Rn. 9). Hierbei will das AGG ungerechtfertigte Benachteiligungen aus Gründen der „Rasse", der ethnischen Herkunft, des Geschlechts, der Religion, der Weltanschauung, einer Behinderung, des Alters oder der sexuellen Identität verhindern und beseitigen (§ 1 AGG). Zur Verwirklichung dieses Ziels erhalten die durch das Gesetz geschützten Personen Rechtsansprüche, vor allen Dingen gegen Arbeitgeber, aber auch im Wirtschaftsprivatrecht, wenn Unternehmer oder Verbraucher gegen die gesetzlichen Diskriminierungsverbote verstoßen. So enthalten §§ **19 bis 21 AGG** ein **zivilrechtliches Benachteiligungsverbot** für die Begründung, Durchführung und Beendigung derjenigen Schuldverhältnisse, welche in den Anwendungsbereich des AGG fallen. Das AGG greift daher als Schutzgesetz in das Wirtschaftsprivatrecht ein und schränkt damit die Privatautonomie ein (vgl. Rn. 262). Nach Ansicht des Gesetzgebers ist dies, da der Grundrechtsschutz durch Art. 3 GG vorrangig staatliches Handeln erfasst, notwendig, um den Gleichbehandlungsauftrag des Grundgesetzes auch für das Verhalten der Bürger untereinander umzusetzen.

b) Formen der Benachteiligung

(1) Das AGG differenziert zunächst in § 3 I und II zwischen zwei Formen der **203** Ungleichbehandlung: Eine **unmittelbare Benachteiligung** durch eine weniger günstige Behandlung einer Person gegenüber einer anderen in einer vergleichbaren Situation liegt vor, wenn die ungünstigere Behandlung tatsächlich erfolgt.

> **Beispiel:** Ein rüstiger 68jähriger Rentner wird nicht in ein Fitneßstudio aufgenommen, weil in den Aufnahmebedingungen eine Altersgrenze von 65 Jahren enthalten ist.

(2) Eine **mittelbare Benachteiligung** durch scheinbar neutrale Vorschriften, Maßnahmen, Kriterien oder Verfahren, die sich faktisch diskriminierend auswirken, ist ebenso unzulässig, es sei denn, es liegt ein Rechtfertigungsgrund vor.

> **Beispiel:** Eine Mietvertragsbestimmung schließt Alleinerziehende mit einem Kleinkind als Vertragspartner aus. Die Regelung erscheint zunächst im Hinblick auf eine Gleichbehandlung neutral. Wenn jedoch statistisch hauptsächlich Frauen betroffen sind, liegt eine mittelbare Benachteiligung vor.

Ausgehend von der bisherigen Rechtsprechung des Europäischen Gerichtshofs (EuGH) und des Bundesarbeitsgerichts (BAG) geht es darum, solche Regelungen als Diskriminierung zu ahnden, die **bestimmte Gruppen von Personen** benachteiligen und dabei zwar eine ausdrückliche Benennung der verbotenen Diskriminierungsmerkmale vermeiden, aber durch die Wahl der scheinbar neutralen Kriterien darauf angelegt sind, gerade solche Personen zu benachteiligen, die eines oder mehrere der vom AGG verbotenen Merkmale aufweisen. Bei der Prüffolge ist wie folgt vorzugehen:

- Zunächst erfolgt eine **Gruppenbildung** nach nicht ausdrücklich verbotenen Kriterien (z. B. ein Vermieter unterscheidet zwischen Mietern mit und ohne Kind).
- Anschließend wird die eine **Gruppe kollektiv und unmittelbar im Sinne von § 1 AGG benachteiligt**. Das kann dadurch geschehen, dass nur die andere Gruppe Vorteile erhält oder dadurch, dass die fragliche Gruppe direkt schlechter behandelt wird (z. B. kein Mietvertrag für Alleinerziehende mit Kind).
- Falls die Benachteiligung der gebildeten Gruppe nun – statistisch betrachtet – in besonderer Weise diejenigen betrifft, die durch Diskriminierungsverbote geschützt werden sollen (also etwa mehr Frauen als Männer), weil diese in der gebildeten und **benachteiligten Gruppe im Verhältnis zur anderen Gruppe überrepräsentiert** sind, liegt der Tatbestand einer mittelbaren Diskriminierung vor.
- Eine mittelbare Diskriminierung ist aber **ausnahmsweise** zulässig, wenn diese statistische „besondere Betroffenheit" einer vom AGG geschützten Gruppe nur **Nebenprodukt eines erlaubten Ziels** ist. Wer also etwa das erlaubte Ziel verfolgt, nur die Betriebstreue unbefristet Beschäftigter durch ein Weihnachtsgeld zu belohnen, darf die befristet Beschäftigten von der Zahlung ausnehmen, auch wenn diese Maßnahme ganz überwiegend Frauen trifft.

(3) Die anderen Formen der Benachteiligung durch **Belästigung** wie Mobbing (§ 3 III AGG) und **sexuelle Belästigung** (§ 3 IV AGG), spielen im Wirtschaftsprivatrecht nur eine untergeordnete Rolle.

c) Sachlicher Anwendungsbereich

204   Sachlich bezieht sich das Diskriminierungsverbot im Zivilrechtsverkehr auf sog. Massengeschäfte, Verträge über privatrechtliche Versicherungen, gewerbliche Wohnraumvermietung und auf eine Benachteiligung wegen ethnischer Herkunft.

(1) Bei Abschluss sog. **Massengeschäfte**, die typischerweise ohne Ansehen der Person in einer Vielzahl von Fällen abgeschlossen werden, ist das AGG anzuwenden (§ 19 I Nr. 1 AGG). Hierzu zählen Verkäufe im Einzelhandel, Gastronomie, Reiseveranstalter, Transportgewerbe, Kino- und Freizeiteinrichtungen, Bankgeschäfte. Daher kommen als Anbieter nur Unternehmer im Sinne von § 14 BGB in Betracht. Der einzelne Verbraucher kann daher nach wie vor z. B. seinen gebrauchten Pkw nur an Männer verkaufen.

(2) Unter die privatrechtlichen **Versicherungsverträge** fallen alle Sach-, Kranken- und Lebensversicherungsverträge, nicht aber die Formen der Sozialversicherung (§ 19 I Nr. 2 AGG). Nach § 19 V AGG gilt das Gesetz nur für gewerbliche Wohnraumvermietung ab mehr als 50 Wohnungen.

(3) Darüber hinaus ist eine Benachteiligung aus Gründen der **„Rasse" oder ethnischen Herkunft** auch bei der Begründung, Durchführung und Beendigung sonstiger zivilrechtlicher Schuldverhältnisse im Sinne des § 2 Abs. 1 Nr. 5 bis 8 unzulässig (§ 19 II AGG). **Sonstige Schuldverhältnisse** sind u. a. Verträge, die den Zugang zu oder die Versorgung mit Gütern und Dienstleistungen erfassen, die der Öffentlichkeit zur Verfügung stehen.

> **Beispiel:** Angebote durch Annoncen zum Vertragsschluss in Tageszeitungen für Warenverkäufer oder Ferienwohnungen, Schaufensterauslagen oder im Internet durch Unternehmer, aber auch durch Verbraucher.

(4) **Keine Anwendung** finden die Diskriminierungsverbote auf **familien- und erbrechliche Rechtsverhältnisse** (§ 19 IV AGG), sowie auf Schuldverhältnisse, bei denen ein **besonderes Nähe- oder Vertrauensverhältnis** der Parteien oder ihrer Angehörigen begründet wird; dies gilt auch für das Mietrecht, und zwar insbesondere dann, wenn die Parteien oder ihre Angehörigen auf demselben Grundstück wohnen (§ 19 V AGG).

d) Diskriminierungsgründe

Unzulässig ist nach §§ 1, 19 I AGG nur die Differenzierung aus den abschließend **205** aufgezählten Gründen der „Rasse", der ethnischen Herkunft, des Geschlechts, der Religion, einer Behinderung, des Alters oder der sexuellen Identität.

e) Rechtfertigungsgründe einer Ungleichbehandlung

(1) Liegt objektiv eine Benachteiligung vor, kann diese im Einzelfall nach § 20 **206** AGG gerechtfertigt, d. h. zulässig sein. Gerechtfertigt sind Ungleichbehandlungen aus **sachlichen Gründen**

- zur Abwehr von Gefahren, wie z.B. der Zutritt zu einem gefährlichen Karussell für Kinder nur in Begleitung (§ 20 I Nr. 1 AGG),
- zum Schutz der Intimsphäre oder der persönlichen Sicherheit, wie z. B. die Einrichtung von Frauenparkplätzen (§ 20 I Nr. 2 AGG),
- wenn besondere Vorteile gewährt werden und ein Interesse an der Durchsetzung der Gleichbehandlung fehlt, wie z. B. ermäßigte Eintrittskarten für Studenten (§ 20 I Nr. 3 AGG),
- es um den Bereich der religiös motivierten Selbstbestimmung einer Religionsgemeinschaft oder einer ihr zugeordneten Einrichtung geht (§ 20 I Nr. 4 AGG).

(2) Bei **privatrechtlichen Versicherungsverträgen** ist eine Ungleichbehandlung aufgrund des Geschlechts zulässig, wenn das Geschlecht ein bestimmender Faktor bei der versicherungsmathematischen Risikobewertung ist. Das entsprechende Datenmaterial und die Berechnung müssen offengelegt werden. Kosten von Schwangerschaft und Entbindung dürfen nicht zu unterschiedlichen Prämien oder Leistungen führen, sie müssen vielmehr zwingend geschlechtsneutral verteilt werden (§ 20 II AGG).

f) Rechtsfolgen eines Verstoßes

(1) Bei einem Verstoß gegen das Diskriminierungsverbot kann der Benachteiligte **207** unbeschadet weiterer Ansprüche die **Beseitigung** der Beeinträchtigung verlangen und bei Wiederholungsgefahr auf **Unterlassung** für die Zukunft klagen (§ 21 I AGG).

(2) Darüber hinaus ist der Verletzer verpflichtet, den erlittenen **materiellen Schaden** zu ersetzen, wenn die Verletzung die Pflichtverletzung zu vertreten hat (vgl. Rn. 335 ff.). Das Vertretenmüssen wird bis zum Beweis des Gegenteils vermutet (§ 21 II AGG). Eine Entschädigung in Geld für den erlittenen **immateriellen**

Schaden (§ 253 BGB, vgl. Rn. 319) ist dagegen verschulden**un**abhängig. Ansprüche aus unerlaubter Handlung (Rn. 652) bleiben unberührt. Ob ein **Kontrahierungszwang** (Rn. 261) besteht, wenn aufgrund eines Verstoßes ein Vertrag nicht zustande gekommen ist, ist strittig.

(3) Bei einer ungerechtfertigten Ungleichbehandlung muss der Benachteiligte Beseitigungs-, Unterlassungs- und materielle sowie immateriellen Schadensersatzansprüche grundsätzlich innerhalb einer **Frist von zwei Monaten** geltend machen (§ 21 V AGG).

2. Verstoß gegen ein gesetzliches Verbot

208 Nach § 134 BGB sind Rechtsgeschäfte, die gegen ein gesetzliches Verbot verstoßen, nicht stets nichtig, sondern nur dann, wenn sich dies aus dem Verbotsgesetz ableiten läßt. Die Privatautonomie im Vertragsrecht ist nicht grenzenlos (vgl. Rn. 261).

a) Verbotsgesetz

> **Fall 7**: Kaufmann K will einen Anbau an seinem Wohnhaus errichten. Da ihm die Angebote der örtlichen Maurer für den Rohbau zu teuer waren, beauftragt er den arbeitslosen Maurer M gegen einen Stundenlohn von € 10. Drei Monate nach der Fertigstellung zeigen sich Baumängel. Hat K gegen M Ansprüche?

Verbotsgesetze im Sinne des § 134 BGB sind alle privaten und öffentlich-rechtlichen **inländischen Gesetze** und solche des **EG-Rechts** (z. B. Art. 85 EG-Vertrag: Verbot wettbewerbsbeschränkender Abreden). Entscheidend für die Frage, ob eine Gesetzeswidrigkeit eines Rechtsgeschäfts zu dessen Nichtigkeit führt, ist der **Inhalt und der Zweck** des Verbotsgesetzes. Das Verbotsgesetz muß sich gerade gegen den Inhalt des fraglichen Rechtsgeschäfts richten und den beabsichtigten wirtschaftlichen Erfolg verhindern wollen. Dies ist durch Auslegung festzustellen. Dabei kann der Wortlaut des Gesetzes (z. B. „kann nicht", „darf nicht") ein Anhaltspunkt sein. Ob die Beteiligten das Verbotsgesetz kennen, ist nicht relevant. Folgende Fälle müssen nach der umfangreichen Rechtsprechung unterschieden werden:

- Das Verbot mißbilligt den **Inhalt des Geschäfts,** wie z. B. Strafvorschriften, zwingende Normen des BGB oder des Gesellschaftsrechts, Vertragsklauselverbote nach §§ 308, 309 BGB, Wettbewerbsvorschriften, zwingende Normen des Arbeitsrechts,
- Verbote, die nur die **äußeren Umstände** des Geschäfts regeln (Ordnungsvorschrift), berühren **nicht** dessen Gültigkeit, wie z. B. Verkauf nach gesetzlicher Ladenschlußzeit, Gastaufnahme nach Sperrstunde, Verstöße gegen gewerberechtliche Vorschriften.

b) Wirkung

209 Das verbotene Rechtsgeschäft ist so weit nichtig wie nötig, um Sinn und Zweck des Verbotsgesetzes durchzusetzen. Die Regel ist jedoch die Totalnichtigkeit.

> **Beispiel:** Bei Verstoß gegen Preis- und Honorarvorschriften bleibt der Vertrag mit dem gesetzlich normierten Preis, Versicherungsbeitrag oder Honorar bestehen (z. B. HOAI für Architekten).

Die Geschäftspartner können sich einem grundsätzlichen Verbot auch **nicht** durch **Umgehungsgeschäfte** entziehen. Entweder wird das Geschäft vom Zweck des Verbotsgesetzes erfaßt, was durch Auslegung zu ermitteln ist, oder die Umgehung scheitert am Schutzzweck eines Verbraucherschutzgesetzes wie z. B. § 312 f S. 2 BGB.

> **Beispiel:** Der wegen Körperverletzung vielfach vorbestrafte Carlo Carlucci will eine Bar eröffnen, hat aber keine Konzession. Er schließt mit Fredi Freund einen Vertrag, wonach Fredi Freund, der die erforderliche Gaststättenerlaubnis besitzt, gegenüber der Behörde als Inhaber auftritt. Der „Angestellte" Carlo Carlucci soll nach der Vereinbarung der wirtschaftliche Eigentümer sein.

Im Fall 7 greift das gesetzliche Verbot der Schwarzarbeit nach §§ 1, 2 SchwarzArbG ein. Die Errichtung des Wohnanbaues ist für K und M ein erheblicher Verstoß, zudem verstößt der arbeitslose M gegen seine Informationspflichten gegenüber dem Arbeitsamt (§ 60 SGB I). Das SchwarzArbG will gerade solche Aufträge verhindern, um eine hohe Arbeitslosigkeit zu bekämpfen, um eine Gefährdung handwerklicher Betriebe durch Lohnunterbietung zu vermeiden und um den durch minderwertige Leistungen geschädigten Auftraggeber zu schützen. Da K und M gegen das SchwarzArbG verstoßen haben, ist der Werkvertrag nach § 134 BGB nichtig. Gewährleistungsansprüche sind bei einem nichtigen Vertrag ausgeschlossen.

3. Sittenwidrige Rechtsgeschäfte

a) Begriff der guten Sitten

(1) Nichtig sind nach § 138 BGB sittenwidrige, insbesondere wucherische **210** Rechtsgeschäfte. Bei dem Begriff der guten Sitten handelt es sich um eine konkretisierungsbedürftige **Generalklausel**, welche von den Gerichten nach wie vor mit dem „Anstandsgefühl aller billig und gerecht Denkenden" umschrieben wird. Die Sittenwidrigkeit eines Vertrages soll sich aus einer Gesamtwürdigung des Vertrages anhand seines Inhalts, Motivs und Zwecks ergeben, wobei auch die Absichten der Geschäftspartner zu beachten seien. Das Bewusstsein bezüglich der Sittenwidrigkeit oder eine Schädigungsabsicht ist nicht erforderlich (BGH NJW 1993, 1588). Der Begriff der guten Sitten wird aber letzlich konkretisiert durch:

- die durchschnittliche **Rechts-** und **Sozialmoral** und
- das im **Grundgesetz** verkörperte Wertungssystem einschließlich der **Sozialstaatsklausel** in Art. 20 GG (vgl. Rn. 2).

(2) Hierbei kann der zur Nichtigkeit führende Sittenverstoß in einem Verhalten gegenüber der **Allgemeinheit** oder **Dritten** bestehen durch

- **gemeinschaftswidrige Geschäfte** wie strafbare Handlungen, Bestechung, Täuschung von Behörden, Steuerhinterziehung als Hauptzweck des Vertrages,

> **Beispiel:** Kauf eines Radarwarngeräts, wobei der Käufer keinen Anspruch auf Rückabwicklung des Vertrages hat (BGH NJW 2005, 1490).

- **Vereinbarungen gegen Ehe, Familie und Sexualsphäre** wie Leihmutterverträge, Verträge über entgeltlichen Geschlechtsverkehr oder
- **standeswidrige Geschäfte** wie eine Provision („Schmiergeld") für Anwalt.

(3) Die Sittenwidrigkeit im Wirtschaftsprivatrecht besteht aber meist in einem **Verhalten gegenüber dem Geschäftspartner.** Hierzu gehört als wichtiger Sonderfall der in § 138 II BGB geregelte **Wucher,** insbesondere bei Ratenkreditverträgen und Knebelungsverträgen.

b) Fallgruppen des Sittenverstoßes gegen Geschäftspartner

211   Die Rechtspraxis hat zur Erfassung der Vielzahl der Fälle des sittenwidrigen Verhaltens gegenüber Geschäftspartnern nachfolgende Fallgruppen gebildet, da letztlich die Frage nach der Sittenwidrigkeit nur einzelfallbezogen bestimmt werden kann.

(1) **Knebelungsverträge** beschränken die geschäftliche Handlungsfreiheit des Geschäftspartners unangemessen z. B. Bierlieferungsverträge auf mehr als 20 Jahre oder ein Wettbewerbsverbot, das die Berufsausübung übermäßig beschränkt.

(2) **Ratenkreditverträge** mit einer im Vergleich zum Marktzins überhöhten Verzinsung. Wucher nach § 138 II BGB ist auf diese Verträge meistens nicht anwendbar, da sein subjektives Tatbestandsmerkmal (Ausbeutung einer Zwangslage usw.) nicht erfüllt ist. Die Gerichte haben aber den allgemeinen Rechtsgrundsatz entwickelt, daß der Ratenkreditvertrag dann sittenwidrig ist, wenn zwischen **Leistung und Gegenleistung ein auffälliges Mißverhältnis** besteht. Bei einem **Privatkredit** wird der subjektive Tatbestand des § 138 II BGB vermutet, wenn der Darlehensgeber die wirtschaftlich schwächere Lage des Darlehensnehmers bewußt zu seinem Vorteil ausnutzt (BGH stRspr). Das auffällige Mißverhältnis wird bejaht, wenn entweder der Vertragszins den Marktzins um mehr als 100 % oder absolut um 12 Prozentpunkte übersteigt.

(3) **Monopolstellungen,** welche die wirtschaftliche Machtstellung des Unternehmens ausnutzen, führen ebenfalls zur Sittenwidrigkeit, wie z. B. Preisvereinbarung mit Monopolunternehmen beim Stromtarif oder Telefontarif.

(4) **Übersicherungsgeschäfte,** die für andere Gläubiger kaum Haftungsobjektive übrig lassen, sind sittenwidrig, wenn z. B. eine Globalzession an eine Bank auch Forderungen erfaßt, die der Kaufmann als Schuldner seinen Lieferanten aufgrund eines verlängerten Eigentumsvorbehalts abtritt. Eine solche Globalzession verleitet den Kaufmann dazu, seine Lieferanten zu täuschen und damit deren Vermögen zu gefährden, wenn er auf die Belieferung unter Eigentumsvorbehalt angewiesen ist (vgl. Rn. 410).

(5) **Schmiergeldversprechen** für die künftige Bevorzugung eines Geschäftspartners gegenüber Konkurrenten einschließlich des durch das Schmiergeld zustande gekommenen Vertrags sind sittenwidrig.

VI. Verstoß gegen Formvorschriften

Rechtsgeschäfte sind nur dann formbedürftig, wenn dies **gesetzlich** vorgeschrieben oder **vertraglich** vereinbart worden ist. Wann dies der Fall ist und welche möglichen Arten der Form bestehen (§§ 126 bis 129 BGB), wurde bereits dargestellt (Rn. 130 ff.).

1. Nichtigkeit als Folge des Formverstoßes

a) Gesetzliche Formvorschriften

Fall 8: Bauer (B) verpflichtet sich mündlich als Bürge für ein Privatdarlehen des Reich **212** (R) an Kaufmann K. Ist der Bürgschaftsvertrag wirksam?

Die Nichteinhaltung der gesetzlich vorgeschriebenen Form führt grundsätzlich zur Nichtigkeit des Rechtsgeschäfts (§ 125 BGB). Ist nur ein Teil des Geschäfts nicht formgerecht abgeschlossen worden, gilt § 139 BGB. Hierüber können sich die Beteiligten nicht hinwegsetzen und das formnichtige Rechtsgeschäft trotzdem als gültig betrachten. Insbesondere wird in einem Rechtsstreit der Formmangel **von Amts wegen** beachtet. Wollen die Geschäftspartner nach Kenntnis der Nichtigkeit gleichwohl am Geschäft festhalten, so müssen sie es in der erforderlichen Form neu abschließen (§ 141 BGB).

Der mündliche Bürgschaftsvertrag zwischen B und R, für die Rückzahlung des Privatdarlehens durch K einzustehen, ist gemäß §§ 766 S. 1, 125 BGB nichtig, denn die Bürgschaftserklärung des B bedarf der Schriftform. Formfrei ist lediglich die Bürgschaft des Kaufmanns, wenn sie auf seiner Seite ein Handelsgeschäft ist (§ 350 HGB).

b) Vertragliche Schriftform

Ist die Form nicht durch Gesetz vorgeschrieben, sondern von den Geschäfts- **213** partnern vertraglich vereinbart, so ist durch **Auslegung** des fraglichen Rechtsgeschäfts zu ermitteln, ob die Formwahrung nur **Klarstellungs-** und **Beweisfunktion** – so in der Regel im Handelsverkehr – oder **Gültigkeitsvoraussetzung** ist. Nur bei letzterem und bei Zweifeln liegt dann Nichtigkeit vor (§ 125 S. 2 BGB). Trotzdem können die Vertragsparteien nach herrschender Meinung die Formvereinbarung jederzeit einverständlich – auch mündlich – wieder **aufheben**. Dies gilt insbesondere für **Schriftformklauseln** in Allgemeinen Geschäftsbedingungen wegen des Vorrangs der Individualvereinbarung (§ 305 b BGB, Rn. 295). Allerdings ist zu beachten, daß derjenige, der sich auf die Änderung des Vertrags beruft, die nicht in der vereinbarten Form vollzogen worden ist, die Vertragsänderung und die Aufhebung des Formzwangs **beweisen** muß. Mit der abzulehnenden Anerkennung einer formlosen Aufhebung einer Schriftformklausel würde jedoch ein vereinbarter Formzwang leerlaufen.

2. Heilung des Formmangels

Eine Reihe von Vorschriften sieht jedoch die Möglichkeit der Heilung eines **214** Formverstoßes durch die **Vertragserfüllung** vor. Die Heilung überwindet aber nur den Formmangel. Ist der Vertrag aus anderen Gründen unwirksam (§§ 107, 138 BGB), so ändert der Heilungsvorgang hieran nichts. Für die Wirtschaftspraxis wichtige Fälle sind:

- Nichtnotarielles **Schenkungsversprechen** durch Vollzug der Zuwendung (§ 518 II BGB),
- Formunwirksame **Bürgschaftserklärung** durch Erfüllung der Verbindlichkeit (§ 766 S. 3 BGB, vgl. Rn. 567),
- **Grundstückskaufvertrag** durch Auflassung und Eintragung (§ 311 b I 2 BGB),

- Verpflichtung zur Übertragung eines **GmbH-Anteils** durch das Vollzugsgeschäft der notariellen Abtretung (§ 15 IV 2 GmbHG, vgl. Rn. 882).

3. Formzwang und Treu und Glauben

215   Die Berufung auf den Formmangel kann im **Einzelfall** gegen Treu und Glauben (§ 242 BGB) verstoßen. So kann die Erfüllung eines formunwirksamen Vertrages auch dann verlangt werden, wenn eine Partei die andere arglistig über die Formbedürftigkeit **getäuscht** hat und die Nichtanerkennung des Geschäfts zu einem **schlechthin untragbaren Ergebnis** führen würde, z. B. die Existenz des getäuschten Geschäftspartners vernichtet.

Merksätze

1. Unwirksamkeitsarten
   - **Nichtigkeit** und **Teilnichtigkeit**: RG von Anfang an ungültig
   - **Anfechtbarkeit**: RG gültig, aber vernichtbar
   - **Unwirksamkeit**
     - relativ: durch Veräußerungsverbote (§§ 135, 136 BGB)
     - schwebend unwirksam: RG brauchen zur Gültigkeit Zustimmung eines Dritten
2. Mängel in Person
   - **Rechtsfähigkeit**
   - **Geschäftsfähigkeit** (§§ 104 ff. BGB)
     - Geschäftsunfähigkeit (§ 104 BGB): WE nichtig
     - beschränkte Geschäftsfähigkeit (§ 106 BGB): WE schwebend unwirksam bis Genehmigung des gesetzl. Vertreters, außer
       * § 107 BGB: rechtlicher Vorteil
       * § 110 BGB: Taschengeld
       * § 112 BGB: Erwerbsgeschäft
       * § 113 BGB: Arbeitsverhältnis
3. Willensvorbehalte bei bewusst fehlerhafter Erklärung
   - Geheimer Vorbehalt (§ 116 BGB)
   - Scheingeschäft (§ 117 BGB)
   - Scherzgeschäft (§ 118 BGB)
4. Anfechtung
   - **Anfechtungsgründe**
     - Inhaltsirrtum (§ 119 I 1. Alt. BGB)
     - Erklärungsirrtum (§ 119 I 2. Alt., § 120 BGB)
     - Eigenschaftsirrtum (§ 119 II BGB)
     - Arglistige Täuschung (§ 123 I 1. Alt. BGB)
     - Widerrechtliche Drohung (§ 123 I 2. Alt. BGB)
   - **Prüffolge bei Anfechtung**
     - Anfechtungsgrund (§§ 119 ff. BGB)
     - Anfechtungserklärung (§ 143 BGB)
     - Anfechtungsfrist (§§ 121, 124 BGB)
     - Rechtsfolgen der Anfechtung
       * Rückwirkende Nichtigkeit der Erklärung (§ 142 I BGB)
       * Rückabwicklung nach Bereicherungsrecht (§ 812 ff. BGB)
       * Schadensersatzpflicht des Anfechtenden (§ 122 BGB, nicht bei § 123 BGB)
5. Unzulässige Rechtsgeschäfte
   - **AGG und Gleichbehandlung im Zivilrechtsverkehr (§§ 19, 20, 21 AGG)**
     - Verhinderung, Beseitigung und Verbot von Benachteiligungen wegen Rasse, ethnischer Herkunft, Geschlechts, Religion, Behinderung, Alters, sexueller Identität (§§ 1, 19 AGG)

– Benachteiligungen können sein unmittelbare oder mittelbare Belästigungen, sexuelle Belästigungen oder Anweisungen hierzu (§ 3 AGG)
– Anwendungsbereiche
  * Massengeschäfte
  * Verträge über privatrechtliche Versicherungen
  * Gewerbliche Wohnraummiete
  * Erweiterter Anwendungsbereich bei Benachteiligung wegen ethnischer Herkunft
  * Ausnahmen: Familien- u. erbrechtliche Schuldverhältnisse sowie Schuldverhältnisse mit besonderem Nähe- oder Vertrauensverhältnis
– Rechtfertigunggründe einer Ungleichbehandlung bei sachlichen Gründen
  * Vermeidung von Gefahren
  * Schutz der Intimsphäre/persönlichen Sicherheit
  * Besondere Vorteile
– Folge bei Verstößen sind Unterlassungs-, Beseitigungs-, Schadensersatz- und immaterielle Entschädigungsansprüche
- **Verstoß gegen Verbotsgesetz (§ 134 BGB)**
  – Norm mißbilligt Inhalt des RG
  – Auslegung notwendig: Verbotsgesetz oder bloße Ordnungsvorschrift
- **Sittenwidrige Rechtsgeschäfte (§ 138 BGB)**, insbesondere Wucher durch
  – Knebelungsgeschäfte
  – Ratenkreditverträge
  – Monopolstellung
  – Übersicherungsgeschäfte
  – Schmiergeldversprechen
- **Formverstöße (§ 125 BGB)**
  – Nichtigkeit des RG ex tunc
  – Heilung bei §§ 518 II, 766 S. 3, 311 b S. 2 BGB; 15 IV 2 GmbHG

6. **Leitentscheidungen**
- **Schwarzarbeit**
  BGH, 19. 1. 1984, BGHZ 89, 369 = NJW 1984, 1175
- **Sittenwidrigkeit einer Bürgschaft**
  BVerfG, 19. 10. 1993, NJW 1994, 36; BGH, 27. 1. 2000, NJW 2000, 1182; BGH, 14. 11. 2000, NJW 2001, 815
- **Schenkung der Eltern an Kind**
  BGH, 9. 7. 1980, BGHZ 78, 28 = NJW 1981, 109

§ 6

Stellvertretung

Lernziele:

Nachdem Sie dieses Kapitel 6 durchgearbeitet haben, können Sie
- zwischen Innen- und Außenverhältnis und den verschiedenen Arten der Stellvertretung differenzieren.
- verdeutlichen welche Rechtsfolgen eintreten, wenn jemand ohne Vertretungsmacht für einen anderen auftritt oder er seine Vertretungsmacht überschreitet.
- differenzieren zwischen den Fällen des verbotenen Selbstkontrahierens, bei denen ein Vertreter in Interessenkollision gerät.
- die Unterschiede der handelsrechtlichen Vollmachten Prokura und Handlungsvollmacht erläutern.

I. Stellvertretung nach bürgerlichem Recht

216 Nach unserer Rechtsordnung hat jeder grundsätzlich nur für sein eigenes Handeln einzustehen. Andererseits ist der **Produktionsprozeß** und der **Dienstleistungsverkehr** in den Unternehmen ohne die Einschaltung von **dritten Personen** nicht zu bewältigen. Soweit nun ein Unternehmer einen anderen für sich rechtsgeschäftlich z. B. bei Vertragserklärungen handeln läßt, spricht man von „Stellvertretung" (kurz: Vertretung), deren gesetzliche Regelung in §§ 164–181 BGB zu finden ist. **Unter Vertretung versteht man das Handeln im Namen und für Rechnung eines anderen.** Besondere Vollmachten nach Handelsrecht sind Prokura (§§ 48 ff. HGB) und Handlungsvollmacht (§§ 54, 55 HGB).

1. Arten der Vertretung

a) Rechtsgeschäftliche Stellvertretung

217 Im Rahmen des **rechtsgeschäftlichen Handelns** im Unternehmen werden „gewillkürte" Vertreter, also solche mit Vollmacht für den Unternehmensinhaber, tätig. Von **aktiver** Vertretung spricht man, wenn der Vertreter für den Vertretenen eine Willenserklärung abgibt, von **passiver**, wenn er für den Vertretenen eine Willenserklärung entgegennimmt (§ 164 III BGB). Mindestens drei Personen nehmen an der Vertretung teil: der **Vertreter**, der **Vertretene** und sein **Vertragspartner**.

Schaubild 25: *Vertretung*

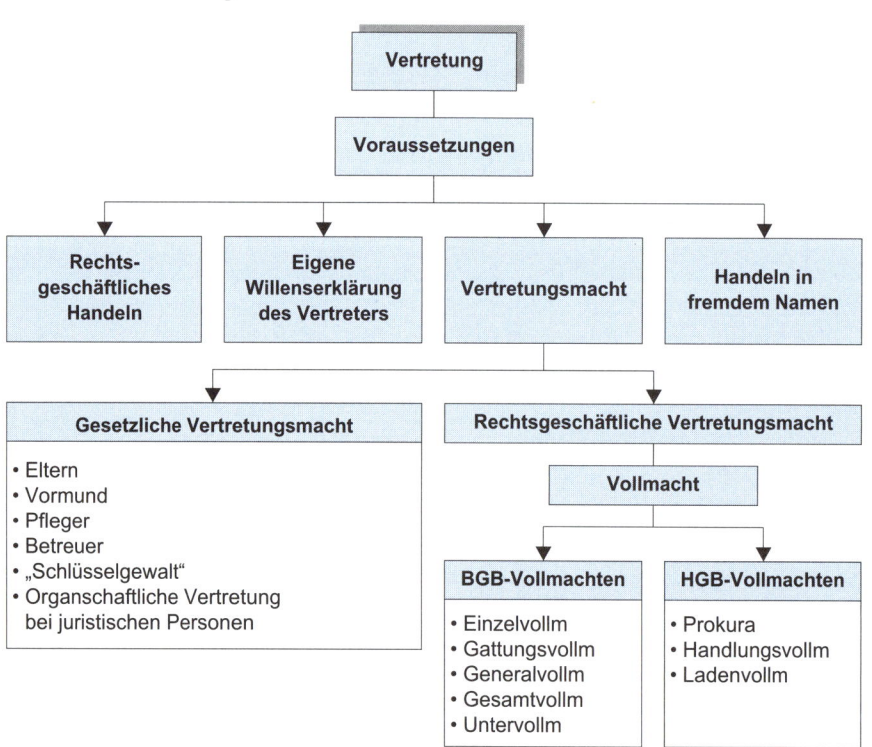

Beispiele: K bevollmächtigt seinen Angestellten A, bei V eine Maschine zu kaufen (**aktive Vertretung bei Vertragsschluß**), Arbeitnehmer A kündigt sein Arbeitsverhältnis bei der Fa. B durch Erklärung gegenüber dem zuständigen Personalchef P (**passive Vertretung**)

b) Gesetzliche Vertretung

(1) Für alle Personen, die nicht in der Lage sind, für sich selbst Rechtsgeschäfte   **218** abzuschließen, müssen gesetzliche Vertreter handeln. Ihre Befugnis, tätig zu werden, ergibt sich also nicht aus einer Vollmacht wie bei den gewillkürten Vertretern, sondern aus dem Gesetz.

Beispiele: Eltern für ihre Kinder aus dem **Sorgerecht** (§ 1629 BGB); Ehegatten im Rahmen der Geschäfte zur Deckung des Lebensbedarfs (**Schlüsselgewalt**, § 1357 BGB); **Betreuer** für den volljährigen Betreuten (§§ 1896, 1902 BGB); **Vormund** für den Minderjährigen (§ 1773 BGB), **Ergänzungspfleger** bei Verhinderung der Eltern des Minderjährigen (§ 1909 BGB)

(2) Die juristischen Personen des Wirtschaftsprivatrechts (AG, GmbH, e. V.) handeln durch ihre **satzungsmäßig festgelegten Organe**. Durch diese Organe werden sie erst handlungsfähig (vgl. S. 31 ff.). Die organschaftliche Vertretung ist damit ein Fall der gesetzlichen Vertretung.

Beispiele: **Geschäftsführer** der GmbH (§ 35 GmbHG), **Vorstand** der AG (§ 78 AktG), **Vorstand** des Vereins (§ 26 II BGB)

c) Keine Stellvertretung

(1) Keine Stellvertretung in Sinne der §§ 164 ff. BGB liegt vor bei **mittelbarer ver-   219 deckter Stellvertretung**. So kauft oder verkauft der **Kommissionär** im eigenen Namen, handelt jedoch für Rechnung des Kommittenten und tätigt daher Eigengeschäfte (§§ 383 ff. HGB, vgl. Rn. 630 ff.). Vertretung ist Handeln im Namen und für Rechnung des Vertretenen.

(2) Auch der **Treuhänder** handelt wie der mittelbare Stellvertreter im eigenen Namen, aber grundsätzlich in Wahrnehmung eigener Rechte, die ihm durch ein Gesetz oder einen Vertrag zugewiesen sind. Typisch für die Treuhand ist die über die Bindung des Innenverhältnisses hinausgehende Befugnis des Treuhänders im Außenverhältnis zu Geschäftspartnern.

Beispiele: Bank ist Treuhänder eines zur Sicherheit übereigneten Pkw; Inkassoabtretung einer Forderung; Sanierungstreuhand für ein Unternehmen; Strohmann, dessen Treuhänderstellung geheim bleiben soll

(3) **Gesetzliche Vermögensverwalter** haben die gleiche Rechtsstellung wie Treuhänder. Diese Verwalter treten nicht im Namen eines Vertretenen auf, sondern sie handeln objektbezogen für das von ihnen verwaltete Vermögen.

Beispiele: Insolvenz-, Nachlaß-, Zwangsverwalter und Testamentsvollstrecker

2. Voraussetzungen wirksamer Vertretung

Das Wesen der Stellvertretung besteht darin, daß eine andere Person, der Vertre-   **220** ter, **im Namen und für Rechnung des Vertretenen** ein Rechtsgeschäft vornimmt und dadurch den Vertretenen unmittelbar berechtigt und verpflichtet. Wirksame Vertretung setzt nach § 164 BGB folgendes voraus:

- **Rechtsgeschäftliches Handeln,**
- eine **eigene Willenserklärung** des Vertreters,
- Handeln im fremden Namen und für fremde Rechnung (**Offenkundigkeit**) und
- **Vertretungsmacht.**

Schaubild 26: *Stellvertretung beim Kauf*

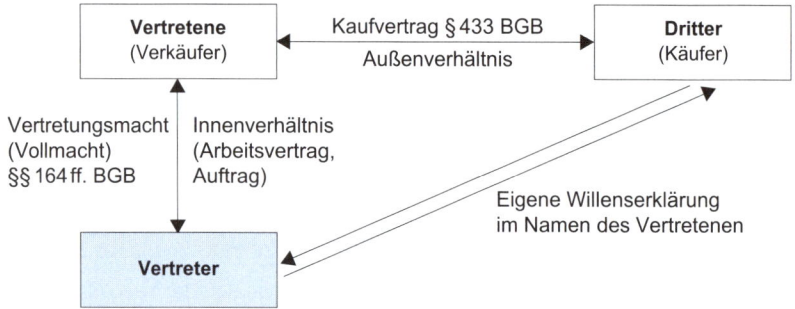

a) Zulässigkeit der Stellvertretung

221   **Fall 1:** Der Unternehmer U ist infolge seines Alters gebrechlich und nicht mehr in der Lage, ein Testament eigenhändig zu errichten. Er bittet seinen Sohn, für ihn das Testament zu schreiben. Ist das Testament wirksam?

Stellvertretung ist nur möglich bei rechtsgeschäftlichem Handeln. Bei höchstpersönlichen Rechtsgeschäften des Familien- bzw. Erbrechts ist sie stets ausgeschlossen.

Beispiele: Eheschließung, Testamentserrichtung (§ 2064 BGB), Unterzeichnung der Bilanz durch Kaufmann, vertraglicher Ausschluß der Vertretung durch Parteien (gewillkürte Höchstpersönlichkeit)

Nach § 2247 BGB muß das Testament eigenhändig vom Erblasser U geschrieben und unterschrieben sein, um eine Echtheitskontrolle zu ermöglichen. Eine Vertretung ist wegen des höchstpersönlichen Charakters nicht zulässig (§ 2064 BGB). Ein solches Testament ist unwirksam (§ 125 BGB). U könnte jedoch vor einem Notar ein Testament errichten (§ 2232 BGB).

b) Eigene Willenserklärung des Vertreters

222   **Fall 2:** Der sechsjährige Karl K kauft bei Kaufmann V mit einem Einkaufszettel seiner Mutter und abgezähltem Geld. Ist der Kaufvertrag wirksam?

Dadurch, daß der Vertreter eine eigene Willenserklärung abgibt, unterscheidet er sich vom **Boten**, der nur eine fremde Willenserklärung übermittelt. Im Schriftverkehr zeichnet der Bote, z. B. eine Sekretärin, mit „i. A." (im Auftrag). Während der Vertreter eine eigene Erklärung abgibt, über deren Ob und Wie er entscheidet, übermittelt der Bote eine Willenserklärung seines Auftraggebers, ohne auf ihren Inhalt Einfluß zu nehmen. Der Bote hat keinen eigenen **Entscheidungsspielraum**. Als **Reproduzent fremder Erklärungen**, also als Sprachrohr seines

Auftraggebers, kann er auch geschäftsunfähig sein. Ob jemand Bote oder Vertreter ist, richtet sich nach seinem Auftreten.

> Karl überbringt V das Kaufangebot seiner Mutter als Bote. Unerheblich ist es, daß K geschäftsunfähig ist (§ 104 Nr. 1 BGB). Maßgeblich für die Frage, ob K Vertreter oder Bote ist, ist das äußere Auftreten des K, das auf keine eigene Entscheidungsfreiheit schließen läßt.

Wird jemand **abweichend von der Weisung** des Geschäftsherrn als Bote oder Vertreter tätig, dann kommt nach überwiegender Meinung das Geschäft trotzdem zustande, wenn der Geschäftsherr dem Ergebnis des Geschäfts letztlich zustimmt. Wollte der Geschäftsherr das Geschäft in der Weise nicht, so gelten die §§ 177 ff. BGB entsprechend.

c) Offenkundigkeit

> **Fall 3**: Der Kaufmann K beauftragt seinen Angestellten A, ihm von einer Geschäftsreise in die Toskana 120 Flaschen eines bestimmten Rotweins mitzubringen. A kauft bei einem Weingut W den gewünschten Wein, ohne zu erkennen zu geben, daß er den Wein nicht für sich, sondern für K kaufen möchte. Wer ist zur Zahlung des Kaufpreises verpflichtet?   **223**

(1) Aus § 164 I BGB ergibt sich weiter, daß der Vertreter **in fremdem Namen** und für **fremde Rechnung** auftreten muß (Offenkundigkeitsprinzip). Das bedeutet, der Vertreter muß dem Geschäftspartner deutlich erkennbar machen, daß er nicht für sich selbst handelt, sondern ein **Fremdgeschäft** abschließen will. Eine Nennung des Namens des Vertretenen ist aber nicht notwendig. Es genügt, wenn sich aus den Umständen ergibt, daß hinter dem Handelnden noch ein anderer steht. Bringt aber der Vertreter sein Vertreterhandeln nicht zum Ausdruck und ist für den Vertragspartner die Stellvertretung auch aus den Umständen nicht erkennbar, dann liegt **unanfechtbar** ein **Eigengeschäft des Vertreters** vor (§ 164 II BGB).

> Da A es unterlassen hat, beim Kauf des Weins darauf hinzuweisen, daß er nur für K handeln wollte, und dieses Vertreterhandeln auch nicht aus den Umständen für W zu entnehmen war, liegt kein Kaufvertrag zwischen K und W vor. Vielmehr kommt es zu einem Eigengeschäft des A mit W, so daß A zur Zahlung des Kaufpreises an W verpflichtet ist (§§ 433 II, 164 II BGB).

(2) Das Offenkundigkeitsprinzip wird in drei wichtigen Fällen der Wirtschafts- **224** praxis durchbrochen, und es kommt zu einem **Geschäftsabschluß mit dem Vertretenen**, obwohl dieser nicht genannt wird:

- **Bargeschäfte des täglichen Lebens** kommen ohne Aufdeckung der Vertreterstellung mit dem eigentlichen Geschäftsherrn zustande, weil es dem Geschäftsgegner gleichgültig ist, wer sein Vertragspartner wird (sog. Geschäfte, für den es angeht),

  > **Beispiel**: Student S bittet seine Freundin F, eine DVD zu kaufen. F kauft und bezahlt diese im M-Markt. Da F sofort bezahlt hat, ist es dem M-Markt gleichgültig, wer Vertragspartner ist, obwohl F die Stellvertretung nicht offen gelegt hat. Der Kaufvertrag ist zwischen S und M-Markt zustande gekommen.

- **Schlüsselgewalt des Ehegatten** führt bei Geschäften zur angemessenen Deckung des Lebensbedarfs der Familie nicht nur zum Vertragsschluß mit dem handelnden Ehegatten, sondern auch zu einer Haftung des anderen Ehegatten, wenn nicht besondere Umstände für ein Eigengeschäft erkennbar sind (§ 1357 BGB).

> **Beispiele**: Arzt- und Krankenhausverträge ja, Bausparverträge nein, Haushaltsgeschäfte ja, Kauf eines Sessels, aber nicht einer Wohnzimmereinrichtung

- **Namenstäuschung** mit einem (Allerwelts-)Namen führt dazu, dass der Handelnde verpflichtet wird, da der Vertragspartner den Vertrag auch bei Kenntnis des wahren Namens geschlossen hätte.

> **Beispiel**: Prof. P will ein Wochenende mit seiner Bekannten in einem Hotel H in den Bergen verbringen. P will unerkannt bleiben und gibt sich als Herr Schmid aus. Vertragspartner sind H und P.

Anders ist es bei einer **Identitätstäuschung**, wenn der Name für den Geschäftsgegner wichtig ist.

> **Beispiel**: Ein Mittelloser erschleicht unter dem Namen des Kreditwürdigen Prof. P. gegenüber einer Bank einen Kredit.

d) Vertretungsmacht

225 Neben dem Schutz des Vertragspartners ist aber auch der Vertretene zu schützen. Daher darf der Stellvertreter nur innerhalb der ihm zustehenden Vertretungsmacht handeln (§ 164 I BGB). Diese beruht entweder auf einer **Vollmacht** oder auf einer **gesetzlichen Vorschrift**.

(1) Die **Erteilung der Vollmacht** kann als einseitiges Rechtsgeschäft nach § 167 I BGB entweder gegenüber

- dem zu Bevollmächtigenden (**Innenvollmacht**) oder
- dem Dritten, dem gegenüber die Vertretung stattfinden soll (**Außenvollmacht**),

erteilt werden. Da die Außenvollmacht für den Geschäftspartner einen Vertrauenstatbestand schafft, darf sich dieser auf die Vollmacht des Vertreters so lange verlassen, bis ihm selbst der Widerruf der Vollmacht erklärt wird. Die Vollmacht ist **formlos zulässig** (§ 167 II BGB). Zur Legitimierung des Vertreters wird aber häufig eine Vollmachtsurkunde ausgestellt. Etwas anderes gilt, wenn der Vertretene bereits durch die Vollmachtserteilung in gleicher Weise gebunden wird wie durch den Abschluß des Vertrags.

> **Beispiele**: Unwiderrufliche Vollmacht für **Grundstücksveräußerung** oder -erwerb muß notariell erfolgen, Vertretung bei **GmbH-Gründung** (§ 2 II GmbHG)

226 (2) Von der Erteilung der Vollmacht streng zu trennen ist das **schuldrechtliche Innenverhältnis** zwischen dem Vollmachtgeber und dem Bevollmächtigten (z. B. Arbeitsvertrag, Auftrag). Die Pflicht zur Ausführung der Vollmacht wird erst durch den Auftrag oder den Arbeitsvertrag begründet. Die Vollmacht ist in ihrer **Entstehung unabhängig** (abstrakt), im **Fortbestehen** dagegen **abhängig** vom Innenverhältnis (§ 168 BGB).

> **Beispiel**: Mit der Beendigung des Arbeitsverhältnisses endet automatisch die dem Mitarbeiter erteilte Vollmacht. Eines besonderen Widerrufs der Vollmacht bedarf es nicht.

227 (3) Den **Umfang der Vollmacht** kann der Vollmachtgeber frei bestimmen. Folgende **Sonderformen** werden unterschieden:

- **Einzelvollmacht** für ein bestimmtes Geschäft (z. B. Kauf eines Computers),
- **Gattungsvollmacht** für bestimmte Arten von Geschäften (z. B. für Einkauf, Verkauf, Import- oder Exportgeschäfte),
- **Generalvollmacht** für sämtliche Angelegenheiten (z. B. bei Urlaub oder zur Leitung einer Zweigstelle),
- **Gesamtvollmacht** für das Zusammenwirken aller Bevollmächtigten,
- **Untervollmacht** des Vertreters für einen Dritten,
- **Vollmacht über den Tod hinaus** mit der Wirkung, daß diese Vollmacht dann für und gegen die Erben wirkt,
- **Prokura** und **Handelsvollmacht** als Vollmachten des Handelsrechts.

(4) Die **Vollmacht erlischt** durch   **228**

- **Widerruf** (§ 168 S. 2 BGB),
- Beendigung des zugrundeliegenden **Innenverhältnisses** (§ 168 S. 1 BGB),
- **Zeitablauf** oder **Tod des Vertreters**.

Der **Tod des Vollmachtgebers** führt **nicht** zur Beendigung des Innenverhältnisses (z. B. des Auftrags) und damit auch nicht zum Erlöschen der Vollmacht. Der Vertreter handelt nun für und gegen die Erben, die aber die Vollmacht widerrufen können.

Wurde die Vollmacht durch Erklärung gegenüber einem Dritten erteilt, so bleibt sie diesem gegenüber so lange in Kraft, bis ihm das Erlöschen angezeigt wird (§ 170 BGB), es sei denn, es ist ihm das Erlöschen in sonstiger Weise bekanntgeworden (§ 173 BGB). Wurde dem Vertreter eine **Vollmachtsurkunde** ausgehändigt, so bleibt ausnahmsweise die Vollmacht bis zur Rückgabe oder Kraftloserklärung dieser Urkunde bestehen (§ 172 BGB). Die Kraftloserklärung erfolgt nach § 176 BGB.

(5) Der Vollmachtserteilung wird es gleichgestellt, wenn jemand es wissentlich geschehen läßt, daß ein anderer für ihn als Vertreter auftritt und sein Geschäftsgegner aufgrund dieses Auftretens von einer Vollmacht ausgehen kann. Es wird also nur eine **Vollmacht fingiert**, um einen gutgläubigen Dritten zu schützen (**Duldungsmacht**). Selbst dann wird dem Vertretenen der Rechtsschein der Bevollmächtigung zugerechnet, wenn er das Vertreterhandeln zwar nicht tatsächlich kannte, dies aber bei pflichtgemäßer Sorgfalt hätte erkennen und verhindern können (**Anscheinsvollmacht**). Der Rechtsschein einer Vollmacht ergibt sich bereits durch die Übernahme bestimmter betrieblicher Funktionen, die üblicherweise mit Vollmachten verbunden sind, wie z. B. die Position eines Ladenangestellten oder Zweigstellenleiters.   **229**

3. Wirkung der Vertretung

Liegen die Voraussetzungen einer wirksamen Vertretung vor, so entsteht das angestrebte Rechtsgeschäft zwischen dem Vertretenen und dem Dritten (§ 164 I, III BGB). Nur der **Vertretene ist Vertragspartner**, so als habe er selbst gehandelt. Der Vertreter haftet daher grundsätzlich nicht aus dem Geschäft.   **230**

Da das Geschäft jedoch vom Vertreter abgeschlossen wird, kommt es für **Willensmängel** oder bei der **Kenntnis** oder dem **Kennenmüssen** bestimmter Umstände grundsätzlich nur auf die Person des Vertreters an. Der Vertreter muß sich also geirrt haben, getäuscht worden oder bösgläubig sein. Um zu verhinder, daß ein bösgläubiger Geschäftsherr einen gutgläubigen Vertreter vorschiebt, um sich dessen guten Glauben nutzbar zu machen, stellt § 166 II BGB klar, daß für **weisungsgebundene Vertreter die Person des Vertretenen entscheidend** ist. Hierbei wird der Begriff Weisung weit ausgelegt. Es genügt, wenn der Vertretene den Bevollmächtigten zu dem Geschäftsabschluß irgendwie veranlaßt hat.

4. Vertretung ohne Vertretungsmacht

231   **Fall 4**: Kaufmann K bevollmächtigt seinen Mitarbeiter M zum Kauf einer bestimmten Menge Bauholz mit einer Preisgrenze von € 25 000. Gleichwohl schließt M mit dem Holzhändler H einen Kaufvertrag über € 30 000, da das Preislimit nicht einzuhalten war. Welche Rechtsfolgen treten ein?

Die meisten Probleme in der Unternehmenspraxis bringt das Handeln eines Vertreters

- **ohne Vertretungsmacht** und
- das bewußte oder unbewußte **Überschreiten der Vertretungsmacht** des Vertreters.

Beide Fälle werden praktisch durch die §§ 177 bis 180 BGB gleichbehandelt.

a) Schwebend unwirksamer Vertrag

232   (1) Hat der Vertreter ohne oder außerhalb der Vertretungsmacht (falsus procurator) gehandelt, so wirkt das geschäftliche Handeln des Vertreters weder für noch gegen den Vertretenen. Dieser ist grundsätzlich nicht daran gebunden, denn der Vertrag ist nach § 177 I BGB zunächst **schwebend unwirksam** (vgl. Rn. 179). Der Vertretene kann ihn jedoch **genehmigen** und so das Geschäft an sich ziehen oder die **Genehmigung verweigern**, dann bleibt der Vertrag endgültig unwirksam und die Rechte des Dritten richten sich nach § 179 BGB. Die Genehmigung ist grundsätzlich formlos möglich (§§ 182 II, 184 BGB). Um den Schwebezustand zeitlich zu begrenzen, gibt § 177 II BGB dem Dritten die Möglichkeit, den Vertretenen zu einer Genehmigungserklärung aufzufordern. Gibt dann der Vertretene ihm gegenüber binnen **2 Wochen keine Erklärung** ab, dann gilt die Genehmigung als **verweigert**. Bis zur Genehmigung kann der Dritte den Vertrag grundsätzlich widerrufen (§ 178 BGB).

Im Fall 4 ist der Kaufvertrag zwischen K und H schwebend unwirksam, da M seine Spezialvollmacht bewußt überschritten hat. Nach § 177 II BGB kann H auf die Beendigung des Schwebezustands dringen.

(2) Bei einem **einseitigen Rechtsgeschäft** ist Vertretung ohne Vertretungsmacht grundsätzlich **unzulässig** (§ 180 BGB). Damit ist z. B. eine Kündigung, die von einem nicht bevollmächtigten Mitarbeiter vorgenommen wird, in der Regel nichtig.

Schaubild 27: *Rechtsgeschäftliches Handeln in Vertretung*

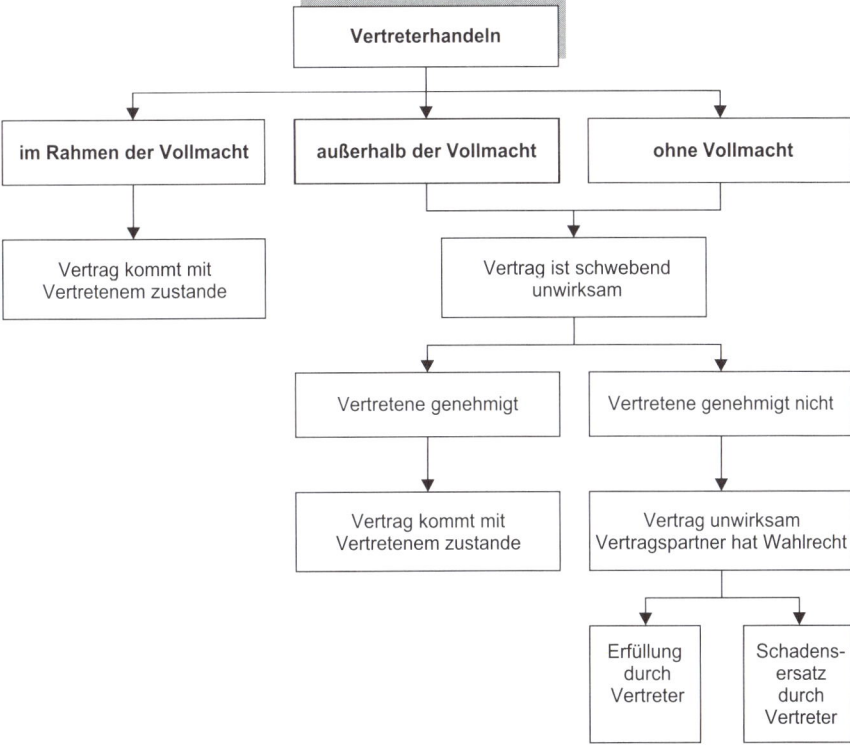

b) Haftung des Vertreters ohne Vertretungsmacht

Wird die Genehmigung durch den Vertretenen verweigert, haftet der Vertreter **233** nach Wahl des Geschäftsgegners nach § 179 BGB entweder auf **Vertragserfüllung** oder **Schadensersatz**. Das Vertrauen des Geschäftsgegners wird also grundsätzlich geschützt. Hat der Vertreter den Mangel der Vertretungsmacht **nicht erkannt**, so ist er jedoch nur zum **Ersatz des Vertrauensschadens** verpflichtet. Wenn der andere Teil allerdings den Mangel der Vertretungsmacht **kannte** oder **kennen mußte**, steht ihm kein Anspruch zu, weil dann der Geschäftsgegner nicht schutzwürdig ist.

> Lehnt im Fall 4 K eine Genehmigung ab, kann H von M die Vertragserfüllung gem. § 179 I BGB verlangen, also die Zahlung des Kaufpreises von € 30 000. In diesem Fall hat M alle Gegenrechte eines Käufers wie z. B. Gewährleistungsansprüche bei mangelhafter Lieferung (§§ 434 ff. BGB). H kann aber auch Schadensersatz wegen Nichterfüllung von M verlangen, so daß M an H einen Geldbetrag zu zahlen hat, der dem Gewinn entspricht, den H bei einer Veräußerung des Holzes erzielt hätte.

5. Verbot des Insichgeschäfts

Im Hinblick auf eine mögliche Interessenkollision ist der Abschluß von Rechts- **234** geschäften mit sich selbst im eigenen Namen (Selbstkontrahieren) oder mit sich als Vertreter des Dritten (Mehrfachvertretung) nach § 181 BGB unzulässig, es sei denn

- sie werden in einer **Erfüllung einer Verbindlichkeit** vorgenommen,

   > **Beispiel**: Die Übereignung eines Kaufgegenstands nach § 929 BGB erfolgt als Verfügungsgeschäft in Erfüllung des Kaufvertrages.

- sie sind **gestattet** worden,

   > **Beispiel**: Der Gesellschaftsvertrag der GmbH sieht die Befreiung des Einmann-Gesellschafters und Geschäftsführers von § 181 BGB vor.

- das Geschäft bringt dem Vertretenen lediglich einen **rechtlichen Vorteil** (vgl. § 107 BGB).

   > **Beispiel**: Die 7jährige Susi erhält von ihrem Vater als gesetzlicher Vertreter einen Geldbetrag von € 5000 auf ihr Sparbuch geschenkt.

II. Vollmachten des Handelsgesetzbuchs

1. Grundlagen

235   (1) Das HGB enthält in den §§ 48 bis 58 die besonderen Vollmachten des kaufmännischen Verkehrs **Prokura**, **Handlungsvollmacht** und **Ladenvollmacht**. Diese typisierten Vertretungsformen ergänzen die Regelungen des BGB in §§ 164 ff. BGB. Mit Hilfe der handelsrechtlichen Vollmachten hat der Kaufmann somit die Möglichkeit, seine Arbeitnehmer mit Befugnissen auszustatten, so daß diese für ihn im Handelsverkehr auftreten und Verträge schließen. Das **Innenverhältnis** zwischen dem Kaufmann und diesen unselbständigen Hilfspersonen (Arbeitnehmern) wird durch das Arbeitsrecht festgelegt (vgl. §§ 59 ff. HGB). Im **Außenverhältnis** zu Geschäftspartnern gelten daneben die Vertretungsvorschriften des BGB und des HGB.

(2) Neben den unselbständigen Hilfspersonen des Kaufmanns, die mit Prokura (§§ 48 bis 53 HGB), Handlungs- oder Ladenvollmacht (§§ 54 bis 58 HGB) ausgestattet sind, kann sich der Kaufmann **selbständiger Hilfspersonen im Rahmen seiner Absatzorganisation** bedienen wie

- Handelsvertreter,
- Kommissionäre,
- Handelsmakler,
- Franchisenehmer,
- Vertragshändler oder
- Spediteure und Logistiker.

Diese Hilfspersonen stehen weder in einem Arbeitsverhältnis zum Kaufmann, noch haben sie eine handelsrechtliche Vollmacht, sondern sie sind selbständige Kaufleute mit eigenen unternehmerischen Zielen und Risiken, die lediglich durch einen Vertrag in die Absatzorganisation eingebunden sind (vgl. Rn. 618 ff.).

2. Prokura

236   Die Prokura ist eine durch **Rechtsgeschäft** erteilte handelsrechtliche Vollmacht mit einem gesetzlich festgelegten weitesten Umfang. Für diese Vollmacht, ihre Erteilung, Ausübung und ihre Wirkung gelten grundsätzlich die §§ 164 ff. BGB, soweit in den §§ 48 ff. HGB nichts anderes bestimmt ist.

a) Erteilung der Prokura

Fall 5: Kaufmann K erklärt bei einer Betriebsfeier zu seinem Einkaufsleiter P: „Ab heute unterschreiben Sie mit ppa". Ist diese Prokura wirksam erteilt?

Nach § 48 HGB kann eine Prokura nur durch eine ausdrückliche Erklärung des **Inhabers eines kaufmännischen Handelsgewerbes** erteilt werden. Hierbei kann die Prokura einer Person (Einzelprokura) oder mehreren gemeinsam erteilt werden (Gesamtprokura). In jedem Fall müssen folgende **Voraussetzungen** erfüllt sein:

- **ausdrückliche** und **persönliche** Bevollmächtigung durch den Geschäftsinhaber (schriftlich, mündlich),
- Erteilender muß **Kaufmann** sein,
- Prokurist muß mindestens eine **beschränkt geschäftsfähige Person** sein und
- **deklaratorische Eintragung** im Handelsregister (§ 53 I HGB).

Schaubild 28: *Prokura*

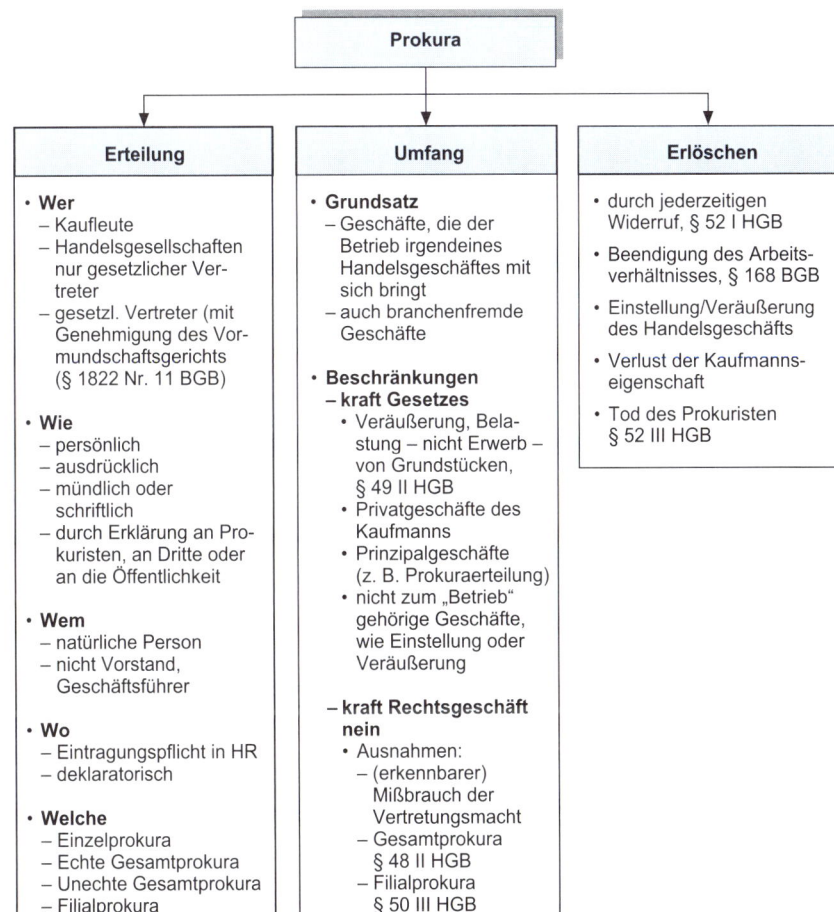

P ist sofort bei der Betriebsfeier Prokurist. K ist Kaufmann und hat persönlich die Bevollmächtigung ausgesprochen. Zwar hat K das Wort Prokura nicht ausdrücklich gebraucht, jedoch reicht die zweifelsfreie Erklärung „ppa" (= per procura, § 51 HGB). Keine Wirksamkeitsvoraussetzung ist die deklaratorische Eintragung in das Handelsregister. Allerdings ist K verpflichtet, die Erteilung zum Handelsregister anzumelden (§ 53 I HGB). Der Prokurist P muß erkennbar unterschreiben mit ppa + Name.

b) Umfang der Prokura

237   **Fall 6**: Die Prokura des P im Verlagshaus K ist auf einen Betrag von € 25 000 beschränkt. P kauft im Namen der Firma einen Lkw von V für € 40 000. Muß K bezahlen?

Der Umfang der Prokura ist in den §§ 49, 50 HGB zwingend für das Außenverhältnis zu Geschäftspartnern festgelegt. Danach ermächtigt sie zu allen Geschäften, die der **Betrieb irgendeines Handelsgewerbes** mit sich bringt. Die Prokura ist also nicht branchenbezogen oder auf gewöhnliche Geschäfte beschränkt. Somit kann der Prokurist im Namen des Inhabers Prozesse führen, Vergleiche schließen, Kredite aufnehmen, **Grundstücke erwerben** oder branchenfremde Geschäfte tätigen.

Im Fall 6 durfte P den Lkw für K kaufen, da der Umfang der Prokura nicht durch das Verlagsgewerbe des K branchenbezogen begrenzt ist. Entscheidend ist, daß das Geschäft in irgendeinem Handelsgewerbe vorkommen kann.

c) Grenzen der Prokura

238   **Fall 7**: Wie wäre es im Fall 6, wenn V die Vollmachtsbeschränkung gekannt hätte?

Obwohl die Prokura im **Außenverhältnis grundsätzlich unbeschränkbar** ist, gibt es Beschränkungen, die sich aus dem Gesetz selbst, aber auch kraft Vollmachterteilung ergeben.

(1) **Kraft Gesetzes** sind folgende Grundlagengeschäfte für den Prokuristen ausgeschlossen:

* **Veräußerung** und **Belastung von Grundstücken** (nicht der Erwerb!) setzt eine besondere Ermächtigung voraus (Immobiliarklausel nach § 49 II HGB),
* **Privatgeschäfte** des Inhabers,
* **Inhabergeschäfte** (Prinzipalgeschäfte) wie Bilanzunterzeichnung, Prokuraerteilung und Entzug, Anmeldung zum Handelsregister, Insolvenzantrag, Firmenänderung,
* Geschäfte, die **nicht** dem **Betrieb** des Unternehmens dienen, wie die Einstellung oder Veräußerung des gesamten Handelsgeschäfts (Grundlagengeschäfte).

(2) Eine **rechtsgeschäftliche Beschränkung** der Prokura ist im Außenverhältnis zu Geschäftsgegnern grundsätzlich nicht möglich (§ 50 I HGB). Nur in folgenden Fällen entfällt eine Bindung des Inhabers an Geschäfte des Prokuristen:

* bei **Gesamtprokura**, wenn kein gemeinschaftliches Handeln vorliegt (§ 48 II HGB),
* bei **Filialprokura**, wenn der Prokurist nicht namens der Zweigniederlassung handelt (§ 50 III HGB),

- bei **Mißbrauch der Vertretungsmacht,** wenn der Prokurist arglistig mit dem Geschäftsgegner zum Nachteil des Geschäftsinhabers zusammenwirkt (Kollusion).

Im Fall 6 ist der Kauf des Lkw im Außenverhältnis zu V wirksam, obwohl die Prokura im Innenverhältnis zwischen K und P auf Vertragsabschlüsse bis € 25 000 beschränkt ist. Da P aber die Beschränkung im Innenverhältnis nicht beachtet hat, ist er seinem Prinzipal aus positiver Vertragsverletzung (pVV) zum Schadensersatz verpflichtet.

Hätte V die Vollmachtsbeschränkung gekannt, dann läge ein Mißbrauch der Vertretungsmacht vor. V ist dann nicht schutzwürdig, so daß der Kauf den K nicht binden würde (Fall 7).

d) Erlöschen der Prokura

Fall 8: Im Fall 6 überlegt K, wie er dem P die Prokura entziehen und ob er das Gehalt **239**
des P kürzen kann.

Die Prokura kann durch die nachfolgenden Gründe erlöschen. Ist sie erloschen, fehlt dem bisherigen Prokuristen die Vertretungsmacht. Für die von ihm abgeschlossenen Geschäfte gelten dann die §§ 177 ff. BGB.

(1) Die Prokura ist **jederzeit** ohne Rücksicht auf das zugrundeliegende Innenverhältnis (= Arbeitsverhältnis) ohne besonderen Grund durch den Inhaber **widerruflich** (§ 52 I HGB).

(2) Mit der **Beendigung des Innenverhältnisses** erlischt in der Regel die Prokura (§ 168 S. 1 BGB) wie z. B. Auflösung des Arbeitsvertrags oder Insolvenz des Inhabers.

(3) Die Prokura erlischt beim **Tod des Prokuristen,** nicht aber durch den Tod des Geschäftsinhabers (§ 52 III HGB).

(4) Neben der **Einstellung des Handelsgeschäfts** erlischt die Prokura auch bei einer **Veräußerung** des Unternehmens trotz des fortbestehenden Arbeitsvertrags (§ 613 a BGB), bei **Umwandlung** in eine OHG oder KG (§ 28 HGB) oder bei **Auflösung** von Personengesellschaften.

(5) Bei Verlust der **Kaufmannseigenschaft** erlischt ebenfalls die Prokura, soweit nicht § 5 HGB eingreift (Kaufmannseigenschaft kraft Eintragung).

K kann sofort die Prokura dem P durch Widerrufserklärung entziehen. Das Erlöschen hat K zum Handelsregister deklaratorisch anzumelden (§ 53 III HGB). Unterbleibt die Löschungseintragung, dann wird der gutgläubige Geschäftspartner über § 15 I HGB geschützt (vgl. Rn. 98). Das Gehalt des P aufgrund des Arbeitsvertrags kann K grundsätzlich nur einverständlich mit ihm kürzen, oder er muß die einseitige Gehaltskürzung mit einer Änderungskündigung (§ 2 KSchG) verbinden.

3. Handlungsvollmacht

Fall 9: K, Inhaber eines Baumaschinenhandels, bevollmächtigt den Einkaufsleiter H **240**
zum Einkauf von Baumaschinen bis zu € 50 000. H kauft bei V Büromöbel für seine
Abteilung und bei A einen Baukran für € 60 000. Muß K bezahlen?

Als Handlungsvollmacht gilt **jede** von einem Kaufmann oder Kleingewerbetreibenden im Rahmen seines Handelsgeschäfts erteilte **Vollmacht**, die **nicht Prokura** ist. Ergänzend gelten daher neben § 54 HGB die Vorschriften der §§ 164 ff. BGB.

> Da K dem H keine Prokura erteilt hat, liegt zwangsläufig eine Handlungsvollmacht im Sinne des § 54 HGB vor.

a) Erteilung und Erlöschen

241 (1) Im Gegensatz zur Prokura kann die Handlungsvollmacht nicht durch den **Inhaber** des Handelsgeschäfts, sondern auch durch einen **Prokuristen**, einen anderen **Handlungsbevollmächtigten** oder durch einen **Kleingewerbetreibenden** gem. §§ 167, 171 BGB erteilt werden. Die Erteilung kann formlos, also **ausdrücklich**, aber auch **konkludent** erfolgen (auch als Duldungs- oder Anscheinsvollmacht).

> **Beispiel**: So gelten Personen als bevollmächtigt, denen der Kaufmann Aufgaben überträgt, zu deren Erfüllung Vollmachten unerläßlich sind, wie z. B. Zweigstellenleiter, Schalterangestellte, Einkaufsleiter oder Personalleiter.

Daher kann eine fehlgeschlagene Prokuraerteilung (z. B. durch einen Nichtkaufmann) gem. § 140 BGB (vgl. Rn. 177) in eine Handlungsvollmacht **umgedeutet** werden. Da sie **nicht in das Handelsregister eingetragen** wird, muß der Handlungsbevollmächtigte auf Verlangen den Nachweis durch eine **Vollmachtsurkunde** führen. Im Schriftverkehr **unterzeichnet** der Handlungsbevollmächtigte grundsätzlich mit Firmennamen und seinen eigenen Namen, dem i. V. oder i. A. vorausgesetzt wird (§ 57 HGB).

(2) Für das **Erlöschen** der Handlungsvollmacht gelten keine handelsrechtlichen Besonderheiten, so daß sie jederzeit widerrufen werden kann, wenn die Widerrufsmöglichkeit – anders bei Prokura (§ 52 I HGB) – nicht vertraglich ausgeschlossen wurde (§ 168 S. 2 BGB).

b) Umfang und Arten der Handlungsvollmacht

242 (1) Der **Umfang** der Handlungsvollmacht ist gesetzlich beschränkt auf
- branchenübliche und
- nicht ungewöhnliche

Geschäfte (§ 54 HGB). Außer der Einschränkung auf übliche und sich im finanziellen Rahmen des „derartigen" Handelsgewerbes haltenden Geschäfte erlaubt diese Vollmacht gem. § 54 II HGB gesetzlich auch **nicht**
- die **Veräußerung** und **Belastung** von **Grundstücken**,
- die Eingehung von **Wechselverbindlichkeiten**,
- die Aufnahme (aber Gewährung!) von **Darlehen** und
- die **Prozeßführung**.

Für diese in § 54 II HGB genannten Geschäfte braucht der Handlungsbevollmächtigte eine besondere Spezialvollmacht. Wie der Prokurist kann der Handlungsbevollmächtigte keine Prinzipal- und Privatgeschäfte des Kaufmanns vornehmen.

Schaubild 29: *Handlungsvollmacht*

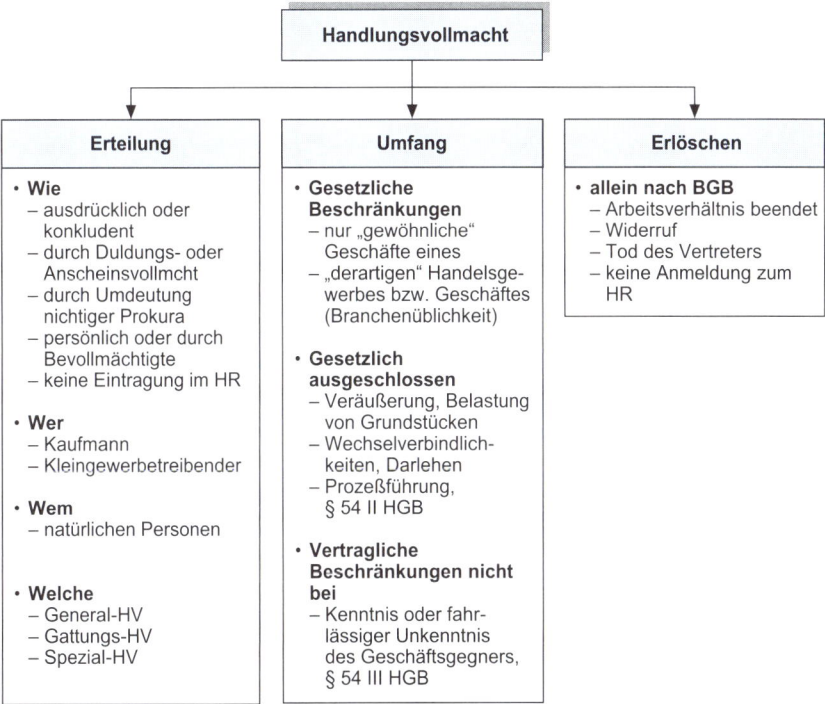

Im Fall 9 ist H durch Gattungsvollmacht nur berechtigt zum Einkauf von Baumaschinen. Branchenunüblich ist der Kauf von Büromöbeln im Namen des K, selbst wenn sie im Betrieb des K verwendet werden. Insoweit handelte H als Vertreter ohne Vertretungsmacht (§§ 177, 179 BGB). Branchenüblich war jedoch der Kauf des Baukrans.

(2) Fehlt es an einer besonderen inhaltlichen Festlegung der Handlungsvollmacht **243** durch den Vollmachtgeber, so nennt § 54 I HGB drei gesetzlich typisierte Arten der Handlungsvollmacht:

- **Generalvollmacht** für alle gewöhnlichen, branchenüblichen Rechtsgeschäfte,
- **Gattungsvollmacht** für eine bestimmte Art gewöhnlicher, branchenüblicher Geschäfte (z. B. Einkauf),
- **Spezialvollmacht** für ein bestimmtes Geschäft.

(3) Über die vorgenannten gesetzlichen Einschränkungen hinaus kann der Voll- **244** machtgeber durch **rechtsgeschäftliche Vereinbarungen** die Handlungsvollmacht weiter einschränken.

Im Fall 9 hat K in rechtlich zulässiger Weise die Gattungshandlungsvollmacht des H auf Geschäftsabschlüsse bis zu € 50000 beschränkt.

Diese „sonstige Beschränkung" wirkt im Gegensatz zur Prokura nicht nur im Innenverhältnis, sondern auch gegenüber Dritten, wenn dieser die Beschränkungen der Handlungsvollmacht kannte oder kennen mußte (§ 54 III HGB).

Für den branchenüblichen Kauf des Baukrans war die Vollmacht betragsmäßig auf € 50 000 beschränkt. Diese rechtsgeschäftliche Vereinbarung wirkt nur gegenüber dem Verkäufer A, wenn er sie kannte oder fahrlässig nicht kannte (z. B. er übersieht einen Vermerk auf dem Bestellschein). Dann ist kein Kaufvertrag über den Kran zwischen K und A zustande gekommen. In diesem Fall haftet auch H dem A nicht als Vertreter ohne Vertretungsmacht (§ 179 III 1 BGB). War A die Beschränkung dagegen ohne Schuldvorwurf nicht bekannt, dann ist ein wirksamer Kauf zwischen K und A zustande gekommen. Der gutgläubige A wird also geschützt. H ist jedoch dem Arbeitgeber K im Innenverhältnis schadensersatzpflichtig aus positiver Vertragsverletzung (vgl. Rn. 380).

Merksätze

1. Begriff der Stellvertretung
Rechtsgeschäftliches Handeln für einen anderen im Namen und Rechnung des Vertretenen innerhalb der Vertretungsmacht, so dass die Wirkungen eines Rechtsgeschäfts den Vertretenen und nicht den Vertreter treffen

2. Arten der Vertretung
- **Rechtsgeschäftliche Stellvertretung** durch Vollmacht
- **Gesetzliche Vertretung**
  - Sorgerecht (Eltern, Betreuer)
  - Organschaftliche Vertretung
- * Geschäftsführer der GmbH
- * Vorstand der AG

3. Voraussetzungen wirksamer Vertretung
- Rechtsgeschäftliches Handeln nicht höchstpersönlicher Natur
- eigene Willenserklärung des Vertreters (kein Bote)
- Handeln in fremdem Namen (Offenkundigkeit) mit
- Vertretungsmacht aus
  - Gesetz oder
  - Vollmacht
- * **Erteilung** durch einseitige WE gegenüber Dritten, grds. formfrei, Umfang frei bestimmbar, Auftrag oder Arbeitsvertrag ist Kausalgeschäft
- * **Erlöschen** durch Widerruf, Beendigung des zugrundeliegenden Kausalgeschäfts

4. Vollmachtsarten
- **Sonderformen**
  - Spezialvollmacht (für ein bestimmtes RG)
  - Gattungsvollmacht (für eine Gruppe von RG)
  - Generalvollmacht (für alle RG)
  - Untervollmacht (von Vertreter für Dritten)
  - Vollmacht über Tod hinaus
  - Duldungs- oder Anscheinsvollmacht (aus Gründen des Vertrauensschutzes)
- **Handelsrechtliche Formen**
  - Prokura (§§ 48 ff. HGB)
  - Handlungsvollmacht (§ 54 HGB)
  - Ladenvollmacht (§ 56 HGB)

5. Vertretung ohne Vertretungsmacht
- **Vertrag schwebend unwirksam**
  - Genehmigung macht Vertrag rückwirkend wirksam
  - Verweigerung der Genehmigung führt zur endgültigen Unwirksamkeit
- **Vertragspartner hat Wahlrecht** gegen Vertreter
  - Erfüllung oder
  - Schadensersatz
- **Einseitige Rechtsgeschäfte** sind nichtig

6. **Verbotenes Insichgeschäft** ist schwebend unwirksam, es sei denn
   - Erfüllung einer Verbindlichkeit
   - lediglich rechtlich vorteilhaft
   - es liegt Gestattung vor
7. **Unterschiede Prokura – Handlungsvollmacht**

Prokura	Handlungsvollmacht (HV)
• Erteilung nur durch ausdrückliche Erklärung	• ausdrückliche oder auch konkludente Erteilung (auch als Duldungs- oder AnscheinsHV)
• nur durch Geschäftsinhaber persönlich	• durch Inhaber, Prokuristen, Handlungsbevollmächtigte
• Vertretne muß Kaufmann sein	• auch durch Kleingewerbetreibender
• Eintragung im Handelsregister	• keine Eintragung
• alle gerichtlichen und außergerichtlichen Geschäfte und Rechtshandlungen, die der Betrieb **irgendeines** Handelsgewerbes mit sich bringt	• einzelne oder der Art nach bestimmte oder alle Geschäfte und Rechtshandlungen, die ein **derartiges** Handelsgewerbe **gewöhnlich** mit sich bringt
• Beschränkung nach außen nicht möglich, § 50 I HGB	• Beschränkung uneingeschränkt möglich, aber Schutz des guten Glaubens an Mindestumfang, § 54 III HGB
• nicht übertragbar, § 52 II HGB	• übertragbar mit Zustimmung, § 58 HGB

8. **Leitentscheidungen**
   - **Vollmacht zur Grundstücksübertragung**
     BGH, 23. 2. 1979, NJW 1979, 2306
   - **Gesamtprokura mit Einzelkaufmann unzulässig**
     BayObLG, 23. 9. 1997, NJW 1998, 1161

§ 7
Fristen und Verjährung

Lernziele:

Nachdem Sie dieses Kapitel 7 durchgearbeitet haben, können Sie
- Fristen berechnen.
- die regelmäßige Verjährungsfrist und und die wichtigsten Spezialfristen erläutern.
- angeben, wann Verjährungsfristen beginnen, gehemmt sind oder neu beginnen.

I. Fristen und Termine

1. Fristen

a) Begriff

Die Auswirkungen von Rechten hängen oft von einer Zeitbestimmung ab, wobei **245** die Frist durch

- **Gesetz,**
- **richterliche Anordnung** oder
- **Vereinbarung** der Geschäftspartner

gesetzt werden kann. Hierbei werden Fristen und Termine unterschieden (§§ 186 ff. BGB). Unter einer **Frist** versteht man danach einen abgegrenzten bestimmten Zeitraum, der ganz unterschiedlichen Zwecken dienen kann.

> **Beispiele:** Kündigungsfristen von **4 Wochen** für Arbeitsverhältnis (§ 622 I BGB); Erbbaurecht auf **99 Jahre**; Eigentumserwerb durch Ersitzung nach **10 Jahren** (§ 937 BGB); Regelverjährungsfrist von **3 Jahren** (§ 195 BGB); Anfechtungsfrist von **1 Jahr** bzw. **10 Jahre** (§ 124 BGB)

b) Arten

246 Bei Fristen werden Verjährungsfristen und Ausschlußfristen unterschieden.

(1) Nach Ablauf der vom Schuldner zu beweisenden **Verjährungsfrist** steht ihm ein Leistungsverweigerungsrecht zu, d. h., er kann beispielsweise die Bezahlung einer Kaufpreisforderung verweigern, muss es aber nicht (§ 214 I BGB). Ob er dieses Recht ausübt, indem er sich auf Verjährung beruft, ist seine Sache (**Einrede**).

(2) Eine gesetzliche oder vertragliche **Ausschlußfrist** hat die Bedeutung, daß ein Recht nur innerhalb eines bestimmten Zeitraums geltend gemacht, also angemeldet werden kann. Nach Fristablauf entfällt das betreffende Recht automatisch, ohne daß der Anspruchsgegner sich darauf wie bei einer Verjährung berufen muß (**Einwendung**). Im Prozeß werden Ausschlußfristen **von Amts wegen** berücksichtigt.

> **Beispiele:**
> **Gesetzliche Ausschlußfristen** sind:
> • Anfechtungsfrist binnen einem Jahr nach § 124 BGB
> • Ausgleichsanspruch des Handelsvertreters binnen einem Jahr (§ 89 b IV HGB)
> • Haftungsausschluß nach 10 Jahren wegen Produkthaftung (§ 13 ProdHaftG)
> • Anmeldung von Ansprüchen im Reisevertragsrecht binnen einem Monat (§ 651 g I BGB)
> **Vertragliche Ausschlußfristen** werden vereinbart zur
> • Rüge von Sachmängeln von Kauf-, Werk- oder Leasinggegenständen
> • Abwicklung von Arbeits- oder Mietverträgen nach deren Auflösung
> • Anmeldung von Ansprüchen im Werkvertragsrecht

2. Termine

247 Ein Termin ist ein bestimmter **Zeitpunkt**, an dem etwas rechtlich Relevantes geschehen soll, beispielsweise der Fälligkeitszeitpunkt einer Lieferung oder einer Geldzahlung.

3. Berechnung

248   **Fall 1:** Kaufmann V mahnt den Käufer K zum dritten Mal und setzt hierbei eine „Nachfrist" von 10 Tagen für die Bezahlung des Kaufpreises mit Schreiben vom 10. 3., welches am 12. 3. bei K zugeht. Wann läuft die Frist ab?

Für die Berechnung von Fristen und Terminen hat das BGB in den §§ 186–193 Auslegungsregeln geschaffen.

(1) Beim **Fristbeginn** wird der **Anfangstag nicht** mitgerechnet, wenn der Beginn in diesen Tag fällt (§ 187 I BGB).

Im Fall 1 wird der 12. 3. als Tag des Zugangs der Mahnung nicht mitgerechnet, so daß die Frist am 22. 3. abläuft.

Der Anfangstag wird ausnahmsweise mitgerechnet, wenn die Frist mit Tagesanfang beginnt oder wenn das Lebensalter berechnet wird (§ 187 II BGB).

> **Beispiel:** Kaufmann K **pachtet** ein Ladenlokal ab dem 1. 5. Dieser Tag wird mitgerechnet. Bei der Berechnung des **Lebensalters** zählt der Geburtstag voll mit.

(2) Eine nach Tagen bestimmte Frist **endet** mit Ablauf des letzten Tages der Frist um 24.00 Uhr. Bei Wochen- und Monatsfristen läuft die Frist am jeweiligen folgenden Wochentag ab (§ 188 BGB).

> **Beispiel**: Die am Dienstag gesetzte Wochenfrist läuft am folgenden Dienstag, 24.00 Uhr ab. Bei Handelsgeschäften ist zu beachten, daß eine Leistung nur während der üblichen Geschäftszeit bewirkt werden kann, also z. B. nur bis 17.00 Uhr (§ 358 HGB).

(3) Fällt der letzte Tag einer Frist auf einen **Samstag**, **Sonntag** oder staatlich anerkannten **Feiertag**, so endet die Frist erst mit Ablauf des nächsten Werktags (§ 193 BGB). Diese Vorschrift ist aber nicht anwendbar, wenn dadurch eine Kündigungsfrist infolge späterer Kündigung gekürzt würde.

II. Verjährung

1. Zweck der Verjährung

Jeder schuldrechtliche Anspruch zwischen einem Gläubiger und einem Schuldner unterliegt der Verjährung. Der Zweck dieses Leistungsverweigerungsrechts liegt darin, den in Anspruch genommenen Geschäftspartner als Schuldner zu schützen, da durch Zeitablauf die Verteidigung seiner Rechte erschwert wird. Ein verjährter Anspruch ist damit nicht erloschen, sondern gewährt vielmehr dem Schuldner das Recht, die Erfüllung des Anspruchs zu verweigern (§ 214 I BGB). Beruft sich der Schuldner auf die Einrede der Verjährung, scheitert die Durchsetzung des Anspruchs. Damit dient die Verjährung der **Rechtssicherheit** und dem **Rechtsfrieden**. Der Gläubiger wird gezwungen, seine Rechte alsbald durchzusetzen, bevor der Schuldner in Beweisnot kommt, weil er beispielsweise keine Belege und Zeugen mehr hat. **249**

Durch die **Schuldrechtsreform** wurde das System des Verjährungsrechts in den §§ 194 bis 218 BGB grundlegend geändert und modernisiert. Nach Art. 229 § 6 EGBGB gilt es grundsätzlich auch für Ansprüche, die am 1. 1. 2002 schon bestanden, aber noch nicht verjährt waren. Wie das alte Recht unterscheidet das neue Recht zwischen den im BGB-AT aufgenommenen allgemeinen Verjährungsfristen und den Sonderverjährungsfristen in Spezialvorschriften wie § 438 BGB. Die Darstellung dieser Spezialfristen erfolgt im jeweiligen Sachzusammenhang.

2. Anspruch

Fall 2: Die Studentin Susi Sorglos (S) kauft am 1. 2. 2005 beim Surfshop Wave (W) ein Surfbrett, welches am 20. 3. 2005 übereignet wird. S „vergißt" die Schulden und zahlt nicht den Preis. Wann ist die Kaufpreisforderung verjährt? **250**

Schaubild 30: *Verjährung*

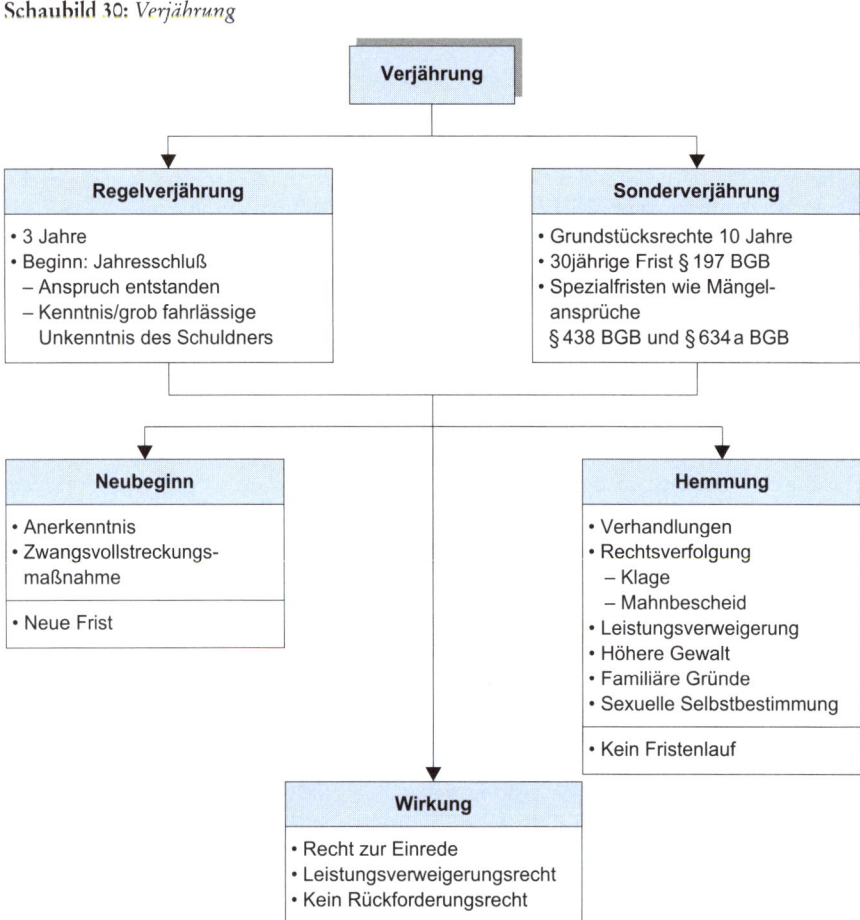

Nur **Ansprüche**, d. h. ein Recht, ein **Tun** oder **Unterlassen** zu verlangen, verjähren (§ 194 I BGB). Damit unterliegen absolute Rechte und Gestaltungsrechte nicht der Verjährung. Das Eigentumsrecht oder das Namensrecht können daher nicht verjähren. Darüber hinaus sind eine Reihe von Ansprüchen **unverjährbar** wie

- im Grundbuch eingetragene Rechte wie das Grundeigentum oder ein Wegerecht (§ 902 BGB),
- bestimmte Ansprüche des Nachbarrechts (§ 924 BGB) oder
- einzelne Ansprüche des Familienrechts (§ 194 II BGB).

Der Kaufpreisanspruch des Surfshops Wave gegen Susi Sorglos gem. § 433 II BGB unterliegt der Verjährung.

3. Verjährungsfristen

a) Regelverjährung

251   Die **regelmäßige Verjährungsfrist** für alle vertraglichen und gesetzlichen Ansprüche beträgt **drei Jahre** (§ 195 BGB). Diese beginnt, wenn der Anspruch ent-

standen ist und der Gläubiger von den den Anspruch begründenden Umständen und der Person des Schuldners und seiner Anschrift **Kenntnis** erlangt hat oder ohne grobe Fahrlässigkeit hätte erlangen müssen (§ 199 I BGB). Damit soll der Anspruch noch nicht verjährt sein, bevor der Gläubiger von den maßgeblichen Umständen Kenntnis hat. Die Verjährung beginnt nicht sofort mit Entstehung und Kenntnis, sondern erst mit **Schluß des Jahres**, in dem erstmals beide Voraussetzungen eingetreten sind.

Ohne Rücksicht auf das Kenntnis- oder Erkennbarkeitskriterium verjähren die Ansprüche in einer **Maximalfrist von zehn Jahren** ab Entstehung (§ 199 IV BGB). Ausgenommen von dieser 10-Jahres-Frist sind Schadensersatzansprüche, die auf die Verletzung besonders hochrangiger Rechtsgüter wie **Leben**, **Körper**, **Gesundheit** oder **Freiheit** gestützt werden. Für sie gilt eine maximale Verjährungsfrist von **dreißig Jahren** (§ 199 II BGB). Im Falle der **Arglist** bleibt es bei der regelmäßigen Verjährungsfrist von drei Jahren, z. B. § 438 III 2 BGB.

> Im Fall 2 unterliegt der Kaufpreisanspruch der dreijährigen Regelverjährung (§ 195 BGB). Sie beginnt mit Ablauf des 31. 12. 2005 zu laufen, da der Schluß des Jahres maßgeblich ist, in dem der Anspruch mit Vertragsschluß am 1. 2. 2005 entstanden ist und W auch die Schuldnerin S bekannt ist (§ 199 I BGB). Mit Ablauf des Jahres 2008 tritt daher Verjährung ein.

b) Sonderverjährung

In **30 Jahren** verjähren Herausgabeansprüche aus Eigentum und anderen dinglichen Rechten, familien- und erbrechtliche Ansprüche, rechtskräftig festgestellte Ansprüche, Ansprüche aus vollstreckbaren Vergleichen, Urkunden und Insolvenzverfahren (§ 197 BGB). Für Ansprüche bei Rechten an einem Grundstück beträgt die Frist **10 Jahre** (§ 196 BGB). **252**

Spezialfristen enthalten auch die kauf-, werk- und reiserechtlichen Mängelansprüche nach §§ 438, 634 a und 651 g II BGB. Diese beginnen schon mit der Lieferung der Sache, der Abnahme oder dem Reiseende zu laufen. Bei arglistigem Verschweigen bleibt es bei der dreijährigen Regelfrist, z. B. § 634 a III BGB.

4. Vereinbarungen

Regelungspunkte einer **grundsätzlich formfrei möglichen** Verjährungsvereinbarung können alle fristrelevanten Umstände sein wie Fristlänge, Beginn der Frist, Ablaufhemmung, aber auch ein vollständiger Verjährungsverzicht (§ 202 BGB). Damit ist eine Erleichterung oder eine Erschwerung möglich. **Ausnahmen** sind im Kaufrecht in § 444 BGB (Erleichterung ist Haftungsbeschränkung!) und beim Verbrauchsgüterkauf in § 475 II BGB, bei AGB (§§ 307, 309 Nr. 7, Nr. 8 b ee, ff BGB) und beim Reisevertrag in § 651 m S. 2 BGB vorgesehen. **253**

5. Neubeginn und Hemmung der Verjährung

Der Lauf der Verjährungsfrist kann durch bestimmte Ereignisse beeinflußt werden. So kann der Schuldner den Anspruch zwischenzeitlich anerkennen, der Gläubiger kann gehindert sein, den Anspruch geltend zu machen, oder er hat be- **254** reits Schritte zur Durchsetzung ergriffen. Hierbei wird zwischen Hemmung und Neubeginn der Verjährung unterschieden.

(1) Beim **Neubeginn** wird die Verjährung unterbrochen und beginnt sofort neu in voller Länge. Als Gründe sieht § 212 I BGB lediglich **Vollstreckungshandlungen** und das **Anerkenntnis** vor. Als Anerkenntnis gelten nicht nur mündliche oder schriftliche Erklärungen, sondern auch ein Verhalten, durch das der Schuldner zu erkennen gibt, daß er sich des Bestehens des Anspruchs bewußt ist.

> **Beispiel**: Die Verjährungsfrist beträgt 3 Jahre. Nach Ablauf eines Jahres erkennt der Schuldner den Anspruch an durch Abschlagszahlung, Zinszahlung, Sicherheitsleistung oder Stundungsantrag.

(2) Bei der **Hemmung** wird die Verjährungsfrist, die zu laufen begonnen hat, angehalten, bis der Hemmungsgrund entfallen ist. Dann läuft der noch nicht abgelaufene Verjährungsrest weiter (§ 209 BGB).

> Im Fall 2 beträgt die Verjährungsfrist 3 Jahre. S vereinbart mit dem Gläubiger W nach einem Jahr eine Kaufpreisstundung (Leistungsverweigerungsrecht) für 6 Monate. Nach Wegfall der Hemmung beträgt die Frist noch weitere 6 Monate, da der Hemmungszeitraum nicht eingerechnet wird.

Zur Hemmung führen sämtliche gerichtliche Maßnahmen der Rechtsverfolgung, welche in § 204 I BGB genannt sind, insbesondere die **Klageerhebung** auf Leistung oder Feststellung des Anspruchs (Nr. 1) und die Zustellung des **Mahnbescheids** im Mahnverfahren. Die normale betriebliche Mahnung reicht für die Hemmung nicht aus. Ferner tritt Hemmung ein,

- solange Schuldner und Gläubiger über den Anspruch **verhandeln** (§ 203 BGB),
- bei Bestehen eines **Leistungsverweigerungsrechts** (§ 205 BGB),
- bei **höherer Gewalt** (§ 206 BGB),
- aus **familiären Gründen** (§ 207 BGB) und bei Verletzung der **sexuellen Selbstbestimmung** (§ 208 BGB).

6. Wirkung der Verjährung

255   Nach Eintritt der Verjährung ist der Schuldner berechtigt, die **Leistung zu verweigern** (§ 214 I BGB). Er muß diese „**Einrede**" ausdrücklich erheben. Da der Anspruch nach wie vor besteht, kann das zu Befriedigung Geleistete nicht zurückgefordert werden, auch wenn in Unkenntnis der Verjährung die Leistung erbracht wurde (§ 214 II BGB).

Dem Gläubiger bleibt auch die Möglichkeit, sich aus einem **Pfandrecht** – dazu zählen auch Grundpfandrechte – zu befriedigen oder bei einem **Eigentumsvorbehaltskauf** zurückzutreten und die Vorbehaltsware herauszuverlangen (§ 216 I, II BGB). Ein Kreditinstitut hat somit die das Recht, auch nach Verjährung einer Darlehensverbindlichkeit, die Befriedigung aus einer hierfür bestellten Grundschuld zu suchen (vgl. Rn. 583).

III. Verwirkung von Rechten

Nicht mit der Verjährung darf die sogenannte Verwirkung von Rechten ver- **256** wechselt werden (vgl. Rn. 276). Die Verwirkung ist ein Fall der **unzulässigen Rechtsausübung wegen widersprüchlichen Verhaltens** (§ 242 BGB). Sie setzt voraus

- ein **Zeitmoment**, d. h., der Berechtigte macht ein Recht längere Zeit nicht geltend, obwohl er dazu in der Lage wäre, und
- ein **Vertrauensmoment**, d. h., der Schuldner hat sich im Vertrauen auf den Zeitablauf darauf eingerichtet, daß das Recht nicht mehr geltend gemacht wird.

Verwirkung kann also schon eintreten, wenn eine Forderung noch nicht verjährt ist. Das kann gerade bei einer längeren Verjährungsfrist der Fall sein. Je kürzer allerdings die Verjährungs- oder Ausschlußfrist ist, desto seltener kommt die Verwirkung in Betracht. Mit der Verwirkung **erlischt** damit das Recht. Sie ist eine **Einwendung**, die das Gericht immer von Amts wegen prüft, ohne daß man sich besonders darauf berufen müßte.

> **Beispiele**: Anspruch auf Entfernung von **Abmahnschreiben** aus Personalakten, **wettbewerbsrechtlicher Anspruch**, wenn Verletzer einen schutzwürdigen Besitzstand erlangt hat

---

Merksätze

1. **Fristen**
   - **Begriff:** abgegrenzter, bestimmter Zeitraum
   - **Arten**
     - Ausschlußfrist: vernichtet das betroffene Recht (Einwendung)
     - Verjährungsfrist: begründet Leistungsverweigerungsrecht nur bei ausdrücklicher Einrede des Schuldners
   - **Berechnung:** §§ 187, 188, 193 BGB

2. **Verjährung (§§ 194–218 BGB)**
   - **Voraussetzungen**
     - Anspruch zwischen Gläubiger und Schuldner
     - Ablauf der Verjährungsfrist
     - Keine Fristhemmung
     - Kein Neubeginn
     - Einrede des Schuldners
   - **Regelmäßige Verjährungsfrist**
     - 3 Jahre (§ 195 BGB)
     - Beginn: Schluss des Jahres der
       * Anspruchsentstehung und
       * Kenntnis des Schuldners (§ 199 BGB)
   - **Sonderfristen des BGB AT**
     - Grundstücksrechte 10 Jahre (§ 196 BGB)
     - 30 Jahre § 197 BGB (Herausgabe aus dinglichen Rechten, titulierte Ansprüche…)
   - **Spezialverjährungsfristen**
     - **Arten** (Beispiele)
       * Kaufmangel 2 Jahre/bewegliche Sache (§ 438 BGB)
       * Werkmangel 5 Jahre/Bauwerk (§ 634 a BGB)
       * Reisemangel 2 Jahre (§§ 651 g II, m 2 BGB verkürzbar in AGB auf 1 Jahr)
     - **Beginn** steht im Spezialgesetz

- **Hemmung:** Zeitraum wird nicht eingerechnet (§ 209 BGB)
  - Verhandlungen (§ 203 BGB)
  - Rechtsverfolgung (§ 204 BGB)
    * Klageerhebung
    * Gerichtlicher Mahnbescheid
  - Leistungsverweigerungsrecht (§ 205 BGB)
- **Neubeginn:** Neue Frist (§ 212 BGB)
  - Anerkenntnis
  - Zwangsvollstreckungshandlung
- **Einrede:** Schuldner muß sich auf Fristablauf berufen
- **Wirkung der Verjährung** (§§ 214, 216 BGB)
  - Leistungsverweigerungsrecht
  - Kein Rückforderungsrecht des Geleisteten
  - Fortbestehen von Sicherheiten

3. **Leitentscheidungen**
   - Honoraransprüche einer Wirtschaftsprüfungsgesellschaft
     BGH, 28. 9. 1998, BB 1998, 2335
   - Hemmung durch Überprüfung eines Mangels durch Haftpflichtversicherung
     BGH, 27. 1. 2005, NJW 2005, 1423

§ 8
Inhalt vertraglicher Schuldverhältnisse

Lernziele:

Nachdem Sie dieses Kapitel 8 durchgearbeitet haben, können Sie
- den Begriff Vertragsfreiheit erläutern.
- den Begriff und die Arten des Schuldverhältnisses umschreiben.
- die Grundzüge der Geld- und Zinsschuld darstellen.
- mit den Begriffen
  - Gläubiger, Schuldner, Forderung,
  - Gattungs-, Stückschuld, sowie Hol-, Bring- und Schickschuld,
  - Leistungsverweigerungsrecht des Schuldners und
  - der Generalklausel des § 242 umgehen.
- die Vertragsstrafe als Sicherungsmittel zur Durchsetzung von Ansprüchen aufzeigen.

I. System des Schuldrechts

1. Begriff des Schuldverhältnisses

257 (1) Das Schuldrecht ist der Teil des BGB, in dem die Schuldverhältnisse behandelt werden. Unter einem Schuldverhältnis versteht man das Recht des **Gläubigers**, vom **Schuldner** eine bestimmte Leistung zu fordern (§ 241 I BGB). So kann der Verkäufer den Kaufpreis verlangen (§ 433 II BGB) und der Käufer die Lieferung der Ware (§ 433 I BGB). Der Vermieter hat einen Anspruch auf den Mietzins, während der Mieter die Überlassung der gemieteten Sache zum Gebrauch verlangen kann (§ 535 I, II BGB). Das Schuldverhältnis wirkt grundsätzlich nur zwi-

schen den beiden Parteien Gläubiger und Schuldner und begründet das **Recht auf eine Leistung (= Anspruch**, vgl. § 194 BGB).

Schaubild 31: *Gläubiger und Schuldner*

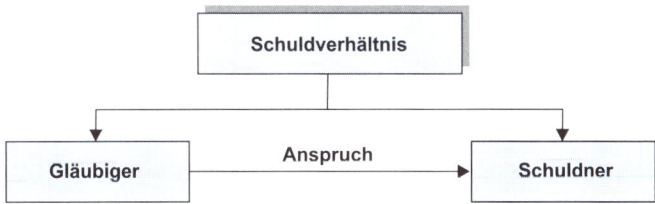

(2) Das Recht der Schuldverhältnisse ist im **2. Buch des BGB** geregelt (§§ 241–853 **258** BGB). Es gliedert sich in 8 Abschnitte. Die ersten 7 Abschnitte bilden einen **allgemeinen Teil** mit Regeln, die für alle Verträge und gesetzlichen Schuldverhältnisse Bedeutung erlangen können. Der 8. Abschnitt enthält im **besonderen Teil** rund 30 verschiedene Schuldverhältnistypen mit ihren jeweiligen Besonderheiten (§§ 433–853 BGB). Aber auch außerhalb des BGB finden sich zahlreiche Bestimmungen insbesondere im **HGB** und im **Gesellschaftsrecht**, welche schuldrechtlichen Inhalt haben.

2. Vertragsfreiheit als Grundsatz

a) Bedeutung

Jede natürliche und juristische Person kann ihre Rechtsbeziehungen zu einer an- **259** deren Person durch Abgabe von Erklärungen grundsätzlich frei regeln. Es gilt der Grundsatz der **Privatautonomie.** Auf die vier Haupterscheinungsformen wurde schon hingewiesen (vgl. Rn. 14):

- **Vertragsfreiheit,**
- **Vereinigungsfreiheit,**
- **Testierfreiheit und**
- **Privateigentum.**

Die Privatautonomie ist Grundlage des marktwirtschaftlichen Wettbewerbs und hängt eng mit den Begriffen „Vertrag" und „Rechtsgeschäft" zusammen. Frei handelnde Marktteilnehmer sind zum einen am besten in der Lage, die notwendigen Wirtschaftsgüter effektiv zu produzieren und zu verteilen. Zum anderen schaffen frei ausgehandelte Austauschverträge am ehesten einen angemessenen Interessenausgleich zwischen den Marktteilnehmern. Das Mittel zur Verwirklichung der Privatautonomie ist also das **Rechtsgeschäft**, welches aus einer oder mehreren Willenserklärungen besteht. Mit Hilfe der Begriffe Rechtsgeschäft, Willenserklärung und Vertrag lassen sich alle rechtlichen Willensakte, wie etwa der Kauf, die Kündigung oder das Testament, analysieren und verstehen.

b) Inhalt

Das Hauptelement der Privatautonomie ist die Vertragsfreiheit. Die Vertragsfrei- **260** heit hat **zwei Komponenten,**

- die Abschlußfreiheit und
- die Gestaltungsfreiheit.

Abschlußfreiheit bedeutet, daß der Betroffene grundsätzlich frei wählen kann, **ob** und mit **wem** er einen Vertrag schließen will. **Gestaltungsfreiheit** heißt, daß der Betroffene in der Regel **inhaltlich** frei ist in der Gestaltung seiner Verträge. Daher haben die Parteien die Freiheit, vom dispositiven Recht abzuweichen, neue Vertragstypen, wie den Leasingvertrag, zu entwickeln (§ 311 I BGB) und Allgemeine Geschäftsbedingungen (Rn. 296 ff.) aufzustellen.

> **Beispiel:** Der Tourist entschließt sich, eine Pauschalreise (§ 651 a BGB) bei dem Reiseveranstalter RV zu buchen. Hierzu kann er frei entscheiden, welchen Reiseveranstalter er wählt und welches Reisebüro er aufsucht, um ihm als Vermittler den Reisevertrag mit RV abzuschließen.

c) Grenzen

261   Die Vertragsfreiheit kann ihren Zweck nur dann erfüllen, wenn das Kräfteverhältnis zwischen den Teilnehmern am Rechtsverkehr des Marktes ausgewogen ist. Die verfassungsmäßige Ordnung gebietet es, sozialen und wirtschaftlichen Ungleichgewichten entgegenzuwirken, damit Selbstbestimmung für den anderen Teil nicht zur schrankenlosen Fremdbestimmung wird.

(1) Die grundsätzliche Abschlußfreiheit wird durch einen **Abschlußzwang** (Kontrahierungszwang) ausnahmsweise beschränkt. In folgenden Bereichen besteht die Pflicht, mit einem anderen Geschäftspartner den von diesem gewünschten Vertrag abzuschließen, sofern nicht wichtige Gründe eine Ablehnung rechtfertigen:

- **Daseinsvorsorge**, so etwa § 6 EnWG für die Gas- und Stromversorgung,
- **Kfz-Haftpflichtversicherung** (§ 5 PflVersG),
- **Personenbeförderungspflicht** (§ 22 PBefG).

(2) Die Freiheit der inhaltlichen Gestaltung ist im Schuldrecht durch die zwingenden, **nicht abänderbaren Gesetze** sowie durch die **guten Sitten** (§§ 134, 138 BGB) eingeschränkt. Gestaltungsfreiheit im Vertragsrecht ist also nur innerhalb der abänderbaren Vorschriften möglich. Gerade im Bereich des Verbraucherschutzes bestehen wichtige, nicht disponible Gesetze (vgl. Rn. 18, 208).

> **Beispiele:** Mietwohnrecht, Arbeitsrecht, AGB-Vorschriften, §§ 651 a–m BGB (Reisevertrag), Verbraucherkreditvorschriften, Elektronischer Geschäftsverkehr (§ 312 f BGB)

d) Gleichbehandlung

262   Gerade im Bereich der Vertragsfreiheit ist das Allgemeine Gleichbehandlungsgesetz (AGG) zu beachten. Das AGG will **unzulässige Benachteiligungen verhindern oder beseitigen** im Bereich des Arbeitsrechts (§§ 6 ff. AGG) und des allgemeinen Zivilrechtsverkehrs (§§ 19 ff. AGG, **vgl. näher Rn. 202 ff.**). Unzulässig sind nach § 1 AGG Benachteiligungen aus Gründen der Rasse oder wegen der ethnischen Herkunft, des Geschlechts, der Religion oder Weltanschauung, einer Behinderung, des Alters oder der sexuellen Identität.

> **Beispiel:** Eine Stellenausschreibung richtet sich nur an männliche oder jüngere Bewerber (§§ 7 I, 11 AGG).

3. Arten von Schuldverhältnissen

a) Begründung durch Rechtsgeschäft

(1) Um rechtsgeschäftlich ein Schuldverhältnis zu begründen, ist in der Regel ein **263** **Vertrag** erforderlich (§ 311 I BGB). Nur ausnahmsweise läßt das Gesetz auch Schuldverhältnisse zu, die einseitig begründet werden wie die Auslobung (§ 657 BGB: Belohnung für Wiedererlangung einer verlorenen Sache, Aufdeckung einer Straftat) und das Preisausschreiben (§ 661, § 661a BGB).

(2) Wenn der eine Vertragsteil seine Leistung deswegen verspricht, weil und damit sich auch der andere Vertragsteil zu einer Leistung verpflichtet, handelt es sich um **gegenseitige (synallagmatische) Verträge**.

> **Beispiele**: Kaufvertrag, Miet- und Pachtvertrag, Dienstvertrag, Werkvertrag

Bei **einseitig verpflichtenden Verträgen** wird stets nur eine Vertragspartei zur Leistung verpflichtet, die andere Person nimmt nur die Leistung an.

> **Beispiele**: Schenkungsvertrag, Bürgschaftsvertrag

b) Vorvertragliches Schuldverhältnis

(1) Ein Schuldverhältnis kann nicht nur durch eine vertragliche Vereinbarung zu- **264** stande kommen, sondern auch durch ein vertragsähnliches Vertrauensverhältnis durch Vertragsverhandlungen oder durch die Aufnahme eines geschäftlichen Kontakts. Dieser **Vertrauensgedanke** begründet noch keine Leistungspflichten, sondern lediglich Pflichten zur **Rücksichtnahme** im Sinne des § 241 II BGB (unter anderem Aufklärungspflichten und Schutzpflichten). Das hierzu entwickelte Rechtsinstitut der „culpa in contrahendo (cic)", also Verschulden bei Vertragschluß, ist seit langem allgemein anerkannt.

(2) Mit der **Schuldrechtsreform** wurde dieses Rechtsinstitut in den § 241 II und § 311 II und III in das BGB eingeführt. So fordert § 241 II BGB, daß das Schuldverhältnis neben der jeweiligen Leistungspflicht aus dem Vertrag (§ 241 I BGB) auch nach seinem Inhalt jeden Teil zur Rücksicht auf die Rechte, Rechtsgüter und Interessen des anderen Teils verpflichtet. Dementsprechend bestimmt § 311 II BGB, daß ein Schuldverhältnis „mit Pflichten aus § 241 II BGB" auch in den danach aufgeführten Fällen entsteht. Ein bisher auf das Rechtsinstitut der cic gestützter Schadensersatzanspruch läßt sich nach der Schuldrechtsreform direkt aus § 280 I BGB herleiten (vgl. Rn. 381 ff.).

c) Entstehung kraft Gesetzes

Gesetzliche Schuldverhältnisse bestehen im Schuldrecht aufgrund von Rechts- **265** vorschriften, unabhängig vom Willen der betroffenen Person, in

- §§ 677 ff. BGB (Geschäftsführung ohne Auftrag, GoA),
- §§ 701 ff. BGB (Haftung des Beherbergungswirts für eingebrachte Sachen),
- §§ 812 ff. BGB (ungerechtfertigte Bereicherung) und
- §§ 823 ff. BGB (unerlaubte Handlung).

II. Leistungspflichten

1. Allgemeine Leistungspflicht

a) Bestimmtheit der Leistung

266　(1) Bei jedem vertraglichen Schuldverhältnis muß der Leistungsinhalt **bestimmt**, mindestens jedoch **bestimmbar** sein. Sonst wäre eine zwangsweise Durchsetzung durch eine Zivilklage, ein Urteil oder Zwangsvollstreckung nicht möglich. In den meisten Fällen regeln die Vertragspartner ihre schuldrechtlichen Verpflichtungen selbst durch Absprachen über Art, Gegenstand, Ort und Zeit der Leistung. Fehlen solche Abmachungen, ist das Schuldverhältnis trotzdem wirksam entstanden, wenn sich der Leistungsinhalt ermitteln läßt, wenn er also bestimmbar ist.

(2) Vereinbaren die Geschäftspartner, daß die konkrete Vertragsausgestaltung durch eine **Vertragspartei** oder durch **Dritte** vorgenommen werden soll, so ist nach §§ 315 ff. BGB im Zweifel anzunehmen, daß sie nach **billigem Ermessen**, d. h. nach den Vorstellungen eines ehrenhaften, billig abwägenden Menschen, zu treffen ist.

> **Beispiele**: Kauf zum Tageskurs oder zum Verkehrswert, Vergütung für Gutachten nach Umfang und Schwierigkeit, Buchung einer „Fortunareise" bei einem Reiseveranstalter nur mit Kategorie und Zielgebiet.

b) Haupt- und Nebenleistungspflichten

267　Bei einem Schuldverhältnis werden in der Regel eine Vielzahl von Pflichten und damit verbundenen Rechten begründet. Ausschlaggebend für die Einordnung dieser Pflichten für ihre Bedeutung ist das **Interesse des Gläubigers**.

(1) Die Pflichten, an deren Erfüllung der Gläubiger am stärksten interessiert ist, werden als **Hauptleistungspflichten** bezeichnet. Sie bedürfen in der Regel einer ausdrücklichen Vereinbarung, stehen bei gegenseitigen Verträgen im Gegenseitigkeitsverhältnis (§ 320 BGB) und geben dem konkreten Schuldverhältnis das Gepräge.

> **Beispiele**:
> - **Kauf einer Maschine**: Kaufpreiszahlung/Übereignung (§ 433 BGB),
> - **Miete eines Raums**: Gebrauchsüberlassung/Mietzins (§ 535 BGB),
> - **Werkvertrag über Rohbau**: Herstellung/Vergütung (§ 631 BGB)

(2) Die **Nebenleistungspflichten** dienen der Vorbereitung, Unterstützung und Durchführung der Hauptleistung. Sie ergänzen die Hauptleistungspflichten. Vor allem handelt es sich um gegenseitige **Schutzpflichten** nach § 241 II BGB im Hinblick auf die Rechte, Rechtsgüter und Interessen des anderen Teils. Sie werden aus Treu und Glauben (§ 242 BGB) im Rahmen einer ergänzenden Vertragsauslegung ermittelt. Bei ihrer schuldhaften Verletzung ergeben sich **Schadensersatzansprüche** aus

- **Verschulden bei Vertragsschluß** (culpa in contrahendo) nach §§ 280 I, 241 II, 311 II 1 BGB und
- **positiver Vertragsverletzung** (pVV) nach §§ 280 I, 241 II BGB (vgl. Rn. 373 ff.).

Schaubild 32: *Schuldverhältnisse*

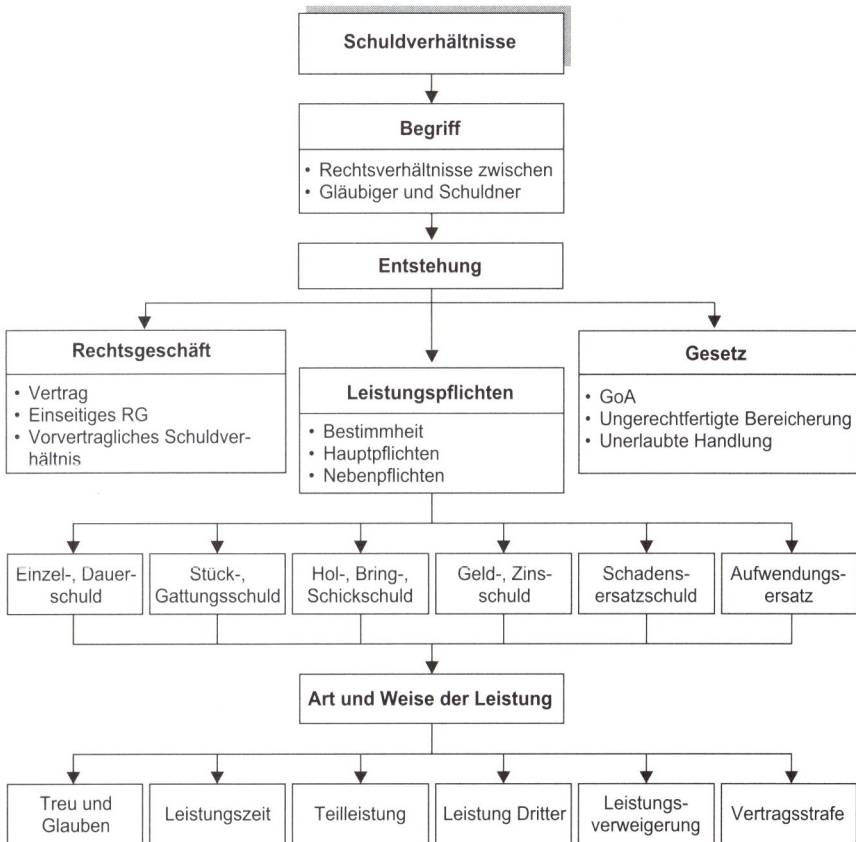

> **Beispiele: Abnahmepflicht** des Käufers (§ 433 II BGB), **Übergabepflicht** bestimmter Urkunden wie Lageplan eines Hauses, **Aufklärungspflicht** des Verkäufers eines Grundstücks über die Hochwassergefahr (BGH NJW-RR 1992, 334)

2. Dauerschuldverhältnis

Manche Schuldverhältnisse erschöpfen sich in einem einmaligen Leistungsaus- **268** tausch, wie z. B. der Kauf, während manchmal eine dauernde Leistungspflicht geschuldet ist. Diese Dauerschuldverhältnisse hängen insbesondere von der Zeitdauer ab.

> **Beispiele:** Miete, Pacht, Darlehen, Dienstvertrag, Arbeitsvertrag, Gesellschaft, Sukzessivlieferungsvertrag (Ratenlieferung), Bezugsvertrag, Factoring, Franchising

Bei solchen Dauerschuldverhältnissen besteht eine **verstärkte Treuepflicht** beider Seiten mit ständig neuen Leistungs-, Neben- und Schutzpflichten. Diese Treuepflicht hat im einzelnen dann zur Folge, daß nach § 314 BGB jeder Vertragsteil aus wichtigem Grund ohne Einhaltung einer Kündigungsfrist kündigen kann (vgl. Rn. 398).

3. Stück- und Gattungsschuld

269 Der Gegenstand eines Vertrages kann eine individuelle Stückschuld oder eine nach allgemeinen Merkmalen abgegrenzte Gattungsschuld sein. Ob das eine oder das andere vorliegt, ist in erster Linie eine Frage, was die Geschäftspartner vereinbart haben.

(1) Haben die Parteien sich auf einen bestimmten Kaufgegenstand geeinigt, dann liegt eine **Stückschuld** vor. Sie ist nach **individuellen Merkmalen** konkret bestimmt.

> **Beispiele**: Bestimmter Gebrauchtwagen, Gemälde, Baugrundstück Flst-Nr. 327/42

(2) Eine **Gattungsschuld** liegt vor, wenn die geschuldete Leistung nur nach **allgemeinen, typischen Merkmalen** bestimmt ist. Die Gattungsmerkmale ergeben sich aus der Vereinbarung der Geschäftspartner.

> **Beispiele**: Pkw Marke BMW 520i, 100 Zentner Weizen, 50 Flaschen Wein (Würzburger Stein)

Von einer Gattungsschuld ist auch auszugehen, wenn die geschuldete Sache aus einer bestimmten Menge entnommen werden soll (**Vorratsschuld**). Der Schuldner einer Gattungsschuld ist auch dann zur Lieferung einer Sache aus der Gattung verpflichtet, wenn er kein Stück mehr auf Lager hat. Er hat diese dann zu beschaffen (Beschaffungspflicht). Mit seiner Gattungsschuld hat er ein „**Beschaffungsrisiko**" im Sinne des § 276 I 1 BGB übernommen (vgl. hierzu Rn. 335 ff.).

Wenn eine Gattungsschuld vereinbart wurde, besteht für den Schuldner keine Verpflichtung, bestimmte Stücke aus der Gattung zu liefern. Er ist berechtigt, die zu leistenden **Sachen auszuwählen**. Er ist nur verpflichtet, eine Sache „mittlerer Art und Güte" zu leisten, also sog. **Durchschnittsware** (§§ 243 I BGB, 360 HGB). Der Käufer eines Neuwagens kann daher die Abnahme des Fahrzeugs wegen Rostes oder Hagelschadens ablehnen, da mit einem solchen Fahrzeug der Kaufvertrag nicht ordnungsgemäß erfüllt wird. Übernimmt der Käufer trotzdem das Fahrzeug, hat er nur noch Gewährleistungsansprüche gegen den Verkäufer aus §§ 434 ff. BGB.

Der Schuldner einer Gattungsschuld wird von seiner Leistungspflicht erst frei, wenn die gesamte Gattung nicht mehr existiert. Dies steht dem Untergang des geschuldeten Stücks bei der Stückschuld gleich (§ 275 I BGB, vgl. Rn. 354). Es liegt daher im Interesse des Schuldners, daß aus der Gattungsschuld eine Stückschuld wird. Dies erreicht der Schuldner durch **Konkretisierung** (§ 243 II BGB). Der Schuldner hat „das zur Leistung seinerseits Erforderliche" getan, wenn er bei der

- **Holschuld** die Sache aussondert und dem Gläubiger wörtlich anbietet,
- **Bringschuld** die Sache aussondert und am Wohnsitz des Gläubigers tatsächlich anbietet und
- **Schickschuld** die Sache aussondert und durch Übergabe an die Transportperson absendet.

4. Holschuld, Bringschuld und Schickschuld

270   **Fall 1**: Der Kaufmann K aus München bestellt beim Versandhaus N in Frankfurt/Main nach Katalog verschiedene Waren für € 250. Ist die Lieferung von N eine Bring- oder Schickschuld?

(1) Je nach dem Ort, an welchem die Leistungen zu erfüllen sind, unterscheiden sich Holschuld, Bringschuld und Schickschuld. In der Regel werden die Vertragspartner diesen **Leistungs- oder Erfüllungsort vertraglich festlegen** (z. B. in AGB, kaufmännischen Bestätigungsschreiben). Am Erfüllungsort gehen Kosten und Risiko auf den Gläubiger über. Die genaue Festlegung des Erfüllungsorts ist wichtig, weil

- für Warenlieferungen am Erfüllungsort die **Transportgefahr übergeht** (vgl. §§ 276, 278, 446, 447 BGB),
- für die **Feststellung von Mängeln** aus Warenlieferung die Beschaffenheit der Ware am Erfüllungsort maßgeblich ist,
- bei Streitigkeiten aus dem Vertragsverhältnis der Ort **Gerichtsstand** ist, an dem die Leistung zu erbringen war (§ 29 ZPO).

Wird in den AGB von N Frankfurt/M als Erfüllungsort bezeichnet, liegt dort der Leistungsort für N.

(2) **Fehlt eine Vereinbarung**, entscheiden die **Umstände**, insbesondere das Vertragsverhältnis und der **Handelsbrauch**, wo der Erfüllungsort liegt.

Beispiele:
- **Ladengeschäft** ist Erfüllungsort
- **Zuschickkauf** des täglichen Lebens ist Bringschuld (Möbel, Heizöl)
- **Warenschulden im Handelsverkehr** sind Schickschulden
- **Warenschulden mit Verbraucher** sind Holschulden
- Erfüllungsort, wo die **vertragscharakteristische Leistung** erbracht wird (Arbeitsstelle beim Arbeitsvertrag, Werkstatt bei Reparaturen, Bauwerk beim Bauvertrag, Beherbergungsort beim Hotelvertrag)

(3) Nur wenn keine Vereinbarung vorliegt und auch aus den Umständen die jeweiligen Orte sich nicht ermitteln lassen, also **im Zweifel**, ist der Leistungs- und Erfüllungsort am **Wohnsitz des Schuldners** oder am Ort seiner gewerblichen Niederlassung (§ 269 I, II BGB). Dabei ist der Leistungsort für jede einzelne Verpflichtung getrennt zu bestimmen, also für die Leistung und die Gegenleistung (z. B. Vergütung). Der Gläubiger muß also die Ware beim Schuldner holen. Liegt eine **Holschuld** vor, muß der Gläubiger die Leistung nur an seinem Wohnsitz (z. B. Warenhaus, Laden) zur Abholung bereithalten.

(4) Haben die Parteien eine **Bringschuld** vereinbart, übernimmt es der Schuldner dem Gläubiger die Leistung zu bringen. Der Erfüllungsort liegt am Ort des Gläubigers.

(5) Bei **Schickschuld** muß der Schuldner, dem Gläubiger die Leistung schicken. Mit der Übergabe an die Transportperson hat der Schuldner eines Versendungskaufs seine Pflichten erfüllt (§ 447 BGB). Erfüllungsort ist der Wohnsitz des Schuldners. Ob eine Schickschuld vorliegt, ergibt sich aus der Vereinbarung der Parteien oder durch Auslegung des Vertrages.

Haben K und N im Fall 1 keine Vereinbarung über den Erfüllungsort geschlossen, liegt bei einem Katalogkauf die Versendung im Interesse des Kaufmann K. Mit der Auslieferung hat N daher bei dieser **Schickschuld** die von ihm geschuldete Erfüllungshandlung vollständig erbracht. Der Erfolgsort, also der Ort, an dem der Leistungserfolg eintritt, ist dagegen in München, da das Eigentum an der Ware erst mit der tatsächlichen Übergabe an den K übergeht (§ 929 BGB).

5. Geld- und Zinsschuld

a) Geldschuld

271   **Fall 2**: Der Kaufmann K gewährt seinem Freund F für 2 Jahre ein unkündbares Darlehen über € 25 000 zu 8 % Zinsen. Nach Ablauf der Laufzeit verlangt K von F den Nennbetrag nebst Zinsen und einen Ausgleichsbetrag für den Geldwertschwund. Zu Recht?

(1) Falls eine bestimmter Geldbetrag geschuldet wird, muß der Schuldner Zahlungsmittel in **Euro** in Höhe des **Nennbetrags** erbringen (§ 244 BGB). Damit trägt der Gläubiger das Risiko einer Geldentwertung (Grundsatz des Nominalismus).

F hat nur Zins und Tilgung zu leisten unabhängig davon, welche Kaufkraft dieser Betrag hat. Ein zusätzlicher Ausgleichsbetrag für Inflation ist unzulässig.

(2) **Geldschulden sind Gattungsschulden,** welche durch Übereignung von Bargeld im Wert des geschuldeten Nennbetrags erfüllt werden. Für Geldschulden gilt der allgemeine Grundsatz, daß der Schuldner für seine persönliche Zahlungsfähigkeit einzustehen hat, solange Geld überhaupt existiert („Geld hat man zu haben").

(3) Geldschulden sind auch **Schickschulden**. Der Schuldner ist bei Fehlen anderer Vereinbarungen verpflichtet, auf seine Kosten und Gefahr das Geld an den Wohnsitz des Gläubigers zu übermitteln (§ 270 BGB), d. h., der **Erfüllungsort für Geldschulden ist der Wohnsitz des Schuldners**. Im Gegensatz zur normalen Schickschuld trägt bei der Geldschuld der Schuldner auch die Gefahr für den Verlust bei der Übermittlung zwischen Absendung und Ankunft beim Gläubiger.

Beispiel: Schuldner E zahlt einen Betrag bei seiner Bank in München ein, damit der Betrag an die Bank des Gläubigers G in Dresden übermittelt wird. Erfüllungsort ist München. Erfolgsort ist Dresden.

b) Zinsen

272   (1) Als Zinsen bezeichnet man die **Vergütung für die Überlassung von Kapital,** berechnet nach Bruchteilen des Kapitals und der Überlassungsdauer. Die Zinszahlungspflicht kann beruhen auf

- **gesetzlicher Anordnung** wie
  - Aufwendungsersatz (§ 256 BGB),
  - Verzugszinsen (§ 288 I und II BGB),
  - Prozeßzinsen (§ 291 BGB) oder
- **vertraglicher Vereinbarung** wie Gelddarlehen (§ 488 BGB).

(2) Der **Zinssatz** ist unterschiedlich, je nachdem, ob es sich um gesetzliche oder vertragliche Zinsen handelt. Im Zweifel beträgt der, abgesehen von § 138 II BGB (Wucher, vgl. Rn. 211), frei vereinbare Zins

- **4 %** als gesetzlicher Mindestzinssatz (§ 246 BGB),
- **5 %** bei beiderseitigen Handelsgeschäften mit Ausnahme der Verzugszinsen (§ 352 HGB),
- **6 %** mindestens, jedoch 2 % über dem Basiszinssatz bei Wechsel- und Scheckforderungen (Art. 28, 48, 49 WG und Art. 45, 46 ScheckG).

(3) Mit der Schuldrechtsmodernisierung wurde in § 247 BGB die bisher im Diskontüberleitungsgesetz enthaltene Regelung des Basiszinssatzes in das BGB übernommen. Der **Basiszinssatz** beträgt seit 1. 1. 2010 **0,12 %** und wird halbjährlich entsprechend der Zahlungsverzugs-Richtlinie der EU angepaßt. Über seine Höhe informieren die Wirtschaftsteile der überörtlichen Zeitungen und der Bundesanzeiger (www.bundesanzeiger.de).

6. Schadensersatzschuld

Die Schadensersatzschuld ist die auf den Ersatz eines Schadens, also einer **un-** **273** **freiwilligen Einbuße**, gerichtete Schuld. Schadensersatzpflichten ergeben sich als sog. **Sekundärpflichten**, wenn die bisher erörterten **Primärpflichten** der Haupt- und Nebenleistung nicht erfüllt werden. Die §§ 249 ff. BGB regeln zentral die Schadenshöhe für alle Schuldverhältnisse innerhalb und außerhalb des BGB (vgl. Rn. 314 ff.).

7. Aufwendungsersatz, Wegnahmerecht und Auskunftspflicht

(1) Als Aufwendung bezeichnet man **freiwillige Vermögensopfer**. Im Gegensatz **274** dazu ist ein Schadensersatzanspruch auf Ersatz einer unfreiwilligen Einbuße gerichtet. Ein solcher Aufwendungsersatzanspruch kann sich ergeben aus

- **vertraglicher Vereinbarung**, z. B. Spesenersatz, oder aus
- **Gesetz**, z. B. Beauftragter gemäß § 670 BGB, Verwahrer gemäß § 693 BGB, Finder gemäß § 970 BGB.

Bestand die Aufwendung in der Eingehung einer Verbindlichkeit, kann der Ersatzberechtigte Befreiung von dieser Verbindlichkeit verlangen (§ 257 BGB).

(2) Wenn jemand eine **fremde Sache mit einer eigenen verbunden** hat, möchte er sicherlich in Fällen, in denen ihm kein Aufwendungsersatz zusteht, die Sachen wieder trennen (vgl. § 539 II BGB für Miete). Im Falle der **Wegnahme** hat der Berechtigte die fremde Sache auf seine Kosten in den vorigen Stand zu bringen (§ 258 BGB).

(3) Auskunftspflichten können sich aus **vertraglicher Vereinbarung** oder aus dem **Gesetz** ergeben.

> **Beispiele**: Beauftragter (§ 666 BGB); Geschäftsführer ohne Auftrag (§ 681 BGB); Abrechnung über Provision (§ 87 c HGB); Auskunft bei Ende der ehelichen Zugewinnungsgemeinschaft (§ 1379 BGB)

Falls die Auskunftspflicht nicht erfüllt wird, ist der Gläubiger berechtigt, auf Erfüllung zu klagen. Werden Auskünfte unrichtig erteilt, kommen wegen dieser Pflichtverletzung Schadensersatzansprüche aus pVV in Betracht (§§ 280, 241 II BGB).

(4) Wer vertraglich oder gesetzlich zur **Rechenschaftslegung** verpflichtet ist, hat dem Berechtigten eine geordnete Zusammenstellung der Einnahmen und Ausgaben mitzuteilen, Belege vorzulegen, sowie eidesstattliche Versicherungen abzugeben (§ 259 BGB, § 2218 BGB: Testamentsvollstrecker; Verwalter von Wohneigentum über Nebenkosten).

III. Art und Weise der Leistung

1. Treu und Glauben

a) Allgemeines

275   Nach § 242 BGB hat der Schuldner die Leistung so zu bewirken, wie dies **Treu und Glauben** mit Rücksicht auf die Verkehrssitte erfordern. Diese Vorschrift gilt weit über das Schuldrecht hinaus für alle Rechtsbeziehungen. Danach hat jeder in Ausübung seiner Rechte und Erfüllung seiner Pflichten nach Treu und Glauben zu handeln. § 242 BGB enthält keine verbindlichen Regeln, sondern diese **Generalklausel** bedarf der Konkretisierung im Einzelfall.

b) Fallgruppen

276   Die Rechtsprechung hat die Anwendungsfälle des § 242 BGB im wesentlichen in drei Fallgruppen zusammengefaßt. Im Rahmen der Schuldrechtsmodernisierung wurde die bisher als vierte Fallgruppe anerkannte **„Korrekturfunktion"** in § 313 BGB als Störung der Geschäftsgrundlage gesetzlich normiert. Danach kann im Einzelfall eine Anpassung des Vertragsinhalts an die gewandelte Wirklichkeit erfolgen wie z. B. bei höherer Gewalt (vgl. näher Rn. 396).

(1) § 242 BGB hat primär eine **Konkretisierungsfunktion**, d.h., die Art und Weise der Leistung soll in Ergänzung der Einzelvorschrift der §§ 243 ff. BGB so abgewickelt werden, wie „Treu und Glauben" mit „Rücksicht auf die Verkehrssitte" es erfordern. **Treue** meint Zuverlässigkeit, Aufrichtigkeit und Rücksicht gegenüber dem anderen Vertragspartner. **Glauben** ist das Vertrauen auf eine derartige Haltung. Die **Verkehrssitte** gibt an, welche Anforderungen für die Vertragspartner an Treu und Glauben zu stellen sind.

> **Beispiel:** Der Kunde soll zwischen 22.00 Uhr und 24.00 Uhr eine Warenlieferung entgegennehmen.

(2) Die Begründung von **Nebenpflichten** im Rahmen der sinnvollen **Durchführung des Vertrags** ist der zweite Anwendungsfall des § 242 BGB. Diese **Ergänzungsfunktion** besteht schon bei der Vertragsanbahnung mit Aufklärungs- und Schutzpflichten nach § 311 II BGB und dauert nach Vertragsende fort.

> **Beispiel:** Der frühere Arbeitgeber hat wahrheitsgemäße Auskünfte an den gegenwärtigen Arbeitgeber des Arbeitnehmers zu erteilen.

(3) Aus § 242 BGB ist weiter der allgemeine Rechtsgrundsatz zu entnehmen, daß jede **gegen Treu und Glauben verstoßende Rechtsausübung** unzulässig ist (Schrankenfunktion). So ist die Ausübung eines Rechts mißbräuchlich und damit unzulässig bei

- **fehlendem schutzwürdigem Eigeninteresse** des Berechtigten wie z. B. Verweigerung einer zu erteilenden Genehmigung oder Aktionärsklage zu verfahrensfremden Zwecken,
- **Pflicht zur baldigen Rückgabe** wie z. B. einer gemieteten Sache,
- **Unverhältnismäßigkeit** wie z. B. Vertragsstrafe bei geringfügigen Zahlungsrückständen.

Schaubild 33: *Treu und Glauben*

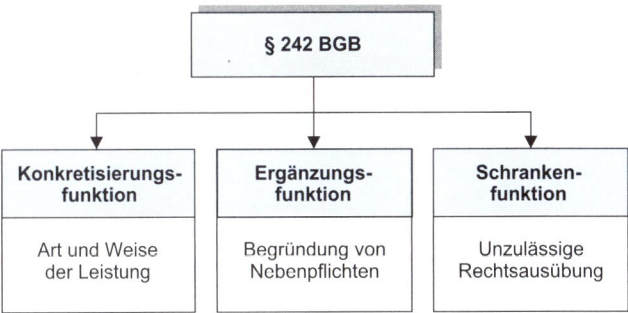

- **Zuwiderhandeln gegen eigenes Tun**, d. h., ein Berechtigter darf ein Recht dann nicht geltend machen, wenn er sich damit zu seinem **früheren Verhalten in Widerspruch** setzen würde.

  > **Beispiele**: Vertragsschluß bei erkanntem Mißbrauch der Vertretungsmacht, Berufung auf erschlichene unanfechtbare Gesellschaftsbeschlüsse, Verhinderung des Zugangs einer Willenserklärung führt zur Zugangsfiktion

- **Verwirkung** als Sonderfall des widersprüchlichen Verhaltens. So kann ein Recht nicht mehr ausgeübt werden, wenn es der Berechtigte längere Zeit nicht geltend gemacht hat und der Geschäftsgegner darauf vertraut hat (vgl. Rn. 256).

2. Leistung zur rechten Zeit

Die geschuldete Leistung hat der Schuldner nicht nur am richtigen Erfüllungsort, sondern auch zur richtigen Zeit zu erbringen. **Fälligkeit** ist dabei der Zeitpunkt, von dem ab der Schuldner die Leistung erbringen muß, **Erfüllbarkeit** ist der Zeitpunkt, von dem ab der Schuldner die Leistung erbringen darf. Liegt **keine besondere Vereinbarung** vor, kann der Gläubiger die Leistung **sofort verlangen** und der Schuldner muß sie **sofort bewirken** (§ 271 BGB). Leistet der Schuldner nicht zum Fälligkeitszeitpunkt, kann er in Verzug geraten und muß einen Verzugsschaden übernehmen (§§ 286, 280 II BGB).   **277**

3. Leistung im rechten Umfang

Wegen § 266 BGB ist dem Schuldner eine **Teilleistung verwehrt**, sofern nicht das Gesetz (z. B. § 389 BGB: Aufrechnung) oder eine Ratenzahlungsvereinbarung ihm dies gestatten. Leistet der Schuldner nur in Teilleistungen, kommt er in Verzug.   **278**

4. Leistung durch den richtigen Schuldner

Hat der Schuldner nicht persönlich die Leistung zu erbringen, kann auch ein **Dritter** an seiner Stelle die Leistung erbringen (§ 267 I BGB). Voraussetzung für eine wirksame Leistung ist jedoch, daß der Dritte einen **Fremdtilgungswillen** hat, d. h. die Leistung mit dem erkennbaren Willen erbringt, die fremde Schuld zu erfüllen. Dann erlischt die Forderung. Der Dritte hat dann je nach Sachlage einen Anspruch auf Erstattung aus Auftrag oder Geschäftsführung ohne Auftrag. Hauptanwendungsfall ist die Bezahlung von Geldschulden durch Nichtschuldner.   **279**

IV. Leistungsverweigerungsrecht des Schuldners

1. Allgemeines Zurückbehaltungsrecht

280   **Fall 3**: Die Kaufleute K und V stehen in ständiger Geschäftsbeziehung. Aus den AGB beider ergibt sich kein Ausschluß des Zurückbehaltungsrechts. K begleicht nun eine fällige Rechnung des V über € 5000 nicht, da ihm seinerseits die Herausgabe eines freigewordenen Pkw mit Kfz-Schein durch V verweigert wird. Hält K die Bezahlung der Schuld über € 5000 zu Recht zurück?

(1) Hat der Schuldner aus demselben rechtlichen Verhältnis, aus dem die Forderung des Gläubigers stammt, einen fälligen Gegenanspruch, so kann er grundsätzlich seine Leistung verweigern, bis der Gläubiger seinerseits die geschuldete Leistung erbringt (§ 273 BGB). Der Schuldner hat so eine **Sicherung** im Hinblick auf seine Geldforderung, wenn folgende Voraussetzungen vorliegen:

- **Gegenseitigkeit der Ansprüche**, wenn also jede der beiden Personen einen Anspruch gegen die andere hat,
- **Konnexität**, d.h., Anspruch und Gegenanspruch beruhen auf demselben rechtlichen Verhältnis, wobei nach der Rechtsprechung ein innerlich zusammengehöriges Lebensverhältnis genügt.

  > **Beispiele**: Ansprüche aus verschiedenen Verträgen **bei ständiger Geschäftsbeziehung**, Ansprüche aus **Wechsel (Scheck) und Grundgeschäft**, Ansprüche aus Auflösung einer Gesellschaft, **Verwendungs- oder Schadensersatzansprüche** wegen eines herauszugebenden Gegenstands mit dem Herausgabeanspruch (§ 273 II BGB)

- **Fälligkeit des Gegenanspruchs** und
- **kein Ausschluß** des Zurückbehaltungsrechts durch
  - **Gesetz** (z. B. §§ 175, 570 BGB; § 19 II GmbHG),
  - durch **Vereinbarung** (nicht möglich gegenüber Verbraucher in AGB, § 309 Nr. 2 b BGB).

(2) Will der Schuldner das Zurückbehaltungsrecht ausüben, muß er sich **ausdrücklich** oder **konkludent** durch Leistungsverweigerung darauf **berufen**. Der Schuldner gerät dann auch nicht in Verzug. In einem Prozeß gewährt ihm das Zurückbehaltungsrecht nur eine aufschiebende **Einrede** (§ 274 I BGB), die zu einer Zug-um-Zug-Verurteilung führt.

> Im Fall 3 hat V eine fällige Forderung gegen K über € 5000 (§ 271 I BGB). Wegen der offenen Herausgabeforderung des K gegen V wegen des aus einer Sicherheit freigewordenen Pkw liegt ein fälliger Gegenanspruch vor. Zwar stammen beide Ansprüche aus verschiedenen Verträgen, aufgrund der laufenden Geschäftsverbindung liegt jedoch auch dann Konnexität vor, so daß sich K zu Recht auf ein Zurückbehaltungsrecht beruft (§ 273 BGB).

2. Kaufmännisches Zurückbehaltungsrecht

281   **Fall 4**: Der Kaufmann K gibt ein Firmenfahrzeug zur Reparatur in die Werkstatt der Fa. B GmbH. Diese verweigert die Herausgabe des reparierten Fahrzeugs mit der Begründung, daß zuvor eine offene Rechnung aus einem früheren Reparaturauftrag bezahlt wird. Zu Recht?

Im Handelsverkehr gibt das kaufmännische Zurückbehaltungsrecht (§ 369 HGB) im Gegensatz zu demjenigen des BGB dem Berechtigten die Befugnis, sich aus dem zurückbehaltenen Gegenstand für seine Forderung zu **befriedigen** (§ 371 I 1 HGB). **Voraussetzungen für das Verwertungsrecht** sind:

- **Kaufleute**,
- **fällige Geldforderung** aus beiderseitigem Handelsgeschäft,
- **Besitzerlangung** an schuldnereigenen beweglichen Sachen oder Wertpapieren mit Willen des Schuldners aus beiderseitigem Handelsgeschäft.

Eine Konnexität zwischen der Geldforderung und dem zurückbehaltenen Gegenstand ist nicht erforderlich.

> Die Fa. B GmbH verweigert zu Recht die Herausgabe des Firmenfahrzeugs von K, bis die noch offene Rechnung beglichen wird, da K und Fa. B GmbH Kaufleute sind, der offene Rechnungsbetrag aus der vorherigen Reparatur fällig ist und das K gehörende Fahrzeug mit Willen des K im Rahmen eines Reparaturauftrags in den Besitz von B gekommen ist. Zahlt K nicht freiwillig, kann B entweder die offene **Geldforderung einklagen** und aus dem Urteil die Zwangsvollstreckung in das Fahrzeug betreiben, indem er es vom Gerichtsvollzieher pfänden und verkaufen läßt (§ 1233 II BGB, §§ 814 ff. ZPO), oder B kann aufgrund seines Zurückbehaltungsrechts einen **Vollstreckungstitel auf Befriedigung** aus dem Fahrzeug erwirken und dann das Fahrzeug verkaufen oder es versteigern lassen (§ 371 I, IV HGB, §§ 1235, 1221 BGB).

3. Einrede des nicht erfüllten Vertrags

Für gegenseitige Verträge (z. B. Kauf, Werkvertrag) ordnet das Gesetz ein besonderes Leistungsverweigerungsrecht in § 320 BGB an. Wer danach aus einem **gegenseitigen Vertrag** verpflichtet ist, kann die ihm obliegende **Leistung** (z. B. Kaufpreis) bis zur Bewirkung der **Gegenleistung** (z. B. Übereignung eines Fahrzeugs) **verweigern**, es sei denn, daß er vorleistungspflichtig ist. Gegenüber einer Klage bewirkt die vom Schuldner erhobene **Einrede**, daß er nur zur Erfüllung Zug um Zug zu verurteilen ist (§ 322 BGB). **282**

Wer aus einem gegenseitigen Vertrag vorzuleisten verpflichtet ist, kann nach § 321 BGB die ihm obliegende Leistung verweigern, wenn nach Abschluß des Vertrages erkennbar wird, daß ein Anspruch auf die Gegenleistung durch mangelnde Leistungsfähigkeit des anderen Teils gefährdet wird (**Unsicherheitseinrede**).

> **Beispiel:** Bei der Buchung eines Linienflugs der Luftfahrtgesellschaft wird Vorauskasse des Flugpreises vereinbart. Vor Abflug erfährt der Fluggast aus den Nachrichten, daß die Airline insolvent wird. Der Fluggast kann die Bezahlung des Flugpreises verweigern.

V. Vertragsstrafe

> **Fall 5:** Die X GmbH verpflichtet sich in einem Formularvertrag (AGB) gegenüber der Fa. Y, bis 31.10. ein Geschäftshaus schlüsselfertig zu erstellen. Nach dem Bauvertrag soll X für jeden Tag der Terminüberschreitung eine Konventionalstrafe von € 500 bezahlen. Der Neubau wird erst 30 Tage nach Termin der Fa. Y übergeben. Y hat einen Schaden von über € 25 000, kann aber nur € 10 000 nachweisen. Welchen Betrag kann Y von X verlangen?

Für den Fall, daß der Schuldner seine vertraglichen Verpflichtungen nicht oder schlecht erfüllt, sehen viele Verträge sogenannte Vertragsstrafen (**Konventional-strafen**) in Geld vor, um so Druck auf ihn auszuüben.

1. Bedeutung

283   Die Vertragsstrafe ist von besonderer Bedeutung, wenn ein möglicher Schaden nicht oder schwer nachweisbar oder nicht ersatzfähig ist. Um solche Schwierig-keiten zu vermeiden und so **unabhängig** von einem **konkreten Schadensnach-weis** zu sein, werden besonders häufig in

- der Bauwirtschaft,
- bei Wettbewerbsverstößen nach dem UWG zur Beseitigung einer Wiederho-lungsgefahr,
- aber auch im Frachtrecht

Vertragsstrafen vereinbart. Dadurch bekommt der Gläubiger ein wirksames **Druckmittel** in die Hand, so daß sich der Schuldner bemühen wird, seine Lei-stung ordnungsgemäß zu erbringen, um die Verwirkung der Strafe zu verhindern.

2. Begriff der Vertragsstrafe

284   Unter einer Vertragsstrafe versteht man eine **bedingte**, meist **auf Geld gerichtete Verbindlichkeit**, die der Schuldner aufgrund einer **vertraglichen Vereinbarung** für den Fall der Nichterfüllung (§ 340 BGB) oder der nicht gehörigen Erfüllung (§ 341 BGB) verspricht. Da die Vertragsstrafe die Hauptverbindlichkeit sichern soll, ist sie auch von deren Bestand abhängig (sog. **Akzessorietät**). Ist die Haupt-verbindlichkeit etwa nichtig (z. B. durch Anfechtung), so ist auch das Vertrags-strafeversprechen unwirksam.

3. Verwirkung der Vertragsstrafe

285   Die Verwirkung der Vertragsstrafe setzt voraus, daß

- eine **Vereinbarung** vorliegt (nicht möglich in AGB bei Verbrauchern wegen §§ 309 Nr. 6, 310 BGB),
- eine **gültige Hauptverpflichtung** besteht,
- die gesicherte Verpflichtung **schuldhaft verletzt** wird durch Nichterfüllung, Verzug oder Zuwiderhandlung gegen eine Unterlassungspflicht (z. B. Konkur-renzverbot).

Nach § 343 BGB kann eine „unverhältnismäßig hohe" Vertragsstrafe durch **rich-terliches Urteil** herabgesetzt werden. Im Handelsrecht scheidet eine Herabset-zung dagegen aus (§ 348 HGB, vgl. Rn. 517).

Im Fall 5 haben die Kaufleute X und Y wirksam in AGB eine **Vertragsstrafe vereinbart**. Soweit wie bei Bauverträgen Dauerverstöße in Betracht kommen, wie z. B. Termin-überschreitungen, ist es üblich, einen **Betrag pro Zeiteinheit** (Tag, Woche) als Vertrags-strafe zu vereinbaren. Im Hinblick auf das Bauobjekt erscheinen auch € 15 000 **nicht sit-tenwidrig** überhöht (§ 138 BGB). X muß beweisen, daß er den Termin zum 31. 10. ein-gehalten hat, was ihm jedoch nicht gelingt, da der Neubau erst 30 Tage später übergeben wurde. X trifft auch die Beweislast dafür, daß ihn an der Terminüberschreitung **kein**

Verschulden trifft (§§ 276, 278 BGB). Gelingt ihm dies nicht, dann ist er zur Zahlung der Vertragsstrafe verpflichtet. Da nur ein nachweisbarer Schadensersatzanspruch über € 10 000 besteht, die Vertragsstrafe aber € 15 000 beträgt, ist Y berechtigt, ohne Einzelnachweis als Mindestschaden € 15 000 von X zu verlangen. Etwaige Schadensersatzansprüche können also grundsätzlich trotzdem verfolgt werden, wobei die Vertragsstrafe auf den nachgewiesenen Schadensersatz angerechnet wird. Eine **gerichtliche Herabsetzung der Vertragsstrafe** (§ 343 BGB) ist unter **Kaufleuten nicht** möglich (§ 348 HGB).

Merksätze

1. **Vertragsfreiheit** heißt
   - **Abschlußfreiheit** (ob und mit wem Vertragsabschluß)
   - **Gestaltungsfreiheit** (wie und was als inhaltliche Freiheit)
2. **Begriff des Schuldverhältnisses**
   - Rechtsverhältnis
   - zwischen Gläubiger und Schuldner
3. **Entstehung** des Schuldverhältnisses durch
   - **Rechtsgeschäft**
     - einseitig durch Auslobung (§ 657 BGB)
     - vertraglich (gegenseitig und einseitig verpflichtende Verträge)
   - **Gesetz**
     - Geschäftsführung ohne Auftrag (§§ 677 ff. BGB)
     - Haftung des Beherbergungswirts für eingebrachte Sachen (§§ 701 ff. BGB)
     - Ungerechtfertigte Bereicherung (§§ 812 ff. BGB)
     - Unerlaubte Handlung (§§ 823 ff. BGB)
4. **Leistungspflichten**
   - **Jede Schuld** muß sein
     - bestimmt bzw. bestimmbar
     - sich auf Haupt- oder Nebenpflichten beziehen
   - **Einzel- und Dauerschuldverhältnis**
   - **Stück-** und **Gattungsschuld**
   - **Hol-, Bring-** und **Schickschuld**
     - Holschuld: Gläubiger muß Leistung beim Schuldner holen, Leistungsort beim Schuldner (gesetzlicher Regelfall)
     - Bringschuld: Schuldner muß Leistung dem Gläubiger bringen, Leistungsort beim Gläubiger
     - Schickschuld: Schuldner muß Leistung schicken bzw. Transportperson übergeben, Leistungsort ist beim Schuldner, Erfolgsort beim Gläubiger (§ 447 BGB)
   - **Geld-** und **Zinsschuld**
     - Nennbetragsschuld
     - Schickschuld
     - Mindestzinssätze (gesetzlich: 4 %, BGB-Basiszinssatz)
   - **Schadensersatzschuld**
   - **Aufwendungsersatz, Wegnahmerecht und Auskunftspflicht**
5. **Art und Weise der Leistung**
   - **Treu und Glauben** (§ 242 BGB) als Generalklausel mit Fallgruppen
     - Art und Weise der Leistung (Konkretisierungsfunktion)
     - Nebenpflichten zur Vertragsdurchführung (Ergänzungsfunktion)
     - Mißbräuchliche Rechtsausübung (Schrankenfunktion)
   - **Leistung muß erfolgen**
     - vollständig (keine Teilleistungen)
     - am rechten Ort (Leistungsort)
     - zur rechten Zeit (Leistungszeit)

- an den richtigen Gläubiger
- durch den richtigen Schuldner (Leistung Dritter grds. möglich)

6. Leistungsverweigerungsrechte des Schuldners
- **Allg. Zurückbehaltungsrecht** (§ 273 BGB) setzt voraus
    - Gegenseitigkeit der Ansprüche
    - Konnexität
    - Fälligkeit des Gegenanspruchs
    - kein Ausschluß durch Gesetz oder Vertrag
    - Schuldner muß sich darauf berufen (Einrede)
- **Kaufmännisches Zurückbehaltungsrecht** (§§ 369 ff. HGB) mit Verwertungsrecht setzt voraus
    - Kaufleute
    - fällige Geldforderung
    - Besitzerlangung an beweglichen Sachen oder Wertpapieren
- **Bei gegenseitigen Verträgen**
    - Einrede des nicht erfüllten Vertrages (§ 320 BGB)
    - Unsicherheitseinrede (§ 321 BGB)

7. Vertragsstrafe (§§ 339 ff. BGB)
- **Begriff:** bedingte, auf Geld gerichtete Verbindlichkeit
- **Verwirkung der Vertragsstrafe** setzt voraus
    - Vereinbarung der Vertragsstrafe
    - Bestehen der Hauptverbindlichkeit (Akzessorietät)
    - Schuldhafte Verletzung der gesicherten Verpflichtung (Nichterfüllung, Verzug)
    - Gerichtliche Herabsetzung bei Verbraucher möglich (§§ 343 BGB; 348 HGB)

8. Leitentscheidungen
- **Verzugszins bei Rücktritt**
  BGH, 10. 7. 1998, NJW 1998, 3268
- **Höchstgrenze 5 % bei Vertragsstrafe in Bauvertrag**
  BGH, 23. 1. 2003, NJW 2003, 1805

§ 9
Allgemeine Geschäftsbedingungen

Lernziele:

Nachdem Sie dieses Kapitel 9 durchgearbeitet haben, können Sie
- den Zweck und den Begriff der Allgemeinen Geschäftsbedingungen erklären.
- erläutern wie AGB Bestandteil eines Vertrages mit dem Verbraucher oder Unternehmer werden.
- die Tragweite und den Anwendungsbereich der Generalklausel und den Katalog der unwirksamen AGB-Klauseln erläutern.

I. Notwendigkeit einer AGB-Kontrolle

1. Aushöhlung der Vertragsfreiheit

286   Unter Ausnutzung der Vertragsfreiheit (vgl. Rn. 259) sind alle Wirtschaftsunternehmen des privaten wie öffentlichen Bereichs dazu übergegangen, die Bedingungen für Rechtsgeschäfte mit Geschäftspartnern **einseitig** und so festzulegen, daß sie sich vom Gerechtigkeitsgehalt der Vorschriften des Privatrechts immer mehr entfernen. Gerade die Verbände von Wirtschaftszweigen wie die der Spediteure, Banken, Versicherungen oder Reiseveranstalter stellen ihren angeschlossenen Unternehmen sorgfältig ausgearbeitetes „**Kleingedrucktes**" als „Konditionenempfehlung" gem. § 2 I GWB zur Verfügung, so daß der Unternehmer, der diese Vorformulierungen verwendet, der anderen Vertragspartei oftmals nicht nur wirtschaftlich, sondern auch intellektuell **überlegen** ist.

> **Beispiele**: AGB-Banken im Bank- und Börsenwesen, ADSp im Transportwesen, ARB als Reisebedingungen des Reisevertrages, AVB im Versicherungswesen, VOB im Bauwesen, AGB des Leasingverkehrs

Dem Vertragspartner fehlt meist die Möglichkeit, sich mit den umfangreichen, abstrakt formulierten **Allgemeinen Geschäftsbedingungen (AGB)** auseinanderzusetzen oder auch ihnen entgegenzutreten. Ihm bleibt letztlich nur die Wahl, die AGB zu akzeptieren oder auf das Geschäft zu verzichten. Da die AGB im Interesse des Aufstellers geregelt sind, nimmt praktisch der Verwender die Vertragsfreiheit (Gestaltungsfreiheit) für sich allein in Anspruch.

2. Vorteile von Geschäftsbedingungen im Unternehmen

Andererseits führt die Verwendung von AGB zu einer **Vereinheitlichung** der **287** Geschäftsbeziehungen und zu **rationellen Vertragsabschlüssen**. Gerade Massengeschäfte lassen sich ohne AGB kaum durchführen. Mitarbeiter brauchen sich bei Vertragsverhandlungen nicht mehr so sehr mit rechtlichen Fragestellungen beschäftigen und können auf das ausgefeilte **Erfahrungswissen** von Fachleuten zurückgreifen. Damit wird zugleich die eigene **Rechtsposition verbessert** und das Risiko eines Geschäfts auf den Kunden teilweise abgewälzt. Auch können durch AGB **Lücken des BGB** ausgefüllt werden und nicht gesetzlich geregelte Vertragsarten wie Leasing oder Factoring ausgestaltet werden. Durch die Verwendung von AGB werden auch die für den jeweiligen Unternehmensbereich typischen Vereinbarungen **standardisiert**. Letztlich schaffen gleichlautende AGB eine hohe **Markttransparenz**.

3. Unterlassungsklage

> **Fall 1**: In einem Rechtsstreit zwischen Kaufmann K und Schuldner S wird eine Ver-   **288** tragsklausel der Allgemeinen Liefer-, Einkaufs- und Zahlungsbedingungen des K bezüglich der Gewährleistung vom Gericht für unwirksam erklärt. Muß der Kaufmann P seine AGB ändern, wenn er die gleiche Klausel verwendet?

(1) Obwohl detailliert verbotene Klauseln in § 308 und § 309 BGB angesprochen werden, wird die Frage eines Verstoßes oft Gegenstand eines Rechtsstreits. Hierbei ist zwischen einem **Individualprozeß zwischen Geschäftspartnern** und einer **Unterlassungsklage** unabhängig von einem konkreten Streitfall zu unterscheiden. Gerichtliche Entscheidungen in einem individuellen Prozeß haben keine sogenannte Drittwirkung, d. h., sie entfalten nur eine Bindung für den konkreten Einzelfall zwischen den Prozeßparteien. AGB-Verwender können daher im Individualprozeß beanstandete AGB-Klauseln unverändert oder gering modifiziert weiterverwenden.

(2) Zur Intensivierung der Gerichtskontrolle sieht das Unterlassungsklagengesetz (UKlaG) eine **Unterlassungsklage im Verbandsprozeß** gegen den Verwender (Empfehler) unwirksamer Klauseln vor. Klagebefugt sind qualifizierte Einrichtungen des Verbraucherschutzes und Wirtschaftsverbände, ferner Industrie-, Handels- und Handwerkskammern (§§ 3, 4 UKlaG).

(3) Diese Klagemöglichkeit besteht im übrigen auch bei Verstößen gegen andere in § 2 UKlaG im einzelnen genannte **Verbrauchervorschriften des BGB**, die für

- Verbrauchsgüterkäufe,
- Haustürgeschäfte,
- Fernabsatzverträge,
- Teilzeit-Wohnrechteverträge,
- Reiseverträge,
- Verbraucherdarlehensverträge sowie für
- Finanzierungshilfen, Ratenlieferungs- und Darlehensvermittlungsverträge

zwischen einem Unternehmer und einem Verbraucher gelten. Verbraucherschutzgesetze sind nach § 2 II UKlaG auch die Vorschriften des elektronischen Geschäftsverkehrs (§§ 312 a bis f BGB), das Fernunterrichtsschutzgesetz, die Vorschriften der EG-Fernsehrichtlinien 89/552/EWG und 97/36/EG, des Arzneimittelgesetzes und über Kapitalanlagegesellschaften.

(4) Zuständig ist ausschließlich das **Landgericht**, in dessen Bezirk der Beklagte seinen Sitz oder Wohnsitz hat. Die in diesem Verfahren ergehenden Unterlassungsurteile haben eine allgemeine Verbindlichkeit (§ 11 UKlaG).

> Im Fall 1 ist Kaufmann P nicht gezwungen, seine AGB zu ändern, da das Urteil zwischen K und S keine Allgemeinverbindlichkeit hat. Die Unwirksamkeit der Klausel wurde nicht in einem Verbandsprozeß, sondern in einem Individualprozeß zwischen K und S festgestellt.

II. Anwendungsbereich der AGB-Vorschriften

1. Begriff der AGB

289   **Fall 2**: Der Restaurantbesitzer R bringt ein Schild an der Garderobe an: „Für Garderobe wird nicht gehaftet". Greifen die AGB-Vorschriften ein?

(1) Der Begriff der AGB wird in § 305 I BGB klar umschrieben. Danach sind AGB

- **vorformulierte Vertragsbedingungen**,
- für eine **Vielzahl** von Verträgen, auch wenn nur einmal verwendet (§ 310 III Nr. 2 BGB für Verbraucherverträge)
- welche einseitig **gestellt** und **nicht ausgehandelt** sind und
- deren formale **Präsentation unerheblich** ist.

Damit umfaßt die Definition die in Unternehmen häufig verwendeten Formularverträge, in die noch Einzelvereinbarungen eingefügt werden können, Zahlungsbedingungen, Auftragsbestätigungen, Vollmachten, Dateneinwilligungen, Textverarbeitungsprogramme, Aushänge, Versicherungsbedingungen und Einzelklauseln wie Eigentumsvorbehalt, Gerichtsstand oder Incoterms.

Schaubild 34: *Prüfschema AGB-Recht*

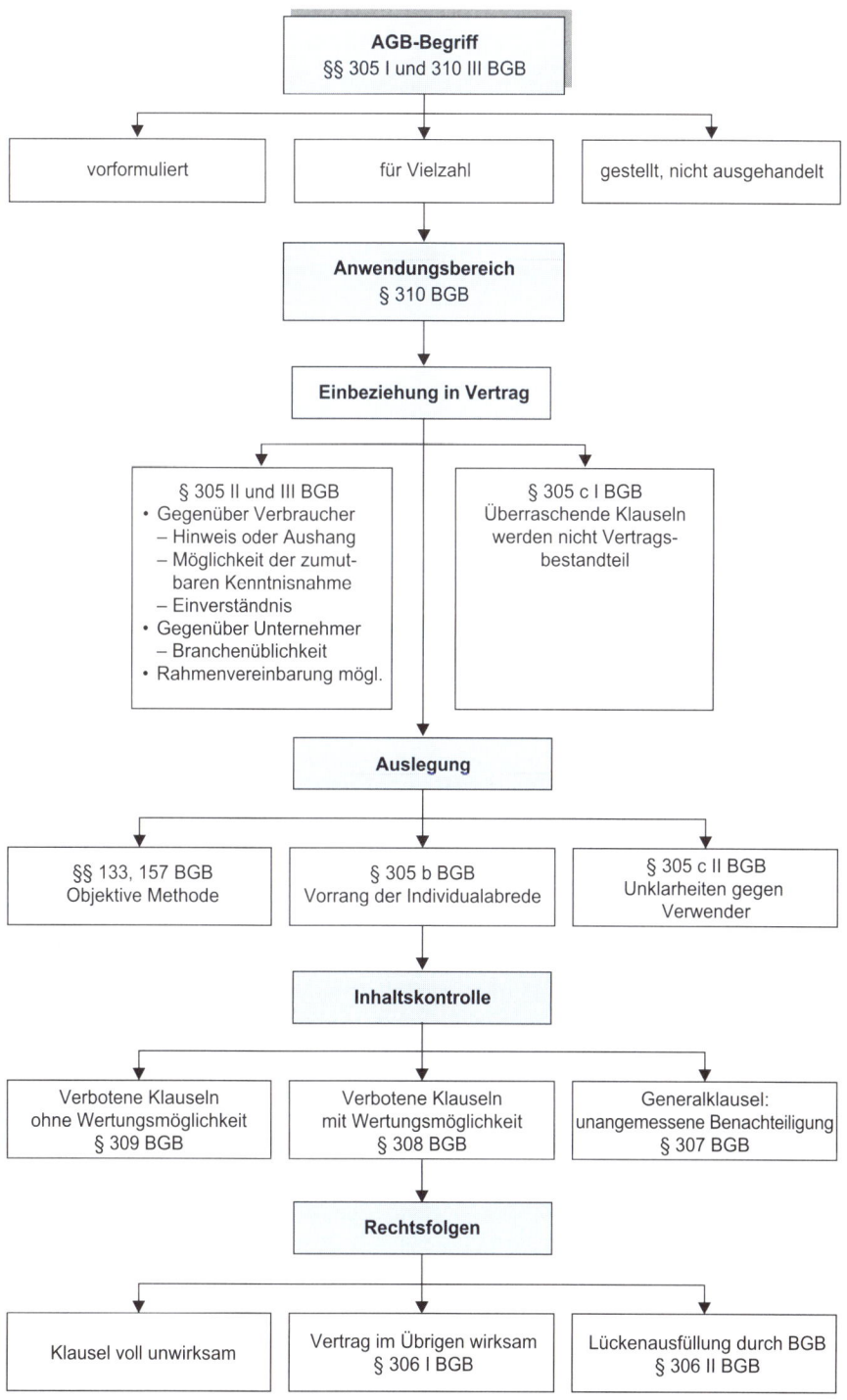

(2) Soweit die Vertragsparteien die einzelnen Vertragsbedingungen **tatsächlich ausgehandelt** haben und ernsthaft zur Disposition stehen, also eine Individualvereinbarung und kein „Stellen" vorliegt, ist das Gesetz nicht anwendbar.

(3) Bei **Verbraucherverträgen**, d. h. bei Verträgen zwischen einem Verbraucher und einem Unternehmer, finden die wesentlichen Schutzvorschriften auf vorformulierte Vertragsbedingungen auch dann Anwendung, wenn diese nur zu einmaliger Verwendung bestimmt sind (Einzelvertragsklauseln, § 310 III Nr. 2 BGB).

> Für den AGB-Charakter ist der Umfang des Klauselwerks gleichgültig. Auch eine Wandtafel erfüllt die Voraussetzungen des § 305 I BGB, da die Haftungsfreizeichnung auch Gegenstand des Bewirtungsvertrags (§§ 651, 433 ff. BGB) werden soll.

2. Sachlicher und persönlicher Anwendungsbereich

a) Sachlich

290   **Fall 3**: G ist Kommanditist einer größeren Publikums-KG. Da er mit einer Klausel des vorformulierten Gesellschaftsvertrags nicht einverstanden ist, fragt er sich, ob die AGB-Kontrollvorschriften eingreifen und ihm helfen.

(1) Ausgenommen von der Anwendung der AGB-Vorschriften sind gem. § 310 IV 1 BGB **Verträge des Familien-, Erb- und Gesellschaftsrechts** sowie Tarifverträge, Betriebs- und Dienstvereinbarungen. Bei **Arbeitsverträgen** sind zusätzlich die im Arbeitsrecht geltenden Besonderheiten angemessen zu berücksichtigen; § 305 II und III (Einbeziehung) ist nicht anzuwenden (§ 310 IV 2 BGB).

(2) Neben diesen **Bereichsausnahmen** werden in § 310 II BGB die Vorschriften der §§ 308 und 309 BGB zugunsten bestimmter **Institutionen** für nicht anwendbar erklärt, wie auf Verträge der Elektrizitäts-, Gas-, Fernwärme- und Wasserversorgungsunternehmen einschließlich Entsorgung von Abwasser.

> Die Bereichsausnahme des Gesellschaftsrechts umfaßt das Recht der Handelsgesellschaften einschließlich der stillen Gesellschaft, das Genossenschaftsrecht, die GbR und den e. V. Formularmäßige Regelungen bei einer sogenannten Publikums-KG unterliegen also nicht den Kontrollvorschriften, aber gemäß §§ 242, 315 BGB einer richterlichen Kontrolle durch das BGB und HGB.

(3) Unterliegt ein **Vertrag ausländischem Nicht-EU-Recht** über Art. 27 EGBGB, Art. 3 Rom I–VO (Rechtswahl) bzw. Art. 28 EGBGB, Art. 4 Rom I–VO (Herkunftslandprinzip) wie z. B. dem US-amerikanischen Recht, so gelten die AGB-Kontrollvorschriften gleichwohl, wenn der Vertrag einen engen Zusammenhang mit deutschem Gebiet aufweist (Art. 46b Rom I–VO, Art. 29a EGBGB a. F.). Art. 46b EGBGB ist die einheitliche Kollisionsregelung für Verbraucherschutz nach den Verbraucherschutz-Richtlinien der EU (vgl. Rn. 531).

> **Beispiel**: Ein enger Zusammenhang mit dem Inland ist anzunehmen bei Aufenthalt des Verbrauchers in Deutschland, einer inländischen Niederlassung des Verwenders oder beim Abschlußort des Vertrages im Inland

b) Persönlich

291   **Fall 4**: Gelten die AGB-Kontrollvorschriften auch im Rechtsverkehr zwischen Kaufleuten wie z. B. für Einkaufsbedingungen zwischen Einzelhandel und Großhandel?

Soweit AGB **gegenüber**

- einem **Unternehmer** (§ 14 BGB), der bei Abschluß des Vertrages in Ausübung seiner gewerblichen oder selbständigen beruflichen Tätigkeit handelt (Kaufmann, Kleingewerbetreibender, Freiberufler, Handwerker, Landwirt),
- einer **juristischen Person des öffentlichen Rechts** (z. B. Staat, Gebietskörperschaft) oder
- einem öffentlich-rechtlichen **Sondervermögen**

verwendet werden, finden die Vorschriften der § 305 II und III BGB (Einbeziehung), §§ 308 und 309 BGB (Klauselverbote) keine Anwendung (§ 310 I BGB). **Zwischen Unternehmen (Kaufleuten und Freiberuflern!) ist daher die Anwendbarkeit der AGB-Vorschriften eingeschränkt.**

> Grundsätzlich gelten die Kontrollvorschriften also auch im Geschäftsverkehr zwischen Kaufleuten. Zur Einbeziehung von AGB in den Vertrag genügt jedoch eine stillschweigende Willensübereinstimmung. Für die Inhaltskontrolle der AGB unter Kaufleuten ist allein die Generalklausel des § 307 BGB maßgebend. Die Klauselverbote der §§ 308 und 309 BGB gelten nur gegenüber Verbrauchern.

III. Einbeziehung der AGB in den Vertrag

AGB sind nur verbindlich, wenn sie **bei Vertragsabschluß** Bestandteil des zu **292** schließenden Vertrags wurden. Da AGB keine Rechtsnormen sind, muß sich die vertragliche Einigung also auch auf sie beziehen. Eine Kenntnis der Einzelklauseln ist für die **Einbeziehungsvereinbarung** nicht notwendig. Zu unterscheiden ist die Einbeziehung gegenüber einem Unternehmer und gegenüber einem Nichtunternehmer (Verbraucher).

1. Einbeziehung gegenüber Verbraucher

Gegenüber einem Verbraucher müssen für eine wirksame Einbeziehung die Voraussetzungen des **§ 305 II und III BGB** vorliegen. Aber auch in der handelsgeschäftlichen Praxis sollte § 305 BGB beachtet werden, da die Unternehmereigenschaft des Geschäftspartners oftmals zweifelhaft ist. Danach muß der Verwender **bei Vertragsabschluß**

- ausdrücklich auf die AGB **hinweisen,**
- der anderen Partei die zumutbare **Möglichkeit der Kenntnis** verschaffen und
- das generelle **Einverständnis** der anderen Partei haben.

(1) Der **Hinweis** kann schriftlich oder mündlich erfolgen. Er kann im Vertragsangebot enthalten sein, aber dann so gestaltet, daß er **nicht übersehen** werden kann oder durch einen **Abdruck** der AGB auf der Rückseite des Angebots erfolgen, wenn auf der Vorderseite klar durch Fettdruck darauf verwiesen wird. In Ausnahmefällen kann er gem. § 305 II Nr. 1, 2. Alt. BGB durch **deutlich sichtbaren Aushang** des Hinweises am Ort des Vertragsabschlusses erfolgen.

Beispiele: Massengeschäfte bei Schließfächern, Parkhäusern, Kfz-Waschanlagen, Reinigung, Waren- oder Ticketautomaten

Auch bei **fernmündlichen** Vertragsschlüssen ist der Hinweis zwingend erforderlich. Der Hinweis bei einem früheren Vertragsschluß oder erst **nach Vertragsschluß** auf Lieferscheinen oder Rechnungen, wie er in der Praxis oft nur erfolgt, **reicht nicht.**

(2) Der Verwender muß der anderen Vertragspartei die **Möglichkeit** verschaffen, in zumutbarer Weise, auch bei körperlicher Behinderung wie z. B. Sehstörungen, vom Inhalt der AGB **Kenntnis zu nehmen.** Bei einem Vertragsschluß unter Anwesenden sind die AGB vorzulegen oder die Vorlage ist **anzubieten.** Bei Vertragsabschlüssen unter Abwesenden ist in der Regel die **Übersendung** der AGB notwendig. Ausreichend ist es, wenn neben dem ausdrücklichen Hinweis auf die AGB diese in **Katalogen** abgedruckt sind, die dem Kunden vor Vertragsschluß übergeben worden sind. Aus § 305 II Nr. 2 BGB ergibt sich aber auch das Gebot, daß die AGB für einen Durchschnittskunden **verständlich und mühelos lesbar** abgefaßt sein müssen (**Transparenzgebot**). Bei AGB im **Internet** ist ein Link auf der Bestellseite, nicht aber auf der Eingangs-Homepage, ausreichend (vgl. näher Rn. 163).

(3) Das **Einverständnis** des Kunden muß nicht ausdrücklich, sondern kann auch schlüssig erklärt werden. Der Kunde muß die AGB nicht kennen und gelesen haben. Das Einverständnis ist aber zu bejahen, wenn es nach Hinweis und Möglichkeit der Kenntnis zum Vertragsschluß kommt und der Vertrag abgewickelt wird.

(4) Bei mehrfachen Geschäftsabschlüssen kann eine **Rahmenvereinbarung** geschlossen werden, die den Anforderungen des § 305 II BGB genügt und die Art der betroffenen Rechtsgeschäfte genau bezeichnet (§ 305 III BGB).

2. Einbeziehung gegenüber Unternehmern

293   **Fall 5**: Kaufmann V bietet Ware unter Bezug auf seine AGB an, B nimmt das Angebot an unter Hinweis auf eigene, widersprechende AGB. Wie ist die Rechtslage?

Für den Geschäftsverkehr unter Unternehmern gilt § 305 II und III BGB nicht (§ 310 I BGB). Nach der Rechtsprechung reicht es für die Einbeziehung aus, wenn die vertragliche Einigung sich auf die Einbeziehung der AGB des anderen Teils erstreckt. Dies wird angenommen bei

- ausdrücklicher Einbeziehung,
- Rahmenvereinbarungen,
- längerer Geschäftsbeziehung und Eröffnung eines Firmenkontos,
- schlüssigem Verhalten (Lieferung der Ware oder vorbehaltlose Zahlung),
- Schweigen auf ein kaufmännisches Bestätigungsschreiben,
- Branchenüblichkeit wie bei Banken oder Transport,

wenn die Möglichkeit der **zumutbaren Kenntnisnahme** vom Inhalt der AGB des Geschäftspartners bestanden hat.

Im Fall 5 verweisen beide Vertragspartner auf ihre AGB, und damit ist unklar, ob und welche der widersprechenden AGB Vertragsbestandteil werden. Grundsätzlich ist anzunehmen, daß nur die übereinstimmenden AGB-Klauseln Vertragsinhalt werden, im übrigen liegt Dissens vor, so daß insoweit die abänderbare gesetzliche Regelung des BGB gilt, sofern die Geschäftspartner den Vertrag durchführen.

3. Überraschende Klauseln

Fall 6: Kaufmann K bestellt bei dem Unternehmen U für seinen Betrieb 20 Feuerlö- **294** scher unter Bezugnahme auf die AGB des U. Diese sehen u. a. einen 10jährigen Wartungsvertrag vor. Hat U einen Anspruch auf Durchführung der Wartung?

Auch wenn die Einbeziehungsvoraussetzungen des § 305 BGB vorliegen, werden überraschende Klauseln, mit denen der Vertragspartner nicht zu rechnen braucht, nach § 305c I BGB nicht Vertragsbestandteil (**Überraschungseffekt**). Dies gilt auch im kaufmännischen Geschäftsverkehr, jedoch ist hier ein strenger Maßstab anzulegen. Entscheidend ist das Überraschungsmoment, d. h. die überraschende Abweichung vom gesetzlichen Leitbild des Vertrags im BGB und vom Vertragszweck, den beide Geschäftspartner verfolgen.

Beispiele: Provisionszusage für **Folgegeschäfte** in Makler-AGB; Kauf einer Sache mit **Dauerauftrag zu Warenbezug** (Kaffeemaschine und Kaffee); Miete einer Sache mit **Erwerbspflicht** bei Mietende; Ausdehnung der **Bürgschaft auf künftige Forderungen**

Im Fall 6 hat U einen Anspruch auf Durchführung der Wartung, wenn die AGB-Klausel wirksam ist. § 305c BGB enthält eine negative Einbeziehungsvoraussetzung und will Überrumpelungen auch des kaufmännischen Geschäftspartners verhindern. Ein solches starkes Überraschungsmoment liegt vor, wenn im Kleingedruckten eines Kaufvertrags eine zusätzliche Wartungsvereinbarung enthalten ist. Eine besondere drucktechnische Hervorhebung kann aber den Überraschungseffekt beseitigen.

IV. Auslegung von AGB

Die Rechtsprechung hat für AGB besondere Auslegungsregeln entwickelt, die **295** zum Teil in das Gesetz aufgenommen wurden. Wichtig sind
- der Vorrang der **Individualabrede** (§ 305b BGB),
- die **Unklarheitenregel** (§ 305c II BGB),
- die **objektive Auslegung** aus der Sicht eines verständigen, in der Regel rechtsunkundigen Vertragspartners.

1. Vorrang der Individualabrede

Fall 7: Student K kauft am 15. 4. für € 10000 bei V ein Motorrad. Im Kaufvertrag wird als Liefertermin der 1.7. handschriftlich vereinbart. In den AGB des V, welche Vertragsgegenstand werden, steht: „Liefertermine sind unverbindlich". Wann ist die Lieferung fällig?

Individuelle Vertragsvereinbarungen haben immer Vorrang vor AGB-Klauseln. Sie verdrängen die widersprechende Klausel (§ 305b BGB). Gleiches gilt, wenn sie den AGB nur indirekt widerspricht.

Beispiele: AGB enthalten **Gewährleistungsausschluß**, eine besondere Abrede aber Gewährleistung nach BGB; AGB enthält **Schriftformklausel** („Mündliche Vereinbarungen sind ohne schriftliche Bestätigung ungültig"), eine mündliche besondere Abrede bei Vertragsschluß geht vor (sehr strittig, Beweisfrage!).

Im Fall 7 hat die individuelle, beweisbare Liefertterminzusage Vorrang vor der AGB-Klausel, welche verdrängt wird. Die Lieferung ist am 1.7. fällig.

2. Unklarheitenregel

296   Nach § 305 c II BGB gehen sämtliche Unklarheiten zu Lasten des Verwenders. Daher wird im **Individualprozeß** die dem Kunden günstigste (**kundenfreundlichste**) Auslegung gewählt. Im **Verbandsprozeß** nach dem Unterlassungsklagengesetz wählen die Gerichte die scheinbar „**kundenfeindlichste**" Auslegung, um eine Klausel schon von vornherein zu eliminieren.

V. Rechtsfolgen bei Nichteinbeziehung und Unwirksamkeit

297   Werden AGB ganz oder teilweise nicht Vertragsbestandteil oder sind sie unwirksam, so bleibt nach § 306 I BGB der Vertrag im übrigen wirksam. Diese Teilnichtigkeit kehrt damit die Regel der Totalnichtigkeit des § 139 BGB um (vgl. Rn. 177). Damit wird das Schutzbedürfnis des Kunden berücksichtigt, der grundsätzlich an der Aufrechterhaltung des Vertrags interessiert ist. Die Verwendung von unwirksamen Klauseln ist damit äußerst risikoreich, da anstelle der AGB-Regelung dann die dispositive Gesetzesregelung des BGB tritt (§ 306 II BGB).

> **Beispiel:** Der Reisende R bucht telefonisch eine Pauschalreise, ohne daß die AGB des Reiseveranstalters RV wirksam in den Reisevertrag einbezogen wurden. Damit ist es RV verwehrt, sich auf die Stornopauschale beim Rücktritt des R zu berufen, da § 651 i III BGB eine wirksame AGB-Regelung voraussetzt.

Das Gesetz ist auch dann anzuwenden, wenn seine Vorschriften durch anderweitige Gestaltungen **umgangen** werden sollen (§ 306 a BGB).

> **Beispiel:** Abnehmer schließen sich zu einer Gesellschaft zusammen, kaufen Waren ein, verteilen diese Waren an die Gesellschafter und ziehen den Kaufpreis als Mitgliedsbeitrag ein. Der Warenabsatz auf gesellschaftsrechtlicher Grundlage unterläuft bei formaler Anwendung des § 310 IV 1 BGB die Ratio der Kontrollvorschriften.

VI. Inhaltskontrolle von AGB

298   Die materiell-rechtliche Inhaltskontrolle der einzelnen AGB-Klauseln erfolgt nach §§ 307 bis 309 BGB. Ziel der Kontrolle ist es, eine **unangemessene Benachteiligung** des Kunden infolge der Verwendung vorformulierter Vertragsbedingungen zu verhindern (§ 307 BGB). Dieser allgemeine Grundsatz wird durch eine Vielzahl von unzulässigen Einzelklauseln in § 308 und § 309 BGB konkretisiert. Hierzu ist zuerst die speziellere Norm des § 309 und dann § 308 BGB heranzuziehen. Bei der **Prüffolge** ist folgendermaßen vorzugehen:

- Handelt es sich um eine **Rechtsvorschrift** oder um ein Leistungsangebot bzw. den Preis, welche nicht kontrolliert werden (§ 307 III BGB)?
- AGB gegenüber **Nichtunternehmern (Verbraucher)** dürfen nicht den **Klauselverboten** der §§ 309 und 308 BGB sowie der **Generalklausel** in § 307 BGB widersprechen.
- AGB zwischen Unternehmern dürfen lediglich nicht der **Generalklausel** des § 307 BGB widersprechen.

1. Schranken der Inhaltskontrolle

Nicht alle Regelungen, die in AGB enthalten sind, unterliegen der Inhaltskontrol- **299**
le, sondern nach § 307 III BGB werden nur die Bestimmungen auf ihre Wirksamkeit überprüft, die **dispositive gesetzliche Vorschriften** abändern und ergänzen.
Ausgenommen von der Kontrolle sind daher Leistungsbeschreibungen, Preisanga-
ben, Tarife oder solche Klauseln, die nur eine Gesetzesbestimmung wiederholen.

2. Klauselverbote ohne Wertungsmöglichkeit

Die **13 Klauselverbote** des § 309 BGB enthalten **keine unbestimmten Rechts-** **300**
begriffe, so daß bei einem Verstoß gegen diese absoluten Verbote die Klauseln unwirksam sind, ohne daß es auf eine Wertung ankommt. Als lex specialis gehen
diese Klauselverbote denjenigen des § 308 BGB und der Generalklausel des § 307
BGB vor. In § 309 BGB werden die **Kernpflichten des BGB** erfaßt.

> **Beispiele**:
> - Kurzfristige **Preiserhöhungen** bei Lieferung innerhalb 4 Monaten nach Vertrags-
>   schluß, wie z. B. Tagespreisklausel, welche unwirksam ist, wenn ein Neuwagen bis zu
>   vier Monaten nach Vertragsschluß geliefert wird (Nr. 1)
> - **Aufrechnungsverbot** bei unbestrittenen oder rechtskräftig festgestellten Forderun-
>   gen des Kunden (Nr. 3)
> - Freistellung von gesetzlich vorgesehenen **Mahnungen** oder **Fristsetzungen** (Nr. 4)
> - **Pauschalierung** von Schadensersatzansprüchen (Nr. 5)
> - Vereinbarung einer **Vertragsstrafe** (Nr. 6)
> - Haftungsausschluß oder Begrenzung bei Verletzung von Leben, Körper, Gesundheit
>   und bei **grober Fahrlässigkeit** (Nr. 7); nach der **Schuldrechtsreform** dürfen bei **Per-**
>   **sonenschäden** keine Haftungsausschlüsse oder Höchstsummen durch AGB verein-
>   bart werden!
> - Einschränkung der gesetzlichen **Gewährleistung** (Nr. 8b aa bis ff)
> - Zu lange Bindung bei Dauerschuldverhältnissen (Nr. 9)
> - Wechsel des **Vertragspartners** (Nr. 10)
> - **Haftung des Abschlußvertreters** nur bei gesondert unterschriebener, ausdrückli-
>   cher Haftungserklärung (Nr. 11)

3. Klauselverbote mit Wertungsmöglichkeit

§ 308 BGB enthält **8 Klauselverbote**, die **unbestimmte Rechtsbegriffe** enthalten **301**
wie „unangemessen", „sachlich nicht gerechtfertigt" oder „zumutbar". Diese
Klauseln enthalten kein absolutes Verbot, sondern es muß im Einzelfall noch eine
Wertung stattfinden. Zudem ist der Katalog nicht erschöpfend („insbesondere").

> **Beispiele**:
> - Unangemessen lange oder nicht hinreichend bestimmte **Fristen** (Nr. 1: Alltagsge-
>   schäfte höchstens 14 Tage, Kredit 1 Monat)
> - **Nachfristen** für die Leistung (Nr. 2: 4 Wochen bei Möbelkauf zu lang)
> - **Rücktrittsvorbehalt** vom Vertrag ohne sachlichen Grund (Nr. 3)
> - Unzumutbare **Änderungsvorbehalte** (Nr. 4)
> - **Schweigen** als fingierte Willenserklärung (Nr. 5)
> - **Zugangsfiktionen** für besondere Erklärungen wie Kündigung, Mahnung (Nr. 6)
> - **Höhe des Abwicklungsanspruchs** bei Vertragsauflösung wie Storno- oder Bearbei-
>   tungsgebühr (Nr. 7: 5 % der Auftragssumme bei Kündigung eines Bauvertrags vor
>   Baubeginn zulässig)

4. Generalklausel

302   Sofern AGB weder gegen § 309 noch gegen § 308 BGB verstoßen, ist die betreffende Klausel letztlich an der Generalklausel zu messen. Die Generalklausel des § 307 BGB enthält den grundlegenden **Wertungsmaßstab** für die Inhaltskontrolle. Danach sind Klauseln unwirksam, wenn sie den Vertragspartner entgegen den Geboten von Treu und Glauben **unangemessen benachteiligen**. Hierbei sind die Interessen der Vertragspartner gegeneinander abzuwägen. § 307 II BGB **vermutet** eine solche unangemessene Benachteilung bei

- Abweichen von wesentlichen Grundgedanken der gesetzlichen Regelung, da das **BGB und HGB das Leitbild der Gerechtigkeitsvorstellung** sind,
- Gefährdung des Vertragszwecks durch Einschränkungen von vertraglichen **Kernpflichten**, da damit Rechte des Kunden ausgehöhlt werden,
- einer unklaren und unverständlichen Bestimmung in AGB als Verstoß gegen das **Transparenzgebot**.

> **Beispiele: Erfolgsunabhängige Provision** für einen Makler; Fälligstellen der **Restschuld** auch bei unverschuldeter Nichtzahlung; **Freizeichnungsklausel**, welche die Haftung für Fahrlässigkeit bei Nichtpersonenschäden bei Verletzung von „Kardinalpflichten" eines Vertrags ausschließt

Die Generalklausel ist Grundlage für die Inhaltskontrolle im **geschäftlichen Verkehr zwischen Unternehmen**, weil die speziellen Klauselverbote der §§ 309, 308 BGB gemäß § 310 I BGB gegenüber einem Unternehmer keine Anwendung finden. Die Gerichte ziehen jedoch den Inhalt der §§ 309, 308 BGB zur Konkretisierung der Generalklausel heran, berücksichtigen jedoch die im Handelsverkehr geltenden Gewohnheiten und Gebräuche in angemessenem Umfang (§ 310 I 2 BGB).

Merksätze

1. **AGB-Kontrollvorschriften** (§§ 305–310 BGB)
   - **zwingend**
   - **Schutzgesetz** für Verbraucher und Unternehmen
   - **Verbandsklage** auf Unterlassung nach UKlaG möglich
2. **Anwendungsbereich**
   - **AGB-Begriff** (§ 305 I und § 310 III BGB)
     – vorformuliert
     – für Vielzahl von Verträgen
     – gestellt, nicht individuell ausgehandelt
   - **Sachlich**
     – nicht im Erb-, Familien- und Gesellschaftsrecht, eingeschränkt im Arbeitsrecht (§ 310 IV BGB)
     – nicht Einzelbestimmungen nach § 310 II, III BGB
   - **Persönlich** (§ 310 I BGB)
     – bei Nichtunternehmer alle Vorschriften
     – bei Unternehmer nicht §§ 305 II, III und 308 und 309 BGB
3. **Einbeziehung der AGB**
   - **Notwendig gegenüber Nichtunternehmer (Verbraucher)** (§ 305 II BGB)
     – Hinweis des Verwenders (ausdrücklich oder Aushang)
     – Möglichkeit der zumutbaren Kenntnisnahme
     – generelles Einverständnis der anderen Vertragspartei

- **Gegenüber Unternehmer** (§ 310 I BGB) nach Grundsätzen der Rechtsprechung bei
  - ausdrücklicher Einbeziehung
  - Branchenüblichkeit (Banken, Versicherungen)
  - schlüssigem Verhalten
  - Geschäftsbeziehung
- **Einbeziehungserleichterung** nach § 310 I BGB gegenüber juristischer Person des öffentlichen Rechts/Sondervermögen
- **Rahmenvereinbarung** möglich (§ 305 III BGB)
- **Überraschende Klauseln** werden nicht einbezogen (§ 305 c I BGB)

4. **Auslegung**
- **Objektive** Auslegung nach Verständnis eines Durchschnittskunden (§§ 133, 157 BGB)
- Vorrang der **Individualabrede** (§ 305 b BGB)
- **Unklarheiten** zu Lasten des Verwenders (§ 305 c II BGB)

5. **Rechtsfolgen bei Nichteinbeziehung/Unwirksamkeit** (§ 306 BGB)
- Klausel ist unwirksam
- Vertrag im Übrigen wirksam
- Lücke wird gefüllt durch dispositives BGB und Auslegung

6. **Inhaltskontrolle und Prüffolge**
- **Klauselverbote ohne Wertung** (§ 309 BGB)
  - gelten nur gegenüber Nichtunternehmer
- **Klauselverbote mit Wertung** (§ 308 BGB)
  - gelten nur gegenüber Nichtunternehmer
- **Generalklausel** (§ 307 BGB)
  - **Unangemessene Benachteilung wird vermutet bei Verstößen gegen**
    * Leitbild des abgeänderten Gesetzes
    * Kernpflichten des betreffenden Vertrags
    * das Transparenzgebot (klare und verständliche AGB)
  - **§ 307 BGB gilt gegenüber Unternehmern und Verbrauchern**

7. **Leitentscheidungen**
- **Keine geltungserhaltende Reduktion**
  BGH, 17. 5. 1982, BGHZ 84, 109 = NJW 1982, 2309
- **Kein starrer Fristenplan bei Schönheitsreparaturen**
  BGH, 23. 6. 2004, NJW 2004, 2586
- **Telefonwerbung als Sittenverstoß**
  BGH, 27. 1. 2000, NJW 2000, 2677

§ 10
Verbraucherschutz bei besonderen Vertriebsformen

Lernziele:

Nachdem Sie dieses Kapitel 10 durchgearbeitet haben, können Sie
- die Regeln der Haustürgeschäfte und Fernabsatzverträge anwenden.
- den Schutz des Verbrauchers durch Informationspflichten, Widerrufs- und Rückgaberechte binnen 2 Wochen und Unabdingbarkeit begründen.

Im Rahmen der Schuldrechtsreform wurden die verbraucherschützenden Sonder- **303** gesetze in das allgemeine Schuldrecht integriert. Hierzu zählen das Haustürwiderrufsgesetz und das Fernabsatzgesetz als besondere Vertriebsformen mit einer besonderen **Absatztechnik außerhalb der Geschäftsräume** des Unternehmers.

Schaubild 35: *Verbraucherschutz bei besonderen Vertriebsformen*

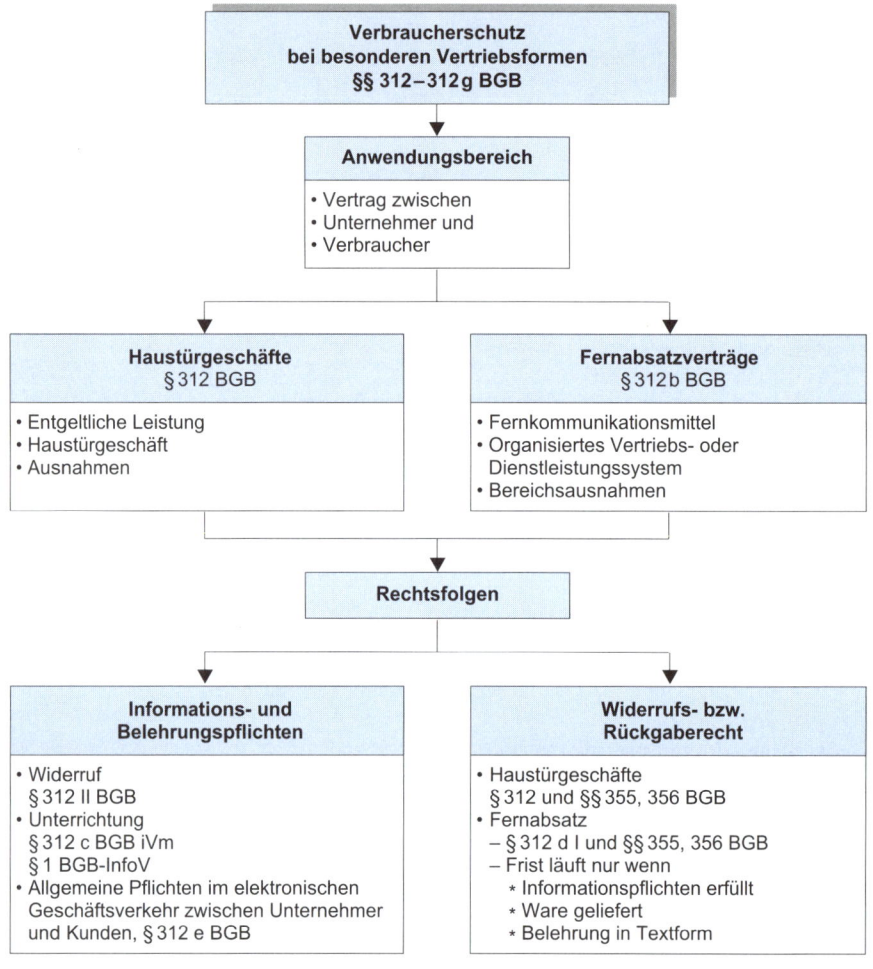

Beide Verträge werden zwischen einem Unternehmer (§ 14 BGB) und einem Verbraucher (§ 13 BGB) abgeschlossen. Der erhöhte Schutz des Verbrauchers bei diesen Vertriebsformen wird durch

- **Informations- und Belehrungspflichten,**
- **Widerrufs- und Rückgaberechte** binnen 2 Wochen und
- **Unabdingbarkeit**

gesichert.

In § 312 e BGB werden zusätzlich besondere Informationspflichten für **Verträge im elektronischen Geschäftsverkehr** zwischen Unternehmern und Kunden geregelt. Das Gesetz zur Bekämpfung unlauterer Telefonwerbung hat § 312 d III, IV und VI BGB geändert und § 312 f BGB eingefügt, um Verbraucher vor bestimmten unseriösen Geschäftspraktiken, insbesondere bei Telekommunikationsleistungen, zu schützen.

I. Haustürgeschäfte

1. Anwendungsbereich

Die besondere Schutzbedürftigkeit des Verbrauchers erfordert eine sog. **Haus-** 304
türsituation. Damit will das Gesetz vor den Gefahren des Direktmarketings und
einer Überrumpelung schützen. Zur Anwendung des § 312 BGB müssen folgende
Voraussetzungen vorliegen:

* Vertrag zwischen einem **Unternehmer** (§ 14 BGB) und einem **Verbraucher**
  (§ 13 BGB);
* Vertragsgegenstand ist eine **entgeltliche Leistung**;

  > **Beispiele**: Kauf, Werkvertrag, Geschäftsbesorgung, Miete beweglicher Sachen und
  > Immobilien, Leasing, Reiseverträge, Beitritt zu Publikumsgesellschaften, Bauherrn-
  > und Erwerbermodelle, Vertrag über Energieversorgung, Bürgschaft in Haustürsitua-
  > tion

* Vertragsschluß in der Form eines Haustürgeschäfts durch mündliche Verhandlungen im Bereich des **Arbeitsplatzes** oder einer **Privatwohnung**, einer **Frei-
  zeitveranstaltung** oder im Anschluß an ein überraschendes Ansprechen in
  Verkehrsmitteln oder **öffentlicher Verkehrsflächen**;

  > **Beispiele**: Staubsaugerverkauf an Haustüre; Kaffeefahrt; Gewinnveranstaltung;
  > mehrtägige Reisen; Fahrt zu einem Event; Verkaufsveranstaltung; Zeitschriftenabon-
  > nement in Fußgängerzone

* **Kein Versicherungsvertrag**, da diese mit einer Laufzeit von mehr als 1 Jahr mit
  einer Frist von 14 Tagen schriftlich widerrufen werden können (§ 8 IV VVG);
* **Keine vorhergehende Bestellung** des Unternehmers durch den Verbraucher;
* **Kein** sofort erbrachtes und bezahltes **Kleingeschäft** bis einschließlich € 40;
* **Keine notarielle Beurkundung**.

Der Schutz des Verbrauchers vor Haustürgeschäften wird nach § 312a BGB durch
die speziellen Vorschriften der §§ 491 ff. BGB (Verbraucherkredit), §§ 481 ff. (Teilzeitwohnrechte) **verdrängt**. Nach § 29a ZPO besteht ein **besonderer Gerichtsstand** für Haustürgeschäfte am **Wohnsitz** bzw. gewöhnlichen Aufenthalt des Verbrauchers.

2. Widerrufsrecht

Der Verbraucher hat im Falle eines solchen Vertragsschlusses ein Widerrufsrecht 305
bzw. ein Rückgaberecht binnen **zwei Wochen** gemäß §§ 355, 356 BGB. In der Widerrufsbelehrung nach § 312 II und § 355 II BGB muß der Verbraucher auch auf
die **Rechtsfolgen** eines Widerrufs oder einer Rückgabe hingewiesen werden
(§§ 312 II, 357 I und III BGB). Zu diesen Folgen zählt z. B., daß er einen Wertersatz in Höhe der im Vertrag bestimmten Gegenleistung zahlen muß, falls Rückgewähr oder die Herausgabe des Erlangten ausgeschlossen ist. Dies ist der Fall,
wenn eine Dienstleistung verkauft und vor dem Widerruf bereits erbracht wurde.

II. Fernabsatzverträge

Fall 1: Der Student Matthias Mutig (M) bestellt am Montag, den 13. 3. abends im virtuellen Warenhaus www.billig.de (S) über den Einkaufswagen der Homepage einen Laptop. Am 14. 3. erhält er eine E-Mail mit der Bestätigung des Eingangs, wobei der Versand am Mittwoch, den 15. 3. angezeigt wird. Die Bezahlung erfolgt durch Abbuchung vom Girokonto von M. Der Laptop wird am Donnerstag von dem Paketdienst zusammen mit den nach § 1 II und III BGB-InfoV notwendigen Informationen mit einem Begleitschreiben zugestellt. Alle Informationen erfolgten in normaler Schrift und Schriftgröße. Da der Computer dem Studenten nicht gefällt, schickt ihn nach drei Wochen auf Kosten der Lieferfirma zurück, mit der Bitte um Erstattung des Kaufpreises. War der Widerruf zulässig?

1. Bedeutung und Anwendungsbereich

306   (1) Die Methode des Fernabsatzes bringt für den Verbraucher neue Gefahren. Der Unternehmer und der Kunde begegnen sich nicht mehr persönlich und die Ware kann vor Vertragsschluß nicht geprüft werden. Die zunehmende Nutzung der modernen Kommunikationsmittel beim Vertragsschluß führte daher zum Erlaß des Fernabsatzgesetzes, welches mit der **Schuldrechtsreform** in das BGB in die §§ 312 b bis d integriert wurde und nicht abdingbar ist (§ 312 g BGB).

307   (2) Der **Fernabsatzvertrag** ist in § 312 b I BGB definiert und erfaßt Verträge über die Lieferung von Waren oder über die Erbringung von Dienstleistungen einschließlich Finanzdienstleistungen (Bank, Kredit, Geldanlage, Zahlung), die zwischen einem Unternehmer und einem Verbraucher unter

- ausschließlicher Verwendung von Fernkommunikationsmitteln

abgeschlossen werden, es sei denn, daß der Vertragsschluß nicht im Rahmen eines

- für den Fernabsatz organisierten Vertriebs- oder Dienstleistungssystems

erfolgt. Die Vorschriften zum Fernabsatz sind reines Verbraucherschutzrecht. Verträge zwischen zwei Verbrauchern werden ebensowenig erfaßt wie solche zwischen Unternehmern. Zwei Grundvoraussetzungen müssen also vorliegen: Fernkommunikationsmittel und ein organisiertes Fernabsatzsystem.

308   (3) **Fernkommunikationsmittel** sind nach § 312 b II BGB solche Kommunikationsmittel, die zur Anbahnung oder zum Abschluß eines Vertrages **ohne gleichzeitige körperliche Anwesenheit** der Vertragsparteien eingesetzt werden. Das Gesetz nennt beispielshaft

- Briefe,
- Kataloge,
- Telefonanrufe,
- Telekopien (Fax),
- E-Mails sowie
- Rundfunk, Tele- und Mediendienste (Internet).

Damit gelten die Vorschriften für Vertriebsformen wie den Katalogverkauf ebenso wie für das Teleshopping, Telefax und den Vertrieb über das Internet.

Die Voraussetzung der **Ausschließlichkeit** ist nur erfüllt, wenn sowohl für den Vertragsantrag als auch für die Annahmeklärung nur Fernkommunikationsmittel eingesetzt werden. Dabei ist es gleichgültig, ob die Parteien gleichartige oder unterschiedliche Kommunikationsmittel benutzen. Wesentlich ist das Fehlen der gleichzeitigen körperlichen Anwesenheit von Verbraucher und Unternehmer einschließlich ihrer Vertreter oder Hilfspersonen.

(4) Der Vertragsschluß muß auch in einem für den Fernabsatz **organisierten Vertriebssystems** erfolgen. Trotz fehlender physischer Begegnung liegt kein Fernabsatzvertrag vor, wenn nur ausnahmsweise oder nur gelegentlich eine Bestellung mit Telefon vom Unternehmer aufgenommen und dann im Wege des Versands abgewickelt wird. Das Gesetz formuliert insoweit einen Ausnahmetatbestand („es sei denn"), für den der Unternehmer die Beweislast trägt.   **309**

(5) In § 312 b III BGB werden von der Anwendung der Vorschriften über Fernabsatzverträge **Bereichsausnahmen** gemacht für Verträge über Fernunterricht, Teilzeitnutzung von Wohngebäuden (Time-Sharing, § 481 BGB), Versicherungen sowie deren Vermittlung, Immobilienveräußerungen, Lieferung von Lebensmitteln, Getränken und anderen Produkten des täglichen Bedarfs, Dienstleistungen in den Bereichen **Unterbringung, Beförderung und Freizeitgestaltung** sowie Automaten- und öffentliche Fernsprecherverträge. Damit werden große Bereiche, wie den Ticketverkauf im Flugverkehr, ausgenommen. Andererseits gilt § 312 b BGB nach der Umsetzung der Fernabsatz-Finanzdienstleistungsrichtlinie seit 8. 12. 2004 auch für Fernabsatzverträge bei Finanzdienstleistungen.   **310**

> Die Warenpräsentation auf der Homepage ist nur eine allgemeine Anpreisung im Sinne einer invitatio ad offerendum (vgl. Rn. 149). Daher gibt Matthias Mutig am 13. 3. mit seiner Bestellung das Vertragsangebot ab, das am folgenden Tag mit der Betätigung angenommen wird. Es liegt ein Fernabsatzvertrag nach § 312 b BGB vor, da das Fernkommunikationsmittel Internet eingesetzt wurde und keine Bereichsausnahme nach Absatz 3 vorliegt.

2. Informationspflichten

Der Verbraucherschutz wird durch ein zweistufiges Informationssystem gesichert.

(1) Nach § 312 c I BGB hat der Unternehmer rechtzeitig **vor Vertragsschluß** im Rahmen der Vertragsanbahnung – gerade bei Telefongesprächen – klar und verständlich zu informieren über   **311**

- die **Einzelheiten des Vertrages**, wie dies in § 1 I BGB-InfoV bestimmt ist (u. a. Unternehmen, Anschrift, Angebot, Vertragskonditionen, Liefer- und Versandkosten, Gewährleistungs- und Garantiebedingungen und das Widerrufsrecht), und
- den geschäftlichen **Zweck des Vertrages**.

Bei Gesprächen im Telefonmarketing muß der Unternehmer seine Identität und den geschäftlichen Zweck des Vertrages bereits zu Beginn des Gesprächs ausdrücklich offenlegen. Verletzt der Unternehmer diese Pflicht, haftet er auf Schadensersatz aus §§ 280, 311 II BGB aus Verschulden bei Vertragsschluß (vgl. Rn. 381 ff.).

(2) Darüber hinaus müssen dem Verbraucher diese Informationen alsbald **nach Vertragsschluß** in Textform, spätestens bis zu vollständigen Erfüllung des Vertrages, bei Waren spätestens bei der Lieferung, mitgeteilt werden (§ 312 c II BGB).   **312**

Schaubild 36: *Muster für die Widerrufsbelehrung (Anl. 2)*

Widerrufsbelehrung

Widerrufsrecht

Sie können Ihre Vertragserklärung innerhalb von [zwei Wochen] ohne Angabe von Gründen in Textform (z. B. Brief, Fax, E-Mail) [oder – wenn Ihnen die Sache vor Fristablauf überlassen wird – durch Rücksendung der Sache] widerrufen. Die Frist beginnt nach Erhalt dieser Belehrung in Textform. Zur Wahrung der Widerrufsfrist genügt die rechtzeitige Absendung des Widerrufs [oder der Sache]. Der Widerruf ist zu richten an:

Widerrufsfolgen

Im Falle eines wirksamen Widerrufs sind die beiderseits empfangenen Leistungen zurückzugewähren und ggf. gezogene Nutzungen (z. B. Zinsen) herauszugeben. Können Sie uns die empfangene Leistung ganz oder teilweise nicht oder nur in verschlechtertem Zustand zurückgewähren, müssen Sie uns insoweit ggf. Wertersatz leisten. [Bei der Überlassung von Sachen gilt dies nicht, wenn die Verschlechterung der Sache ausschließlich auf deren Prüfung – wie sie Ihnen etwa im Ladengeschäft möglich gewesen wäre – zurückzuführen ist. Im Übrigen können Sie die Pflicht zum Wertersatz für eine durch die bestimmungsgemäße Ingebrauchnahme der Sache entstandene Verschlechterung vermeiden, indem Sie die Sache nicht wie Ihr Eigentum in Gebrauch nehmen und alles unterlassen, was deren Wert beeinträchtigt. Paketversandfähige Sachen sind auf unsere [Kosten und] Gefahr zurückzusenden. Nicht paketversandfähige Sachen werden bei Ihnen abgeholt.] Verpflichtungen zur Erstattung von Zahlungen müssen innerhalb von 30 Tagen erfüllt werden. Die Frist beginnt für Sie mit der Absendung Ihrer Widerrufserklärung [oder der Sache], für uns mit deren Empfang.

Besondere Hinweise

Finanzierte Geschäfte

(Ort), (Datum), (Unterschrift des Verbrauchers)

Die ersten 9 der 11 Informationspflichten aus § 1 I BGB-InfoV hat der Unternehmer dem Kunden in **Textform und** in einer **hervorgehobenen und deutlich gestalteten Form** mitzuteilen (§ 1 III BGB-InfoV). Die Information nach § 312 c II BGB und die Widerrufsbelehrung können in einem Text zusammengefasst werden. Verwendet der Unternehmer das Muster der Anlage 2 zu § 14 BGB-InfoV, genügt seine Belehrung den gesetzlichen Anforderungen. Eine Unterschrift des Verbrauchers ist nicht mehr erforderlich.

3. Widerrufsrecht

313   (1) Auch bei Fernabsatzverträgen hat der Verbraucher ein **zweiwöchiges** Widerrufsrecht ohne Angabe von Gründen (§ 312 d I und §§ 355, 356 BGB, vgl. Rn. 439 ff.). Abweichend von § 355 II 1 BGB **beginnt** die Widerrufsfrist nicht vor Erfüllung der Informationspflichten nach § 312 c II BGB, bei Lieferung von Waren nicht vor dem Tag ihres Eingangs beim Empfänger, bei der wiederkehrenden Lieferung gleichartiger Waren nicht vor dem Tag des Eingangs der ersten Teillieferung (§ 312 d II BGB).

(2) Das Widerrufsrecht erlischt trotz Ablauf der 6-Monatsfrist des § 355 III BGB nicht, wenn der Verbraucher **nicht oder nicht ordnungsgemäß belehrt** worden ist. Nach § 355 III 3 BGB gilt das Gleiche, wenn der Unternehmer bei Fernabsatzverträgen über Finanzdienstleistungen seine Mitteilungspflichten aus § 312 c II BGB nicht ordnungsgemäß erfüllt hat.

(3) Das Widerrufrecht besteht nach § 312 d IV BGB grundsätzlich **nicht** bei Fernabsatzverträgen für

- Waren, die nach **Kundenspezifikation** angefertigt oder eindeutig auf die persönlichen Bedürfnisse zugeschnitten sind (z. B. T-Shirt mit persönlichem Aufdruck) oder aufgrund ihrer Beschaffenheit nicht für die Rücksendung geeignet sind oder schnell verderben können oder deren Verfalldatum überschritten würde,
- **Audio- oder Videoaufzeichnungen** und **Software**, sofern die gelieferten Datenträger entsiegelt worden sind,
- **Zeitungen, Zeitschriften und Illustrierten**,
- **Wett- und Lotteriedienstleistungen** oder
- **Versteigerungen** (§ 156 BGB), hierunter fallen aber nicht Internet-Auktionen für die ein Widerrufsrecht besteht.

(4) Liegt **sowohl** ein **Fernabsatzvertrag** vor als auch die Voraussetzungen des **elektronischen Geschäftsverkehrs** nach § 312 e BGB (vgl. näher Rn. 164 ff.), sind die jeweiligen Pflichten **kumulativ** zu erfüllen. Auch beginnt dann die Frist für das Widerrufsrecht erst zu laufen, wenn auch die Informationspflichten des § 312 e I 1 BGB erfüllt sind (§ 312 e III BGB).

(5) Der Verkäufer kann dem Verbraucher die **Rücksendekosten** bei einem Warenwert bis zu € 40 auferlegen. Der Gesamtbestellwert spielt keine Rolle. Bei einem Warenwert über € 40 muss der Unternehmer die Rücksendekosten übernehmen, sofern der Verbraucher bezahlt oder zumindest angezahlt hat (§ 357 II 3 BGB, vgl. Rn. 441).

> Im Fall 1 war der Widerruf durch M nach §§ 312 d I, 355, 356 BGB zulässig. Das Begleitschreiben genügt der in § 312 c II BGB vorgeschriebenen Textform (§ 126 b BGB), da die Schriftform als höherwertige Form die geforderte Textform einschließt. Das Unternehmen S hat es jedoch unterlassen, die in § 1 III BGB-InfoV genannten vier Informationen „in einer hervorgehobenen und deutlich gestalteten Form", also fett gedruckt oder in größerer Schrift oder eingerahmt zu präsentieren. Daher begann keine Widerrufsfrist zu laufen (§§ 312 d II, 355 III BGB).

Merksätze

1. **Haustürgeschäfte** (§§ 312, 312 a BGB)
   - **Anwendungsbereich**
     - Vertrag zwischen Unternehmer und Verbraucher
     - entgeltliche Leistung
     - Haustürgeschäft
       * mündliche Verhandlungen an Arbeitsplatz oder in Privatwohnung
       * Freizeitveranstaltung
       * Ansprechen in Verkehrsmittel/Verkehrswege
     - Ausnahmen
       * Versicherungsvertrag
       * Initiative des Verbrauchers
       * Vollzogenes Kleingeschäft bis € 40
       * Notarielle Beurkundung
   - **Rechtsfolgen**
     - Belehrungspflicht des Unternehmers
     - Widerrufs- und Rückgaberecht binnen 2 Wochen (§§ 312, 355, 356 BGB)

2. Fernabsatzverträge (§§ 312 b bis 312 g BGB)
- **Fernabsatzvertrag (§ 312 b BGB)**
  - Vertrag zwischen Unternehmer und Verbraucher
  - Fernkommunikationsmittel mit organisiertem Vertriebs- oder Dienstleitungssystem
  - Bereichsausnahmen greifen nicht ein (§ 312 b III BGB)
- **Informationspflichten** (zweistufig)
  - § 312 c BGB bei Vertragsanbahnung
  - § 1 III BGB-InfoV in Textform und hervorgehobener, deutlich gestalteter Form nach Vertragsschluss
- **Rechtsfolgen**
  - Widerrufs- und Rückgaberecht binnen 2 Wochen (§§ 312 d I, 355, 356 BGB)
  - Ausschluss des Widerrufsrechts in den Fällen des § 312 d IV BGB
  - Widerrufsfrist läuft nur, wenn
    - ✳ Informationspflichten erfüllt
    - ✳ Ware geliefert
    - ✳ Widerrufsbelehrung in Textform

3. Leitentscheidungen
- **Bürgschaft als Haustürgeschäft**
  - BGH, 14. 5. 1998, NJW 1998, 2356

§ 11

Schadensersatzpflicht

Lernziele:

Nachdem Sie dieses Kapitel 11 durchgearbeitet haben, können Sie
- unterscheiden zwischen Schadensersatzansprüchen aus Vertrag und Gesetz.
- die Schadensarten Wiederherstellung und Geldersatz, unmittelbarer und mittelbarer Schaden, materieller und immaterieller Schaden erläutern.
- die wesentlichen Grundlagen der Kausalität zwischen Pflichtverletzung und Schaden darlegen.
- klarmachen wie sich schadensmindernde Faktoren wie Vorteilsausgleichung und Mitverschulden des Geschädigten auswirken.

I. Arten des Schadensersatzanspruchs

1. Vertragliche und gesetzliche Ansprüche

314   **Fall 1**: Der Kraftfahrer K verletzt fahrlässig den Fußgänger F im Straßenverkehr. Welche Rechtsfolge tritt ein?

Zu den wichtigsten Ansprüchen des Schuldrechts gehören die Schadensersatzansprüche (vgl. Rn. 273). Wer durch sein Verhalten einen Schaden eines anderen verursacht, ist zum Schadensersatz verpflichtet. Schadensersatzansprüche können dabei sowohl aus **vertraglichen** als auch **gesetzlichen Anspruchsgrundlagen** entstehen.

> **Beispiele:** § 286 BGB bei Verzug des Schuldners mit der Lieferung der Ware, § 823 I BGB bei einer unerlaubten Handlung eines Schädigers

Ist ein Schadensersatzanspruch erst einmal entstanden, richtet sich der **Umfang der Haftung** nach den **§§ 249 ff. BGB** des Allgemeinen Schuldrechts. Diese Vorschriften haben eine „**Hilfsfunktion**", da sie zentral den **Schadensumfang** regeln, nachdem die Verpflichtung zum Schadensersatz selbst aus anderen Vorschriften innerhalb und außerhalb des BGB begründet worden ist. Diese Anspruchsgrundlagen ordnen also nur an, „**ob**" unter bestimmten Voraussetzungen überhaupt Schadensersatz zu leisten ist, während §§ 249 ff. BGB das „**Wie**" und damit die Höhe des Schadens regeln.

> F hat im Fall 1 gegen K einen Schadensersatzanspruch aus der Anspruchsgrundlage § 823 I BGB. Der Tatbestand ist die Körperverletzung, die auch widerrechtlich erfolgte, da kein Rechtfertigungsgrund ersichtlich ist. Die angeordnete Rechtsfolge ist Schadensersatz, dessen Höhe sich grundsätzlich nach §§ 249 ff. iVm den Spezialschadensvorschriften §§ 842 ff. BGB richtet. Weitere Anspruchsgrundlage ist § 823 II BGB i. V. m § 229 StGB.

2. Schadensbegriff

Schaden ist jede **unfreiwillige Einbuße** an Gütern einer Person. Im Gegensatz **315** dazu werden freiwillige Opfer als Aufwendungen (z. B. Spesen) bezeichnet (vgl. Rn. 274). Dabei wird die Schadenshöhe dadurch ermittelt, daß man die gegenwärtige Lage mit der Lage ohne das Schadensereignis vergleicht. Die **Differenz zwischen beiden Güterlagen** ist dann der Schaden (Differenzmethode). Hierbei spielt es keine Rolle, was **Objekt des Schadens** ist wie der Körper, die Gesundheit oder das Vermögen.

> Daher gehören zum Differenzschaden bei einer Körperverletzung (Fall 1) nicht nur die Kosten der Heilbehandlung, die Mehraufwendungen infolge der Verletzung, die Umschulungskosten, die Kosten für Gericht bzw. Rechtsanwalt, sondern auch der Verdienstausfall und der entgangene Gewinn (§ 252 BGB).

II. Art und Umfang des Schadensausgleichs

Die §§ 249 ff. BGB unterscheiden zwischen zwei Arten des Schadensausgleichs: **316**
- **Naturalrestitution** durch Herstellung einer wirtschaftlich vergleichbaren Lage in Natur (§ 249 I BGB) und
- **Geldersatz** (§§ 249 II, 251, 252 BGB).

> **Fall 2**: S, Inhaber einer Kfz-Werkstatt, hat fahrlässig den Privatwagen des G im Straßenverkehr durch Vorfahrtverletzung beschädigt. S will das beschädigte Fahrzeug in seiner eigenen Werkstatt instand setzen. G lehnt dies ab und verlangt € 2000 für Reparaturkosten und € 250 als Minderwert. Zu Recht?

1. Naturalrestitution

Grundsätzlich muß vom Schuldner der Zustand wiederhergestellt werden, der ohne das schadensstiftende Ereignis bestehen würde (§ 249 I BGB). Damit ist die Herstellung eines **wirtschaftlich gleichwertigen Zustands** gewollt.

Beispiele: Tatsächliche Reparatur eines Kfz, Verschaffung einer gleichwertigen Gattungssache, Widerruf einer ehrverletzenden Äußerung

Schaubild 37: *Schadensersatzansprüche*

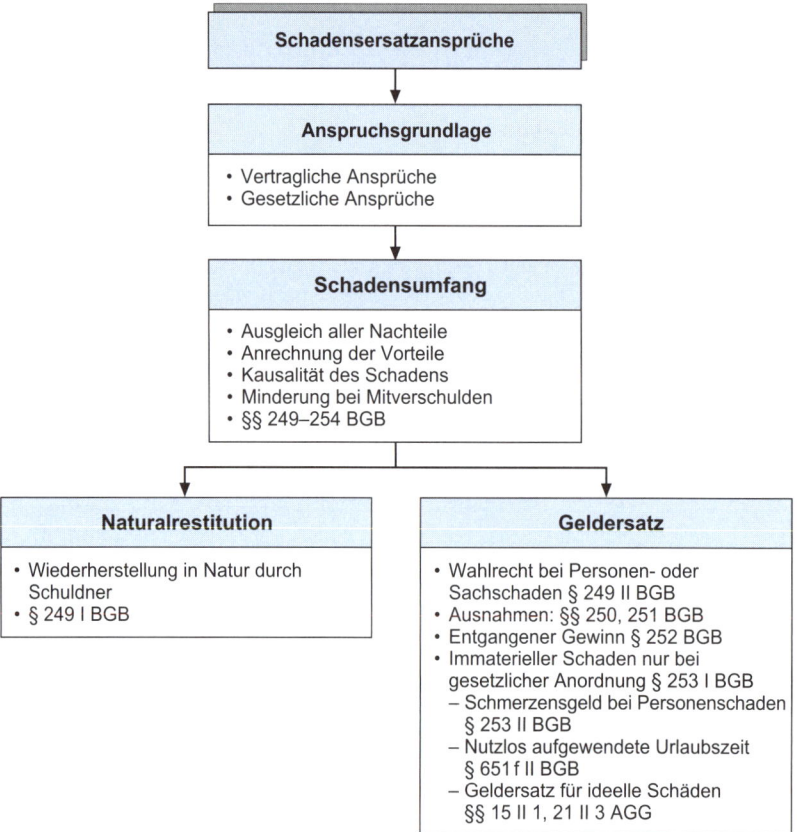

2. Geldersatz

317   In der Praxis überwiegt der Schadensausgleich durch Geldersatz nach §§ 249 II, 250, 251 ff. BGB, weil der Schadensersatz durch Naturalrestitution mit Schwierigkeiten verbunden ist.

(1) Bei **Sach- oder Personenschäden** kann der Gläubiger statt der Naturalherstellung sofort den dazu erforderlichen Geldbetrag verlangen (**Ersetzungsbefugnis nach § 249 II BGB**). Dadurch hat der Geschädigte die Möglichkeit, den Schaden auf Kosten des Schädigers selbst zu beheben. Bei Sachschäden steht es dem Geschädigten frei, ob er das erhaltene Geld tatsächlich zur Wiederherstellung verwendet oder nicht (fiktive Reparaturkosten). Eine Zweckbindung besteht dagegen bei Personenschäden.

> Im Fall 2 kann G von S die Reparaturkosten von € 2000 verlangen. Insoweit hat bei Sach- oder Personenschäden G ein Wahlrecht (§ 249 II BGB). S hat den Betrag auch dann zu zahlen, wenn G von Anfang an entschlossen ist, den Schaden nicht zu beheben oder wenn er die Reparatur kostengünstig selbst durchführt bzw. das Kfz unrepariert veräußert. Die Umsatzsteuer kann nur verlangt werden, wenn und soweit sie tatsächlich durch Reparatur angefallen ist.

Beispiele: Als erstattungsfähige **Herstellungskosten bei einem Kfz-Unfall** kommen in Betracht:
- Reparaturkosten einschließlich Werkstattrisiko,
- Bei Totalschaden nur Ersatz des Wiederbeschaffungswerts (Reparaturkosten bis zu 30 % höher als Wiederbeschaffungswert zulässig, BGH NJW 2007, 588),
- Mietwagenkosten,
- Finanzierungskosten, wenn Schädiger nicht zahlt,

- Bei Neuwagen bis 1000 km Abrechnung auf Neuwagenbasis,
- Abschleppkosten zur nächsten Werkstatt,
- Kosten für Gutachten ab ca. € 500 Sachschaden,
- Nutzungsausfall,
- Schadenspauschale von ca. € 20.

(2) Der Geschädigte kann aber auch bei Sach- oder Personenschäden **zunächst** auf **Naturalrestitution** bestehen und dem Schädiger hierfür eine **Frist mit Ablehnungsandrohung** setzen. Läuft diese Frist ab, kann er Schadensersatz in Geld verlangen (§ 250 BGB).

(3) Soweit die **Naturalrestitution nicht möglich** oder ungenügend ist, muß der Schädiger von vornherein den Gläubiger in Geld entschädigen (§ 251 I BGB). Dies gilt auch, wenn die Herstellung nur mit **unverhältnismäßig hohen Kosten** möglich ist (§ 251 II BGB).

(4) Nach § **252 BGB** ist auch der **entgangene Gewinn** des Geschädigten zu ersetzen. Hierunter fallen alle Vermögensvorteile, die im Zeitpunkt des schädigenden Ereignisses noch nicht zum Vermögen des Verletzten gehörten, die ihm aber ohne dieses Ereignis zugeflossen wären. Da der entgangene Gewinn schwer zu beweisen ist, gilt nach § 252 S. 2 BGB die **Beweiserleichterung**, daß der Gewinn als entgangen gilt, der nach dem gewöhnlichen Lauf der Dinge erwartet werden konnte.

(5) Der Schaden ist grundsätzlich **konkret zu berechnen**. Wer also einen Schadensersatzanspruch geltend macht, muß nicht nur die Tatsachen, aus denen sich der Tatbestand der Haftungsnorm ergibt, beweisen (z. B. § 823 I BGB, vertragliche Pflichtverletzung), sondern konkret den Eintritt einer Vermögensminderung und ihre Höhe.

> **Beispiel**: Der Käufer muß wegen Nichtlieferung der Ware zu einem höheren Preis einen Deckungskauf tätigen. Die Differenz zwischen dem Preis des Deckungsgeschäfts und dem Vertragspreis ist dann der konkrete Schaden.

Nur in Ausnahmefällen kann der Geschädigte seinen Schaden „**abstrakt**", d. h. unabhängig von den besonderen Umständen des Schadensverlaufs, berechnen.

> **Beispiele**: 5 % über Basiszinssatz als Verzugszinsen (§ 288 I BGB), Marktpreis bei Fixgeschäft (§ 376 II HGB), Stornopauschale bei Reiseveranstaltung (§ 651i III BGB), Schadenspauschalierungen in AGB im Rahmen von § 309 Nr. 5 BGB

3. Schadensarten

a) Unmittelbarer und mittelbarer Schaden

Das BGB sieht sowohl den Ersatz des unmittelbaren als auch des mittelbaren **318** Schadens vor. **Unmittelbarer Schaden** ist der am **verletzten Einzelgut** selbst entstandene Schaden (z. B. Reparaturkosten am Kfz), **mittelbarer Schaden** der an anderen, nicht selbst betroffenen Gütern, insbesondere am Vermögen (**Folge-schaden**).

> **Beispiel**: Wer für den Ausfall einer Heizungsanlage verantwortlich ist, hat nicht nur die-se zu reparieren, sondern auch einen Wasserschaden zu ersetzen, der durch einen Rohr-bruch entsteht. Werden dabei Warenvorräte beschädigt, die der Geschädigte verkaufen wollte, dann ist auch der entgangene Gewinn zu ersetzen (§ 252 BGB). Zu ersetzen sind auch die Kosten der Rechtsverfolgung.

b) Materieller, immaterieller Schaden und Schmerzensgeld

319   (1) Soweit Schadensersatz in Geld zu leisten ist, trennt das BGB weiter zwischen dem **Vermögensschaden** und dem **Nichtvermögensschaden**. Vermögensscha-den ist der an materiellen Gütern, Nichtvermögensschaden der an immateriellen Gütern (z. B. Schmerz, Ehre, Wohlbefinden) entstandene Schaden, für den nach **§ 253 I BGB** grundsätzlich nur Ersatz verlangt werden kann, wenn dies das Ge-setz ausdrücklich zuläßt. Dadurch soll vermieden werden, daß immaterielle Werte wie Liebhaberinteressen auf dem Umweg über das Schadensrecht zu Geld gemacht werden.

> **Beispiele**: Geldersatz bei geschlechtsbezogener Benachteiligung (§ 15 II AGG); Scha-densersatz für nutzlos aufgewendete Urlaubszeit (§ 651 f II BGB)

Durch die Neuregelung des Schadensersatzes im Jahre 2002 wurde in § 253 II BGB ein **allgemeiner Anspruch auf Schmerzensgeld** bei Verletzung des Kör-pers, der Gesundheit, der Freiheit oder der sexuellen Selbstbestimmung einge-führt. Dieser gilt sowohl bei der verschuldensabhängigen deliktischen und ver-traglichen Schadensersatzhaftung, als auch bei der verschuldensunabhängigen Gefährdungshaftung. § 253 II BGB stellt daher keine eigenständige Anspruchs-grundlage dar, sondern nur in Verbindung mit einer

- **Vertragsverletzung** oder
- **unerlaubten Handlung** oder
- Verletzung einer **Gefährdungshaftung**.

Über den Wortlaut des § 253 BGB hinaus wird aus verfassungsrechtlichen Grün-den bei schwerwiegenden Verletzungen des allgemeinen **Persönlichkeitsrechts** (Art. 1 GG) ebenfalls ein Schmerzensgeld gewährt.

320   (2) Gleichwohl ist in der Rechtsprechung eine **Tendenz zur Ausweitung des er-satzfähigen Vermögensschadens** erkennbar.

Allgemein anerkannt ist die Ersatzfähigkeit des **merkantilen Minderwerts**. Eine durch einen Unfall erheblich beschädigte Sache (z. B. ein Kfz) wird trotz Behe-bung der technischen Schäden auf dem Markt geringer bewertet, als wenn es nicht beschädigt worden wäre. Diese Differenz hat der Schädiger zusätzlich zu den Re-paraturkosten nach § 249 I BGB als Vermögensschaden nach § 251 I BGB zu er-setzen, ohne daß es darauf ankommt, ob der Geschädigte die Sache veräußert oder weiterbenutzt.

> Im Fall 2 hat S dem G den merkantilen Minderwert des reparierten Kfz zu ersetzen, wenn der Pkw nicht älter als 5 Jahre ist bzw. die Fahrleistung unter 100 000 km beträgt. Die Berechnung selbst ist umstritten (z. B. je nach Alter 50–25 % der für den Minder-wert ausschlaggebenden Kosten).

Entgangene Gebrauchsvorteile sind ebenfalls zu ersetzen. Es entspricht ständiger Rechtsprechung, daß der vorübergehende Verlust der Gebrauchsmöglichkeit an einem Privatwagen oder einem anderen zentralen Wirtschaftsgut (z. B. Wohnung) auch dann ersatzfähig ist, wenn der Geschädigte keinen Ersatz anmietet. Voraussetzung ist aber, daß die Beeinträchtigung der Gebrauchsmöglichkeit sich für den Pkw-Eigentümer als „**fühlbarer**" wirtschaftlicher Nachteil ausgewirkt hat, was voraussetzt, daß das Fahrzeug ohne Unfall während der Ausfallzeit eingesetzt worden wäre. Erforderlich ist daher ein **Nutzungswille** und eine **hypothetische Nutzungsmöglichkeit**. Hätte z. B. der Eigentümer den Pkw wegen unfallbedingter Verletzungen nicht nutzen können, besteht kein Ersatzanspruch.

Im Fall 2 kann daher G von S auch Nutzungsausfall für die Reparaturzeit, entsprechend einem tabellarisch festgestellten Wert, verlangen.

III. Kausalität des Schadens

Die Zurechnung eines Schadens setzt einen Kausalzusammenhang zwischen dem haftbarmachenden Verhalten des Schädigers und dem Schaden voraus. Ausgangspunkt ist das Prinzip der Totalentschädigung.

1. Grundsatz der Totalentschädigung

Hat der Schädiger nach einer Anspruchsgrundlage für die Folgen seines Verhaltens einzustehen, so sind alle durch das Schadensereignis verursachten Schäden in **voller Höhe** zu ersetzen. Das gilt auch, wenn der Schädiger auf das Ausmaß des Schadens keinen Einfluß hat. Allerdings gibt es auch Schadensfolgen, die so weit vom Fehlverhalten des Schädigers entfernt sind, daß man sie ihm gerechterweise nicht mehr zurechnen kann. **321**

2. Zurechnung

Fall 3: Bei einem Verkehrsunfall wird G durch S fahrlässig so schwer verletzt, daß dieser 3 Tage im Krankenhaus bewußtlos ist. Daher kann G ein Geschäft mit einer Gewinnerwartung von € 10000 nicht abschließen. G verlangt von S diesen Betrag. Zu Recht? **322**

Der Schädiger ist nur für solche Schäden ersatzpflichtig, die ursächlich auf seine Handlung zurückzuführen sind. Der Verursachungszusammenhang wird auch Kausalität genannt.

a) Äquivalenztheorie

Nach der sog. Äquivalenztheorie können Folgeschäden dem Verursacher dann zugerechnet werden, wenn die Verletzungshandlung im **naturwissenschaftlichen Sinn kausal** ist. Als kausal gilt hierbei **jede Ursache**, die nicht hinweggedacht werden kann, ohne daß der Erfolg entfiele (**conditio sine qua non**). Im Privatrecht eignet sich diese Äquivalenztheorie nur zur Feststellung der äußersten Grenze der Schadenszurechnung, da sie **jede Bedingung als Ursache** akzeptiert. Dieser Kausalbegriff kann zu einer endlosen Kausalkette führen.

> **Beispiel**: Der Verkehrsunfall führt im Fall 3 zur Bewußtlosigkeit, diese zu dem verpaßten Geschäftsabschluß. Zwischenzeitlich verhungert zu Hause der Hund des G. Darauf kommt G in psychiatrische Behandlung und stürzt dort auf einer Treppe, wonach eine Beinprothese notwendig wird.

Anders als im Strafrecht – wo diese Theorie angewendet wird – haftet der Schädiger teilweise aber auch ohne Verschulden für Schadensfolgen insbesondere bei Gefährdungstatbeständen (vgl. Rn. 655) und im Versicherungsrecht. Daher ist die Äquivalenztheorie nicht alleine ein ausreichendes Kriterium für die Schadenszurechnung.

> Im Fall 3 ist der von S verursachte Verkehrsunfall eine Bedingung, die nicht hinweggedacht werden kann, ohne daß die Schadensfolge des Krankenhausaufenthalts mit der Bewußtlosigkeit und dem entgangenen Gewinn entfiele. In diesem Sinne sind sämtliche Folgen von S verursacht worden.

b) Adäquanztheorie

323   Um eine uferlose Ausweitung der Schadensersatzpflicht zu verhindern, gilt heute als zulässige Einschränkung grundsätzlich die Adäquanztheorie. Danach ist die Bedingung ursächlich, die nach dem regelmäßigen Lauf der Dinge generell zur Herbeiführung eines Erfolges geeignet war. Ganz unwahrscheinliche Schadensfolgen werden danach aus der Ersatzpflicht ausgenommen. Dagegen sind alle **nicht unwahrscheinlichen Schäden adäquat verursacht.**

> Im Fall 3 liegt weder die Bewußtlosigkeit noch der entgangene Gewinn außerhalb aller Wahrscheinlichkeit. Der im Beispiel vorgenannte Verlust des Hundes ist sicher auch noch im Bereich der Lebenserfahrung, nicht jedoch die psychiatrische Behandlung und deren Folgen, wenn sie durch den Verlust des Hundes ausgelöst wurden.

Adäquate Schadenskausalität haben die Gerichte bejaht bei

- Entstehen **schwerer Schäden**, weil der Verletzte eine geschwächte Konstitution hatte,
- Schäden durch **unsachgemäßes Eingreifen helfender Dritter** (z. B. ärztlicher Kunstfehler),
- Schäden aus **erneuten Unfällen** (Sturz im Krankenhaus).

c) Schutzzweck der Norm

324   **Fall 4**: Im Fall 3 erleidet G eine Kopfverletzung. Der behandelnde Arzt stellt eine verborgene Arteriesklerose des G fest, die zu dessen vorzeitiger Pensionierung als Beamter führt. G verlangt von S Schadensersatz wegen der Minderung der Bezüge.

In bestimmten Fällen ist es auch bei Vorliegen adäquater Kausalität nicht sachgerecht, dem Schädiger den Schaden zuzurechnen. Daher bedarf die Adäquanztheorie einer Ergänzung durch eine **wertende Betrachtung**: Folgeschäden werden nur ersetzt, wenn die vom Schädiger übertretene **Verhaltensnorm gerade diese Schäden verhindern will**, sie also unter den Schutzzweck der Norm fallen.

> S haftet für diesen Schaden nicht nach § 823 I BGB, weil unabhängig davon, wie hoch die Wahrscheinlichkeit ist, daß nach einem Unfall bereits vorhandene Krankheiten entdeckt werden, die Straßenverkehrsvorschriften nicht die Verhinderung einer derartigen Entdeckung bezwecken wollen. Dieser Schaden liegt im eigenen Lebensrisiko.

IV. Schadensmindernde Faktoren

1. Vorteilsausgleichung

(1) Der Schadenseintritt hat für den Geschädigten oftmals nicht nur Nachteile, **325** sondern auch Vorteile. Im Wege der Vorteilsausgleichung wird ermittelt, inwieweit diese Vorteile auf den Schaden anzurechnen sind.

Die Gerichte haben dazu folgende **Fallgruppen** gebildet. Eine **Anrechnung** von Vorteilen erfolgt bei

- **ersparten Eigenaufwendungen** (z. B. Lebenshaltungskosten während Klinikaufenthalt, Eigenersparnis von 15 % bei Mietwagenkosten),
- **Ansprüchen des Geschädigten gegen Dritte**, die abgetreten werden müssen, soweit der Schädiger den Schaden insgesamt ersetzt (z. B. Werkstattrisiko),
- **Wertsteigerungen** (z. B. Abzug „Neu für Alt" bei Pkw-Reparaturen, nicht bei Fahrleistung unter 1000 km).

(2) Eine Vorteilsausgleichung findet dagegen nicht statt bei   **326**

- **freiwilligen oder arbeitsvertraglich geschuldeten Zahlungen** des früheren Arbeitgebers oder eines Dritten,
- **schadensmindernde Leistungen des Geschädigten**, soweit sie über § 254 II BGB hinausgehen, ansonsten schon,
- **steuerlichen Vorteilen**, soweit sie dem Geschädigten nur zufließen, weil er eine Verletzung erlitten hat (z. B. Behindertenpauschale),
- Leistungen aus einer privaten **Lebens- oder Unfallversicherung**.

2. Mitverschulden des Geschädigten

Fall 5: G erleidet bei einem von S verschuldeten Verkehrsunfall eine schwere Augen-   **327** verletzung. G trug als Fahrer keinen Sicherheitsgurt. S will nur 50 % des Körperschadens von G ersetzen. Zu Recht?

Nach § 254 BGB ist die Ersatzpflicht des Schädigers eingeschränkt, wenn bei der

- **Entstehung** oder
- **Weiterentwicklung**

des Schadens ein **Mitverschulden des Geschädigten** vorliegt. Dadurch wird der Ersatzanspruch zwar nicht ausgeschlossen, doch muß der Geschädigte dann einen Teil des Schadens selbst tragen. In welchem **prozentualen Quotenverhältnis** die Schadensaufteilung erfolgt, hängt vom Grad des vorwerfbaren Verstoßes gegen die eigenen Interessen ab, somit vom Einzelfall.

Beispiele: Nichtabschließen einer Wohnung bei Diebstahl, Mitführen von Scheck und Karte zusammen in Brieftasche bei Scheckbetrug, Mitfahrt bei erkennbar fahruntauglichem Fahrer, Nichtunterziehen einer einfacheren, aber aussichtsreichen Operation

Im Fall 5 hat G es unterlassen, den Sicherheitsgurt anzulegen. Damit handelte er gegen seine eigenen Interessen (Obliegenheitsverletzung) und hat nicht seiner **Schadensminderungspflicht** genügt.

Merksätze

1. **Schadensersatzansprüche** können sich ergeben aus
   - vertraglichen Anspruchsgrundlagen
   - gesetzlichen Anspruchsgrundlagen

2. **Schadensbegriff:** unfreiwillige Einbuße an Gütern einer Person

3. **Art und Umfang des Schadensausgleichs**
   - Grundsatz der Naturalrestitution (Wiederherstellung), § 249 I BGB
   - Geldersatz bei Personen- oder Sachschäden (§§ 249 II, 250, 251 BGB)

4. **Schadensarten:** Zu ersetzen sind
   - **unmittelbarer Schaden** (am verletzten Einzelgut) und **mittelbarer Schaden** (Folgeschaden)
   - **materieller Schaden** (Vermögensschaden) und **immaterieller Schaden** (Nichtvermögensschaden) in gesetzlichen angeordneten Fällen (allgemeiner Schmerzensgeldanspruch in § 253 II BGB, neu!)

5. **Kausalität des Schadens** setzt Ursächlichkeit voraus nach
   - **Äquivalenztheorie** (Bedingungstheorie: jede Bedingung ist kausal) und
   - **Adäquanztheorie** (Schaden nur kausal, wenn er wahrscheinlich ist) und unter den
   - **Schutzzweck der Norm** fällt (Norm will gerade **diesen** Schaden verhindern)

6. **Schadensmindernde Faktoren**
   - **Vorteilsausgleichung** bei
     - ersparten Eigenaufwendungen
     - Ansprüchen des Geschädigten gegen Dritte
     - Wertsteigerungen wie Abzug „neu für alt"
   - **Mitverschulden des Geschädigten** (§ 254 BGB) führt zu prozentualer Minderung des Schadens bei
     - Entstehung des Schadens oder
     - Weiterentwicklung (Schadensminderungspflicht)

7. **Leitentscheidungen**
   - **Ersatz fiktiver Wiederherstellungskosten**
     BGH, 14. 1. 1986, BGHZ 97, 14 = NJW 1986, 1538
   - **Nutzungsausfall**
     BGH, 9. 7. 1986, BGHZ 98, 212 = NJW 1987, 50
   - **Schadensersatz durch Ladendieb**
     BGH, 6. 11. 1979, BGHZ 75, 230 = NJW 1980, 119

---

§ 12

Leistungsstörungen

Lernziele:

Nachdem Sie dieses Kapitel 12 durchgearbeitet haben, können Sie
- den Begriff der Pflichtwidrigkeit des Schuldners und die hierzu gehörenden Leistungsstörungen abgrenzen.
- die Rechtsfolgen aller Leistungsstörungen unterscheiden: einmal Schadensersatz statt der Leistung bzw. wegen Verzögerung und zum Anderen den Rücktritt vom Vertrag.
- darlegen, daß das Vertetenmüssen des Schuldners Grundvoraussetzung für Schadensersatz ist.

- die vier Pflichtverletungen der Unmöglichkeit, des Schuldnerverzugs, der Schlechtleistung (cic) bei Vertragsschluss bzw. bei Verletzung von Schutz- und Nebenpflichten (pVV) entwickeln.
- den Gläubigerverzug und die Anpassung des Vertrages wegen Wegfall der Geschäftsgrundlage darlegen.

I. System der Leistungsstörungen

1. Leistungshindernisse und Prüffolge

Fall 1: Der Baumaschinenhändler V hat aufgrund Kaufvertrags vom 2. 4. einen Baukran an den Bauunternehmer K bei einem Preis von 1 Mio. € zum 1. 6. frei Baustelle des K zu liefern. Welche Störungen können bei der Vertragsabwicklung auftreten?   **328**

(1) In der Regel kommt der Schuldner seinen Pflichten aus dem Schuldverhältnis nach, in dem er diese ordnungsgemäß erfüllt. So hat bei einem Kaufvertrag über die Lieferung eines Baukrans der Käufer einen Anspruch gegen den Verkäufer auf Übereignung des Krans, während andererseits der Verkäufer vom Käufer den vereinbarten Kaufpreis verlangen kann (§ 433 BGB). Was aber geschieht, wenn die Leistung verspätet, überhaupt nicht oder nur mit Mängeln behaftet erbracht wird? Bei der Abwicklung von vertraglichen und gesetzlichen Schuldverhältnissen können daher Leistungsstörungen auftreten. Sie können sich auf Haupt- oder Nebenpflichten beziehen und vor Beginn des Schuldverhältnisses, während seiner Durchführung und nach seiner Beendigung eintreten. So enthält das allgemeine Schuldrecht für

- **alle Arten von Schuldverhältnissen**
  die Vorschriften der §§ 275 bis 292 BGB über allgemeine Leistungsstörungen,
- **speziellere Regelungen**
  über vertragliche Leistungsstörungen in §§ 311 ff. BGB,
- **gegenseitige Verträge**
  die §§ 320 bis 326 BGB für den Rücktritt und die Gegenleistung, während
- **das Kauf- und Werkvertragsrecht**
  noch Spezialregeln für Sach- und Rechtsmängel kennt, welche in das System der allgemeinen Leistungsstörungen integriert sind.

Das Miet- und das Reisevertragsrecht regeln die Haftung des Vermieters bzw. des Reiseveranstalters für Mängel in § 536 a BGB und §§ 651 c bis f BGB eigenständig ohne Anknüpfung an das allgemeine Leistungsstörungsrecht.

(2) Leistungsstörungen gibt es nur bei einem vertraglichen oder gesetzlichen **329** Schuldverhältnis zwischen einem Gläubiger und einem Schuldner. Bei der Prüfung der Leistungsstörungen ist im **ersten Schritt ein Schuldverhältnis** zu bejahen. Es ist also die **Primärleistungspflicht** festzustellen. Hierbei ist bei einem vertraglichen Schuldverhältnis wegen des Vorrangs der Vertragsfreiheit zu fragen, welche – rechtswirksamen – Regelungen für Vertragsstörungen durch Individualvereinbarungen oder durch AGB getroffen wurden.

Im Fall 1 liegt das Schuldverhältnis des Kaufvertrages nach § 433 BGB vor, wonach der Schuldner V die Primärleistungspflicht der Übereignung des Krans als Bringschuld hat.

> Da frei Baustelle vereinbart wurde, liegt eine Bringschuld vor. Der Käufer K hat die Primärleistungspflicht der Zahlung des Kaufpreises. Besondere Vereinbarungen bei Leistungshindernissen sind nicht getroffen worden.

330   (3) Im **zweiten Schritt** ist die **Art der Störung** zu ermitteln. Hierbei gehen grundsätzlich die Spezialregelungen den allgemeinen Leistungsstörungen vor. Gleichwohl hat die Schuldrechtsreform die Vielfalt aller Leistungsstörungen auf einen einzigen zentralen Haftungstatbestand reduziert: die **Pflichtverletzung**. Alle bisher vom Gesetz und dem Gewohnheitsrecht entwickelten Störungen wie

- die **Unmöglichkeit** in allen Varianten,
- der **Schuldnerverzug**,
- die **positive Vertragsverletzung**,
- das **Verschulden bei Vertragsverhandlungen** und
- die **Mängelgewährleistung beim Kauf- und Werkvertrag** als Form der Schlechterfüllung des Vertrages

gehen in dem zentralen Tatbestand der Pflichtverletzung auf. Diese „klassischen Leistungsstörungen" werden also klar nebeneinander gestellt und als Pflichtverletzung bezeichnet.

2. Rechtsfolgen der Leistungshindernisse

a) Schadensersatz und Rücktritt

331   (1) Durch eine Leistungsstörung ändert sich – abstrakt ausgedrückt – das Schuldverhältnis inhaltlich, d. h. die **Primärleistungspflicht wandelt sich grundsätzlich in eine Sekundärleistungspflicht aus Schadensersatz und Rücktritt** um. So kann die ursprüngliche Liefer- und Zahlungspflicht ganz oder teilweise entfallen, sich in eine Rückgewähr- oder Schadensersatzpflicht umwandeln oder durch eine Schadensersatzpflicht ergänzt werden. Das Schuldrecht kennt insoweit als Rechtsfolgen

- das **Rücktrittsrecht** vom gegenseitigen Vertrag nach §§ 323 ff. BGB und
- das **Schadensersatzrecht** in drei Varianten nach § 280 BGB je nach dem, ob
  – Schadensersatz **statt der Leistung** (§ 280 III BGB),
  – Schadensersatz **wegen Verzögerung der Leistung** (§ 280 II BGB) oder
  – Ersatz **sonstiger Schäden** (§ 280 I BGB) verlangt wird.

Damit entsteht ein einheitliches System der Sanktion aus Schadensersatz und Rücktritt bei einer Pflichtverletzung.

(2) Soweit der Gläubiger Schadensersatz verlangen will, ist grundsätzlich das **Vertretenmüssen** eine wichtige Voraussetzung. Insoweit gilt das Verschuldensprinzip der §§ 276, 278 BGB. Wenn der Gläubiger eine Pflichtverletzung des Schuldners nachweist, wird das Vertretenmüssen des Schuldners nach § 280 I 2 BGB vermutet. Nur wenn der Schuldner sich durch den Nachweis entlastet, daß er die Pflichtverletzung nicht zu vertreten habe, entfällt die Schadensersatzpflicht.

(3) Von einem **gegenseitigen Vertrag** wie dem Kaufvertrag, darf der Gläubiger in jedem Falle nach Fristsetzung gem. § 323 oder § 324 BGB **zurücktreten, ohne** daß es auf ein **Verschulden** des Schuldners ankommt. Zwischen Rücktritt und

Schaubild 38: *Leistungsstörungen*

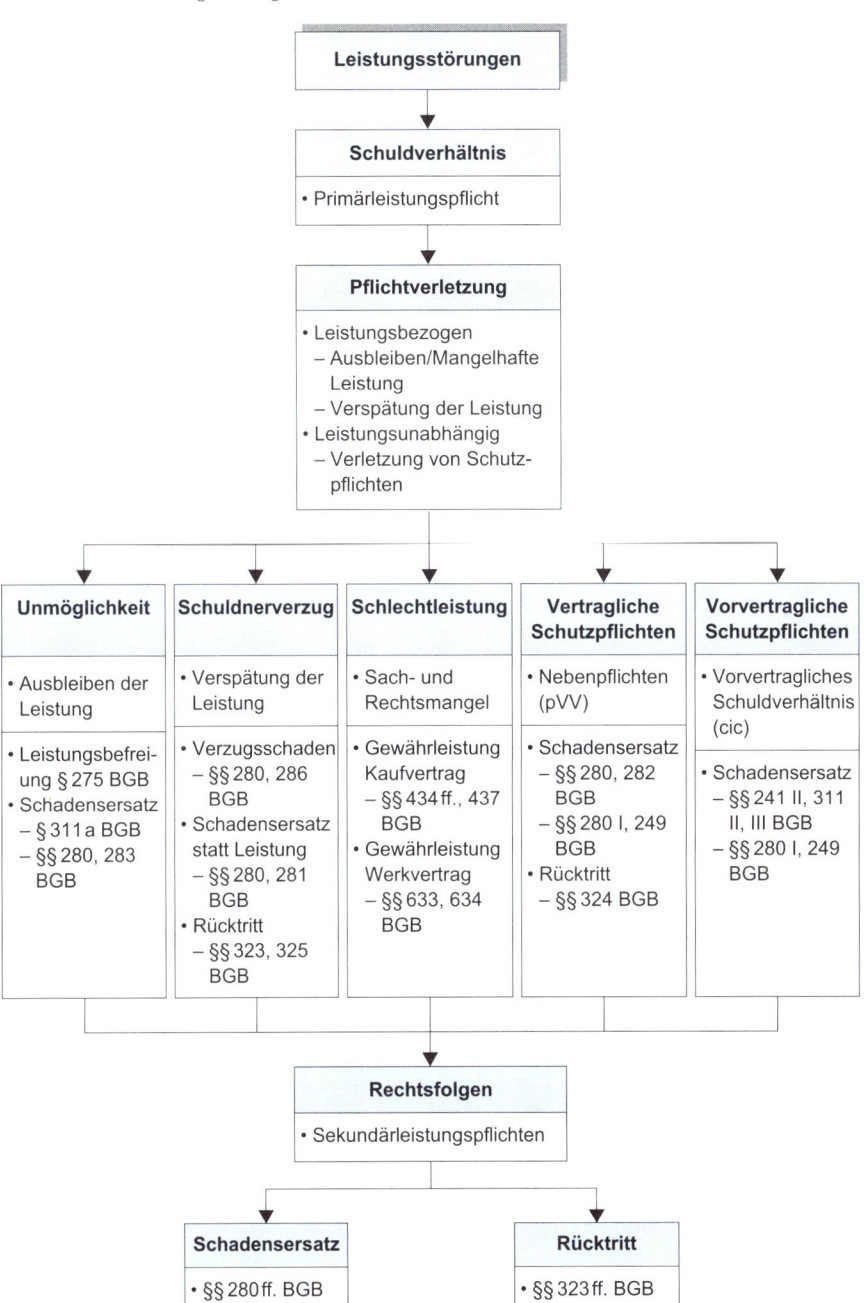

Leistungsstörungen

↓

Schuldverhältnis
• Primärleistungspflicht

↓

Pflichtverletzung
• Leistungsbezogen
  – Ausbleiben/Mangelhafte Leistung
  – Verspätung der Leistung
• Leistungsunabhängig
  – Verletzung von Schutzpflichten

Unmöglichkeit
• Ausbleiben der Leistung

• Leistungsbefreiung § 275 BGB
• Schadensersatz
  – § 311a BGB
  – §§ 280, 283 BGB

Schuldnerverzug
• Verspätung der Leistung

• Verzugsschaden
  – §§ 280, 286 BGB
• Schadensersatz statt Leistung
  – §§ 280, 281 BGB
• Rücktritt
  – §§ 323, 325 BGB

Schlechtleistung
• Sach- und Rechtsmangel

• Gewährleistung Kaufvertrag
  – §§ 434 ff., 437 BGB
• Gewährleistung Werkvertrag
  – §§ 633, 634 BGB

Vertragliche Schutzpflichten
• Nebenpflichten (pVV)

• Schadensersatz
  – §§ 280, 282 BGB
  – §§ 280 I, 249 BGB
• Rücktritt
  – §§ 324 BGB

Vorvertragliche Schutzpflichten
• Vorvertragliches Schuldverhältnis (cic)

• Schadensersatz
  – §§ 241 II, 311 II, III BGB
  – §§ 280 I, 249 BGB

Rechtsfolgen
• Sekundärleistungspflichten

Schadensersatz
• §§ 280 ff. BGB

Rücktritt
• §§ 323 ff. BGB

Schadensersatz muss er nicht wählen, sondern er darf nach § 325 BGB zugleich vom Vertrag zurücktreten und Schadensersatz verlangen.

b) Einbeziehung des Gewährleistungsrechts

332 In das geschilderte System der allgemeinen Leistungsstörungen ist das kauf- und werkvertragliche Gewährleistungsrecht einbezogen. Die mangelhafte Kauf- bzw. Werkleistung ist eine Pflichtverletzung im Sinne des § 280 BGB in Form der Schlechtleistung. § 433 I 2 BGB bestimmt einheitlich: „Der Verkäufer hat dem Käufer die Sache frei von Sach- und Rechtsmängeln zu verschaffen."

Daher gibt § 437 BGB (Rn. 475) dem Käufer durch einfache Verweisung auf das allgemeine Schuldrecht die Rechte des

- **Rücktritts,**
- **Schadensersatzes** und
- Ersatz vergeblicher **Aufwendungen,**
- sowie als gewährleistungsrechtliche Besonderheiten die Ansprüche auf
  - **Nacherfüllung** und
  - **Minderung.**

> Wenn daher im Fall 1 der Händler V einen mangelhaften Kran liefert, gleich ob Stück- oder Gattungskauf, liegt die Pflichtverletzung einer Schlechtleistung (Sachmangel) vor.

c) Sonderregelungen

333 (1) Eine Sonderregelung für bereits **bei Vertragsschluss vorliegende Leistungshindernisse** enthält § 311 a BGB. Danach ist jeder Vertrag auch bei anfänglichen Leistungsstörungen wirksam und der Gläubiger hat nach dem Verschuldensprinzip einen Schadensersatzanspruch, wenn der Schuldner das Leistungshindernis kannte oder seine Unkenntnis zu vertreten hat.

(2) Zum Leistungsstörungsrecht gehören letztlich auch Vorschriften, die den Schuldner wegen unerwarteter Leistungshindernissen oder wegen **Wegfall der Geschäftsgrundlage** (§ 313 BGB) von seiner Leistungspflicht befreien oder ihm bei Dauerschuldverhältnissen ein **Kündigungsrecht aus wichtigem Grund** (§ 314 BGB) geben.

(3) Der **Gläubigerverzug** durch Nichtannahme der Leistung zum Fälligkeitszeitpunkt ist ein Leistungshindernis aus der Sphäre des Gläubigers und nicht des Schuldners. Der Gläubiger- oder Annahmeverzug zählt daher nicht zu den allgemeinen Leistungsstörungen und ist daher getrennt in den §§ 293–304 BGB geregelt (vgl. Rn. 387).

II. Pflichtverletzung als zentraler Haftungstatbestand

1. Begriff

334 Der Begriff der Pflichtverletzung in § 280 BGB ist der **zentrale Haftungstatbestand** des Leistungsstörungsrechts. Alle Schadensersatzansprüche setzen eine Pflichtverletzung des Schuldners voraus. Auch ein Rücktrittsrecht beim gegenseitigen Vertrag steht dem Gläubiger nur zu, wenn dem Schuldner eine Pflicht-verletzung zur Last fällt (§§ 323 ff. BGB). Hierbei erfasst der Begriff alle Haupt-leistungs-, Nebenleistungs- und Schutzpflichten eines Schuldverhältnisses. Der Begriff meint hierbei einen **objektiven Verstoß gegen die Pflichten aus dem Schuldverhältnis**. Eine Pflichtverletzung ist auch ein Verhalten des Schuldners, das ihm die Leistung unmöglich macht sowie die Lieferung einer mangelhaften Sache. Der Schuldner verletzt somit eine derartige Pflicht, wenn er die geschul-dete Leistung

- **nicht leistet** durch **Ausbleiben** und **Schlechterfüllung der Leistung** (§§ 275, 280 I, 281, 283, 311 a BGB),

  > Im Fall 1 liefert der V den Kran nicht aus, weil dieser nicht fertig gestellt werden kann (Unmöglichkeit der Leistung). V liefert den Kran mit einem Defekt, mit mangelhafter Bedienungsanleitung oder fehlenden Teilen (Schlechterfüllung durch Sachmängel).

- **verzögert** durch **Verspätung der Leistung** (§§ 280 II, 286–288 BGB) oder

  > Im Fall 1 liefert der Verkäufer V den Kran erst am 2. 7. zwei Monate nach Fälligkeit der Übergabe.

- **schlecht** erfüllt durch **Verletzung von Schutzpflichten** (§§ 280 I, 241 II, 311 II, III BGB)

  > Im Fall 1 beschädigt V bei der Auslieferung des Krans auf der Baustelle ein Fahrzeug des Käufers K (Positive Vertragsverletzung von Nebenpflichten). K erleidet bei den Kaufvertragsverhandlungen im Bauhof des Händlers V eine Personenschaden durch eine ungesicherte Baustelle (Verschulden bei Vertragsschluss, cic).

Schaubild 39: *Pflichtverletzung*

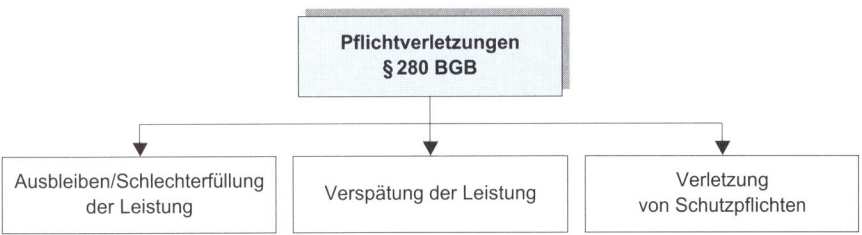

2. Vertretenmüssen

a) Umkehr der Beweislast

Eine Pflichtverletzung bei der Abwicklung eines Schuldverhältnisses führt in der **335** Regel nur zu einem Schadensersatzanspruch des Gläubigers, wenn der Schuldner die Pflichtverletzung zu vertreten hat (§ 280 I BGB). Das bedeutet, dass der Schuldner **verantwortlich** für die Störung sein muss. § 280 I 2 BGB bestimmt, dass der Schuldner für **vermutetes Vertretenmüssen** haftet (§§ 276 bis 278 BGB). Danach ist der Schuldner zur Leistung von Schadensersatz nicht verpflichtet, wenn er nachweisen kann, dass er die Pflichtverletzung nicht zu vertreten hat.

Schaubild 40: *Vertretenmüssen*

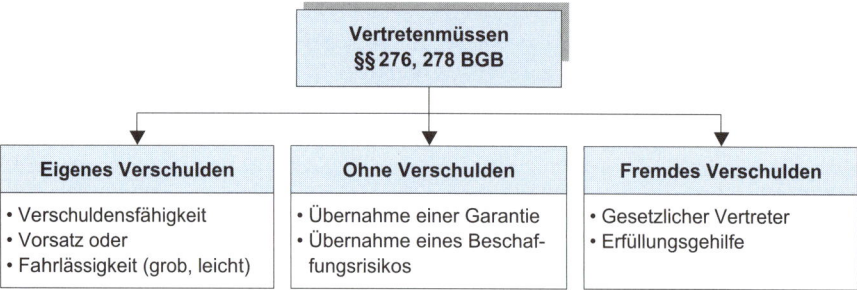

Nach § 276 I BGB hat der Schuldner grundsätzlich **vorsätzliches** oder **fahrlässiges** Handeln zu vertreten, soweit eine strengere oder mildere Haftung nicht bestimmt ist. Die §§ 827 und 828 BGB geltend entsprechend. Die Haftung wegen Vorsatzes kann dem Schuldner nicht im Voraus erlassen werden. Nach § 278 BGB ist der Schuldner auch für fremdes Verschulden seiner Erfüllungsgehilfen verantwortlich.

b) Eigenes Verschulden

336 Das BGB benutzt den Oberbegriff „Vertretenmüssen" für die Verantwortlichkeit des Schuldners. Verantwortlich ist der Schuldner, wenn er schuldhaft handelt. Dabei werden zwei Formen des Verschuldens unterschieden: **Vorsatz** oder **Fahrlässigkeit**. Nach § 276 I 1 BGB hat der Schuldner Vorsatz und Fahrlässigkeit zu vertreten, wenn eine strengere oder mildere Haftung weder bestimmt ist noch aus dem sonstigen Inhalt des Schuldverhältnisses, insbesondere aus der Übernahme einer Garantie oder eines Beschaffungsrisikos zu entnehmen ist. In der Praxis ist es oftmals gleichgültig, ob Vorsatz oder Fahrlässigkeit vorliegt, weil in beiden Fällen die gleichen rechtlichen Folgen eintreten. Nach § 276 BGB haftet der Schuldner schon für Fahrlässigkeit. Ein Schuldvorwurf setzt aber stets zusätzlich voraus, dass Verschuldensfähigkeit vorliegt.

aa) Verschuldensfähigkeit

337 Ob Verschuldensfähigkeit vorliegt, richtet sich nach §§ 827, 828 BGB, auf die § 276 I 2 BGB verweist (vgl. Rn. 45 ff.). Ein Verschulden wird also nur zugerechnet, wenn die betreffende Person volljährig und geistig normal entwickelt ist. Auf die Verschuldensfähigkeit ist jedoch nur dann näher einzugehen, wenn dafür Anhaltspunkte bestehen.

bb) Vorsatz

338 Das BGB definiert den Vorsatzbegriff nicht. Nach überwiegender Meinung umfasst der Vorsatz das **Wissen und Wollen** der pflichtwidrigen Umstände. Je nach der Schwere des Vorwurfs werden zwei Formen beim Vorsatz unterschieden:

- **direkter Vorsatz**, wenn der Handelnde zielgerichtet handelt und
- **bedingter Vorsatz**, wenn der Handelnde sich den Erfolg als möglich vorstellt und ihn billigend in Kauf nimmt.

Für die Unternehmenspraxis ist wichtig, dass die eigene Haftung wegen Vorsatzes weder durch eine individuelle Vereinbarung noch durch AGB ausgeschlossen werden kann (§ 276 III BGB). Ein gleichwohl erfolgter **Ausschluss** ist unwirksam.

cc) Fahrlässigkeit

(1) Nach § 276 II BGB bedeutet Fahrlässigkeit, die Außerachtlassung der **im Ver-** **339**
kehr erforderlichen Sorgfalt. Maßgeblich ist hierbei die im Geschäftsverkehr objektiv zu fordernde, nicht die übliche Sorgfalt. Es kommt daher nicht auf die persönliche Leistungskraft des Schuldners, sondern darauf an, dass der Maßstab
beachtet wird, den die **einschlägigen Berufs- und Verkehrskreise** fordern. Ein-
gerissene Verkehrsunsitten, Nachlässigkeiten und Unzulänglichkeiten im organisatorischen Bereich entschuldigen nicht. Der Sorgfaltsmaßstab ist also **gruppen-**
bezogen zu ermitteln.

> **Beispiele**: Sorgfalt eines „ordentlichen" Kaufmanns (§ 347 HGB), eines Frachtführers
> (§§ 426, 427 HGB), eines Geschäftsführers (§ 43 I GmbHG) oder eines Kraftfahrers

(2) Auch bei der Fahrlässigkeit sieht das Gesetz verschiedene Schwereformen vor.
Grobe Fahrlässigkeit liegt vor, wenn die Sorgfaltsverletzung als besonders
schwer erscheint („man greift sich an den Kopf"). Es werden also einfachste, ganz
naheliegende Überlegungen nicht angestellt und das nicht beachtet, was jedem
einleuchten müsste.

> **Beispiele**: Fahren eines Kfz unter Alkoholeinfluss; Einfahren in eine Kreuzung bei Rot-
> licht; schwerer Verstoß gegen Unfallverhütungsvorschriften

Einfache (leichte, gewöhnliche) Fahrlässigkeit ist jede andere, bei der die besonderen Voraussetzungen der groben Fahrlässigkeit nicht erfüllt sind.

dd) Verschärfungen und Milderungen der Haftung

(1) **Gesetzliche Beschränkungen** der Haftung auf Fälle der groben Fahrlässigkeit **340**
finden sich beispielsweise bei der Schenkung (§ 521 BGB), beim Verleiher
(§ 599 BGB) oder beim Annahmeverzug des Gläubigers (§ 300 I BGB). Im Arbeitsrecht haftet der Arbeitgeber seinen Arbeitnehmern für Personenschäden aus
Arbeitsunfällen nur bei Vorsatz und bei bestimmten Wegeunfällen (§§ 104 ff. SGB
VII). **Vertraglich** lässt sich die Haftung für Fahrlässigkeit ausschließen oder einschränken. Allerdings darf die Haftung für grobe Fahrlässigkeit durch eine AGB-
Klausel nicht ausgeschlossen werden (§ 309 Nr. 7 b BGB).

> Im Fall 1 kann daher der Verkäufer V seine Haftung bei Lieferverzug oder Unmög-
> lichkeit der Lieferung für alle Fälle der höheren Gewalt ausschließen. Hierzu zählen
> Arbeitskämpfe, behördliche Eingriffe durch Polizei oder Störungen der Energiever-
> sorgung.

(2) Nach manchen Vorschriften haftet der Schuldner nur für diejenige Sorgfalt,
die er in **eigenen Angelegenheiten** anzuwenden pflegt (diligentia quam in suis).
Dann kommt es auf die persönlichen Fähigkeiten des Schuldners an. Das darf aber
nicht soweit führen, dass er von der Haftung für grobe Fahrlässigkeit befreit ist
(§ 277 BGB).

> **Beispiel**: Haftung der GbR-Gesellschafter untereinander wegen des engen Vertrauens-
> verhältnisses (§ 708 BGB)

(3) Bei **Geldschulden** kann sich der Schuldner nicht auf § 275 BGB berufen. Ist
daher der Schuldner nicht zahlungsfähig, hat er die Nichterfüllung in jedem Fall zu
vertreten („Geld hat man zu haben"). Dieser Grundsatz ergibt sich aus dem in

unserer Wirtschaftsordnung im Zwangsvollstreckungsrecht zum Ausdruck kommenden **Prinzip der unbeschränkten Vermögenshaftung** des Schuldners.

ee) Garantie und Beschaffungsrisiko

341   Haftungsmaßstab ist nach § 276 I 1 BGB auch der „sonstige Inhalt des Schuldverhältnisses". Beispielhaft („insbesondere") nennt die durch die Schuldrechtsreform geänderte Vorschrift

- die **Übernahme einer Garantie** und
- die **Übernahme eines Beschaffungsrisikos**.

In der haftungsverschärfenden Berücksichtigung einer vom Schuldner gegebenen Garantie ist in erster Linie die **Zusicherung einer Eigenschaft** zu sehen, verbunden mit dem Versprechen, für alle Folgen ihres Fehlens (ohne weiteres Verschulden) einzustehen. Eigenschaftszusicherungen des Verkäufers, Werkunternehmers oder Vermieters haben damit die Folge, dass das im Rahmen eines Schadensersatzanspruches notwendige Verschulden bereits „aus dem Inhalt des Schuldverhältnisses" – hier der Zusicherung – folgt.

Das Gleiche gilt für die Übernahme eines **Beschaffungsrisikos**. Hier garantiert der Schuldner, eine der Gattung nach bestimmte Sache zu beschaffen, d. h., typische Beschaffungshindernisse am Markt zu überwinden. Gelingt ihm dies nicht, folgt aus dem Inhalt des Schuldverhältnisses sein haftungsbegründendes Verschulden. Soll der Schuldner nach dem Inhalt des geschlossenen Vertrages lediglich aus einem Vorrat liefern (Vorratsschuld), übernimmt er kein Beschaffungsrisiko.

c) Haftung für fremdes Verschulden

342   **Fall 2:** Der Mitarbeiter M des Baumaschinenhändlers V arbeitet schlampig in der Auftragsannahme und notiert ein falsches Lieferdatum. Haftet der Vertragspartner V seinem Kunden K?

Außer eigenem Verschulden hat der Schuldner nach § 278 BGB für ein Verschulden seines **gesetzlichen Vertreters** (z. B. Eltern, gesetzlicher Betreuer, Insolvenzverwalter) und seiner **Erfüllungsgehilfen** in gleichem Umfang einzustehen wie für eigenes Verschulden. Der Schuldner braucht in der Regel seine Leistungspflichten nicht selbst zu erfüllen (§ 267 I BGB). Der Vertragspartner kann sich jedoch nicht mit der „Ausrede herausreden", er müsse nicht für das Versagen seiner Hilfspersonen im Rahmen seiner Vertragshaftung einstehen. **Für Hilfspersonen haftet der Schuldner im Rahmen einer Vertragserfüllung über die Zurechnungsvorschrift § 278 BGB!**

(1) Folgende Voraussetzungen für eine Zurechnung des Handelns eines Vertragsgehilfen müssen vorliegen:

- eine **Primärleistungspflicht des Schuldners** wie eine vertragliche Haupt- und Nebenpflicht;
- ein **Erfüllungsgehilfe**, d. h. eine Person, die mit Wissen und Wollen des Schuldners bei der Erfüllung seiner Verbindlichkeiten als Hilfsperson tätig wird;

> **Beispiele**: Arbeitnehmer des Schuldners; leitende Angestellte (z. B. Chefarzt der Klinik); selbständige Subunternehmer wie die Bahn, ein Spediteur bei einer Bringschuld; Bank bei Überweisungsauftrag des Geldschuldners; Leistungsträger eines Reiseveranstalters wie z. B. die Fluggesellschaft oder das Hotel

> Der Mitarbeiter M des Baumaschinenhändlers V ist dessen Erfüllungsgehilfe, da dieser den M zur Erfüllung des Kaufvertrags mit dem Käufer K herangezogen hat.

- ein **Fehlverhalten des Erfüllungsgehilfen gerade bei „Erfüllung der Verbindlichkeit**, nicht nur bei Gelegenheit" der d. h. es muss ein innerer sachlicher Zusammenhang mit der Vertragserfüllung bestehen;

> **Beispiel**: Bei Gelegenheit der Erfüllung liegt vor, bei einem Diebstahl eines Kofferradios des Kunden durch den Mitarbeiter anlässlich von Malerarbeiten.

- **Verschulden des Gehilfen** in Form von Vorsatz oder Fahrlässigkeit. Der Sorgfaltsmaßstab richtet sich nach der Gruppe, welcher der Schuldner angehört.

> Der Mitarbeiter M schuldet die Sorgfalt, die sein Unternehmer V, wenn er persönlich handeln würde, zu beachten hätte.

(2) Liegen diese Voraussetzungen vor, dann haftet der **Schuldner** nach Maßgabe der jeweiligen Anspruchsgrundlage, die durch § 278 BGB ergänzt wird, so als ob der Schuldner selbst tätig geworden ist. Der **Erfüllungsgehilfe selbst haftet nicht aus dem Vertrag**, da er nicht der Vertragspartner ist. Der Gehilfe haftet nur aus dem gesetzlichen Schuldverhältnis einer unerlaubten Handlung nach § 823 BGB. **243**

> Der Baumaschinenhersteller V haftet seinem Kunden K für Sorgfaltspflichtverletzungen bei der Dokumentation des vereinbarten Liefertermins, wenn es deswegen zu einer Lieferverzögerung kommt (§§ 433, 280 II i. V. mit § 278 BGB). M hat in Erfüllung des Kaufvertrags zwischen V und K unsachgemäß gearbeitet und hierbei fahrlässig gegen die anerkannten Regeln des Buchführung verstoßen.

(3) Da in der Unternehmenspraxis meistens der Schuldner nicht selbst die Leistung erbringt, sondern im Rahmen der arbeitsteiligen Wirtschaft Hilfspersonen einschaltet, ist es von größter Bedeutung, dass der Schuldner seine Haftung für seine Erfüllungsgehilfen in **vollem Umfang** durch eine **Individualvereinbarung** ausschließen kann (§ 278 S. 2 BGB). Soweit der Schuldner aber in **AGB** diese Haftung ausschließt, ist dies **244**

- im **Rechtsverkehr mit einem Verbraucher** nur für leichte Fahrlässigkeit (§ 309 Nr. 7 b BGB),
- im **Rechtsverkehr mit einem anderen Unternehmer** weitergehend zulässig, nicht jedoch für grobe Fahrlässigkeit und Vorsatz von Erfüllungsgehilfen hinsichtlich der von ihnen verletzten Hauptpflichten eines Vertrages.

Schaubild 41: *Schadensersatz wegen Pflichtverletzung*

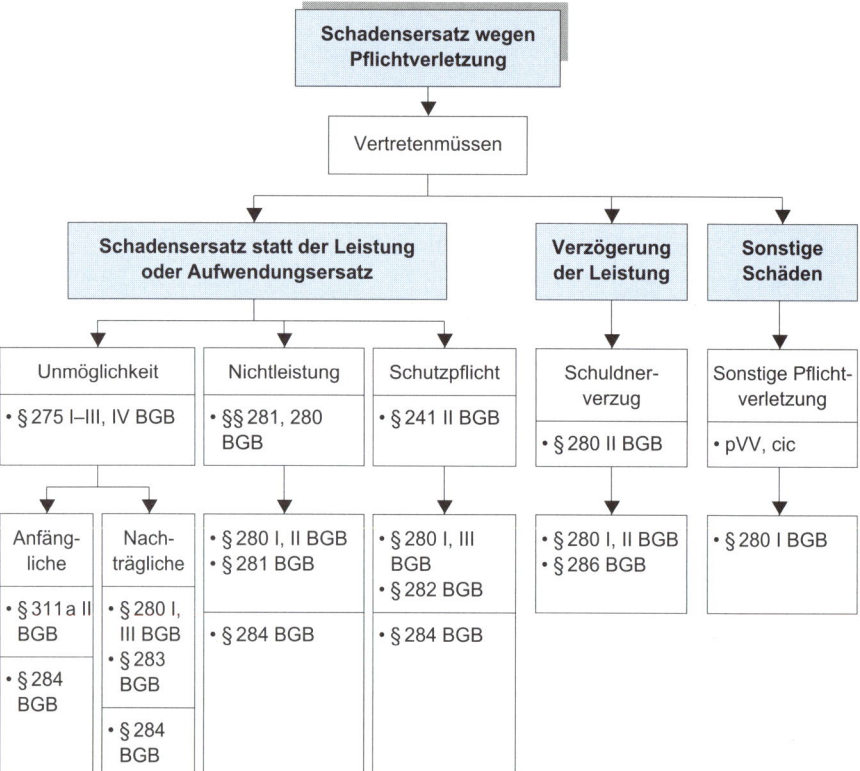

III. Rechtsfolgen der Pflichtverletzung

1. Schadensersatz

a) Grundtatbestand

345　(1) Der generalklauselartige **Grundtatbestand des § 280 BGB** enthält alle Schadensersatzansprüche wegen einer Pflichtverletzung mit einer Ausnahme: Für Schadensersatzansprüche wegen anfänglicher Unmöglichkeit gilt nicht § 280 I BGB, sondern § 311a II BGB. Nach § 280 I BGB kann der Gläubiger bei einer Pflichtverletzung durch den Schuldner grundsätzlich seinen gesamten Schaden mit den **drei Schadensarten**

- **Verzögerungsschaden,**
- **Schadensersatz statt der Leistung** und
- **sonstige Schäden**

ersetzt verlangen. Diese Unterscheidung ist deswegen notwendig, weil das Gesetz für Schadensersatz statt der Leistung und für Schadensersatz wegen Verzögerung der Leistung zusätzliche Voraussetzungen aufstellt.

(2) Beruht der Schaden auf einer **Verzögerung** der Leistung, kann der Gläubiger gem. § 280 II BGB nur unter den zusätzlichen Voraussetzungen des Schuldnerverzuges nach § 286 BGB Schadensersatz verlangen.

(3) Für die besondere Rechtsfolge des **Schadensersatzes statt der Leistung**, der an die Stelle der primär geschuldeten Leistung tritt und auf das positive Interesse an der Vertragserfüllung gerichtet ist (früher als Schadensersatz wegen Nichterfüllung bezeichnet), treten gemäß § 280 III BGB die §§ 281 bis 283 BGB hinzu.

b) Schadensersatz statt der Leistung

aa) Überblick

Die §§ 281 bis 283 BGB geben dem Gläubiger den Schadensersatz statt der Leistung. Hierbei soll der Gläubiger statt der vertraglich geschuldeten Leistung ein Äquivalent in Geld erhalten. In diesen Sonderregeln sind die **346**

- **Nicht- und Schlechterfüllung** (§ 281 BGB),
- **Verletzung nicht leistungsbezogener Schutzpflichten** (§ 282 i. V. mit § 241 II BGB) und
- **Unmöglichkeit** (§ 283 BGB)

getrennt geregelt. Hierbei gehen die vielfältigen Fallkonstellationen der positiven Vertragsverletzung (pVV), welche als eigenes Rechtsinstitut nicht im Gesetz erwähnt wird, in den §§ 280 bis 282 BGB auf. Fordert also der Gläubiger sein Erfüllungsinteresse, d. h. sein Interesse am Erhalt eines Gegenwertes für die eigene Leistung, müssen für diese Form des Schadensersatzes die zusätzlichen Voraussetzungen der §§ 281 bis 283 BGB erfüllt sein. Hierbei unterscheiden die §§ 281 bis 283 BGB nach der Art der Pflichtverletzung.

bb) Nicht- und Schlechterfüllung

(1) Handelt es sich um einen Fall der **Schlechtleistung** („nicht wie geschuldet") **347** oder der **Nichtleistung** („nicht"), so greift § 281 BGB ein. In erster Linie erfasst die Vorschrift den Fall, dass der Schuldner die Leistung überhaupt nicht erbringt. Der Anspruch auf Schadensersatz statt der Leistung setzt dann grundsätzlich den erfolglosen Ablauf einer angemessenen **Nachfrist** (§ 281 I 1 BGB) oder Abmahnung (§ 281 III BGB) wie z. B. bei Unterlassungspflichten voraus. Der Schuldner soll damit eine zweite Chance bekommen, bevor er auf das positive Interesse haftet. Eine **Ausnahme** besteht nur für den Fall, dass die **Pflichtverletzung unerheblich** ist (§ 281 I 3 BGB).

(2) Die Fristsetzung ist **entbehrlich**, wenn der Schuldner die Leistung ernsthaft und endgültig verweigert oder wenn besondere Umstände vorliegen, die unter Abwägung der beiderseitigen Interessen die sofortige Geltendmachung des Schadensersatzanspruches rechtfertigen (§ 281 II BGB).

(3) Nach Fristablauf besteht der Erfüllungsanspruch auf Leistung fort. Er wird erst dann ausgeschlossen, wenn der Gläubiger statt der Leistung Schadensersatz verlangt (§ 281 IV BGB).

(4) Hinsichtlich des Inhalts des Schadensersatzanspruchs wird zwischen dem kleinen und großen Schadensersatz unterschieden. Der „**kleine Schadensersatz**" nach § 281 I 1 BGB kann grundsätzlich nur verlangt werden, „**soweit** der Schuldner die fällige Leistung nicht erbringt". Im Übrigen muss der Vertrag grundsätzlich erfüllt und abgewickelt werden.

Den „**großen Schadensersatz**" statt der ganzen Leistung kann nach § 281 I 2, 3 BGB der Gläubiger verlangen, wenn die Teilleistung und der Schadensersatz sein Leistungsinteresse nicht abdecken bzw. eine nicht unerhebliche Schlechtleistung vorliegt. Es kommt also darauf an, ob der Gläubiger im Einzelfall an der Teilleistung kein Interesse hat.

(5) Der Schadensersatz statt der Leistung ist auch mit dem **Rücktritt kombinierbar** (§ 325 BGB).

(6) **Schadensersatz statt der Leistung nach §§ 280 I, III und 281 BGB** oder **Aufwendungsersatz nach § 284 BGB** kann der Gläubiger daher unter folgenden Voraussetzungen verlangen:

- **Schuldverhältnis,**
- **fälliger durchsetzbarer Anspruch,**
- **Leistung nicht oder nicht wie geschuldet erbracht,**
- **Fristsetzung oder deren Entbehrlichkeit nach § 281 II BGB und**
- **erfolgloser Fristablauf.**

cc) Verletzung von Schutzpflichten

348   Geht es um die Verletzung nicht leistungsbezogener Schutzpflichten im Sinne des § 241 II BGB, so gilt zusätzlich § 282 BGB. Schadensersatz statt der Leistung kann der Gläubiger nur verlangen, wenn ihm die Leistung durch den Schuldner nicht mehr **zuzumuten** ist. Unter diesen Nebenpflichten werden verschiedene Fallgestaltungen zusammengefasst bei denen es nicht um die geschuldete Leistung, sondern darum geht, die Rechte und sonstigen Rechtsgüter der Gegenpartei zu schützen. Hierzu zählen insbesondere **Schutz-, Obhuts-** sowie **Aufklärungspflichten** über die mit dem Schuldverhältnis verbundenen Umstände und Gefahren. Nur bei einer besonders schweren Nebenpflichtverletzung kann insoweit die geschuldete Primärleistung abgelehnt werden und Schadensersatz statt der Leistung verlangt werden (vgl. Rn. 380).

> **Beispiel**: Der mit der Renovierung der Wohnung beauftragte Maler M erledigt zwar seine Malerarbeiten ordentlich, beschädigt aber bei An- und Abtransport seiner Geräte einen sehr wertvollen Schrank seines Bestellers B. Dieser kann vom Werkvertrag zurücktreten und seine entsprechenden Mehrkosten in Rechnung stellen, wenn ihm die Weiterarbeit durch M nicht mehr zuzumuten ist (§ 282 BGB).

Der Anspruch auf **Schadensersatz statt der Leistung aufgrund der Verletzung von Schutzpflichten nach §§ 280 I, III und 282 BGB** setzt also voraus:

- **Schuldverhältnis,**
- **Verletzung einer Pflicht aus § 241 II BGB,**
- **Unzumutbarkeit der Leistung für den Gläubiger und**
- **vermutetes Vertretenmüssen nach § 280 I 2 BGB.**

dd) Unmöglichkeit

349   Liegt ein Fall des Ausschlusses der Primärleistungspflicht nach § 275 I bis III BGB wegen Unmöglichkeit vor, dann ist zusätzlich § 283 BGB zu beachten. Hat der Schuldner die Unmöglichkeit nach § 280 I BGB **zu vertreten**, kann der Gläubiger Schadensersatz statt der Leistung verlangen. Einer Fristsetzung bedarf es nicht. Voraussetzungen für Schadensersatz statt der Leistung sind also

- Schuldverhältnis,
- Befreiung von der Leistungspflicht wegen Unmöglichkeit nach § 275 I bis III BGB,
- Leistungshindernis trat nach Vertragsschluss ein (sonst § 311 a II BGB),
- Schuldner hat Unmöglichkeit zu vertreten (§ 280 I 2 BGB).

c) Sonstiger Schadensersatz

Unmittelbar aus § 280 I 1 BGB sind dagegen die über das Erfüllungsinteresse des **350** Gläubigers hinausgehenden Vermögensnachteile auszugleichen, die an anderen Rechtsgütern des Gläubigers als **Folge- und Begleitschäden** eintreten wie Körperschäden oder Vermögensschäden (Integritätsinteresse). Zu solchen Pflichtverletzungen zählen

- im Bereich der Schlechterfüllung die Verträge ohne eine spezielle Mängelhaftung wie beim Auftrag, dem Dienst-, Makler-, Geschäftsbesorgungs- oder Gesellschaftsvertrag,
- die Verletzung von Nebenpflichten des Schutzes und der Aufklärung des Vertragspartners.

Diese Pflichtverletzungen wurden bisher unter dem Begriff der positiven Vertragsverletzung bei bestehenden Verträgen und des Verschuldens bei Vertragsschluss (culpa in contrahendo) zusammengefasst.

2. Aufwendungsersatz

Anstelle des vorgenannten Schadensersatzes statt der Leistung kann der Gläubi- **351** ger auch Ersatz seiner vergeblichen Aufwendungen verlangen (§ 284 BGB). Nach der bisher von der Rechtsprechung entwickelten „Rentabilitätsvermutung" hätte der Gläubiger bei Erhalt der Leistung zumindest seine Aufwendungen wieder „hereingewirtschaftet". An diesen Mindestschaden anknüpfend, gewährt § 284 BGB als **Alternative** zum „Schadensersatz statt der Leistung" einen Anspruch auf Ersatz derjenigen Aufwendungen, welche durch die vom Schuldner zu vertretende Leistungsstörung nutzlos geworden sind. Das sind alle **freiwilligen Leistungen** des Gläubigers, die er im Vertrauen auf den Erhalt der Leistung gemacht hat und billigerweise machen durfte. Insoweit geht es um den Ersatz vergeblicher (frustrierter) Kosten für den nicht ausgeführten Vertrag.

> **Beispiel**: Die V GmbH vermietet an die N-Partei die Stadthalle. Die Werbungskosten für die geplante Veranstaltung betragen € 10 000. Eine Tag vor der Veranstaltung verweigert die V GmbH die Überlassung der Halle, weil ihr die politische Meinung der Partei nicht zusagt. Die Partei kann grundsätzlich ihre vergeblichen Werbekosten ersetzt verlangen.

Da der Aufwendungsersatz an die Stelle des Schadensersatzes statt der Leistung tritt, gilt auch für den Aufwendungsanspruch das **Verschuldensprinzip** des § 280 I 2 BGB.

Eine Ausnahme besteht nach § 284 S. 2 BGB für den Fall, dass der Zweck der Leistung auch ohne die Pflichtverletzung des Schuldners nicht erreicht worden wäre. Da ist dann der Fall, wenn die Aufwendungen schon aus anderen Gründen fehlschlagen.

> **Beispiel:** Wegen der Gefahr eines terroristischen Anschlags muss die Partei die Veranstaltung ohne hin absagen. Auch ohne die Pflichtverletzung der V GmbH hätten die Aufwendungen für die Werbung ihren Zweck verfehlt.

3. Rücktrittsrecht

352 (1) Nach den Vorschriften der §§ 323 ff. BGB kann der Gläubiger vom Vertrag zurücktreten, wenn er dem Schuldner eine **angemessene Frist** zur Leistung oder Nacherfüllung gesetzt hat. Damit wird der Rücktritt auch dann ermöglicht, wenn der Schuldner das Leistungshindernis **nicht zu vertreten** hat.

(2) Hierbei lässt § 325 BGB die Kumulierung von Rücktritt und Schadensersatz zu. Der Gläubiger kann auch von Rücktritt zu Schadensersatz übergehen.

(3) Bei der Verletzung nicht leistungsbezogener Nebenpflichten im Sinne von § 241 II BGB kann der Gläubiger zurücktreten, wenn Unzumutbarkeit gegeben ist.

(4) Bei Unmöglichkeit der Leistung kann der Gläubiger zurücktreten, wobei eine Fristsetzung nicht notwendig ist (§ 326 V BGB).

(5) Die Vorschriften über die Ausübung und Wirkungen des Rücktritts befinden sich in §§ 346 ff. BGB. Hierbei ist insbesondere wichtig, dass die Unmöglichkeit der Rückgewähr das Rücktrittsrecht nicht ausschließt. Derartige Störungen werden über die Pflicht zum Wertersatz ausgeglichen.

IV. Unmöglichkeit

353 Nach § 275 I BGB ist der Anspruch auf die Primärleistung ausgeschlossen, soweit diese für den Schuldner oder für jedermann durch **Ausbleiben der Leistung** unmöglich ist. Hierbei unterscheidet das Gesetz nicht zwischen anfänglicher und nachträglicher Unmöglichkeit, zu vertretender oder nicht zu vertretender Unmöglichkeit oder objektiver und subjektiver Unmöglichkeit.

> **Fall 3:** Der Kran kann von V nicht geliefert werden, weil er
> a) durch einen Brand im Unternehmen des V zerstört wird,
> b) am Abend vor der Auslieferung von einem Dieb entwendet wird,
> c) bei der Anlieferung eine Brücke hinunterfällt und nur mit exorbitanten Kosten und hohen technischen Risiken geborgen und repariert werden kann
> d) nicht gebaut werden kann, da V sich nicht vergewissert hat, ob ein wichtiger Vorlieferant leisten kann.
> Muss V weiterhin liefern?

1. Ausschluss der Leistungspflicht

a) Echte Unmöglichkeit

354 (1) Unmöglichkeit der Leistung bedeutet, dass die geschuldete Leistung nicht erbracht werden kann. **§ 275 I BGB** enthält den Normalfall der echten Unmöglichkeit durch **unüberwindlichen Leistungshindernisse** für den Schuldner oder für jedermann, die zu einer Leistungsbefreiung kraft Gesetzes führen.

Diese Leistungshindernisse können auf tatsächlichen oder rechtlichen Gründen beruhen. **Tatsächliche** Unmöglichkeit besteht, wenn der Leistungsgegenstand nicht existiert oder vollständig untergeht.

Schaubild 42: *Unmöglichkeit*

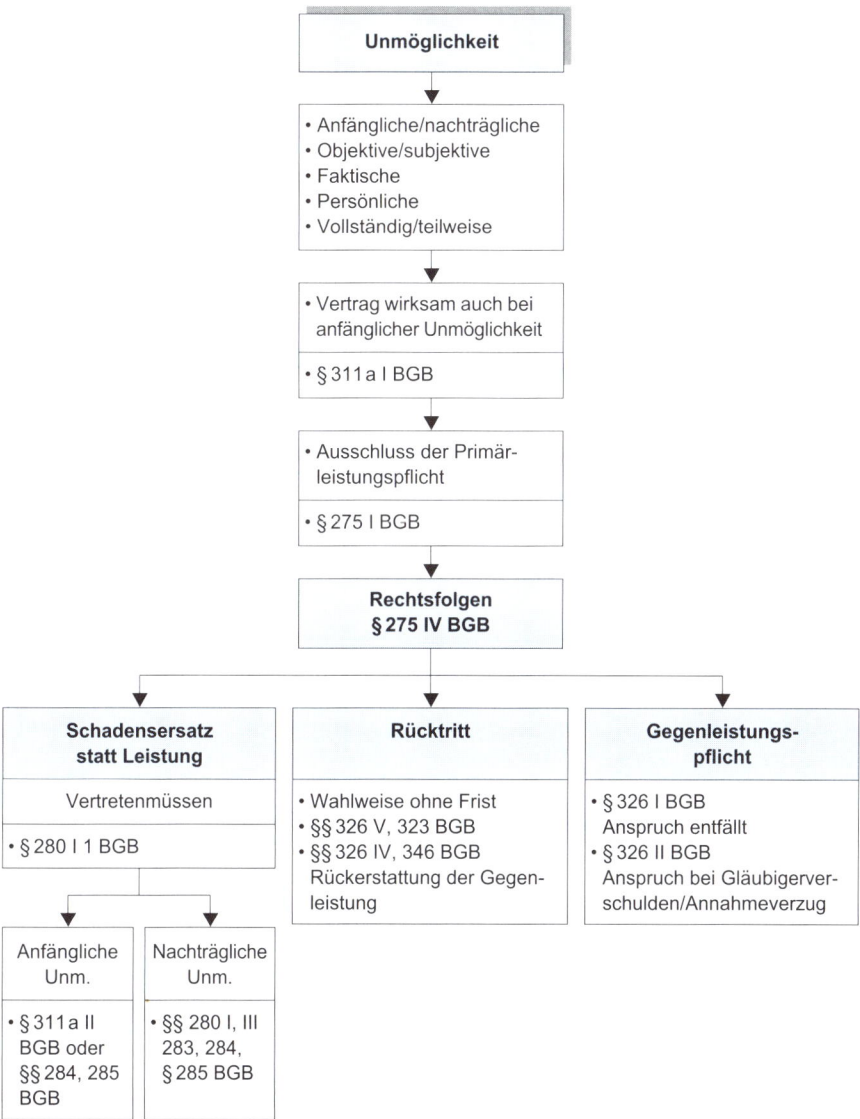

Im Fall 3 a ist durch den Brand im Unternehmen des V und dem Totalschaden des Krans objektive Unmöglichkeit eingetreten. Nach § 275 I BGB wird V von seiner Lieferpflicht frei.

Rechtliche Unmöglichkeit beruht darauf, dass die Leistung aus Rechtsgründen nicht erfolgen kann. Das ist der Fall, wenn beispielsweise die Wirksamkeit des Vertrages von einer behördlichen Genehmigung abhängt oder wenn der Vertrag gegen ein gesetzliches Verbot (§ 134 BGB) verstößt.

Beispiele: Kaufsache gehört bereits dem Käufer; behördliche Exportgenehmigung wird versagt

(2) Das Gesetz unterscheidet bei Unmöglichkeit nicht zwischen dem Entstehungszeitpunkt vor (anfänglich) oder nach Vertragsschluss (nachträglich), und dem Bezugsobjekt Schuldner (subjektiv) oder jedermann (objektiv). Auch spielt es für die Anwendbarkeit von § 275 BGB keine Rolle, weshalb es zur Unmöglichkeit kommt, also ob der Schuldner die Unmöglichkeit zu vertreten hat oder nicht. Etwas Unmögliches kann nicht geschuldet werden. Die Unterscheidung zwischen anfänglicher und nachträglicher Unmöglichkeit spielt nur für den Schadensersatzanspruch eine Rolle (§ 311a II oder §§ 280 I und III, 283 BGB).

> Für Verkäufer V tritt im Fall 3b subjektive Unmöglichkeit ein, da der Dieb theoretisch den Kran herausgeben könnte.

(3) § 275 BGB erfasst auch die teilweise Unmöglichkeit, wie aus dem Merkmal „soweit" entnommen werden kann. **Teilunmöglichkeit** setzt voraus, dass die Leistung teilbar ist. Die Rechtsfolgen der Unmöglichkeit treten dann nur hinsichtlich des unmöglichen Teils ein.

b) Faktische Unmöglichkeit

355   Nach **§ 275 II BGB** kann der Schuldner die Leistung verweigern, soweit diese einen Aufwand erfordert, der unter Beachtung des Inhalts des Schuldverhältnisses und der Gebote von Treu und Glauben in einem groben Missverhältnis zu dem Leistungsinteresse des Gläubigers steht (faktische oder praktische Unmöglichkeit). Dabei ist auch zu berücksichtigen, ob der Schuldner das Leistungshindernis zu vertreten hat. Eine Leistung ist zwar theoretisch möglich, kann aber praktisch von einem vernünftigen Gläubiger nicht ernsthaft erwartet werden. Diese Fälle der starken Leistungserschwerung werden auch von der Unmöglichkeit erfasst.

> Im Fall 3c greift § 275 II BGB ein. Nur mit unverhältnismäßigem Aufwand bei Rettungskosten könnte V den Kran noch liefern. Nach der Formulierung des Gesetzes hat V ein Leistungsverweigerungsrecht. Er muss daher eine Einrede erheben, um sich von seiner Leistungspflicht zu befreien.

c) Persönliche Unmöglichkeit

356   Hat der Schuldner Leistungen aufgrund eines Arbeits-, Dienst- oder Werkvertrages persönlich zu erbringen, übernimmt **§ 275 III BGB** die Funktion von § 275 II BGB. Er enthält ein Leistungsverweigerungsrecht für den Fall, dass die Leistungspflicht dem Schuldner unter Berücksichtigung des Leistungsinteresses des Gläubigers nicht zugemutet werden kann. Auch dies führt zur Unmöglichkeit. Abs. 3 gilt hierbei für Leistungshindernisse, die keine subjektive Unmöglichkeit begründen, wie etwa der Tod oder eine schwere Erkrankung eines nahen Angehörigen, Behinderung des Weges zur Arbeit durch widrige Wetterverhältnisse oder Verkehrsstreik.

> **Beispiel**: Der wegen Krankheit dienstunfähige Musiklehrer wird nach § 275 I BGB von seiner Verpflichtung zum Unterricht frei und zwar auch dann, wenn er seine Erkrankung nicht zu vertreten hat. Entfällt der Unterricht wegen einer schweren Erkrankung seiner Tochter, greift die Sonderregelung § 275 III BGB ein.

2. Rechtsfolgen der Unmöglichkeit

Als Rechtsfolge gibt § 275 II und III BGB im Gegensatz zu Abs. 1 ein Leistungs- **357** verweigerungsrecht des Schuldners und setzt damit eine **Einrede** voraus. Der Schuldner bleibt also zur Leistung verpflichtet, solange er die Einrede nicht erhebt. Hinsichtlich der weiteren Rechtsfolgen verweist § 275 IV BGB auf die §§ 280, 283 bis 285, 311 a und 326 BGB.

a) Schicksal der Gegenleistung

(1) Grundsätzlich führt die Leistungsbefreiung bei gegenseitigen Verträgen stets zur **Befreiung von Gegenleistung** d. h. der Schuldner muss den Preis nicht bezahlen (§ 326 I BGB). Dies gilt nicht in den Fällen,

- in denen der Schuldner bei nicht vertragsgemäßer Leistung (Schlechtleistung) nach § 275 BGB lediglich von der Nacherfüllungspflicht befreit ist (§ 326 I 2 BGB), sowie
- in denen die „Gegenleistungsgefahr" beim Gläubiger liegt, wenn also der Gläubiger für die Unmöglichkeit „allein oder überwiegend verantwortlich" oder „im Verzug der Annahme" ist (§ 326 II BGB). Dann bleibt der Anspruch auf die Gegenleistung erhalten abzüglich ersparter Aufwendungen und böswillig unterlassenen anderweitigen Erwerbs.

(2) Vom Gläubiger bereits erbrachte **Teilleistungen** werden nach den Vorschriften des Rücktrittsrechts zurückgewährt (§ 326 IV, §§ 346 bis 348 BGB).

(3) Kann der **Schuldner teilweise leisten** und wird er im Übrigen von seiner Leistungspflicht nach §§ 275, 326 I 1 BGB befreit, kann der Gläubiger

- die Gegenleistung mindern (§§ 326 I 1, 441 III BGB) oder
- ohne Fristsetzung vom ganzen Vertrag zurücktreten, wenn er an der erbrachten Teilleistung kein Interesse hat (§§ 326 V, 323 I 4 BGB).

b) Rechte des Gläubigers

Der Gläubiger hat im Falle der Leistungsbefreiung des Schuldners nach § 275 **358** IV BGB unter Beachtung der jeweiligen Voraussetzungen folgende Rechte:

- das **verschuldensunabhängige Rücktrittsrecht** vom Vertrag ohne Fristsetzung (§ 326 V BGB),
- die **verschuldensabhängigen Sekundäransprüche** auf Schadensersatz, Ersatz vergeblicher Aufwendungen, Herausgabe eines Ersatzanspruchs (sog. stellvertretendes commodum), nach §§ 280, 283 bis 285 BGB, da eine Pflichtverletzung vorliegt, wenn die Leistung ganz oder teilweise nicht erbracht wird,

  > **Beispiel:** Der Verkäufer V erhält für den Totalschaden an dem Kran eine Versicherungssumme, muss er diese nach § 285 BGB an K herausgeben. Nach § 326 III BGB bleibt dann K zur Gegenleistung des Kaufpreises verpflichtet, mindert sich aber, soweit der Wert dieses Surrogats hinter dem Wert des ursprünglich geschuldeten Gegenstands zurückbleibt.

- den Anspruch auf Schadensersatz oder Ersatz vergeblicher Aufwendungen im Falle der **anfänglichen Unmöglichkeit** nach § 311 a II BGB, da der Vertrag auch bei anfänglicher Unmöglichkeit wirksam ist (§ 311 a I BGB).

3. Anfängliche Unmöglichkeit

359 Während § 275 BGB für alle gesetzlichen und vertraglichen Schuldverhältnisse gilt, ist in § 311 a BGB für Verträge eine Sonderregelung für den Fall geschaffen, dass ein Leistungshindernis bereits bei Vertragsschluss vorgelegen hat. Abs. 1 bestimmt zur Klarstellung gegenüber dem bisherigen Recht, dass der **Vertrag wirksam** ist.

§ 311 a II BGB gibt dem Gläubiger bei anfänglicher objektiver oder subjektiver Unmöglichkeit wahlweise einen Anspruch auf „Schadensersatz statt der Leistung" oder alternativ auf Aufwendungsersatz nach § 284 BGB, es sei denn, dass der Schuldner das Leistungshindernis nicht kannte und seine Unkenntnis auch nicht zu vertreten hat. Die Pflichtverletzung des Schuldners liegt darin, dass er sich nicht vor Vertragsschluss über seine Leistungsfähigkeit informiert hat. Der Schadensersatzanspruch auf das positive Interesse beruht jedoch nicht auf der Verletzung dieser vorvertraglichen Pflicht, sondern auf der Nichterfüllung des nach § 311 a I BGB wirksamen Leistungsversprechens. Anknüpfungspunkt für das Vertretenmüssen ist nicht der Umstand, auf dem das Leistungshindernis beruht, sondern die Kenntnis oder die fahrlässige Unkenntnis des Schuldners von dem Leistungshindernis. Bei § 311 a II BGB handelt es sich um eine eigenständige Anspruchsgrundlage.

Schadensersatz statt der Leistung aus § 311 a II BGB oder Aufwendungsersatz in dem in § 284 BGB bestimmten Umfang setzt daher voraus:

- **Vertrag,**
- **Befreiung des Schuldners von seiner Leistungspflicht nach § 275 I bis III BGB,**
- **Leistungshindernis bestand schon bei Vertragsschluss,**
- **kein Anspruch, wenn der Schuldner das Leistungshindernis bei Vertragschluss nicht kannte und seine Unkenntnis nicht zu vertreten hat.**

> Im Fall 3 d kann der Kran nicht gebaut werden, da V sich nicht vergewissert hat, ob ein wichtiger Vorlieferant leisten kann. Für diese Pflichtverletzung wird das Vertretenmüssen des V vermutet, wobei auch die Übernahme einer Garantie oder eines Beschaffungsrisikos in den Risikobereich des Schuldners V fällt. Dieses Leistungshindernis bei Vertragsschluss gibt K einen Anspruch auf Ersatz des positiven Interesses.

V. Schuldnerverzug

1. Begriff

360 Der Schuldnerverzug ist ein Fall der Leistungsstörung und in den §§ 286 ff. BGB geregelt. Schuldnerverzug liegt vor, wenn der Schuldner trotz Fälligkeit der möglichen Leistung und Mahnung schuldhaft nicht leistet. In jedem Fall muss die Verzögerung der Leistung vom Schuldner zu vertreten sein, wobei sein Vertretenmüssen vermutet wird (§§ 280 I 2, 286 IV BGB). Im Rahmen des Schuldnerverzugs ist hinsichtlich der geschuldeten Leistung wie der Übereignung des Kaufgegenstandes, und der Entgeltforderung wie dem Kaufpreis zwischen

- **Leistungsverzug und**
- **Zahlungsverzug**

zu unterscheiden. Für den Verzug nach Rechnungszugang besteht zur Beschleunigung der Zahlung in § 286 III BGB eine Sonderregelung.

Schaubild 43: *Schuldnerverzug*

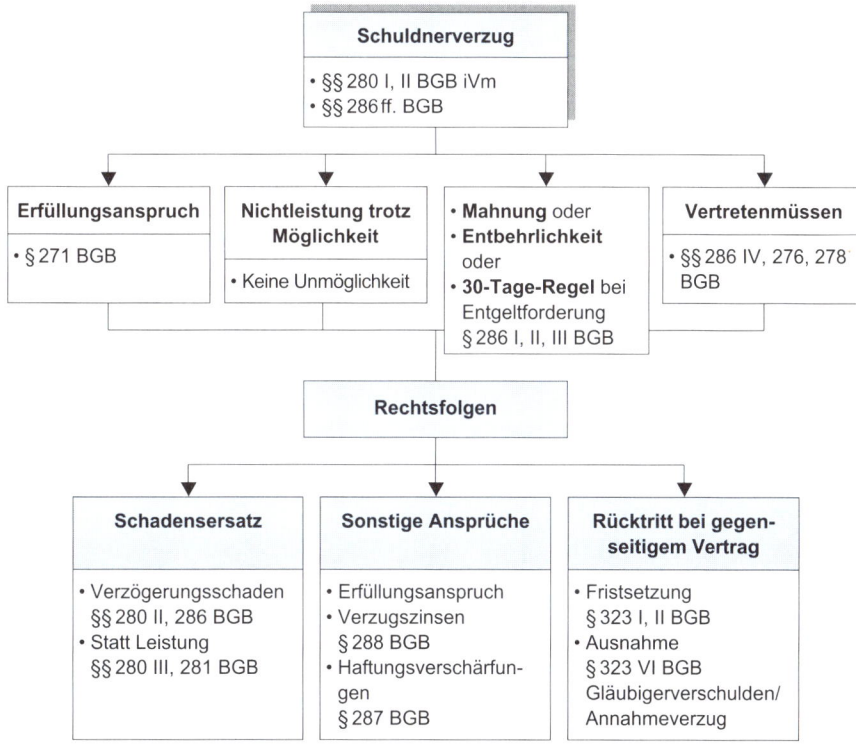

2. Voraussetzungen des Verzugs

Fall 4: V hat den vereinbarten Liefertermin für den Kran zum 1. 6. nicht eingehalten. **361** Daher hat K dem säumigen V durch seinen Rechtsanwalt RA mit Schreiben vom 4. 6. eine Frist zur Lieferung bis 15. 6. gesetzt. Unter dem Druck des Anwalts wird der Kran am 2. 7. an K übereignet. Wann ist V mit seiner Leistungspflicht in Verzug?

Voraussetzungen des Schuldnerverzugs nach § 286 BGB sind:

• **Fälliger und durchsetzbarer Erfüllungsanspruch,**
• **Nichtleistung trotz Möglichkeit der Leistung,**
• **Mahnung bzw. Entbehrlichkeit oder Verzug nach 30-Tage-Regelung und**
• **Vertretenmüssen der Verzögerung.**

a) Wirksamer Erfüllungsanspruch

Schuldnerverzug setzt einen fälligen Erfüllungsanspruch des Gläubigers voraus, der sich aus einem rechtsgeschäftlichen oder gesetzlichen **Schuldverhältnis** ergeben kann. **Fällig** wird eine Leistung, wenn der Gläubiger sie fordern kann. Ist nichts anderes vereinbart worden wie z. B. die Festlegung einer Leistungszeit durch ein Datum, eine Frist oder durch Stundung (= Hinausschieben der Fälligkeit) bis zu einem Termin, dann ist die Leistung des Schuldners sofort fällig (§ 271 BGB).

> **Beispiele:** Gesetzliche Sonderregeln für die Fälligkeit finden sich in §§ 556 b I, 579 BGB für die Miete, in § 604 BGB für die Leihe, für § 488 II und III BGB für das Gelddarlehen, in § 614 BGB für den Dienstvertrag und in § 641 BGB für den Werkvertrag.

Der Schuldnerverzug ist ausgeschlossen, wenn gegen den Anspruch eine Einrede möglich ist. Dies gilt auch dann, wenn der Schuldner eine solche Einrede zunächst nicht erhebt, da der Verzug einen **durchsetzbaren** Anspruch erfordert. Solche **Einreden** sind

- die Verjährung (§ 214 BGB),
- das Leistungsverweigerungsrecht des nicht erfüllten Vertrages (§ 320 BGB),
- die Ausübung eines Zurückbehaltungsrechts (§ 274 BGB) und
- eine Leistungsbefreiung nach § 275 II und III BGB bei Unmöglichkeit.

> Im Fall 4 wurde als Fälligkeitstermin für die Lieferung des Krans der 1. 6. vertraglich vereinbart.

b) Nichtleistung trotz Möglichkeit der Leistung

362 (1) Weitere Voraussetzung ist, dass die Leistung dem Schuldner noch möglich ist und dieser sie nicht erbringt. Unmöglichkeit und Schuldnerverzug schließen sich gegenseitig aus. Während bei **Unmöglichkeit ein dauerndes Leistungshindernis** vorliegt, ist der Schuldnerverzug nur ein vorübergehende Leistungsverzögerung. Schuldnerverzug setzt daher voraus, dass die Leistung noch möglich, d. h. nachholbar ist, um den Vertragszweck noch zu erreichen und ob dem Gläubiger eine Warten auf die Leistung zuzumuten ist. Soweit die Leistungserbringung an einen bestimmten Zeitpunkt geknüpft ist, tritt alleine durch Zeitablauf nicht Unmöglichkeit ein, sondern nur Verzug.

(2) Ausnahmsweise kann dies nur bei einem **absoluten Fixgeschäft** angenommen werden. Ein solches Fixgeschäft wird angenommen, wenn die Einhaltung der Leistungszeit nach dem **Inhalt und Zweck des Vertrages** so wesentlich ist, dass die verspätete Leistung keine Erfüllung mehr darstellt.

> **Beispiel:** Die Lieferung eines Hochzeitskleides bis 9.00 Uhr am Hochzeitstag ist ein absolutes Fixgeschäft, da die Leistung nicht nachholbar ist und damit nach Fristablauf unmöglich wird.

(3) Von dem absoluten Fixgeschäft ist das **relative Fixgeschäft** zu unterscheiden. Hier bleibt die Leistung auch bei Überschreitung des Termins möglich. Die Einhaltung der Leistungszeit muss aber nach dem Willen der Parteien derart wesentlich sein, „dass mit der zeitgerechten Leistung das Geschäft **stehen und fallen** soll".

> **Beispiele:** Klauseln wie fix, genau, spätestens, Luftbeförderungsvertrag eines Linien- oder Charterflugs, Aktienoptionsgeschäft

Nach § 323 II Nr. 2 BGB hat der Gläubiger bei einem relativen Fixgeschäft ein verschuldensunabhängiges Rücktrittsrecht vom Vertrag und kann, falls der Schuldner sich bei Verzug nicht entlastet, auch Schadensersatz wegen Verzögerung verlangen (§§ 280 II, 286 BGB, vgl. Rn. 516 zum Fixhandelskauf).

> **Beispiel**: Der Linienflug eines Luftbeförderungsvertrages verzögert sich um eine Stunde. Es handelt sich um ein relatives Fixgeschäft, da der Flug nachholbar ist. Daher liegt kein Fall der Unmöglichkeit vor, sondern Schuldnerverzug. Somit kann der Fluggast vom Vertrag kostenfrei zurücktreten und bei bloßer Luftraumüberlastung seinen nachweisbaren Verzögerungsschaden ersetzt verlangen (BGH, 28. 5. 2009, NJW 2009, 2743).

c) Mahnung oder Entbehrlichkeit

(1) Grundsätzlich muss der Schuldner **nach Fälligkeit und Nichtleistung ge-** 363 **mahnt** werden. Die Mahnung ist die ernsthafte Aufforderung des Gläubigers nunmehr unverzüglich zu leisten. Sie ist eine nicht formgebundene, einseitige empfangsbedürftige geschäftsähnliche Erklärung, welche auch konkludent ohne Verwendung des Begriffs „Mahnung" erfolgen kann. Diese Warnung muss weder eine Fristsetzung noch eine Androhung bestimmter Folgen enthalten, aber eine eindeutige Aufforderung zur Leistung. Klage und Mahnbescheid sind durch § 286 I 2 BGB gleichgestellt. Keine Mahnung liegt in der Mitteilung, die Forderung sein nunmehr fällig oder in der Erklärung, der Leistung werde gerne entgegengesehen. Eine zu höfliche Formulierung schadet also dem Gläubiger.

> **Beispiele**: Zweite Rechnung mit und ohne Stempel; Erledigungserinnerung; telefonischer Anruf; Klageerhebung; Zustellung eines Mahnbescheides

(2) Die Mahnung kann ausnahmsweise **entbehrlich** sein (§ 286 II BGB). So bedarf es der Mahnung nicht, wenn

- für die Leistung eine Zeit nach dem **Kalender** bestimmt ist (Nr. 1) oder

> Im Fall 4 war die Mahnung des Anwalts vom 4. 6. für den Verzugseintritt entbehrlich., da der Fälligkeitszeitpunkt für die Lieferung des Krans mit dem 1. 6. kalendermäßig bestimmt war. Mit Ablauf des 1. 6., also am 2. 6. war V in Verzug.

- der Leistung ein **Ereignis** vorauszugehen hat und die Leistungszeit von dem Ereignis ab nach dem Kalender **berechenbar** ist (Nr. 2) oder

> **Beispiele**: Damit reicht auch die Berechenbarkeit nach dem Kalender wie „3 Tage nach Abruf" oder „1 Woche nach Lieferung".
> Eine Klausel „Zahlung sofort nach Lieferung" reicht nicht, da in dieser Bestimmung keine Mahnung zusehen ist, da sie vor Fälligkeit erfolgt. Zwischen dem Ereignis und dem vorgesehenen Leistungstermin muss eine bestimmte, angemessene Frist liegen. Bei dieser Klausel handelt es sich nur um eine Fälligkeitsbestimmung (strittig).

- Schuldner die Leistung ernsthaft und endgültig **verweigert** (Nr. 3) oder
- **besondere Umstände** unter Abwägung der beiderseitigen Interessen den sofortigen Verzugseintritt rechtfertigen (Nr. 4).

> **Beispiele**: Selbstmahnung in dem der Schuldner einen Termin nennt und damit einer Mahnung des Gläubigers zuvor kommt oder besondere Eilbedürftigkeit.

d) Verzug bei Entgeltforderungen

(1) Nach § 286 III BGB kommt der Schuldner einer Entgeltforderung (nicht alle 364 Geldforderungen!) **spätestens** in Verzug, wenn er nicht innerhalb von **30 Tagen nach Fälligkeit und Zugang** einer Rechnung oder gleichwertigen Zahlungsaufstellungen leistet. Entgeltforderungen sind solche, die auf Zahlung eines Entgelts

für die Lieferung von Waren oder Erbringung von Dienstleistungen gerichtet sind wie ein Kaufpreisanspruch, nicht aber ein Schadensersatzanspruch.

(2) Der Fristbeginn und das Fristende bestimmen sich nach §§ 187 I, 188 I, 193 BGB. Da es sich um eine Tagesfrist handelt – und nicht ein Monat oder 4 Wochen –, muss ausgezählt werden. Gegenüber einem **Verbraucher** (§ 13 BGB) gilt diese Erweiterung des Verzugseintritts aber nur, wenn auf diese Folge in der Rechnung oder der Zahlungsaufstellung hingewiesen wurde. Unter **Kaufleuten** ist für die Geltendmachung von Zinsen keine Mahnung notwendig, sondern nur das Verstreichen der Fälligkeit (§ 353 HGB).

e) Vertretenmüssen der Verzögerung

365 Der Schuldnerverzug tritt nur ein, wenn der Schuldner die Verzögerung seiner Leistungserbringung zu vertreten hat (§ 286 IV BGB). Als Verschuldensmaßstab gelten insoweit die allgemeinen Regeln der §§ 276 bis 278 BGB. Die Beweislast für fehlendes Verschulden trifft nach § 280 I 2 BGB den Schuldner.

> **Beispiele:** Kein Verschulden liegt vor, wenn der persönlich leistungspflichtige Schuldner schwer erkrankt, bei höherer Gewalt durch Naturkatastrophen, behördliche Eingriffe oder Krieg. Bei Geldforderungen entschuldigt die Zahlungsunfähigkeit nicht.

3. Rechtsfolgen des Schuldnerverzugs

a) Schadensersatz

366 **Fall 5:** Der Anwalt RA verlangt mit dem Mahnschreiben am 2. 6. von V seine Kosten in Höhe von € 1500 aus von K an RA abgetretenem Recht. Zahlungsziel für diese Mahnkosten ist der 1. 7. Kann der Anwalt seine Kosten verlangen?

Gerät der Schuldner in Verzug, hat der Gläubiger folgende Rechte:

- **Erfüllungsanspruch** auf die Leistung,
- **Ersatz des Verzögerungsschadens** (§§ 280 I, II und 286 BGB),
- **Verzugszinsen** bei Geldschuld (§ 288 BGB),
- **Schadensersatz statt der Leistung** (§§ 280 I, III und 281 I 1 BGB) und
- **Haftungsverschärfung** nach § 287 BGB,
- **Rücktritt** nach § 323 BGB bei gegenseitigen Verträgen.

367 (1) Der Verzug hat keinen Einfluss darauf, dass der Gläubiger die weiterhin mögliche Erfüllung der vereinbarten **Primärleistung** verlangen kann. Zusätzlich hat der Schuldner die sekundäre Pflicht zum Ersatz des ursächlichen **Verspätungsschadens** nach Maßgabe der §§ 249 ff. BGB (§§ 280 I, II, 286 BGB). Der Gläubiger ist so zu stellen, wie er bei rechtzeitiger Leistung stehen würde.

> **Beispiele:** Kosten der Anmietung eines Ersatzgegenstandes; entgangene Nutzungsmöglichkeiten (Kfz); entgangener Gewinn (§ 252 BGB); Kosten der Rechtsverfolgung wie Anwaltskosten, Inkassokosten nach Verzugseintritt; Kostenpauschalen, soweit wirksam vereinbart; **nicht:** Kosten der verzugsbegründenden Mahnung.

Im Fall 5 kann der Anwalt RA zu Recht von V seine Kosten einer zweckentsprechenden Rechtsverfolgung als Verzugsschaden nach §§ 612 II iVm RVG, 398 und §§ 280 I, II, 286 I, II Nr. 1 BGB verlangen, da V schon am 2. 6. in Verzug war. Wäre der Liefertermin nicht kalendermäßig bestimmt gewesen, dann wäre V erst durch das Mahnschreiben von RA vom 2. 6. in Verzug gekommen. Dann könnte K nicht diese Kosten verlangen, da erst diese Mahnung den Verzug herbeiführen würde. Dann müsste K diese Anwaltkosten selbst tragen. Die verzugsbegründende Mahnung sollte daher innerbetrieblich und nicht über einen Anwalt erfolgen.

(2) Eine **Geldschuld** ist während des Verzugs zu verzinsen. Der **Verzugszins** 368 beträgt 5 % über dem Basiszinssatz (z. Zt. [1. 1. 2010] 0,12 %) für das Jahr (vgl. Rn. 272). Bei Rechtsgeschäften, an denen ein Verbraucher nicht beteilt ist, also zwischen Unternehmen, beträgt der Verzugszins 8 % über dem Basiszinssatz (§§ 288 I, II, 247 BGB). Hat der Gläubiger durch den Verzug einen höheren Schaden erlitten, etwa weil er einen Bankkredit aufnehmen musste, für den er 13 % Zinsen zu zahlen hat oder durch Verluste von Anlagezinsen, dann kann dieser höhere Zinssatz verlangt werden (§ 288 IV BGB). Die Zinsverluste müssen vom Gläubiger konkret dargelegt und bewiesen werden.

(3) Nach §§ 280 I, III und 281 I 1 BGB kann der Gläubiger **statt der Leistung** 369 **Schadensersatz** verlangen, wenn er dem Schuldner eine angemessene **Frist** zur Leistung gesetzt hat und diese erfolglos abgelaufen ist (vgl. zur Entbehrlichkeit der Fristsetzung S. 168). In einer solchen Fristsetzung ist stets die erforderliche Mahnung im Sinne des § 286 BGB zu sehen. Daher kann der Gläubiger seinen Verzögerungsschaden auch dann verlangen, wenn der Schuldner nicht innerhalb der gesetzten Frist leistet.

(4) Während des Verzugs tritt für den Schuldner eine **Haftungsverschärfung** ein. 370 Der Schuldner hat nach § 287 S. 1 BGB jede Fahrlässigkeit zu vertreten, auch wenn er sonst nur für grobe Fahrlässigkeit haften würde.

> **Beispiel**: Der Gesellschafter einer GbR haftet seinen Gesellschaftern gegenüber nur für die auch in eigenen Angelegenheiten geübte Sorgfalt, also für grobe Fahrlässigkeit. Beim Schuldnerverzug verschärft sich diese Haftung auch für leichte Fahrlässigkeit.

Der Schuldner haftet wegen der Leistung während des Verzugs selbst für durch **Zufall** eintretende Unmöglichkeit, es sei denn, dass der Schaden auch bei rechtzeitiger Leistung eingetreten sein würde.

> **Beispiel**: Eine verliehene, schuldhaft nicht rechtzeitig zurückgegebene Maschine wird zufällig zerstört. Der Entleiher kann sich nicht auf §§ 604, 275 I BGB berufen. Er haftet nach §§ 275 IV, 280 I, III und 281 BGB auf Schadensersatz statt der Leistung.

b) Rücktritt vom gegenseitigen Vertrag

Fall 6: Der Verkäufer V liefert den Kran nicht wie vereinbart zum 1. 6. an K aus. Wie 371 muss K vorgehen, wenn er vom Kaufvertrag zurücktreten möchte?

Wie schon erläutert, sind die §§ 320 ff. BGB Sonderregeln für gegenseitige Verträge. Wird die fällige Leistung nicht oder nicht rechtzeitig erbracht, kann der Gläubiger vom gegenseitigen Vertrag unter den folgenden Voraussetzungen des § 323 BGB zurücktreten:

- **Gegenseitiger Vertrag**,
- **Fälligkeit** der Leistung (Ausnahme § 323 IV BGB),
- **Fristsetzung** und erfolgloser Fristablauf,
- **kein Rücktrittsausschlussgrund** (§ 323 VI BGB).

(1) Die vom Gläubiger zu setzende **Frist** muss angemessen sein. Sie soll dem Schuldner eine letzte Gelegenheit zur Vertragserfüllung geben und braucht daher

nicht so lange sein, dass der Schuldner die noch gar nicht begonnene Leistung erst anfangen und fertigstellen kann. So kann bei Eilbedürftigkeit auch eine Frist von 2 Tagen angemessen sein. Eine zu kurz bemessene Nachfrist, setzt eine angemessene in Lauf. Verzug ist keine Voraussetzung für den Rücktritt nach § 323 BGB.

(2) Ausnahmsweise ist eine **Nachfrist entbehrlich** nach § 323 II BGB, wenn der Schuldner endgültig die Leistung verweigert, bei einem relativen Fixgeschäft oder wenn besondere Umstände vorliegen. Die Regelung in § 323 II BGB stimmt mit ihren Nummern 1 und 3 mit § 281 II BGB überein, in dem eine vergleichbare Bestimmung für Schadensersatz getroffen wird. Die Nummer 2 betrifft das relative Fixgeschäft (vgl. Rn. 357).

(3) Der Rücktritt ist nach § 323 VI BGB **ausgeschlossen**, wenn der Gläubiger für den Umstand, der ihn zum Rücktritt berechtigen würde, allein oder überwiegend verantwortlich ist oder wenn er sich zu diesem Zeitpunkt in Annahmeverzug befunden hat. Ein Verschulden des Schuldners ist nicht erforderlich.

> Im Fall 6 ist die Lieferung des Krans am 1. 6. fällig. Um vom Kaufvertrag zurücktreten zu können, um z. B. einen anderen Lieferanten einzuschalten, muss K dem V eine angemessene Nachfrist setzen. Beim Kauf reichen 3 Tage, während bei Werkleistungen bis zu 5 Tage angemessen sind. Da keine Form vorgeschrieben ist, kann die Fristsetzung auch telefonisch oder mit Fax erfolgen. Der Rücktritt muss dann nach Fristablauf nochmals ausdrücklich erklärt werden (§ 349 BGB).

VI. Schlechtleistung

372 Neben dem **Ausbleiben der Leistung** (Nichterfüllung) und der verschuldeten **Verzögerung der Leistung** (Schuldnerverzug) bildet die Schlechterfüllung die dritte Gruppe der Leistungsstörungen durch den Schuldner. Sie erfasst daher jede Verletzung einer den Schuldner treffenden Pflicht aus dem Schuldverhältnis, sofern es sich dabei nicht um einen Fall der Nichterfüllung oder des Verzuges handelt. Der Begriff Schlechterfüllung umfasst daher die nach bisherigem Schuldrecht als gewohnheitsrechtlich anerkannte **positive Vertragsverletzung von Nebenpflichten** bzw. **Schlechtleistung mit Mangelfolgeschäden**. Gerade diese Mangelfolgeschäden, wenn z. B. die Lieferung verdorbenen Viehfutters zum Tod der damit gefütterten Tiere führt, wurden durch das bisherige Gewährleistungsrecht nicht erfasst und durch die pVV aufgefangen. Aber auch die vorvertragliche Haftung aus dem Vertrauen, das bei Vertragsverhandlungen begründet wird und bisher durch die Regeln über die culpa in contrahendo erfasst wurde, ist eine Pflichtverletzung durch Schlechtleistung nach §§ 311 II, III, 241 II und § 280 I BGB. Mit der Kodifizierung der pVV und cic will der Gesetzgeber keinerlei Änderungen der derzeitigen Rechtspraxis veranlassen.

1. Verletzung von Schutzpflichten (pVV)

373 **Fall 7:** Der Fahrer F des Verkäufers V beschädigt bei der Anlieferung des Krans im Bauhof des K dessen Hofeinfahrt. K entsteht ein Reparaturschaden von € 20000. Kann K diese Kosten von V verlangen?

Die zentrale Vorschrift der Pflichtverletzung in § 280 I BGB ist die Anspruchsgrundlage für Schadensersatz oder Rücktritt vom Vertrag bei einer pVV. § 280 I BGB setzt voraus:

Schaubild 44: *Verletzung von Schutzpflichten*

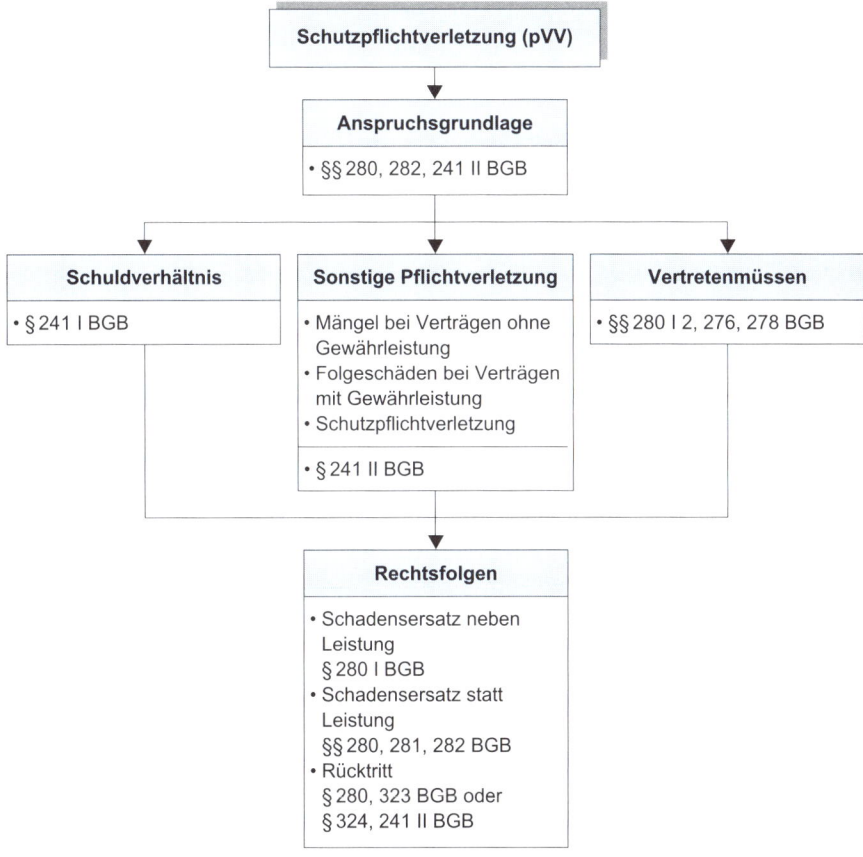

- **Schuldverhältnis,**
- **Pflichtverletzung im Bereich des Schutzes und der Rücksichtnahme,**
- **Vertretenmüssen.**

a) Schuldverhältnis

Grundvoraussetzung bei der pVV ist das Bestehen eines **vertraglichen** Schuld- **374** verhältnisses wie z. B. ein Kaufvertrag oder ein Dienstvertrag.

> Im Fall 7 handelt es sich um einen Kaufvertrag zur Übereignung eines Krans zwischen V und K.

b) Pflichtverletzung

(1) Vor der Schuldrechtsreform wurde die gewohnheitsrechtliche pVV als subsi- **375** diäre Anspruchsgrundlage zur Ausfüllung einer Gesetzeslücke angesehen. Daher verstand man hierunter jede Pflichtverletzung, die nicht zur Unmöglichkeit und auch nicht zum Schuldnerverzug führte. Daher durfte die so verstandene pVV erst nach Unmöglichkeit und Schuldnerverzug geprüft werden.

Bei der nunmehr gesetzlich normierten pVV sind 3 Arten von sonstigen Pflichtverletzungen durch Schlechterfüllung zu unterscheiden:

- **mangelhafte Leistung bei Verträgen ohne Gewährleistungsregeln,**
- **mangelhafte Leistung bei Verträgen mit Gewährleistungsregeln mit Folge-
  schaden und**
- **Verletzung von Schutzpflichten nach § 241 II BGB.**

376 (2) Bei allen Verträgen ohne gesetzlich eigenständig geregelte Gewährleistung
richten sich die Folgen einer Schlechtleistung nach den Regeln der pVV. Das gilt
insbesondere für die Schlechterfüllung des

- **Dienstvertrages** nach § 611 BGB (z. B. fehlerhafte Beratung durch Steuerbera-
  ter),
- **Arbeitsvertrags** des Arbeitnehmers nach §§ 611 ff. BGB,
- **Maklervertrags** nach §§ 652 ff. BGB (z. B. mangelnde Informationen),
- **Auftrags** nach § 662 BGB,
- **Geschäftsbesorgungsvertrages** nach § 675 BGB (z. B. Vermittlerfehler des
  Reisebüros),
- **Gesellschaftsvertrages** nach §§ 705 ff. BGB (z. B. Pflichtverletzung eines Ge-
  sellschafters).

377 (3) Bei Verträgen mit gesetzlichen Gewährleistungsvorschriften (Kaufvertrag,
Mietvertrag, Werkvertrag, Reisevertrag) greift die pVV nur ein, soweit Regelungs-
lücken vorliegen. In der Praxis der Abwicklung dieser Verträge führt eine mangelhafte Leistung oftmals zu einem **Mangelfolgeschaden** an den Rechtsgütern des
Gläubigers. Dieser verletzt sich z. B. an einer mangelhaften Motorsäge oder ver-
giftet mit dem verunreinigten Viehfutter seine Schweine. Solche Folgeschäden
einer gelieferten Sache bilden die Hauptfälle der **Schlechterfüllung.** Der Begriff
der Pflichtverletzung in § 280 I BGB umfasst auch diese Schlechtleistungen.

> **Beispiele:** Motorschaden durch verunreinigtes Benzin; Verderb von Wein durch man-
> gelhafte Korken; Verletzung des Käufers durch mangelhafte Reifen

378 (4) Die dritte Art der Pflichtverletzung bezieht sich nicht auf die Leistung selbst,
sondern auf die Art und Weise der Leistungserbringung. Das Gesetz spricht insoweit in § 241 II BGB von der Verletzung von **Rücksichtnahmepflichten** und
bestimmt, dass die Rücksicht auf die Rechte, Rechtsgüter und Interessen des anderen Teils" ebenfalls zum Inhalt des Schuldverhältnisses gehören. Diese Nebenpflichten können in drei Gruppen zusammen gefasst werden:

- Der Gläubiger erleidet durch eine **fehlerhafte oder unterbliebene Aufklärung**
  einen Schaden, wie z. B. durch Nichtaufklärung über typische Gefahren einer
  Kaufsache.
- Rechtsgüter des Gläubigers werden geschädigt durch **Verletzung von Schutzpflichten** durch den Schuldner oder seinen Erfüllungsgehilfen wie z. B. durch
  eine Sachbeschädigung an Einrichtungsgegenständen des Gläubigers durch
  einen unsorgfältig arbeitenden Handwerker. Diese Pflichtverletzung erfüllt in
  der Regel auch den Tatbestand einer unerlaubten Handlung nach §§ 823 ff. BGB.

> Die Sachbeschädigung an der Hofeinfahrt durch den Erfüllungsgehilfen F (§ 278 BGB)
> ist eine objektive Verletzung einer Schutzpflicht des fremden Eigentums aus dem Kauf-
> vertrag zwischen V und K.

c) Vertretenmüssen

Das Vertretenmüssen des Schuldners für eigenes Verschulden nach § 276 BGB und **379** fremdes Verschulden seiner Erfüllungsgehilfen wird nach § 280 I 2 BGB bis zum Beweis des Gegenteils durch ihn vermutet. Das Risiko der Nichtaufklärbarkeit trägt also der Schuldner. Für die Schlechtleistung gilt diese Vermutung allerdings nur, soweit die Störung nicht aus dem Gefahrenbereich des Gläubigers kommt.

> Im Fall 7 wird aufgrund der Pflichtverletzung das Vertretenmüssen – hier Fahrlässigkeit – des Fahrers F als Erfüllungsgehilfe des V vermutet. Die Auslieferung des Kran war noch Bringschuld des V. Zwar kann V versuchen, zu beweisen, dass ihn bzw. sein Fahrer keine Fahrlässigkeit an der Sachbeschädigung trifft, jedoch trägt V das Risiko der Unaufklärbarkeit des Verhaltens.

d) Rechtsfolgen

Rechtsfolgen der Schlechterfüllung sind **380**

- **Schadensersatz aus § 280 I BGB** neben der Leistung z. B. für verursachte Schäden bzw. Mangelfolgeschäden,
- **Schadensersatz statt der Leistung** nach §§ 280 I, III, 281 BGB bzw. § 282 BGB, wenn dem Gläubiger die Leistung gerade durch diesen Schuldner unzumutbar wird,
- **das Recht zum Rücktritt** vom Vertrag nach §§ 280 I, 323 BGB bzw. nach §§ 324, 241 II BGB, wenn Unzumutbarkeit am Festhalten des Vertrages vorliegt.

Beim Schadensersatz muss durch die Schlechterfüllung dem Gläubiger ein kausaler Vermögensschaden nach §§ 249 ff. BGB entstanden sein. Ist der Schaden die typische Folge der Pflichtverletzung, wird unterstellt, dass eine Ursächlichkeit vorliegt. Bei einem Mitverschulden nach § 254 BGB erfolgt eine anteilige Kürzung des geltend gemachten Schadens.

> Ursächlicher Schaden im Fall 7 ist ein Betrag von € 20000, der notwendig ist, um die Schäden an der Hofeinfahrt zu beseitigen (§ 249 BGB).

2. Verschulden bei Vertragsschluss (cic)

> **Fall 8:** Bei den Verkaufsverhandlungen zwischen V und K besichtigt K das Werksgelände **381** des V. Hierbei stürzt K in eine nicht gesicherte Baugrube und verletzt sich schwer. Seine Krankenversicherung BBK verlangt von V die Behandlungskosten in Höhe von € 5000.

In einem vorvertraglichen Schuldverhältnis bestehen keine Leistungspflichten, sondern lediglich Pflichten zur Rücksichtnahme (Aufklärung und Schutz) im Sinne des § 241 II BGB (vgl. S. 122). Daher bestimmt § 311 II BGB, dass ein Schuldverhältnis „mit Pflichten aus § 241 II BGB" auch in den dort aufgeführten Fällen besteht. Bis zur Schuldrechtsreform wurde diese vorvertragliche Vertrauenshaftung aus dem gewohnheitsrechtlich anerkannten Rechtsinstitut des culpa in contrahendo (cic) hergeleitet, welche nunmehr in §§ 311 II, III und 241 II BGB gesetzlich geregelt ist. Voraussetzungen des Haftung aus cic sind

- **vorvertragliches Schuldverhältnis durch Vertragsverhandlungen,**
- **Pflichtverletzung im Bereich der Rücksichtnahme,**
- **Vertretenmüssen.**

Schaubild 45: *Culpa in contrahendo (cic)*

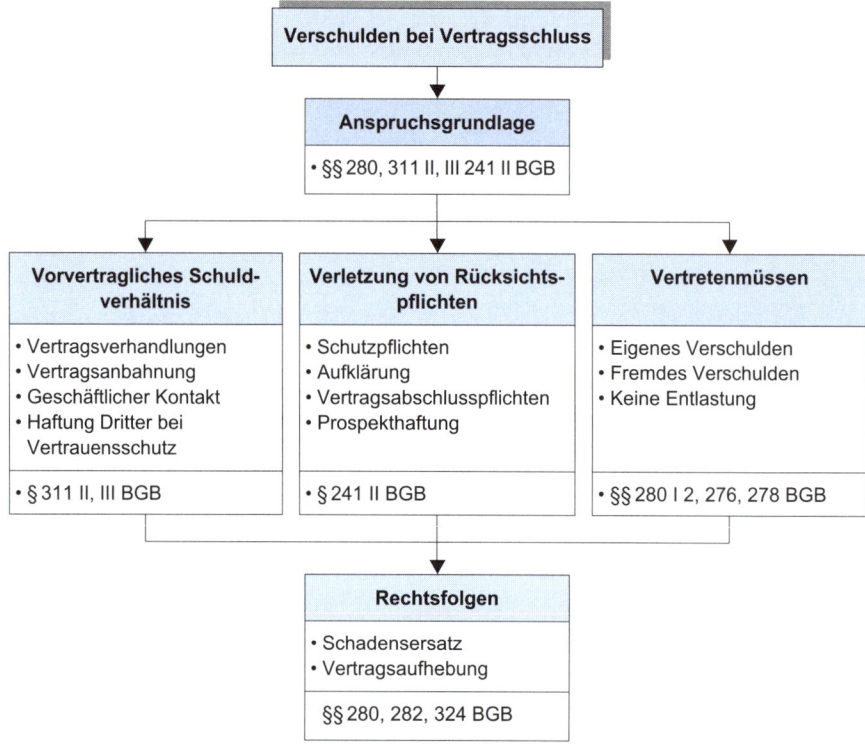

Die cic ist damit eine Parallele zur pVV bei Pflichtverletzungen bei vorvertraglichen Vertragsverhandlungen.

a) Vertragsverhandlungen

382 (1) Nach § 311 II und III BGB kann eine vorvertragliches Schuldverhältnis mit den Pflichten aus § 241 II BGB entstehen durch:

- **Aufnahme von Vertragsverhandlungen** (§ 311 Abs. 2 Nr. 1 BGB),

    Beispiele: Sobald ernsthaft Vertragsverhandlungen aufgenommen werden, muß jede Partei auf Fragen eine umfassende und zutreffende Auskunft geben; die sachkundige Partei muß den Unkundigen über die für den Vertragsschluß wesentlichen Umstände aufklären; sie darf das Zustandekommen des Vertrags nicht verhindern und den Rechtsgütern des Partners keinen Schaden zufügen.

- **Vertragsanbahnung** (§ 311 Abs. 2 Nr. 2 BGB),

Bei der Vertragsanbahnung bestehen (noch) keine Verhandlungen. Es handelt sich vielmehr um Fälle, in denen ein Unternehmer sein Geschäftslokal für den Verkehr öffnet, um möglichen Kunden eine Kontaktaufnahme zum Vertragsschluß zu geben. Von einer Vertragsanbahnung kann allerdings nur gesprochen werden, wenn ein Vertragsschluß ins Auge gefaßt wurde. Deshalb kann z. B. derjenige, der ein Kaufhaus oder eine Gaststätte nur deshalb betritt, um sich vor Regen zu schützen oder aufzuwärmen, bei einer Schädigung keinen Anspruch aus § 280 I BGB geltend machen. Auch genügt nicht die Herstellung eines sozialen Kontakts wie ein Zusammentreffen auf gesellschaftlicher Ebene.

- **ähnliche geschäftliche Kontakte** (§ 311 Abs. 2 Nr. 3 BGB)

Damit sind Kontakte gemeint, bei denen noch kein Vertrag angebahnt, ein solcher aber vorbereitet werden soll.

(2) Regelmäßig kommt das vorvertragliche Schuldverhältnis zwischen den Perso- **383** nen zustande, die Vertragspartei werden sollen. Schon nach der bisherigen ständigen Rechtsprechung konnten vorvertragliche Schuldverhältnisse mit **Vertretern oder Sachwaltern** bestehen, insbesondere dann, wenn diese Personen in besonderem Maße Vertrauen für sich in Anspruch genommen hatten. Diese Grundsätze hat die Schuldrechtsreform in § 311 III BGB übernommen.

> **Beispiele**: Der Verhandlungsführer eines Unternehmens ist Sachwalter. Er ist nicht Vertragspartner, aber dennoch als Vertrauensträger bei der Vertragsanbahnung tätig.
> Ein Autohaus verkauft im Namen und für Rechnung eines Kunden dessen Gebrauchtwagen und sichert die Unfallfreiheit zu, obwohl der Pkw nicht untersucht wurde. Ein Kaufinteressent verunglückt bei einer Probefahrt aus einem kausalen Vorschaden.

Im Fall 8 liegt ein vorvertragliches Schuldverhältnis durch konkrete Vertragsverhandlungen zwischen V und K vor.

b) Haftung Dritter

Das vorvertragliche Schuldverhältnis kommt regelmäßig zwischen den Personen **384** zustande, die Vertragspartei werden sollen. Dabei hat er für Verhandlungsgehilfen nach § 278 BGB einzustehen. Vertreter oder Verhandlungsgehilfen können grundsätzlich nur aus Delikt in Anspruch genommen werden. Die bisherige Rechtsprechung ließ ausnahmsweise **Dritte** (sog. „Sachwalter") aus cic haften, wenn sie **in besonderem Maße Vertrauen für sich in Anspruch nehmen** und dadurch die Vertragsverhandlungen oder den Vertragsschluss erheblich beeinflussen. Diese Eigenhaftung ist bei Gebrauchtwagenhändlern, die das Fahrzeug im Namen des Vorbesitzers verkaufen, bejaht worden, weil der Käufer mit dem eigentlichen Verkäufer nicht in Kontakt kommt und nur dem Händler Vertrauen entgegenbringen kann. Der neue § 311 III BGB übernimmt diese Grundsätze der **Sachwalterhaftung**.

> **Beispiel**: Zwar ist ein Alleingesellschafter und Geschäftsführer einer GmbH an deren Geschäften sehr interessiert, nimmt aber kein (!) besonderes persönliches Vertrauen in Anspruch. Das gilt nicht einmal dann, wenn der Gesellschafter persönlich Sicherheiten für GmbH-Verbindlichkeiten aus seinem Privatvermögen bestellt hat (BGH NJW 1994, 2220).

c) Verletzung der Pflicht zur Rücksicht

Bei Rücksichtnahmepflichten nach § 241 II BGB handelt es sich um Schutz- **385** pflichten, Aufklärungspflichten und die Pflicht, einen wirksamen Vertragsschluss nicht schuldhaft zu verhindern. **Beispiele** aus der Rechtsprechung sind

- **Verletzung von Verkehrssicherungspflichten** im Geschäftslokal gegenüber potentiellen Kunden, wobei insoweit auch eine Haftung aus Delikt nach § 823 I BGB bejaht wird;
- **arglistige Täuschungen** bei Vertragsschluss neben der Haftung aus §§ 826, 823

II BGB iVm Betrug bzw. der Anfechtungsmöglichkeit des Vertrages nach §§ 119 II oder 123 BGB (OLG Hamm NJW-RR 2003, 1360 : Nichtaufklärung als Importfahrzeug);

- **irreführende Prospektangaben** gegenüber Anlegern oder Beitretenden zu einer Abschreibungsgesellschaft,
- **unrichtige Umsatzangaben** beim Unternehmenskauf oder
- **ungenügende Aufklärung über Gefahren** des Vertragsschlusses durch eine Finanzierung (BGH NJW-RR 1990, 431).

> Dadurch, dass K im Fall 8 einen Personenschaden während der Vertragsverhandlungen erleidet, verletzt V eine nicht leistungsbezogene „sonstige" Schutz-, Obhuts- und Verhaltenspflicht nach § 241 II BGB. Das Vertretenmüssen nach § 280 I 2 BGB wird in Umkehr der Beweislast bis zum Beweis des Gegenteils durch V vermutet.

d) Rechtsfolgen

386   Die Rechtsfolgen der Verletzung einer Pflicht nach § 241 II BGB regeln auch bei der cic die bereits bei der pVV erörterten §§ 280, 282 und 324 BGB. Danach kann **Schadensersatz** nach §§ 249 ff. BGB und **Vertragsaufhebung** verlangt werden. Ein Verschulden von Erfüllungsgehilfen wird über § 278 BGB zugerechnet.

> Im Fall 8 kann K bzw. seine Krankenkasse Schadensersatz wegen der ursächlichen Behandlungskosten aus cic nach §§ 280 I, 311 II, 241 II BGB von V in Höhe von € 5000 verlangen (§ 249 BGB iVm § 116 SGB X). Ein mögliches Mitverschulden des K wird durch eine prozentuale Schadenkürzung nach § 254 BGB berücksichtigt.

VII. Gläubigerverzug

1. Begriff

387   Der Gläubiger kommt in Verzug, wenn er die ihm ordnungsgemäß angebotene Leistung, die noch möglich ist, nicht annimmt (§ 293 BGB). Damit verzögert der Gläubiger die Erfüllung des Schuldverhältnisses durch eine Mitwirkungshandlung. Dabei geht das Gesetz davon aus, dass der Gläubiger zur Annahme der Leistung zwar berechtigt, nicht aber verpflichtet ist. Daher ist diese Leistungsstörung keine Pflichtverletzung wie der Schuldnerverzug, sondern nur eine **Obliegenheitsverletzung**. Dies führt nicht zu einer Schadensersatzpflicht des Gläubigers, da der Schuldner keinen Anspruch auf die Erbringung hat. Der Annahmeverzug bringt dem Gläubiger aber rechtliche Nachteile nach §§ 300 bis 304 BGB.

2. Voraussetzungen

388   **Fall 9:** Der Baumaschinenhändler V liefert zum schriftlich angekündigten Zeitpunkt den Kran auf dem Betriebsgelände des K an. Der Baukran kann aber nicht abgenommen werden, da der dortige Betriebsrat zu einer Arbeitsniederlegung wegen Differenzen mit K aufgerufen hat. Rechtslage?

Gläubigerverzug tritt bei der Erfüllung folgender Voraussetzungen ein:
- **Möglichkeit der Leistung,**
- **Anbieten der Leistung,**
- **Nichtannahme der Leistung durch den Gläubiger.**

Schaubild 46: *Gläubigerverzug*

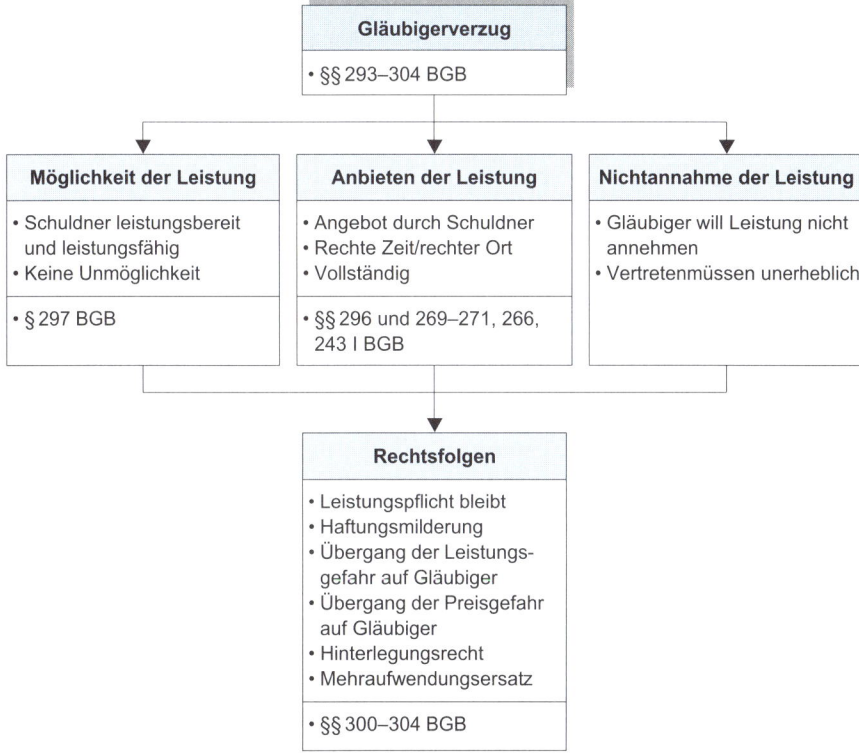

Ein Vertretenmüssen des Gläubigers ist nicht erforderlich. Er kommt in Verzug, wenn er die Annahme willentlich verweigert.

(1) Verzug und Unmöglichkeit schließen sich auch für den Gläubigerverzug aus **389** (§ 297 BGB). Bei dauernder Unmöglichkeit der Leistung ist daher nicht Gläubigerverzug, sondern **Unmöglichkeit** anzunehmen. Wenn damit dem Gläubiger eine **Mitwirkungshandlung dauernd unmöglich** ist und daher auch der Schuldner dauerhaft nicht leisten kann, liegt Unmöglichkeit nach § 275 I BGB vor und nicht Gläubigerverzug.

> **Beispiel**: Rudi meldet sich bei der Fahrschule Fix zum Fahrunterricht an. Rudi erscheint nicht zum vereinbarten Zeitpunkt, weil er auf dem Weg zur Fahrschule bei einem Unfall dauerhaft schwer verletzt wird. Der Schuldner Fix wird nach § 275 I BGB von seiner Leistungspflicht frei. Anders ist der Fall zu beurteilen, wenn Rudi einfach nicht zur Fahrschule erscheint. Dann ist die Leistung nachholbar mit einem Fall des Gläubigerverzugs.

(2) Nach § 294 BGB ist ein **tatsächliches Angebot** des Schuldners am Erfül- **390** lungsort zum Fälligkeitszeitpunkt notwendig, so dass der Gläubiger „nur noch zugreifen" braucht. Das bedeutet, dass die Leistung

- zur rechten Zeit (§ 271 BGB),
- am rechten Ort (§§ 269, 270 BGB) und
- in der richtigen Menge und Beschaffenheit angeboten wird (§§ 266, 243 I BGB).

Daher gerät der Gläubiger nicht in Verzug, wenn er Teilleistungen ablehnt. Ein **wörtliches** Angebot reicht nach § 295 BGB ausnahmsweise aus, wenn der Gläubiger bestimmt und eindeutig erklärt hat, er werde die Leistung nicht annehmen, oder wenn zur Erfüllung eine Mitwirkungshandlung des Gläubigers erforderlich ist, insbesondere wenn der Gläubiger die geschuldete Sache abzuholen hat wie beim Abruf von Waren. Nach § 296 BGB ist ein **Angebot des Schuldners entbehrlich**, wenn eine termingebundene Mitwirkungshandlung zu erbringen ist oder der Mitwirkungshandlung ein Ereignis vorauszugehen hat und kalendermäßig berechenbar ist.

391 (3) Es wurde schon darauf hingewiesen, dass der Gläubiger in Annahmeverzug kommt, **ohne** dass ein **Vertretenmüssen** erforderlich ist.

> Der „wilde Streik" bei Gläubiger K hindert nicht den Eintritt des Annahmeverzugs, da der Baukran tatsächlich zur rechten Zeit, am richtigen Ort und in der richtigen Beschaffenheit von V angeboten wurde.

3. Rechtsfolgen

392 Die Rechtsfolgen des Gläubigerverzugs richten sich nach §§ 300 bis 304 BGB. Ausgehend von dem Gedanken, dass der Gläubiger zur Annahme der Leistung berechtigt, aber nicht verpflichtet ist, treten beim Annahmeverzug nur geringe Entlastungen des Schuldners ein wie

- eine **Haftungsmilderung**, da der Schuldner nur Vorsatz und grobe Fahrlässigkeit – also nicht leichte Fahrlässigkeit – zu vertreten hat (§ 300 I BGB),
- Übergang der **Preisgefahr auf den Gläubiger** nach § 326 II BGB,

  > **Beispiel:** V liefert an K den Baukran aus. K nimmt nicht ab. Bei der Rückfahrt wird der Transporter einschließlich Ladung durch fahrlässige Fahrweise des Fahrers total beschädigt. V wird von seiner Leistungspflicht nach §§ 300 I, 275 BGB frei und behält nach § 326 II den Anspruch auf die Gegenleistung, den Kaufpreis, nach § 433 II BGB.

- der **Übergang** der Leistungsgefahr bei Gattungsschulden auf den Gläubiger (§ 300 II BGB),
- der **Wegfall der Verzinsung** einer Geldschuld (§ 301 BGB),
- der Anspruch auf Ersatz der verursachten **Mehraufwendungen**, z. B. Lagerkosten, Mahnkosten, zusätzliche Versicherungskosten (§ 304 BGB),
- ein **Hinterlegungsrecht** bei hinterlegungsfähigen Gegenständen oder ihre Versteigerung (§§ 372 ff. BGB).

VIII. Anpassung und vorzeitige Beendigung von Verträgen

1. Störung der Geschäftsgrundlage

a) Begriff

393 Das vor der Schuldrechtsreform aus § 242 BGB abgeleitete Recht zur Anpassung eines Vertrages bei Störungen der Geschäftsgrundlage ist nunmehr in § 313 BGB gesetzlich geregelt. Zwar sind grundsätzlich Verträge einzuhalten ("pacta sunt servanda"). Es gibt aber Fälle, in denen sich die wirklichen Umstände so wesent-

lich geändert haben, dass ein Vertragsanpassung erforderlich ist. Es geht also um die Frage, wie zwischen den Vertragspartein das Risiko zu verteilen ist, wenn die dem Vertrag zugrundeliegenden Umstände sich schwer verändert haben. Allerdings dürfen diese Regeln nicht das allgemeine System der Risikoverteilung bei Verträgen unterlaufen, wonach

- der Gläubiger grundsätzlich das **Verwendungsrisiko** für den Leistungsgegenstand trägt.

  > **Beispiel**: Die Braut kann nicht den Kauf ihres Hochzeitskleides rückgängig machen, wenn die Heirat doch nicht stattfindet.

- jede Partei das **Äquivalenzrisiko** des Wertverhältnisses zwischen Leistung und Gegenleistung trägt wie Preissteigerungen nach Vertragsschluss,
- jede Partei das **Motivrisiko** dafür trägt, dass sich die für den Vertragschluss maßgeblichen Beweggründe ändern wie die enttäuschte Gewinnerwartung eines Unternehmers.

b) Voraussetzungen der Störung der Geschäftsgrundlage

Der Anwendungsbereich der Regeln für das Fehlen bzw. die Störung der Geschäftsgrundlage nach § 313 I, II BGB sind: **394**

- **Vorrang spezialgesetzlicher Regelungen,**
- **Vorhandensein einer Geschäftsgrundlage, die nicht in den Risikobereich einer Partei fällt,**
- **deren Fehlen von Anfang an oder späterer Wegfall,**
- **die Unzumutbarkeit am Festhalten eines unveränderten Vertrags.**

(1) Erst wenn die gesetzlich vorgesehenen **Spezialreglungen** der Vertragsanpas- **395** sung nicht eingreifen, kann auf § 313 BGB zurückgegriffen werden. Vorrangig sind daher eine **Anfechtung** des Vertrages wegen Irrtums, **Rücktritt** oder **Kündigung** zu prüfen. So sind in § 543 BGB die fristlose Kündigung eines Mietvertrages, in § 626 BGB die fristlose Kündigung des Dienstvertrages oder in § 651 j BGB die Kündigung eines Reisevertrages wegen erheblicher Beeinträchtigung durch höhere Gewalt vorrangig geregelt.

(2) **Geschäftsgrundlage** sind alle bei Vertragsschluss zu Tage getretenen Um- **396** stände,

- die mindestens eine Partei bewusst oder unbewusst vorausgesetzt hat,
- die für diese Partei so wichtig waren, dass sie den Vertrag nicht oder anders abgeschlossen hätte, wenn sie diese Veränderungen vorausgesehen hätte,
- und auf deren Berücksichtigung der Vertragspartner sich redlicherweise hätte einlassen müssen.

Für die Geschäftsgrundlage werden unterschieden die Fallgruppe

- der **Äquivalenzstörung** infolge sozialer Katastrophen und höherer Gewalt (Krieg, Umsturz oder „galoppierende Inflation"),
- der **beiderseitigen Irrtümer** (Wechselkurs, Größe eines Grundsstücks) und
- der **Zweckvereitelung** des Vertrages (Kauf eines Fertighauses, wenn die Baugenehmigung versagt wird, Fensterplatzmiete beim Rosenmontagsumzug, der kurzfristig ausfällt).

c) Rechtsfolgen

397 Nach § 313 I BGB ist der Vertrag an die geänderten Umstände **anzupassen**. Maßstab ist hierbei, was die Vertragsparteien bei Kenntnis der wirklichen Umstände vereinbart hätten. So kann eine wegen Inflation entwertete Geldleistungspflicht erhöht oder die entsprechende Warenleistungspflicht vermindert werden. Hierauf haben die Parteien einen Anspruch. Soweit eine Anpassung nicht möglich oder einem Teil nicht zumutbar ist, kann der benachteiligte Teil vom Vertrag **zurücktreten** oder bei Dauerschuldverhältnissen kündigen.

2. Kündigung von Dauerschuldverhältnissen aus wichtigem Grund

398 Dauerschuldverhältnisse wie Miete, Darlehen, Dienstvertrag, Gesellschaft, Franchising oder ein Projektsteuerungsvertrag (Rn. 268) können nach § 314 BGB aus wichtigem Grund auch ohne Einhaltung einer Kündigungsfrist gekündigt werden. Soweit gesetzliche **Sondervorschriften** bestehen, haben diese allerdings Vorrang. Ein wichtiger Grund liegt vor, wenn die Fortsetzung des Vertrages dem kündigenden Teil **unzumutbar** ist, wobei die beiderseitigen Interessen gegeneinander abgewogen werden.

> **Beispiele:** Körperliche Mißhandlung, erhebliche Beleidigungen oder ernsthafte Bedrohungen

Ein Kündigungsgrund kann aber auch ein **pflichtwidriges Verhalten** des anderen teils sein wie ein die Vertrauensgrundlage zerstörender Verdacht. Voraussetzung ist dann in der Regel eine vorherige Abmahnung, außer der Schuldner verweigert ernsthaft und endgültig die Leistung (§ 323 II Nr. 1 BGB).

Merksätze

1. **Arten der Leistungsstörungen als Pflichtverletzung (§ 280 I BGB)**
   - **Unmöglichkeit**: Ausbleiben der Leistung/Schlechterfüllung der Leistung
   - **Schuldnerverzug**: Verspätung der Leistung
   - **Schlechtleistung**:
     - Positive Vertragsverletzung: Schutz- und Nebenpflichten
     - Verschulden bei Vertragsverhandlungen (cic)
     - Mängelhaftung bei Kauf- und Werkvertrag

2. **Rechtsfolgen der Leistungsstörungen nach grundsätzlicher Fristsetzung**
   - **Rücktritt** (§§ 323 ff. BGB) **und**
   - **Schadensersatz** bei Vertretenmüssen in 3 Varianten nach § 280 BGB
     - Schadensersatz statt der Leistung (Abs. 1) oder Aufwendungsersatz (§ 284 BGB)
       * Unmöglichkeit (§ 275 I–III, IV BGB)
       * Nichtleistung (§ 281 BGB)
       * Schutzpflicht (§ 241 II BGB)
     - Schadensersatz wegen Verzögerung der Leistung (Abs. 2)
     - Ersatz sonstiger Schäden (Abs. 1)

3. **Vertretenmüssen des Schuldners setzt voraus (§ 276 I BGB)**
   - **Eigenes Verschulden**
     - **Verschuldensfähigkeit** (§§ 276 I 2, 827, 828 BGB)
     - **Vorsatz**: Wissen und Wollen des Erfolgs
       * direkt: zielgerichtetes Handeln
       * bedingter: billigend in Kauf nehmen

- – Fahrlässigkeit:
  - ⁎ Außerachtlassen der objektiv erforderlichen Sorgfalt
  - ⁎ 2 Arten: Normale und grobe (§ 277 BGB)
- – **Übernahme einer Garantie (Zusicherung) oder eines Beschaffungsrisikos**
- – **Verschärfungen und Milderungen** durch Gesetz/Vertrag
  (z. B. §§ 300 I, 277 BGB)
- • **Fremdes Verschulden von Dritten** (§ 278 BGB)
  - – **Erfüllungsgehilfe:** Wer mit Wissen und Wollen in Erfüllung der Verbindlichkeit die Pflichten des Schuldners erfüllt
  - – **Gesetzlicher Vertreter**
- • **Beweislast:** Bei Pflichtverletzung wird bis zum Gegenbeweis das Vertretenmüssen vermutet (§ 280 I 2 BGB)!

4. **Unmöglichkeit:** Leistung nicht bzw. nicht wie geschuldet erbracht (§§ 275, 280 I, III iVm 283, 311 a, 326 BGB)
   - • **Gleichbehandlung aller Arten**
     (anfänglich/nachträglich/obj/subj/faktisch/persönlich/vollständig/teilweise)
   - • **Folge: Ausschluss der Primärleistungspflicht** (§ 275 I, II–III [Einrede] BGB)
   - • **Rechtsfolgen**
     - - **Schadensersatz statt der Leistung** bei Vertretenmüssen
       - ⁎ Anfängliche Unmöglichkeit (§ 311 a II oder §§ 284, 285 BGB)
       - ⁎ Nachträgliche Unmöglichkeit (§§ 280 I, III, 283–285 BGB)
     - – **Rücktritt ohne Fristsetzung** (§§ 326 IV, V, 323 BGB)
     - – **Gegenleistungspflicht entfällt** (§ 326 I, II BGB)

5. **Schuldnerverzug** (§§ 280 I, II iVm 286–290 BGB)
   - • **Fälliger, durchsetzbarer Erfüllungsanspruch**
   - • **Nichtleistung trotz Möglichkeit der Leistung**
   - • **Mahnung**
     - - Außergerichtliche bzw. gerichtliche Geltendmachung
     - – Entbehrlichkeit oder
     - – Entgeltforderung spätestens in Verzug nach 30-Tage-Regelung
   - • **Vertretenmüssen der Verzögerung** (§§ 276, 278 BGB)
   - • **Rechtsfolgen**
     - – Erfüllungsanspruch bleibt bestehen
     - – Ersatz des Verzögerungsschadens (§§ 286, 249 ff. BGB)
     - – Verzugszinsen bei Geldschuld (§ 288 BGB)
     - – Schadensersatz statt der Leistung bei Fristsetzung (§ 281 I 1 BGB)
     - – Haftungsverschärfung für Zufall (§ 287 BGB)
     - – Rücktritt nach Fristsetzung (§§ 280 I, 323, 326 VI BGB)

6. **Schlechtleistung durch positive Vertragsverletzung**
   - • **Verletzung von Schutz- und Nebenpflichten** (§§ 280, 241 II BGB (pVV))
     - – Pflichtverletzung im Bereich der Rücksichtnahme und des Schutzes
     - – Mängel bei Verträgen ohne Gewährleistungsregeln
     - – Mängel bei Verträgen mit Gewährleistung und Folgeschäden
   - • **Vertretenmüssen** (§§ 280 I 2, 276, 278 BGB)
   - • **Rechtsfolgen**
     - - Schadensersatz neben der Leistung (§ 280 I BGB)
     - – Schadensersatz statt der Leistung bei Unzumutbarkeit (§§ 281, 282 BGB)
     - – Rücktritt (§ 323 oder §§ 324, 241 II BGB)

7. **Schlechtleistung durch Verschulden bei Vertragsschluss**
   (§§ 280 I, 311 II, III, 241 II BGB (cic))
   - • **Vorvertragliches Schuldverhältnis durch**
     - - Vertragsverhandlungen
     - – Anbahnung eines Vertrages oder ähnliche Geschäftskontakte
     - – Dritthaftung bei besonderem Vertrauen
   - • **Verletzung von Schutz- und Nebenpflichten** (§ 241 II BGB)
   - • **Vertretenmüssen** (§§ 280 I 2, 276, 278 BGB)

- **Rechtsfolgen**
  - Schadensersatz (§§ 280 I, 282, 323 BGB)
  - Vertragsaufhebung
8. **Gläubigerverzug (Annahmeverzug)** (§§ 293–304 BGB)
   - **Voraussetzungen**
     - Möglichkeit der Leistung durch Schuldner
     - Anbieten der Leistung
     - Nichtannahme durch Gläubiger
       Nicht: Vertretenmüssen des Gläubigers
   - **Rechtsfolgen**
     - Leistungspflicht bleibt bestehen
     - Haftungsmilderung: Keine Haftung für einfache Fahrlässigkeit (§ 300 I BGB)
     - Preisgefahr bei Gläubiger (§ 326 II BGB)
     - Leistungsgefahr bei Gattungsschuld bei Gläubiger (§ 300 II BGB)
     - Wegfall der Verzinsung (§ 301 BGB)
     - Ersatz der Mehraufwendungen (§ 304 BGB)
     - Hinterlegungs- oder Versteigerungsrecht (§§ 372 ff. BGB)
9. **Anpassung und vorzeitige Beendigung von Verträgen**
   - **Störung der Geschäftsgrundlage GG** (§ 313 BGB)
     - **Voraussetzungen**
       * Vorrang von Spezialvorschriften
       * Vorhandensein einer GG, die nicht in den Risikobereich einer Vertragspartei fällt
       * Fehlen oder späterer Wegfall der GG
       * Unzumutbarkeit am Festhalten des unveränderten Vertrages
     - **Rechtsfolgen**
       * Anpassung des Vertrages
       * Rücktritt/Kündigung
   - **Kündigung von Dauerschuldverhältnissen** (§ 314 BGB)
     - Dauerschuldverhältnis wie z. B. Gesellschaft
     - Wichtiger Grund zur Aufhebung
     - Abmahnung bei Pflichtwidrigkeit

§ 13
Beteiligung mehrerer am Schuldverhältnis

Lernziele:

Nachdem Sie dieses Kapitel 13 durchgearbeitet haben, können Sie
- den Vertrag zugunsten Dritter und mit Schutzwirkung zugunsten Dritter auseinanderhalten.
- die Grundlagen der Forderungsabtretung erläutern.
- die Gesamtschuld erklären.

Am Schuldverhältnis sind normalerweise nur der Gläubiger und der Schuldner beteiligt. Möglich ist jedoch eine personelle Erweiterung durch Gestaltungen, in denen sowohl nebeneinander als auch nacheinander mehrere Personen berechtigt oder verpflichtet sind.

Schaubild 47: *Vertrag zugunsten Dritter*

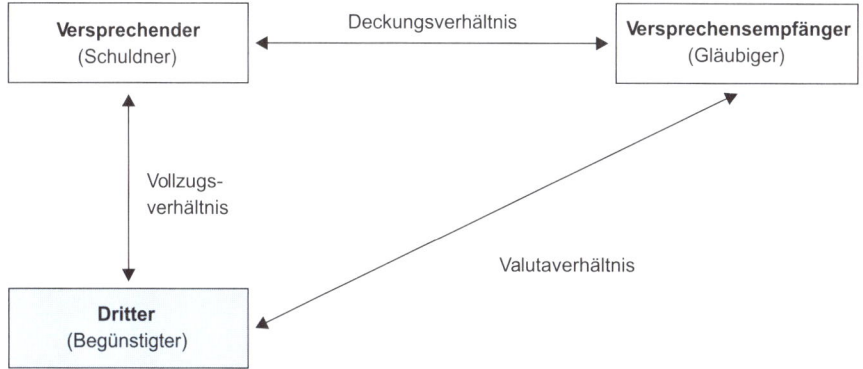

I. Beteiligung Dritter

1. Vertrag zugunsten Dritter

Fall 1: Kaufmann K hat sich in seinem Ehevertrag (§§ 1408 ff. BGB) gegenüber seiner   **399**
Gattin E verpflichtet, dieser eine Altersversorgung zu schaffen. K schließt daher bei der
Versicherung V eine Lebensversicherung im Todesfalle zugunsten seiner Ehefrau E
über € 150000. Nach dem Tod des K verlangt E von V die Versicherungssumme.

(1) Jeder Vertrag kann von den Vertragspartnern als Vertrag zugunsten eines Dritten ausgestaltet werden. Der Dritte erwirbt dann einen **eigenen Anspruch** gegen
den Vertragsschuldner auf Leistung (echter Vertrag zugunsten Dritter, § 328
BGB). Typisch ist also die Beteiligung dreier Personen, des **Schuldners** (Verspre-
chenden), des **Gläubigers** (Versprechensempfänger) und des **Dritten** (Begünstig-
ter). Als Leistungsgegenstand kommen nicht nur Sachen und Geld, sondern auch
ein Tun in Frage. Es handelt sich aber nicht um einen eigenständigen Vertragstyp,
wie z. B. den Kaufvertrag. Vielmehr kann der Vertrag zugunsten Dritter für alle
Vertragsarten vereinbart werden, wenn eine Leistungspflicht an einen Dritten erfolgen soll. Der Anspruch des Dritten ergibt sich also aus § 328 BGB in Verbindung mit der Anspruchsgrundlage des vereinbarten Vertrages. Es gibt also nur
einen Kauf-, Miet-, Spar- usw. -vertrag zugunsten Dritter.

> **Beispiele**: **Schenkungsvertrag** zugunsten Dritter, wenn das Sparbuch dem Dritten aus-
> gehändigt wird; **Krankenhausaufnahmevertrag** zwischen Krankenhaus und Kranken-
> kasse zugunsten des Patienten; **Hotelreservierungsvertrag** zwischen Reiseveranstalter
> und dem Leistungsträger Hotel bzw. **Chartervertrag** zwischen Reiseveranstalter und
> Luftfahrtunternehmen zugunsten von Pauschalreisenden (§ 651a BGB)

(2) Der Vertrag zwischen Gläubiger und Schuldner ist das **Deckungsverhältnis**.   **400**
Aus ihm ergibt sich Art und Umfang des Anspruchs des Dritten und die an ihn
zu erbringende Leistung. Hiervon ist das **Valutaverhältnis** zwischen Gläubiger
und Dritten zu unterscheiden, das regelt, weshalb der Dritte die Leistung erhält
(Rechtsgrund für das Deckungsverhältnis wie z. B. Vorsorgeversprechen, Schenkung). Zwischen Schuldner und Dritten entsteht das **Vollzugsverhältnis**.

Gerade im **Versicherungsrecht** hat der Vertrag zugunsten Dritter eine große Praxisbedeutung, wenn es wie im Fall 1 dem Versicherungsnehmer K um die finanzielle Absicherung seiner Ehefrau geht. Zwischen K (Versprechensempfänger) und der Versicherung V (Versprechende) wird ein Lebensversicherungsvertrag zugunsten der Ehefrau E abgeschlossen, aus dem E einen **Direktanspruch im Todesfall** auf Auszahlung der Versicherungssumme hat (§ 330 BGB). Das Verhältnis zwischen K und V ist das Deckungsverhältnis, wobei K Gläubiger und V Schuldner ist. Das Valutaverhältnis zwischen K und E ist die Verpflichtung in dem Ehevertrag zur Altersversorgung. E erlangt also ohne ihre Mitwirkung eine Stellung als Begünstigte mit einem eigenen Erfüllungsanspruch. Daher kann sie auch der Begünstigung widersprechen mit der Wirkung, daß dann das Recht rückwirkend als nicht erworben gilt (§ 333 BGB).

Durch Auslegung ist oftmals zu ermitteln, ob die Parteien einen **echten** oder **unechten Vertrag zugunsten** Dritter wollten. Im letzteren Fall soll kein eigener Anspruch beim Dritten entstehen. Vielmehr soll dann nur der Gläubiger berechtigt sein, die Leistung an den Dritten zu verlangen.

401 (3) Ist das Deckungsverhältnis wirksam, erwirbt der Dritte den Leistungsanspruch, den im Zweifel auch der Gläubiger geltend machen und Leistung an den Dritten verlangen kann (§ 335 BGB). Natürlich ist der Dritte zu keiner vertraglichen Gegenleistung verpflichtet, da sonst ein **unzulässiger Vertrag zu Lasten Dritter** vorliegen würde.

2. Vertrag mit Schutzwirkung für Dritte

402 **Fall 2:** Die Zugehfrau des Vermieters V streut nicht den Wohnungszugang des Hauses bei Eisglätte, so daß die Tochter T des Mieters M sowie ihr Freund F stürzen und sich verletzen. T und F verlangen von V Schadensersatz. Zu Recht?

Gesetzlich nicht geregelt ist der Vertrag mit Schutzwirkung für Dritte, der jedoch **analog § 328 BGB** behandelt wird. Ein Dritter kann damit in den vertraglichen Schutz einbezogen werden, wenn dies den Interessen einer Vertragspartei entspricht. Den Schuldner trifft dann nicht nur eine Schutzpflicht gegenüber dem Gläubiger, sondern auch gegenüber einem Dritten, der mit der Leistung des Schuldners **erkennbar** in Berührung kommt und für deren Schutz der Gläubiger verantwortlich ist. Der Dritte hat damit Sekundäransprüche auf Schadensersatz ohne einen Primäranspruch. Nach ständiger Rechtsprechung setzt die **Einbeziehung** somit voraus:

- eine **Leistungsnähe des Dritten**, d. h., der Dritte ist den Gefahren des Vertrags genauso ausgesetzt wie der Gläubiger, wobei der einbezogene Personenkreis für den Schuldner überschaubar und erkennbar sein muß,
- ein **Schutzinteresse des Gläubigers** an der Einbeziehung des Dritten in den Schutzbereich des Vertrages,
- eine **Schutzpflicht** des Schuldners zur Einbeziehung des Dritten in den Vertrag wie z. B. für Angestellte, mitwohnende Familienangehörige, Mieter.

Hat der Schuldner eine Verletzung dieser Schutzpflicht zu **vertreten** (§§ 280, 311 II, III, 241 II BGB, vgl. Rn. 373 ff.), so muß er dem Dritten den daraus entstehenden **Schaden** ersetzen.

Weder T noch F haben direkte vertragliche Ansprüche gegen V, da sie nicht Mietvertragspartei sind. Deliktische Ansprüche gegen V nach § 831 BGB scheiden aus, da V in der Regel der Entlastungsbeweis für die im Grundsatz bestehende Zuverlässigkeit seiner Zugehfrau gelingt. Um eine solche Entlastungsmöglichkeit auszuschließen, die oft als unbefriedigend empfunden wird, wurde der Vertrag mit Schutzwirkung entwickelt, um über die Zurechnungsnorm des § 278 BGB dem Dritten einen eigenen vertraglichen Schadensersatzanspruch zu geben. Sowohl T als auch ihr Freund F sind in den Schutzbereich des zwischen M und V geschlossenen Mietvertrags einbezogen, wenn beide für V erkennbar zum Benutzerkreis der Wohnung gehören (Mitbewohner, Besucher). V hat seine Streupflicht fahrlässig verletzt (§§ 276, 278 BGB), so daß er F und T ihren Verletzungsschaden zu ersetzen hat (§§ 280, 241 II BGB).

II. Gläubigerwechsel (Abtretung)

Die Forderung ist nicht nur ein Leistungsrecht zwischen Gläubiger und Schuld-   403
ner, sondern auch ein **Vermögensgegenstand**. Als solcher ist sie nur wirtschaftlich nutzbar, wenn sie auf eine andere Person übertragen werden kann. Ein solcher **Gläubigerwechsel** kann

- durch **Rechtsgeschäft** (Abtretung),
- kraft **Gesetzes** (gesetzlicher Forderungsübergang) oder
- durch **Gerichtsentscheidung** (z. B. Überweisung an Zahlungs Statt bei der Pfändung des Lohnanspruchs eines Arbeitnehmers) erfolgen.

Hierbei hat die Abtretung in der Wirtschaftspraxis **erhebliche Bedeutung** beispielsweise bei Kaufpreisabtretungen, Inkassozession oder Sicherungsabtretung.

1. Voraussetzungen der Abtretung

Fall 3: Der Bauunternehmer U gewährt seinem Geschäftspartner S ein zinsloses Darle-   404
hen über € 25 000 fällig zur Rückzahlung in 2 Jahren. Ein Jahr nach dem Darlehensvertrag benötigt U dringend Kapital und verkauft daher seinen Darlehensrückzahlungsanspruch an einen Bekannten B zum Preis von € 23 000. Was hat sich rechtlich ereignet?

(1) Die Abtretung (Zession) ist ein dinglicher **Vertrag**, durch den eine Forderung vom bisherigen Gläubiger (**Zedent**) auf einen neuen Gläubiger (**Zessionar**) übertragen wird (§ 398 BGB). Mit Vertragsschluß geht die Forderung unmittelbar auf den Zessionar über. Einer Mitwirkung des Schuldners bedarf es nicht, für ihn gelten aber als Folge der Abtretung gesetzliche Schutzbestimmungen (§§ 404 ff. BGB). Wird er nicht einmal benachrichtigt, spricht man von einer „stillen" Zession. Der Abtretungsvertrag ist ein **Verfügungsgeschäft** über die Forderung und daher **abstrakt**, d. h. in seiner Wirksamkeit unabhängig von dem zugrundeliegenden Verpflichtungsgeschäft (z. B. dem Forderungskauf §§ 433, 453 I BGB, einer Schenkung § 516 BGB). Fehlt das **kausale Verpflichtungsgeschäft** oder ist es fehlerhaft, dann ist die Forderung nach § 812 BGB zurückzuübertragen.

Beachte: Der unmittelbare Rechtsübergang erfolgt bei **beweglichen Sachen** durch Übereignung (§ 929 BGB), **unbeweglichen Sachen** durch Einigung und Grundbucheintragung (§§ 873, 925 BGB) und bei **Forderungen** durch Abtretung (§ 398 BGB).

(2) Als **Voraussetzungen** einer wirksamen Abtretung müssen somit vorliegen   405
- ein **Abtretungsvertrag** (§ 398 BGB) zwischen Alt- und Neugläubiger, der grundsätzlich formlos gültig ist (Ausnahmen z. B. für Hypothekenforderung (§ 1154 BGB), GmbH-Anteile (§ 15 GmbHG)),

Schaubild 48: *Rechtsbeziehungen bei Abtretung*

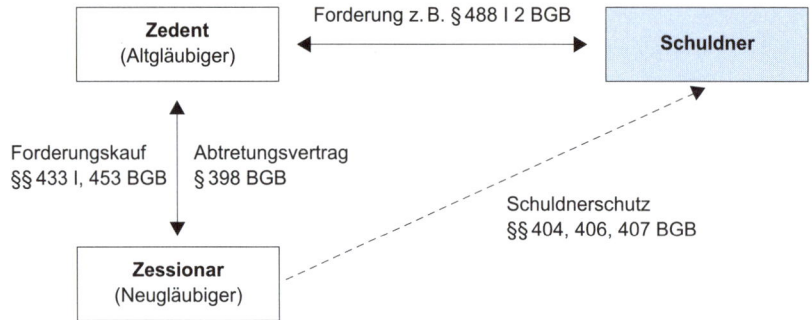

- **Übertragbarkeit der Forderung** (§§ 399, 400 BGB, § 354a HGB), welche ausnahmsweise nicht vorliegt bei Unterhaltsforderungen, Dienstleistungen (§ 613 BGB), Urlaubsabgeltungen und ähnlichen Forderungen, bei denen der Gläubigerwechsel eine Inhaltsänderung bedeuten würde, bei einem vertraglichen Ausschluß der Abtretung (z.B. „Abtretung der Forderung ist ausgeschlossen") und bei unpfändbaren Forderungen (z.B. Pfändungsschutz für bestimmtes Arbeitseinkommen, § 400 BGB iVm § 850 b ZPO),
- **Bestehen der Forderung** in der Person des Abtretenden, da es anders als beim Eigentumserwerb keinen gutgläubigen Forderungserwerb gibt,
- **Bestimmbarkeit der Forderung**, d.h., die Forderung muß im Zeitpunkt des Abtretungsvertrags nach Inhalt, Höhe und Schuldner mindestens bestimmbar sein. In diesen Grenzen ist auch die Abtretung künftiger Forderungen (Vorausabtretung) zulässig.

> Der Unternehmer U hat die Rückerstattungsforderung nach § 488 I 2 BGB aus dem Darlehensvertrag gegen S schon vor Fälligkeit wirtschaftlich verwertet, indem er sie an den Zessionar B verkauft hat (§§ 433 I, 453 BGB) und in Erfüllung des Kaufvertrags ihm den Anspruch gegen S abtritt (§ 398 BGB).

2. Wirkungen der Abtretung

a) Übergang der Forderung und Nebenrechte

406 (1) Mit Vertragsschluß geht die Forderung auf den neuen Gläubiger über (§ 398 S. 2 BGB). Nach diesem Zeitpunkt kann also die Forderung nicht noch einmal vom bisherigen Gläubiger – die ihm dann nicht mehr zusteht – auf eine andere Person übertragen werden (**Grundsatz der Priorität**).

(2) Mit der Abtretung gehen die **akzessorischen Nebenrechte**, welche für die Forderung bestehen, auf den Zessionar über (§ 401 BGB), also Pfandrechte, Bürgschaften, Hypotheken (nicht dagegen Grundschulden) oder Rechte aus Vormerkungen.

(3) Der Zedent ist nach § 402 BGB verpflichtet, dem Zessionar alle zur Geltendmachung der Forderung nötigen **Auskünfte** zu erteilen und ihm vorhandene, zum Beweis der Forderung dienende **Urkunden** zu übergeben. Zudem kann der Zessionar die Ausstellung einer öffentlich beglaubigten Urkunde über die Abtretung verlangen (§ 403 BGB).

b) Einwendungen und Einreden

Fall 4: Elektrohändler E veräußert an den Studenten S eine Stereoanlage. Die Kauf- 407
preisforderung tritt E an seine Bank B ab. S erklärt drei Monate nach der Auslieferung
des Geräts den Rücktritt vom Kaufvertrag wegen erheblicher Mängel der Anlage. Kann
B von S die Zahlung des Kaufpreises verlangen?

Mit der Abtretung geht die Forderung so über, wie sie in der Person des alten
Gläubigers bestand, d. h. **mit allen gegen sie begründeten Einwendungen und
Einreden** (§ 404 BGB). Die Rechtsstellung des Schuldners wird daher durch die
Abtretung nicht verschlechtert. Dagegen verbleiben die Gestaltungsrechte (z. B.
Anfechtung, Rücktrittsrecht) beim Zedenten, so daß der Schuldner sie gegenüber
diesem geltend machen muß.

B kann den Kaufpreis, der abgetreten wurde, nicht von S verlangen. Der Rücktritt nach
§§ 433 I 2, 434, 437 Nr. 2 BGB beruht auf einem Sachmangel der Stereoanlage und war daher schon zur Zeit der Abtretung begründet. Da S die Abtretung nicht verhindern kann,
ist es ihm nach § 404 BGB erlaubt, diese Einrede auch dem Zessionar B zu erheben.

c) Schuldnerschutz

Fall 5: Kaufmann K zediert an einen Geschäftspartner G die ihm gegen den Schuldner 408
S zustehende Forderung. Da S von dieser Abtretung nichts erfahren hat, zahlt er an K,
der das Geld verbucht. Wie ist die Rechtslage?

(1) Da der Schuldner an der Abtretung grundsätzlich nicht beteiligt ist, wird er
nicht nur dadurch geschützt, daß er mit dem Gläubiger ein Abtretungsverbot vereinbaren kann (§ 399 BGB) bzw. er alle Einwendungen behält (§ 404 BGB), sondern auch insofern, als er dem neuen Anspruchsinhaber auch dann frei wird,
wenn er im **guten Glauben an den alten Gläubiger leistet** (§ 407 BGB).

Der neue Gläubiger G kann die ihm abgetretene Forderung nicht mehr gegen S geltend
machen. S ist frei geworden und die Forderung durch Zahlung erloschen. Allerdings
hat G gegen den bisherigen Gläubiger K einen Bereicherungsanspruch auf Herausgabe
des von S erlangten Geldbetrags (§ 816 II BGB).

(2) Auch bei **mehrfacher Abtretung** wird der Schuldner geschützt. In diesem
Fall finden, wenn der Schuldner an den Dritten leistet oder wenn zwischen dem
Schuldner und dem Dritten ein Rechtsgeschäft vorgenommen oder ein Rechtsstreit anhängig wird, zugunsten des Schuldners die Vorschriften des § 407 BGB
dem früheren Erwerber gegenüber entsprechende Anwendung (§ 408 BGB).

Im Fall 5 tritt K die Forderung gegen S erst an G, dann an A ab. Obwohl die zweite Abtretung wegen des Prioritätsgrundsatzes unwirksam ist, erfährt S die Abtretung an A
und zahlt an ihn.

(3) Zeigt der Gläubiger dem Schuldner die Abtretung an, muß er dem Schuldner
gegenüber die angezeigte Abtretung gegen sich gelten lassen, auch wenn sie nicht
erfolgt oder nicht wirksam ist (§ 409 BGB). Die **Abtretungsanzeige** ist formlos
wirksam. Eine Pflicht des Schuldners, an den neuen Gläubiger zu leisten, besteht
jedoch erst dann, wenn der Zedent eine schriftliche Abtretungsurkunde vorlegt
(§ 410 BGB). Solange diese Urkunde nicht vorgelegt wird, hat der Schuldner ein
Leistungsverweigerungsrecht.

(4) Der Schuldner kann auch gegenüber dem neuen Gläubiger mit einer ihm gegen den bisherigen Gläubiger zustehenden Forderung **aufrechnen** (§ 406 BGB), es sei denn, er hatte zum Zeitpunkt des Erwerbs der Forderung von der Abtretung Kenntnis oder die Forderung ist erst nach Erlangung der Kenntnis und später als die abgetretene Forderung fällig geworden. Wie bei den Einwendungen genügt hier, daß die rechtliche Grundlage der Gegenforderung im Zeitpunkt der Kenntniserlangung bestand.

3. Sonderformen der Abtretung

a) Sicherungsabtretung

409   Eine häufige Sonderform der Abtretung ist die Sicherungsabtretung (Sicherungszession). Hierbei dient die Abtretung einer Forderung dem Zweck, eine **Darlehensschuld** gegenüber einem Kreditgeber zu sichern. Ist der Sicherungszweck erreicht, muß der Zessionar die sicherungshalber abgetretene Forderung zurückübertragen (vgl. Rn. 587).

b) Globalzession

410   **Fall 6**: Kaufmann K benötigt einen Kredit. Die Kreditsicherung gegenüber der Bank erfolgt dadurch, daß K alle Forderungen, die aus Warenlieferungen an seinen Hauptabnehmer S entstehen, im voraus an B abtritt. An wen muß der Warenkäufer S zahlen?

Bei der Globalzession werden **alle – auch künftige – Forderungen** des Zedenten aus einem Schuldverhältnis mit einem Schuldner von der Sicherungszession erfaßt. Es handelt sich also um eine Vorausabtretung künftiger Ansprüche (vgl. Rn. 587).

Die Globalzession aller Forderungen des K gegen S an seine Bank zur Sicherung des Kredits wird in der Regel dem Abnehmer S nicht mitgeteilt, um die Geschäftsbeziehung nicht zu gefährden. Daher leistet S wie bisher die Kaufpreiszahlungen für Lieferungen des K auf das Konto von K. Wenn K allerdings seinen Kreditpflichten nicht nachkommt, kann die Bank die Kaufpreisforderungen des K gegen S aus abgetretenem Recht als eigene Forderungen geltend machen.

c) Inkassozession

411   Zweck der Inkassozession ist die Einziehung von Forderungen zugunsten des Zedenten. Gerade Freiberufler wie Ärzte wollen nicht als strenge Gläubiger auftreten und die Mühen der Rechtsdurchsetzung auf versierte Inkassobüros übertragen. Hierbei erfolgt die **Abtretung der Forderung zur Einziehung im Namen der Inkassostelle** für Rechnung des Altgläubigers. Das Inkassobüro wird rechtlich Inhaber und Gläubiger der Forderung, wirtschaftlich betrachtet ist es jedoch im Interesse des Altgläubigers tätig. Die Zession ist zu unterscheiden von der bloßen **Einziehungsermächtigung** (Inkassomandat), wobei die Forderung nicht übertragen wird, sondern die Einziehung im fremden Namen erfolgt. Der Einziehungsermächtigte ist bloße „Zahlstelle" des Gläubigers.

d) Factoring-Vertrag

412   Beim Factoring erfolgt die Abtretung an den Factor bei vollem eigenen Risiko gegen einen finanziellen Abschlag aus Gründen der **Liquiditätsbeschaffung**; sie wird daher im einzelnen bei den Finanzierungsgeschäften behandelt (vgl. Rn. 565).

4. Gesetzlicher Forderungsübergang

Fall 7: Die Ehefrau E hat sich für die Rückzahlung eines Darlehens der Bank B an ihren   **413**
Gatten S verbürgt (§ 765 BGB). Nachdem S nicht mehr zahlt, begleicht E die offene
Forderung der B. Hat E gegen S einen Regreßanspruch?

Neben dem rechtsgeschäftlichen Forderungsübergang gibt es den gesetzlichen
Forderungsübergang. Das Gesetz ordnet in bestimmten Fällen an, daß eine Forderung auf einen neuen Inhaber übergeht. Die Vorschriften über die Abtretung
gelten beim gesetzlichen Forderungsübergang **entsprechend** (§ 412 BGB).

> **Beispiele**: Ausgleichungspflicht der Gesamtschuldner (§ 426 II BGB); Forderungsüber-
> gang bei Bürgschaft (§ 774 BGB); Übergang der Forderung bei Hypotheken (§ 1143 I BGB)

Soweit betragsmäßig die Bürgin E gezahlt hat, geht kraft Gesetzes die Forderung von
B gegen S auf sie über. Daher hat nun E gegen S einen Rückgriffsanspruch in dieser
Höhe (§§ 774, 412 BGB).

III. Schuldnerwechsel

1. Schuldübernahme

Die Schuldübernahme ist das **Gegenstück zur Abtretung**, denn dadurch wird   **414**
nicht eine Forderung, sondern eine Verbindlichkeit übertragen. Die Übernahme
einer Schuld kann entweder durch **Vertrag zwischen dem Gläubiger und dem
Übernehmer** erfolgen (§ 414 BGB) oder durch **Vertrag zwischen dem Schuldner und dem Übernehmer** mit **Genehmigung** des Gläubigers (§ 415 BGB). Die
Folge einer Schuldübernahme ist ein **Wechsel des Schuldners** ohne Veränderung
der Forderung des Gläubigers. Nach § 417 BGB bleiben daher dem Übernehmer
alle **Einwendungen** gegen die Forderung erhalten, vorhandene Sicherungsrechte
erlöschen (§ 418 BGB).

2. Schuldbeitritt

Durch den Schuldbeitritt, der im BGB nicht ausdrücklich geregelt ist, tritt durch   **415**
formfreien Vertrag zwischen Gläubiger und Übernehmer oder durch Vertrag
zwischen Schuldner und Übernehmer ein weiterer Schuldner – der Übernehmer
– in das Schuldverhältnis **neben den bisherigen Schuldner** (§ 311 I BGB). Beide
Schuldner werden dann **Gesamtschuldner** nach §§ 421 ff. BGB.

> **Beispiel**: Der Geschäftsführer einer GmbH unterschreibt einen Kreditvertrag nicht nur
> für die GmbH, sondern auch gesondert als Privatperson.

IV. Mehrheit von Schuldnern und Gläubigern

Das Gesetz sieht für eine Personenmehrheit auf der Schuldnerseite – aber auch   **416**
auf der Gläubigerseite – drei verschiedene Gestaltungsformen vor, nämlich

- **Teilschuldner- und Teilgläubigerschaft** (§ 420 BGB),
- **Gesamtschuldner- und Gesamtgläubigerschaft** (§§ 421 ff. BGB) und
- **Schuldner- und Gläubigergemeinschaft** (Gesamthandsgemeinschaften).

1. Gesamtschuld

a) Entstehung

> **Fall 8**: Die Studenten X, Y und Z haben eine körperliche Auseinandersetzung mit ihrem Kommilitonen A. Sie fügen ihm bewußt und gewollt mehrere Schläge zu, so daß A sich den Fuß bricht. A wendet sich an den begüterten X und verlangt von ihm Schadensersatz. X wendet ein, er hafte nur für seinen Anteil. Zu Recht?

Die in der Praxis häufigste Form der Schuldnermehrheit ist die Gesamtschuld. Jeder Schuldner ist dem Gläubiger auf das Ganze verpflichtet, der Gläubiger kann die Leistung aber nur einmal verlangen (§ 421 BGB). Welcher Schuldner leisten muß, hängt von der **Wahl des Gläubigers** ab. Die Leistung des einen Schuldners befreit die anderen (§ 422 I BGB). Ein Gesamtschuldverhältnis kann durch **Vertrag** oder durch **gesetzliche Anordnung** entstehen wie

- als Folge bestimmter Rechtsgeschäfte wie gemeinschaftlichem Mietvertrag (§§ 535, 421 BGB),
- bei gesetzlichen Schuldverhältnissen (z.B. § 840 I BGB),
- bei Gesamthandsgemeinschaften wie die BGB-Gesellschaft, die eheliche Gütergemeinschaft und die Erbengemeinschaft (z.B. § 128 HGB bei OHG).

Nach § 427 BGB sind im Zweifel auch diejenigen Gesamtschuldner, die sich zu einer **gemeinschaftlichen Leistung** durch Vertrag verpflichtet haben wie z.B. Eheleute, die gemeinsam einen Mietvertrag unterschreiben, haften für den Mietzins als Gesamtschuldner.

> Im Fall 8 liegt ein Fall der **gesetzlich angeordneten Gesamtschuld** vor. Da X, Y und Z gemeinsam eine unerlaubte Handlung begangen haben (§§ 823 I, 830 I, 840 I BGB), muß jeder einzelne voll für den ganzen Schaden des A aufkommen. A kann als Gläubiger seinen Schaden nach seiner Wahl von jedem der Schuldner ganz oder zum Teil fordern und hat so den Vorteil der größeren Sicherheit durch Auswahl des zahlungskräftigsten Schuldners.

b) Ausgleich unter Gesamtschuldnern

417   > **Fall 9**: Hat X Regreßansprüche gegen seine Mittäter?

Bewirkt einer der Gesamtschuldner die Leistung an den Gläubiger, erlischt die Forderung durch Erfüllung im **Außenverhältnis**. Im **Innenverhältnis** besteht unter mehreren Gesamtschuldnern eine Ausgleichspflicht in Höhe ihres Anteils (§ 426 I BGB). Die Höhe dieses Regresses bestimmt sich im Zweifel nach Kopfteilen. Eine abweichende vertragliche Vereinbarung unter den Gesamtschuldnern ist in der Praxis häufig, insbesondere bei Gesellschaftern von Personengesellschaften. Soweit ein Gesamtschuldner die Leistung an den Gläubiger bewirkt und Regreß von den übrigen Schuldnern verlangen kann, geht die Forderung des Gläubigers einschließlich der sichernden Nebenrechte nach §§ 426 II, 412, 401 BGB kraft Gesetzes auf ihn über.

> X kann im Innenverhältnis von den anderen Gesamtschuldnern Regreß verlangen. Da keine Vereinbarung vorliegt, sind sie grundsätzlich zu gleichen Anteilen verpflichtet, so daß X von Y und Z je ein Drittel des an A gezahlten Betrags erstattet verlangen kann.

2. Gläubigermehrheit

Ebenso wie bei der Schuldnermehrheit können auch bei der Gläubigermehrheit **418** drei Formen unterschieden werden:

(1) Bei **Teilgläubigerschaft** sind mehrere Gläubiger einer teilbaren Forderung im Zweifel nur anteilsmäßig zu gleichen Teilen berechtigt (§ 420 BGB, selten).

(2) Bei **Gesamtgläubigerschaft** kann jeder Gläubiger die ganze Leistung an sich selbst verlangen, der Schuldner braucht jedoch nur einmal leisten (§§ 428–430 BGB, z. B. gemeinschaftliches „Oder-Bankkonto").

(3) Bei **Gläubigergemeinschaft** sind alle Gläubiger in ihrer Gesamtheit berechtigt, können also nur zusammen stunden, kündigen oder abtreten. Der Schuldner kann nur an alle gemeinsam leisten (§ 432 BGB, z. B. **Gesamthandsgläubiger** bei Personengesellschaften oder Erbengemeinschaften).

Merksätze

1. **Vertrag zugunsten Dritter**
   - **echter:** Dritter hat aus Vertrag (Deckungsverhältnis) einen Anspruch gegen Schuldner (§ 328 BGB)
   - **unechter:** Schuldner soll an Dritten leisten, ohne eigenen Anspruch des Dritten
2. **Vertrag mit Schutzwirkung für Dritte**
   - Dritter ist in den Schutzbereich eines Vertrages einbezogen, bei
     – **Leistungsnähe** des Dritten und Erkennbarkeit
     – **Schutzpflicht** des Schuldners
   - Dritter hat bei schuldhaft verursachten Schäden einen eigenen Schadensersatzanspruch (§§ 280 I, 276, 278 BGB)
3. **Abtretung von Forderungen**
   - **Voraussetzungen**
     – Abtretungsvertrag zwischen Zedent und Zessionar (§ 398 BGB)
     – Übertragbarkeit der Forderung (§§ 399, 400 BGB, § 354a HGB)
     – Bestehen der Forderung in der Person des Zedenten
     – Bestimmbarkeit der Forderung
   - **Wirkungen**
     – Zessionar tritt an Stelle des Zedenten (Inhaberwechsel)
     – Übergang akzessorischer Nebenrechte (§ 401 BGB)
     – Einreden und Einwendungen bleiben Schuldner erhalten (§ 404 BGB)
     – Aufrechnung weiter möglich (§ 406 BGB)
     – Schuldner wird frei bei Zahlung an Altgläubiger in Unkenntnis der Abtretung (§ 407 BGB)
     – Schuldner hat Leistungsverweigerungsrecht bei Nichtvorlage einer Abtretungsurkunde (§ 410 BGB)
   - **Sonderformen der Abtretung**
     – Sicherungszession
     – Globalzession
     – Inkassozession
     – Factoring-Vertrag
   - **Gesetzlicher Forderungsübergang** („cessio legis")
     – Entsprechende Anwendung der Abtretungsvorschriften (§ 412 BGB)
4. **Schuldübernahme:** Wechsel des Schuldners (§§ 414, 415 BGB)
5. **Schuldbeitritt:** Neben Schuldner tritt ein weiterer Schuldner als Gesamtschuldner
6. **Mehrheit von Schuldnern und Gläubigern:** Wichtig sind die
   - **Gesamtschuld** (§§ 421 ff. BGB) bei

– gemeinschaftlichem Vertrag
– gemeinschaftlicher unerlaubter Handlung
– Gesamthandsgemeinschaften
  * Personengesellschaften (z. B. GbR § 705 BGB)
  * Gütergemeinschaft (§ 1415 BGB)
  * Erbengemeinschaft (§ 2032 BGB)
- **Gesamthandsgläubigerschaft**

7. **Leitentscheidungen**
- **Gesamtschuldausgleich bei vertraglicher Haftungsbeschränkung**
  BGH, 9. 3. 1972, BGHZ 58, 216 = NJW 1972, 942
- **Einwendungen beim Vertrag zugunsten Dritter (Charterflug)**
  BGH, 17. 1. 1985, BGHZ 93, 271 = NJW 1985, 1457
- **Cic bei Vertrag mit Schutzwirkung zugunsten Dritter (Gemüseblatt)**
  BGH, 28. 1. 1976, BGHZ 66, 51 = NJW 1976, 712

§ 14
Beendigung von Schuldverhältnissen

Lernziele:

Nachdem Sie dieses Kapitel 14 durchgearbeitet haben, können Sie
- die Arten der Beendigung von Schuldverhältnissen differenzieren.
- die Grundzüge der Aufrechnung mit einer Gegenforderung erläutern.
- Rücktritt, Kündigung und das Widerrufsrecht des Verbrauchers an Hand von Beispielen definieren.

419 Das vertragliche und gesetzliche Schuldverhältnis endet aus einer Vielzahl von Gründen. Hierbei ist zu unterscheiden, ob das **Schuldverhältnis als ganzes beendet** wird oder nur ein **einzelner Anspruch erlischt**. So führt der Rücktritt, der Aufhebungsvertrag und die Kündigung zur Beendigung des ganzen Schuldverhältnisses. Ein einzelner Anspruch erlischt durch Erfüllung, Hinterlegung, Aufrechnung oder Erlaß. Mit dem Erlöschen geht die Forderung unter und der Gläubiger kann nicht mehr Befriedigung verlangen.

> **Beispiel**: Mit der Bezahlung des Mietzinses erlischt nur diese Forderung, das Mietverhältnis besteht weiter. Mit der Kündigung endet das Mietverhältnis.

I. Erfüllung

1. Erfüllung durch Leistung

420 **Fall 1**: Kaufmann K trifft Kaufmann S in einer Nachtbar mit Casino. S will diese Gelegenheit nutzen, eine offene Schuld über € 1500 zu begleichen. Kann K die Annahme des Geldes verweigern?

(1) Nach § 362 I BGB erlischt das Schuldverhältnis, wenn die **geschuldete Leistung** an den Gläubiger **bewirkt** wird. Wie diese Bewirkung zu erfolgen hat, ergibt sich aus dem einzelnen Vertrag. Daher ist nach der **Entstehung des Anspruchs** stets zu fragen, ob er durch **Erfüllung oder einen sonstigen Grund erloschen** ist. Dazu ist es notwendig, daß

- der **richtige Schuldner**,
- dem **richtigen Gläubiger**,
- die **richtige, geschuldete Leistung**,
- am **rechten Ort**,
- zur **rechten Zeit**

erbringt. Eine andere als die geschuldete Leistung hat keine Erfüllungswirkung, und der Gläubiger ist nicht verpflichtet, diese Leistung anzunehmen.

(2) Sofern der **Schuldner nicht persönlich** zu leisten hat (z. B. Konzert, Unterricht, Dienst- bzw. Arbeitsvertrag, § 613 BGB), kann **jeder beliebige Dritte** die Leistung bewirken (§ 267 BGB). **Empfänger der Leistung** ist grundsätzlich der Gläubiger. Wird an einen Dritten geleistet, so erlischt die Schuld nur dann, wenn dieser Dritte zur Entgegennahme der Leistung ermächtigt worden ist (§§ 362 I, 185 BGB).

> **Beispiel**: Eine Zahlung einer Schuld an einen Minderjährigen ist nur mit Zustimmung der gesetzlichen Vertreter möglich.

(3) Ist der Schuldner dem Gläubiger aus **mehreren Schuldverhältnissen** zu gleichartigen Leistungen verpflichtet (z. B. zur Zahlung mehrer Rechnungen), reicht aber das Geleistete nicht zur Tilgung sämtlicher Schulden aus, so wird diejenige Schuld erfüllt, welche der Schuldner bei seiner Leistung (z. B. bei der Überweisung) bestimmt. **Unterläßt** der Schuldner eine **Zweckbestimmung**, stellt das Gesetz in §§ 366 II, 367 BGB folgende **Rangfolge** auf: **fällig, weniger sicher, lästiger, älter, verhältnismäßig**. Handelt es sich um eine Forderung aus Hauptleistung, Zinsen und Kosten, regelt § 367 I BGB die **Reihenfolge nach Kosten, Zinsen und Hauptleistung.**

(4) Der Gläubiger hat auf Verlangen eine **Quittung** zu erteilen (§ 368 BGB), damit der Schuldner notfalls die Erfüllung beweisen kann. Ferner muß der Gläubiger einen möglicherweise ausgestellten **Schuldschein zurückgeben** (§ 371 BGB).

> K braucht im Fall 1 das Geld nicht anzunehmen, da eine Nachtbar weder der richtige Ort noch die richtige Zeit ist. Leistungsort eines Kaufmanns ist sein Geschäft (§§ 269 II, 270 II BGB; § 358 HGB). Die Leistungszeit ist in der Regel die Geschäftszeit des Kaufmanns K (§§ 271, 299 BGB).

Schaubild 49: *Beendigung von Schuldverhältnissen*

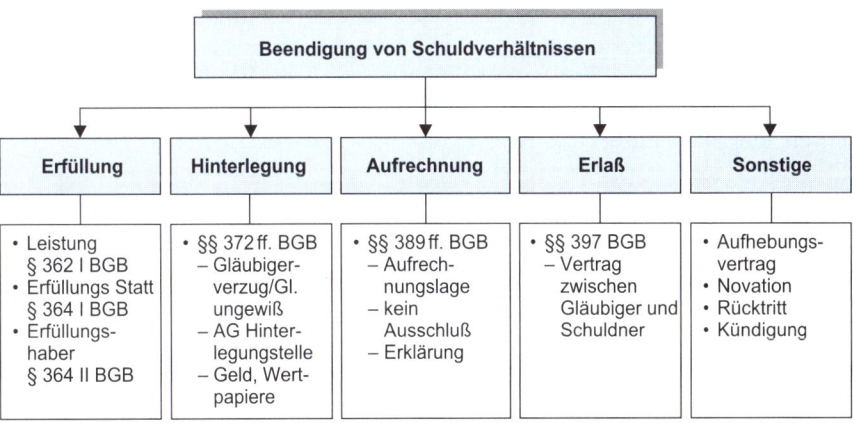

2. Leistung an Erfüllungs Statt

421 (1) Nimmt der Gläubiger dagegen eine **andere als die geschuldete Leistung** an
Erfüllungs Statt vom Schuldner an, dann erlischt die Schuld, wie wenn die tatsächlich geschuldete Leistung bewirkt worden wäre (§ 364 I BGB). Eine solche Ersetzungsbefugnis des Schuldners besteht aber nur, wenn der Gläubiger damit **einverstanden** ist. Eine Leistung an Erfüllungs Statt liegt beispielsweise vor bei der
Inzahlungnahme eines Gebrauchtwagens beim Neuwagenkauf oder bei Annahme einer **Ware statt Geld** zur Bezahlung.

Weist die an Erfüllungs Statt hingegebene Sache **Mängel** auf (z. B. der Gebrauchtwagen), dann hat der Gläubiger die Rechtsstellung eines Käufers. So kann
der Neuwagenhändler nach Gewährleistungsrecht (§ 365 BGB, §§ 434 ff. BGB)
gegen den Inzahlungsgebenden vorgehen.

(2) Auch die bargeldlose Überweisung ist eine Leistung an Erfüllungs Statt
(§§ 676 a, 676 f BGB). Hierbei ist die Überweisung der Auftrag eines Kunden an
ein Kreditinstitut, einen Geldbetrag auf das Konto eines anderen zu überschrei-
ben (Gutschrift). Die **Erfüllung** tritt mit der Gutschrift des überwiesenen Betrags
auf dem Konto des Gläubigers ein. Dieser erlangt dadurch lediglich einen Aus-
zahlungsanspruch gegen seine Bank (§§ 676 f, 676 g BGB). Das ist nicht das „Bewirken der geschuldeten Leistung", welches § 362 I BGB voraussetzt. Daß die
Bank als Zahlstelle mit der Wirkung angesehen werden kann, daß der Schuldner
auch an sie mit befreiender Wirkung leisten kann, setzt das **Einverständnis** des
Gläubigers voraus (§ 362 II BGB), in die der Vertragspartner durch die Angabe
einer Bankverbindung in Geschäftsschreiben im voraus einwilligt.

3. Leistung erfüllungshalber

422 (1) Sofern das Einverständnis des Gläubigers zu der nicht geschuldeten Leistung
nicht vorliegt, spricht man nur von einer **versuchten Erfüllung**, d. h., die Leistung erfolgt erfüllungshalber. Erfüllung tritt erst dann ein, wenn sich der Gläubiger aus dem erfüllungshalber Geleisteten befriedigt hat. Ob eine Leistung an
Erfüllungs Statt oder erfüllungshalber angenommen wird, ist durch **Auslegung**
zu ermitteln. Entscheidend ist, was die Geschäftspartner wollten. Nach § 364 II
BGB liegt im Zweifel eine Leistung erfüllungshalber vor.

(2) In diesem Fall tritt **neben die ursprüngliche Forderung** (z. B. Kaufpreisforderung) eine **neue Forderung**, und der Gläubiger muß zuerst versuchen, sich aus
der neuen Forderung zu befriedigen, ehe er auf die ältere Forderung zurückgreift.
Die Leistung erfüllungshalber hat für den Gläubiger den Vorteil, daß die alte Forderung und die dafür bestellten Sicherheiten weiterbestehen bleiben.

(3) Der wichtigste Fall der Leistung erfüllungshalber ist die Hingabe eines
Schecks auf eine Zahlungsverpflichtung. Dadurch erlischt die ursprüngliche Forderung noch nicht. Der Gläubiger ist vielmehr verpflichtet, den Scheck einzulö-
sen. Erst mit der Einlösung erlischt erst die alte Forderung. Nur dann, wenn der
Scheckbetrag nicht gutgeschrieben wird, kann der Gläubiger auf die alte Forderung zurückgreifen.

(4) Weitere Fälle erfüllungshalber sind die

• Hingabe eines **Wechsels**,

- **Abtretung** einer **Forderung gegen Dritte** beim unechten Factoring (vgl. S. 280),
- Begründung einer Forderung gegen Dritte durch Stellung eines **Akkreditivs** durch den Käufer oder bei Zahlung durch **Kreditkarte**, da das Vertragsunternehmen dem Karteninhaber den Betrag stundet und erfüllungshalber die Befriedigung aus dem Schuldversprechen des Kartenherausgebers versucht. Durch den Hinweis des Vertragsunternehmens eine Kreditkarte entgegenzunehmen, willigt dieses in diese Abrechnungsart ein.

II. Hinterlegung

(1) Wenn der Gläubiger die Annahme, z. B. eines Kaufpreises, verweigert und daher im **Gläubigerverzug** ist oder wenn unter mehreren Personen **unsicher ist, wer Gläubiger** ist, dann kann sich der Schuldner dadurch von seiner Verbindlichkeit befreien, wenn er den geschuldeten Gegenstand, wie den Kaufpreis, bei einer öffentlichen Hinterlegungsstelle (Amtsgericht des Erfüllungsorts) übergibt (§§ 372 BGB, 373 HGB). **Hinterlegungsfähig** sind nur Geld, Wertpapiere, Urkunden und Kostbarkeiten. Bei nichthinterlegungsfähigen Sachen kann der Schuldner unter den Voraussetzungen des §§ 383 ff. BGB auch zum **Selbsthilfeverkauf** berechtigt sein. Beim Handelskauf ist die Hinterlegungsfähigkeit generell gegeben und die Möglichkeit des Selbsthilfeverkaufs erweitert.   **423**

(2) Die §§ 372 ff. BGB regeln die privatrechtliche Seite der Hinterlegung. Das Verfahren der Hinterlegung ist durch die **Hinterlegungsordnung** (HinterlO) geregelt.

III. Aufrechnung

Auch die Aufrechnung hat zur Folge, daß zwei einander gegenüberstehende fällige und gleichartige Forderungen erlöschen, soweit sie sich decken (§ 389 BGB). Die wirksame Aufrechnung setzt folgendes voraus: **424**

- eine **Aufrechnungslage**,
- **kein Ausschluß** der Aufrechnung und
- eine **Aufrechnungserklärung**.

Die Aufrechnung ist eine **Tilgungserleichterung**, weil sie verhindert, daß Leistungen überflüssig hin und her geschoben und verrechnet werden können. In der Praxis wird die Aufrechnung daher oft als „Verrechnung" oder „Saldierung" bezeichnet. Darüber hinaus hat die Aufrechnung eine Vollstreckungsfunktion, weil eine Forderung letztlich dadurch realisiert werden kann, ohne daß sie durch eine gerichtliche Klage geltend gemacht werden braucht.

Schaubild 50: *Aufrechnung*

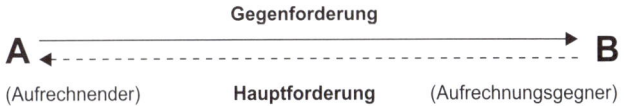

1. Aufrechnungslage

425   Die Voraussetzungen der Aufrechnungslage sind in § 387 BGB festgelegt. Danach müssen die aufzurechnenden Forderungen

- **gegenseitig** sein, d. h., zwei Personen schulden einander Leistungen,
- **gleichartig** sein, also entweder auf Geld oder die gleiche Gattungsschuld gerichtet sein,
- hinsichtlich der Forderung des Aufrechnenden (**Gegenforderung**) **fällig und durchsetzbar** sein, insbesondere darf ihr keine Einrede (Verjährung, Zurückbehaltungsrecht) entgegenstehen (§ 390 BGB), sonst würde der Schuldner mit seiner Aufrechnung eine vorzeitige Tilgung begehren,
- hinsichtlich der **Hauptforderung** des Aufrechnungsgegners **erfüllbar** sein, z. B. darf sie nicht gepfändet worden sein (§ 392 BGB).

> **Beispiel**: Der Käufer A schuldet dem Verkäufer B noch einen Kaufpreis über € 1000 (Hauptforderung). A steht demgegenüber gegen B eine Forderung aus einem Werkvertrag in Höhe von € 750 zu. Die Forderungen sind gegenseitig und gleichartig. A kann aufrechnen, wenn seine Gegenforderung fällig ist.

2. Ausschluß der Aufrechnung

426   Die Aufrechnung darf nicht kraft Gesetzes oder aufgrund vertraglicher Vereinbarung ausgeschlossen sein.

a) Gesetzlicher Ausschluß

> **Fall 3**: Student S schuldet seinem Komilitonen G die Rückzahlung eines zinslosen Darlehens über € 1000. S kann nicht bezahlen. Darauf kommt es nach einer Vorlesung zu einer körperlichen Auseinandersetzung zwischen beiden, wobei G den S „krankenhausreif" schlägt. Als S von G die Arztkosten von € 750 verlangt, erklärt G, er rechne mit seiner längst fälligen Darlehensforderung gegen die Arztkosten auf. Ist die Aufrechnung des G zulässig?

Die Aufrechnung ist gesetzlich ausgeschlossen, wenn die Hauptforderung, gegen die aufgerechnet wird, aus einer **vorsätzlichen unerlaubten Handlung** entstammt (§ 393 BGB) oder eine **unpfändbare Forderung** darstellt (§ 394 BGB iVm §§ 850 ff. ZPO). Derjenige, der also einen anderen vorsätzlich durch eine unerlaubte Handlung (§§ 823 ff. BGB) schädigt, soll nicht auch noch dadurch belohnt werden, daß er auf leichtem Weg über die Aufrechnung seine Schuld tilgen kann.

> Zwar hat G gegen S einen Darlehensrückzahlungsanspruch aus § 488 I 2 BGB und S gegen G einen Zahlungsanspruch aus § 823 I BGB wegen der vorsätzlichen Körperverletzung durch G. Jedoch ist **gegen** eine Forderung aus einer vorsätzlichen unerlaubten Handlung, wie dem S gegen G zusteht, eine Aufrechnung durch G nicht zulässig. Andererseits könnte aber S mit seiner Forderung aufrechnen!

b) Vertraglicher Ausschluß

427   (1) Der Ausschluß kann sich auch aus einem **Vertrag** ergeben. Bei einem Aufrechnungsverbot in **AGB** ist zu beachten, daß nach § 309 Nr. 3 BGB die Aufrechnung immer zulässig ist, soweit die **Forderung unbestritten oder rechtskräftig festgestellt** ist. Dies gilt auch unter Kaufleuten nach §§ 307, 310 I BGB.

(2) Die handelsüblichen Klauseln „cash on delivery", „Kasse gegen Verladedokument" oder „Zahlbar innerhalb 30 Tagen rein netto Kasse" bedeuten einen Ausschluß kraft **stillschweigender Vereinbarung**.

3. Aufrechnungserklärung

Das Bestehen einer Aufrechnungslage bewirkt kein automatisches Erlöschen gegenseitiger Geldansprüche. Erforderlich ist vielmehr eine Erklärung gegenüber dem anderen Teil (§ 388 BGB). Die Aufrechnungserklärung ist eine **einseitige, empfangsbedürftige Willenserklärung,** die bedingungslos und ohne Zeitbestimmung abzugeben ist. Die Zustimmung des Aufrechnungsgegners ist daher nicht notwendig.

428

4. Wirkung der Aufrechnung

Die Aufrechnung bewirkt, daß die Forderungen **rückwirkend erlöschen**, soweit sie sich decken (§ 389 BGB). Das Erlöschen bezieht sich hierbei zurück auf den Zeitpunkt der Aufrechnungslage. Dies kann vor allem für die Frage des Ersatzes von Verzugsschäden gemäß §§ 280 II, 286 BGB entscheidend sein, so daß z. B. zwischenzeitlich eingetretene Verzugszinsen oder Vertragsstrafen entfallen.

429

> **Beispiel**: Im Beispielsfall erlöschen die Forderungen mit der Aufrechnungserklärung durch A, soweit sie sich in der Höhe decken, d.h. in Höhe von € 750.

IV. Sonstige Beendigungsgründe

1. Erlaß und negatives Schuldanerkenntnis

Ein Anspruch erlischt auch dann, wenn der Gläubiger dem Schuldner die Schuld erläßt. Der Erlaß setzt, anders als der einseitige Verzicht, einen formlosen **Erlaßvertrag** voraus (§ 397 I BGB). Dieselbe Wirkung tritt ein, wenn der Gläubiger durch Vertrag mit dem Schuldner anerkennt, daß das Schuldverhältnis nicht bestehe (**negatives Anerkenntnis**, § 397 II BGB). Der Hauptanwendungsfall ist die bei einer Beendigung des Arbeitsverhältnisses übliche Ausgleichsquittung.

430

2. Aufhebungsvertrag

So, wie ein Vertrag zustande kommt, kann er von den Vertragsparteien auch **aufgehoben** oder **abgeändert** werden. Diese Einigung stellt einen gesetzlichen nicht geregelten Vertragstyp dar und ergibt sich aus der Vertragsfreiheit (§ 311 I BGB). Die Parteien können auch eine auflösende Bedingung vereinbaren. Mit deren Eintritt fällt der Vertrag weg (§ 158 II BGB).

431

> **Beispiele:** Aufhebung eines Arbeitsvertrags gegen Abfindung; Aufhebung oder Abänderung eines Anstellungsvertrags eines GmbH-Geschäftsführers (vgl. § 623 BGB)

3. Schuldumwandlung

Eine Schuldumwandlung liegt vor, wenn das Schuldverhältnis nicht durch einen Vertrag abgeändert, sondern **aufgehoben** und durch ein anderes **ersetzt** wird („Novation"), z.B. wenn sich Verkäufer und Käufer einigen, daß eine noch offene Kaufpreisschuld in ein Darlehen umgewandelt wird. Der wichtigste Anwen-

432

dungsfall in der Praxis ist der **Kontokorrentverkehr**. Hierbei gehen die Einzel-
forderungen der Parteien unter, wenn der Kaufmann den Saldo feststellt und der
Kunde ihn bestätigt hat (§ 355 HGB).

4. Vergleich

433 Ein nach § 779 BGB abgeschlossener Vergleich zwischen zwei Parteien führt
dazu, daß eine Forderung zumindest teilweise erlischt. Durch die Neuregelung
eines Rechtsverhältnisses im Wege **gegenseitigen Nachgebens** erlöschen mit dem
Abschluß des Vergleichs die Forderungen, soweit eine Vergleichspartei nachge-
geben hat. Wenn ein Vergleich vor einem Gericht als **Prozeßvergleich** geschlossen wird, ist dieser ein Titel, aus dem die Zwangsvollstreckung betrieben werden
kann (§ 794 I Nr. 1 ZPO).

V. Rücktritt, Kündigung und Widerruf

434 Die Vertrags- und Geschäftspartner haben bei der Abwicklung von Verträgen den
alten römischen Rechtsgrundsatz „**pacta sunt servanda**" (Verträge sind einzuhalten) zu beachten. Ausnahmsweise besteht jedoch ein **Rücktrittsrecht**, wenn
dies ausdrücklich im Vertrag vereinbart wurde oder das Gesetz ein Rücktrittsrecht einräumt. Dauerschuldverhältnisse wie Miete, Pacht oder Geschäftsverträge
können durch **Kündigung** beendet werden.

1. Rücktritt

a) Begriff

435 Rücktritt ist eine einseitige empfangsbedürftige Willenserklärung, durch welche
ein Schuldverhältnis rückgängig gemacht wird. Durch dieses **Gestaltungsrecht**
wird der Vertrag in ein **Rückgewährschuldverhältnis** umgewandelt mit dem
Ziel, den Zustand vor Vertragsabschluß wiederherzustellen. Die bereits erbrachten Leistungen sind nach den §§ 346 ff. BGB zurückzugewähren. Die Berechtigung zum Rücktritt kann sich aus Vertrag oder Gesetz ergeben.

b) Vertraglicher Vorbehalt

436 **Fall 4**: Kaufmann K schließt mit dem Immobilienverkäufer V am 15. 4. einen notariellen Kaufvertrag über ein Gewerbegrundstück. Da K noch Zweifel an der Finanzierung
hat, räumt V dem K ein Rücktrittsrecht bis 1. 6. ein. Was muß K unternehmen, wenn er
sich wieder vom Vertrag lösen will?

(1) Ein vertragliches Rücktrittsrecht entsteht dadurch, daß der Rücktritt bei Vertragsschluß **ausdrücklich vorbehalten** wurde, wobei im Vertrag die tatsächlichen
Rücktrittsgründe festgelegt werden. Die Vorschriften der §§ 346 ff. BGB regeln
die Abwicklung dieses Rücktrittsrechts. Der Rücktritt wird durch eine formlose
Rücktrittserklärung gegenüber dem Vertragspartner ausgeübt.

Im Fall 4 ist der Kaufvertrag zwischen V und K am 15. 4. fest abgeschlossen (§§ 433,
311 b BGB). Lediglich K hat sich wegen der Finanzierung die Wiederauflösung des Vertrags bis 1. 6. vorbehalten. Die formlose Rücktrittserklärung des K muß bedingungslos
bis 1. 6. bei V zugehen (§ 349 BGB).

Beachte: Ein Rücktrittsvorbehalt in AGB, sich ohne sachlich gerechtfertigten und im Vertrag angegebenen Grund lösen zu können, ist unwirksam (§ 308 Nr. 3 BGB).

(2) Im Falle des Rücktritts sind die **empfangenen Leistungen zurückzugewähren** und die gezogenen **Nutzungen** herauszugeben (§ 346 I BGB). Statt der Rückgewähr hat der Schuldner **Wertersatz** zu leisten, soweit

- die Rückgewähr oder die Herausgabe nach der Natur der Sache des Erlangten ausgeschlossen ist,
- der empfangene Gegenstand verbraucht, veräußert, belastet, verarbeitet oder umgestaltet wurde,
- der empfangene Gegenstand sich verschlechtert hat oder untergegangen ist, wobei die durch die bestimmungsgemäße Ingebrauchnahme entstandene Verschlechterung außer Betracht bleibt (§ 346 II BGB).

Die Pflicht zum Wertersatz entfällt unter den Voraussetzungen des § 346 III BGB.

c) Gesetzlicher Rücktritt

Die Berechtigung zum Rücktritt kann sich aber auch aus einer gesetzlichen Regelung ergeben insbesondere bei   **437**

- **Verletzung gegenseitiger Verträge** (§§ 323 ff. BGB), insbesondere
- **Rücktritt** wegen Sachmängeln bei Gewährleistungsansprüchen (§§ 437 Nr. 2, 440, 323, 326 V BGB).

2. Kündigung

Die Kündigung ersetzt bei **Dauerschuldverhältnissen** (Miete, Pacht, Arbeits   **438** vertrag, Gesellschaftsvertrag) das Rücktrittsrecht (vgl. S. 191). Im Unterschied zum Rücktritt beendigt die Kündigung das Schuldverhältnis nur für die **Zukunft**, so daß eine Rückabwicklung der erbrachten Leistungen entfällt. Es ist zu unterscheiden zwischen

- der **ordentlichen Kündigung**, die den Vertrag zum Ablauf einer gesetzlichen oder vertraglichen Kündigungsfrist beendet (z. B. §§ 573 BGB Mietvertrag, 622 BGB Arbeitsvertrag) und
- der **außerordentlichen Kündigung** aus wichtigem Grund, die grundsätzlich fristlos erfolgt (§ 314 BGB und §§ 543, 569 BGB bei Miete, 626 BGB beim Dienst- und Arbeitsvertrag, vgl. Rn. 398).

3. Widerrufs- und Rückgaberecht bei Verbraucherverträgen

Fall 5: Der Student Eifrig erhält nicht die bestellte Neuauflage des Buchs zum Wirtschafts   **439** privatrecht, sondern eine Vorauflage. Er möchte es zurücksenden, da bei der Online-Bestellung ein uneingeschränktes Rückgaberecht vereinbart worden ist. Wer trägt die Kosten?

a) Verbraucherschutz

Zur Stärkung des Verbraucherschutzes wird dem **Verbraucher** (§ 13 BGB) als Kunden eines Unternehmers (§ 14 BGB) in Spezialvorschriften das Recht eingeräumt, die Vertragsannahme auch nach deren Zugang binnen zwei Wochen ohne

Schaubild 51: *Widerrufsrecht des Verbrauchers*

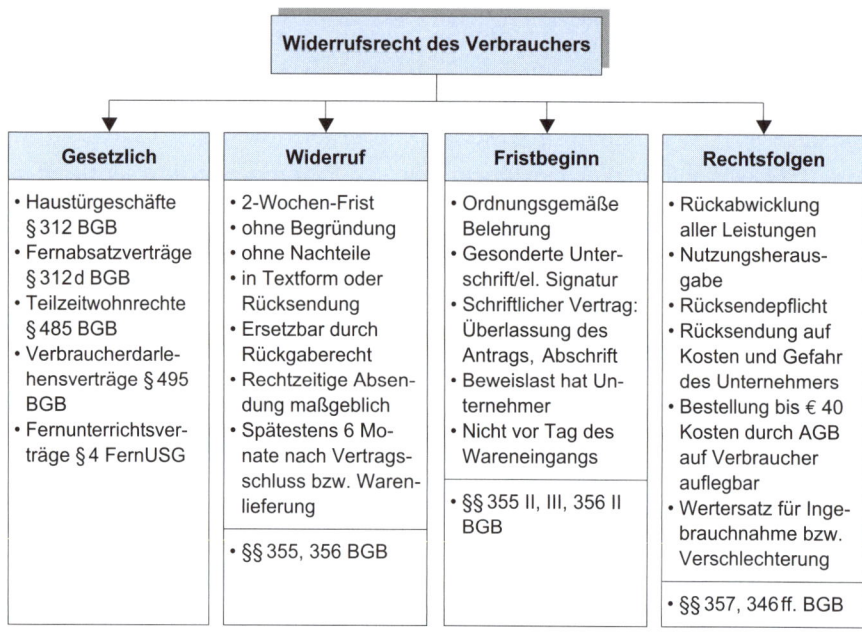

Begründung zu widerrufen (vgl. § 10). Durch die allgemeinen Vorschriften der §§ 355 ff. BGB wird dieses **Widerrufsrecht** einheitlich geregelt für die Bereiche der

- **Haustürgeschäfte** (**§ 312 BGB**, vgl. Rn. 305),
- **Fernabsatzverträge** (**§ 312 d BGB**, vgl. Rn. 313),
- **Teilzeitwohnrechte** (**§ 485 BGB**),
- **Verbraucherdarlehensverträge** (**§ 495 BGB**, vgl. Rn. 546 ff.),
- **Fernunterrichtsverträge** (**§ 4 FernUSG**).

In den jeweiligen Verbraucherschutzvorschriften, die ein Widerrufsrecht einräumen, wird auf diese Vorschriften verwiesen. § 356 BGB ermöglicht die Ersetzung des Widerrufsrechts durch ein uneingeschränktes **Rückgaberecht**, wenn ein solches durch Gesetz wie in §§ 312 I 2, 312 d I 2 und 503 BGB zugelassen wird.

b) Form und Frist

440 (1) Nach **§ 355 BGB** ist der Verbraucher an seine auf den Abschluß des Vertrages gerichtete Willenserklärung nicht mehr gebunden, wenn er sie fristgerecht widerrufen hat. Folglich ist bis dahin eine Bindung des Verbrauchers anzunehmen. Der Widerruf muß

- keine Begründung enthalten und
- ist in **Textform** (z. B. E-Mail) oder durch **Rücksendung** der Sache
- innerhalb von **zwei Wochen** gegenüber dem Unternehmer zu erklären (§§ 187 I, 188 II, 193 BGB).

Bei einem wirksamen Widerruf kommt kein Vertrag zustande. Zur Fristwahrung kommt es in Abweichung von der Regel des Zugangs in § 130 BGB auf die **rechtzeitige Absendung** an.

(2) Die Frist beginnt erst zu laufen, wenn der Unternehmer den Verbraucher mit deutlich gestalteter **Belehrung** über sein Widerrufsrecht belehrt hat (Muster Anlage § 14 BGB-InfoV). Das Gesetz verlangt in Abs. 2 eine „deutlich gestaltete Belehrung entsprechend den Erfordernissen des eingesetzten Kommunikationsmittels". Ist der Vertrag schriftlich abzuschließen, beginnt die Frist nicht zu laufen, bevor dem Verbraucher auch eine Vertragsurkunde, der schriftliche Antrag des Verbrauchers oder eine Abschrift der Vertragsurkunde oder des Antrags zur Verfügung gestellt werden. Ist der Fristbeginn streitig, so trifft die Beweislast den Unternehmer.

(3) Grundsätzlich erlischt das Widerrufsrecht **spätestens sechs Monate** nach Vertragsschluss. Bei Lieferung von Waren beginnt die Frist nicht vor dem Tage des Eingangs beim Empfänger (§ 355 III BGB). Das Widerrufsrecht erlischt nicht, wenn der Verbraucher nicht oder **nicht ordnungsgemäß belehrt** worden ist (§ 355 III 3 BGB, EuGH NJW 2002, 281).

c) Rechtsfolgen des Widerrufs

(1) Auf das Widerrufs- und Rückgaberecht finden, soweit nichts anderes gesetzlich **441** bestimmt ist, nach § 357 I 1 BGB die Vorschriften über den gesetzlichen Rücktritt entsprechende Anwendung. Die beiderseitigen Vertragsleistungen sind nach §§ 346, 347 BGB und Sonderregeln in § 357 II und III BGB zurückzugeben. Weitergehende Ansprüche bestehen nach § 357 IV BGB nicht. So ist grundsätzlich der Verbraucher zur **Rücksendung** auf Kosten und Gefahr des Unternehmers verpflichtet. Dem Verbraucher dürfen bei einer Bestellung bis zu einem Betrag von **€ 40** die regelmäßigen Kosten der Rücksendung vertraglich durch AGB auferlegt werden, es sei denn, dass die gelieferte Ware nicht der bestellten entspricht (vgl. Rn. 313).

> Eifrig kann binnen zwei Wochen nach Erhalt des Buches (§ 312 d II BGB) kostenfrei dieses zurücksenden, da er dieses Buch mit der Altauflage nicht bestellt hat. Daher kommt es für die Kosten der Rücksendung nicht auf die Bagatellgrenze von € 40 an (§ 357 II 3 BGB).

(2) Grundsätzlich hat der Verbraucher nicht nur die Sache zurück- und die gezogenen Nutzungen herauszugeben (§ 346 I BGB), sondern auch **Wertersatz** zu leisten (§ 346 II BGB, vgl. S. 210). Nach § 357 III BGB hat der Verbraucher abweichend von § 346 II Nr. 3 auch Wertersatz wegen einer **Wertminderung** zu leisten, die durch die Ingebrauchnahme der Sache entstanden ist. Dies gilt nicht, wenn die Verschlechterung ausschließlich auf die Prüfung der Sache zurückzuführen ist. In praxisfremder Weise wird diese Verpflichtung an eine Belehrung geknüpft.

d) Verbundene Verträge

Zu beachten ist in diesem Zusammenhang die Regelung in § **358 BGB** über ver- **442** bundene Verträge. Hat der Verbraucher seine Willenserklärung wirksam widerrufen, die auf den Abschluß eines Vertrages über die Lieferung einer Ware oder die Erbringung einer Dienstleistung gerichtet war, kann er zugleich den damit verbundenen Verbraucherdarlehensvertrag widerrufen, durch den das **Geschäft finanziert** werden sollte (vgl. Rn. 554 ff.).

Merksätze

1. **Erfüllung durch**
   - **Leistung** (§ 362 I BGB)
     - Bewirken der geschuldeten Leistung
     - führt zum Erlöschen der Schuld
   - **Leistung an Erfüllungs Statt** (§ 364 I BGB)
     - Bewirken einer anderen als der geschuldeten Leistung mit
     - Einverständnis des Gläubigers
     - Beispiel: Bargeldlose Überweisung
   - **Leistung erfüllungshalber** (§ 364 II BGB): Schuldner übernimmt neue Verbindlichkeit durch
     - Scheck oder Kreditkarte
     - Wechsel
     - Ursprüngliches Schuldverhältnis erlischt mit Einlösung der neuen Verbindlichkeit
2. **Hinterlegung** (§§ 372 ff. BGB)
   - **Übergabe** des geschuldeten Gegenstands für Gläubiger beim AG
   - **Voraussetzungen**
     - Gläubiger im Annahmeverzug oder
     - Gläubiger ungewiß
     - Übergabe beim AG
     - Gegenstand hinterlegungsfähig (Geld, Wertpapiere, Urkunden, Kostbarkeiten)
3. **Aufrechnung** (§§ 387 ff. BGB): Tilgung von Forderungen bei
   - **Aufrechnungslage**
     - gegenseitige Forderungen
     - gleichartige Forderungen
     - Fälligkeit und Durchsetzbarkeit der Gegenforderung
     - Erfüllbarkeit der Hauptforderung
   - **kein Aufrechnungsverbot** durch
     - Gesetz
     - Vertrag
   - **Aufrechnungserklärung**
4. **Widerrufsrecht bei Verbraucherverträgen** (§§ 355–359 BGB)
   - **Gesetzlich** möglich bei
     - Haustürgeschäften
     - Teilzeitwohnrechteverträgen
     - Verbraucherdarlehensverträgen
     - Fernunterrichtsverträgen
   - **Widerrufsrecht in 2-Wochen-Frist** (vgl. auch S. 331)
   - **Rechtsfolgen** (§§ 357, 346ff. BGB)
5. **Sonstige Erlöschungsgründe**
   - Erlaß, negatives Schuldanerkenntnis
   - Aufhebungsvertrag
   - Schuldumwandlung
   - Vergleich
   - Rücktritt
     - vertraglicher Vorbehalt
     - gesetzlicher Rücktritt
   - Kündigung
     - ordentliche, fristgebundene
     - außerordentliche, fristlose
6. **Leitentscheidungen**
   - **Erfüllung durch Banküberweisung**
     BGH, 14. 4. 1996, NJW 1996, 1961
   - **Erfüllung durch Scheck**
     BGH, 28. 10. 1998, NJW 1999, 210
   - **Keine Begrenzung des Widerrufsrechts bei unrichtiger Belehrung**
     EuGH, 13. 12. 2001, NJW 2002, 281

3. Kapitel: Grundbegriffe des Sachenrechts

§ 15
Basiswissen Sachenrecht

Lernziele:

Nachdem Sie dieses Kapitel 15 durchgearbeitet haben, können Sie
- Eigentum und Besitz differenzieren.
- die Grundlagen des Besitzes nach Arten, Erwerb, Verlust und Besitzschutz erläutern.
- die beschränkt dinglichen Rechte unterscheiden.
- die sachenrechtlichen Prinzipien der Absolutheit, des Typenzwangs, der Spezialität und das Abstraktionsprinzip erläutern.

I. Übersicht der Sachenrechte

Im 3. Buch des BGB (§§ 854–1296 BGB) werden unter dem Begriff Sachenrecht **443** alle Rechtsvorschriften zusammengefaßt, die auf besondere Weise die Beziehun-

Schaubild 52: *Sachenrechte*

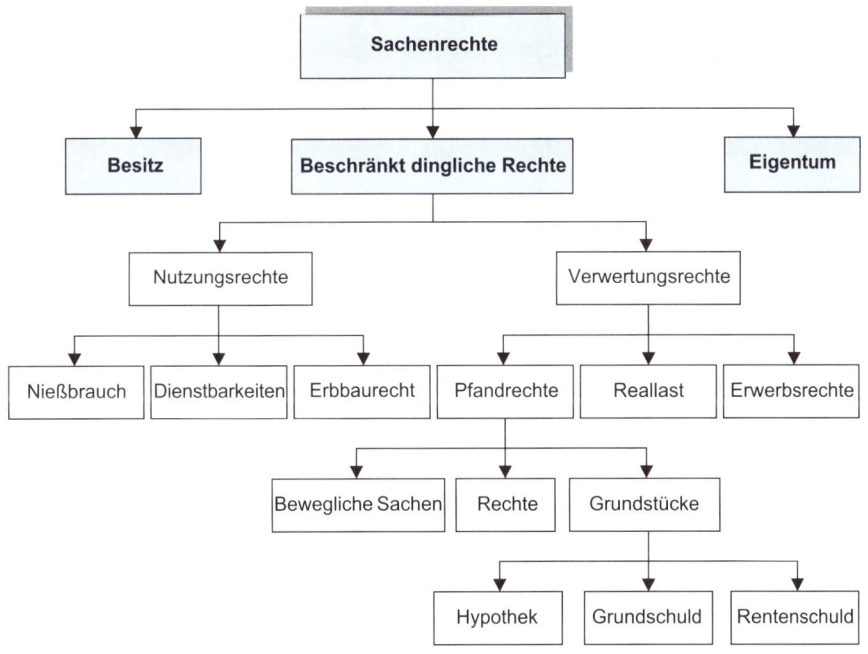

gen von Personen in bezug auf Sachen regeln. Während das Schuldrecht gekennzeichnet ist von den Rechtsbeziehungen der beteiligten Parteien untereinander (relative Rechte), behandelt das Sachenrecht die **Rechte von Personen an Sachen** (sog. absolute, **dingliche Rechte**). Das Sachenrecht gliedert sich in die Abschnitte Besitz, allgemeine Vorschriften über Rechte an Grundstücken, Eigentum, (Erbbaurecht), Dienstbarkeiten, Vorkaufsrecht, Reallasten, Grundpfandrecht, Pfandrecht an beweglichen Sachen und an Rechten. Zentrale Begriffe des Sachenrechts sind daher

- das **Eigentum** als das umfassendste Zuordnungsrecht,
- der **Besitz** als tatsächliche Herrschaft über eine Sache und
- die **beschränkt dinglichen Rechte**, die nur einzelne Befugnisse zuordnen wie z. B. ein Verwertungsrecht eines Grundstücks bei der Hypothek.

II. Begriff des Eigentums

444 | **Fall 1**: Kaufmann K ist Eigentümer einer Wohnung in einer Wohnanlage mit 5 anderen Personen. K hat mit seiner Eigentumswohnung einen Miteigentumsanteil von 90/1000 am Gemeinschaftseigentum (Treppenhaus, Gänge usw.) und Sondereigentum an seiner Wohnung. Kann K seine Eigentumswohnung ohne Zustimmung anderer veräußern?

Das grundlegende dingliche Recht ist das Eigentumsrecht. Es ist das umfassendste Herrschaftsrecht einer Person an einer Sache (**Alleineigentum**). Steht das Eigentum an einer Sache mehreren nach Bruchteilen zu, so sind diese **Miteigentümer** (§§ 1008 ff. BGB). Während der Miteigentümer als Bruchteilseigentümer (z. B. Eigentümer einer Eigentumswohnung) über seinen Anteil an der Sache frei verfügen kann (z. B. die Wohnung an einen Erwerber veräußern), steht beim **Gesamthandseigentum** das Eigentum mehreren in der Weise zu, daß der einzelne Gesamthandseigentümer über seinen Anteil an der Sache nicht selbständig verfügen kann (z. B. der Mitgesellschafter einer GbR, § 719 I BGB).

(1) Als Inhaber dieses absoluten Herrschaftsrechts kann der Eigentümer gegenüber **jeder** anderen Person **Schutz** beanspruchen (vgl. Rn. 661 ff.).

Schaubild 53: *Eigentumsformen*

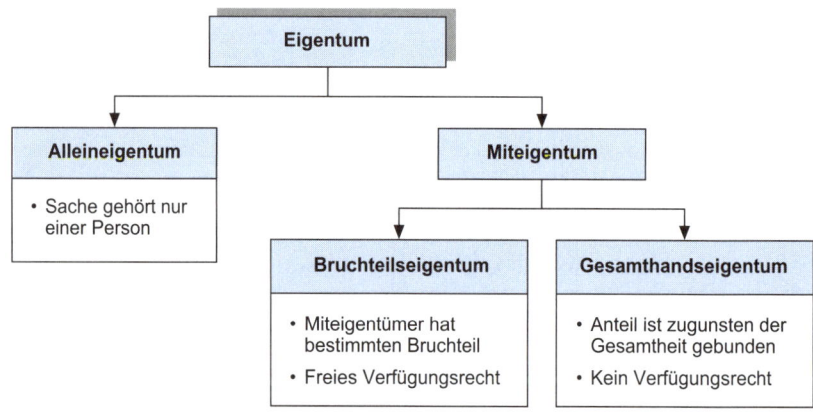

(2) In wirtschaftlicher Sicht kann der Eigentümer sein Eigentumsrecht **umfassend nutzen**, indem er es **verwertet** (z. B. Veräußerung, Belastung eines Grundstücks zur Darlehensaufnahme, Verpfändung einer beweglichen Sache oder durch entgeltliche Gebrauchsüberlassung als Miete).

> K kann über seine im Sondereigentum stehende Wohnung verbunden mit dem Miteigentumsanteil am Gemeinschaftseigentum frei verfügen, indem er diese notariell verkauft und durch Auflassung und Eintragung im Grundbuch der Erwerber eingetragen wird.

III. Besitz

1. Wesen

> **Fall 2**: Hauseigentümer E vermietet in seinem Haus eine Wohnung an den Studenten S.   **445**
> Welche Rechtsstellung zur Mietwohnung hat S?

(1) In der Umgangssprache wird zwischen Eigentum und Besitz meist nicht unterschieden. Das BGB trennt dagegen diese Begriffe scharf voneinander ab. Während das Eigentum das dingliche Recht ist, stellt der Besitz nur die **tatsächliche Sachherrschaft** dar (§ 854 BGB). Besitz ist daher nur eine Tatsache und kein Recht. Gleichwohl schützt das Gesetz diese Tatsache ebenfalls gegenüber jedermann, um den Rechtsfrieden zu wahren (z. B. §§ 858 ff., sonstiges Recht nach § 823 I BGB).

> Als Vermieter ist E Eigentümer, während S Besitzer ist. S übt die tatsächliche Gewalt über die Mietwohnung aus.

(2) Darüber hinaus hat der Besitz eine **Publikationsfunktion** hinsichtlich beweglicher Sachen (bei Grundstücken hat diese das Grundbuch nach §§ 891, 892 BGB). So wird zugunsten des Besitzers einer beweglichen Sache vermutet, daß er Eigentümer der Sache sei (§ 1006 BGB), und bei der Eigentumsübertragung ist zusätzlich zur Einigung noch die Besitzübergabe der Sache erforderlich (§ 929 BGB).

2. Arten des Besitzes

(1) Derjenige, der die unmittelbare Sachherrschaft selbst ausübt, ist **unmittelbarer Besitzer**, soweit ein tatsächlicher Besitzwille vorliegt (§ 854 BGB).   **446**

> Im Fall 2 ist S unmittelbarer Besitzer, da eine räumliche Beziehung zur Wohnung vorliegt und S als Mieter einen Besitzwillen hat. S verliert diesen unmittelbaren Besitz auch dann nicht, wenn er vorübergehend abwesend ist wie z. B. beim Einkaufen oder auf Reisen (§ 856 II BGB).

(2) Die tatsächliche Gewalt kann aber eine Person auch durch eine andere ausüben lassen (**Besitzdiener**). Notwendig ist dafür, daß der andere sich in einem weisungsgebundenen, sozialen Abhängigkeitsverhältnis zu der einen Person befindet, die weiter unmittelbarer Besitzer bleibt (§ 855 BGB).

> **Beispiele**: Verkäufer für Handelsunternehmen, Hausverwalter für Hauseigentümer, Kind für Eltern, Arbeitnehmer für Arbeitsmittel

(3) Übt jemand die Sachherrschaft zwar für einen anderen aus, ist er aber dem anderen gegenüber zum Besitz berechtigt bzw. verpflichtet, so ist er unmittelbarer, der andere **mittelbarer Besitzer** (§ 868 BGB).

> Im Fall 2 ist S unmittelbarer Besitzer und E mittelbarer Besitzer der Wohnung. E hat den Gebrauch der Wohnung S durch Mietvertrag überlassen; damit bleibt er als Eigentümer mittelbarer Besitzer. Zwischen E und S liegt ein Besitzmittlungsverhältnis vor.

Ein **Besitzmittlungsverhältnis** besteht damit zwischen Eigentümer und Mieter, Pächter, Verwahrer oder Leasingnehmer genauso wie zwischen dem Absender einer Ware und dem Frachtführer, der Bahn oder dem Spediteur.

3. Erwerb und Beendigung des Besitzes

447   **Fall 3**: Wann erwirbt der Käufer K eines Pkw den Besitz am Fahrzeug?

(1) Erworben wird der unmittelbare Besitz außer durch **Erlangung der tatsächlichen Gewalt** über die Sache erkennbar durch

- die unmittelbare Nähe der Sache zur Person oder
- Beanspruchung einer Sache oder
- durch Verschleiß der Sache.

> **Beispiele**: Fund einer Brieftasche, Diebstahl von Geld, Übergabe eines Kfz

Der Besitzerwerb kann auch durch bloße **Einigung** erfolgen, wenn der Erwerber schon in der Lage ist, die Gewalt über die Sache auszuüben (§ 854 II BGB).

> K erwirbt den Besitz am Kfz mit der Übergabe des Fahrzeugs mit Schlüssel und Kfz-Brief.

(2) Der Besitz endet durch **freiwillige Besitzaufgabe** nach § 856 BGB (z. B. Wegwerfen, Übergabe) oder auf andere Weise durch **unfreiwilliges Abhandenkommen** (Diebstahl, Verlieren). Mit dem Tod des Besitzers geht der Besitz auf den Erben des Besitzers über (§§ 857, 1922 I BGB).

4. Besitzschutz

448   (1) Der Besitz ist Grundlage für die Nutzung von Naturschätzen, Produktionsmitteln und Konsumgütern sowie der Grundstücke. Die Besitzer – ob sie nun auch Eigentümer oder nur besitzberechtigte Nichteigentümer wie Mieter, Pächter oder Leasingnehmer sind – haben daher ein gemeinsames Interesse am Schutz ihrer Besitzstände gegen jede Art von Beeinträchtigung. Hierin liegt vor allen Dingen die rechtliche **Bedeutung des Besitzes**.

(2) Der Besitzschutz wird einmal bei verbotener Eigenmacht (§ 858 BGB) durch **Selbsthilferechte** (§§ 859, 860 BGB) gesichert. Der unmittelbare Besitzer darf sich also bei verbotener Eigenmacht mit Gewalt wehren. § 858 I BGB bezeichnet die Besitzentziehung oder Besitzstörung ohne den Willen des Besitzers und ohne Gestattung als **verbotene Eigenmacht**.

> **Beispiel**: Pächter P sieht, wie ein Dieb auf dem Betriebsgelände Material entwendet. P kann sich sofort wehren, daß ihm der unmittelbare Besitz nicht entzogen wird. P kann

sich sogar durch **Selbsthilfe** das Material wiederbeschaffen, da er den Täter auf frischer Tat ertappt oder verfolgt (= **Besitzkehr**). Dieses Selbsthilferecht muß aber in einem engen Zeitrahmen zu der Besitzstörung stehen.

Darüber hinaus stehen dem Besitzer **Herausgabeansprüche** (§ 861 BGB) sowie **Beseitigungs- bzw. Unterlassungsansprüche** bei Besitzstörungen (§ 862 BGB) zu. Bei diesen **possessorischen Ansprüchen** stellt sich nicht die Frage, ob der Anspruchsteller selbst ein Besitzrecht hat, sondern solche Einwendungen aus dem materiellen Recht sind generell ausgeschlossen (§ 863 BGB).

(3) Von erheblicher Praxisbedeutung ist die Tatsache, daß der Besitz auch als „**sonstiges Recht**" i. S. d. § 823 I BGB geschützt ist und damit eine Besitzstörung oder ein Besitzentzug eine Schadensersatzpflicht begründen kann und auch als erlangtes „etwas" nach § 812 I 1 BGB Gegenstand eines Bereicherungsanspruchs sein kann (vgl. Rn. 647, 662 ff.).

IV. Beschränkt dingliche Rechte

Neben dem **Eigentum als Vollrecht** an einer Sache gibt es im Sachenrecht noch die beschränkt dinglichen Rechte. Der Inhaber eines solchen Rechts hat damit nur **Teilbefugnisse**. **449**

Beispiele:
- **Grunddienstbarkeit** (§ 1018 BGB) berechtigt zu einer bestimmten Nutzung des dienenden Grundstücks (z. B. Tankstelle, Parkplatz, Geh- und Fahrrecht)
- **Nießbrauch** (§ 1030 BGB) berechtigt zu allen Nutzungen eines Gegenstands (z. B. vermieten, verpachten, aber nicht veräußern)
- **Reallast** (§ 1105 BGB) verpflichtet den Eigentümer zu bestimmten wiederkehrenden Leistungen aus dem Grundstück (z. B. Geldrente, Pflege bei Krankheit)
- **Hypothek** (§§ 1113, 1147 BGB) belastet ein Grundstück in der Weise, daß der Hypothekengläubiger das Recht hat, im Falle der Nichtzahlung der hypothekarisch gesicherten Forderung das Grundstück im Wege der Zwangsversteigerung zu veräußern

Die beschränkt dinglichen Rechte können daher als **Belastungen des Eigentumsrechts** aufgefaßt werden. Sie sind nach Art und Anzahl begrenzt, weshalb man auch vom **numerus clausus der Sachenrechte** spricht. Nach ihrem Inhalt können sie eingeteilt werden als

- **Nutzungsrechte** (Nießbrauch gem. §§ 1030–1067 BGB); Grunddienstbarkeit gem. §§ 1018–1029 BGB; beschränkt persönliche Dienstbarkeit gem. §§ 1090–1093 BGB; Erbbaurecht nach ErbbauVO);
- **Verwertungsrechte** (Reallast gem. §§ 1105–1112 BGB; Grundpfandrechte wie Hypothek nach §§ 1113–1190 BGB, Grundschuld nach §§ 1191–1198 BGB, Rentenschuld nach §§ 1199–1203 BGB; Pfandrecht gem. §§ 1204–1258 BGB);
- **Erwerbsrechte** (dingliches Vorkaufsrecht an Grundstücken gem. §§ 1094–1104 BGB, Vormerkung gem. § 883 BGB).

Die beschränkt dinglichen Rechte Warenpfandrecht und Grundpfandrechte (Hypothek, Grundschuld, Rentenschuld) werden bei den Sicherungsgeschäften behandelt (vgl. Rn. 580 ff.).

V. Grundprinzipien des Sachenrechts

450 Neben der Unterscheidung von Eigentum, Besitz und beschränkt dinglichen Rechten liegen dem Sachenrecht Prinzipien zugrunde, die für das Verständnis der Zusammenhänge unentbehrlich sind.

1. Absolutheitsprinzip

Dingliche Rechte sind absolute Rechte, d. h., daß sie – anders als die schuldrechtlichen „relativen" Rechte – **gegenüber jedermann** („absolut") wirken (vgl. Rn. 54). Praktisch führt dieses Prinzip zu einem umfassenden Rechtsschutz gegen jede Beeinträchtigung durch einen

- **Herausgabeanspruch** nach § 985 BGB bei Besitzentzug und
- **Beseitigungs- und Unterlassungsanspruch** nach § 1004 BGB bei sonstigen Beeinträchtigungen.

Diese Rechte haben nicht nur die Eigentümer, sondern auch die Inhaber beschränkt dinglicher Rechte.

2. Typenzwang

451 Die Zahl der vom Gesetzgeber zugelassenen Sachenrechte (Typen) ist begrenzt **(numerus clausus)**, so daß die im Vertragsrecht bestehende Gestaltungsfreiheit (vgl. S. 118 ff.) fast ganz ausgeschlossen ist. Sachenrechte können auch nur in der gesetzlich vorgeschriebenen Art und Weise begründet, übertragen und aufgehoben werden.

> **Beispiel:** Es ist unmöglich an beweglichen Sachen ein besitzloses Pfandrecht zu bestellen (§ 1205 BGB).

3. Publizitätsprinzip

452 Da die dinglichen Rechte gegenüber jedermann wirken, müssen sie auch für jeden erkennbar sein. Daher verlangt das Gesetz bei der Bestellung und Übertragung der dinglichen Rechte äußerlich erkennbare **Publizitätsakte**. Bei beweglichen Sachen wird diese Offenkundigkeit durch den **Besitz**, bei Grundstücken durch die **Eintragung im Grundbuch** erreicht: Besitz und Grundbuch haben drei Funktionen:

- Dingliche Rechte können grundsätzlich nur mit der **Übergabe** der Sache (§ 929 BGB) oder mit der **Eintragung** in das Grundbuch (§ 873 BGB) **übertragen** werden,
- Ohne Publizitätselement ist ein **Erwerb vom Nichtberechtigten** nicht möglich,
- **Besitz** bzw. **Eintragung** im Grundbuch schaffen eine **Eigentumsfiktion**, daß der Besitzer bzw. der Eingetragene als Eigentümer gelten, solange nicht das Gegenteil bewiesen ist (vgl. §§ 1006 I, 891, 892 BGB).

4. Spezialitätsprinzip

Das Bestimmtheits- oder Spezialitätsprinzip besagt, daß dingliche Rechte nur an 453 bestimmten, einzelnen Sachen möglich sind. Bei dem Erwerb und der Bestellung dinglicher Rechte muß also genau bestimmt sein, **welche einzelne Sache welcher Person zugeordnet** ist. Sachgesamtheiten wie z. B. ein Unternehmen können als solches nicht Gegenstand dinglicher Rechte sein, obwohl sie Gegenstand eines schuldrechtlichen Vertrages sein können.

> **Beispiel**: Zur Eigentumsübertragung eines gekauften Unternehmens müssen daher die zum Unternehmen gehörenden Mobilien, Immobilien und Rechte (z. B. Patente) gem. §§ 929 ff., 873 ff., 398 ff. BGB auf den Erwerber übertragen werden.

5. Abstraktionsprinzip

Sachenrechtliche **Verfügungsgeschäfte** (z. B. die Übereignung einer gekauften 454 Sache nach § 929 BGB) sind streng zu trennen von den ihnen zugrundeliegenden schuldrechtlichen **Verpflichtungsgeschäften** (z. B. dem Kaufvertrag nach § 433 BGB, vgl. Rn. 15, 647). Daher ist die Wirksamkeit von Verpflichtungs- und Verfügungsgeschäften für jedes Geschäft gesondert zu beurteilen. Die Unwirksamkeit des einen Rechtsgeschäfts berührt daher grundsätzlich nicht die Wirksamkeit des anderen.

Merksätze

1. **Struktur des Eigentums:** Absolutes Herrschaftsrecht über eine Sache (§ 903 BGB) mit
   - **Abwehransprüchen** (Herausgabe-, Beseitigungs- und Unterlassungsanspruch, §§ 985, 1004 BGB)
   - **Nutzungsrecht** in jeder Hinsicht
2. **Besitz**
   - **Wesen:** tatsächliche Sachherrschaft (§ 854 I BGB)
   - **Arten:**
     - unmittelbarer Besitz: eigene Ausübung der tatsächlichen Gewalt
     - mittelbarer Besitz: durch ein Besitzmittlungsverhältnis ausgeübte mittelbare tatsächliche Gewalt
     - Besitzdiener: Ausübung der tatsächlichen Gewalt für einen anderen mit Weisungsgebundenheit
   - **Erwerb:** Erlangung der tatsächlichen Gewalt
   - **Verlust** durch
     - freiwillige Aufgabe
     - unfreiwilliges Abhandenkommen
   - **Besitzschutz** durch
     - Selbsthilferechte (§§ 859, 860 BGB)
     - Herausgabeansprüche (§ 861 BGB)
     - Beseitigungs- und Unterlassungsansprüche (§ 862 BGB)
     - Schadensersatzanspruch als „sonstiges Recht" nach § 823 I BGB
3. **Beschränkt dingliche Rechte** als Belastungen des Eigentums
   - **Nutzungsrechte**
     - Nießbrauch (§§ 1030 ff. BGB)
     - Grunddienstbarkeit (§§ 1018 ff. BGB)
     - beschränkt persönliche Dienstbarkeit (§§ 1090 ff. BGB)
     - Erbbaurecht (ErbbauVO)

- Verwertungsrechte
  - Reallast (§§ 1105 ff. BGB)
  - Grundpfandrechte (§ 1113 BGB) wie Hypothek, Grundschuld, Rentenschuld
  - Pfandrecht an beweglichen Sachen und Rechten (§§ 1204 ff. BGB)

4. **Grundprinzipien des Sachenrechts**
  - **Absolutheitsprinzip:** dingliche Rechte wirken gegenüber jedermann
  - **Typenzwang:** Sachenrecht kennt nur die gesetzlich zugelassenen dinglichen Rechte
  - **Publizitätsprinzip:** dingliche Rechte müssen für jedermann erkennbar sein durch
    - Besitz bei beweglichen Sachen
    - Eintragung im Grundbuch bei Grundstücken und Grundstücksrechten
  - **Spezialitätsprinzip:** dingliche Rechte nur an einzelnen Sachen, nicht an Sachgesamtheiten
  - **Abstraktionsprinzip:** Trennung zwischen
    - schuldrechtlichem Verpflichtungsgeschäft und
    - sachenrechtlichem Verfügungsgeschäft

5. **Leitentscheidungen**
  - **Besitzer eines verlorenen 1000-DM-Scheins in Selbstbedienungsladen**
    BGH, 24. 6. 1987, BGH NJW 1987, 2812

§ 16

Eigentum

Lernziele:

Nachdem Sie dieses Kapitel 16 durchgearbeitet haben, können Sie
- die Arten des Eigentum auseinanderhalten.
- den rechtsgeschäftlichen und gesetzlichen Eigentumserwerb bei beweglichen und unbeweglichen Sachen erläutern.
- den Aufbau des Grundbuchs und das Eintragungsverfahren beschreiben.
- den Eigentumsschutz erläutern.

I. Eigentumserwerb

Der Erwerb des Eigentums kann sowohl durch ein **Rechtsgeschäft** als auch **kraft Gesetzes** erfolgen. Zudem ist zwischen dem **Erwerb beweglicher Sachen** und dem **Erwerb von Grundstücken** und **Rechten an Grundstücken** zu differenzieren.

1. Bewegliche Sachen

a) Rechtsgeschäftliche Übereignung

455 **Fall 1:** Kaufmann K kauft am 1. 3. beim Computerhändler V eine EDV-Anlage, welche am 1. 4. geliefert und installiert wird. Wann ist K Eigentümer geworden?

(1) Wie schon mehrfach hingewiesen wurde, erfolgt die Eigentumsübertragung nicht schon mit dem Abschluß des schuldrechtlichen Vertrages (z. B. Kaufvertrag), sondern erst durch ein **abstraktes Verfügungsgeschäft** (vgl. Rn. 15). Zur Übereignung beweglicher Sachen ist nach **§ 929 S. 1 BGB** erforderlich:

Schaubild 54: *Rechtsgeschäftlicher Eigentumserwerb*

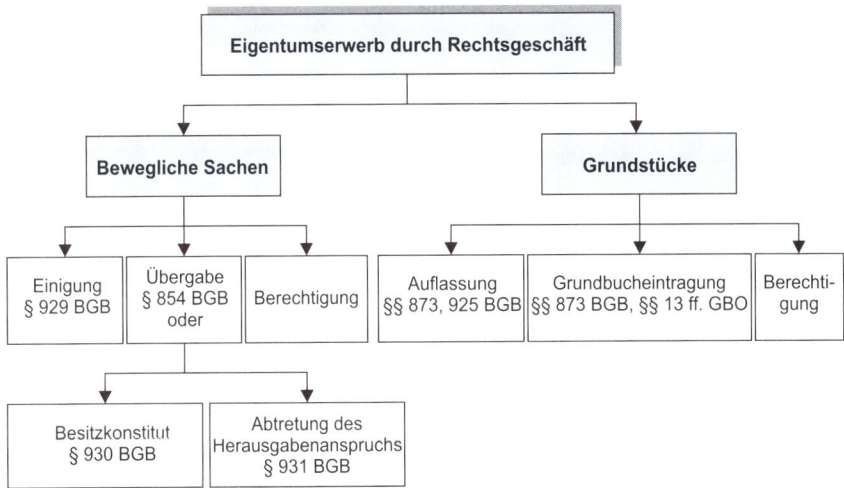

- die **Einigung** zur Eigentumsübertragung,
- die **Übergabe** der Sache und
- die **Berechtigung** zur Verfügung.

(2) Primär ist also eine Einigung zwischen Veräußerer und Erwerber als **dinglicher Vertrag** notwendig, daß der Erwerber Eigentümer werden soll. Hierfür gelten die allgemeinen Vorschriften über den Vertragsschluß nach §§ 104–185 BGB. Die Einigung muß sich aber auf bestimmte Sachen beziehen (Spezialitätsprinzip) und noch im Zeitpunkt der Übergabe der Sache bestehen. Ist der Erwerber bereits im Besitz der Sache, so genügt für den Eigentumsübergang allein diese Einigung (§ 929 S. 2 BGB).

(3) Zusätzlich ist neben der Einigung ein Publizitätsakt notwendig, d. h. bei beweglichen Sachen die **Übergabe**. Darunter ist die Übertragung des unmittelbaren Besitzes auf den Erwerber gemeint. Da die Vorschriften über den Besitzerwerb ergänzend gelten, reicht die Übergabe an einen Besitzmittler aus.

> Der Kaufvertrag vom 1. 3. führt nur zu einer Lieferpflicht des V. Das Eigentum an der EDV-Anlage erwirbt K erst durch Einigung und Übergabe, d. h. Veräußerer und Erwerber müssen sich beide einig sein, daß nunmehr das Eigentum übergehen soll. Weiterhin ist die Kaufsache zu übergeben, also an K auszuliefern. Erst dann wird K Eigentümer.

(4) Die Übergabe kann aber auch ersetzt werden. Trotzdem ist für jede Art des Eigentumswechsels stets die Einigung nach § 929 S. 1 BGB unbedingt erforderlich. Als sog. „**Übergabesurrogate**" sind das Besitzkonstitut in § 930 BGB oder die Abtretung des Herausgabeanspruchs in § 931 BGB gesetzlich geregelt.

Zum einen kann der Eigentümer, wenn er im Besitz der Sache ist, mit dem Erwerber, statt ihm die Sache zu übergeben, ein Rechtsverhältnis vereinbaren, aufgrund dessen er im Besitz der Sache bleibt und der Erwerber den mittelbaren Besitz gem. § 868 BGB erlangt (**Besitzkonstitut, § 930 BGB**). Diese Übereignungsform wird z. B. bei der **Sicherungsübereignung** aus der wirtschaftlichen

Überlegung heraus gewählt, die Sache trotz Verlustes des Eigentums tatsächlich weiter nutzen zu können (vgl. Rn. 585).

> **Beispiel:** Kaufmann K benötigt ein Darlehen. Die Bank B gewährt ihm einen Kredit gegen Übereignung zweier Lkws zur Sicherheit. Hier wird neben dem schuldrechtlichen Darlehensvertrag ein schuldrechtlicher Sicherungsvertrag abgeschlossen. In Erfüllung dieses Sicherungsvertrags übereignet K der Bank gem. §§ 929 S. 1, 930 BGB die beiden Lkw, wobei die Übergabe an B dadurch ersetzt werden kann, daß B sich damit begnügt, mittelbare Besitzerin der Fahrzeuge zu werden. Dies geschieht dadurch, daß K die früher ihm gehörenden Lkw von B verwahrt (§§ 868, 688 BGB).

Das Besitzkonstitut und die Einigung gem. § 929 BGB ist auch hinsichtlich solcher Sachen möglich, welche der Veräußerer selbst noch erwerben wird oder welche noch nicht hergestellt sind (sog. **antizipiertes Besitzkonstitut**). Erforderlich ist jedoch nach der Rechtsprechung eine ausreichende Bestimmbarkeit der Sachen wie ein Warenlager mit festem Bestand. In diesem Fall geht das Eigentum über, wenn der Veräußerer selbst Eigentum und Besitz erwirbt.

(5) **§ 931 BGB** regelt ein zweites Übergabesurrogat, wenn ein **Dritter im Besitz der Sache** ist, dem gegenüber der Eigentümer einen Herausgabeanspruch hat. In diesem Fall erfolgt die Übereignung durch Einigung und an Stelle der Übergabe durch formlose **Abtretung des Herausgabeanspruchs** nach §§ 398 ff. BGB des Eigentümers an den Erwerber (z. B. aus §§ 546, 604, 812 BGB).

> **Beispiel:** Mietwagenunternehmen verkauft 20 Fahrzeuge, obwohl 5 noch vermietet sind. Die Übereignung der Fahrzeuge erfolgt durch Einigung und Abtretung des Herausgabeanspruchs aus den Mietverhältnissen (§§ 929, 931, 546 BGB) gegen den Mieter.

(6) Als dritte Voraussetzung neben Einigung und Übergabe bzw. Übergabeersatz ist die **Berechtigung** zur Veräußerung notwendig. Diese Berechtigung kann sich aus der Eigentümerstellung des Veräußerers ergeben (Regelfall) oder aus einer Zustimmung des Eigentümers, wenn ein Nichteigentümer die Veräußerung vornimmt (§§ 185, 182–184 BGB).

(7) Die §§ 932 ff. BGB behandeln den gutgläubigen **Eigentumserwerb von einem Nichtberechtigten**. Gehört also die Sache nicht dem Veräußerer, so wird der Erwerber gleichwohl Eigentümer, sofern er im guten Glauben an das Eigentum des Veräußerers ist (**§ 932 BGB**). Dieser **gute Glaube fehlt**, wenn dem Erwerber oder seinem Vertreter bekannt oder grob fahrlässig unbekannt ist, daß die Sache nicht dem Veräußerer gehört (§ 932 II BGB). Der Erwerber ist dann „bösgläubig".

> **Beispiele:** Nichtvorlage des Fahrzeugbriefs bei Gebrauchtwagen, Nichtvorlage von Quittungen bei Veräußerung neuwertiger Sachen, die gewöhnlich unter Eigentumsvorbehalt erworben werden, Schleuderpreis

Unter den Voraussetzungen des § 930 BGB ist bei Fehlen der Berechtigung des Veräußerers ein gutgläubiger Erwerb gem. **§ 933 BGB** möglich, während bei Abtretung des Herausgabeanspruchs (§ 931 BGB) für den gutgläubigen Erwerb ergänzend **§ 934 BGB** gilt.

Ein **gutgläubiger Erwerb ist in allen Fällen (§§ 932–934 BGB) ausgeschlossen**, wenn die Sache dem Eigentümer oder unmittelbaren Besitzer **gestohlen** worden, **verlorengegangen** oder sonst **abhanden gekommen**, d. h. unfreiwillig aus dem Besitz gekommen war (§ 935 BGB). Ein gutgläubiger Erwerb ist jedoch stets möglich bei Geld, Inhaberpapieren (z. B. Schecks) oder Versteigerungsgut, bei denen der Verkehrsschutz eingreift (§ 935 II BGB).

Nach § 936 BGB erlöschen dingliche Rechte Dritter an einer Sache (z. B. Pfandrecht, Nießbrauch), wenn der Erwerber hinsichtlich dieser Rechte gutgläubig ist (**lastenfreier Erwerb**).

Der bei allen Fällen des gutgläubigen Erwerbs eintretende **Rechtsverlust** des bisher Berechtigten wird nach den Vorschriften der ungerechtfertigten Bereicherung gem. § 816 BGB schuldrechtlich ausgeglichen (vgl. Rn. 647 ff.).

b) Ersitzung

Neben dem rechtsgeschäftlichen Eigentumserwerb kann das Eigentum auch **456** **kraft Gesetzes** erworben werden. Wer eine bewegliche Sache zehn Jahre ununterbrochen gutgläubig im Eigenbesitz (§ 872 BGB) hat, erwirbt das Eigentum kraft Gesetzes (§ 937 I BGB). Mit dem Eigentumserwerb des bisherigen Besitzers tritt ein Eigentumsverlust des bisherigen Eigentümers ein.

> **Beispiel**: Sorglos S besitzt im Speicher seit über 20 Jahren eine antiquarische Truhe, von deren Herkunft er keine Kenntnis hat. Jetzt stellt sich heraus, daß es sich um ein Stück aus dem Bernsteinzimmer handelt. S ist gutgläubig und wird Eigentümer durch Ersitzung gem. § 937 I BGB nach 10 Jahren. Ohne gutgläubige Ersitzung würde § 935 I BGB gelten.

c) Verbindung, Vermischung oder Verarbeitung

> **Fall 2**: Kaufmann K errichtet ein weiteres Gebäude auf seinem Betriebsgrundstück. Die **457** Baufirma B baut Baumaterial ein, welches unter Eigentumsvorbehalt geliefert wird. Wie ist die Eigentumslage an dem Baumaterial?

In der Wirtschaftspraxis hat der gesetzliche Eigentumserwerb durch Verbindung, Vermischung oder Verarbeitung erhebliche Bedeutung. Nach den §§ 946 ff. BGB sollen einmal geschaffene wirtschaftliche Einheiten nicht zerstört werden.

(1) Wird eine bewegliche Sache durch **Verbindung wesentlicher Bestandteil eines Grundstücks** (vgl. § 94 BGB, S. 36, 288), so erstreckt sich das Eigentum an dem Grundstück auch auf die Sache (§ 946 BGB). Das bisher an ihr bestehende Eigentum und Rechte Dritter erlöschen endgültig (§ 949 BGB). Der Wert der beweglichen Sache, die Frage der Berechtigung zum Erwerb oder die Zulässigkeit der Verbindung der Sache mit dem Grundstück bleiben außer Betracht.

> K hat durch den Einbau der Baumaterialien in sein Grundstück das Eigentum an diesen bisher selbständigen Sachen erlangt, da sie wesentlicher Bestandteil des Grundstücks geworden sind. Eine entgegenstehende Vereinbarung ist unbeachtlich, so daß der Eigentumsvorbehalt entfällt. Der eingetretene Rechtsverlust wird über einen Geldersatz nach Bereicherungsrecht ausgeglichen (§§ 951, 812 BGB).

(2) Für die **Verbindung beweglicher Sachen untereinander** gilt § 947 BGB. Danach erwirbt entweder der Eigentümer des Hauptbestandteils das Alleineigentum an der verbundenen Sache oder, falls gleichwertige Bestandteile zusammengefügt werden, entsteht Miteigentum der ursprünglichen Eigentümer.

(3) § 947 BGB gilt über § 948 BGB auch für die **Vermischung bzw. Vermengung beweglicher Sachen**. Untrennbar ist die Vermischung bzw. Vermengung, wenn nicht mehr feststellbar ist, wer Eigentümer der jeweiligen Sache ist.

Beispiele: Herstellung chemischer Verbindungen, Vermengung von Getreidelieferungen, Geld, Münzen, nicht: Vermengung von Gold, da der Anteilswert feststeht

(4) Wird durch **Verarbeitung** (z. B. Herstellung neuer Produkte wie Kfz oder Reifen) oder Umbildung eines oder mehrerer Stoffe eine **neue bewegliche Sache** hergestellt, so erwirbt der Hersteller (Verarbeiter, Umbildner) das Eigentum an der neuen Sache, wenn diese einen Wert hat, der nicht erheblich geringer ist als der der Ausgangsstoffe. Maßgeblich ist der Wert der neuen Sache, abzüglich des Werts aller Ausgangsstoffe. Als Verarbeiten gelten auch Schreiben, Drucken, Zeichnen, Malen oder ähnliche Bearbeitungen von Oberflächen.

Beispiel: Der bekannte Maler Schlecht stiehlt Leinwände im Wert um je € 50 und malt darauf ein Bild (Wert eines Bildes € 25000). Die Leinwand gilt als verarbeitet und Schlecht wird Eigentümer des Bildes.

Nach der Rechtsprechung können die Vertragsparteien allerdings durch **Verarbeitungsklauseln** bestimmen, wer Hersteller nach § 950 BGB sein soll, weil die an sich zwingende Regelung keinen Vorrang der Handarbeit festlegt.

Beispiel: Relevant ist die Verarbeitungsklausel beim Kauf unter Eigentumsvorbehalt. Auf diese Weise kann der Verkäufer sicherstellen, daß er auch nach der Verarbeitung des Stoffes noch Eigentümer ist.

(5) Wer infolge Verbindung, Vermischung oder Verarbeitung ein Recht verliert, wird in **Geld** über §§ 812 ff. BGB (Eingriffskondiktion, vgl. Rn. 649) entschädigt. Der sachenrechtliche Rechtsverlust ist dagegen endgültig (§ 951 BGB). Dieser Ausgleichsanspruch kann jedoch vertraglich ausgeschlossen werden.

Schaubild 55: *Eigentumserwerb an beweglichen Sachen*

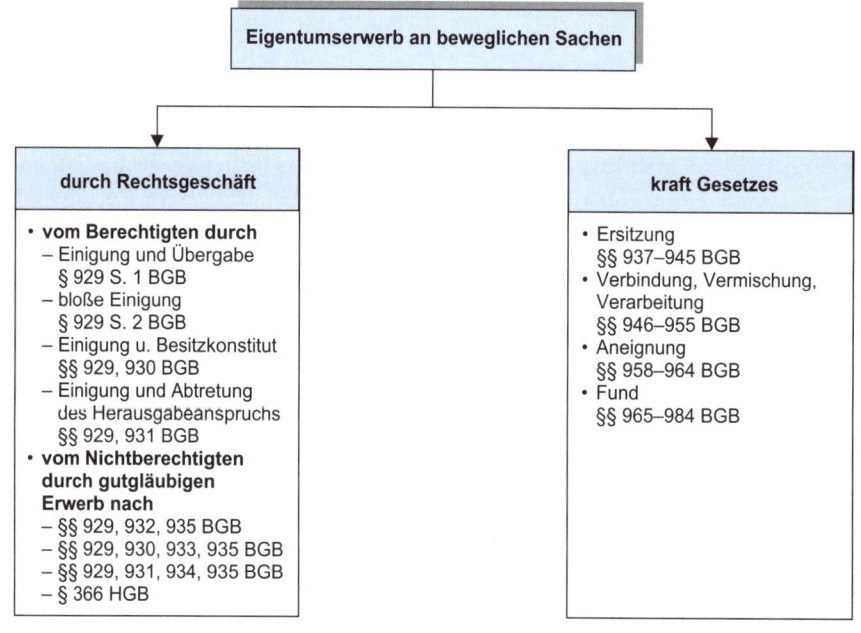

d) Aneignung

Wenn eine **herrenlose bewegliche Sache** von einer **Person** in **Eigenbesitz ge-** 458
nommen wird, erwirbt diese Person ebenfalls kraft Gesetzes das Eigentum an der
Sache (§ 958 BGB). Herrenlos sind solche beweglichen Sachen,

- für die noch **nie Eigentum bestanden** hat wie wilde Tiere, Meereserzeugnisse,
- für die der Eigentümer als bisheriger unmittelbarer Besitzer **den Besitz** aufgibt
  in der **Absicht**, auf das Eigentum künftig zu **verzichten** (§ 959 BGB).

Da die Aneignung kein Rechtsgeschäft, sondern ein Realakt ist, können auch Geschäftsunfähige sich Sachen aneignen. Der Erwerb herrenloser Sachen ist aber
ausgeschlossen, wenn die Aneignung gesetzlich verboten ist (Tierschutzgesetze!)
oder die Besitzergreifung das Aneignungsrecht eines anderen verletzt (z. B. Jagd-
pächter § 958 II BGB).

2. Grundstücke und dingliche Rechte

> **Fall 3**: Kaufmann K hat am 1. 2. von V dessen Grundstück am Stadtrand gekauft. Wie
> wird K Eigentümer?

a) Erwerb durch Einigung und Eintragung

Sofern das Eigentum an Grundstücken und beschränkte dingliche Rechte übertra- 459
gen werden sollen, erfolgt dies durch Einigung und Eintragung der Rechtsänderung
in das Grundbuch (§ 873 BGB). Hierbei ist ein **Grundstück im Sinne des BGB**

- ein abgegrenzter Teil der Erdoberfläche Deutschlands,
- der unter Angabe der Flurstücknummer und der Rechtsverhältnisse am
  Grundstück im Grundbuch eingetragen ist.

(1) Diese **Einigung** ist ein dinglicher Verfügungsvertrag, der **bei Grundstücken
Auflassung** heißt (§ 925 BGB). Diese Auflassung muß bei gleichzeitiger (nicht:
persönlicher, also Vertretung möglich) Anwesenheit beider Teile in der Regel vor
dem Notar erfolgen. Der Notar soll sie nur entgegennehmen, wenn die nach
§ 311b BGB erforderliche **notarielle Kaufurkunde** vorgelegt oder gleichzeitig
errichtet wird (§ 925a BGB).

(2) Zur Einigung bzw. Auflassung muß die **Eintragung** in das Grundbuch hin-
zukommen. Bis zur Eintragung, welche sich in der Praxis durch Einholung von
behördlichen Genehmigungen verzögern kann, sind die Parteien nur dann an die
Einigung gebunden, wenn sie notariell beurkundet ist. Dann hat der Erwerber bereits eine Anwartschaft auf das zu erwerbende Recht.

> Der Kaufvertrag vom 1. 2. begründet für V nur die schuldrechtliche Verpflichtung, das
> Grundstück auf K zu übertragen (§ 433 I BGB). Der Eigentumserwerb erfolgt erst
> durch Einigung (hier: Auflassung) und Grundbucheintragung gem. §§ 873 I, 925 BGB.

b) Grundbuch

> **Fall 4**: In der Abteilung III des Grundbuchs von Stuttgart, Vogelstr. 7, sind eingetragen: 460
> 1. Hypothek über € 100 000 zugunsten der Bank B, 2. Grundschuld über € 300 000 zu-
> gunsten der Bausparkasse C und noch eine Hypothek über € 150 000 für D. Bei der
> Zwangsversteigerung wird ein Erlös von € 350 000 erzielt. Wie wird dieser Betrag verteilt?

(1) Das Grundbuch ist ein **öffentliches**, bei den **Amtsgerichten** geführtes **Register**, in das alle Rechtsänderungen hinsichtlich der Grundstücke eingetragen werden müssen. Für jedes Grundstück wird ein besonderes **Grundbuchblatt** angelegt, welches aus

- einem **Bestandsverzeichnis** (Lage, Größe, Parzellen-Nummer, Wirtschaftsart und die mit dem Eigentum am Grundstück verbundenen Rechte) und
- **drei Abteilungen** (Abt. I: Eigentümer und Erwerbsgrund; Abt. II: Lasten und Beschränkungen – ohne Grundpfandrechte – wie Nießbräuche, Wegerechte; Abt. III: Grundpfandrechte)

besteht.

(2) Das **Eintragungsverfahren** erfolgt nach dem **formellen Grundstücksrecht** der **Grundbuchordnung (GBO)**. Die Eintragung setzt einen **Antrag** voraus (§ 13 GBO), die **Bewilligung** des Berechtigten (§§ 19, 29 GBO), bei Auflassung und Eintragung eines Erbbaurechts den Nachweis durch eine **öffentlich beurkundete Erklärung** (§§ 20, 29 GBO). Die beantragte und bewilligte Eintragung soll nur vorgenommen werden, wenn der Berechtigte, dessen Recht von der Eintragung betroffen wird, als Berechtigter **voreingetragen** ist (§ 39 GBO).

(3) An einem Grundstück können mehrere beschränkte dingliche Rechte bestehen. Bei einer solchen mehrfachen Belastung besteht ein **gesetzliches Rangverhältnis** in der Weise, daß ein Recht dem anderen vorgeht (§ 879 BGB). Die Rangfolge der Rechte, die in **derselben Abteilung** eingetragen sind, ergibt sich aus der **Reihenfolge** der Eintragungen. Sind die Rechte in **verschiedenen Abteilungen**, bestimmt sich ihr Rang nach dem **Datum** der Eintragung. Bei gleichem Datum haben die Rechte den gleichen Rang. Nach § 879 III BGB können die Parteien von der gesetzlichen Rangfolge durch Vereinbarung abweichen.

> Gerade bei einer Zwangsversteigerung wie im Fall 4 ist die wirtschaftliche Bedeutung des Rangs für die Verteilung des Erlöses entscheidend. Die Rechte von B, C und D werden nicht anteilig entsprechend dem Umfang der Grundpfandrechte befriedigt, sondern nach der Rangordnung. Primär erhält B € 100 000. Aus dem verbleibenden Restbetrag bekommt C € 250 000, hat also einen Verlust von € 50 000. D fällt mit seiner nachrangigen Hypothek über € 150 000 ganz aus.

c) Vormerkung

461   > **Fall 5**: Kaufmann K will von V notariell ein Grundstück kaufen. Wie kann sich K dagegen absichern, daß V das gleiche Grundstück nicht nochmals verkauft?

Obwohl der Erwerber mit der notariellen Auflassung bereits eine Anwartschaft auf das Grundstückseigentum hat, besteht die Gefahr, daß der Veräußerer im Zeitraum zwischen Kaufvertragsabschluß und Auflassung den Erwerb verhindert. Zwar hätte der Käufer einen schuldrechtlichen Schadensersatzanspruch, aber es bliebe bei der geschaffenen dinglichen Rechtslage. Genauso wäre es, wenn gegen den Veräußerer nach Abschluß des Kaufvertrages das Insolvenzverfahren eröffnet wird oder ein Gläubiger des Veräußerers eine Zwangshypothek in das Grundbuch eintragen läßt. Dem wirkt das **vorläufige Sicherungsmittel** der Vormerkung entgegen. Es dient der Sicherung von Ansprüchen, welche auf eine dingliche Rechtsänderung an Grundstücksrechten gerichtet sind (§ 883 I BGB) wie z. B. der Anspruch auf Übereignung aus einem Kaufvertrag (Auflassungsvormerkung).

Die Vormerkung ist also eine im Grundbuch eingetragene Ankündigung, daß demnächst eine Rechtsänderung erfolgen wird. Die Vormerkung setzt voraus:

- einen **vormerkungsfähigen Anspruch,**
- die **Bewilligung** des betroffenen Berechtigten und
- die **Eintragung** in das Grundbuch (§ 885 BGB).

Die Vormerkung entfaltet ihre **Schutzwirkung** schon **mit dem Eingang des Antrags** beim Grundbuchamt, da Anträge zeitlich in der Reihenfolge ihres Eingangs bearbeitet werden. Ihre **Wirkung** besteht im wesentlichen darin, daß eine Verfügung, welche nach der Eintragung der Vormerkung über das Grundstück oder das Recht getroffen wird, insoweit unwirksam ist, als sie den Anspruch (z.B. auf Übereignung) vereiteln oder beeinträchtigen würde (**relative Unwirksamkeit** gem. § 883 II BGB). Obwohl also der durch die Vormerkung Betroffene zur Verfügung über sein Grundstück weiter befugt ist, ist seine Verfügung gegenüber dem durch die Vormerkung Gesicherten unwirksam, so daß der vorgemerkte Anspruch noch durchgesetzt werden kann. Im übrigen hat die Vormerkung **rangwahrende** Wirkung, da das künftige Recht den Rang einnimmt, den die Vormerkung nach dem Grundsatz der zeitlichen Reihenfolge der Eintragungen eingenommen hat (§ 883 III BGB). Letztlich ist die Vormerkung **streng akzessorisch**, d.h., sie geht automatisch mit einem Übergang des gesicherten Anspruchs auf den Erwerber des Anspruchs über (§ 401 analog BGB; vgl. Rn. 406).

> Ohne eine Auflassungsvormerkung könnte ein weiterer Käufer E von V das Grundstück erwerben. Dieser neue Erwerber bräuchte sich um den ersten Kaufvertrag zwischen V und K nicht zu kümmern, weil dieser Vertrag nur den V zum Verkauf an K verpflichten würde, nicht aber an E. K hätte lediglich gegen V Schadensersatzansprüche statt der Leistung aus §§ 433 I 2, 280 I, III, 281 BGB wegen Nichterfüllung des Kaufvertrags. Eine Auflassungsvormerkung sichert seinen schuldrechtlichen Anspruch auf Übereignung gegen V auch Dritterwerbern gegenüber (§ 883 BGB). K hat dann einen Anspruch gegen E auf Zustimmung zu seiner Eintragung oder der Löschung, wenn E schon im Grundbuch eingetragen wäre (§ 888 BGB).

d) Öffentlicher Glaube des Grundbuchs

> **Fall 6:** Grundstückseigentümer V hat auf Grund einer unwirksamen Auflassung sein Grundstück auf K übertragen, der nun als neuer Eigentümer im Grundbuch steht. Welche Gefahr besteht für V?   **462**

Im Rechtsleben genießt das Grundbuch einen öffentlichen Glauben. Ist also jemand im Grundbuch eingetragen, besteht zum einen die **Vermutung der Richtigkeit des Grundbuchinhalts** (§ 891 BGB) und zum anderen die **gesetzliche Fiktion** des § 892 BGB, daß die **Eintragungen** im Grundbuch zugunsten gutgläubiger Erwerber als mit der **wirklichen Rechtslage übereinstimmend** angesehen werden. Derjenige, welche die Eintragung als nicht richtig anerkennt, muß ihre Unrichtigkeit beweisen. Daher liegt es im Interesse eines durch eine unrichtige Grundbucheintragung Betroffenen, auf die **Berichtigung** des Grundbuchs zu drängen (§ 894 BGB) oder sich vorübergehend durch Eintragung eines **Widerspruchs** abzusichern (§ 899 BGB).

> Da im Fall 6 die Auflassung unwirksam war, konnte K materiellrechtlich nicht Eigentümer des Grundstücks werden. Es fehlte an der Einigung nach §§ 873, 925 BGB.

Schaubild 56: *Rechtsgeschäftlicher Eigentumserwerb von Immobilien*

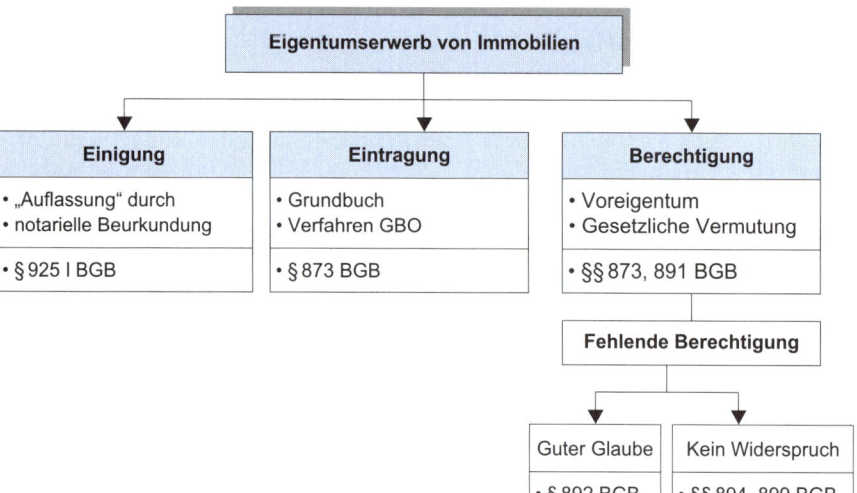

Da aber K als Eigentümer formell im Grundbuch eingetragen ist, muß sich der Rechtsverkehr auf die Richtigkeit des Grundbuchs verlassen können. Der Gutgläubige kann sich also darauf verlassen, daß das Eigentum dem K zusteht. Daher besteht die Gefahr, daß K das Grundstück an gutgläubige Dritte veräußert oder es zu ihren Gunsten z. B. mit einer Grundschuld belastet. V sollte so schnell als möglich durch eine einstweilige Verfügung einen Widerspruch in das Grundbuch eintragen lassen (§ 899 BGB).

II. Eigentumsschutz

463 Das Eigentum an beweglichen und unbeweglichen Sachen wird gesetzlich gegen rechtswidrige Eingriffe Dritter geschützt. Diese Ansprüche umfassen bei

- **Besitzentziehung oder -vorenthaltung** den dinglichen Herausgabeanspruch gegen den unberechtigten Besitzer (§§ 985, 986 BGB),
- **sonstigen Beeinträchtigungen** den Beseitigungs- und Unterlassungsanspruch (§ 1004 BGB),
- **Entziehung oder Vorenthaltung der Sache** Schadensersatz-, Nutzungsersatz- und Verwendungsersatzansprüche (§§ 987–996 BGB).

1. Herausgabeanspruch

464 Der Eigentümer will grundsatzlich seine Sachen auch besitzen. Wird ihm dieser Besitz unberechtigt vorenthalten, kann er von dem Besitzer die Herausgabe – also die Wiedereinräumung des Besitzes – verlangen (§ 985 BGB).

> **Beispiel:** Der Händler H verkauft eine Maschine unter Eigentumsvorbehalt an K. Bei Insolvenz des K hat H aufgrund seines Eigentums nach Rücktritt vom Kaufvertrag gem. § 449 II BGB einen Herausgabeanspruch (Aussonderungsrecht nach § 47 InsO).

Dieser Anspruch ist dann **ausgeschlossen**, wenn der Besitzer gegenüber dem Eigentümer zum **Besitz berechtigt** ist (§ 986 BGB). Das Besitzrecht, das der Besitzer nachweisen muß, ergibt sich aus schuldrechtlichen Verträgen (z. B. Miete, Pacht, Leihe, Leasing, Kauf unter Eigentumsvorbehalt bis zur endgültigen Kaufpreiszahlung) oder aus dinglichen Rechten (z. B. Pfandrecht, Wohnrecht).

2. Beseitigung und Unterlassung

(1) Wird das Eigentum in anderer Weise als durch Entziehung oder Vorenthaltung **465** des Besitzes **rechtswidrig beeinträchtigt**, so kann der Eigentümer von dem „Störer" die Beseitigung der Beeinträchtigung verlangen (§ 1004 BGB). Eine solche Störung kann in der Verletzung der Sachsubstanz, Gebrauchsbehinderung, Gebrauchsentzug oder in Dispositionsbeeinträchtigungen gesehen werden.

> **Beispiele**: Zerstörung, Verunstaltung oder Beschädigung von Sachen, Betreten eines Grundstücks, Überhang von Zweigen (§ 910 BGB), Vertiefung (§ 909 BGB), Zuführung von Stoffen (Immissionen, § 906 BGB), Überbauung der Grundstücksgrenze (§ 912 BGB), Einwerfen unerwünschter Post

Die Beeinträchtigung muß immer **rechtswidrig** sein (§ 1004 II BGB). Duldungspflichten können sich aus dem Gesetz (z. B. §§ 227, 228, 229, 905 S. 2, 906, 912, 917 BGB) und aus Verträgen (z. B. Miete) ergeben. **Störer** ist derjenige, dem die Beeinträchtigung zugerechnet werden kann (Handlungsstörer; Zustandsstörer, der für den ordnungsgemäßen Zustand störender Anlagen verantwortlich ist, wie z. B. Kfz-Halter, Gastwirt).

(2) Stehen weitere Beeinträchtigungen bevor oder drohen sie auch erstmals, so kann der Eigentümer auf **Unterlassung** klagen (§ 1004 I 2 BGB).

(3) Aus § 1004 BGB wird letztlich der allgemeine Grundsatz abgeleitet, daß jedes **absolute Recht** gegen Beeinträchtigungen durch einen Beseitigungs- bzw. Unterlassungsanspruch analog § 1004 BGB geschützt ist.

> **Beispiele**: Allgemeines Persönlichkeitsrecht, Recht am eingerichteten und ausgeübten Gewerbebetrieb

3. Ansprüche auf Nutzungs-, Schadensersatz und Verwendungsersatz

Mit der Anordnung des Herausgabeanspruchs (§ 985 BGB) sind die Rechtsbe- **466** ziehungen zwischen Eigentümer und Besitzer noch nicht abschließend geregelt. Insbesondere stellt sich die Frage, wem die Nutzungen zustehen, inwieweit Schadensersatz wegen Verschlechterung der Sache verlangt werden kann und ob der Besitzer für die Verwendungen auf die Sache Ansprüche besitzt. Diesen Komplex regeln die Vorschriften des **Eigentümer-Besitzer-Verhältnisses** in §§ 987–1003 BGB. Hauptzweck dieser Vorschriften, die im Rahmen dieser Grundzüge des Wirtschaftsprivatrechts nicht dargestellt werden, ist der **Schutz des redlichen Besitzers** vor Bereicherungs- und Deliktsansprüchen.

Merksätze

1. Arten von Eigentum
- Alleineigentum
- Miteigentum nach Bruchteilen
- Gesamthandseigentum

2. Eigentumserwerb
- **Bewegliche Sachen**
  - Rechtsgeschäftliche **Übereignung** (§§ 929–931 BGB) setzt voraus
    (1) **Einigung** zwischen Erwerber und Veräußerer
    (2) **Übergabe**, ev. **Übergabeersatz** durch
      * Besitzkonstitut (Vereinbarung des mittelbaren Besitzes durch Besitz-mittlungsverhältnis, § 930 BGB) oder
      * Abtretung des Herausgabeanspruchs (§ 931 BGB)
    (3) **Berechtigung** zur Veräußerung; sonst gutgläubiger Erwerb möglich (§§ 932–934 BGB) bei
      * Gutgläubigkeit des Erwerbers
      * Nicht abhandengekommenen Sachen (§ 935 BGB)
  - **Gesetzlicher Erwerb** bei
    (1) Ersitzung (§ 937 BGB)
    (2) Verbindung, Vermischung oder Verarbeitung (§§ 946–951 BGB)
    (3) Aneignung (§ 958 BGB)
    (4) Fund (§ 973 BGB)
    (5) Zwangsversteigerung (ZVG, §§ 817, 827 ZPO)
- **Grundstücke und dingliche Rechte**
  - **Einigung und Eintragung**
    (1) Einigung gem. § 873 BGB (bei Grundstücken Auflassung genannt, § 925 BGB)
    (2) Eintragung in das Grundbuch (§ 873 BGB)
  - **Grundbuch**
    (1) **Wesen:** öffentliches Register beim AG für alle Grundstücke
    (2) **Inhalt**
      * Bestandsverzeichnis (Lage, Größe)
      * Abteilung I (Eigentümer, Erwerbsgrund)
      * Abteilung II (Lasten, Beschränkungen)
      * Abteilung III (Grundpfandrechte)
    (3) **Eintragungsverfahren** (GBO), Voraussetzungen:
      * Antrag (§ 13 GBO)
      * Bewilligung des Berechtigten (§§ 19, 20 GBO) bei Auflassung notariell beurkundet (§ 29 GBO)
      * Voreintragung des Betroffenen (§ 39 GBO)
    (4) **Rangverhältnis** (§ 879 BGB)
      * gleiche Abteilung: Reihenfolge der Eintragungen
      * verschiedene Abteilungen: Datum der Eintragung
  - **Vormerkung** z. B. als Sicherung des Eigentumserwerbs (§§ 883, 888 BGB)
  - **Gutgläubiger Erwerb** durch öffentlichen Glauben des Grundbuchs (§ 892 BGB)
    (1) Vermutung der Richtigkeit des Grundbuchinhalts (§ 891 BGB)
    (2) Schädlich ist
      * Kenntnis von der Unrichtigkeit
      * eingetragener Widerspruch

3. Eigentumsschutz
- **Herausgabeanspruch** bei Besitzentziehung oder -vorenthaltung (§§ 985, 986 BGB)
- **Beseitigungs- und Unterlassungsanspruch** bei sonstigen Störungen (§ 1004 BGB)
- **Nutzungs-, Schaden- und Verwendungsersatz** im Eigentümer-Besitzer-Verhältnis (§§ 907–1003 BGB)

4. Leitentscheidungen
- **Verarbeitung und Herstellung eines neuen Motors aus entwendeter Sache** BGH, 22. 5. 1995, NJW 1995, 2633
- **Bereicherung nach Verarbeitung (Jungbullenfall)** BGH, 11. 1. 1971, BGHZ 55, 176 = NJW 1971, 612

Teil 2:
Wirtschaftstypische Schuldverhältnisse mit handelsrechtlichen Bezügen

Im **Teil 2** werden zuerst die wichtigsten wirtschaftstypischen **vertraglichen** 467 **Schuldverhältnisse** wie

- **Kaufverträge** (Kaufvertrag, Handelskauf)
  für **Beschaffung und Absatz,**
- **Gebrauchsüberlassungsverträge** (Miete, Pacht, Darlehen, Finanzierungshilfen)
  für **Kreditgeschäfte und Kreditsicherheiten,**
- **Tätigkeitsverträge** (Werkvertrag und Dienstleistungsverträge)
  für **Absatz und Transport**

mit ihren handelsrechtlichen Besonderheiten behandelt.

Wegen der besonderen wirtschaftsrechtlichen Bedeutung werden die vertraglichen Personenvereinigungen der Personengesellschaften wie die Gesellschaft

Schaubild 57: *Vertragstypen des BGB mit handelsrechtlichen Bezügen*

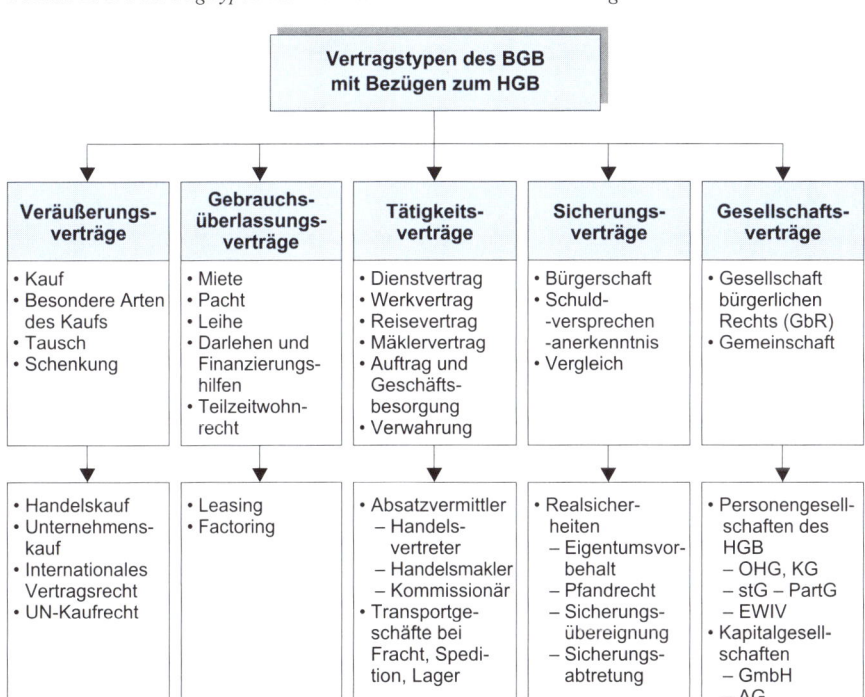

bürgerlichen Rechts (GbR), Handelsgesellschaften (OHG, KG) und Kapitalgesellschaften (GmbH, AG) gesondert im **Teil 3** dargestellt.

Anschließend stehen im **Teil 2** die **gesetzlichen Schuldverhältnsse** der

* **ungerechtfertigten Bereicherung,**
* **unerlaubten Handlungen** und
* **Produkthaftung**

im Zentrum des wirtschaftlichen Interesses. Das gesetzliche Schuldverhältnis der
Geschäftsführung ohne Auftrag (§§ 677 bis 687 BGB) und die gesetzliche Haftung des Beherbergungswirts (§§ 701 bis 704 BGB) werden nicht genauer behandelt, da diese gesetzlichen Schuldverhältnisse keine große allgemeine wirtschaftliche Bedeutung haben.

Schaubild 58: *Gesetzliche Schuldverhältnisse*

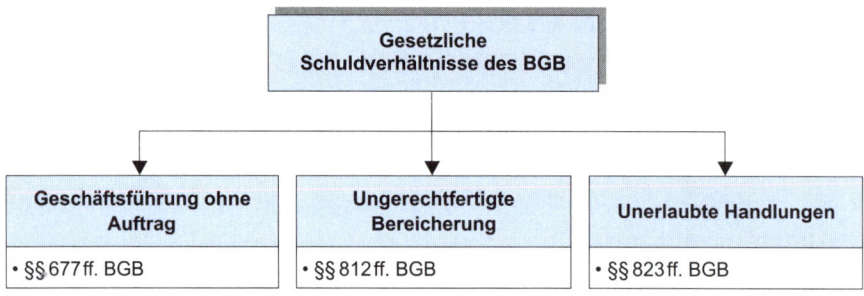

4. Kapitel: Kaufverträge und Veräußerungsgeschäfte

§ 17
Kaufvertrag

> **Lernziele:**
>
> Nachdem Sie dieses Kapitel 17 durchgearbeitet haben, können Sie
> - Wesen und Inhalt des Kaufvertrages beschreiben.
> - die Pflichten des Käufers und Verkäufers nennen.
> - die Gefahrtragungsregeln beim Kauf erläutern.
> - die verschiedenen Gewährleistungsrechte beim Kauf erläutern und einen Sachmangel prüfen.
> - die vertragliche Garantie von der gesetzlichen Gewährleistung unterscheiden.
> - die Sonderregelungen des Verbrauchsgüterkaufs des Verbrauchers beim Unternehmer erläutern.

I. Wesen und Inhalt

1. Begriff des Kaufs

Der Kauf (§§ 433–479 BGB) ist das im täglichen Leben aber auch in der kauf- **468** männischen Praxis das am häufigsten vorkommende **Veräußerungsgeschäft** und daher bisher für viele Beispielsfälle herangezogen worden. Durch den Kaufvertrag wird nach § 433 I 1 BGB der Verkäufer eine Sache verpflichtet, dem Käufer

- die **Sache zu übergeben** und
- das **Eigentum an der Sache zu verschaffen**.

Er hat dabei die Sache frei von Sach- und Rechtsmängeln zu übertragen. Der Käufer ist umgekehrt verpflichtet, dem Verkäufer den vereinbarten Kaufpreis zu zahlen und die gekaufte Sache abzunehmen (§ 433 II BGB). Diese beiderseitigen Leistungspflichten sind synallagmatisch verbunden, d. h. gegenseitig voneinander abhängig. Als **Verpflichtungsgeschäft** ist der Kaufvertrag streng von dem zu seiner Erfüllung dienenden Verfügungsgeschäft (Übereignung der Sache) zu trennen (vgl. näher Rn. 15).

2. Arten und Systematik

(1) Nach §§ 433 und 453 BGB ist zu trennen zwischen dem Kauf einer Sache **469** (**Sachkauf**) und dem Kauf eines Rechts (**Rechtskauf**). Die Vorschriften über den Sachkauf **gelten entsprechend** für den Rechtskauf und den Kauf sonstiger Gegenstände.

(2) In den §§ 433 bis 453 BGB finden sich **allgemeine Vorschriften**, die grundsätzlich auf jedem Kaufvertrag anwendbar sind. Die §§ 454 bis 473 BGB enthal-

ten Vorschriften über den Kauf auf Probe, den Wiederkauf und den Vorkauf als **Sonderformen des Kaufs**.

(3) Kauft ein Verbraucher (§ 13 BGB) von einem Unternehmer (§ 14 BGB) eine bewegliche Sache, handelt es sich um einen **Verbrauchsgüterkauf** (§ 474 I BGB). Für diese Art des Kaufvertrages enthalten die §§ 474 bis 479 BGB Spezialvorschriften zum Schutze des Verbrauchers. So sind zahlreiche abänderbare Vorschriften beim Verbrauchsgüterkauf zwingend (§ 475 BGB).

Auch im Kaufrecht gilt damit die Systematik des BGB **„vom Allgemeinen zum Speziellen"**. Die Spezialvorschriften setzen daher die Anwendung der allgemeinen Vorschriften voraus. Diese kommen damit nur zur Anwendung, wenn sie nicht von den Spezialvorschriften abgeändert werden.

(4) Soweit der Kauf unter Kaufleuten erfolgt, wird das BGB durch die Regeln des **Handelskaufs** in §§ 373 ff. HGB als vorrangiges Spezialgesetz ergänzt (vgl. Rn. 516 ff.).

3. Kaufgegenstand

470   Gegenstand des Kaufs können nicht nur **Sachen** und **Rechte** sein, sondern alle **vermögenswerten Gegenstände** (§ 453 BGB, vgl. Rn. 403). Hierzu gehören Sachgesamtheiten (z. B. Unternehmen, Vermögen, Erbschaft), Strom, Wärme, Erfindungen, Erfahrungen, Geheimverfahren, Software oder Werbeideen. Der Kaufgegenstand braucht im Zeitpunkt des Vertragsschlusses noch nicht bestehen. Es ist auch nicht notwendig, daß er dem Verkäufer gehört. **Zubehör** einer Sache ist immer mitverkauft, wenn keine eindeutige Vertragsregelung getroffen wird (§§ 311 c, 97 und 926 BGB; vgl. Rn. 65).

4. Kaufvertragliche Pflichten

a) Pflichten des Verkäufers

471   (1) Der Verkäufer einer Sache hat **zwei Hauptpflichten**. Ihn trifft nach § 433 I 1 BGB

- die **Pflicht zur Übergabe** der Sache nach §§ 854 ff. BGB bei beweglichen Sachen, also die tatsächliche Sachherrschaft, und zur Grundbucheintragung bei Immobilien sowie
- die **Eigentumsverschaffungspflicht**, welche bei
  - beweglichen Sachen nach §§ 929 ff. BGB,
  - bei Immobilien und Grundstücksrechten nach §§ 873 ff., 925 BGB und bei
  - Forderungen nach §§ 398 ff. BGB erfolgt.

(2) Der Verkäufer ist weiter verpflichtet, die **Sache frei von Sach- und Rechtsmängeln** zu verschaffen (§ 433 I 2 und 434, 435 BGB). Die Mängelhaftung ist damit als Nichterfüllungshaftung zu betrachten (vgl. Rn. 332).

(3) Daneben treffen den Verkäufer eine ganze Reihe von **Nebenpflichten**, deren schuldhafte Verletzung zum Schadensersatz nach §§ 280 I, 241 II BGB berechtigen.

> **Beispiel:** Ist die Sache zu **versenden**, hat sie der Verkäufer sachgemäß zu verpacken, verkehrssicher zu verladen und ordnungsgemäß abzuladen; Verkaufsräume müssen **ver-**

Schaubild 59: *Hauptpflichten des Verkäufers*

```
┌─────────────────────────────────────────────┐
│ Kaufvertrag §§ 433 und 453 BGB                │
│  • Sache                                      │
│  • Recht                                      │
│  • Sonstiger Gegenstand                       │
├─────────────────────────────────────────────┤
│ Schuldrechtliches Verpflichtungsgeschäft als Rechtsgrund │
└─────────────────────────────────────────────┘
```

Verkäufer ──────────────────────────────────▶ Käufer

```
┌─────────────────────────────────────────────┐
│       Sachenrechtliches Erfüllungsgeschäft    │
├─────────────────────────────────────────────┤
│ Übereignung                                   │
│  • Bewegliche Sache §§ 929–931 BGB            │
│  • Gründstücksrechte §§ 873 ff., 925 BGB      │
│  • Recht/Forderung §§ 398 ff. BGB             │
└─────────────────────────────────────────────┘
```

kehrssicher sein; **Informations- und Aufklärungspflichten**, wenn von der Kaufsache Gefahren oder Nebenwirkungen ausgehen können; **Instruktionspflichten** zur Anleitung und Einweisung in Geräte; Pflicht zur **Übernahme der Versandkosten**, wenn nichts anderes vereinbart (§ 448 BGB)

b) Pflichten des Käufers

(1) Die **Hauptpflicht** des Käufers ist die Zahlung des vereinbarten **Kaufpreises** 472 (§ 433 II BGB). Die Höhe des Kaufpreises unterliegt grundsätzlich der freien Vereinbarung. Barzahlung ist die Regel, wobei Skonto nur abgezogen werden kann, wenn dies vereinbart wurde.

(2) Beim Sachkauf hat nach § 433 II BGB der Käufer bei **sach- und rechtsmängelfreier Kaufsache** eine **Abnahmepflicht**, die meist als **Nebenpflicht** betrachtet wird und nur bei Vorliegen besonderer Umstände (z. B. verderbliche Ware, hohe Lagerkosten, Benutzerhandbuch einer EDV-Anlage) zur Hauptpflicht wird. Der Käufer braucht daher eine mangelhafte Sache nicht abzunehmen und kann die Einrede des nichterfüllten Vertrags nach § 320 BGB erheben. Nach der Abnahme hat der Käufer bei mangelhafter Lieferung nur noch Gewährleistungsansprüche nach §§ 434, 437 ff. BGB. Nimmt er eine mangelfreie Sache nicht ab, gerät er in **Annahmeverzug** (§§ 300 BGB, 373 HGB). Anders als oft vermutet, gibt es **kein generelles Umtauschrecht**. Gefällt dem Käufer die Kaufsache nach der Übergabe nicht, handelt es sich um eine freiwillige **Kulanz**, wenn der Verkäufer den Kaufpreis zurückzahlt oder einen Gutschein anbietet. Die Voraussetzungen dieses Umtausches kann der Verkäufer bestimmen (Vorlage des Kassenzettels, Originalverpackung). Etwas anderes gilt, wenn der Verkäufer vertraglich ein Rückgaberecht zugesagt hat, wie z. B. auf dem Kassenzettel.

(3) Nebenpflichten des Käufers sind auch die **Kostentragung** der Abnahme der Sache und der Versendung an einen anderen Ort als den Erfüllungsort (§ 448 I BGB). Der Käufer eines Grundstücks trägt die Kosten der Beurkundung des Kaufvertrages, der Auflassung und der Eintragung ins Grundbuch (§ 448 II BGB).

II. Gefahrübergang

Fall 1: Student K kauft am Samstag einen Gebrauchtwagen von V. Nach der Übergabe des Fahrzeugs, aber vor der Kaufpreiszahlung, wird K in einen unverschuldeten Unfall mit Totalschaden am Kfz verwickelt. Muß K noch den Kaufpreis an V zahlen?

473 (1) Grundsätzlich trägt der Verkäufer bis zur Erfüllung seiner Übereignungspflicht die Gefahr, den Kaufpreis nicht zu erhalten. Er trägt damit die sog. Preisgefahr. Geht die Kaufsache zwischen Vertragsschluß und Übereignung beim Verkäufer (Schuldner) unter, so wird der Schuldner nach den allgemeinen Regeln der Unmöglichkeit nach § 275 I BGB grundsätzlich von seiner Leistungspflicht frei. Der Käufer trägt also die Leistungsgefahr. Er wird dann seinerseits von seiner Zahlungspflicht nach § 326 I BGB frei. Den Verkäufer trifft damit die Preisgefahr.

> **Beispiel**: V verkauft am 20.6. seinen Pkw an K. Das Fahrzeug soll am 10.7. übergeben, übereignet und bezahlt werden. Am 1.7. wird der Wagen von Unbekannten gestohlen und schrottreif gefahren. V ist hier von seiner Leistungspflicht frei geworden, da der Pkw ohne sein Verschulden vernichtet worden ist (§ 275 I BGB). Andererseits entfällt auch der Kaufpreisanspruch des V nach § 326 I BGB, so daß V die Gegenleistungs- oder Preisgefahr trägt.

474 (2) **Ausnahmsweise** muß aber der Käufer trotz zufälligen Ausbleibens oder trotz zufälliger Verschlechterung der Sache den vollen Kaufpreis in folgenden Fällen bezahlen:

- bei Übergang der Preisgefahr auf den Käufer nach § 446 S. 1 BGB mit der **Übergabe der Kaufsache**,
- nach § 446 S. 2 BGB mit seinem **Annahmeverzug** und
- beim sog. **Versendungskauf** nach § 447 S. 1 BGB nach Auslieferung der auf Verlangen des Käufers nach einem anderen Ort als dem Erfüllungsort versendeten Sache an den Spediteur, den Frachtführer oder an die sonstige Transportperson (z.B. Bahn, Post, Mitarbeiter, vgl. Rn. 504).

> K muß im Fall 1 den Kaufpreis noch zahlen (§ 326 II BGB). V schuldet als Verkäufer nur die Eigentumsverschaffung, nicht aber die dauernde Gebrauchsfähigkeit der Kaufsache. Selbst wenn V dem K noch gar kein Eigentum an dem Pkw verschafft hätte, ist die Gefahr, trotz Untergangs der Sache den Kaufpreis zahlen zu müssen, mit der **Übergabe des Pkw an K** auf ihn übergegangen (§ 446 BGB). Ab der Übergabe hat K die Möglichkeit, auf das Fahrzeug aufzupassen und kann daher auch Vorkehrungen zu dessen Schutz treffen. Daher muß auch der in seiner Risikosphäre eintretende unverschuldete Totalschaden zu seinen Lasten gehen.

III. Mängelhaftung

475 Der Verkäufer ist verpflichtet, dem Käufer die Kaufsache frei von Sach- und Rechtsmängeln zu übergeben und zu übereignen (§ 433 I 2 BGB). Die Sach- und Rechtsmangelfreiheit gehört daher zur primären Leistungspflicht des Verkäufers ("Erfüllungstheorie"). Die Lieferung einer mangelhaften Sache ist damit eine **nicht vertragsgemäße Leistung** und damit eine **Pflichtverletzung** im Sinne des allgemeinen Leistungsstörungsrechts nach §§ 280 I, 433 I 2, 434, 435, 323 I BGB. Bei Mängeln hat der Käufer nach § 437 BGB grundsätzlich folgende Rechte:

- **Nacherfüllung,**

Schaubild 60: *Mängelhaftung beim Kauf*

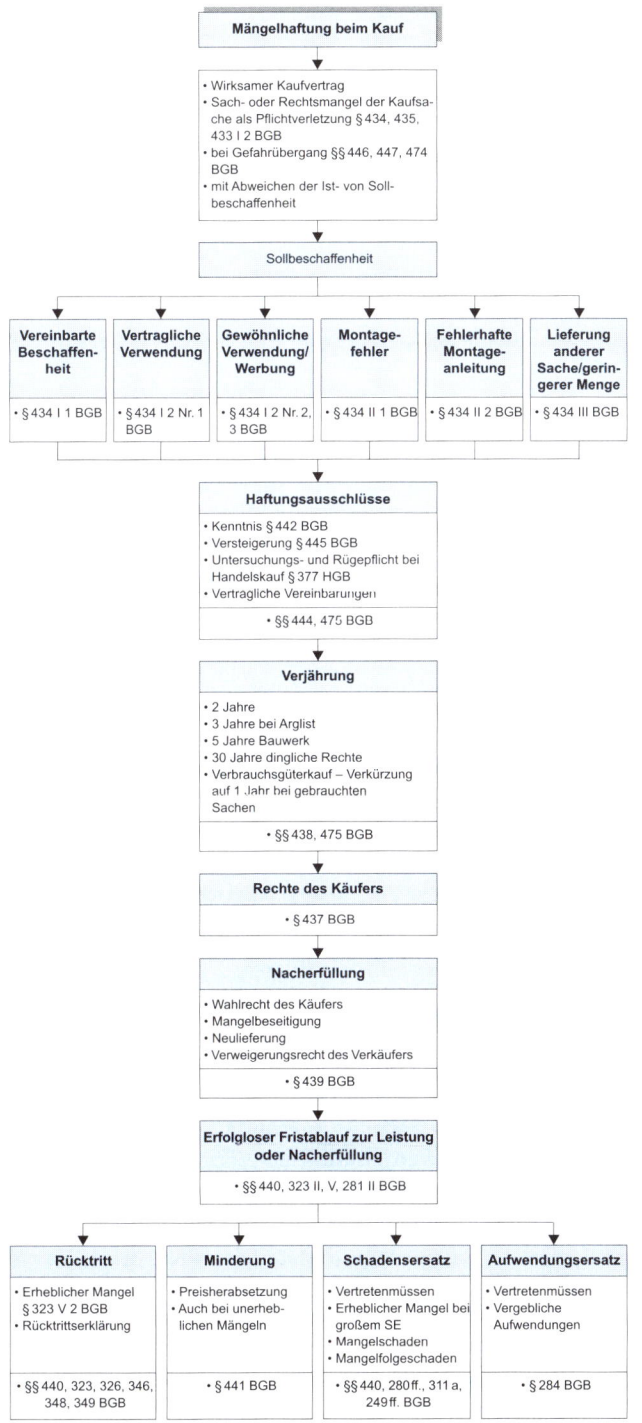

Mängelhaftung beim Kauf

- Wirksamer Kaufvertrag
- Sach- oder Rechtsmangel der Kaufsache als Pflichtverletzung § 434, 435, 433 I 2 BGB
- bei Gefahrübergang §§ 446, 447, 474 BGB
- mit Abweichen der Ist- von Sollbeschaffenheit

Sollbeschaffenheit

Vereinbarte Beschaffenheit	Vertragliche Verwendung	Gewöhnliche Verwendung/ Werbung	Montagefehler	Fehlerhafte Montageanleitung	Lieferung anderer Sache/geringerer Menge
• § 434 I 1 BGB	• § 434 I 2 Nr. 1 BGB	• § 434 I 2 Nr. 2, 3 BGB	• § 434 II 1 BGB	• § 434 II 2 BGB	• § 434 III BGB

Haftungsausschlüsse

- Kenntnis § 442 BGB
- Versteigerung § 445 BGB
- Untersuchungs- und Rügepflicht bei Handelskauf § 377 HGB
- Vertragliche Vereinbarungen

• §§ 444, 475 BGB

Verjährung

- 2 Jahre
- 3 Jahre bei Arglist
- 5 Jahre Bauwerk
- 30 Jahre dingliche Rechte
- Verbrauchsgüterkauf – Verkürzung auf 1 .Jahr bei gebrauchten Sachen

• §§ 438, 475 BGB

Rechte des Käufers

• § 437 BGB

Nacherfüllung

- Wahlrecht des Käufers
- Mangelbeseitigung
- Neulieferung
- Verweigerungsrecht des Verkäufers

• § 439 BGB

Erfolgloser Fristablauf zur Leistung oder Nacherfüllung

• §§ 440, 323 II, V, 281 II BGB

Rücktritt	Minderung	Schadensersatz	Aufwendungsersatz
• Erheblicher Mangel § 323 V 2 BGB • Rücktrittserklärung	• Preisherabsetzung • Auch bei unerheblichen Mängeln	• Vertretenmüssen • Erheblicher Mangel bei großem SE • Mangelschaden • Mangelfolgeschaden	• Vertretenmüssen • Vergebliche Aufwendungen
• §§ 440, 323, 326, 346, 348, 349 BGB	• § 441 BGB	• §§ 440, 280ff., 311 a, 249ff. BGB	• § 284 BGB

- **Rücktritt oder Minderung,**
- **Schadensersatz oder Aufwendungsersatz.**

Erfüllt der Verkäufer dagegen gar nicht, dann hat der Käufer weiterhin seinen Erfüllungsanspruch aus § 433 I 1 BGB oder die allgemeinen Leistungsstörungsrechte nach §§ 275 IV, 280, 283 bis 285, 311a und 326 BGB.

1. Begriff des Mangels

476   Alle Gewährleistungsansprüche des Käufers, also Nacherfüllung, Rücktritt oder Minderung und Schadensersatz oder Aufwendungsersatz (§ 437 BGB), setzten entweder einen Sach- oder Rechtsmangel voraus. § 433 I 2 BGB stellt hierbei Sach- und Rechtmängel bezüglich der Rechtsfolgen gleich. Der Begriff des Sachmangels ist in § 434 BGB definiert und eine Regelung über den Rechtsmangel befindet sich in § 435 BGB.

a) Rechtsmangel

477   Nach § 435 BGB ist eine Sache frei von Rechtsmängeln, wenn Dritte in Bezug auf die Sache keine oder nur die im Vertrag übernommenen Rechte gegen den Käufer geltend machen können. Einem Rechtsmangel steht es gleich, wenn im Grundbuch ein Recht eingetragen ist, das nicht besteht.

> **Beispiele:** Ein Rechtsmangel liegt vor, wenn die verkaufte Sache nicht dem Verkäufer gehört, obwohl er als Eigentümer aufgetreten ist, bei einem Wegerecht an einem Grundstück oder bei einem Urheberrecht beim Verkauf einer Raubkopie einer Software.

b) Sachmangel

478   Eine Sache ist grundsätzlich frei von Sachmängeln, wenn sie bei Gefahrübergang die **vereinbarte Beschaffenheit** hat. Hierbei unterscheidet das Gesetz in § 434 BGB nicht zwischen erheblichen und unerheblichen Mängeln. Dem Gesetz liegt bei dieser Definition der herrschende subjektive Fehlerbegriff zugrunde, wonach ein **Mangel eine ungünstige Abweichung der Ist-Beschaffenheit von der Sollbeschaffenheit** darstellt. Hierbei ist abzustellen

- **auf die vertragliche Beschaffenheit, sonst**
- **auf die vertraglich vorausgesetzte Verwendung, sonst**
- **auf die gewöhnliche Verwendung.**

479   (1) Primär ist damit auf die Vorstellungen der Partein und ihre **getroffenen Vereinbarungen** abzustellen (§ 434 I 1 BGB). Wenn der Verkäufer bei Vertragsabschluss die Eigenschaft einer Sache in bestimmter Weise beschreibt oder zuvor eine Probe geliefert hat, so werden die Eigenschaften der Probe ohne weiteres zum Inhalt der Beschaffenheitsvereinbarung.

> **Beispiel:** V, Inhaber einer Gemäldegalerie, verkauft dem K ein Ölgemälde als Originalgemälde des berühmten Spitzweg für € 200 000. Ein Jahr nach Übergabe stellt sich heraus, dass das Gemälde unecht ist und von einem weniger berühmten Schüler Spitzwegs erstellt wurde. K verlangt Rückzahlung des Kaufpreises. K hat einen Rückzahlungsanspruch aus §§ 434 I 1, 437 Nr. 2, 326 V, 346 BGB. Das Bild weicht von der vereinbarten Beschaffenheit ab, denn es sollte von Spitzweg stammen und nicht von seinem Schüler. Eine Mangelbeseitigung ist unmöglich. Der Rücktritt ist auch nicht gem. §§ 438 IV, 218 BGB unwirksam, denn der Anspruch auf Nacherfüllung verjährt erst in zwei Jahren (§ 438 I Nr. 3 BGB).

(2) Soweit die Beschaffenheit nicht vereinbart ist, muss auf die nach dem Vertrag **480** **vorausgesetzte Verwendung** der Kaufsache abgestellt werden (§ 434 I Nr. 1 BGB). Im täglichen Leben wird im Regelfall beim Abschluss eines Kaufvertrags die Beschaffenheit nicht ausdrücklich vereinbart. Daher reicht eine konkludente Übereinstimmung der Parteien über den Verwendungszweck aus. Ist der Verwendungszweck der Kaufsache beiden Parteien bekannt, so kann von einer stillschweigenden Vereinbarung über die Beschaffenheit ausgegangen werden.

(3) Ansonsten ist die **gewöhnliche Verwendung** maßgebend und die Sache hat **481** eine Beschaffenheit aufzuweisen, die bei Sachen gleicher Art üblich ist und die der Käufer nach der Art der Sache erwarten kann (§ 434 I Nr. 2 BGB). Wird eine Sache ohne Vereinbarung von Beschaffenheitsmerkmalen verkauft, so schuldet der Verkäufer nicht nur die Sache in dem Zustand, in dem sie sich bei Vertragsschluss befindet, sondern er schuldet eine Sache von **normaler Beschaffenheit**, die Tauglichkeit zur „gewöhnlichen Verwendung" darf nicht beeinträchtigt sein.

Nach der Neuregelung zählen zur üblichen Beschaffenheit auch die Eigenschaften, die der Käufer nach **öffentlichen Äußerungen** des Verkäufers, des Herstellers oder seines Gehilfen insbesondere in der **Werbung** oder bei der Kennzeichnung über bestimmte Eigenschaften der Sache, erwarten kann. Bedeutung hat die Neuregelung insofern, als auch öffentliche Äußerungen des Verkäufers, des Herstellers, auf die im **Verkaufsgespräch nicht Bezug genommen wurde**, jetzt zur Beschaffenheit gehören. Macht der Verkäufer im Verkaufsgespräch Angaben über die Sache, so liegt ein Fall des § 434 I 1 Nr. 1 BGB vor.

> **Beispiel**: Der Autohändler V verkauft an K einen neuen Porsche 911. Der Benzinverbrauch liegt 5 % höher als der Verbrauch, den der Hersteller in einer Fernsehwerbung angegeben hat. Nach § 434 I 3 BGB liegt ein Sachmangel vor. Obwohl der Fehler nur geringfügig ist, steht dem K ein Recht auf Nacherfüllung bzw. Minderung zu. Allerdings kann er nicht zurücktreten, da die Pflichtverletzung nur unerheblich ist, § 323 V 2 BGB, und auch nicht Schadensersatz statt der ganzen Leistung verlangen (§ 281 I 3 BGB).

(4) Ein Sachmangel ist nach § 434 II 1 BGB ferner anzunehmen, wenn die verein- **482** barte **Montage** durch den Verkäufer oder dessen Erfüllungsgehilfen unsachgemäß durchgeführt worden ist. Dies sind vor allem die Fälle, in denen eine zunächst mangelfreie Sache geliefert wird, die dann dadurch mangelhaft wird, dass der Verkäufer sie sodann unsachgemäß montiert bzw. bei dem Käufer aufstellt.

> **Beispiel:** Der Verkäufer liefert eine fehlerfreie Waschmaschine. Der Monteur des Verkäufers schließt diese fehlerhaft an, wodurch Wasser in die Teile der Maschine eindringt, die eigentlich trocken bleiben sollten. Die Montage wird nicht mehr wie bisher isoliert betrachtet und dem Werkvertragsrecht unterstellt. Vielmehr führt eine fehlerhafte Montage zu einem Mangel der Kaufsache selbst.

(5) Nach § 434 II 2 BGB liegt ein Sachmangel weiter vor, wenn die Kaufsache zur **483** Montage bestimmt ist und die **Montageanleitung** mangelhaft ist (sog. IKEA-Klausel). Die Vorschrift knüpft zunächst allein an den Umstand der Mangelhaftigkeit der Montageanleitung an. Allerdings muss dann der Verkäufer für einen derartigen Mangel der Montageanleitung nicht einstehen, wenn er sich nicht tatsächlich ausgewirkt hat, der Käufer also z. B. aufgrund eigener Sachkenntnis die Montageanleitung nicht benötigte und die Sache trotzdem richtig montiert hat.

484 (6) Einem Sachmangel steht es letztlich gleich, wenn der Verkäufer eine **andere Sache** (Aliud) oder ein **zu geringe Menge** liefert (§ 434 III BGB). Nach der Neuregelung wird nicht mehr darauf abgestellt, ob die Anderslieferung genehmigungsfähig ist oder nicht, sondern es wird jede Anderslieferung dem Sachmangel gleichgestellt.

> **Beispiele**: Sommer- statt Winterweizen; anderer Fahrzeugtyp als verkauft.

485 (7) Wichtig ist zu beachten, dass der Sachmangel bereits im **Zeitpunkt des Gefahrübergangs** vorliegen muss, also grundsätzlich bei Übergabe der Kaufsache (§ 446 BGB, Ausnahme: § 447 BGB bei Versendungskauf). Die Übergabe und der Annahmeverzug werden gleichgestellt. Die Ursache des Mangels muss daher bereits zu diesem Zeitpunkt wenigstens im Keim vorhanden gewesen und nicht durch den späteren Gebrauch entstanden sein.

> **Beispiel**: Das Getriebe des verkauften Fahrzeugs hat eine Woche nach Übergabe einen Schaden. Die Ursache, die Materialschwäche, liegt bereits bei der Übergabe vor.

2. Rechte des Käufers

486 Bei Rechts- und Sachmängeln kann der Käufer nach § 437 BGB
- in erster Linie **Nacherfüllung** nach § 439 BGB verlangen nach Wahl des Käufers durch
  - Mangelbeseitigung,
  - Lieferung einer mangelfreien Sache,
- bleibt diese aus, kann er den Kaufpreis nach § 441 BGB **mindern**,
- vom Kaufvertrag nach §§ 440, 323, 326 V BGB **zurücktreten** und
- **Schadensersatz** nach §§ 440, 280, 281, 283, 311 a BGB oder Ersatz vergeblicher **Aufwendungen** bzw. § 284 BGB verlangen.

a) Nacherfüllung

487 (1) Im Vordergrund der kaufrechtlichen Gewährleistung steht der Nacherfüllungsanspruch aus §§ 437 **Nr. 1,** 439 BGB. Eine **Fristsetzung ist für die Nacherfüllung nicht** erforderlich. Die weiteren Rechte – Rücktritt oder Minderung und Schadensersatz oder Aufwendungsersatz – kann der Käufer grundsätzlich erst geltend machen, wenn er zuvor dem Verkäufer eine angemessene Frist zur Nacherfüllung gesetzt hat, die ergebnislos verstrichen ist. Dies ist vor dem Hintergrund verständlich, dass die Mangelfreiheit der Kaufsache zur Erfüllungspflicht des Verkäufers gehört (§ 433 Abs. 1 S. 2 BGB) und somit der Verkäufer bei Lieferung einer mangelhaften Kaufsache gegen seine Erfüllungspflicht verstößt. Der **Vorrang der Nacherfüllung** ist regelmäßig auch für beide Vertragspartner interessengerecht. Wenn der Käufer eine Sache kauft, will er in erster Linie den Kaufgegenstand im mangelfreien Zustand haben und nicht die Minderung oder Rückzahlung des Kaufpreises. Auch der Verkäufer hat ein Interesse an der Nacherfüllung, da er nur so die vollständige Vergütung verlangen kann. § 439 I BGB gewährt damit dem Verkäufer grundsätzlich ein „Recht zur zweiten Andienung" durch Reparatur oder Neulieferung. Wichtig ist die Abweichung zum früheren Recht, wonach nun Nacherfüllung und Minderung auch bei unerheblichen Fehlern bestehen. Rücktritt und Schadensersatz statt der Leistung nach § 281 I 3 BGB sind dann nicht mehr möglich.

(2) Nach § 439 BGB hat der Käufer bei der Nacherfüllung das **Wahlrecht**, ob er   488
* **Beseitigung** des Mangels **oder**
* Lieferung einer **mangelfreien Sache** verlangt.

Hierbei ist es unerheblich, ob der Verkäufer den Sachmangel verschuldet hat oder nicht.

> **Beispiel**: Der Käufer einer Maschine fordert die Reparatur oder die Lieferung einer neuen mangelfreien Maschine.

(3) Die **Kosten der Nacherfüllung** trägt der Verkäufer, insbesondere Transport-,   489
Wege-, Arbeits- und Materialkosten (§ 439 II BGB). Der Käufer muss bei einer Ersatzlieferung die mangelhafte Sache nach Maßgabe der §§ 346 bis 348 BGB zurückgeben (§ 439 IV BGB). Bei einem Verbrauchsgüterkauf hat der Verbraucher **keinen Wertersatz** für die bisherige Nutzung zu zahlen (EuGH NJW 2008, 1433; BGH NJW 2009, 427).

(4) Die **Nacherfüllung ist ausgeschlossen** und der Verkäufer kann sie verwei-   490
gern, wenn

* sie **unmöglich** ist (§ 275 BGB),

> **Beispiel**: Aufgrund fehlerhafter Bremsen erleidet ein Pkw einen Totalschaden.

* sie nur mit **unverhältnismäßigen Kosten** möglich ist (§ 439 III BGB).
  Für die Beurteilung der Frage, ob die Nacherfüllung mit unverhältnismäßigen Kosten verbunden ist, sind insbesondere der Wert der Sache im mangelfreien Zustand, die Bedeutung des Mangels und die Frage zu berücksichtigen, ob auf die andere Art der Nacherfüllung ohne erhebliche Nachteile für den Käufer zurückgegriffen werden kann (§ 439 III 2 BGB).

> **Beispiele**: Bei geringwertigen Sachen des Alltags wird eine Nachbesserung häufig mit unverhältnismäßigen Aufwendungen verbunden sein, sodass in der Regel nur Ersatzlieferung in Betracht kommt (z. B. Schraube mit Gewindefehler). Kann also etwa der Mangel einer Waschmaschine durch einfaches Auswechseln einer Schraube behoben werden, so könnte eine vom Käufer verlangte Lieferung einer neuen Waschmaschine vom Verkäufer wegen damit verbundener unverhältnismäßiger Aufwendung verweigert werden.

(5) Ist der Nacherfüllungsanspruch ausgeschlossen, so kann der Käufer ohne die an sich notwendige Fristsetzung zurücktreten bzw. den Kaufpreis mindern (§ 440 BGB).

b) Rücktritt oder Minderung

Gelingen Nachbesserung oder Nachlieferung nicht, oder wird dies vom Verkäu-   491
fer verweigert, dann hat der Käufer die weiteren Rechte des Rücktritts oder Minderung. Rücktritt oder Minderung stellen gegenüber der Nacherfüllung damit **nachrangige Gewährleistungsrechte** dar und erfordern weitere Tatsachen wie eine Fristsetzung.

(1) Für das Rücktrittsrecht wird in § 437 Nr. 2 BGB auf das **allgemeine Leistungsstörungsrecht** (§§ 323, 326 V BGB) verwiesen. Das Recht des Käufers zum Rücktritt vom Vertrage wegen eines Mangels der Sache setzt danach grundsätzlich voraus, dass eine dem Verkäufer vom Käufer gesetzte angemessene **Frist zur Nacherfüllung** erfolglos abgelaufen ist. Fraglich ist, welche Folgen es hat, wenn

die Frist nicht angemessen ist, sondern zu kurz. Man wird wohl davon ausgehen können, dass dann die Fristsetzung nicht unwirksam ist, sondern eine angemessene Frist in Gang gesetzt wird. Eine Nachbesserung gilt grundsätzlich als nach dem **zweiten Versuch als fehlgeschlagen** (§ 440 S. 2 BGB). Eine fehlgeschlagene Nachbesserung rechtfertigt damit den Rücktritt vom Vertrag.

> **Beispiel:** Die gekaufte Maschine funktioniert nicht. Der Käufer fordert den Verkäufer auf, diese zu reparieren oder eine neue zu liefern. Nach zweimaligem Reparaturversuch und der Weigerung des Verkäufers eine mangelfreie neue Maschine zu liefern, kann der Käufer zurücktreten und den gezahlten Kaufpreis herausverlangen (§ 346 BGB).

492 (2) Nach § 349 BGB erfolgt der **Rücktritt** durch Erklärung gegenüber dem anderen Vertragspartner. Da das Rücktritts- und Minderungsrecht Gestaltungsrechte sind, ist der Käufer, anders als früher, jetzt an seine Erklärung gebunden. Gem. § 438 IV BGB gilt für das Rücktrittsrecht § 218 BGB, wonach der Rücktritt unwirksam ist, wenn der Anspruch auf Nacherfüllung verjährt ist. Eine Sonderregelung für den Rücktritt ist erforderlich, denn das Rücktrittsrecht ist kein Anspruch, sondern ein Gestaltungsrecht. Gestaltungsrechte verjähren nicht, nur Ansprüche (§ 194 BGB).

493 (3) Die **Minderung steht alternativ neben dem Rücktrittsrecht** (§ 437 Nr. 2 und § 441 II BGB „statt zurückzutreten"). Der Käufer behält damit die mangelhafte Sache, will aber eine Preisanpassung. Wie beim Rücktritt ist grundsätzlich der Ablauf einer dem Verkäufer vom Käufer gesetzten angemessenen **Frist** erforderlich. Anders als das Rücktrittsrecht (§ 323 V 2 BGB) und Schadensersatz statt der Leistung (§ 281 I 3 BGB) ist das Minderungsrecht **nicht ausgeschlossen bei unerheblichen Mängeln**. Bei der Minderung ist der Kaufpreis in dem Verhältnis herabzusetzen, in welchem zur Zeit des Vertragsschlusses der Wert der Sache im mangelfreien Zustand zu dem wirklichen Wert gestanden haben würde. Die Höhe der Minderung kann auch durch eine **Schätzung** erfolgen.

c) Schadensersatz

494 (1) Die Vorschrift des § 437 Nr. 3 BGB begründet keinen eigenständigen kaufrechtlichen Schadensersatzanspruch, sondern verweist auf das **allgemeine Leistungsstörungsrecht nach §§ 440, 280, 281, 283, 311a oder § 284 BGB**. Der Käufer kann nach §§ 280 I und III sowie 281 BGB bei Lieferung einer mangelhaften Sache durch den Verkäufer verschuldensabhängigen Schadensersatz verlangen, weil der Verkäufer seine Pflicht aus § 433 I 2 BGB verletzt hat, dem Käufer die Sachen frei von Sach- und Rechtsmängeln zu verschaffen. Hat damit der Käufer den Mangel bewiesen, hat der Verkäufer in Umkehr der Beweislast nachzuweisen, dass er den Mangel **nicht zu vertreten** hat (§§ 280 I, 276, 278 BGB). Hierbei haftet der Verkäufer auch, wenn er ein Beschaffungsrisiko oder eine Garantie übernommen hat.

(2) Der Ersatzanspruch nach §§ **437 Nr. 3 BGB** unterscheidet sich gem. § 280 I bis III BGB nach dem verletzten Interesse des Käufers (Integritätsschaden, Verzögerungsschaden, Schadenersatz statt der Leistung) und dem Zeitpunkt des Vorliegens des Mangels (§ 311a II BGB). Bei durch Nacherfüllung behebbaren Mängeln ist hinsichtlich des Schadenersatzes statt der Leistung der Vorrang des Nacherfüllungsanspruchs gem § 439 BGB zu beachten. Danach ist zu diferenzieren:

(a) **Schadensersatz aufgrund der Unmöglichkeit der Nacherfüllung** bei einem unbehebbaren Mangel **von Anfang an**, also bereits bei Vertragsschluss (§§ 311 a II, 275 BGB).

> **Beispiel:** Es stellt sich heraus, dass der als echt verkaufte Picasso nur ein Bild nach Art des Picassos ist. Die Nachbesserung ist unmöglich, weil keinerlei Reparaturmöglichkeit besteht und eine Ersatzlieferung scheitert, weil es kein Original gibt.

(b) **Ersatz des Integritätsinteresses** durch Mangelfolgeschäden an anderen Rechtsgütern wie Körper, Eigentum oder Besitz nach § 280 I BGB.

> **Beispiel:** Der Käufer verletzt sich an einem schadhaften Maschinenteil oder infolge einer fehlerhaften Bedienungsanleitung.

(c) **Kleiner Schadensersatzanspruch des Mangelschadens** nach § 281 I 1 BGB, wenn der Verkäufer schlecht erfüllt hat und die Nacherfüllung scheitert. Erforderlich ist grundsätzlich der erfolglose Ablauf einer vom Käufer dem Verkäufer zur Nacherfüllung gesetzten Frist, und dass der Verkäufer sich nicht entlastet hat (§ 280 I 2 BGB). Der Käufer behält die mangelhafte Kaufsache, erhält dann den Ausgleich der Wertdifferenz zwischen der mangelhaften Sache und einer mangelfreien Sache ersetzt.

(d) **Großer Schadensersatzanspruch des Mangelschadens** statt einer Leistung unter den Voraussetzungen des § 281 I 1 3 BGB. Der Käufer stellt dem Verkäufer die Kaufsache zur Verfügung (§§ 281 V, 346 I BGB) und verlangt den Ausgleich für die gesamte ausgebliebene Leistung, insbesondere die Rückzahlung des geleisteten Kaufpreises als Mindestschaden sowie einen aus einem infolge des Mangels gescheitertem Weiterverkauf entgangenen Gewinn, Kosten einer Ersatzbeschaffung oder Kosten eines Rechtsstreits. Neben dem großen Schadenersatz ist der Rücktritt vom Kaufvertrag möglich (§ 325 BGB). Der große Schadenscrsatzanspruch setzt im Gegensatz zum kleinen Schadensersatzanspruch zusätzlich voraus, dass die **Pflichtverletzung nicht unerheblich** ist.

> **Beispiel:** Eine defekte Maschine kann trotz zweimaligem Nachbesserungsversuch nicht repariert werden. Infolge des Sachmangels entsteht ein mehrtägiger Produktionsausfall. Der Käufer kann vom Vertrag zurücktreten durch Rückgabe der mangelhaften Maschine und Schadensersatz für den Ausfall vom Verkäufer verlangen.

(e) **Verzögerungsschaden**, wenn der Verkäufer mit der Nacherfüllung unter den Voraussetzungen des §§ 280 II, 286 BGB in Verzug kommt wie den Ersatz von Rechtsverfolgungskosten oder eigenen Reparaturkosten, die dem Käufer durch die Geltendmachung des Nacherfüllungsanspruchs aus § 439 BGB entstehen.

(2) In den Fällen, in denen der Käufer einen Schadensersatzanspruch statt der Leistung (§ 437 Nr. 3 BGB) hat, kann er statt dessen auch Ersatz seiner **vergeblichen Aufwendungen** (z. B. Vertragskosten) verlangen, die er im Vertrauen auf den Erhalt der Leistung gemacht hat und billigerweise machen durfte, es sei denn, deren Zweck wäre auch ohne die Pflichtverletzung des Schuldners nicht erreicht worden (§ 284 BGB). **495**

3. Verjährung

496 (1) Die Ansprüche wegen eines Sach- oder Rechtsmangels nach § 437 BGB verjähren grundsätzlich in **2 Jahren** (§ 438 I Nr. 3 BGB). Sie beginnt bei beweglichen Sachen mit der Ablieferung (§ 438 II BGB). Wird die gekaufte Sache üblicherweise in einem **Bauwerk** verwendet bzw. handelt es sich um ein Bauwerk, greift eine Frist von **5 Jahren** ein (§ 438 I Nr. 1, Nr. 2 BGB). Hat der Verkäufer den Mangel **arglistig** verschwiegen, dann verjährt der Mangel erst nach 3 Jahren (§ 438 III BGB).

(2) Beim **Verbrauchsgüterkauf** ist die Verjährung für neue Sachen nicht verkürzbar, für gebrauchte auf mindestens ein Jahr (§ 475 II BGB).

(3) Nach § 438 I Nr. 1 BGB verjähren in 30 Jahren Ansprüche wegen eines Mangels, der in einem **dinglichen Recht** eines Dritten besteht, aufgrund dessen Herausgabe der Kaufsache verlangt werden kann oder in einem sonstigen Rechts, das im Grundbuch eingetragen ist (§ 197 I Nr. 1 BGB, vgl. Rn. 252).

4. Ausschluss der Rechte des Käufers

a) Gesetzliche Ausschlüsse

497 (1) Die Gewährleistung ist gem. § 442 BGB ausgeschlossen, wenn der Käufer den Mangel bei Vertragsschluss **kennt**. Bei grobfahrlässiger Unkenntnis kann der Käufer Rechte wegen des Mangels nur geltend machen, wenn der Verkäufer den Mangel arglistig verschwiegen oder eine Garantie für die Beschaffenheit der Sache übernommen hat.

> **Beispiele**: Der Verkäufer weist den Käufer auf einen Unfallschaden am Fahrzeug hin. Fliesen werden als „2. Wahl" verkauft.

(2) Wird eine Sache in einer **öffentlichen Versteigerung** als Pfand verkauft, so stehen dem Käufer Rechte wegen eines Mangels nur zu, wenn der Verkäufer den Mangel arglistig verschwiegen oder eine Garantie für die Beschaffenheit der Sache übernommen hat. Gem. § 474 II BGB findet § 445 BGB beim Verbrauchsgüterkauf keine Anwendung.

(3) Wie bisher ist beim beiderseitigen Handelskauf die Gewährleistung nach § 377 HGB ausgeschlossen, wenn der Käufer die **kaufmännische Untersuchungs- und Rügepflicht** verletzt (vgl. Rn. 519).

b) Vertragliche Ausschlüsse

498 (1) Durch **Individualvereinbarung** können, wie sich aus § 444 BGB ergibt, Käufer und Verkäufer die gesetzlichen Gewährleistungsrechte einschränken oder ausschließen. Dies gilt **nicht**, wenn der Verkäufer den Mangel **arglistig** verschwiegen hat oder eine **Garantie** für die Beschaffenheit der Sache übernommen hat. Liegt allerdings ein **Verbrauchsgüterkauf** vor, verkauft also ein Unternehmer eine bewegliche Sache an einen Verbraucher, so ist auch durch Individualvereinbarungen nur eine Beschränkung des Schadensersatzanspruches im Rahmen des § 444 BGB möglich (§ 475 III BGB).

(2) Werden Gewährleistungsansprüche durch **AGB** ausgeschlossen, so unterliegen sie der Inhaltskontrolle der §§ 307 bis 309 BGB (vgl. S. 143). Bei neu hergestellten Sachen greift das Klauselverbot des § 309 Nr. 8 b BGB ein, das allerdings

nicht zwischen Unternehmern gilt, sondern nur gegenüber einem Verbraucher als Käufer (§ 310 I BGB).

> **Beispiel**: Der Kauf eines Gebrauchtwagens unter Verbrauchern mit den Klauseln „unter Ausschluss jeglicher Gewährleistung" ist wirksam. § 309 Nr. 8 b BGB greift nicht ein, da keine neue Sache verkauft wird. § 475 BGB gilt nicht, da kein Verbrauchsgüterkauf nach § 474 BGB vorliegt.

5. Garantie

§ 443 BGB enthält eine gesetzliche Regelung für die Beschaffenheits- und Haltbarkeitsgarantie. Danach ergibt sich, dass im Falle der Übernahme einer Garantie durch den Verkäufer oder eines Dritten (Herstellers) derjenige dadurch gebunden ist, der sie erklärt, d. h., dass der Käufer im Garantiefall die ihm eingeräumten Rechte zustehen. Welche Rechte dies im Einzelnen sind, ist in § 443 BGB nicht näher geregelt, sondern richtet sich nach der zwischen dem Verkäufer und Käufer getroffenen Vereinbarung. Daraus kann sich z. B. ergeben **499**

- die Geltungsdauer der Garantie,
- auf welche Teile und auf welche Eigenschaften sich die Garantie bezieht (Umtausch, Nachbesserung) oder
- ob es sich um eine selbstständige oder unselbstständige Garantie handelt.

Die Rechte aus der Garantie stehen dem Käufer **neben** seinen anderen gesetzlichen Ansprüchen zu. Dabei sind nicht nur die Bedingungen in der Garantieerklärung maßgeblich, sondern auch Bedingungen, die in einer einschlägigen Werbung genannt werden.

a) Unselbstständige Haltbarkeitsgarantie

Bei der unselbstständigen Garantie der Haltbarkeit sagt der Verkäufer zu, dass die Kaufsache während eines bestimmten Zeitraums oder einer bestimmten Nutzungsdauer (z. B. Kilometerleistung eines Kfz) sachmängelfrei bleibt. Damit geht er über die gesetzliche Regelung, nach der der Verkäufer nur bei Gefahrübergang für Sachmängel einstehen muss, hinaus. Aus der Haltbarkeitsgarantie ergibt sich keine selbstständige Anspruchsgrundlage, sondern sie erweitert nur die gesetzlichen Sachmängelhaftung und wird deswegen als unselbstständige Garantie bezeichnet. Wird eine Haltbarkeitsgarantie übernommen, wird **vermutet**, dass ein **während ihrer Geltungsdauer auftretender Sachmangel die Rechte aus der Garantie begründet** (§ 443 II BGB). **500**

> **Beispiel:** Der Verkäufer garantiert, dass keine Korrosionsschäden innerhalb von 5 Jahren auftreten, ansonsten erfolgt ein kostenloser Austausch.

b) Selbstständige Garantie des Verkäufers

Eine selbstständige Garantie des Verkäufers liegt vor, wenn er zum Ausdruck bringt, dass er für den Eintritt eines bestimmten Erfolges bzw. für das Ausbleiben eines bestimmten Nachteils einstehen will, der über die Mangelfreiheit der Kaufsache bei Gefahrübergang hinausgeht. Diese Garantie führt nach § 276 I 1 BGB dazu, dass der Verkäufer das Fehlen der Eigenschaft bzw. den Mangel auch ohne Verschulden zu vertreten hat. Eine solche Garantie erhält auch bei Kennt- **501**

Schaubild 61: *Garantien*

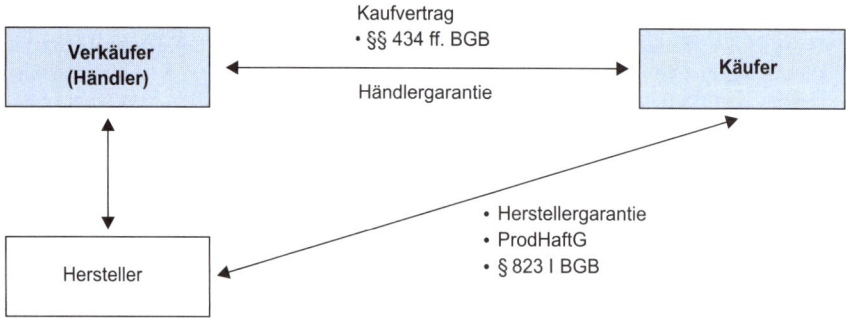

nis des Käufers vom Mangel seine Mängelrechte (§ 442 I BGB) und schließt die Berufung des Verkäufers auf einen vertraglichen Gewährleistungsschluss aus (§ 444 BGB).

> **Beispiel:** So kann der Verkäufer einer Maschine z. B. versprechen, diese durch ein anderes Modell zu ersetzen, wenn sie nicht eine bestimmte, vom Käufer geschuldete Aufgabe bewältigt.

Ob eine selbstständige Garantie gewollt ist, muss im Wege der Auslegung ermittelt werden. Dabei ist im Zweifel mit Rücksicht auf die weitergehenden Rechtsfolgen der selbstständigen Garantie davon auszugehen, dass diese nicht vorliegt.

c) Herstellergarantie

502 Bei der Garantie eines Dritten wie der Herstellergarantie auf Nachbesserung muss klar sein, dass sie **neben die gesetzliche Haftung des Verkäufers** für Sachmängel tritt. Der Hersteller legt z. B. Haushalts- oder Elektrogeräten freiwillig Garantiekarten bei, die vom Verkäufer an den Käufer weitergegeben werden. Die Garantiekarte ist daher als Angebot zu einem selbständigen **Garantievertrag** anzusehen. Die Annahme durch den Käufer kann

- stillschweigend nach § 151 BGB erfolgen, wenn die Garantiekarte dies so vorsieht oder
- durch ausdrückliche Rücksendung einer Annahmeerklärung oder
- an das Ausfüllen des Garantiescheins mit Verkäuferstempel gekoppelt werden.

Da der Hersteller seine Garantie freiwillig abgibt, ist er auch frei in der Gestaltung seiner Garantieleistungen.

6. Sonderregeln des Verbrauchsgüterkaufs

a) Verbrauchsgüterkauf

503 Die §§ 433 ff. BGB enthalten grundsätzlich dispositives Recht und können daher vertraglich abgeändert werden. Kauft dagegen ein Verbraucher (§ 13 BGB) von einem Unternehmer (§ 14 BGB) eine bewegliche Sache (Verbrauchsgüterkauf), gelten die Sondervorschriften der §§ 474 bis 479 BGB. Diese Sonderregeln finden also **keine Anwendung** zwischen

- Verbrauchern untereinander,
- zwischen Unternehmern untereinander und
- bei einem Verkauf eines Gegenstands eines Verbrauchers an einen Unternehmers und
- beim Kauf unbeweglicher Sachen, also Grundstücken und Wohnungen.

b) Rechtsfolgen

(1) Nach **§ 474 II BGB** sind beim Verbrauchsgüterkauf die §§ 445 und 447 BGB 504 nicht anwendbar. Große praktische Auswirkungen beim Verbrauchsgüterkauf hat die Unanwendbarkeit des § 447 BGB für den **Gefahrübergang beim Versendungskauf**. Bestellt also jetzt ein Verbraucher einen Gegenstand im Versandhandel (z. B. Quelle, Otto, amazon), so geht die Preisgefahr nicht mehr bei Übergabe an die Versandperson auf den Verbraucher über, sondern erst mit der Übergabe an den Käufer.

(2) § 475 I BGB verbietet eine **vertragliche Beschränkung der Käuferrechte** der 505 §§ 433 bis 435, 437, 439 bis 443 BGB sowie von den Vorschriften des Untertitels „Verbrauchsgüterkauf". Das Gleiche gilt für Verjährungsverkürzungen gem. § 475 II BGB von weniger als zwei Jahren, bei gebrauchten Sachen von weniger als einem Jahr. Zu beachten ist, dass die Verbote des § 475 BGB nur für Vereinbarungen gelten, die **vor Mitteilung des Mangels** zwischen Verbraucher und Unternehmer getroffen wurden. Nach Mitteilung des Mangels sind abweichende Vereinbarungen, wie etwa ein Vergleich, erlaubt. Wird ein **Gewährleistungsausschluss** in einer AGB-Klausel vereinbart, so ist diese gem. § 475 BGB **unwirksam**. Nach § 475 III BGB ist beim Verbrauchsgüterkauf **lediglich** ein Ausschluss des **Schadensersatzes** oder seine Beschränkung möglich.

> **Beispiel**: Beim Neuwagenkauf ist die Klausel „Gekauft unter Ausschluss jeglicher Gewährleistungsrechte" unwirksam. Bei Gebrauchtwagen kann die Gewährleistung durch AGB lediglich auf ein Jahr verkürzt und ein Schadensersatzanspruch ausgeschlossen werden.

(3) Zeigt sich beim Verbrauchsgüterkauf **innerhalb von sechs Monaten seit Gefahrübergang ein Sachmangel**, so wird grundsätzlich **vermutet**, dass die Sache bereits bei Gefahrübergang mangelhaft war (§ 476 BGB). Es handelt sich um eine **Beweislastumkehr** zugunsten des Verbrauchers. Der Verkäufer kann die Vermutung nur entkräften, wenn er nachweist, dass der Mangel infolge einer unsachgemäßen Behandlung durch den Käufer entstanden ist. Die Vermutung greift nicht, wenn sie mit der Art der Sache oder der Art des Mangels nicht vereinbar ist. Dies gilt vor allem für gebrauchte Sachen, bei denen schon wegen der unterschiedlichen Abnutzung ein entsprechender allgemeiner Erfahrungssatz nicht besteht.

(4) § 477 BGB regelt die inhaltliche und formelle **Anforderung einer Garantie-** 507 **erklärung** (§ 443 BGB), die vom **Hersteller, dem Verkäufer** oder einem **Dritten gegenüber dem Verbraucher** abgegeben wird. Eine Garantieerklärung muss „einfach und verständlich" gefasst sein, also in der Regel in deutscher Sprache. Außerdem muss die Garantie den Hinweis auf die gesetzlichen Rechte sowie darauf, dass diese durch die Garantie nicht eingeschränkt werden, enthalten. Der Verbraucher muss also z. B. bei einer Herstellergarantie darauf hingewiesen werden, dass diese seine gesetzlichen Gewährleistungsrechte gegen den Verkäufer

nicht einschränkt. Gem. § 477 I Nr. 2 BGB muss die Garantieerklärung den **Inhalt der Garantie und alle wesentlichen Angaben,** die für die Geltendmachung der Garantie erforderlich sind, insbesondere die Dauer und den räumlichen Geltungsbereich des Garantieschutzes sowie Name und Anschrift des Garantiegebers enthalten. Eine Garantieerklärung, welche diese **Anforderungen nicht erfüllt, ist gleichwohl wirksam.**

> **Beispiel:** Ein Verstoß gegen § 477 I und II BGB kann dazu führen, dass der Käufer einen Schadensersatzanspruch wegen Verletzung von Schutz- und Aufklärungspflichten gem. §§ 311 II, 241 II, 280 I BGB hat. Außerdem kommt ein Verstoß gegen das Gesetz gegen den unlauteren Wettbewerb unter dem Gesichtspunkt der irreführenden Werbung i. S. d. § 5 UWG in Betracht. Schließlich muss der Unternehmer mit einem Unterlassungsanspruch nach §§ 2–9 UKlaG rechnen.

c) Unternehmerregress

508   Ein Rückgriffsrecht für den Verbrauchsgüterkauf ist erforderlich, weil anderenfalls die Gefahr besteht, dass der Einzelhändler allein die Nachteile des verbesserten Verbraucherschutzes tragen muss, obwohl in der Regel der Grund für die Haftung nicht in seinem Bereich entstanden ist, sondern bei der Herstellung. Daher gilt der Rückgriff für die gesamte Lieferantenkette bis zum Produzenten Die Voraussetzungen des Aufwendungsersatzanspruchs des Unternehmers gegen seinen Lieferanten nach §§ 478, 479 BGB sind:

- Der Unternehmer hat eine **neu hergestellte Sache** an einen Verbraucher verkauft.
- Der Unternehmer **musste,** also nicht freiwillig aus Kulanz, die Sache infolge der Mangelhaftigkeit vom Verbraucher zurücknehmen oder den Preis mindern.
- Die Sache muss bei **Gefahrübergang auf den Unternehmer mangelhaft** gewesen sein. Lässt sich der genaue Zeitpunkt der Mangelhaftigkeit nicht nachweisen, so greift gem. § 478 III BGB die **Beweislastumkehr des § 476** ein. Danach wird, wenn der Mangel sich innerhalb von sechs Monaten seit Gefahrübergang zeigt, vermutet, dass die Sache bereits bei Gefahrübergang mangelhaft war. Die gleiche Beweiserleichterung kommt auch dem Unternehmer im Verhältnis zum Lieferanten zugute. Die Frist beginnt mit Übergang der Gefahr auf den Verbraucher.
- Der Rückgriffsanspruch **verjährt** nach § 479 BGB zwei Jahre ab Ablieferung, frühestens zwei Monate, nachdem der Verkäufer die Gewährleistungsansprüche des Käufers erfüllt hat, spätestens in fünf Jahren. Nach § 478 VI BGB ist § 377 HGB zu beachten.

IV. Sonderformen des Kaufs

1. Kauf unter Eigentumsvorbehalt

509   Beim Kauf unter Eigentumsvorbehalt handelt es sich um ein **Sicherungsmittel** bei dem die Parteien vereinbaren, dass der Käufer erst nach vollständiger Bezahlung Eigentümer einer beweglichen Sache werden soll (§ 449 BGB). Die Übereignung der beweglichen Sache erfolgt also unter der aufschiebenden Bedingung der vollständigen Zahlung des Kaufpreises (§§ 929, 158 I BGB). Wegen des Sicherungscharakters wird diese Sonderform im Zusammenhang mit den Kreditsicherungsgeschäften näher dargestellt (vgl. Rn. 575).

2. Kauf auf Probe

Beim Kauf auf Probe oder auf Besichtigung nach §§ 454 und 455 BGB steht die 510 Billigung des gekauften Gegenstandes im Belieben des Käufers. Es geht bei dieser Sonderform des Kaufs darum, dem Käufer eine **Prüfung seiner Kaufentscheidung** zu ermöglichen. Der Kauf ist im Zweifel unter der aufschiebenden Bedingung der Billigung geschlossen. Bis zum Eintritt oder Ausfall der Bedingung ist der Vertrag in der Schwebe nach § 158 I BGB (vgl. Rn. 140).

3. Wiederkauf

Beim Wiederkauf nach §§ 456 bis 462 BGB geht es nicht um das Interesse des 511 Käufers den Kaufgegenstand zur prüfen, sondern um das **Interesse des Verkäufers**. Wenn er sich vom Kaufgegenstand nicht endgültig trennen möchte, kann es sich das Recht des Wiederkaufs vorbehalten. Anders als beim Kauf auf Probe kommen beim Wiederkauf zwei gültige Kaufverträge zustande und werden auch einzeln abgewickelt. Der Käufer wird aufschiebend bedingt verpflichtet, den Kaufgegenstand auf Grund einer Erklärung des Verkäufers an diesen gegen Zahlung des Wiederkaufspreises zurückzuübereignen.

4. Vorkauf

Beim Vorkaufsrecht handelt es sich um die Befugnis, im **Vorkaufsfall in einen** 512 **Kaufvertrag einzutreten**, den der Verpflichtete über den Gegenstand des Vorkaufsrechts mit einem Dritten schließt (§§ 463 bis 473 BGB). Für Grundstücke ermöglichen die §§ 1094 ff. BGB ein sog. dingliches Vorkaufsrecht, das in das Grundbuch eingetragen wird.

Merksätze

1. **Wesen und Inhalt des Kaufvertrags**
   - **Wesen**
     - gegenseitiger Vertrag
     - Verpflichtungsgeschäft zur Veräußerung von Gegenständen gegen Entgelt
   - **Arten**
     - Sachkauf (Stück- oder Gattungskauf)
     - Rechtskauf
   - **Kaufgegenstand**
     - Sachen
     - Rechte
     - jeder vermögenswerte Gegenstand (z. B. Unternehmen, Software)
   - **Pflichten der Vertragsparteien**
     - **Verkäufer**
       * Sachkauf: Übergabe und Eigentumsverschaffung (§ 433 I 1 BGB)
       * Rechtskauf: Rechtsverschaffung und ggf. Übergabe, wenn das Recht zum Sachbesitz berechtigt (§ 453 BGB)
       * Keine Sach- und Rechtsmängel
       * Nebenpflichten (z. B. Informationspflicht)

- **Käufer**
  * Kaufpreiszahlung (§ 433 II BGB)
  * Nebenpflichten sind Abnahme und Aufklärungspflichten
2. **Gefahrtragung**: Käufer muss zahlen trotz zufälliger Unmöglichkeit der Übereignung bei
   - Übergabe (§ 446 BGB)
   - Versendungskauf (§ 447 BGB, aber § 474 II BGB)
3. **Voraussetzungen der Mängelansprüche**
   - **Nacherfüllung** (§§ 437 Nr. 1, 439 BGB)
     - Wirksamer Kaufvertrag
     - Sach- oder Rechtsmangel des Kaufgegenstands
     - Wahlrecht (Mangelbeseitigung/Neulieferung)
   - **Rücktritt** (§§ 437 Nr. 2, 440, 323 und 326 V BGB)
     - Wirksamer Kaufvertrag
     - Sach- oder Rechtsmangel des Kaufgegenstands
     - Erheblichkeit (§ 323 V 2 BGB)
     - Fristsetzung zur Leistung/Nacherfüllung (ev. nicht §§ 440, 323 II BGB)
     - Rücktrittserklärung
   - **Minderung** (§§ 437 Nr. 2, 441 BGB)
     - Wirksamer Kaufvertrag
     - Sach- oder Rechtsmangel des Kaufgegenstands
     - Fristsetzung zur Leistung/Nichterfüllung (ev. nicht §§ 440, 323 II BGB)
     - Erklärung der Minderung
   - **Schadensersatz** (§§ 437 Nr. 3, 440, 280, 281, 283, 311a BGB) bzw. **Aufwendungsersatz** (§ 284 BGB)
     - Wirksamer Kaufvertrag
     - Sach- oder Rechtsmangel der Kaufsache
     - Erheblichkeit (§ 281 I 3 BGB)
     - Vertretenmüssen
     - Fristsetzung zur Leistung/Nichterfüllung (ev. nicht §§ 440, 281 II BGB)
     - Mangelschaden/Mangelfolgeschaden
4. **Sachmangel**: Abweichung der Ist- von der Sollbeschaffenheit (§ 434 BGB) maßgeblich
   - Vertragliche Beschaffenheit
   - Vertragliche Verwendung
   - Gewöhnliche Verwendung
   - Öffentliche Äußerungen in Werbung
   - Montage unsachgemäß
   - Montageanleitung mangelhaft und nicht fehlerfrei montiert
   - Lieferung einer anderen Sache/Mindermenge
5. **Verjährung der Mängelansprüche** (§ 438 BGB)
   - **30 Jahre** bei dinglichen Rechten
   - **5 Jahre** bei Bauwerken
   - **2 Jahre** im Übrigen
   - **Beginn:** Ablieferung
   - **Verbrauchsgüterkauf** mit Besonderheiten (§§ 474 ff. BGB)
6. **Verbrauchsgüterkauf** (§§ 474 ff. BGB)
   - **Begriff:** Kauf durch Verbraucher (§ 13 BGB) vom Unternehmer (§ 14 BGB)
   - **§ 447 BGB** (Versendungskauf) nicht
   - **Abweichende Vereinbarungen** zum Nachteil des Verbrauchers unwirksam
   - **Verjährungsfrist** bei gebrauchten Sachen mindestens 1 Jahr
   - **Beweislastumkehr** bei Sachmangel binnen 6 Monaten nach Ablieferung
   - **Garantieerklärung** „einfach und verständlich"
   - **Unternehmerregreß** gegen Lieferanten
7. **Sonderformen des Kaufs**
   - Eigentumsvorbehaltskauf (§ 449 BGB)
   - Kauf auf Probe (§§ 454, 455 BGB)

- Wiederkauf (§§ 456–462 BGB)
- Vorkauf (§§ 463–473 BGB)

8. Leitentscheidungen
   - **Kfz als „fabrikneu"**
     BGH, 15. 10. 2003, NJW 2004, 160
   - **Schadensersatz bei Inzahlungnahme eines Kfz**
     BGH, 28. 11. 1994, BGHZ 128, 111 = NJW 1985, 518

§ 18
Handelskauf und Auslandsgeschäfte

Lernziele:

Nachdem Sie dieses Kapitel 18 durchgearbeitet haben, können Sie
- die wesentlichen Besonderheiten des Handelskaufs nennen.
- den Fixhandelskauf mit seinen Rechtsfolgen beschreiben.
- die Grundsätze der kaufmännischen Untersuchungs- und Rügepflicht erläutern.
- die Grundlagen des Unternehmenskaufs mit Firmenfortführung und Haftung für Geschäftsschulden erklären.
- die Grundlagen des UN-Kaufrechts und des Internationalen Vertragsrechts erläutern.

I. Handelskauf als Handelsgeschäft

1. Begriff und Bedeutung des Handelsgeschäfts

Die Beschaffung von Material und Betriebsmitteln gehört zu den wesentlichen **513** betrieblichen Grundfunktionen. Sie erfolgt durch die Einkaufsabteilung des Betriebes, so daß bei diesem Tätigkeitsbereich der Kaufvertrag im Mittelpunkt steht. Dieser betriebliche Kaufvertrag ist als Handelsgeschäft gem. § 343 HGB zu qualifizieren, denn er ist ein Geschäft eines Kaufmanns, welcher zum **Betrieb seines Handelsgewerbes** gehört. Es wurde im Rahmen der **rechtsgeschäftlichen Grundlagen** schon betont, daß nach § 344 HGB alle Rechtsgeschäfte eines Kaufmanns im Zweifel als betriebsbezogene Handelsgeschäfte betrachtet werden (vgl. Rn. 106). Hierbei reicht es für die Anwendbarkeit der Vorschriften des HGB aus, daß nur einer der Vertragspartner Kaufmann ist und das Geschäft für den Kaufmann ein Handelsgeschäft darstellt (§ 345 HGB).

Beispiel: Der Student kauft im Supermarkt ein.

Manche Vorschriften setzten aber ausdrücklich voraus, daß beide Seiten Kaufleute sein müssen. Es wird also ein beiderseitiges Handelsgeschäft gefordert, so daß im Einzelfall genau geprüft werden muss, ob die Anforderungen an das Handelsgeschäft erfüllt sind.

Beispiele: Handelsbräuche (§ 346 HGB); handelsrechtlicher Zinssatz (§ 352 HGB); unwirksamer Ausschluß von Forderungsabtretungen (§ 354 a HGB); Schweigen des Kaufmanns auf Anträge (§ 362 HGB); Untersuchungs- und Rügepflicht (§ 377 HGB)

2. Zustandekommen von Handelsgeschäften

514 (1) Das Handelsgeschäft kommt wie jeder Vertrag durch Antrag und Annahme nach §§ 145 ff. BGB zustande (vgl. Rn. 148). Hierbei wurde schon darauf hingewiesen, daß anderes als im BGB unter den Voraussetzungen des § 362 I HGB das **Schweigen des Geschäftsbesorgungs-Kaufmanns** auf einen Antrag als Annahme gilt (vgl. Rn. 169). Auch die Bedeutung des Handelsbrauchs zum Schweigen auf ein **kaufmännisches Bestätigungsschreiben** wurde bereits dargestellt (vgl. Rn. 172).

(2) Die **Formvorschriften** der §§ 766 S. 1 BGB für die Bürgschaft, § 780 S. 1 BGB für das Schuldversprechen und § 781 S. 1 BGB für das Schuldanerkenntnis finden bei einem Handelsgeschäft für den Kaufmann keine Anwendung (§ 350 HGB, vgl. Rn. 131 ff.).

3. Durchführung von Handelsgeschäften

515 Ganz allgemein hat der „**ordentliche Kaufmann**" bei allen **Handelsgeschäften** folgende Besonderheiten des HGB zu berücksichtigen, auf welche bereits teilweise in Teil 1: Grundlagen des Wirtschaftsprivatrechts eingegangen wurde:

- **Kaufmännische Sorgfaltspflichten** (§ 347 HGB, vgl. Rn. 76),
- **Handelsbräuche** (§ 346 HGB, vgl. Rn. 170 ff.), Handelsklauseln (Incoterms),
- **Vertragsstrafen** (§ 348 HGB),
- **Formerleichterungen** für Bürgschaft, Schuldversprechen und Schuldanerkenntnis (§ 350 HGB),
- **Schweigen des Kaufmanns** beim Zustandekommen von Handelsgeschäften (§ 362 HGB, vgl. Rn. 169),
- **Entgeltlichkeit** aller Geschäftsbesorgungen (§§ 352–354 HGB),
- **Verzinsung** (§ 352 HGB, vgl. Rn. 272),
- **Kontokorrent** (§§ 355–357 HGB, vgl. Rn. 432),
- Erweiterter **gutgläubiger Erwerb** in den Fällen, in denen der Erwerber bezüglich der Verfügungsbefugnis gutgläubig ist (§§ 366, 367 HGB iVm §§ 929, 932 ff. BGB, vgl. Rn. 455),
- **Kaufmännisches Pfandrecht und Zurückbehaltungsrecht** (§§ 369, 371 HGB, vgl. Rn. 280, 281).

II. Besonderheiten des Handelskaufs

516 Wenn der **Kaufvertrag** über **Waren oder Wertpapiere** (§ 381 I HGB) von einer Vertragspartei als **Kaufmann** im Rahmen seines Handelsgewerbes geschlossen wird, spricht man vom **Handelskauf**, auf den neben §§ 433 ff. BGB zusätzlich ergänzende bzw. abändernde Vorschriften in den §§ 373 ff. HGB als **vorrangige Spezialgesetze** angewendet werden (vgl. Rn. 469).

1. Fixhandelskauf

Fall 1: Der Schlagersänger S läßt sich für seinen Galaabend am 15. 7. einen Anzug schneidern. S besteht gegenüber dem Maßschneider M auf unbedingter Lieferung am Vortag, was M garantiert, aber nicht einhält. S muß mit seinem alten Anzug singen. Welche Rechte hat S?

Beachte: Der Handelskauf setzt nur eine Vertragspartei als Kaufmann voraus! Eine Ausnahme gilt dann, wenn das HGB ein beiderseitiges Handelsgeschäft verlangt wie z.B. § 377 HGB.

Von einem Fixgeschäft spricht man, wenn das Geschäft mit der exakten Einhaltung der Lieferfrist „steht und fällt". Hierbei wird zwischen absoluten und relativen Fixgeschäften unterschieden. Bei **absoluten Fixgeschäften** wird mit der Nichteinhaltung der festgelegten Zeit die Leistung dauernd **unmöglich**. Beim **relativen Fixgeschäft** kann die Leistung zwar nachgeholt werden, hält der Lieferant den Termin nicht ein, dann kann der Gläubiger nach § 323 II Nr. 2 BGB unabhängig vom Verschulden des Schuldners **zurücktreten** (vgl. Rn. 362).

> **Beispiel:** Die Fluggesellschaft LH kann den Flugtermin des Flugs LH 241 wegen Verspätung nicht einhalten. Auch wenn Gründe der Luftsicherheit Ursache sind, kann der Fluggast ohne Fristsetzung vom relativen Fixgeschäft des Luftbeförderungsvertrages zurücktreten.

Fixklauseln im Handelskauf sind die Vereinbarungen „fix", „genau", Abhol- und Abrufklauseln, internationale Handelsklauseln wie FOB (free on board), CFR (cost and freight) und CIF (cost, insurance and freight [vgl. Rn. 172]). Die reine Festlegung des Liefertermins reicht nicht für die Annahme eines absoluten Fixgeschäfts.

Handelt es sich um ein **ein- oder zweiseitiges Handelsgeschäft**, ist also mindestens eine der beiden Vertragsparteien Kaufmann, hat der Käufer zusätzlich noch die Möglichkeit nach § 376 HGB, aber nur wenn den Schuldner ein **Verschulden** trifft, **Schadensersatz ohne Nachfrist** zu verlangen.

> Auf den Werklieferungsvertrag über vertretbare und nicht vertretbare Sachen (§ 651 BGB, § 381 II HGB) sind die Vorschriften des Handelskaufs anzuwenden, da M Kaufmann ist (§ 1 HGB). M und S schlossen ein absolutes Fixgeschäft, denn der Vertrag sollte mit der Lieferfrist stehen und fallen. Nach § 376 I HGB hat S wahlweise das Recht zum Rücktritt, zum Schadensersatz, weil Verzug vorliegt, oder auf sofortige Erfüllung.

2. Vertragsstrafe

517 Das Fixgeschäft wird in der Regel mit einer Vertragsstrafe abgesichert (§§ 339 ff. BGB, vgl. Rn. 283). Hierbei ist beim Handelskauf darauf zu achten, daß unter Kaufleuten eine Vertragsstrafe schon für den Fall der **bloßen Terminüberschreitung** – also ohne Verschuldensnachweis wie bei §§ 339, 280 I 2 BGB – vereinbart werden kann. Eine solche Vertragsvereinbarung sollte nicht in AGB erfolgen, sondern durch **individuelle Vereinbarung**, da sonst die Gefahr einer Überraschungsklausel (§ 305 c I BGB) besteht. Zudem gibt es nach § 348 HGB **keine Herabsetzung** einer vereinbarten Vertragsstrafe, wenn der Lieferant Kaufmann ist.

3. Annahmeverzug

518 **Fall 2:** Student Emsig (E) kauft am 1. 4. einen PC bei Händler H. Als dieser ihn liefert, verweigert E die Annahme, weil er einen billigeren PC gekauft hat. Welche Rechte hat H?

Liegen die Voraussetzungen des Annahmeverzugs nach §§ 293 ff. BGB vor, welche durch die handelsrechtliche Spezialvorschrift nicht berührt werden, (vgl. Rn. 387 ff.), hat der Verkäufer beim Handelskauf gem. § 373 I IGB

- ein **Hinterlegungsrecht** und
- ein erweitertes Recht zum **Selbsthilfeverkauf**.

Danach kann der Verkäufer, wenn der Käufer die ordnungsgemäß angebotene Ware nicht annimmt, nach seiner Wahl **jede Ware** auf Gefahr und Kosten des Käufers in sicherer Weise **hinterlegen** (z. B. Lagerhaus, eigene Lagerräume, privater Lagerhalter) oder jede Ware **versteigern oder freihändig verkaufen**. Der Selbsthilfeverkauf ist aber vorher **anzudrohen**. Den **Erlös** kann der Verkäufer mit seinem Kaufpreisanspruch aufrechnen. Die Kosten des Selbsthilfeverkaufs sind **Aufwendungen**, die der Käufer gem. § 670 BGB zu ersetzen hat.

> Da H Kaufmann ist (§ 1 HGB) und eine Ware verkauft wurde, liegt (1) gem. §§ 343, 344, 373 ff. ein Handelskauf vor. (2) E ist im Annahmeverzug gem. §§ 293, 294 BGB. (3) H kann den PC hinterlegen (§ 373 I HGB), versteigern (§ 373 II 1 HGB) oder freihändig verkaufen (§ 373 II 1 HGB). (4) Daneben hat H die Rechte aus § 304 BGB. (5) Wenn der PC beschädigt wird, gilt § 326 II BGB.

4. Untersuchungs- und Rügepflicht

519   > **Fall 3:** Der Gastwirt G bestellt bei dem Winzer S, der seinen Betrieb als nicht im Handelsregister eingetragenen Nebenbetrieb führt, 200 Flaschen „Volkacher Ratsherr". Der Wein ist verdorben, was G nach einer Woche reklamiert. Rechte des G?

Während nach §§ 434 ff. BGB der Käufer nicht zur sofortigen Geltendmachung der Mängel des Kaufgegenstands verpflichtet ist, sondern seine Gewährleistungsansprüche grundsätzlich bis zum Ablauf der Verjährungsfrist erheben kann, trifft den Käufer eine unverzügliche (§ 121 BGB) Untersuchungs- und Rügepflicht nach § 377 HGB, wenn der Kauf für beide Teile ein **beiderseitiges Handelsgeschäft** ist. Diese Obliegenheit dient der **Sicherheit** und **Schnelligkeit** des Handelsverkehrs. Durch die unverzügliche **Rügeobliegenheit** soll schnell Klarheit darüber geschaffen werden, ob die Lieferung in Ordnung ist (BGH NJW 2000, 1416). Unterläßt dies der Käufer, so gilt die Ware als genehmigt, d. h. der Käufer verliert alle Rechte, die er sonst wegen des Mangels hätte (§ 377 II HGB). Folgende **Voraussetzungen** müssen für eine kaufmännische Untersuchungs- und Rügepflicht vorliegen:

- **beiderseitiger Handelskauf** bzw. **Werklieferungsvertrag** (§§ 377, 381 HGB),
- **Waren** oder **Wertpapiere**,
- **Ablieferung** durch den Verkäufer,
- **Mangel** der Ware in Qualität, Quantität oder Artabweichung,
- **unverzügliche Untersuchung** und **Rüge**
- **kein arglistiges Verschweigen** des Mangels,
- kein vertraglicher **Ausschluß**.

520   (1) Für § 377 HGB muß ein **beiderseitiges Handelsgeschäft** vorliegen. Beide Vertragspartner müssen im Zeitpunkt des Vertragsschlusses Kaufleute sein.

G ist hier gem. § 1 HGB Kaufmann, S wegen seiner fehlenden Eintragung im Handelsregister nach § 3 HGB jedoch nicht. Daher greift § 377 HGB nicht ein, sondern nur §§ 434 ff. BGB. Die Gewährleistungsansprüche wegen des Sachmangels und Lieferung einer anderen als der vertraglich vereinbarten Ware (§ 434 III 1 Alt. BGB) verjähren erst nach 2 Jahren ab Lieferung (§ 438 I Nr. 3 BGB).

Fall 4: S ist nun als Kannkaufmann im Handelsregister eingetragen (§§ 2, 3 HGB) und liefert statt des bestellten „Volkacher Ratsherr" die andere Lage „Volkacher Kirchberg". Wie ist die Rechtslage?

(2) Nach Empfang der Ware hat der Käufer eine **Wareneingangsprüfung** durch   521
Kontrollprozesse zu veranlassen. Erkennt der Käufer schon bei der Anlieferung die Mangelhaftigkeit oder die Falschlieferung, kann er die Abnahme der Ware berechtigt verweigern und gerät auch nicht in Annahmeverzug, da keine Ablieferung vorliegt. Der Umfang dieser unverzüglichen, also ohne schuldhaftes Zögern (§ 121 BGB) durchzuführenden **Untersuchungspflicht** richtet sich nach den Umständen des Einzelfalls (z. B. Art der Ware, Branchenüblichkeit, technische und finanzielle Zumutbarkeit).

Beispiele: Äußerliche Untersuchung bei Möbeln, Baumaterialien, usw., Probeverarbeitung bei inneren Beschaffenheitsmängeln, Stichproben nach statistischen Verfahren bei größeren Warenmengen (6 Dosen bei 2400 gelieferten Konserven, BGH BB 1977, 1019), Anschluß technischer Geräte mit Probelauf, Sachverständige bei Chemikalien

(3) Die Ware ist **mangelhaft** i. S. von § 377 HGB   522

- bei **Qualitätsmängeln**, also wenn sie einen Sachmangel nach § 434 I und II BGB aufweist. Nach § 360 HGB ist Durchschnittsware geschuldet.
- wenn eine andere **Quantität**, also ein Mengenfehler vorliegt (Mehr- oder Minderlieferung nach § 434 III BGB),
- wenn eine andere als die vertraglich vereinbarte Ware geliefert wird (**aliud**).

Die Lieferung des „Volkacher Kirchberg" ist eine Falschlieferung (aliud). Da die Lieferung einer anderen Sache nach dem neuen Schuldrecht des BGB einem Sachmangel gleichsteht (§ 434 III BGB), greift § 377 HGB ein. Anders als bei dem aufgehobenen § 378 HGB kommt es nicht darauf an, ob die Abweichung genehmigungsfähig ist. Damit fallen auch grobe Artabweichungen unter § 434 III BGB. Ob eine Falschlieferung vorliegt, ist nach dem Vertragszweck zu beurteilen, der vereinbart ist oder dem Verkäufer bekannt ist. Daher ist nach neuem Recht jede Falschlieferung zu rügen. G muß daher unverzüglich rügen.

(4) Wenn sich ein Mangel zeigt, muß der Käufer ihn **unverzüglich** (§ 121 BGB: 523
max. 3 Tage) dem Lieferanten **anzeigen**. Diese Eile gilt zweimal: für die Untersuchung und die Rüge. Zeigt sich der Mangel erst später durch den Gebrauch, so muß der Käufer unverzüglich nach der Entdeckung rügen (§ 377 III HGB). Die Rüge ist **formfrei**, also auch telefonisch, mit Telefax oder mit E-Mail möglich, besser erfolgt sie schriftlich. **Adressat** ist der Verkäufer oder ein Bevollmächtigter. Zur Erhaltung der Rechte des Käufers genügt die rechtzeitige **Absendung** der Anzeige (§ 377 IV HGB). Nach § 379 I HGB hat der Käufer zudem die Pflicht, für eine einstweilige **Aufbewahrung** der reklamierten Ware zu sorgen.

Schaubild 62: *Kaufmännische Untersuchungs- und Rügepflicht*

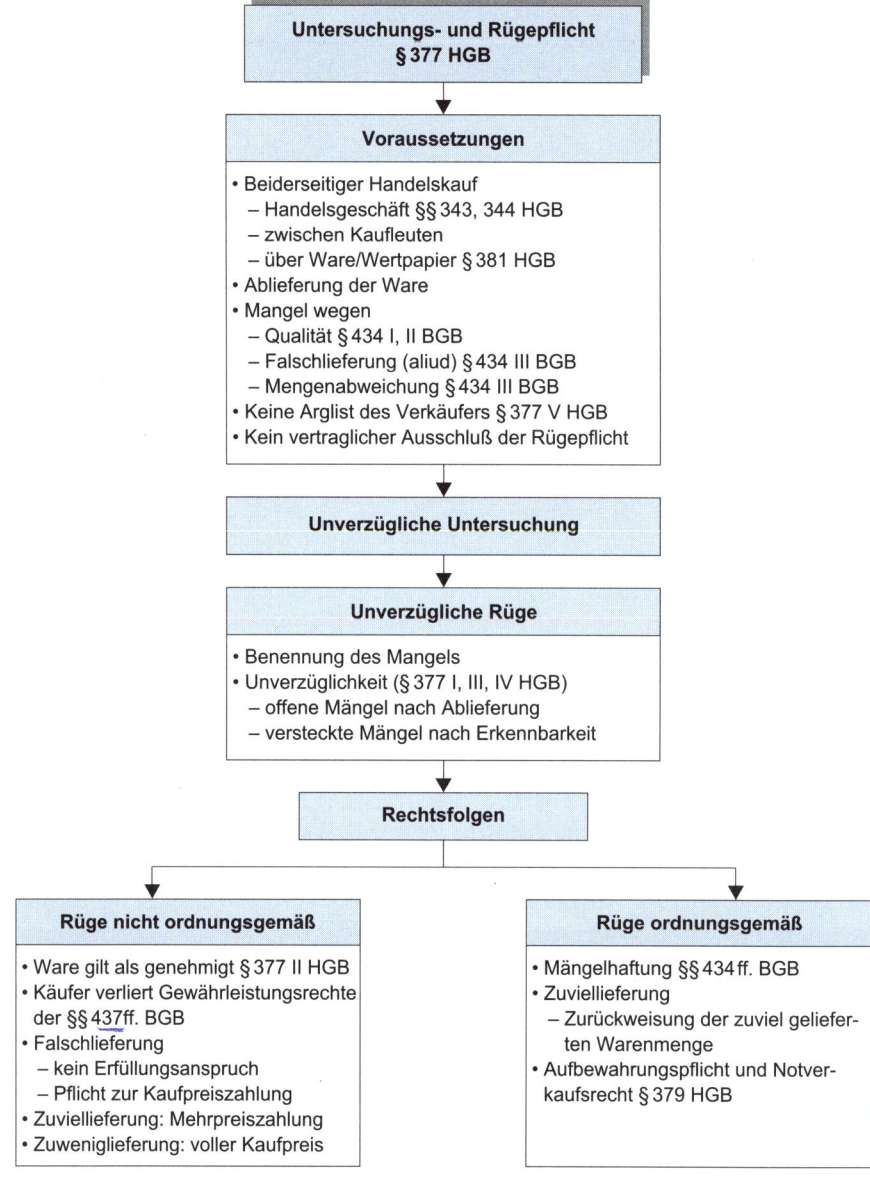

524   (5) Die Untersuchungs- und Rügepflicht entfällt, wenn der Verkäufer den Mangel **arglistig verschwiegen** hat (§ 377 V HGB). Dies ist dann der Fall, wenn er den Mangel kennt oder ihn zumindest vermutet.

525   (6) § 377 HGB kann als Vorschrift mit schuldrechtlichem Charakter durch individuelle Vereinbarung verschärft, genauer umschrieben, gemildert oder aufgehoben werden. Sie ist also **abdingbar**.

Beispiele: Schriftliche Rüge notwendig, bestimmte Prüfmethoden, bestimmte Fristen einhalten, nur offensichtliche Mängel unterliegen der Rügepflicht

Gerade im Rahmen von **Just-in-Time-Rahmenverträgen** schließen Hersteller und Zulieferer sog. Qualitätssicherungsvereinbarungen ab, deren wichtigster Bestandteil die **Verlagerung der Qualitätskontrolle auf den Zulieferer** ist.

(7) Rügt der Käufer einen Mangel ordnungsgemäß, **behält er seine Gewährlei-** 526 **stungsansprüche** nach §§ 434 ff. BGB. Verstößt der Käufer gegen seine Untersuchungs- und Rügepflicht, gilt die mangelhafte Ware als genehmigt und der Käufer muß diese als vertragsgemäß geliefert ansehen. Bei einer **höherwertigen Artabweichung** und bei einer **Mehrlieferung** ist nach überwiegender Meinung der Käufer bei fehlender Rüge auch zur Zahlung der Mehrlieferung verpflichtet, weil der Käufer in diesen Fällen nicht schutzwürdig ist.

III. Unternehmenskauf

Einen besonderen Kauf stellt der Unternehmenskauf dar, der sich also nicht auf 527 Waren, sondern auf eine **Gesamtheit von Sachen, Rechten einschließlich der Firma (§ 25 HGB) und Know-how** bezieht. Auch beim Verkauf sämtlicher Gesellschaftsanteile liegt ein Unternehmenskauf vor.

1. Übertragung

Während der Unternehmenskaufvertrag nach §§ 433, 453 I BGB ein einheitliches Geschäft darstellt, gilt für die sachenrechtliche Übertragung auf den neuen Unternehmer der Grundsatz der **Spezialität**, d. h., jeder zum Unternehmen gehörende Gegenstand muß nach den für ihn geltenden Bestimmungen gesondert übertragen werden (vgl. Rn. 453), also

- bewegliche Sachen nach §§ 929 ff. BGB,
- Grundstücke nach §§ 873, 925 BGB,
- Forderungen nach § 398 BGB,

Arbeitsverhältnisse mit Mitarbeitern gehen dagegen automatisch auf den Erwerber über (§ 613 a BGB).

2. Firmenfortführung und Haftung

(1) Beim Unternehmenskauf darf der Erwerber die Firma unverändert oder um 528 einen Nachfolgezusatz erweitert fortführen, wenn der bisherige Geschäftsinhaber **einwilligt** (§§ 22, 24 HGB). Die Firma kann jedoch nicht isoliert ohne das zugehörige Unternehmen veräußert werden (§ 23 HGB, vgl. Rn. 88).

(2) Für die Haftung bezüglich der **Geschäftsschulden** gelten §§ 25, 26, 27 HGB. Danach haftet bei einer Firmenfortführung (d. h. unter gleichem Namen auch mit Nachfolgezusatz) der **Erwerber** für alle im Betrieb des Geschäfts begründeten Verbindlichkeiten des früheren Inhabers.

(3) Als **Gesamtschuldner** haftet außerdem der bisherige Schuldner, also der **Veräußerer** des Unternehmens, fort. Diese Haftung ist im Rahmen des § 26 HGB grundsätzlich auf längstens **5 Jahre** begrenzt, gerechnet ab dem Zeitpunkt der

Eintragung des neuen Inhabers in das Handelsregister und wenn aus der Verbindlichkeit Ansprüche gegen ihn gerichtlich geltend gemacht werden.

(4) Die Haftung des Erwerbers kann aber durch **Vereinbarung ausgeschlossen** werden, muß aber zur Wirksamkeit nach außen dem Gläubiger **mitgeteilt** werden oder im Handelsregister **eingetragen und bekanntgemacht** werden. Somit haftet der Erwerber eines Handelsgeschäfts für betriebliche Verbindlichkeiten unter folgenden Voraussetzungen:

- Erwerb eines Handelsgeschäfts unter Lebenden **und**
- Fortführung des Handelsgeschäfts unter bisheriger Firma **und**
- kein unverzüglicher Haftungsausschluß durch Vereinbarung mit dem Veräußerer **und**
- Kundmachung der Vereinbarung durch Eintragung des Haftungsausschlusses ins Handelsregister mit Bekanntmachung **oder** Mitteilungen an Gläubiger.

(5) Sofern ein Unternehmensübergang durch **Erbfolge** eintritt, gilt die Haftungsvorschrift des § 25 HGB entsprechend für den Erben (§ 27 HGB). Wird das Unternehmen nicht fortgeführt, haftet der Erbe nach den erbrechtlichen Vorschriften.

(6) Umgekehrt gelten die in dem Unternehmen begründeten **Forderungen** den Schuldnern gegenüber als **auf den Erwerber übergegangen**, falls der bisherige Inhaber in die Fortführung der Firma eingewilligt hat (§ 25 I 2 HGB).

IV. Internationaler Warenkauf

1. UN-Kaufrecht

529   Seit dem 1. 1. 1991 gilt für Deutschland das Einheitliche UN-Kaufrecht für grenzüberschreitende Kaufverträge, welches auf dem **CISG** (Convention on Contracts for the International Sale of Goods) beruht. Das **UN-Kaufrecht ist stets unter folgenden Voraussetzungen anzuwenden**:

- Kaufvertrag oder Werklieferungsvertrag über Waren,
- Vertragsparteien haben ihre Niederlassung in verschiedenen Staaten,
- eine Vertragspartei hat ihre Niederlassung in einem Vertragsstaat dieses Abkommens,
- Vertragsschluß nach dem 1. 1. 1991,
- kein ausdrücklicher Ausschluß des UN-Kaufrechts durch die Parteien.

Das CISG gilt für den Vertragsschluß, regelt die Lieferpflicht, die Vertragsmäßigkeit der Ware, Rechtsbehelfe bei Vertragsverletzungen, Kaufpreiszahlung, Gefahrübergang und enthält Bestimmungen über die Pflichten der Vertragspartner. Für Exportunternehmen bietet das CISG zahlreiche **Vorteile** wie Erfüllungsort beim Exporteur oder Vertragsaufhebung wegen Lieferung vertragswidriger Waren nur wenn dies eine wesentliche Vertragsverletzung darstellt, wobei der Verkäufer sich für Ersatzlieferung oder Nachbesserung entscheiden kann. Nachdem das CISG **dispositiv** ist, bleibt abzuwarten, ob es sich in der Praxis mehr durchsetzt als das frühere Haager Einheitliche Kaufrecht, welches durch das CISG aufgehoben wurde.

2. Internationales Vertragsrecht

Bei der Rechtsanwendung stellt sich bei Import- und Exportgeschäften mit „Auslandsberührung" die Frage nach den anwendbaren Privatrechtsordnungen. Vorschriften darüber finden sich im Einführungsgesetz zum BGB (EGBGB) und ab dem 17.12.2009 in der Verordnung (EG) Nr. 593/2008 vom 17.6.2008 (Rom I-VO) für vertragliche Schuldverhältnisse sowie ab dem 11.1.2009 in der Verordnung (EG) Nr. 864/2007 vom 11.7.2007 (Rom II-VO) für außervertragliche Schuldverhältnisse. **530**

a) Anwendbares Recht

Das BGB und die wirtschaftsprivatrechtlichen Gesetze gelten grundsätzlich nur für das Gebiet der **Bundesrepublik Deutschland**. Bei Fällen mit Auslandsberührung ist stets der räumliche Geltungsbereich der Privatrechtsnormen zu klären. Die Antwort ergibt sich aus den **Kollisionsnormen** des „Internationalen Privatrechts" in Art. 3 bis 46 EGBGB. Mit Inkrafttreten der Rom I-VO und der Rom II-VO wurden die bisherigen Art. 27 ff. EGBGB, Art. 38 bis 42 EGBGB innerhalb der Gemeinschaft abgelöst. Dabei läßt das europäische Recht für das **internationale Vertragsrecht** (Vertragsstatut) die **freie Rechtswahl** der Vertragsparteien zu und richtet sich grundsätzlich bei fehlender Rechtswahl nach der Rechtsordnung des Verkäufers beim Kauf, des Dienstleisters bei Dienstleistungsverträgen und bei Zweifelsfragen nach dem Recht desjenigen Vertragspartners, der die **vertragscharakteristische Leistung** erbringt bzw. dem Staat, in dem ein Grundstück liegt (Art. 3, 4 Rom I-VO).

> **Beispiele**: Sitz des Lieferanten beim Kauf, Sitz des Herstellers eines Bauwerks beim Werkvertrag, Sitz der Lieferanten bei E-Commerce (Herkunftslandprinzip)

b) Verbraucherschutz für besondere Gebiete

(1) Einschränkungen der Wahlfreiheit bestehen bei **Verbraucherverträgen** wie dem Pauschalreisevertrag (Rn. 616), bei dem die **Rechtsordnung des gewöhnlichen Aufenthalts** des Reisenden zur Zeit des Vertragsabschlusses entscheidend ist (Art. 6 I, II, III lit. b Rom I-VO, Pauschalreise-Richtlinie 90/314/EWG). **531**

(2) Das gleiche gilt bei einem Vertrag, der auf Grund einer Rechtswahl **nicht dem Recht eines EU-Staates** – wie z.B. USA – unterliegt und der Vertrag im Inland geschlossen wurde. Wegen dieses engen Zusammenhangs mit dem Inland, werden die in **Art. 46b IV EGBGB** genannten Verbraucherschutz-Richtlinien der EU gleichwohl angewendet. Der **Mindeststandard** dieser Richtlinien kann daher bei **Verträgen aller Art** zwischen einem Unternehmer und einem Verbraucher nicht durch eine Rechtswahl bzw. durch für diesen ungünstigere Vertragsgestaltungen unterlaufen werden (vgl. Rn. 290). Hierzu gehören die Richtlinien
- 93/12/EWG über **mißbräuchliche Klauseln** in Verbraucherverträgen zur AGB-Kontrolle (vgl. Rn. 290),
- 94/47/EG über den Erwerb von **Teilzeitnutzungsrechten** an Immobilien für das „Time-sharing",
- 97/7/EG über **Fernabsatz**,
- 99/44/EG über den **Verbrauchsgüterkauf**,

- 2002/65/EG über den **Fernabsatz von Finanzdienstleistungen,**
- 2008/48/EG über **Verbraucherkreditverträge.**

Beispiel: Der Student Eifrig erwirbt ein Software-Programm über das Internet bei einer Firma aus den USA. Auch wenn amerikanisches Recht vereinbart wird oder wegen des Sitzes der Firma in den USA stillschweigend angenommen wird (Art. 3, 4 I lit. a Rom I-VO), gilt der Mindeststandard der §§ 312b bis 312f BGB für den Fernabsatz im elektronischen Geschäftsverkehr und über die zweijährige Verjährung bei Sachmängeln (§ 475 II BGB).

Merksätze

1. **Besonderheiten bei Handelsgeschäften**
   - Sorgfaltspflichten (§ 347 HGB): sind stärker ausgeprägt
   - Nationale und internationale Vertragsformeln (Incoterms)
   - Vertragsstrafe (§ 348 HGB): keine gerichtliche Herabsetzung
   - Bürgschaft, Anerkenntnis und Schuldversprechen (§ 350 HGB) formlos möglich
   - Zinssatz mindestens 5% (§ 352 HGB)
   - Entgeltlichkeit aller Geschäftsbesorgungen (§§ 352 ff. HGB)
   - Gutgläubiger Erwerb auch bezüglich Verfügungsbefugnis (§§ 366 ff. HGB)
   - Zurückbehaltungsrecht gibt pfandartiges Befriedigungsrecht (§§ 369 ff. HGB)
   - Kontokorrent (§§ 355 ff. HGB)

2. **Besonderheiten bei Handelskäufen**
   - Annahmeverzug mit Hinterlegung und Selbsthilfeverkauf (§§ 373, 374 HGB)
   - Fixhandelskauf mit sofortigem Schadensersatzrecht (§ 376 HGB)
   - Untersuchungs- und Rügepflicht (§ 377 HGB), Vor.:
     - Beiderseitiger Handelskauf
     - Waren oder Wertpapiere
     - Ablieferung
     - Mangel in Qualität, Quantität oder Falschlieferung
     - Unverzügliche Untersuchung und unverzügliche Rüge
     - Kein arglistiges Verschweigen des Mangels
     - Kein vertraglicher Ausschluß
     - Rechtsfolgen: Käufer behält Ansprüche nach §§ 434 ff. BGB

3. **Unternehmenskauf**
   - Sachenrechtliche Einzelübertragung aller Unternehmensgegenstände
   * Bewegliche Sachen §§ 929 ff. BGB
   * Grundstücke §§ 873, 925 BGB
   * Forderungen und Rechte §§ 398 ff. BGB
     - Firmenfortführung (§§ 22, 24 HGB)
     - Haftung für Geschäftsschulden des Erwerbers (§§ 25, 26 HGB)

4. **Internationales Vertragsrecht**
   - **Grundsatz der freien Rechtswahl** bei Auslandsberührung (Art. 3 Rom I-VO)
   - **Sonst:** Rechtsordnung des Vertragspartners der die **Leistung** erbringt bzw. des **Grundstücks** (Art. 4 I lit. a, b, c Rom I-VO)
   - **Ausnahme: Verbraucherverträge** (z. B. Reisevertrag) unterliegen mindestens dem Recht des gewöhnlichen Aufenthaltsorts des Verbrauchers bei Abgabe seiner Vertragserklärung **(Mindeststandard)** mit Anwendung der Verbraucher-Richtlinien (Art. 6 Rom I-VO; Art. 46b EGBGB)
     - Mißbräuchliche Klauseln (93/12/EWG)
     - Time-Sharing (94/47/EG)
     - Fernabsatz (97/7/EG)
     - Verbrauchsgüterkauf (99/44/EG)
     - Finanzdienstleistungen (2002/65/EG)
     - Pauschalreisen (90/314/EWG)
     - Verbraucherkreditverträge (2008/48/EG)

5. Sonderregeln des HGB zum BGB

	BGB	HGB
• **Allgemeiner Teil**		
– Auslegung von WE	§§ 133, 157	§ 346
– Zustandekommen von Verträgen	§§ 145 ff.	§ 362
– Vertretung	§§ 164 ff.	§§ 48–53
		§§ 54–56
	§ 177	§§ 75 h, 91 a
• **Schuldrecht AT**		
– Gattungsschuld	§ 243	§§ 360, 361
– Zinshöhe	§ 246	§ 352
– Zinseszins	§ 248	§ 353
– Leistungszeit	§ 271	§§ 358, 359
– Zurückbehaltungsrecht	§ 273	§§ 369–372
– Vertretenmüssen	§ 276	§ 347
– Verzugszinsen	§ 288	§ 353
– eins. Leistungsbestimmung	§§ 315, 316	§ 375
– Vertragsstrafe	§ 343	§ 348
– Fixgeschäft	§ 323 I Nr. 2	§ 376
– Hinterlegung	§ 372	§ 373
• **Schuldrecht BT**		
– Gewährleistung	§§ 434 ff.	§ 377
– Geschäftsbesorgung		
* Entgeltlichkeit	§§ 662, 675	§ 354
* Spezialtypen	–	§§ 383, 407, 453, 467
– Bürgschaftsform	§ 766	§ 350
– Einrede der Vorausklage	§ 771	§ 349
– Schuldversprechen/-anerkenntnis, Form	§§ 780, 781	§ 350
– Anweisung	§§ 783 ff.	§§ 363 ff.
• **Sachenrecht**		
– gutgl. Erwerb	§§ 932 ff., 1207, 135 II, 161 III	§ 366
	§ 935	§ 367
– Frist für Pfandverkauf	§ 1234 II	§ 368

6. Leitentscheidungen
- **Mängelrüge bei Computerkauf**
  BGH, 24.1.1990, NJW 1990, 1290 = BGHZ 110, 130
- **Vertragsstatut bei internationalem Bauvertrag**
  BGH, 25.2.1999, NJW 1999, 2442
- **UN-Kaufrecht (CISG) und Einbeziehung von AGB**
  BGH, 31.10.2001, NJW 2002, 370

5. Kapitel: Gebrauchsüberlassungsverträge und Kreditgeschäfte

§ 19
Mietvertrag

> **Lernziele:**
>
> Nachdem Sie dieses Kapitel 19 durchgearbeitet haben, können Sie
> - die verschiedenen Arten der Miete und Pacht differenzieren.
> - die Rechte und Pflichten der Mietparteien erläutern.
> - erklären welche Rechtsfolgen eintreten, wenn Sach- und Rechtsmängel der Mietsache auftreten.

I. Miete

1. Merkmale

Fall 1: Student S sucht die Stadtbücherei auf und leiht sich einen Roman aus. Die Leihgebühr 532 von € 1 will er nicht zahlen, da es sich schließlich hier um eine Leihe handelt. Zu Recht?

(1) Miete gehört neben dem Kauf zu den typischen vertraglichen Schuldverhältnissen. Als **gegenseitiger Vertrag** ist er auf die **zeitweilige Gebrauchsüberlassung einer Sache gegen Entgelt** und anschließender Rückgabe gerichtet (§ 535 BGB). Vom Kaufvertrag unterscheidet er sich dadurch, als sich um ein **Dauerschuldverhältnis** handelt, wobei der Mieter auch nur den Gebrauchsnutzen auf Zeit erlangen will und nicht wie der Käufer den Substanzwert einer Sache auf Dauer.

S hat insoweit Recht, als es sich bei der Leihe um eine unentgeltliche Gebrauchsüberlassung handelt (§ 598 BGB). Obwohl von „Leihe" gesprochen wird, ergibt die Auslegung, daß es sich bei einer Leihbücherei meistens um eine Buchmiete gegen Entgelt handelt. Daher ist S zur Zahlung des Mietzinses verpflichtet (§ 535 II BGB).

(2) Das Mietrecht für Wohnraum ist teilweise im **BGB** aber auch in vielen **Son-** 533 **dergesetzen** des Mieterschutzes geregelt wie z. B. im Miethöhegesetz (MHG), 2. Berechnungsverordnung (II. BV) und in der HeizkostenVO. Viele Regelungen sind im Interesse der sozial schutzbedürftigen Mieter nicht dispositiv (**soziales Mietrecht**). Das Mietrecht ist daher in **3 Teile gegliedert**:
- Allgemeine Vorschriften für Mietverhältnisse (§§ 535 bis 548 BGB),
- Vorschriften für Mietverhältnisse über Wohnraum (§§ 549 bis 577 a BGB) und
- Mietverhältnisse über andere Sachen wie Geschäftsräume (§§ 578 bis 580 a BGB).

(3) Wie schon bei der Leihe aufgezeigt, ist die Abgrenzung der Miete zu ähnlichen 534 Verträgen nicht ganz einfach und unabhängig von der gewählten Bezeichnung.

Maßgeblich ist der **vereinbarte Vertragszweck**. In diesem Sinne können von der Miete unterschieden werden:

- die **unentgeltliche Leihe** als bloße Gebrauchsgestattung wie Probefahrt (§§ 598–606 BGB),
- der **Pachtvertrag** als entgeltlicher Nutzungsvertrag über Sachen und Rechte wie Gaststättenpacht (§§ 581–597 BGB),
- der **Verwahrungsvertrag** als Raumüberlassung mit Obhutspflicht wie bewachter Parkplatz, Schließfach (§§ 688–700 BGB),
- **Mischverträge** wie Leasingvertrag (vgl. S. 275 ff.), Bewirtungsvertrag, Beherbergungsvertrag oder Automatenaufstellvertrag.

2. Mietvertrag

a) Mietgegenstand

535 Mietgegenstände können **bewegliche und unbewegliche Sachen** (Maschinen, EDV-Anlage, Grundstück, Wohnung, vgl. § 90 BGB), **Sachgesamtheiten** (z. B. eine möblierte Wohnung, Hotelzimmer) oder **Teile von Sachen** (z. B. Fassade für Reklame) sein. Rechte können keine Mietsache werden. Bei der Geschäftsraummiete werden die zahlreichen Schutzvorschriften des sozialen Mietrechts für die Wohnraummiete nicht angewendet. Daher wird auch im folgenden die für die betriebliche Praxis wichtige **Geschäftsraummiete im Vordergrund** stehen.

b) Vertragsschluß

536 **Fall 2**: Kaufmann K mietet für vier Monate einen Lagerraum. Muß er den Mietvertrag schriftlich abschließen?

Das Mietverhältnis entsteht durch den Abschluß des Mietvertrages. Dieser ist **grundsätzlich formfrei** gültig, so daß er auch mündlich rechtsverbindlich ist. Aus Beweisgründen wählen die Parteien vielfach vorformulierte schriftliche Mustermietverträge. Der Schriftform nach § 126 BGB bedarf der für längere Zeit als ein Jahr abgeschlossene Mietvertrag über ein Grundstück oder einen Raum (§§ 550, 578 BGB), jedoch hat die Nichteinhaltung dieser Form nur die Folge, daß der Vertrag als für unbestimmte Zeit geschlossen gilt und die Kündigung im ersten Jahr ausgeschlossen ist. Eine Gegenzeichnung ist nicht erforderlich (BGH NJW 2004, 2962).

K braucht keinen schriftlichen Mietvertrag. Bei Geschäftsraummiete ist jedoch ein schriftlicher Vertrag zweckmäßig.

c) Rechte und Pflichten der Mietparteien

537 (1) **Der Vermieter** ist in erster Linie verpflichtet, dem Mieter den **Gebrauch** der Mietsache während der Mietzeit zu **gewähren** und diese zu **erhalten** (§ 535 I BGB). Die Grenzen des Gebrauchsrechts richten sich nach den getroffenen Vereinbarungen und dem Vertragszweck.

> **Beispiele**: Mitvermietet sind: **Zubehörteile** (§ 97 BGB) oder Fahrstühle, Hof, Treppen, **Abstellen** eines Pkw, Empfang von **Besuch** unbeschränkt, soweit keine erhebliche Störung, **Anbringen von Einrichtungen** (Telefon, Antennen, wenn keine Gemeinschaftsantenne oder Kabelanschluss), **Kleintiere** ohne Störungen Dritter

Die **Instandhaltungspflicht des Vermieters** einschließlich der sog. Schönheits-reparaturen wird oftmals im Mietvertrag auf den Mieter abgewälzt. Eine Pflicht zur Verbesserung der Mietsache, speziell zur Modernisierung von Wohnungen, besteht nicht.

(2) **Lasten der Mietsache**, wie z. B. Steuern, Hypothekenzinsen, Kanalisations-, Müllabfuhr- und Schornsteinfegerkosten, hat ebenfalls der **Vermieter** zu tragen (§ 535 I 3 BGB). Betriebskosten können auf den Mieter umgelegt werden, sofern dies vereinbart ist.

(3) Nach §§ 536 a, 539 BGB hat der **Vermieter** dem Mieter die auf die Sache ge-machten **notwendigen Verwendungen** zu ersetzen, also Aufwendungen, die ob-jektiv der Vermieter selbst vorgenommen hätte.

(4) Hat der Mieter die Mietsache mit einer Einrichtung (z. B. Wandschrank, Waschbecken) versehen, ist der **Vermieter** verpflichtet, bei Mietende die **Weg-nahme zu dulden** (§ 539 II BGB). Das gilt auch, wenn die Gegenstände zu we-sentlichen Bestandteilen der Mietsache wie eine Einbauküche geworden sind.

(5) Als Nebenpflicht trifft den **Vermieter** die **Verkehrssicherungspflicht** für die Mietsache selbst, aber auch für Zugänge (Treppen, Gänge, Hof). Dies hat erheb-liche praktische Bedeutung für die Streupflicht bei Glatteis, die aber zulässig auf den Mieter vertraglich abgewälzt werden kann.

(6) Der **Mieter** ist primär verpflichtet, die **Miete** sowie die vereinbarten Neben-kosten zu zahlen (§ 535 II BGB). Die Miete ist zu Beginn, spätestens bis zum drit-ten Werktag der einzelnen Zeitabschnitte zu entrichten, nach denen sie bemessen ist (§ 556 b BGB). Der Mieter ist damit vorleistungspflichtig. Besonderheiten sind bei der **Mieterhöhung** von Wohnraum nach §§ 557 bis 561 BGB zu beachten. Der Mieter muß auch dann den Mietzins zahlen, wenn er das **Gebrauchsrecht** aus persönlichen Gründen nicht wahrnehmen kann (z. B. Urlaub, Krankheit, Ein-stellung des Geschäftsbetriebs, § 537 I BGB). Falls der Mieter nicht den Mietzins zahlt, hat der Vermieter folgende Rechte:

- **fristlose Kündigung** (§ 543 II Nr. 3 BGB),
- bei Verzug auch **Schadensersatz** (§§ 280, 286 BGB) und
- ein gesetzliches **Vermieterpfandrecht** an den eingebrachten, d. h. tatsächlich ge-wollt hineingeschafften pfändbaren Sachen des Mieters (§§ 562 bis 562 d BGB).

(7) Der **Mieter** ist zum **vertragsmäßigen Gebrauch der Mietsache** verpflichtet (§§ 541, 543 II Nr. 2 BGB). Dazu rechnet auch das Verbot der eigenmächtigen Ge-brauchsüberlassung an Dritte (**Untermietverbot**, § 540 BGB). Beachtet der Mie-ter auch eine vorher notwendige **Abmahnung** nicht, so kann der Vermieter

- **Unterlassungsklage** erheben (§ 541 BGB),
- im Falle des Verschuldens **Schadensersatz** verlangen (§§ 280 I, 241 II BGB) oder
- die **fristlose Kündigung** aussprechen (§ 543 II Nr. 2 BGB).

(8) Nach § 536 c BGB ist der Mieter im Rahmen seiner **Obhutspflicht** verpflich-tet, auftretende Mängel der Mietsache dem Vermieter unverzüglich **anzuzeigen**. Auch hat er die erforderlichen baulichen Erhaltungs- oder Verbesserungsmaß-nahmen oder eine Besichtigung zu **dulden**. Unterläßt der Mieter die Anzeige von Mängeln, wird er schadensersatzpflichtig.

(9) Bei Beendigung des Mietverhältnisses – also mit Zeitablauf oder durch Kündigung – ist der Mieter zur **Rückgabe** der Mietsache verpflichtet, ohne daß er wegen seiner Ansprüche gegen den Vermieter ein Zurückbehaltungsrecht hat (§ 546 I BGB). Der Vermieter kann nach § 546 II BGB die Sache sogar von einem Dritten, dem der Mieter sie überlassen hat, zurückverlangen.

(10) Zur Absicherung kann eine **Mietkaution** vereinbart werden (§ 551 BGB).

d) Störungen des Mietverhältnisses

538   **Fall 3:** Eigentümer E hat vor dem Mietvertragsabschluß mit dem Kaufmann K das Hausdach reparieren lassen. Gleichwohl regnet es herein und Material des K wird unbrauchbar. Hat K gegen E einen Schadensersatzanspruch? Wie ist die Rechtslage, wenn das undichte Dach erst im Laufe der Mietzeit entsteht?

(1) Für **Sach- und Rechtsmängel** des Mietgegenstands haftet der Vermieter nach §§ 536 ff. BGB **ohne Verschulden**. Bei Wohnraum ist diese Haftung nicht abänderbar. So sieht § 536 BGB vor, daß der Mieter bei einer nicht unerheblichen Beeinträchtigung wegen eines Sachmangels von der Zahlung des **Mietzinses befreit** oder zur **Mietminderung** berechtigt ist. Das gilt auch, wenn eine zugesicherte Eigenschaft fehlt oder später weggefallen ist (§ 536 II BGB).

> **Beispiele:** Vergifteter Grundstücksboden, Feuchtigkeit, unzureichende Heizbarkeit, schadhafte Reifen bei Mietfahrzeug, Baulärm, Baubeschränkung

(2) Neben der automatisch eintretenden Mietminderung kann der Mieter **Schadensersatz** verlangen (§ 536a BGB), wenn

- der Mangel im Zeitpunkt des Vertretenmüssens vorhanden war, wobei dann die Haftung verschuldensunabhängig ist,
- später ein solcher Mangel infolge Vertretenmüssens des Vermieters entstanden ist oder
- der Vermieter mit der Mängelbeseitigung in Verzug (§ 286 BGB) gerät.

Der Mieter ist ferner berechtigt bei Verzug des Vermieters mit der Beseitigung des Sachmangels diesen **selbst zu beseitigen** und Ersatz der erforderlichen Aufwendungen zu verlangen (§ 536a II BGB).

(3) **Kennt** der Mieter den Mangel oder ist er ihm infolge **grober Fahrlässigkeit** unbekannt geblieben oder ist die Haftung im zulässigen Rahmen vertraglich ausgeschlossen, entfallen diese vorstehenden Rechte (§ 536b BGB).

> K kann von E Schadensersatz nach § 536a BGB verlangen. Zwar trifft ihn an dem Mangel kein Verschulden. Er haftet trotzdem garantiemäßig für Mängel, die wie hier schon zur Zeit der Überlassung an den Mieter vorhanden sind, also ohne Verschulden. Entsteht der Mangel erst während er Mietzeit, haftet E nur bei nachgewiesenem Verschulden (z. B. unzureichende Unterhaltung des Hauses).

(4) Der **Vermieter** kann das Mietverhältnis nach § 543 II Nr. 3 BGB **fristlos kündigen**, wenn der Mieter entweder für 2 aufeinanderfolgende Termine mit der Entrichtung des Mietzinses oder eines nicht unerheblichen Teiles des Mietzinses in **Verzug** ist oder wenn der Mieter in einem Zeitraum, der sich über mehr als 2 Termine erstreckt, mit der Entrichtung in Höhe von mindestens 2 Monatsmieten sich im Verzug befindet. Hinsichtlich des Verschuldens kann sich der Mieter nicht wegen Zahlungsunfähigkeit entlasten.

e) Beendigung des Mietverhältnisses

Das Mietverhältnis kann folgendermaßen enden:

539

- wenn beide Parteien einig sind durch **Aufhebungsvertrag**,
- durch **ordentliche, befristete Kündigung** (§§ 542 I, 573 c BGB),
- durch **fristlose Kündigung** (§§ 543, 569, 573 d BGB) oder
- durch **Zeitablauf** bei einem auf bestimmte Zeit geschlossenen Mietverhältnis (§ 542 II BGB).

Bei **Geschäftsraummiete** können die Parteien sowohl die Kündigungsgründe als auch die Kündigungsfristen vertraglich abweichend von der gesetzlichen Regelung vereinbaren. Davon wird in der Praxis häufig Gebrauch gemacht, so daß die gesetzlichen Vorschriften nur bei unwirksamer oder fehlender Vereinbarung angewendet werden können.

(1) Unter Einhaltung der vereinbarten oder gesetzlichen **Kündigungsfrist** können sowohl der Vermieter als auch der Mieter die ordentliche Kündigung aussprechen. § 580 a BGB regelt die Fristen für **Grundstücke, Räume** und im Schiffsregister eingetragene Schiffe, während § 573 c BGB festlegt, daß bei **Wohnraum** die Kündigung am 3. Werktag eines Kalendermonats für den Ablauf des übernächsten Monats zulässig ist. Bei **möbliertem Wohnraum** (Teil der vom Vermieter selbst bewohnten Wohnung, der vom Vermieter ganz oder überwiegend mit Einrichtungsgegenständen ausgestattet ist) ist die Kündigung spätestens am 15. des Monats für den Ablauf dieses Monats zulässig (§ 573 c III BGB). Eine Verlängerung um jeweils 3 Monate tritt ein, wenn das Mietverhältnis länger als 5 bzw. 8 Jahre währt. Bei **Geschäftsräumen** ist die Kündigung spätestens am dritten Werktag eines Kalendervierteljahres für den Ablauf des nächsten Vierteljahres zulässig (§ 580 a II BGB). Kürzere Fristen gelten für **bewegliche Sachen** (§ 580 a III BGB).

(2) Bei Wohnraum hat der Vermieter nach §§ 573 ff. BGB zusätzlich zu beachten, daß er eine Kündigung nur bei einem **berechtigten Interesse** an der Beendigung aussprechen darf (z. B. Eigenbedarf, angemessene wirtschaftliche Verwertung). Nach § 574 BGB kann der Mieter eines Wohnraums grundsätzlich einer Kündigung schriftlich widersprechen, wenn die vertragsmäßige Beendigung für ihn oder seine Familie eine nicht zu rechtfertigende **Härte** bedeuten würde. Kommt es zu keiner Einigung, entscheidet das Amtsgericht.

(3) Eine **außerordentliche Kündigung** erfordert das Vorliegen besonderer Gründe (§ 543 BGB). Sie ist von seiten des Vermieters fristlos zulässig, bei

- vertragswidrigem Gebrauch (§ 543 II Nr. 2 BGB),
- Mietzinsverzug (§ 543 II Nr. 3 BGB),
- grober, schuldhafter Pflichtverletzung, insbes. Hausfriedensstörung (§§ 543, 569 II BGB).

(4) Die letzte Möglichkeit ist auch dem Mieter gegeben. Darüber hinaus kann der **Mieter** die **fristlose Kündigung** bei

- Nichtgewährung des Gebrauchs der Mietsache (§ 543 BGB),
- Gesundheitsgefahr (§ 569 I BGB)

aussprechen.

(5) Eine **außerordentliche, befristete Kündigung** ist vorgesehen bei

- Verweigerung der Untermieterlaubnis (§ 540 I 2 BGB),
- 30jähriger Miete (§ 544 BGB),
- Tod des Mieters (§ 580 I BGB),
- Mieterhöhungsverlangen des Vermieters nach § 561 BGB.

(6) Der **Tod** und die **Veräußerung** beenden das Mietverhältnis nicht (§§ 563 bis 564, 566 ff. BGB). Nach dem Grundsatz **„Veräußerung bricht nicht Miete"** tritt etwa bei Veräußerungen eines vermieteten Grundstücks nach der Überlassung an den Mieter der Erwerber an die Stelle des Vermieters in die sich während der Dauer des Eigentums aus dem Mietverhältnis ergebenden Rechte und Pflichten ein.

II. Pacht

540   Der Pachtvertrag ist ein gegenseitiger Vertrag, in dem der Verpächter verpflichtet wird,

- dem Pächter den **Gebrauch** des gepachteten Gegenstands und
- die **Erträge der Früchte** (§ 99 BGB) zu gewähren.

Der Pächter ist verpflichtet, dem Verpächter die vereinbarte Pacht zu zahlen (§ 581 BGB). Während nur Sachen gemietet werden können, ist es möglich, **Sachen und Rechte** zu pachten.

Beispiele: Eingerichtetes Hotel, eingerichtetes Einzelhandelsgeschäft, eingerichtetes Kino, Unternehmenserträge

Als **Früchte des Pachtobjekts** kommen in Betracht Erzeugnisse wie Obst bzw. Ausbeute wie Kies und Kohle und die Einnahmen aus dem Verkauf der Früchte. Daher hat der Verpächter die Aneignung der Früchte durch den Pächter i. S. des § 956 BGB zu gestatten.

Für die Pacht sind die Vorschriften des **Mietrechts entsprechend** anzuwenden mit Ausnahme der Landpacht (§ 581 I, II BGB).

Merksätze

1. Mietvertrag
   - **Wesen:** Zeitweilige Gebrauchsüberlassung einer Sache gegen Entgelt (§§ 535 ff. BGB)
     - Allgemeine Vorschriften (§§ 535–548 BGB)
     - Wohnraum (§§ 549–577 a BGB)
     - Andere Sachen (Geschäftsräume) in §§ 578–580 a BGB
   - **Mietgegenstand**
     Bewegliche Sachen und Teile von Sachen
     - Unbewegliche Sachen (Grundstücke, Häuser, Geschäftsräume, Wohnungen)
   - **Mietvertrag**
     - Formfrei
     - Ausnahme für Wohnraum (§ 550 I BGB)
   - **Pflichten der Mietparteien**
     - **Pflichten des Vermieters**
       * Gebrauchsüberlassung (§ 535 I BGB)
       * Gebrauchserhaltung (§ 535 I BGB)
       * Instandsetzung (§ 535 I BGB)

  * Ersatz notwendiger Verwendungen (§§ 536 a, 539 BGB)
  * Verkehrssicherungspflicht
 – **Pflichten des Mieters**
  * Zahlung des Mietzinses (§ 535 BGB)
  * Vertragsmäßige Nutzung, Verbot der Untermiete ohne Zustimmung (§ 540 BGB)
  * Anzeige- und Obhutspflichten (§ 536 c BGB)
  * Rückgabepflicht (§ 546 BGB)
 • **Störungen des Mietverhältnisses**
 – **Mietminderung** (§ 536 BGB) setzt voraus:
  * Mangel der Mietsache (erheblicher Fehler bzw. Fehlen zugesicherter Eigenschaften)
  * Kein Gewährleistungsausschluß (§§ 536 b, d BGB)
 – **Schadensersatz wegen Nichterfüllung** (§ 536 a BGB) setzt voraus:
  * Mangel bei Vertragsschluß: Garantiehaftung ohne Verschulden
  * Mangel nach Vertragsschluß: Verschulden des Vermieters notwendig
  * Verzug mit Mängelbeseitigung gibt Recht zur Ersatzvornahme und Schadensersatz
  * Kein Gewährleistungsausschluß (§§ 536 b, d BGB)
 • **Beendigung des Mietverhältnisses**
 – Aufhebungsvertrag
 – Zeitablauf (§ 542 II BGB)
 – Ordentliche Kündigung (§§ 542 I, 573 c BGB)
 – Außerordentliche Kündigung (§§ 543, 569, 573 d BGB)

2. **Pachtvertrag**
 • Zeitweiliger **Gebrauch** und **Nutzung** zur Ziehung des Ertrags einer **Sache** oder eines **Rechts** gegen Entgelt
 • Entsprechende Anwendung des **Mietrechts** (§ 581 BGB)

3. **Leitentscheidungen**
 • **Kein „starrer" Fristenplan für Schönheitsreperaturen**
  BGH, 5. 4. 2006, NJW 2006, 1728
 • **Parabolantenne bei Ausländern unzulässig bei Kabelanlage**
  BVerfG, 24. 1. 2005, NJW-RR 2005, 661

§ 20
Darlehensvertrag und andere Finanzierungsgeschäfte

Lernziele:

Nachdem Sie dieses Kapitel 20 durchgearbeitet haben, können Sie
• Grundfragen des allgemeinen Geld- und Sachdarlehensvertrages beschreiben.
• die Grundzüge des Verbraucherdarlehens erläutern.
• die Finanzierungshilfen des Zahlungsaufschubs, des Leasing, der Teilzahlungsgeschäfte, der Ratenlieferung und des Factoring erklären.

541 Im Rahmen des kaufmännischen Geschäftsverkehrs ist die Beschaffung von Zahlungsmitteln für Vorhaben verschiedenster Art eines der zentralen Probleme. Hierbei wird im Unternehmensbereich zwischen der **Eigenfinanzierung** und der **Fremdfinanzierung** unterschieden. Soweit Eigenmittel zur Finanzierung verwendet werden, tauchen in der Regel keine Kreditprobleme auf, sondern vielmehr gesellschaftsrechtliche Fragestellungen wie z.B. bei der Ausgabe neuer Aktien (Eigenfinanzierung) oder bei der Nichtausschüttung von Gewinnen (Selbstfinanzierung). Erfolgt dagegen die Beschaffung von Geldmitteln bei Dritten durch Kreditaufnahme kann diese Fremdfinanzierung durch

- **Geldkredit** wie Darlehen oder
- **Warenkredit** wie Kaufpreisstundung bzw. Abzahlung

erfolgen. In jedem Fall wird der Kreditgeber darauf drängen, **Sicherheiten** zu erhalten wie beispielsweise Grundpfandrechte oder einen Eigentumsvorbehalt.

Zuerst werden in diesem Abschnitt der normale Darlehensvertrag als **Geld- bzw. Sachdarlehen** dargestellt. Anschließend werden nun die besonderen Rechtsgrundlagen

- **des Verbraucherdarlehens,**
- **der Finanzierungshilfen,**
- **der Ratenlieferungsverträge und**
- **des Factoring**

aufgezeigt. Die Vorschriften der §§ 488 bis 507 BGB wurden mit der **Schuldrechtsreform** mit den Vorschriften zum Gelddarlehen zu einem neuen Titel „Darlehensvertrag, Finanzierungshilfen und Ratenlieferungsverträge zwischen einem Unternehmer und einem Verbraucher" verschmolzen. Von den **zwingenden Vorschriften** der §§ 491 bis 505 BGB darf nicht zum Nachteil des Verbrauchers abgewichen werden (§§ 506, 507 BGB). Sie sind auch auf **Existenzgründer** anzuwenden, es sei denn der Nettodarlehensbetrag oder der Barzahlungspreis übersteigt 50 000 Euro.

I. Darlehensvertrag

1. Formen des Darlehens

542   Das Darlehen wird im BGB an zwei Stellen geregelt. In §§ 488 bis 507 BGB ist das **Gelddarlehen** eingeordnet, in §§ 607 bis 609 das **Sachdarlehen.** Systematisch ist die Einstellung des Gelddarlehens nach Tausch und Teilzeit-Wohnrechteverträge **mißglückt**, da es sich auch nach der Schuldrechtsreform beim Darlehen um einen Gebrauchsüberlassungsvertrag handelt.

2. Pflichten der Parteien

543   Mit Abschluß des Darlehensvertrages nach § 488 BGB verpflichtet sich der Darlehensgeber dem Darlehensnehmer einen Geldbetrag in der vereinbarten Höhe zur Verfügung zu stellen. Der Darlehensnehmer ist verpflichtet, einen geschuldeten Zins zu zahlen und bei Fälligkeit das zur Verfügung gestellte Darlehen zurückzuerstatten. Gegenstand des Darlehens nach § 488 I BGB ist **Geld.** Zurückzuübereignen ist eine wertmäßig entsprechende Summe. Das Gelddarlehen ist grundsätzlich zu **verzinsen** (§ 488 I 2 BGB). Ist für die Rückerstattung des Darlehens eine Zeit nicht bestimmt, hängt die Fälligkeit davon ab, daß der Gläubiger oder der Schuldner kündigen (§ 488 III 1 BGB). Der Darlehensvertrag bedarf grundsätzlich nicht der Schriftform.

3. Kündigung

(1) **Außerordentlich** aus einem wichtigen Grund kann das Gelddarlehen als Dau-   **544** erschuldverhältnis von beiden Parteien gekündigt werden, wenn ein Festhalten am Vertrag nicht zumutbar erscheint, insbesondere bei Vermögensverschlechterung des Schuldners (§ 490 BGB).

> **Beispiele**: Drohende Insolvenz, Vorladung zur Eidesstattlichen Versicherung

(2) Nach § 490 II BGB hat der Schuldner das Recht zur vorzeitigen **Vorfällig-keitskündigung** unter Einhaltung der Fristen des § 489 I Nr. 2 BGB, wenn seine berechtigten Interessen dies gebieten, insbesondere wenn er eine anderweitige Verwertung der zur Sicherheit des Darlehens beliehenen Sache hat. Dann hat der Darlehensnehmer dem Darlehensgeber eine Vorfälligkeitsentschädigung zu zahlen.

(3) Das Darlehen kann **ordentlich** fristgebunden entsprechend der getroffenen Vereinbarung gekündigt werden (§ 489 BGB). Nach der nicht abänderbaren Norm des § 489 BGB kann ein Darlehen mit variablem Zinssatz jederzeit mit einer Dreimonatsfrist gekündigt werden. Festverzinsliche Darlehen können unter den Voraussetzungen des § 489 I Nr. 1–3 BGB gekündigt werden.

4. Sachdarlehen

Das Sachdarlehen, welches keine große praktische Bedeutung hat, wird in §§ 607   **545** bis 609 BGB geregelt. Hauptpflicht des Darlehensgebers ist die Überlassung von **vertretbaren Sachen** gegen Entgelt, wenn ein solches vereinbart wird. Der Darlehensnehmer hat nicht die identische, sondern nur eine gleichartige Sache zurückzugeben.

> **Beispiel:** Wertpapiere, insbesondere Aktien, Ausborgen von Pfandflaschen, Bierkästen (Mehrwegleergut).

II. Verbraucherdarlehensvertrag

1. Zweck und Anwendungsbereich

(1) Für **entgeltliche Darlehensverträge zwischen einem Unternehmer als** **546** **Darlehensgeber und einem Verbraucher als Darlehensnehmer** (Verbraucher-darlehensvertrag) gelten nach § 491 I BGB ergänzend zu den allgemeinen Vorschriften des Darlehensvertrages (§§ 488 bis 490 BGB) die §§ 492 bis 498 BGB, soweit nicht die Ausnahmen der Absätze 2 und 3 des § 491 II BGB eingreifen. Durch die §§ 491 bis 498 BGB werden die Vorschriften des aufgehobenen **Verbraucherkreditgesetzes in das BGB integriert**. Der Verbraucherkredit wurde damit begrifflich zum Verbraucherdarlehensvertrag des § 491 I BGB. Aus dem Darlehensrecht **ausgelagert** wurde der bisher im Verbraucherkreditgesetz erfaßte **Kreditvermittlungsvertrag**. Er findet sich nun im Maklerrecht als „Darlehens-vermittlungsvertrag zwischen einem Unternehmer und einem Verbraucher" in den §§ 655 a bis 655 e BGB.

(2) **Ziel** der Vorschriften über den Verbraucherdarlehensvertrag ist es, zu verhin-   **547** dern, daß der geschäftsunerfahrene Verbraucher durch eine übereilte Entscheidung bei Abschluß eines Darlehensvertrages in wirtschaftliche Not gerät und daß

dem Verbraucher nach Vertragsschluß die Möglichkeit gegeben wird, einen Vertrag zu überdenken und Vergleiche über Vertragsbedingungen und Preise anzustellen.

548   (3) Sachlich sind daher die Vorschriften des Verbraucherdarlehens anzuwenden auf

- **entgeltliche Gelddarlehen,**
- **Überziehungsdarlehen** und
- **Kreditkartendarlehen.**

549   (4) Keine Anwendung finden die Vorschriften des Verbraucherdarlehens gem. § 491 II BGB, wenn

- das auszuzahlende Nettodarlehen **200 Euro** nicht übersteigt (Nr. 1),
- **Arbeitgeberkredite** mit einem unter dem marktüblichen Zinssatz (Nr. 2) und
- Darlehensverträge im Rahmen der **Förderung des Wohnungswesens und des Städtebaus** vorliegen (Nr. 3).

550   (5) Weiterhin gelten die Vorschriften **teilweise nicht** nach § 491 III Nr. 1–2 BGB bei

- **beurkundeten Darlehensverträgen** (Nr. 1) und bei
- Verbraucherdarlehensverträgen zum Erwerb von **Wertpapieren, Devisen oder Edelmetallen** (Nr. 2).

2. Schriftform und Vertragsinhalt

551   (1) Nach § 492 I BGB muß ein Verbraucherdarlehensvertrag grundsätzlich **schriftlich** (§ 126 BGB) geschlossen werden. Daher ist die eigenhändige Unterzeichnung durch den Verbraucher notwendig. Telefax genügt nicht. Die Vertragserklärung des Verbrauchers muß angeben: Nettodarlehensbetrag, Gesamtbetrag aller Teilzahlungen, Zinsen und Kosten (Bruttodarlehensbetrag), Rückzahlungsmodalitäten, Zinssatz und Kosten einschließlich Vermittlungskosten, effektiver Jahreszins nach § 4 PAngV und § 492 II BGB, Versicherungskosten und Sicherheiten.

(2) Fehlen hierzu Angaben, ist der gesamte Vertrag **nichtig**, außer das Darlehen wurde in Empfang genommen. In diesem Fall schuldet der Verbraucher nicht mehr den vereinbarten Zins, sondern nur noch den gesetzlichen Zinssatz von 4 % (§ 494 I, II iVm § 246 BGB). Auch eine **zu niedrige Angabe** des effektiven Jahreszinses führt zu einer Verminderung des vom Verbraucher geschuldeten Effektivzinses um den Prozentsatz, um den der Jahreszins zu niedrig angegeben war (§ 494 III BGB).

(3) In jedem Fall darf der Verbraucher seine Annahmeerklärung zum Darlehensvertrag innerhalb einer Frist von **zwei Wochen widerrufen** (§ 495 I iVm § 355 BGB). Hierauf muß der Kreditnehmer hingewiesen werden (vgl. näher zum Widerruf bei Verbraucherverträgen S. 211 ff.).

(4) Ausnahmen hinsichtlich der Formbedürftigkeit und des Widerrufsrechts gelten für **Überziehungskredite** (§§ 493 I 1, 495 III BGB).

3. Verzug

552   (1) Während des Verzugs mit der Rückzahlung des Darlehens werden **Verzugszinsen** berechnet und gesondert verbucht (§ 497 I, II BGB). Im Falle eines grundpfandrechtlich gesicherten Darlehens i. S. von § 491 III Nr. 1 BGB erfolgt die Verzinsung mit 2,5 % über dem Basiszinssatz. Die Zahlungen des Verbrauchers dürfen nicht wie sonst im BGB zunächst auf die Kosten, dann auf die Zinsen und zuletzt auf die eigentliche Kreditforderung verbucht werden, was bisher manchmal dazu führte, daß viele Kreditnehmer zwar lebenslang Zinsen zahlten, jedoch eine Tilgung des Kredits nicht eintrat. Nunmehr müssen **Zahlungen** in Abweichung von § 367 I BGB zwar **zunächst auf die Kosten der Rechtsverfolgung**, dann jedoch auf die **Hauptsumme** und erst **zuletzt** auf die **Zinsen** verrechnet werden (§ 497 III BGB).

(2) Im Zahlungsverzug kann die Bank das Darlehen nur **kündigen** und so die Ge-   **553**
samtsumme fällig stellen, wenn der Verbraucher mit **mindestens 2 aufeinander-folgenden Teilzahlungen** im Verzug ist, die **mindestens 10 % des Nennbetra-ges** (bei einer Laufzeit über 3 Jahre 5 %) ausmachen. Schließlich muß die Bank dem Verbraucher vorher eine **zweiwöchige Zahlungsfrist** mit einer **Androhung** der Kündigung gesetzt haben (§ 498 I BGB).

4. Verbundene Verträge

> **Fall 1**: Der Verbraucher K erwirbt im Autohaus V einen Pkw. Bei Abschluß des Kauf-   **554**
> vertrags unterschreibt K einen Kreditantrag bei der Pkw-Kreditbank B zur Finanzie-
> rung des Kaufpreises. Welchen Vertrag hat K geschlossen?

Ist ein Verbraucherdarlehensvertrag mit einem Vertrag über die Lieferung einer Ware oder die Erbringung einer anderen Leistung derart verbunden, dass das Darlehen ganz oder teilweise der Finanzierung des anderen Vertrages dient (ver-bundene Verträge), dann sind die **§§ 358, 359 BGB** zu beachten.

a) Begriff der verbundenen Verträge

Wird zur Finanzierung der Ware oder Dienstleistung eine Bank eingeschaltet,   **555**
dann schließt z. B. der Käufer eines Fahrzeugs **zwei rechtlich selbständige Ver-träge** ab, einmal den **Kaufvertrag** über das Fahrzeug und zum anderen einen **Darlehensvertrag** mit der finanzierenden Bank. Diese zahlt die vereinbarte Sum-me an den Verkäufer des Fahrzeugs und erfüllt damit die Kaufpreisschuld, während der Käufer gegenüber der Bank verpflichtet bleibt, die fälligen Raten zu zahlen. Nicht der Verkäufer finanziert also den Kauf, sondern die Bank. Sieht man Kauf- und Darlehensvertrag als „**wirtschaftliche Einheit**", so ist der Verbraucher genauso schutzbedürftig wie bei einem Teilzahlungsgeschäft. Der vom Verbraucher fremdfinanzierte Vertrag mit dem Unternehmer und der dafür eingegangene Ver-braucherdarlehensvertrag sind nach § 358 III 1 BGB „verbundene Verträge" wenn

- das Darlehen ganz oder teilweise der Finanzierung des anderen Vertrages dient und
- beide Verträge eine wirtschaftliche Einheit bilden.

Danach liegt das Merkmal der wirtschaftlichen Einheit insbesondere dann vor, wenn der Unternehmer selbst die Gegenleistung des Verbrauchers finanziert oder im Falle der Finanzierung durch einen Dritten, wenn sich der Darlehensgeber bei der Vorbereitung oder dem Abschluß des Darlehensvertrages der Mitwirkung des Unternehmers bedient (§ 358 III 2 BGB). Beispiele für **objektive Verbindungs-elemente** sind:

- **ständige Geschäftsbeziehung** zwischen dem Unternehmer und dem Darlehensgeber (Rahmenvertrag),
- **gegenseitige Bezugnahme der Verträge**,
- **gleichzeitige Unterzeichnung** beider Verträge,
- **Sicherungsübereignung** des Kaufgegenstandes an den Kreditgeber,
- **grundpfandrechtliche Belastung** des Kaufgegenstands für Kreditgeber.

> V schließt mit K einen Kaufvertrag über den Pkw und zugleich als Abschlußvertreter der Bank B einen Verbraucherdarlehensvertrag, wobei das Darlehen zweckgebunden zur Kaufpreisfinanzierung dient. Kauf- und Darlehensvertrag sind damit aus der Sicht des K eine wirtschaftliche Einheit. Anders wäre es, wenn K sich auf eigene Faust bei einer Sparkasse ein Darlehen beschafft und erst dann V zum Kauf des Pkw aufsucht. An der wirtschaftlichen Einheit fehlt es auch dann, wenn sich der Verkäufer lediglich darauf beschränkt, seinen Kunden auf ein günstiges Kreditangebot einer bestimmten Bank aufmerksam zu machen und der Kunde dann auf eigene Faust Verbindung zu dieser Bank aufnimmt, um das Darlehen zur Begleichung des Kaufpreises zu erhalten. Dann werden Kauf- und Darlehensvertrag strikt getrennt und nicht als verbundene Verträge abgewickelt.

Schaubild 63: *Verbundene Verträge*

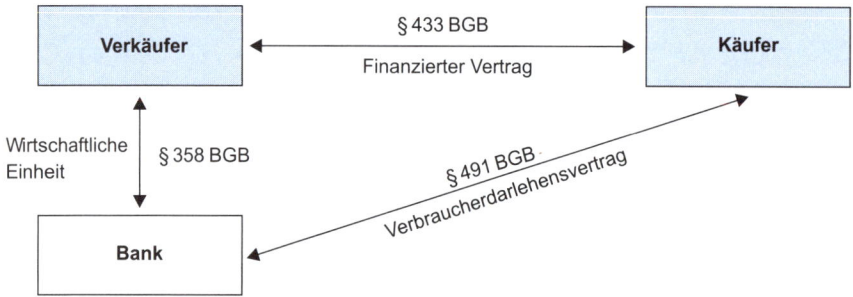

b) Auswirkungen

556   Sofern der finanzierte Kauf bzw. die Dienstleistung verbundene Verträge mit einem Verbrauchsdarlehen sind, hat dies nach § 358, 359 BGB folgende Auswirkungen auf die Rechtsstellung des Kunden:

- das **Widerrufsrecht** bezieht sich auf Verbraucherdarlehen und finanzierten Vertrag, wobei der Widerruf nur gegenüber einem der beiden Vertragspartner erklärt werden braucht (§ 358 I, II BGB, Rn. 442),
- die **Widerrufsbelehrung** muß darauf hinweisen, daß im Falle des Widerrufs auch der verbundene finanzierte Vertrag nicht wirksam zustande kommt (§ 358 V BGB),
- die **Nichtigkeit** des finanzierten Vertrages (z.B. §§ 119, 123, 142, 134, 138 BGB) führt auch zur Unwirksamkeit des Darlehensvertrages,
- **Störungen** des verbundenen Geschäfts (z. B. Ware wird nicht geliefert oder ist mangelhaft) können nach § 359 BGB sofort gegenüber dem Kreditgeber geltend gemacht werden (z. B. Nichtzahlung der Raten, Einwendungsdurchgriff). Voraussetzung ist jedoch, daß die **Wertgrenze von 200 Euro** für das finanzierte Entgelt überschritten wird (§ 359 S. 2 BGB) und das Recht auf **Nacherfüllung erfolglos** geltend gemacht worden ist (§ 359 S. 3 BGB).

III. Finanzierungshilfen

1. Zahlungsaufschub

Fall 2: Kaufmann V liefert ein Haushaltsgerät an den Verbraucher K mit der Vereinbarung einer Anzahlung und einer weiteren Schlußzahlung vier Monate nach Auslieferung der Ware. Der Kaufpreis von € 1000 erhöht sich gegenüber dem Barzahlungspreis geringfügig. Greifen die Regeln über Verbraucherdarlehen ein? **557**

Die Vorschriften über verbundene Verträge und über den Verbraucherdarlehensvertrag finden nach § 499 I BGB grundsätzlich entsprechende Anwendung auf Verträge durch die ein Unternehmer einem Verbraucher

- einen **entgeltlichen Zahlungsaufschub** von mehr als drei Monaten oder
- eine **sonstige entgeltliche Finanzierungshilfe** gewährt.

Als „Zahlungsaufschub" ist das vertragliche Hinausschieben der Fälligkeit oder der Durchsetzbarkeit der gegen den Verbraucher gerichteten Geldforderung zu dessen Gunsten zu verstehen. Unter Entgelt ist jede Art von Gegenleistung zu verstehen, so z.B. ein höherer Preis.

Im Fall 2 liegt ein Zahlungsaufschub von mehr als drei Monaten vor. Darunter fällt auch eine einmalige Zahlung, mit oder ohne Anzahlung, wenn ein höherer Bruttopreis verlangt wird.

2. Finanzierungsleasingvertrag

Haupterscheinungsform der „sonstigen Finanzierungshilfe" ist der Finanzierungsleasingvertrag. Nach § 499 II BGB gelten hierfür die in den §§ 500 bis 504 BGB geregelten Besonderheiten. **558**

a) Leasingarten

Fall 3: Verbraucher K wählt bei Händler H eine Computeranlage für zu Hause aus und schließt mit H einen Leasingvertrag ab. Nach der Installation beschädigen Einbrecher die Anlage mit Totalschaden. H verlangt von K weiter die Leasingraten.

Der Leasingvertrag ist gesetzlich nicht geregelt und hat sich aus dem wirtschaftlichen Interesse an der Nutzung eines Betriebsmittels (z. B. eines Kfz) ohne Liquiditätsbindung entwickelt. Rechtlich ist das Operating-Leasing vom Finanzierungsleasing zu differenzieren.

(1) Das **Operating-Leasing** ist eine fortentwickelte Miete, auf die alleine **Mietrecht** anzuwenden ist. Der Leasinggeber schafft hierbei das Leasinggut auf eigenes Risiko zu mehrfacher Nutzungsüberlassung an (z. B. Maschinen, EDV-Anlagen, Fahrzeuge). Im Unterschied zur gesetzlichen Regelung der Miete trägt der Leasingnehmer in der Regel die Gefahr des Untergangs des Leasingguts und die Kosten der Wartung, wenn nicht „full service" vereinbart wurde. Vielfach wird auch die Gewährleistung für Sachmängel ausgeschlossen. Obwohl also in zulässiger Weise vom gesetzlichen Leitbild des Mietvertrages abgewichen wird, handelt es sich beim Operating-Leasing nur um eine marketingwirksame Bezeichnung eines **Mietverhältnisses**.

(2) Bei Finanzierungsleasing – oft als echter Leasingvertrag bezeichnet – tritt ein Anbieter einer längerfristig nutzbaren Ware mit einem Interessenten in Kontakt und stimmt mit ihm die genaue Beschaffenheit der benötigten Maschinen, EDV-Anlagen, Fahrzeuge, Arbeitskleidung oder Grundstücke ab. Vertragspartner werden meistens jedoch nicht der Anbieter (Hersteller, Händler) und der Interessent, der spätere Leasingnehmer. Zwischen beide tritt der Leasingeber. Er kauft den Gegenstand vom Hersteller oder Händler, least ihn an den Leasingnehmer und tritt als Finanzierungsinstitut auf. Auf diese Weise bewirken die **drei Beteiligten** eine **Finanzierung ohne Kreditgewährung**, da der Hersteller das Wirtschaftsgut an den Leasinggeber verkauft und der Leasingnehmer den Besitz des Leasingguts im Wege des Leasingvertags erhält und es wirtschaftlich nutzen kann.

> Im Fall 3 spielt H als Leasinggeber die Rolle eines Kreditgebers. H erwirbt die Computeranlage bei einem Hersteller und least sie an K. Dieser ist nicht am Eigentum, sondern nur an der Nutzung der Anlage interessiert.

Schaubild 64: *Finanzierungsleasing*

b) Funktion

559 (1) In der Regel wird im Leasingvertrag eine **Grundmietzeit** vereinbart, die nach Art des Leasingguts 3 bis 6 Jahre beträgt und häufig kürzer ist als die betriebsübliche Nutzungszeit. Während der Dauer der Grundmietzeit ist in der Regel die Kündigung des Leasingvertrags ausgeschlossen. Neben einer **Leasingsonderzahlung** bei Vertragsschluß hat der Leasingnehmer die **Leasingraten** in der Grundmietzeit zu zahlen sowie bei einer **Kaufoption eine Restwertzahlung**. Alle Zahlungen des Leasingnehmers decken nach Ablauf der Grundmietzeit sämtliche dem Leasinggeber entstandenen Kosten für die Anschaffung und Vertragsabwicklung und einen Gewinn von ca. 25 bis 55 %. Im **Steuerrecht** wird das Leasinggut nicht nach dem bürgerlich-rechtlichen Eigentum, sondern nach dem **„wirtschaftlichen Eigentum"** abgegrenzt. Nach den Leasing-Erlassen der Bundesfinanzverwaltung wird das Leasinggut nur dann dem Leasingnehmer steuerlich zugeordnet, wenn

- sich die vertragliche Grundlaufzeit zwischen 40–90 % der betriebsgewöhnlichen Nutzungsdauer bewegt,
- eine etwaige Kaufoption gegen Zahlung des annähernden Buchwerts bzw. gemeinen Werts ausgeübt werden kann,
- die Anschlußmiete bei Ausübung einer etwaigen Mietverlängerungsoption ebenfalls diesem Näherungswert entspricht.

(2) Der **Vorteil** für den Leasingnehmer liegt neben dem Ersparen von Eigenkapital in der steuerlichen Berücksichtigung aller Zinszahlungen als Betriebsausgaben einschließlich der Mehrwertsteuer als Vorsteuer sowie in einer Reduzierungsmöglichkeit der Gewerbesteuer. Dies führt zu einer **Schaffung von Liquidität**, weil das Leasinggut im Betrieb genutzt werden kann, ohne Zahlung des vollen Kaufpreises bei Vertragsschluß.

(3) Daher entspricht das Finanzierungsleasing **wirtschaftlich** aus der Sicht des Leasingnehmers dem Teilzahlungsgeschäft, so daß nach § 499 II und §§ 500 bis 504 BGB die dort geregelten Besonderheiten gelten, wenn Leasingnehmer ein Verbraucher ist. Es liegt ein entgeltliches Darlehen in Form einer „sonstigen Finanzierungshilfe" nach § 499 II BGB vor.

(4) In der Praxis ist dies für das **Kfz-Leasing** bedeutsam. Das hat dann zur Folge, daß der Vertragsantrag des Leasingnehmers **widerruflich** und der Kunde hierüber zu **belehren** ist, die **Kündigung** des Vertrags durch den Leasinggeber wegen Zahlungsverzugs des Leasingnehmers nur unter den Voraussetzungen der §§ 500, 498 BGB möglich ist und dem Leasingnehmer der **Einwendungsdurchgriff** eröffnet ist, er also die Zahlung der Leasingraten verweigern kann, wenn er auch die Zahlung eines Kaufpreises verweigern könnte (§§ 500, 358, 359 BGB).

c) Sonstige Rechtsprobleme

(1) Neben den Vorschriften des Verbraucherdarlehens, die für Finanzierungslea- **560** sing mit Verbrauchern anzuwenden sind, werden die Vorschriften des **Mietrechts** und der **AGB** zur Inhaltskontrolle unwirksamer Vertragsklauseln (§ 307 BGB) angewendet.

(2) Kann der Leasinggeber den Gebrauch der Leasingsache nicht gewähren, gilt die mietrechtliche Vorschrift des § 543 BGB bei **Nichterfüllung der Gebrauchsüberlassungspflicht**. Daher kann der Leasingnehmer außerordentlich kündigen. Ein Ausschluß dieses Kündigungsrechts ist gegenüber einem Nichtkaufmann (§ 309 Nr. 8 a BGB), aber auch gegenüber einem kaufmännischen Leasingnehmer unwirksam (§ 307 BGB).

> Im Fall 3 ist der Gefahrübergang beim Leasingvertrag, anders als bei der Miete, dem Kaufrecht zu entnehmen. K trägt daher ab Übergabe (§ 446 I BGB) oder Auslieferung an die Transportperson (§ 447 I BGB) das Risiko des zufälligen Untergangs oder der zufälligen Verschlechterung. K muß daher alle Leasingraten zahlen. Die allgemeine Vorschrift des Gefahrübergangs kommt auch auf Verbraucher zur Anwendung (§§ 474 II, 446 BGB), lediglich der Gefahrübergang beim Versendungskauf ist ausgeschlossen.

(3) Die mietrechtlichen **Gewährleistungsansprüche** des Leasingnehmers werden regelmäßig **im Leasingvertrag ausgeschlossen** und statt dessen **tritt** zulässig der Leasinggeber an den Leasingnehmer die Gewährleistungsrechte aus dem Kaufvertrag (§§ 434, 437 BGB) mit dem Hersteller **ab**, die selbst wieder im Kaufvertrag zwischen Leasinggeber und Hersteller auf ein Nachbesserungs- und Ersatzlieferungsrecht beschränkt worden sind. **Mißlingt die Reparatur** oder sind dem Leasingnehmer – nach 2 fehlgeschlagenen Instandsetzungsversuchen – weitere Nachbesserungen nicht zuzumuten, kann er den Kaufvertrag durch Rücktritt rückgängig machen oder den Kaufpreis mindern (§§ 437 Nr. 2, 323, 326 V, 441 BGB).

Der **Rücktritt** nach §§ 346 ff. BGB hat zur Folge, daß der Hersteller bzw. Lieferant den erhaltenen Kaufpreis mit Zinsen an die Leasingfirma zurückzahlen muß. Im Gegenzug erhält er das Leasinggut vom Leasingnehmer. Der Leasinggeber muß die Nutzungen des Leasingguts vergüten und besitzt seinerseits einen Erstattungsanspruch gegen den Leasingnehmer. Die Leasingfirma muß im Gegenzug die vereinnahmten Leasingraten an den Leasingnehmer herausgeben und besitzt keinen Anspruch auf Erstattung von getätigten Aufwendungen. Der Leasingnehmer, der sein Rücktrittsrecht einklagen muß, kann ab Klageeinreichung die Zahlung der Leasingraten einstellen.

Falls der Leasingnehmer eine **Minderung** geltend macht, ist der Leasingvertrag mit dem geringeren Anschaffungswert neu zu berechnen und eine verhältnismäßige Reduzierung der Raten vorzunehmen. Hat der Leasingnehmer seine Rechte gegen den Lieferanten **verjähren** lassen oder **Fristen** nicht beachtet, verliert er sämtliche Rechte wegen Mängel des Leasingguts.

(4) Den Leasingnehmer trifft vertraglich das **Verlust- und Beschädigungsrisiko** und er ist zur **Tragung der Lasten** verpflichtet. Das Leasinggut (z. B. Kfz) hat er in der Regel zu versichern.

(5) Bei **vorzeitiger Vertragsbeendigung** (z. B. Kündigung wegen Nichtzahlung der Raten) haftet der Leasingnehmer im Falle einer von ihm zu vertretenden fristlosen Kündigung des Leasinggebers wegen des Vollamortisationsprinzips auf **Schadensersatz** in Höhe seiner Aufwendungen und des auf den tatsächlichen Lauf entfallenden anteiligen Gewinns.

3. Teilzahlungsgeschäfte

561 In § 499 II BGB werden als Teilzahlungsgeschäfte solche Verträge bezeichnet, die die Lieferung einer bestimmten Sache oder die Erbringung einer bestimmten anderen **Leistung gegen Teilzahlungen** zum Gegenstand haben. Für sie gelten vorbehaltlich des Abs. 3 die in den §§ 500 bis 504 BGB geregelten Besonderheiten. Dieses System der Weiterverweisung auf Sonderregeln, die wiederum mehr oder weniger auf das Verbraucherdarlehen, sondern auch noch auf einander verweisen, führt das Transparenzgebot bei Verbraucherverträgen ad absurdum. Da der wichtigste Schutz des Verbrauchers – der Widerruf binnen zwei Wochen – in die §§ 355 bis 359 BGB ausgelagert wurde, werden hier die wichtigsten Regeln skizziert (vgl. Rn. 439 ff.).

a) Vertragsschluß

562 (1) Der **Vertrag** über das Teilzahlungsgeschäft bedarf der qualifizierten **Schriftform** des § 502 I, II iVm §§ 492 I 1 bis 4, 492 II, III und § 501 BGB. Hierzu bedarf es auch der Unterschrift des Vertragspartners zur Wirksamkeit. Zudem muß der Verbraucher eine Abschrift (Kopie) der **Vertragsurkunde** erhalten, in der angegeben sein müssen:

- der Barzahlungspreis,
- der Teilzahlungspreis (Gesamtbetrag der Anzahlung, aller Teilzahlungen einschließlich Zinsen und Kosten),
- der Betrag, die Zahl und die Fälligkeit der Raten,

- der effektive Jahreszins,
- die Kosten einer Versicherung,
- die Vereinbarung eines Eigentumsvorbehalts oder einer anderen zu bestellenden Sicherheit.

Wenn jemand ausschließlich gegen Ratenzahlung Waren liefert oder Leistungen erbringt, braucht der Barzahlungspreis und der effektive Jahreszins nicht angegeben werden.

(2) Sind diese **Angaben unrichtig oder fehlen sie ganz oder teilweise**, kommt der Vertrag zunächst nicht zustande. Zu einem wirksamen Vertrag kommt es in diesen Fällen dann, wenn dem Verbraucher die **Ware übergeben** oder die **Leistung erbracht** wird. Der Kunde kann sich jedoch weigern, die Ware bzw. die Leistung abzunehmen. Nimmt er die Ware oder die Leistung trotzdem an, so ändert sich der Vertragsinhalt mit einer Ermäßigung der Ratenbelastung (§ 502 III BGB).

(3) Der Verbraucher kann seine Willenserkärung zum Vertrag innerhalb von **zwei Wochen** ohne Angabe von Gründen **schriftlich widerrufen** (§§ 501, 503 iVm § 495 I, 355 BGB). Die Frist beginnt jedoch nur zu laufen, wenn der Verbraucher schriftlich über seine Rechte **belehrt** worden ist (vgl. Rn. 440).

(4) Für Teilzahlungsgeschäfte im **Fernabsatzhandel** enthält § 502 II BGB Sondervorschriften für einen leichteren Vertragsschluß.

b) Rückabwicklung

(1) Zahlt der Verbraucher die fälligen Raten nicht, so kann der Unternehmer entgegen § 449 BGB nur unter den Voraussetzungen des § 503 II iVm 498 I BGB vom Teilzahlungsgeschäft **zurücktreten** (vgl. Rn. 576). **563**

Als Rücktritt gilt schon die **Rücknahme der Sache** (§ 503 II 4 BGB), so daß dann keine Ratenzahlung mehr verlangt werden kann. Hiervon gibt es eine wichtige Ausnahme. Die Rücknahme der Ware führt dann nicht zur Rückabwicklung des Geschäfts, wenn sich die Vertragsparteien auf eine Vergütung des augenblicklichen Verkaufswerts der Sache einigen.

(2) Im Falle der Rückabwicklung des Geschäfts müssen die **empfangenen Leistungen zurückgegeben** werden, und zwar so, als ob der Vertrag nicht geschlossen worden wäre. Der Unternehmer muß also **alles Gezahlte** (z. B. Anzahlung, Raten) und der Kunde die **Ware** zurückgeben. Der Unternehmer kann jedoch hiervon **abziehen**:

- Ersatz der **Vertragsaufwendungen** wie Porto, Telefon, Transport- und Versicherungskosten,
- Ersatz der **Schäden**, die der Kunde schuldhaft an der Ware verursacht hat, sowie eine
- **Nutzungsvergütung**, also eine mietähnliche Vergütung für die Benutzung der Ware, wobei die Wertminderung der Sache zu berücksichtigen ist (§ 503 II 3 BGB).

4. Ratenlieferungsverträge

564 In § 505 BGB werden die vom Ratenlieferungsvertrag erfaßten Vertragstypen genannt:

- **Verträge mit aufgespaltener Gesamtlieferung** (Teillieferungen wie z. B. Aussteuervertrag, Nr. 1),
- **Sukzessivlieferungsverträge** (regelmäßige Lieferung von Sachen gleicher Art wie Zeitschriftenabonnement, Nr. 2),
- **Wiederkehrkaufverträge** (Verpflichtung zum wiederkehrenden Erwerb oder Bezug von Sachen wie Buch-Club, Nr. 3),

Bei diesen Ratenlieferungsverträgen steht dem Verbraucher ebenfalls ein Widerrufsrecht von zwei Wochen nach Maßgabe der §§ 505 iVm 355, 491 II, III BGB zu. Für die in § 491 II Nr. 1 BGB vorgegebene 200-Euro-Grenze ist die „Summe aller von Verbraucher bis zum frühestmöglichen Kündigungszeitpunkt zu entrichtenden Teilzahlungen" maßgeblich.

IV. Factoring

565 (1) Beim Factoring tritt ein Unternehmer („Anschlußkunde") aufgrund eines Forderungskaufes sämtliche Forderungen (Globalzession) oder bestimmte Forderungen gegen seine Abnehmer an den Factor – in der Regel eine Bank – ab und erhält den Gegenwert der abgetretenen Forderung unter Abzug von Kosten gutgeschrieben. Dadurch hat der Factorkunde einen **Liquiditätsvorteil** und erspart sich die Debitorenbuchhaltung und das Mahnwesen, während der Factor die Forderung einzieht.

(2) Es werden **zwei Arten** des Factoring unterschieden.

- Beim **echten Factoring** übernimmt der Factor auch das Delkredererisiko, d. h., er trägt das Risiko der Insolvenz des Forderungsschuldners. Der Factor ist echter Forderungsinhaber durch Abtretung (§ 398 BGB, vgl. S. 200).
- Beim **unechten Factoring** erfolgt nur eine Abtretung der Forderungen an den Factor erfüllungshalber, wobei die Bank mit der Gutschrift der Forderungen nur einen Kredit an den Factorkunden gewährt und sich die Rückbelastung der Forderungen im Falle der Nichtzahlung vorbehält. Dadurch verbleibt das Delkredererisiko beim Factorkunden. Das unechte Factoring ist somit ein reines Kreditgeschäft, während sich das echte Factoring als eine echte Globalabtretung aufgrund eines Forderungskaufs darstellt.

Merksätze

1. Darlehensvertrag
   - **Gelddarlehen** (§§ 488 ff. BGB)
   - **Sachdarlehen** (§§ 607 ff. BGB)
2. Finanzierungs- und Kreditgeschäfte
   - **Gelddarlehen** (§§ 488–490 BGB)
   - **Verbraucherdarlehen** (§§ 491–507 BGB)
     - Verbraucherdarlehen

- – Zahlungsaufschub
- – Sonstige Finanzierungshilfen
  - ∗ Finanzierungsleasing
  - ∗ Teilzahlungsgeschäfte
- • **Factoring**
  - – echtes: Forderungserwerb durch Kauf und Abtretung
  - – unechtes: Abtretung nur erfüllungshalber aufgrund Darlehens
- • **Darlehensvermittlung** (Unterfall des Maklervertrages, §§ 655 a–e BGB)

3. **Verbraucherdarlehensvertrag**
  - • **Begriff** (§ 491 I BGB)
    - – Darlehensverträge
    - – gegen Entgelt
    - – zwischen einem Unternehmer als Darlehensgeber
    - – und einem Verbraucher als Darlehensnehmer
  - • **Grundsätzliche Anwendung des Verbraucherdarlehens auf**
    - – Finanzierungshilfen (§§ 409–504 BGB)
      - ∗ Zahlungsaufschub
      - ∗ Finanzierungsleasing
      - ∗ Teilzahlungsgeschäfte
    - – Ratenlieferungsverträge (§ 505 BGB)
  - • **Ausnahmen** (§ 491 II BGB)
    - – Bagatellfälle bis 200 Euro/bis 3 Monate Zahlungsaufschub
    - – Existenzgründungen ab 50 000 Euro
    - – Finanzierungsleasing teilweise
  - • **Formvorschriften** (§ 492 BGB)
    - – Verbraucherdarlehensverträge verlangen
      - ∗ Schriftform
      - ∗ Mindestinhalte (Gelddarlehen, Teilzahlungsgeschäft)
      - ∗ 2 Unterschriften und Urkunde an Verbraucher
    - – Formmängel führen grds. zur Unwirksamkeit
  - • **Widerrufsrecht des Verbrauchers** (§§ 495, 355 BGB)
    - – Schriftliche Belehrung
    - – 2 Wochen bei Belehrung
    - – Belehrung nach Vertragsschluß 1 Monat, spätestens 6 Monate/unbegrenzt ohne Belehrung
  - • **Rücktritt des Darlehensgebers** (§§ 498, 503 II BGB)
    - – Zahlungsverzug des Verbrauchers
    - – mit mind. 2 aufeinanderfolgenden Raten
    - – mind. 10% (5%) Kreditbetrag
    - – Zahlungsfrist 2 Wochen mit Androhung
    - – Kreditgeber hat Anspruch auf
      - ∗ Vertragskosten
      - ∗ Nutzungsvergütung
      - ∗ Schadensersatz
  - • **Finanziertes Teilzahlungsgeschäft (Verbundene Verträge §§ 358, 359 BGB)**
    - – Wirtschaftliche Einheit zwischen finanziertem Vertrag und Darlehen
      - ∗ Rahmenvertrag
      - ∗ Gegenseitige Bezugnahme
      - ∗ Sicherungsgeschäfte für Darlehensgeber
    - – Folgen: Widerrufsrecht, Einwendungsdurchgriff
  - • **Finanzierungsleasing**
    - – Begriff: Sachbesitz des LN auf Zeit gegen Entgelt
    - – Parteien: Hersteller der Sache, Leasinggeber (LG), Leasingnehmer (LN)
    - – Anwendbare Rechtsvorschriften
      - ∗ Mietrecht (§§ 535 ff. BGB)
      - ∗ AGB-Vorschriften (§§ 305 ff. BGB)

– Sicherungsübereignung an LG
– Verbraucherdarlehen bei Verbraucher als LN
– Rechtswirkungen
   * LN darf kündigen, wenn Sache nicht/nicht rechtzeitig zur Verfügung steht (§ 543 BGB)
   * LN darf erst kündigen/mindern nach 2 Nacherfüllungsversuchen

4. **Leitentscheidungen**
   • **Verbraucherkredit und Restschuldversicherung als verbundene Geschäfte**
     BGH, 15. 12. 2009, Az.: XI ZR 45/09
   • **Finanzierungsleasing kein Umgehungsgeschäft**
     BGH, 21. 12. 2005, NJW 2006, 1066

§ 21
Kreditsicherheiten

Lernziele:

Nachdem Sie dieses Kapitel 21 durchgearbeitet haben, können Sie
• die Personalsicherheiten von den Realsicherheiten differenzieren.
• die Grundlagen der Bürgschaft, des Schuldbeitritts und des Garantievertrages erläutern.
• den Eigentumsvorbehalt mit seinen Arten erklären.
• die Grundpfandrechte nennen und beschreiben.
• die wesentliche Probleme der Sicherungsübereignung und Sicherungsabtretung darstellen.

566 Der Kreditgeber ist meist nur dann bereit, einen Kredit zu gewähren, wenn er Sicherheiten für den Fall erhält, daß der Schuldner seine Verpflichtungen nicht erfüllt. Die Kreditsicherheit ist daher als **Sekundärgeschäft** aufzufassen, das gegenüber dem **Primärgeschäft der Kreditgewährung** im Hintergrund steht. Der Kreditgeber greift also erst auf die Sicherheit zurück, wenn der Kreditnehmer das Primärgeschäft nicht vereinbarungsgemäß abwickelt. Die Kreditsicherheiten im Handelsgewerbe können in zwei Gruppen unterteilt werden:
• Personalsicherheiten und
• Realsicherheiten.

Eine **Personalsicherheit** gewährt dem Kreditgeber einen schuldrechtlichen Anspruch, aufgrund dessen er auch von einem Dritten die Leistung verlangen kann. Die wichtigsten persönlichen Sicherheiten im Kreditbereich sind neben der Bürgschaft, der Schuldbeitritt und die Schuldübernahme sowie der Garantievertrag. Die **Realsicherheit** gibt dem Kreditgeber ein Recht an einer Sache oder einem Recht, das ihn in die Lage versetzt, im Falle eines notleidenden Kredits, den Vermögensgegenstand zu verwerten und sich aus dem Erlös zu befriedigen. Wichtige Realsicherheiten sind der Eigentumsvorbehalt, das Pfandrecht an Waren, Grundstücken und Forderungen, die Sicherungsübereignung und die Sicherungsabtretung. Primär streben Kreditgeber die günstigere Rechtsposition von Realsicherheiten an, ehe sie sich mit Personalsicherheiten zufriedengeben.

Schaubild 65: *Kreditsicherheiten*

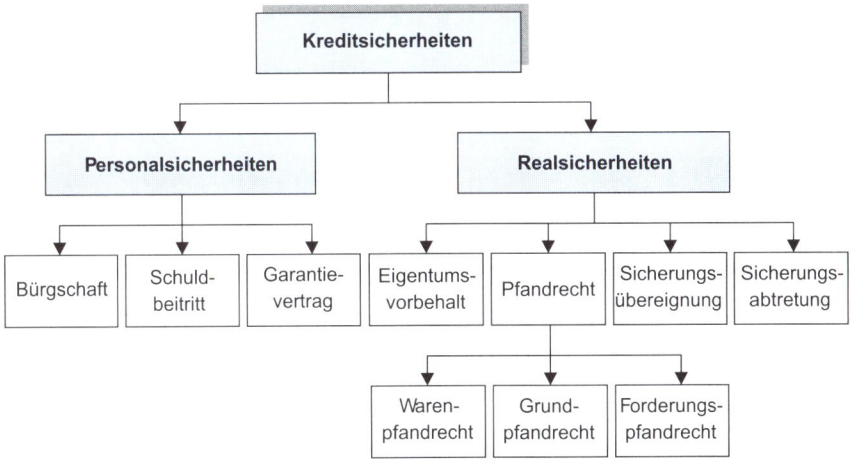

I. Personalsicherheiten

1. Bürgschaft

a) Bürgschaftsvertrag

> **Fall 1**: Student Arm (A) will einen Gebrauchtwagen von Händler H kaufen. Da er den Kaufpreis nur in Raten begleichen kann, veranlaßt er seine Mutter M, sich gegenüber H telefonisch zu verbürgen. Ist M damit Bürge?   **567**

Mit dem Bürgschaftsvertrag verpflichtet sich der Bürge **einseitig** gegenüber dem Gläubiger, für die Erfüllung einer – auch künftigen – **Verbindlichkeit des Schuldners** einzustehen (§ 765 I BGB). Der Bürge übernimmt also das Risiko, bei Zahlungsunfähigkeit des Schuldners selbst zahlen zu müssen.

Die Bürgschaft entsteht durch **Vertrag zwischen dem Bürgen und dem Gläubiger**. Wegen der Gefährlichkeit dieser persönlichen Sicherheit, bedarf die **Willenserklärung des Bürgen**, der nicht Kaufmann ist (§ 350 HGB), der **Schriftform** (§ 766 S. 1 BGB), wobei ein Formmangel jedoch geheilt wird, soweit der Bürge freiwillig die Hauptschuld erfüllt (§ 766 S. 3 BGB)! Das Motiv für die Bürgschaftsübernahme ist in der Regel ein Auftrag oder ein Geschäftsbesorgungsvertrag zwischen dem Bürgen und dem Hauptschuldner (Deckungsverhältnis). Die Beteiligten an dem Dreiecksverhältnis heißen **Gläubiger**, **Hauptschuldner** und **Bürge**.

> Eine wirksame Bürgschaft setzt einen Bürgschaftsvertrag zwischen M und H voraus und eine Verbindlichkeit des A (Hauptforderung), wobei hier noch keine Kaufpreisschuld durch Vertrag begründet wurde. Um dem Gläubiger H schon beizeiten die Sicherheit zu verschaffen, ist es grundsätzlich zulässig, die Bürgschaft auch für eine künftige Verbindlichkeit zu übernehmen (§ 765 II BGB). Da aber M keine Kauffrau ist, ist gleichwohl der Bürgschaftsvertrag gem. §§ 766, 125 BGB nichtig.

Schaubild 66: *Bürgschaft*

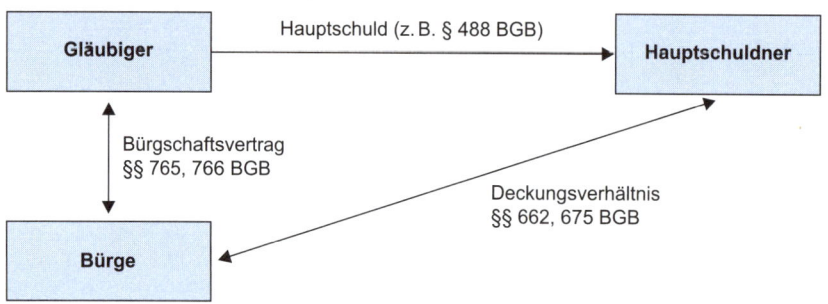

b) Arten

568 In der **Praxis** werden in der Regel Darlehensrückzahlungsansprüche (§ 488 I 2 BGB) abgesichert, aber auch Bankbürgschaften gegenüber Lieferanten, Vertragserfüllungs- oder Mängelgewährleistungsbürgschaft im Exportgeschäft (z. B. durch die Hermes Kreditversicherungs-AG) geschlossen. Da der Bürge gesetzlich nur hilfsweise haftet, haben sich im Wirtschaftsleben folgende zulässige **Bürgschaftsarten** durchgesetzt:

- **selbstschuldnerische Bürgschaft** (Regelfall bei Banken) nach §§ 771, 772, 773 I Nr. 1 BGB, wobei der Gläubiger ohne vorherigen Zwangsvollstreckungsversuch sofort direkt vom Bürgen Zahlung verlangen kann,
- **Ausfallbürgschaft** nach § 771 BGB, wobei der Bürge nur für den nachgewiesenen Ausfall haftet, den der Gläubiger trotz Zwangsvollstreckung gegen den Schuldner und trotz anderer Sicherheiten hat,
- **Mitbürgschaft** nach § 769 BGB bei der sich mehrere Personen verbürgen wie z. B. Eheleute,
- **Rückbürgschaft,** wobei der Rückbürge dem Bürgen für dessen Rückgriffsansprüche gegen den Schuldner einsteht.

Die selbstschuldnerische Bürgschaft ist für Kaufleute die regelmäßige Bürgschaftsform, da die Einrede der Vorausklage für Kaufleute ausgeschlossen ist (§ 349 S. 1 HGB).

c) Rechtsfolgen der Bürgschaft

569 **Fall 2**: Ein Gläubiger G erläßt seinem Schuldner S einen Darlehensrückzahlungsanspruch. Kann G sich jetzt an einen Bürgen B halten?

(1) Der Bürge ist verpflichtet, dem Gläubiger für die Erfüllung der Schuld des Dritten in deren jeweiligen Bestand mit seinem gesamten Vermögen einzustehen (§ 767 BGB). Der Bestand des Bürgschaftsvertrages ist damit von der **Existenz und dem Umfang der Hauptforderung abhängig** (**Akzessorietät**). Besteht also die Hauptforderung nicht (z. B. Anfechtung, Erfüllung), existiert auch keine Bürgschaft.

Nachdem G dem S seine Schuld aus § 488 I BGB erlassen hat (§ 397 BGB), fehlt es an einer zu sichernden Hauptforderung, so daß auch die Bürgschaft unwirksam wird.

(2) Der Bürge kann sich nicht nur mit **Einwendungen und Einreden aus dem** 570
Bürgschaftsvertrag gegen eine Inanspruchnahme wehren (z. B. Fehlen der
Schriftform, Nichtigkeit der Bürgschaft wegen sittenwidriger Inanspruchnahme
geschäftsunerfahrener, nicht leistungsfähiger Angehöriger (BGH NJW 2005,
971), formularmäßige Ausdehnung der Bürgschaft auch auf künftige Verbindlichkeiten des Hauptschuldners gem. § 307 BGB), sondern er kann auch die dem
Hauptschuldner zustehenden Einreden gegen die Hauptschuld geltend machen
(§ 768 I BGB).

> **Beispiel:** B hat sich wiederum für S verbürgt. Die Forderung des G gegen S ist inzwi-
> schen verjährt. B kann sich nach § 768 I BGB ebenfalls auf die dem S zustehende Ver-
> jährungseinrede (§§ 433 II, 214 BGB) berufen.

Als normaler gesetzlicher Bürge kann er auch die **Einrede der Vorausklage** er-
heben (§ 771 BGB; § 773 I Nr. 1 BGB ausgeschlossen bei selbstschuldnerischer
Bürgschaft). Soweit der Bürge den Gläubiger befriedigt, geht die Forderung des
Gläubigers gegen den Hauptschuldner einschließlich aller Sicherungsrechte kraft
Gesetzes auf ihn über (§§ 774, 412, 401 BGB). Deshalb hat der Bürge betragsmäßig in der Höhe der Inanspruchnahme einen **Rückgriffsanspruch** gegen den
Hauptschuldner, der nicht von seiner Verbindlichkeit befreit werden soll. Daneben hat der Bürge gegen den Schuldner einen vertraglichen Anspruch auf Erstat-
tung dieser Auslagen aus dem **Deckungsverhältnis** (§§ 670, 662 BGB).

2. Schuldbeitritt

In der Praxis häufig ist auch ein Schuldbeitritt einer weiteren Person, durch den 571
sich der Beitretende verpflichtet, künftig als **Gesamtschuldner** für die Verbindlichkeit des Schuldners einzustehen (§ 311 I BGB, vgl. S. 201). Damit entsteht eine
selbständige Verbindlichkeit des Übernehmers, wobei z. B. die Bank dann die
Wahl hat, von welchem Gesamtschuldner (§ 421 BGB) sie die Forderung verlangen will.

> **Beispiel**: Mitverpflichtung des Ehepartners oder Lebensgefährten bei Darlehensverträ-
> gen; Haftung des Erwerbers bei Firmenfortführung (§ 25 HGB)

3. Garantievertrag

Ein Kredit kann auch durch einen Garantievertrag abgesichert werden. Der 572
selbständige Garantievertrag ist im BGB nicht ausdrücklich geregelt, aber im
Rahmen der Vertragsfreiheit zulässig (vgl. Rn. 499). Hierdurch verpflichtet sich
jemand, den Gläubiger (Garantienehmer) im Garantiefall so zu stellen, als ob der
ins Auge gefaßte **Erfolg** eingetreten oder der Schaden nicht entstanden wäre. Der
Garant übernimmt also die Garantie dafür, daß ein Gläubiger die Leistung, die er
von einem Schuldner verlangen kann, auch erhält.

> **Beispiele**: Eigenschaftsgarantie (z. B. Ware, § 443 BGB), Leistungsgarantie (z. B. Scheck-
> kartengarantie, Forderungsgarantie eines Gesellschafters für Gesellschaftsschuld, Boni-
> tätsgarantie)

Im Gegensatz zur Bürgschaft ist der Garantievertrag **nicht akzessorisch**, so daß
der Garantievertrag wirksam sein kann, ohne daß eine wirksame zu sichernde
Forderung besteht. Außerdem kann der Garant sich nicht auf Einreden (z. B. Ver-

jährung) gegen die zu sichernde Forderung berufen. Die Haftung ist damit schärfer als bei der Bürgschaft.

4. Akkreditiv

573   Das Akkreditiv soll insbesondere im **Außenhandel** eine Zahlung, z. B. einen vorzuleistenden Kaufpreis, vermitteln. Es wird in der Weise gestellt, daß der Käufer sich verpflichtet, eine bestimmte Bank zu veranlassen, die dem Kaufpreis entsprechende Summe dem Verkäufer nach der Prüfung und Aushändigung bestimmter Dokumente (z. B. Frachtbrief) zu zahlen. Das von der Bank eröffnete Akkreditiv hat dann die Wirkung eines **selbständigen Schuldversprechens**, gegen das Einwendungen aus dem Kaufvertrag nicht möglich sind (z. B. Gewährleistungsansprüche).

II. Realsicherheiten

574   Im Gegensatz zu den Personalsicherheiten sind bei den Realsicherheiten ein dingliches Recht für den Sicherungsnehmer und Gläubiger begründet. Hierzu wird in zwei Schritten

- ein **schuldrechtlicher Vertrag** zwischen Gläubiger und Sicherungsgeber geschlossen, in dem sich der Sicherungsgeber zur Schaffung einer dinglichen Sicherheit verpflichtet wie z. B. zur Sicherungsübereignung eines Fahrzeuges,
- sodann ein **dinglicher Vertrag** zwischen Gläubiger und Sicherungsgeber, mit dem das Sicherungsrecht z. B. an dem Fahrzeug begründet wird.

1. Eigentumsvorbehalt

> **Fall 3**: Student K kauft ein Fernsehgerät bei Händler V, wobei vereinbart wurde, den Kaufpreis von € 1000 dadurch zu begleichen, daß K eine Anzahlung von € 200 leistet und den Restbetrag in 16 Monatsraten zu € 50 begleicht. Ferner wurde vereinbart, daß V sich das Eigentum an dem Gerät bis zur vollständigen Kaufpreiszahlung vorbehält. Welche Rechte hat V, wenn K mit der Ratenzahlung in Verzug ist?

a) Einfacher Eigentumsvorbehalt

575   (1) Wird bei einem Kaufvertrag über eine **bewegliche Sache** der Kaufpreis nicht vollständig entrichtet, so kann der vorleistende Verkäufer hinsichtlich des noch offenen Restkaufpreises sich dadurch absichern, daß er sich das Eigentum an der Ware – auch in seinen AGB – bis spätestens bei Übergabe (z. B. deutlicher Vermerk auf Lieferschein: „Bis zur vollständigen Bezahlung bleibt die Ware Eigentum des Verkäufers") vorbehält (§ 449 BGB). Die Absicherung erfolgt

- **schuldrechtlich**

dadurch, daß der Kaufvertrag ohne eine Bedingung geschlossen wird, jedoch

- **sachenrechtlich**

die neben der Übergabe der Sache zur Übereignung gehörende **Einigung unter der aufschiebenden Bedingung** der vollständigen Kaufpreiszahlung erfolgt (§§ 929, 158 I BGB).

(2) Schuldrechtlich hat der Eigentumsvorbehalt die Wirkung, daß der Verkäufer 576
ein gesetzliches **Rücktrittsrecht** vom Kaufvertrag erlangt, sofern sich der Käufer
mit den Kaufpreisraten in Verzug befindet (§ 449 BGB). Zur Ausübung des Rücktritts braucht der Verkäufer keine Frist zu setzen, will er dagegen Schadensersatz,
ist diese erforderlich (§ 323 BGB).

> Im Fall 3 kann V nach einer Rücktrittserklärung als Eigentümer des Fernsehgeräts die-
> ses von K gem. § 985 BGB herausverlangen. Infolge des Rücktritts erlischt das An-
> wartschaftsrecht und das Recht zum Besitz des Geräts. Da ein Teilzahlungskauf vor-
> liegt (§§ 499 II, 501 BGB), müssen zusätzlich die speziellen Rücktrittsvoraussetzungen
> nach § 498 BGB vorliegen, wobei die Rücknahme des Geräts grundsätzlich ein Rück-
> tritt ist (§ 503 II BGB, vgl. S. 330). Im Hinblick auf § 498 I Nr. 2 BGB muß V jedoch
> eine zweiwöchige erfolglose Nachfrist gesetzt haben.

> **Fall 4:** Student K möchte das Fernsehgerät, bei dem noch einige Raten ausstehen, wei-
> terverkaufen. K tritt an Z „alle Rechte wegen des Fernsehgeräts" ab und verpflichtet
> sich, die offenen Raten noch selbst zu bezahlen. Wie ist die Rechtslage?

(3) Sachenrechtlich wird beim Eigentumsvorbehalt der **unmittelbare Besitz** so- 577
fort auf den Käufer übertragen, der den Kaufgegenstand sofort nutzen kann. Zusätzlich erhält der Käufer ein **Anwartschaftsrecht auf das künftige Eigentum**
am Kaufgegenstand, damit der Verkäufer wegen § 161 I BGB durch eine weitere
Übereignung an einen Dritten, den Eigentumserwerb des Käufers grundsätzlich
nicht mehr verhindern kann. Mit Eintritt der Bedingung der vollständigen Kaufpreiszahlung wandelt sich das Anwartschaftsrecht automatisch in das Eigentum
des bisherigen Anwartschaftsberechtigten um, so daß dann der bisherige Eigentümer sein Eigentum verliert. Dieses Anwartschaftsrecht ist

- ein **gesichertes Erwerbsrecht**, eine Vorstufe des künftigen Eigentums („we-
  sensgleiches Minus"), wobei sein wirtschaftlicher Wert mit der Abzahlung des
  Kaufpreises steigt,
- ein absolutes **Recht zum Besitz** und ein **sonstiges Recht** gem. § 823 I BGB,
- entsprechend §§ 929 ff. BGB **übertragbar**, **vererbbar** und **verpfändbar** (z. B.
  zu Sicherungszwecken an eine Bank).

> Im Fall 4 verliert K analog § 929 BGB alle dinglichen Rechte am Fernsehgerät und Z
> erwirbt das Anwartschaftsrecht. Mit der Zahlung der letzten Rate geht das Eigentum
> von V unmittelbar und automatisch ex nunc auf Z über.

(4) **Sachenrechtlich** ist zudem ein **gutgläubiger Erwerb** von einem Vorbehalts- 578
käufer möglich (§§ 929, 932 BGB), wobei der Dritte dann echtes Eigentum erwirbt und der Verkäufer dieses verliert. Allerdings macht sich der Vorbehalts-
käufer dann wegen Unterschlagung strafbar und gegenüber dem Verkäufer
schadensersatzpflichtig (§ 823 BGB). Bei Kfz-Verkäufen behält in der Regel der
Verkäufer den Kfz-Brief, um einen gutgläubigen Erwerb zu erschweren. Bei neu-
wertigen Sachen, die üblicherweise unter Eigentumsvorbehalt verkauft werden,
muß sich der Käufer von einem privaten Verkäufer die Quittungen vorlegen lassen, wenn er nicht grobfahrlässig nach § 932 II BGB handeln will.

> Im Fall 4 kommt ein gutgläubiger Erwerb des Volleigentums (§ 932 BGB) durch Z nicht
> in Betracht, da dieser den Eigentumsvorbehalt kennt.

b) Sonderformen des Eigentumsvorbehalts

579 Der einfache Eigentumsvorbehalt erfüllt nur seinen Sicherungszweck, wenn die Ware bei dem Käufer verbleibt und dort nicht weiterverarbeitet wird, da er durch gutgläubigen Erwerb eines Dritten (§§ 929, 932 BGB, 366 HGB) oder durch Weiterverarbeitung und Verbindung (§§ 946 ff. BGB) erlischt. Daher haben sich in der Praxis Sonderformen des Eigentumsvorbehalts entwickelt, um den erstrebten Sicherungszweck zu erhalten.

(1) **Verlängerter Eigentumsvorbehalt** liegt vor, wenn Verkäufer und Käufer vereinbaren, daß an Stelle des Eigentumsvorbehalts, wenn dieser erlischt, **die neue Sache** (Arbeitsprodukt, § 950 BGB) **oder die daraus entstehende Forderung** aus der Weiterveräußerung treten soll. Mit dieser Ermächtigung darf damit der Käufer die Sache veräußern oder verarbeiten, wobei im Gegenzug entweder

- eine Vorausabtretung der Forderungen vereinbart wird, die aus dem Verkauf der Vorbehaltsware entstehen (**Sicherungsabtretung**) oder
- das Eigentum an der durch Verarbeitung geschaffenen Sache auf den Verkäufer übertragen wird (**Sicherungsübereignung**).

> **Beispiel:** Der Stoffhersteller S liefert an Käufer K 200 m Stoff. S und K vereinbaren in den AGB:
> 1. Die gelieferte Ware bleibt bis zur Bezahlung im Eigentum des Verkäufers.
> 2. Der Käufer kann die Ware im Rahmen eines ordnungsgemäßen Geschäftsbetriebs veräußern oder weiterverarbeiten.
> 3. Bei Weiterveräußerung oder Weiterverarbeitung und anschließender Veräußerung gilt:
>   a) Der Verkäufer erwirbt Miteigentum an der verarbeiteten Sache in Höhe des Kaufpreises der Vorbehaltsware.
>   b) Der Käufer tritt seine Forderungen aus einem Weiterverkauf der Vorbehaltsware an den Verkäufer ab und zwar auch insoweit, als die Ware verarbeitet ist.

(2) **Kontokorrentvorbehalt** liegt vor, wenn der Eigentumsvorbehalt erst erlischt, wenn der Käufer alle oder einen bestimmten Teil der Forderungen aus der Geschäftsverbindung beglichen, insbesondere einen Saldoausgleich herbeigeführt hat.

2. Warenpfandrecht

580 Zur Sicherung einer Forderung kann an einer **beweglichen Sache** (Ware) ein dingliches Pfandrecht für einen Gläubiger einer Forderung durch ein Rechtsgeschäft bestellt werden oder durch Gesetz entstehen, das dem Pfandgläubiger ein **Verwertungsrecht** an dem Pfand einräumt (§ 1204 BGB). Ein Pfandrecht kann darüber hinaus auch an **Rechten** (z. B. Forderungen, Gesellschaftsanteil) bestellt werden (§§ 1273 ff. BGB).

a) Rechtsgeschäftliches Pfandrecht

(1) Das rechtsgeschäftliche Pfandrecht an Waren entsteht durch

- **Einigung über die Pfandrechtsbestellung** und
- **Übergabe der verpfändeten Sache** an den Pfandgläubiger (§ 1205 BGB).

Diese sachenrechtliche Einigung kann auch durch AGB erfolgen. Da das Warenpfandrecht ein Besitzpfandrecht ist, ist es zwingend notwendig, daß der **Pfand-**

gläubiger unmittelbarer Besitzer wird. Dadurch kann der Verpfänder die Sache nicht wirtschaftlich nutzen, so daß das Warenpfandrecht in der Praxis durch die **Sicherungsübereignung** und bei Rechten durch die Sicherungsabtretung **weitgehend verdrängt** worden ist. Die Verpfändung ist damit nur noch im Kleinkreditbereich mit Pfandleihern und bei Wertpapieren praktisch relevant.

> **Beispiel:** Kaufmann K erhält von Emsig einen Kredit über € 5000 und verpfändet als Sicherheit eine alte Uhr im Wert von € 10.000.

(2) Das Pfandrecht gewährt dem Pfandgläubiger ein **beschränkt dingliches Recht**, das mit der Übertragung der gesicherten Forderung auf einen neuen Gläubiger kraft Gesetzes übergeht (§ 1250 BGB). Das akzessorische **Pfandrecht erlischt** durch das Erlöschen der Forderung (§ 1252 BGB), Aufhebung (§ 1255 BGB), Rückgabe (§ 1253 BGB) und das Zusammentreffen von Pfandrecht und Eigentum in einer Person (§ 1256 BGB). Die **Verwertung** gepfändeter Gegenstände erfolgt durch Verkauf (§ 1228 BGB) oder öffentliche Versteigerung (§ 1235 BGB). Die gesicherte Forderung wird dann aus dem Erlös erfüllt.

b) Gesetzliches Pfandrecht

Nach § 1257 BGB finden die Vorschriften über das rechtsgeschäftliche Pfand- **581** recht auf gesetzliche Pfandrechte Anwendung. Gesetzliche Pfandrechte entstehen unabhängig von einer Vereinbarung der Beteiligten in folgenden wichtigen Fällen, wenn deren gesetzliche Tatbestandsmerkmale erfüllt sind:

- **Vermieterpfandrecht** (§§ 562 ff. BGB, vgl. Rn. 537),
- **Werkunternehmerpfandrecht** (§ 647 BGB, vgl. Rn. 595),
- **Gastwirtspfandrecht** (§ 704 BGB) und
- **Pfandrecht des Kommissionärs** (§ 397 HGB, vgl. Rn. 632), **des Spediteurs** (§ 464 HGB, vgl. Rn. 644), **des Lagerhalters** (§ 475 b HGB, vgl. Rn. 646) **und des Frachtführers** (§ 441 HGB, vgl. Rn. 639).

Auch eine **Zwangsvollstreckung** in bewegliche Sachen, Forderungen oder sonstige Rechte schafft für den Gläubiger ein Pfandrecht (§ 804 I ZPO) mit den gleichen Rechten, die ein rechtsgeschäftliches Pfandrecht nach §§ 1204 ff. BGB gewährt. Sind bewegliche Sachen pfändbar, nimmt der Gerichtsvollzieher diese in Besitz oder legt ein Siegel an. Hierdurch entsteht ein Pfändungspfandrecht, wenn die gepfändeten Sachen dem Vollstreckungsschuldner gehören. Bei Pfändung in andere Vermögensrechte entsteht das Pfandrecht durch Entscheidung des Amtsgerichts als Vollstreckungsgericht.

3. Grundpfandrechte

Als Grundpfandrechte werden die **Hypothek** (§ 1113 BGB), die **Grundschuld** **582** (§ 1191 BGB) und die **Rentenschuld** (§ 1199 BGB) bezeichnet. Sie sind dingliche Verwertungsrechte an einem Grundstück und mithaftenden Gegenständen (z. B. Zubehör), nach denen der Gläubiger einer Forderung die Zwangsversteigerung oder Zwangsverwaltung des belasteten Grundstücks betreiben darf (§ 1147 BGB). Die Grundpfandrechte haben wegen ihres sachenrechtlichen Vorrangs gegenüber anderen persönlichen Gläubigern eine dominante Stellung als Kreditsicherheit. Durch sie werden die meisten größeren Geldkredite gesichert, insbesondere Darlehen zur Finanzierung eines Grundstückskaufs. Während die **Hypothek stets an den Bestand der zu sichernden Forderung gebunden** ist (Akzessorietät), ist die vom Bestand einer Forderung unabhängige **Grundschuld** am **häufigsten** in der Wirtschaftspraxis.

a) Hypothek

582 (1) Eine Hypothek ist die **dingliche Belastung eines Grundstücks** in der Weise, daß zugunsten des Berechtigten eine **bestimmte Geldsumme** wegen einer ihm zustehenden **Forderung** aus dem Grundstück zu zahlen ist. Sie ist bei Entstehung und Bestand abhängig von der zugrundeliegenden Forderung (§ 1153 BGB). Hypothekengläubiger ist nur, wer auch Inhaber der Forderung ist. So geht die Hypothek mit Übertragung der Forderung auf den neuen Gläubiger über. Diese **Personenidentität auf der Gläubigerseite** muß nicht auf der Schuldnerseite bestehen. Zu einem Auseinanderfallen von persönlichem Schuldner der Forderung und dinglich Verpflichteten kommt es dann, wenn der Eigentümer mit seinem Grundstück für eine fremde Schuld einsteht.

> **Beispiel:** Verpfändung eines Grundstücks eines Gesellschafters für ein Darlehen an die GmbH.

(2) Die Hypothek **entsteht** durch

* **Einigung** zwischen dem Eigentümer des Grundstücks und dem Erwerber der Hypothek (z. B. Bank) über die Hypothekenbestellung,
* **Eintragung** im Grundbuch (§§ 873, 1115 BGB) und
* bei **Existenz der zu sichernden Forderung.**

Je nach Art der Hypothek sind zusätzlich die Erteilung eines Hypothekenbriefes durch das Grundbuchamt und die Übergabe dieses Briefes vom Eigentümer an den Erwerber der Hypothek (**Briefhypothek**, § 1117 BGB) oder die Einigung des Eigentümers und des Erwerbers der Hypothek über den Ausschluß eines Briefes und die Eintragung dieses Ausschlusses in das Grundbuch (**Buchhypothek**) erforderlich.

(3) **Gegenstand der hypothekarischen Haftung** sind das Grundstück mit Bestandteilen, Früchten und Zubehör einschließlich der Miet-, Pacht- und Versicherungsforderungen des Eigentümers (§§ 1120 ff. BGB).

(4) Die **Übertragung der Hypothek** erfolgt in der Weise, daß die gesicherte Forderung durch Gläubigerwechsel abgetreten wird, wobei bei der **Briefhypothek** eine schriftliche Abtretungserklärung und die Übergabe des Briefes, jedoch keine Grundbucheintragung notwendig ist (§ 1154 I BGB). Eine **Buchhypothek** wird durch Einigung über den Forderungsübergang und Eintragung im Grundbuch nach § 873 BGB übertragen.

(5) Die **Hypothek erlischt** durch die Befriedigung des Gläubigers aus dem Grundstück, d. h. infolge Zwangsvollstreckung, den Ausfall des Gläubigers in der Zwangsversteigerung und rechtsgeschäftliche Aufhebung mit Löschung im Grundbuch, zu der der Grundstückseigentümer seine Zustimmung geben muß, weil er seine Eigentümergrundschuld verliert und im Range nachstehende Berechtigte aufrücken (vgl. Rn. 460). Ansonsten bleibt die Hypothek bestehen und

wandelt sich – z. B. wenn der Eigentümer den Gläubiger durch Zahlung befriedigt – mit gleicher Rangstelle in eine Eigentümergrundschuld um (§ 1177 BGB).

(6) **Sonderfälle der Hypothek** sind die **Sicherungshypothek**, wobei eine Buchhypothek streng akzessorisch sich nur nach der Forderung bestimmt (§ 1184 BGB). Sie eignet sich für kurzfristige Kredite und ist für die im Wege der Zwangsversteigerung erlangte Zwangshypothek (§ 866 ZPO) und die Bauhandwerkerhypothek (§ 648 BGB) vorgesehen. Eine Hypothek kann auch so bestellt werden, daß anstatt der genau festgelegten Geldsumme lediglich der Höchstbetrag, bis zu dem das Grundstück haftet, festgelegt wird und im übrigen die Forderungen – z. B. bei Kontokorrenten – in der jeweiligen Höhe gesichert werden. Diese **Höchstbetragshypothek** ist immer eine Sicherungshypothek (§ 1190 BGB).

b) Grundschuld

Die Grundschuld ist nach § 1191 BGB eine Grundstücksbelastung des Inhalts, **583** daß an den Berechtigten eine bestimmte Geldsumme aus dem Grundstück zu zahlen ist. Sie unterscheidet sich von der Hypothek dadurch, daß bei ihr die **Abhängigkeit von der Forderung fehlt**. Gleichwohl wird in der Praxis die Grundschuld als sog. **Sicherungsgrundschuld** bestellt. Sie ist eine einfache Grundschuld, wobei die Verknüpfung von Forderung und Grundschuld durch einen **schuldrechtlichen Sicherungsvertrag** zwischen Eigentümer und Gläubiger hergestellt wird. Der Gläubiger darf also nur entsprechend dem Sicherungsvertrag von der Grundschuld Gebrauch machen.

Die Grundschuld kann wie die Hypothek als Brief- oder Buchgrundschuld bestellt werden und unterliegt mit Ausnahme der auf die Akzessorietät bezogenen Vorschriften den Vorschriften über die Hypothek (§ 1192 I BGB). Abweichend von der Hypothek kann sie von vornherein für den Eigentümer bestellt werden. Zweck dieser **Eigentümergrundschuld** ist, ihm eine Rangstelle im Grundbuch zu sichern, die ihm die Kreditbeschaffung ermöglicht, d. h., er kann sie dann abtreten oder verpfänden.

c) Rentenschuld

Die Rentenschuld ist eine **Unterart der Grundschuld** und wird in der Weise be- **584** stellt, daß nicht einmalig, sondern in regelmäßig wiederkehrenden Terminen eine bestimmte Geldsumme aus dem Grundstück zu zahlen ist (§§ 1199 ff. BGB). Ihre Praxisbedeutung ist gering.

4. Sicherungsübereignung

Fall 5: Unternehmer S will in neue Maschinen investieren und nimmt bei B-Bank einen **585** Betriebsmittelkredit auf über € 250000. S verweist auf die Maschinen als Sicherheit. Rechtslage?

(1) Die Bestellung eines Pfandrechts an Waren oder Warenlagern kann, wie schon ausgeführt, nur durch Weggabe des Pfandes an den Gläubiger erfolgen. Anstelle des Warenpfandrechts ist in der Praxis die treuhänderische Sicherungsübereignung getreten. Hierbei überträgt der Sicherungsgeber (Kreditschuldner) dem Si-

cherungsnehmer (Kreditgläubiger) das Eigentum an einer beweglichen Sache nach §§ 929, 930 BGB durch **Einigung** und Vereinbarung eines **Besitzmittlungsverhältnisses**. Der unmittelbare Besitz bleibt beim Schuldner, der die Sache weiter nutzen darf. Nach Eintritt der Fälligkeit der gesicherten Forderung hat der Kreditgeber das Recht, die Sache vom Kreditnehmer und Besitzer herauszuverlangen und sie gemäß den zwischen ihnen getroffenen Vereinbarungen des Sicherungsvertrags zu verwerten. Der Sicherungsnehmer wird also sachenrechtlich Volleigentümer des Sicherungsguts, ist aber schuldrechtlich durch den Sicherungsvertrag gebunden (**Treuhänder**). Bei Insolvenz des Sicherungsgebers hat der Sicherungsnehmer ein **Absonderungsrecht** nach § 51 Nr. 1 InsO, da die Sicherungsübereignung nur das unpraktische Pfandrecht ersetzen will.

586   (2) Diese rechtliche Konstruktion findet beispielsweise Anwendung in dreiseitigen Finanzierungsgeschäften wie beim **finanzierten Kauf** oder **Finanzierungsleasing**, wenn das Eigentum an dem Kauf- bzw. Leasinggegenstand zur Sicherung der Darlehens- bzw. Leasingraten an den Darlehens- bzw. Leasinggeber übertragen wird (vgl. S. 275 ff.). Bei der Sicherungsübereignung eines gesamten **Warenlagers** ist es wegen des sachenrechtlichen Bestimmtheitsgrundsatzes (vgl. Rn. 453) jedoch zwingend notwendig, daß die Räume bezeichnet (Raumsicherung), die Waren gekennzeichnet (Markierungssicherung) oder Inventarlisten erstellt (Inventarsicherung) werden. Fehlt die Bestimmtheit, so ist die Sicherungsübereignung nichtig.

> S schließt mit B einen Darlehensvertrag und einen atypischen schuldrechtlichen Sicherungsvertrag des Inhalts, daß das treuhänderisch an B gem. §§ 929, 930 BGB zur Sicherheit übertragene Eigentum an den neuen Maschinen, nur zu Sicherungszwecken verwendet werden darf, das Eigentum also nach Zahlung der gesicherten Forderung wieder auf S zurückübertragen werden muß. Bei Nichtzahlung durch S darf sich B nur in Höhe des offenen Betrags aus den Maschinen, z. B. durch Verkauf, befriedigen.

Schaubild 67: *Sicherungseigentum*

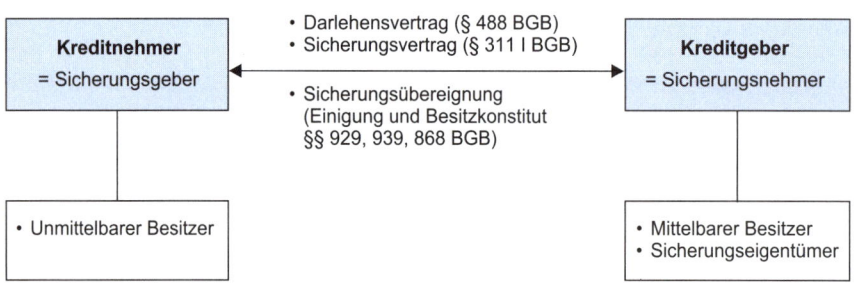

5. Sicherungsabtretung

587   **Fall 6:** Die Bank B gewährt Kaufmann K ein Darlehen über € 50 000. Zur Sicherung der Darlehensrückzahlungsforderung tritt K an B eine Werklohnforderung gegen den Geschäftspartner G in Höhe von € 60 000 ab. Rechtslage?

(1) Die Sicherungszession oder Sicherungsabtretung von Forderungen und sonstigen Rechten spielt eine erhebliche Rolle in der Praxis der Sicherung eines **Geld- oder Warenkredits**. Der Grund liegt darin, daß die Sicherungszession „**still**" er-

folgen kann, also auch dann wirksam ist, wenn sie dem Schuldner der abgetretenen Forderung nicht angezeigt wird.

(2) Ähnlich wie bei der Sicherungsübereignung liegt der Sicherungszession im **Innenverhältnis** ein **Sicherungsvertrag** zugrunde, der die Rechte und Pflichten der Parteien festlegt, insbesondere das Recht des Zessionars zur Verwertung der Forderung einschränkt.

> Hier liegen drei Rechtsgeschäfte zwischen B und K vor: der Darlehensvertrag, der Sicherungsvertrag, der in der Darlehensurkunde meist enthalten ist und der Abtretungsvertrag. Eine Information des G ist – im Gegensatz zur Verpfändung der Forderung – nicht notwendig.

Aus dem Sicherungsvertrag ergeben sich für den Schuldner (Zedenten) grundsätzlich die **Pflichten**, die Forderung abzutreten (§ 398 BGB) sowie den Gläubiger (Zessionar) umgehend zu benachrichtigen, wenn die abgetretene Forderung von einem anderen Gläubiger des Zedenten gepfändet wird. Der Zessionar ist dagegen verpflichtet, die Forderung auf den Zedenten zurückzuübertragen, sobald seine Ansprüche erfüllt sind, um derentwillen die Sicherungszession erfolgt ist.

(3) Erbringt der Schuldner nicht die fällig gewordene Leistung (z. B. Kreditrückzahlung), hat der Gläubiger im Rahmen der **Verwertung** vereinbarungsgemäß das Recht zur **Einziehung der Forderung beim Drittschuldner** oder zum **freihändigen Verkauf der Forderung**.

(4) Besondere Probleme ergeben sich, wenn eine **Globalzession** (vgl. Rn. 410) mit der **Sicherungszession** aus verlängertem Eigentumsvorbehalt **kollidiert**. Hätte die Globalzession von Forderungen (z. B. an eine Bank) eine umfassende Wirkung, wäre der Sicherungsgeber wegen des Prioritätsgrundsatzes gehindert, einen verlängerten Eigentumsvorbehalt mit seinen Lieferanten zu vereinbaren. Damit wäre der Sicherungsgeber zur Täuschung seiner Warenkreditgeber gezwungen, um überhaupt Waren unter Eigentumsvorbehalt zu beziehen. Die Rechtsprechung hält daher eine Globalzession für sittenwidrig nichtig, wenn sie sich auch auf Forderungen erstreckt, die der Sicherungszedent im Wege des verlängerten Eigentumsvorbehalts an seine Warenlieferanten branchenüblich abtreten muß. Die Sittenwidrigkeit entfällt bei einer sog. **dinglichen Verzichtsklausel** im Zessionsvertrag, wonach Forderungen, die branchenüblich dem verlängerten Eigentumsvorbehalt unterfallen, erst nach Befriedigung des Warenlieferanten erfaßt werden sollen.

Merksätze

1. **Personalsicherheiten**
   - **Bürgschaft (§§ 765 ff. BGB)**
     - Verpflichtung, für Hauptschuld eines Dritten einzustehen
     - Versprechen des Bürgen verlangt Schriftform außer bei Handelsgeschäft (§ 350 HGB)
     - abhängig von Hauptschuld (Akzessorietät)
     - Bürge kann sich auf alle Mängel des Bürgschaftsvertrags und der Hauptschuld berufen

- – Zahlt Bürge, geht Hauptschuld auf ihn über
- – Selbstschuldnerischer Bürge verzichtet auf Einrede der Vorausklage, Regel bei Handelsgeschäft (§ 349 HGB)
- **Schuldbeitritt**
  - – Person tritt als Gesamtschuldner neben Schuldner
  - – Haftung neben Schuldner
- **Garantievertrag**
  - – selbständige, nicht akzessorische Eigenschafts- oder Leistungsgarantie
  - – Haftung unabhängig vom Schuldner

2. **Realsicherheiten**
   - **Eigentumsvorbehalt (§§ 929, 158 I und 449 BGB)**
     - – einfacher: Eigentumsübertragung aufschiebend bedingt durch Kaufpreiszahlung
     - – Erwerber hat Anwartschaftsrecht (übertragbar wie das Vollrecht)
     - – Sonderformen
       - * Verlängerter Eigentumsvorbehalt
       - * Kontokorrentvorbehalt
   - **Warenpfandrecht (§§ 1204 ff. BGB)**
     - – rechtsgeschäftlich durch Einigung und Übergabe beweglicher Sachen
     - – gesetzlich kraft Besitzpfandrechten
   - **Grundpfandrechte (§§ 1113 ff., 1191 ff. BGB)**
     - – Hypothek: Akzessorische Belastung eines Grundstücks mit Verwertungsrecht
     - – Grundschuld: nicht akzessorische („forderungsentkleidete") Hypothek
     - – Befriedung durch Verwertung des Grundstücks
   - **Sicherungsübereignung (§§ 929, 930 BGB)**
     - – Treuhänderische Eigentumsübertragung durch
     - – Besitzmittlungsverhältnis aufgrund eines
     - – Sicherungsvertrages
   - **Sicherungsabtretung (§ 398 BGB)**
     - – Treuhänderische Forderungsabtretung

3. Leitentscheidungen
   - **Sittenwidrige Bürgschaft eines Ehegatten bei Darlehen**
     BGH, 25. 1. 2005, NJW 2005, 971
   - **Globalzession contra verlängerter Eigentumsvorbehalt**
     BGH, 8. 10. 1986, BGHZ 98, 303 = NJW 1987, 487
   - **Freigabepflicht des Sicherungsnehmers**
     BGH, 14. 5. 1996, BGHZ 133, 25 = NJW 1996, 2092

6. Kapitel: Tätigkeitsverträge und Absatzgeschäfte

§ 22
Werkvertrag und ähnliche Verträge

> **Lernziele:**
>
> Nachdem Sie dieses Kapitel 22 durchgearbeitet haben, können Sie
> - den Werkvertrag als Basis aller erfolgsbezogenen Tätigkeitsverträge von den anderen Vertragstypen unterscheiden.
> - die Pflichten des Unternehmers und des Bestellers darlegen.
> - in die Mängelhaftung des Unternehmers einführen.
> - in das Basiswissen des Werklieferungsvertrages, der VOB, des Dienstvertrages, des Geschäftsbesorgungsvertrages und des Reisevertrages einführen.

Im Dienstleistungsbereich der Wirtschaft können im BGB **drei wichtige Tätig-** 588
keitsverträge unterschieden werden. Der **Werkvertrag**, durch den sich der Unternehmer zur Herstellung eines versprochenen Werks gegen Vergütung verpflichtet (§§ 631 ff. BGB), der **Dienstvertrag**, in dem sich der Dienstverpflichtete zu einer Tätigkeit verpflichtet (§§ 611 ff. BGB), und als Mittelbereich zwischen diesen Verträgen der **Geschäftsbesorgungsvertrag,** wenn eine Tätigkeit im Rechtskreis des Vertragspartners erfolgt (§§ 675 ff. BGB). Der in §§ 662 ff. BGB geregelte **Auftrag** hat keine Praxisrelevanz, da das übertragene Geschäft unentgeltlich besorgt wird.

I. Werkvertrag

1. Charakteristik

> **Fall 1:** Kaufmann K fliegt mit Air B von München nach Hamburg und schließt dort 589
> einen Bauvertrag mit Unternehmer U über die Errichtung eines Gebäudes. Welche Verträge hat K geschlossen?

(1) Der in §§ 631–650 BGB geregelte Werkvertrag ist ein Vertrag, durch den sich der **Unternehmer** zur Herstellung eines Werkes, der **Besteller** zur Entrichtung der vereinbarten Vergütung verpflichtet (§ 631 BGB). Für den Werkvertrag ist also charakteristisch, daß er auf die Herbeiführung eines konkreten **Erfolges** gerichtet ist. Gegenstand des Werkvertrages können damit die Herstellung oder Veränderung einer unbeweglichen Sache, aber auch andere **Leistungsergebnisse** sein. Verträge über die Lieferung herzustellender oder zu erzeugender beweglicher Sachen werden dem Kaufrecht unterstellt (§ 651 BGB). Der Werkvertrag ist ein Vertragstyp, der in der Praxis in großer Vielfalt anzutreffen ist. Der Schwerpunkt des Anwendungsbereichs liegt jedoch im **Baubereich**.

> **Beispiele**: Errichtung eines Hauses, Installation von technischen Anlagen, Architekten-
> und Ingenieurleistung, Herstellung von Software nach den Wünschen des Bestellers,
> Gestaltung einer Homepage, Reparatur eines Kfz, Personenbeförderung mit Bahn,
> Flug, Bus oder Fähre und Gütertransport, Konzert, Theateraufführung, Zahnersatz,
> Werbemaßnahmen, Erstattung von Gutachten

Der Unternehmer hat seine vertraglichen Pflichten erst erfüllt, wenn der Erfolg
(z. B. der Hausbau) eintritt. Dadurch unterscheidet er sich vom **Dienstvertrag**,
der auf eine **reine Tätigkeit als solche** abzielt.

(2) Der Werkvertrag ist ein gegenseitiger Vertrag, auf den grundsätzlich das allgemeine Leistungsstörungsrecht der §§ 275 ff. und 320 ff. BGB anzuwenden sind,
soweit nicht diese durch das spezielle Werkvertragsrecht (z. B. Mängelgewährleistung) ausgeschlossen werden.

> Das Luftfahrtunternehmen Air B wie der Unternehmer U haben sich „zur Herstellung
> eines versprochenen Werkes" verpflichtet. Das versprochene Leistungsergebnis kann in
> der Errichtung eines Hauses, aber auch in einer Beförderung von München nach Ham-
> burg (BGH NJW 2009, 2743 (Flug kein absolutes Fixgeschäft)) gesehen werden. Es lie-
> gen zwei Werkverträge vor. Das Werkvertragsrecht ist kein zwingendes Recht, so dass es
> durch zwingende Spezialgesetze wie beim Flug durch das Montrealer Übereinkommen
> (MÜ) bei Personen-/Gepäckschäden und durch die Fluggastrechte-Verordnung VO
> (EG) Nr. 261/2004 bei Nichtbeförderung, Annullierung und großer Verspätung (ab 2 h)
> teilweise in ihrem Anwendungsbereich verdrängt wird.

2. Werkvertragliche Pflichten

a) Unternehmer

590   (1) Der Unternehmer ist verpflichtet, unter Einhaltung der anerkannten Regeln
der Technik und seines Fachgebiets das **Werk rechtzeitig, mangelfrei** und mit
den versprochenen **Eigenschaften** entweder selbst oder durch Gehilfen (Subunternehmer) **herzustellen**. Für diese Erfüllungsgehilfen hat er gem. § 278 BGB
einzustehen. Erst wenn das Werk mangelfrei erstellt ist, hat der Unternehmer
seine Verpflichtung erfüllt, und die Vergütung wird fällig.

> Im Fall 1 hat das Luftbeförderungsunternehmen Air B die Pflicht, K zum Bestim-
> mungsort Hamburg zum vereinbarten Zeitpunkt zu fliegen, einen Flugschein/E-Ticket
> auszustellen und einen sicheren Flug (§ 633 I BGB: mangelfrei) durchzuführen.

591   (2) Dazu muß grundsätzlich der Besteller das Werk **abnehmen** (§§ 640, 641
BGB). Ist die Abnahme ausgeschlossen, wird der Anspruch auf die Vergütung mit
der Vollendung des Werks fällig (§ 646 BGB). Die vom Unternehmer gelieferten
Hilfsmaterialien gehen automatisch ohne besondere Vereinbarung durch die im
Herstellungsprozeß eintretende Verbindung mit den Materialien des Bestellers
nach §§ 946 ff. BGB in dessen Eigentum über (vgl. Rn. 457).

592   (3) Als **Nebenpflichten**, deren schuldhafte Verletzung schadensersatzpflichtig
macht, können sich ergeben

- Aufklärungs- und Überwachungspflichten,
- Obhut und Verwahrung,
- Kostenschätzung,

- Gebrauchsanweisungen,
- Schutz- und Sicherungspflichten für die Gesundheit oder Gegenstände des Bestellers.

Als Nebenpflichten hat Air B Informationspflichten z. B. über die Check-in-Zeit und Verkehrssicherungspflichten bei Gefahrenstellen im Flugzeug.

Nach § 650 II BGB hat der Unternehmer beim **unverbindlichen Kostenvoranschlag** dem Besteller eine wesentliche Überschreitung (mehr als 20 %) unverzüglich anzuzeigen, falls er nicht schadensersatzpflichtig werden will. Beim **verbindlichen Kostenvoranschlag** kann nur der veranschlagte Betrag verlangt werden.

b) Besteller

Fall 2: Kaufmann K hat Zweifel an der Statik eines zu errichtenden Gebäudes. Er bittet einen ihm bekannten Statiker S, die Berechnungen zu prüfen. Später weigert sich K, die Honorarrechnung zu zahlen. Zu Recht?   **593**

(1) Der Besteller hat die **vereinbarte Vergütung** und bei fehlender Vereinbarung die taxmäßige Vergütung (z.B. Steuerberatergebührenordnung), ansonsten die **übliche** Vergütung zu entrichten (§§ 631 I, 632, 632 a BGB). Insbesondere bei Bauverträgen greift diese gesetzliche Fiktion der Entgeltlichkeit ein, wenn das versprochene Werk zum Geschäftsbetrieb des Unternehmers gehört. Gem. § 632 III BGB ist ein **Kostenanschlag** im Zweifel jedoch nicht zu vergüten. Nach § 632 a BGB kann für in sich abgeschlossene Teile des Werks eine **Abschlagzahlung** verlangt werden.

K muß die Rechnung nicht zahlen, wenn S nicht beweist, daß er sich mit K über eine Vergütungspflicht geeinigt hat. Dies muß nicht schriftlich erfolgen, was sich aber beweisrechtlich empfiehlt. Die Verwendung von AGB des Unternehmers reicht jedoch nicht.

(2) Die **Abnahmepflicht** (§ 640 BGB) ist eine Hauptpflicht des Bestellers. Das Gesetz knüpft an diesen zentralen Punkt im Werkvertragsrecht folgende **Wirkungen**:   **594**
- **Fälligkeit der Vergütung** und Verzinsung (§ 641 BGB),
- Erlöschen des ursprünglichen Erfüllungsanspruchs mit der Folge, daß nur **Nachbesserung** möglich ist,
- **Vorbehaltlose Abnahme** trotz Kenntnis eines Mangels führt zum Verlust der Gewährleistungsansprüche (§ 640 II BGB),
- **Verzinsung** der Vergütung (§ 641 IV BGB),
- **Grundsätzlich Beginn der Verjährungsfrist** für Gewährleistungsansprüche (§ 634 a II BGB) und
- **Gefahrübergang** auf Besteller (§§ 644, 645 BGB),
- **Änderung der Beweislast** zu Lasten des Bestellers (§§ 634 Nr. 4, 280 BGB).

Beispiel: Unbekannte plündern den Rohbau des Bestellers. Vor Abnahme bleibt der Unternehmer zur Beseitigung der Schäden verpflichtet.

Nach überwiegender Meinung ist die Abnahme die „körperliche Entgegennahme" der Leistung verbunden mit der konkludenten Billigung des Werkes, soweit dies möglich ist (z. B. Ingebrauchnahme). Unkörperliche Werke wie Konzerte sind daher nicht abnahmefähig. Bei ihnen tritt die Vollendung an die Stelle der Abnahme (§ 646 BGB). Der Besteller muß allerdings eine mangelhafte Werkleistung nicht abnehmen und hat dann noch seinen ursprünglichen Erfüllungsanspruch aus § 631 I BGB. Wegen unwesentlicher Mängel kann die Abnahme nicht verweigert werden.

Fall 3: Student S bringt seinen Pkw zur Reparaturwerkstätte U. Als er ihn wieder abholen will, verweigert U unter Hinweis auf seine AGB die Aushändigung, wenn er nicht sofort eine Altschuld aus der letzten Reparatur des Kfz bezahlt, und droht mit der Versteigerung des Fahrzeugs. Zu Recht?

595 (3) Zur Sicherung der Forderungen aus dem Vertrag hat der Unternehmer ein gesetzliches **Pfandrecht** (Unternehmerpfandrecht) an den von ihm hergestellten oder ausgebesserten beweglichen Sachen des Bestellers, wenn sie bei der Herstellung oder zum Zweck der Ausbesserung in den Besitz des Unternehmers gelangt sind (§ 647 BGB). Gehört die reparierte Sache nicht dem Besteller, erwirbt der Unternehmer auch bei Gutgläubigkeit kein Pfandrecht, sondern nur gegenüber dem Besteller und Eigentümer ein Zurückbehaltungsrecht, falls nicht bezahlt wird (§§ 273, 1000 BGB, vgl. Rn. 280).

Beispiel: In AGB für Kfz-Reparaturen kann vereinbart werden, daß das Unternehmerpfandrecht auch wegen Forderungen aus früher durchgeführten Arbeiten geltend gemacht werden kann, wenn sie mit dem Reparaturgegenstand in Zusammenhang stehen.

596 (4) Nach § 648 BGB kann ein Bauunternehmer, Statiker und Baubetreuer für seine Forderungen aus dem Vertrag auch die Bestellung einer **Sicherungshypothek** in entsprechender Höhe an dem Baugrundstück des Bestellers verlangen. Besteller und Grundstückseigentümer müssen rechtlich dieselbe Person sein. Mit Hilfe einer einstweiligen Verfügung kann durch eine Vormerkung (§ 885 BGB) diese Sicherheit schnell realisiert werden.

597 (5) Nach § 648 a BGB kann der Bauwerkunternehmer vom Besteller auch eine **Sicherheit für seine Vorleistungen** verlangen. Als solche kommt vor allem eine Bankgarantie in Betracht. Der Unternehmer erhält ein unabdingbares Leistungsverweigerungsrecht, wenn der Besteller die Sicherheit nicht innerhalb einer angemessenen Frist beibringt.

3. Mängelhaftung des Unternehmers

598 **Fall 4:** Der Bauherr B beauftragt den Bauunternehmer Billig (U) für sein Einfamilienhaus einen Wintergarten schlüsselfertig zu errichten. Die Rechnung des U hat B noch nicht bezahlt. Eine Woche nach der Bauabnahme regnet es durch das Glasdach in den Wintergarten. Liegt ein Sachmangel eines Werkvertrages vor?

Stellt sich nach der Abnahme heraus, dass das Werk mangelhaft ist, dann greifen die Gewährleistungsvorschriften der §§ 633 bis 639 BGB ein. Hierbei hat der Besteller nach dem neuen Schuldrecht folgende Ansprüche:

- **Nacherfüllung** nach Wahl des Unternehmers mit Mängelbeseitigung oder Neuherstellung (§ 635 BGB),
- **Selbstvornahme** mit Aufwendungsersatz (§ 637 BGB),
- **Rücktritt** (§§ 636, 323, 326 BGB),

Schaubild 68: *Mängelrechte beim Werkvertrag*

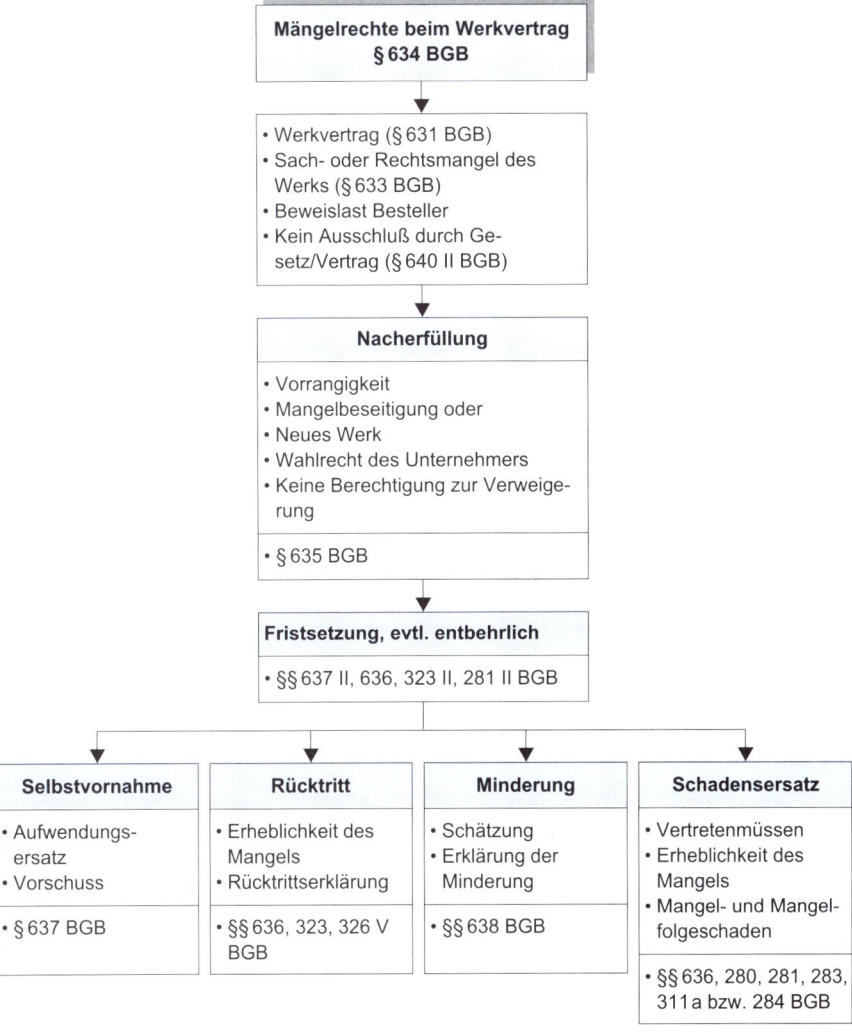

• **Minderung** (§ 638 BGB),
• **Schadensersatz** oder **Aufwendungsersatz** (§§ 636, 280, 281, 283, 284, 311 a
  BGB).

Die Haftung für mangelhafte Werke entspricht nach Inhalt und Struktur weitgehend den für das Kaufrecht geltenden Regelungen.

a) Sach- und Rechtsmangel des Werks

(1) Der Unternehmer hat nach § 633 I BGB dem Besteller das Werk frei von Sach- **599**
und Rechtsmängeln zu verschaffen. Hierbei ist nach § 633 II BGB das Werk frei
von **Sachmängeln**, wenn es die **vereinbarte Beschaffenheit** hat. Soweit die Beschaffenheit nicht vereinbart ist, ist das Werk frei von Sachmängeln,

- wenn es sich für die nach dem Vertrag **vorausgesetzte**, sonst
- für die **gewöhnliche Verwendung** eignet und eine Beschaffenheit aufweist, die bei Werken der gleichen Art üblich ist und die der Besteller nach der Art des Werkes erwarten kann.

Stellt der Unternehmer **ein anderes** als das bestellte Werk oder das Werk in **zu geringer Menge** her, liegt ebenfalls ein Sachmangel vor.

> Im Fall 4 haben B und U einen Werkvertrag über die Errichtung des Wintergartens geschlossen (§ 631 BGB). Da die Parteien keine besondere Beschaffenheit des Daches vereinbarte haben, liegt mit dem undichten Dach ein Sachmangel nach § 633 II 2 Nr. 2 BGB vor, da es sich nicht für die gewöhnliche Verwendung eignet und auch nicht die Beschaffenheit aufweist, die B üblicherweise erwarten kann.

(2) Ein **Rechtsmangel** wird angenommen, wenn Dritte in Bezug auf das Werk Rechte geltend machen, die über die im Vertrag aufgenommenen hinausgehen (§ 633 III BGB).

> **Beispiel**: Die hergestellte Software verletzt das Urheberrecht eines Dritten.

b) Rechte des Bestellers

600 **Fall 5:** B informiert U sofort über den Mangel und setzt ihm eine Frist von 1 Woche zur Mängelbeseitigung. U vertröstet B und erscheint nach 4 Wochen immer noch nicht zur Reparatur. B gibt daher dem anderen Unternehmer Schnell (S) den Auftrag zur Dachsanierung. Zu Recht?

(1) Vorrangig hat der Besteller einen Anspruch auf **Nacherfüllung** nach §§ 634 Nr. 1, 635 BGB. Da bedeutet, dass der Unternehmer ein Wahlrecht hat, entweder den Mangel zu beseitigen oder ein neues Werk herzustellen. Die weiteren Rechte des Bestellers wie Selbstvornahme, Rücktritt, Minderung und Schadensersatz sind nachrangig, da sie in der Regel eine erfolglose Fristsetzung zur Nacherfüllung verlangen. Die Kosten einer Nacherfüllung hat der Unternehmer zu tragen (§ 635 II BGB). Wie im Kaufrecht kann der Unternehmer die Nacherfüllung bei unverhältnismäßigen Kosten ablehnen.

601 (2) Wird die Nacherfüllung nicht binnen **angemessener Frist** geleistet oder gelingt sie nicht, ist sie dem Besteller unzumutbar oder wird sie zu Unrecht verweigert, dann hat der Besteller das Recht zur **Selbstvornahme**, also den Mangel selbst zu beseitigen (oder lassen) und kann die erforderlichen Aufwendungen hierfür zu verlangen. Der Besteller kann auch hierfür einen Vorschuss verlangen (§§ 634 Nr. 2, 637 BGB).

> Im Fall 5 setzte B mit 1 Woche eine angemessene Nachfrist. Ein Recht zur Verweigerung der Nacherfüllung, z. B. wegen zu hoher Kosten, ist nicht erkennbar. Daher kann er einen anderen Unternehmer beauftragen und die Kosten, einschließlich eines Vorschusses, verlangen ohne dass es auf ein Verschulden des säumigen U ankommt. Eine erfolglose Fristsetzung genügt.

602 (3) Der Besteller kann auch nach erfolglosem Ablauf der Nacherfüllungsfrist vom Werkvertrag zurücktreten (§§ 634 Nr. 3, 636 BGB). Das **Rücktrittsrecht** führt in das allgemeine Leistungsstörungsrecht über §§ 323, 326 V BGB, wobei eine Frist-

setzung über die in §§ 281 II und 323 II BGB genannte Fälle entbehrlich ist, wenn die Nacherfüllung verweigert wird, fehlschlägt oder dem Besteller unzumutbar ist. Unerhebliche Mängel rechtfertigen keinen Rücktritt.

(4) Statt vom Werkvertrag zurückzutreten kann der Besteller unter den Voraus- **603** setzungen der §§ 634 Nr. 3, 638 BGB die **Vergütung mindern**. Auch unerhebliche Mängel können zur Minderung führen (§ 323 V 2 BGB). Anknüpfungspunkt für die Berechnung des Minderungsbetrags ist das Verhältnis des Wertes des mangelfreien Werkes zum wirklichen Wert. In der Regel ist er durch Schätzung zu ermitteln (§ 638 III BGB).

> Im Fall 5 nimmt B zusätzlich festgestellte Unsauberkeiten bei der Bauausführung hin, und mindert die Vergütung entsprechend dem Minderwert.

Kann der Besteller die Beseitigung eines Mangels verlangen, dann kann er als „Druckzuschlag" die Zahlung eines angemessenen Teils der Vergütung verweigern, mindestens in Höhe des Dreifachen der für die Mängelbeseitigung erforderlichen Kosten (§ 641 III BGB).

(5) Nach fehlgeschlagener oder verweigerter Nacherfüllung kann der Besteller **604** den verschuldensabhängigen **Schadensersatz** verlangen (§§ 634 Nr. 4, 636 BGB). Allerdings trifft den Unternehmer in der Regel die strengere Haftung der Garantieübernahme, wenn er die Einstandspflicht für das Vorhandensein bestimmter Eigenschaften oder für die Mangelfreiheit übernimmt. Auf jeden Fall ist die Beweislast zu Gunsten des Bestellers umgekehrt, so dass der Unternehmer sein **Nichtvertretenmüssen** beweisen muss (§§ 280 I 2, 276, 278 BGB). Zu ersetzen sind sowohl **Mangel- als auch Mangelfolgeschäden** des Bestellers. Der Anspruch auf Schadensersatz kann neben dem Rücktritt vom Vertrag geltend gemacht werden (§ 325 BGB). Alternativ kann der Besteller auch Ersatz vergeblicher Aufwendungen verlangen.

> **Beispiele:** Schaden am Werk selbst; Gutachterkosten; Mietausfall; entgangener Gewinn (§ 252 BGB); Personenschäden als Folge des Mangels; Brandschaden bei Schweißarbeiten

c) Verjährung

Die Verjährung der Ansprüche des Bestellers bei Mängeln des Werks ist in § 634a **605** BGB relativ kompliziert geregelt.

- Danach verjähren die Ansprüche auf Nacherfüllung, Selbstbeseitigung und Schadensersatz **sachbezogener Werkleistungen** (§ 634 Nr. 1, 2, 4 BGB) in **2 Jahren**, wenn das Werk in der Herstellung, Wartung oder Veränderung einer Sache besteht oder eine Planungs- oder Überwachungsleistung hierfür erbracht werden muss (I Nr. 1).
- Ist ein **Bauwerk** oder dessen Planung oder Überwachung geschuldet, beträgt die Verjährungsfrist **5 Jahre** (I Nr. 2).
- Im Übrigen gilt für **unkörperliche Werke** die regelmäßige Verjährung des § 195 BGB von **3 Jahren** (Nr. 3).

> Im Fall 5 gilt eine Frist von 5 Jahren, da die Arbeiten für den Wintergarten im Zusammenhang mit einem Bauwerk stehen (§ 634a I Nr. 2 BGB).

Die Verjährung beginnt in der Regel mit der Abnahme. Da Rücktritt und Minderung als Gestaltungsrechte nicht der Verjährung unterliegen, sondern nur Ansprüche (§ 194 I BGB), ist ihre Geltendmachung nach Ablauf der Verjährung ausgeschlossen (§§ 634 a IV, V und 218 BGB).

4. Beendigung des Werkvertrages

606   (1) Der Werkvertrag endet, wenn das Werk mangelfrei und rechtzeitig erstellt und die Vergütung entrichtet ist. Nach § 649 BGB kann der Besteller bis zur Vollendung des Werks den Vertrag **jederzeit kündigen**. Jedoch kann der Unternehmer dann die volle Vergütung verlangen abzüglich ersparter Aufwendungen oder anderweitiger Verwendung seiner Arbeitskraft erwirbt, wobei böswillig unterlassene Verwendung so behandelt wird, als habe sie der Unternehmer eingesetzt.

(2) Liegt dem Werkvertrag ein **unverbindlicher Kostenanschlag** zugrunde, so kann der Besteller bei wesentlicher Überschreitung den Vertrag nach § 650 BGB kündigen. Als Richtschnur wird eine Überschreitung von 15 bis 20 % des Endpreises angenommen.

5. Werklieferungsvertrag

607   (1) Gegenstand des Werklieferungsvertrages ist die **Lieferung herzustellender oder zu erzeugender beweglicher Sachen**. Nach § 651 BGB finden hierbei grundsätzlich die Vorschriften über den Kauf nach §§ 433 ff. BGB Anwendung, wenn es sich um vertretbare Sachen handelt.

> **Beispiele**: Waren aus Katalog, Speisen im Restaurant

(2) Soweit es sich um **nicht vertretbare Sachen** nach § 91 BGB handelt, werden durch § 651 S. 3 BGB zusätzlich einzelne Vorschriften des Werkvertrages für anwendbar erklärt. Damit unterliegen dem Werkvertragsrecht in der Regel reine Reparaturarbeiten, die Herstellung nichtkörperlicher Werke wie Gutachten, Baupläne, Werbefilme oder die Herstellung von Bauwerken.

6. Verdingungsordnung für Bauleistungen (VOB)

608   In Bauverträgen wird regelmäßig die Geltung der Verdingungsordnung für Bauleistungen (VOB) vereinbart, die vom Werkvertragsrecht abweichende Regeln enthalten. Dabei handelt es sich um **AGB als bundeseinheitliche Konditionenregelung**. Teil A regelt das Verfahren bei der Bauleistungsvergabe, während Teil B die allgemeinen Vertragsbedingungen der Bauleistungen und Teil C die technischen Vorschriften für die Ausführung der Bauleistung beinhalten.

II. Dienstvertrag

1. Begriff

609   (1) Der in §§ 611–630 BGB geregelte Dienstvertrag verpflichtet zur Erbringung von **Diensten gegen Entgelt**. Er betrifft vorwiegend wirtschaftlich und sozial **selbständige und unabhängige Tätigkeiten**.

Beispiele: Freiberufler (Arzt BGH NJW 2005, 1103: Unterrichtungsanspruch), Tierarzt, Anwalt, Patentanwalt, Steuerberater, Inkassounternehmer BGH NJW-RR 2004, 989), Vorstandsmitglieder einer AG, Geschäftsführer einer GmbH, Baubetreuer, Access-Provider für Internetzugang (BGH NJW 2005, 2076), Mobilfunkanbieter, Hausverwalter, Lehrer bei Nachhilfe

Bei diesen selbständigen Diensten schuldet der Dienstverpflichtete nur die Dienstleistung als solche und nicht einen darüber hinausgehenden Erfolg wie beim Werkvertrag. Der **Dienstvertrag** ist also „**zeitbestimmt**", während der **Werkvertrag** „**erfolgsbestimmt**" ist.

Beispiel: Der Arzt schuldet nicht den Heilungserfolg des Patienten beim Dienstvertrag, während der Bausachverständige nach dem Werkvertrag ein sachverständiges Ergebnis schuldet.

(2) Vom freien Dienstvertrag ist die unselbständige Tätigkeit des weisungsgebundenen und sozial abhängigen **Arbeitnehmers** zu unterscheiden. Der Arbeitsvertrag ist als Sonderform des Dienstvertrages ebenfalls in §§ 611 ff. BGB teilweise geregelt. Wegen der sozialen Schutzbedürftigkeit hat sich der unselbständige Dienstvertrag durch Gesetzgebung und Rechtsprechung zum **Arbeitsrecht** weit über das BGB weiterentwickelt und ist nicht Gegenstand dieser Grundzüge des Wirtschaftsprivatrechts.   **610**

(3) Auf die Dienstverhältnisse der **staatlichen Bediensteten** (z. B. Beamte, Richter, Soldaten) finden die Regeln über Dienstverträge keine Anwendung. Sie leisten Dienste nicht aufgrund eines privatrechtlichen Dienstverhältnisses. Maßgebend sind Beamten-, Richter- und Soldatengesetze. Beziehungen der Arbeiter und Angestellten des öffentlichen Dienstes richten sich dagegen nach dem Arbeitsrecht, so daß für sie §§ 611 ff. BGB grundsätzlich anwendbar sind.   **611**

2. Inhalt

(1) Nach § 613 BGB ist der Dienstvertrag – im Gegensatz zum Werkvertrag – **höchstpersönlich** zu erfüllen. Dadurch kommt das auf Dauer angelegte, persönliche Vertrauensverhältnis zwischen den Vertragsparteien zum Ausdruck. Das hindert nicht, daß der Verpflichtete Hilfspersonen einsetzt, um z. B. Nebenpflichten zu erfüllen oder die Dienstleistung vorzubereiten (z. B. medizinischer Assistent).   **612**

(2) Der Dienstverpflichtete hat den vereinbarten **Vergütungsanspruch** nach Leistung der Dienste. Nach § 612 BGB gilt eine Vergütung immer dann als stillschweigend vereinbart, wenn der Dienst nur gegen Vergütung zu erwarten ist. Grundsätzlich ist die übliche Vergütungshöhe als vereinbart anzusehen (z. B. amtliche Gebührenordnung). Nach § 615 **BGB** muß die Vergütung auch bei Annahmeverzug des Dienstberechtigten gezahlt werden, wobei der Schuldner nicht zur Nachleistung verpflichtet ist. Nach § 616 **BGB** verliert der Schuldner auch dann nicht seinen Vergütungsanspruch, wenn er durch einen Grund in seiner Person an der Dienstleistung verhindert war wie Krankheit.

(3) Die Leistung der versprochenen Dienste ist mit der Erfüllung von **Nebenpflichten** verbunden, die je nach Art des Dienstverhältnisses sich zu erheblichen Schutzpflichten ausweiten können.

> **Beispiele**: Nichtweitergabe von **Patientendaten** an Inkassounternehmen, ärztliche **Aufklärungspflichten** über allgemeine und spezifische Behandlungsrisiken

3. Schlechtleistung

613   Bei Leistungsstörungen gelten die allgemeinen Regeln (vgl. Rn. 372 ff.), so daß für den praktisch wichtigen Fall der Schlechterfüllung der versprochenen Dienste die Regeln über **Pflichtverletzungen** nach §§ 280, 241 II BGB eingreifen, da keine **Gewährleistungsvorschriften** im Dienstvertragsrecht bestehen. So sind Anwalt und Steuerberater zu richtiger, umfassender, erschöpfender Beratung, Verfolgung des sichersten Weges und deutlichem Hinweis auf etwaige Risiken verpflichtet und **schadensersatzpflichtig**. Ein Wegfall oder eine Kürzung des Entgelts, vergleichbar mit der **Minderung** des Kaufrechts, ist im Dienstvertragsrecht **nicht vorgesehen**. Darüber hinaus kommt ein **außerordentliches Kündigungsrecht** aus wichtigem Grund nach § 626 bzw. § 627 BGB in Betracht, welches ex nunc für die Zukunft das Dienstverhältnis beendet.

III. Geschäftsbesorgungsvertrag

1. Begriff

614   Der Geschäftsbesorgungsvertrag hat eine Zwitterstellung zwischen Werk- und Dienstvertrag. Wenn nämlich der **Dienst- bzw. Werkvertrag** auf eine **entgeltliche wirtschaftliche Tätigkeit im Rechtskreis des Vertragspartners**, vor allen Dingen bezüglich seiner Vermögensinteressen, gerichtet ist, spricht man von Geschäftsbesorgung.

> **Beispiele**: Steuer- und Kapitalanlageberatung, Bankgeschäfte (Giro-, Kredit-, Effekten-, Depot- und Kreditkartenverträge), Baubetreuungs- und Bauträgertätigkeit, Immobilienverwaltung, Kommissions-, Speditions- und Frachtgeschäfte, Handelsvertreterverträge (§§ 84 ff. HGB), Werbeagenturverträge, Reisevermittlung durch Reisebüro

2. Inhalt

615   (1) Bei derartiger Dienstleistungsverträgen muß der Vertragspartner wegen seiner Vermögensinteressen besonders geschützt werden. Daher verweist § 675 BGB auf das für **Aufträge** geltende Recht der §§ 663 ff. BGB. An sich ist das Auftragsrecht wirtschaftsrechtlich ohne große Bedeutung, da das Auftragsverhältnis durch seine Unentgeltlichkeit gekennzeichnet ist (§ 662 BGB). Durch diese Verweisung werden die dienst- bzw. werkvertraglichen Vorschriften ergänzt durch die

- **Auskunfts- und Rechenschaftspflicht** (§ 666 BGB),
- die **Herausgabepflicht** (§ 667 BGB) und
- die Pflicht zum **Aufwendungsersatz** (§§ 669, 670 BGB).

(2) Die **Hauptleistungspflichten** im Geschäftsbesorgungsvertrag richten sich nach den jeweiligen vertraglichen Vereinbarungen. Zusätzlich bestehen **Treuepflichten** (z. B. Bankgeheimnis, Schweigepflicht).

(3) In der Praxis bedeutend ist der Anspruch auf **Aufwendungsersatz** gem. § 670 BGB, der dem Geschäftsbesorgenden neben seiner vertraglichen Vergütung den

Ersatz seiner Auslagen absichert. Ersatz muß dann geleistet werden, wenn der Schuldner die Aufwendungen **erforderlich** gehalten hat. Damit ist auf die konkrete Situation des Schuldners abzustellen. Die Rechtsprechung dehnt den Anwendungsbereich des § 670 BGB sehr weit aus und erfaßt alle Schäden, die aufgrund **tätigkeitsspezifischer Risiken** entstanden sind.

> **Beispiele**: Telefon- und Portokosten, Kopien, Kontoführungsgebühren, Regreßanspruch des Bürgen, Ersatzansprüche des Kommissionärs und Spediteurs für Lager- und Versicherungskosten

(3) Verletzt der Geschäftsbesorger seine Pflichten, so ist er nach den Regeln der schuldhaften Pflichtverletzung nach §§ 280 I, 241 II BGB schadensersatzpflichtig (vgl. Rn. 374 ff.).

(4) Das **Überweisungsrecht** ist in den §§ 675 a bis 676 h BGB detailliert mit 3 Vertragstypen geregelt:

- Überweisungsvertrag (§§ 676 a–c BGB),
- Zahlungsvertrag (§§ 676 d, e BGB),
- Girovertrag (§§ 676 f–h BGB).

IV. Reisevertrag

(1) Der in §§ 651 a–m BGB geregelte Reisevertrag ist die Grundlage für den Pauschalreisevertrag, durch den sich der **Reiseveranstalter** verpflichtet, dem **Reisenden** gegen den vereinbarten **Reisepreis** mindestens zwei Reiseleistungen zu erbringen, welche zu einer Gesamtheit (= Reise) mit Gesamtpreis verschmolzen sind und vom Veranstalter als eigene Leistung angeboten werden (§ 651 a I, II BGB).   **616**

> **Beispiele**: Flugpauschalreise nach Mallorca, Kreuzfahrt, Studienreise, Busrundreise, Gastschulaufenthalt (§ 651 l BGB), **nicht**: Einzelflug, Hotelübernachtung, da Reiseeinzelleistung von Fluggesellschaft, Hotelier und somit Werkvertrag

Das Reisevertragsrecht kommt **nicht** zur Anwendung auf die **Reisevermittlung** durch das Reisebüro als Handelsvertreter oder Handelsmakler von Reiseunternehmen. Insoweit liegt zwischen dem Kunden und dem Vermittler ein Geschäftsbesorgungsvertrag nach §§ 675, 631 BGB vor.

(2) Regelmäßig wird der Inhalt dieser Pauschalreiseverträge noch in AGB näher ausgestaltet, wobei jedoch praxisbedeutsam ist, daß die §§ 651 a ff. BGB, bis auf die Verkürzung der gesetzlichen Verjährungsfrist von 2 Jahren auf vertraglich ein Jahr, **nicht zum Nachteil des Reisenden abänderbar** sind (§ 651 m BGB). Zum Schutz des Verbrauchers hat der Gesetzgeber in diesen Vorschriften zwingende Regelungen geschaffen über   **617**

- die Stellung eines **Ersatzreisenden** (§ 651 b BGB),
- ein freies **Rücktrittsrecht** (§ 651 i BGB),
- ein besonderes Rücktrittsrecht bei erheblichen **Preis- bzw. Leistungsänderungen** (§ 651 a IV, V BGB),
- ein **Kündigungsrecht bei höherer Gewalt** (§ 651 j BGB),
- die **Sicherstellung** des Reisepreises und der Rückreise bei Insolvenz des Veranstalters (§ 651 k BGB)

sowie über die **Gewährleistungshaftung bei Reisemängeln** durch den Veranstalter ab Vertragsschluß (Abhilfe, Minderung, Kündigung, Schadensersatz wegen Nichterfüllung bzw. nutzlos aufgewendeter Urlaubszeit mit Haftungsbeschränkungsmöglichkeiten, §§ 651 c–h BGB, vgl. näher *Führich*, Basiswissen Reiserecht, 2. Aufl. 2010 und *Führich*, Reiserecht, 6. Aufl. 2010).

Merksätze

1. Werkvertrag
- **Wesen:** Unternehmer schuldet Herstellung eines Werkes (Erfolges) nach § 631 BGB
- **Pflichten des Unternehmers**
  - Herstellung des mangelfreien Werkes
  - Nebenpflichten (z. B. Aufklärung, Verkehrssicherungspflicht)
- **Pflichten des Bestellers**
  - **Abnahme** des mangelfreien Werkes (§ 640 I BGB)
  - Entrichtung der vereinbarten bzw. üblichen **Vergütung** (§§ 632, 641 BGB)
  - **Sicherung** der Forderungen durch Unternehmerpfandrecht (§ 647 BGB), Sicherungshypothek (§ 648 BGB) und Sicherheitsleistung (§ 648 a BGB)
- **Gewährleistung für Sach- und Rechtsmängel setzt voraus**
  - Wirksamer **Werkvertrag**
  - **Werkmangel**
  - **Kein Gewährleistungsausschluß** (vertraglich bzw. gesetzlich nach § 640 II BGB durch vorbehaltlose Abnahme)
  - **Rechte des Bestellers** (§ 634 BGB)
    * Nacherfüllung (§ 635 BGB)
    * Nach Fristablauf
- Selbstvornahme (§ 637 BGB)
- Rücktritt (§ 636 BGB)
- Minderung (§ 638 BGB)
- Bei Vertretenmüssen: Schadensersatz (§ 636 BGB)
  - Mangelschaden
  - Mangelfolgeschaden
  - **Keine Verjährung** (§ 634 a BGB) nach Abnahme
    * 5 Jahre bei Bauwerken (2 Jahre VOB)
    * 2 Jahre bei sachbezogenen Werkleistungen
    * 3 Jahre bei anderen Werken

2. Werklieferungsvertrag (§ 651 BGB)
- **Begriff:** Lieferung herzustellender/zu erzeugender beweglicher Sachen
- **Vertretbare Sachen** (Gattungsschulden): Kaufrecht (§§ 433 ff. BGB)
- **Nicht vertretbare Sachen:** Kaufrecht und zusätzlich §§ 642, 643, 645, 649, 650 BGB)

3. Dienstvertrag (§§ 611 ff. BGB)
- **Begriff:** selbständige Dienste gegen Entgelt (zeitbestimmt)
- **Pflichten**
  - Höchstpersönliche Dienstleistung
  - Schutz- und Fürsorgepflichten
  - Vergütungsanspruch auf vereinbartes bzw. übliches Entgelt
- **Schlechtleistung ist Pflichtverletzung**
  - Schadensersatzpflicht (§§ 280 I, 241 II BGB)
  - Außerordentliche Kündigung (§§ 626, 627 BGB)

4. Geschäftsbesorgungsvertrag (§§ 675 ff. BGB)
- **Werk- bzw. Dienstvertrag** im vermögensrechtlichen Bereich **des Vertragspartners**
- **Verweisung** auf zusätzlich anwendbare **Auftragsvorschriften** zum Schutz der Vermögensinteressen des Vertragspartners
- **Überweisungsrecht** der Kreditinstitute in §§ 675 a–676 h BGB

5. Reisevertrag (§§ 651a–m BGB)
- **Pauschalreise** zwischen Reiseveranstalter und Reisenden (§ 651a I, II BGB)
  - Mindestens 2 Hauptreiseleistungen (z.B. Flug, Unterkunft)
  - Verschmelzung zu Paket mit Gesamtpreis
  - Eigenverantwortliche Leistung des Veranstalters
- **Zwingendes Recht** zum Schutz des Reisenden (§ 651m BGB)
- **Besondere Schutzvorschriften für Reisenden**
  - Keine Verweisung auf Leistungsträger möglich (§ 651a II BGB)
  - Rücktritt bei erheblichen Preis- oder Leistungsänderungen (§ 651a IV, V BGB)
  - Stellung eines Ersatzreisenden (§ 651b BGB)
  - Freies Rücktrittsrecht (Storno, § 651i BGB)
  - Kündigung bei höherer Gewalt (§ 651j BGB)
  - Insolvenz: Sicherung des Reisepreises und Rückreise (§ 651k BGB)
- **Gewährleistung bei Reisemängeln** (§§ 651c–f, h BGB)
  - Abhilfe und Selbstabhilfe (§ 651c BGB)
  - Minderung (§ 651d BGB)
  - Kündigung (§ 651e BGB)
  - Schadensersatz bei Vertretenmüssen (§§ 651f, 276, 278 BGB)
    * wegen Nichterfüllung (Vermögensschäden)
    * wegen nutzlos aufgewendeter Urlaubszeit
    * Möglichkeit der Haftungsbeschränkung (§ 651h BGB)
6. Leitentscheidungen
- **Nachbesserung durch Neuherstellung**
  BGH, 10. 10. 1985, BGHZ 96, 111 = NJW 1986, 711
- **Annullierung und Flugverspätung im neuen Fluggastrecht**
  BGH, 17. 7. 2007, NJW 2007, 3437
- **Kein allgemeines Leistungsstörungsrecht beim Reisevertrag**
  BGH, 20. 3. 1986, BGHZ 97, 255 = NJW 1986, 1748

§ 23
Absatzgeschäfte über selbständige Hilfspersonen

Lernziele:

Nachdem Sie dieses Kapitel 23 durchgearbeitet haben, können Sie
- die selbständigen kaufmännischen Hilfspersonen beim Vertrieb differenzieren.
- die Grundlagen des Handelsvertretervertrags erläutern.
- die Kommision mit ihren Grundfragen erklären.
- den Vertragshändler und das Franchising als Vertriebsform unterscheiden.

Im Rahmen der Absatzorganisation im Unternehmen spielen Vertriebsformen **618** eine erhebliche Rolle, bei denen andere **selbständige Kaufleute als Hilfspersonen** tätig werden. Hierzu zählen insbesondere folgende **Absatzvermittler:**

- **Handelsvertreter,**
- **Handelsmakler,**
- **Kommissionär,**
- **Vertragshändler** und
- **Franchiseunternehmer.**

Schaubild 69: *Absatzorganisation*

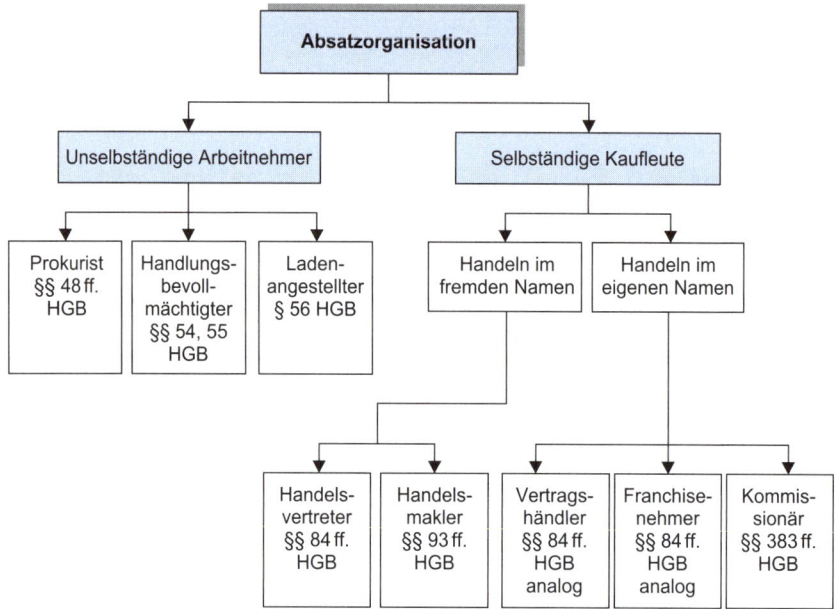

Sie vermitteln Geschäfte mit Vertragspartnern für den auftraggebenden Kaufmann. Ihre Rechtsbeziehung zu diesem ist in der Regel ein Geschäftsbesorgungsvertrag nach § 675 BGB (vgl. Rn 614), der den Kaufmann zur Zahlung einer umsatzabhängigen Provision verpflichtet. Damit unterscheiden sie sich von den eigenen Arbeitnehmern im Betrieb, die als unselbständige Mitarbeiter in den Betrieb eingeordnet sind und Lohn oder Gehalt beziehen (kaufmännische Angestellte nach §§ 59 ff. HGB, Auszubildende nach §§ 1 ff. BBiG).

I. Handelsvertreter

1. Begriff

619   **Fall 1:** Das Reisebüro Rb schließt einen Agenturvertrag mit dem großen Reiseveranstalter RV ab zur Vermittlung von Pauschalreisen von RV. Welche Vertriebsform liegt vor?

Handelsvertreter sind selbständige Gewerbetreibende, die ständig damit betraut sind, für einen anderen Unternehmer Geschäfte zu vermitteln oder in dessen Namen abzuschließen (§ 84 I HGB). Er ist Kaufmann gem. § 1 HGB. Nach § 84 IV HGB findet das Handelsvertreterrecht auch auf nicht im Handelsregister eingetragene Kleinunternehmer Anwendung, so daß auch kleine Handelsvertreter geschützt sind. Voraussetzung für die Handelsvertretereigenschaft ist also

- die **Selbständigkeit** als Gewerbetreibender,
- die **ständige Vertretung eines Unternehmers** und
- ein Handeln **im fremden Namen** und für **fremde Rechnung**.

Beispiele: Versicherungsvertreter (§ 92 HGB), Bausparkassenvertreter, Konzertkarten-
vorverkauf, Anlageberater

(1) **Selbständig** ist dabei, wer im wesentlichen **frei seine Tätigkeit gestalten** und 620
seine **Arbeitszeit bestimmen** kann. Die Selbständigkeit wird auch durch das Fehlen eines Gehalts deutlich. Der Handelsvertreter hat auf Grund seiner erfolgreichen Tätigkeit einen Provisionsanspruch (§§ 87 ff. HGB). Liegen diese Voraussetzungen nicht vor, ist der Betreffende ein unselbständig tätiger Angestellter im
Sinne des Arbeitsrechts (§ 84 I 2, II HGB).

Das Reisebüro Rb ist als Agentur des Reiseveranstalters selbständiger Handelsvertreter. Rb hat in der Regel eigene Geschäftsräume, unterhält diese mit eigenen Mitarbeitern, ist im Handelsregister eingetragen und buchführungspflichtig.

(2) Der Handelsvertreter hat eine Vermittlungs- oder Abschlußpflicht für in der 621
Regel einen Unternehmer. Der Vertragsabschluß des **Abschlußvertreters** mit
dem vermittelten Kunden erfolgt unmittelbar mit dem Unternehmer, während
ein **Vermittlungsvertreter** lediglich die Vertragsvorbereitungen trifft. Soweit ein
Handelsvertreter nur für ein Unternehmen tätig wird, können gem. § 92a HGB
arbeitsrechtliche Mindestbedingungen durch Rechtsverordnung festgelegt werden, um diese „**Einfirmenvertreter**" sozial zu schützen. Handelsvertretungen
können auch **mehrstufig** sein (Gebiets-, Bezirksvertreter), da nach § 84 III HGB
der „Unternehmer" auch selbst ein Handelsvertreter sein kann.

Rb wird in der Regel als Abschlußvertreter tätig (§§ 164 ff. BGB), denn es schließt die
Reiseverträge (§ 651a BGB) im Namen von RV mit den Reisenden. Wird die Vertragsannahme durch den Reiseveranstalter erklärt, ist Rb Vermittlungsvertreter. Der
vermittelte Reisevertrag kommt stets zwischen dem Reisenden und dem Reiseveranstalter zustande.

(3) Die „**ständige Betrauung**" eines Handelsvertreters erfolgt durch einen form- 622
freien **Handelsvertretervertrag** (Agenturvertrag), der jedoch aus Beweisgründen schriftlich abgeschlossen wird. Von seiner Rechtsnatur ist er ein Geschäftsbesorgungsvertrag über eine Dienstleistung (§§ 675, 611 BGB) und schafft die
Rechtsgrundlagen für das **Innenverhältnis zwischen Unternehmer und Handelsvertreter**. Davon ist das **Außenverhältnis** mit dem vermittelten Kunden zu
unterscheiden, also die Rechtsbeziehung zwischen dem Unternehmer und dem
Kunden (vermittelte Vertrag) und der Geschäftsbesorgungsvertrag (§ 675 BGB)
zwischen dem Handelsvertreter und dem Kunden.

Der Handelsvertretervertrag zwischen Rb und RV wird in der Regel als Agenturvertrag bezeichnet und gestaltet das Innenverhältnis mit den Rechten und Pflichten von
Rb und RV.

Schaubild 70: *Handelsvertretung*

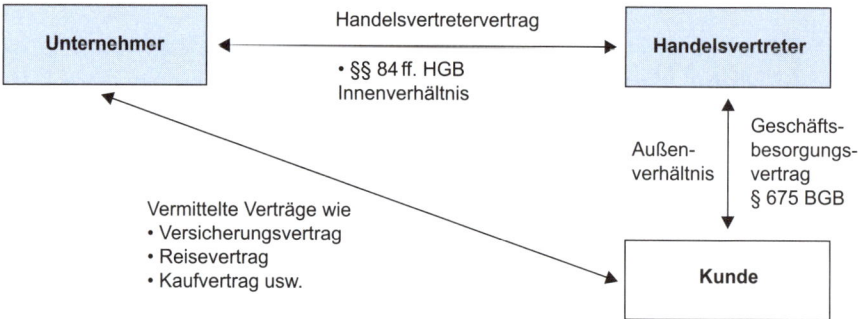

2. Rechte und Pflichten im Innenverhältnis

a) Pflichten des Handelsvertreters

623 Der Handelsvertreter ist verpflichtet, sich um die Vermittlung oder den Abschluß von Geschäften zu bemühen, also zu einem **Tätigwerden** (§§ 675, 611 BGB). Dabei hat er nur das Interesse des Unternehmers zu wahren und steht damit **nicht unparteiisch** zwischen dem Kunden und dem Unternehmer. Im einzelnen hat er folgende Pflichten:

- Pflicht zur **Tätigkeit** (§ 86 I HGB),
- Pflicht zur einseitigen **Interessenwahrnehmung** (§ 86 I HGB),
- **Benachrichtigungspflicht** (§ 86 II HGB),
- **Sorgfaltspflicht** eines ordentlichen Kaufmanns (§§ 86 III, 347 I HGB),
- **Auskunfts-** und **Rechenschaftspflicht** (§ 666 BGB),
- **Geheimniswahrungspflicht** (§ 90 HGB),
- **Wettbewerbsverbot** (§ 90 a HGB).

b) Pflichten des Unternehmers

624 **Fall 2:** Handelsvertreter A vermittelt für den Unternehmer U in der Zeit von 1982–1990 die Kunden X, Y und Z. Diese Dauerkunden werden ab 1990 von B übernommen. Ab 1993 tritt C an dessen Stelle. Welche Provisionen hat U während der gesamten Zeit für die mit X, Y und Z vermittelten Geschäfte zu zahlen?

(1) Grundsätzlich hat der Unternehmer die Tätigkeit seines Handelsvertreters umfassend zu **unterstützen** und **Provision** für erfolgreiche Tätigkeit zu zahlen. Zusammengefaßt hat er folgende Pflichten:

- **Unterstützung** (§ 86 a HGB: Muster, Kataloge, AGB, Werbung),
- **Provisionszahlung** (§§ 87, 86 b, 354 HGB),
- **Aufwendungsersatz** bei Vereinbarung (§ 87 d HGB),
- **Karenzentschädigung** bei schriftlicher Wettbewerbsvereinbarung für höchstens 2 Jahre (§ 90 a I 3 HGB),
- **Schadensersatz** bei allgemeinen Leistungsstörungen im Innenverhältnis, (z. B. Verzug, pVV)
- **Zurückbehaltungsrechte** (§§ 88 a HGB, 273 BGB, 369 HGB).

(2) Als Vergütung hat der Handelsvertreter Provisionsansprüche für seine Ver- **625** mittlungs- oder Abschlußtätigkeit. Hierbei werden folgende drei Provisionsarten unterschieden:

- **Abschlußprovision** (Vermittlungsprovision, Nachbestellungsprovision, Überhangprovision),
- **Delkredereprovision**,
- **Inkassoprovision**.

Voraussetzungen für eine **Abschlußprovision** gem. § 87 I HGB ist ein während der Laufzeit des Handelsvertretervertrags abgeschlossenes Geschäft, das mitursächlich auf seine Tätigkeit zurückzuführen ist und für das kein Anspruch eines ausgeschiedenen oder nachfolgenden Handelsvertreters besteht. Für die Abschlußprovision des **Bezirksvertreters** mit Gebiets- oder Kundenschutz entfällt das Erfordernis der kausalen Mitwirkung, da hier alle Geschäfte provisionspflichtig sind, die in seinem Bezirk oder mit seinem Kundenkreis getätigt werden (§ 87 II HGB). Zu beachten ist, daß auch **Nachbestellungen** provisionspflichtig sind (§ 87 I 1 2. Alt. HGB) und daß eine **Überhangprovision** zu zahlen ist, wenn der Abschluß erst nach Beendigung des Vertragsverhältnisses erfolgt (§ 87 III HGB). Für **Versicherungsagenten** und **Bausparkassenvertreter** greifen Sonderregelungen ein (§ 92 III, IV HGB).

> A erhält gem. § 87 I 1 HGB **Abschlußprovisionen** für alle Geschäfte, die er in der Zeit von 1982–1990 zwischen U und X, Y und Z getätigt hat. Zusätzlich hat A für die Geschäfte nach Beendigung des Vertreterverhältnisses einen Anspruch auf **Überhangprovision,** wenn die Voraussetzungen des § 87 III HGB vorliegen. B erhält Abschlußprovisionen nach § 87 I 1 HGB, soweit nicht A Provision nach § 87 III HGB zusteht. Unter den Voraussetzungen des § 87 III HGB steht ihm auch Überhangprovision zu. Das gleiche gilt für C.

Von der Abschlußprovision ist die **Delkredereprovision** zu unterscheiden, sofern der Handelsvertreter sich im Agenturvertrag verpflichtet hat, für die Erfüllung der Verbindlichkeit des Kunden einzustehen (§ 86 b HGB). Meistens ist mit dieser Risikoübernahme der Zahlung durch den Kunden eine **Ausfallbürgschaft** (§§ 773 I 1 BGB, 349 HGB, vgl. Rn. 568) verbunden.

Gemäß § 87 IV HGB hat der Handelsvertreter auch Anspruch auf **Inkassoprovision** für die von ihm auftragsgemäß eingezogenen Beträge, um das Haftungsrisiko beim Umgang mit Fremdgeldern auszugleichen.

Alle weiteren **Aufwendungen** (z. B. für Telefon, Porto, Pkw) kann grundsätzlich der Handelsvertreter als Selbständiger nicht vom Unternehmer verlangen, außer es bestünde insoweit eine vertragliche Vereinbarung (§ 87d HGB).

(3) Sämtliche Ansprüche aus dem Innenverhältnis zwischen Unternehmer und Han- **626** delsvertreter **verjähren** in vier Jahren ab Schluß des Jahres der Fälligkeit (§ 88 HGB).

3. Beendigung des Handelsvertretervertrags

Das Handelsvertreterverhältnis endigt durch   **627**

- ordentliche Kündigung (§ 89 HGB),
- außerordentliche Kündigung (§ 89 a HGB),

- Aufhebungsvertrag,
- Zeitablauf (vgl. § 620 I BGB),
- Tod des Handelsvertreters (§§ 675, 673 BGB) und
- Insolvenz des Unternehmers (§§ 115, 116 InsO).

Erhebliche Praxisbedeutung hat der im voraus nicht ausschließbare **Ausgleichsanspruch** des Handelsvertreters nach Beendigung des Vertragsverhältnisses für Provisionsausfälle (§ 89 b HGB). Der Unternehmer hat danach eine maximale Jahresvergütung zu zahlen, daß er die vom ausgeschiedenen Handelsvertreter geworbenen Kunden weiter betreuen kann. Der Ausgleichsanspruch unterliegt einer kurzen Ausschlußfrist von einem Jahr nach Beendigung des Vertragsverhältnisses (§ 89 b IV 2 HGB).

Im Fall 2 stehen A und B unter den Voraussetzungen des § 89 b I, III HGB zusätzlich zu den Provisionszahlungen noch Ausgleichsansprüche für den von ihnen geschaffenen Kundenstamm zu.

4. Außenverhältnis zu Kunden

628 Im Außenverhältnis zu Kunden ist danach zu differenzieren, ob ein **Abschlußvertreter** vorliegt, der Handlungsvollmacht hat (§ 91 iVm §§ 55, 54 HGB) oder nur ein **Vermittlungsvertreter** nach § 91 II HGB, der keine Handlungsvollmacht hat und nur zur Entgegennahme von Mängelanzeigen und ähnlichen Erklärungen als ermächtigt gilt.

(1) Handelt ein Abschlußvertreter unter Überschreitung seiner Vollmachtsgrenzen oder ein Vermittlungsvertreter so, als ob er eine Abschlußvollmacht hätte, handelt er als **Vertreter ohne Vertretungsmacht** (§§ 177, 179 BGB, vgl. Rn. 231 ff.). Die Genehmigung **gilt** aber entgegen dem BGB **als erteilt**, wenn nicht der Unternehmer, nachdem er von dem Geschäft erfahren hat, es unverzüglich ablehnt (§ 91 a HGB).

(2) Da der Handelsvertreter nicht nur in Vertragsbeziehungen zum Unternehmer sondern auch zum Kunden steht, kommt auch eine Haftung des Handelsvertreters gegenüber dem Kunden aus **Verschulden bei Vertragsschluß** (§§ 311 II, 241 II, 280 I BGB, vgl. Rn. 381) bzw. bei schuldhaften Vermittlungsfehlern eine Haftung aus Verletzung von Schutz- und Aufklärungspflichten des Geschäftsbesorgungsvertrags (§§ 675, 280 I, 241 II BGB) in Betracht.

II. Handelsmakler

629 Im Gegensatz zum Handelsvertreter übernimmt der Handelsmakler die **gewerbsmäßige Vermittlung** von Verträgen über Gegenstände des Handelsverkehrs, **ohne ständig damit betraut** zu sein (§§ 93 ff. HGB, 652 ff. BGB). Es fehlt also am Handelsvertretervertrag. Er reist nicht im Außendienst, sondern hat als **selbständiger Kaufmann** (§ 1 HGB) seinen Sitz in einem Handelszentrum und steht **unparteiisch** beiden Parteien eines Geschäfts als „ehrlicher" Makler zur Verfügung, wobei er nicht zur Ausübung einer Vermittlungstätigkeit verpflichtet ist.

Beispiele: Warenmakler über Waren, Börsen- oder Effektenmakler über Wertpapiere, Finanzmakler über Kredite, Versicherungsmakler, Reisevermittler ohne Agenturvertrag mit einem Reiseveranstalter oder einer Fluggesellschaft, nicht im Handelsregister eingetragener Kleingewerbetreibender (§ 93 III HGB); **nicht**: Grundstücke (§ 93 II HGB: Zivilmakler nach BGB)

Für die Vermittlung erhält er bei fehlender anderer Vereinbarung von jeder Partei eine halbe Provision, und zwar auch ohne besondere Abreden (§§ 354, 99 HGB).

III. Kommissionär

Fall 3: A gibt dem Kunsthändler K ein Gemälde von Otto Dix und beauftragt ihn, das Kunstwerk in dessen Namen für seine Rechnung bestmöglichst mit einem Mindestpreis von € 25 000 zu verkaufen. Welchen Vertrag haben A und K geschlossen?   630

Nach wie vor spielt im Einkauf wie im Vertrieb das Kommissionsgeschäft eine nicht unerhebliche Rolle, obwohl die wirtschaftliche Bedeutung gegenüber der offenen Vertretung durch Handelsvertreter auch aus umsatzsteuerlichen Gründen zurückgeht, da das UStG das Kommissionsgeschäft als eigenständig ansieht. Kommissionsverträge werden noch häufig im **Wertpapiergeschäft**, beim **Warenexport und -import** und ferner im **Kunst- und Antiquitätenhandel** geschlossen. Kennzeichnend für die Kommission ist der Kauf (**Einkaufskommission**) oder der Verkauf (**Verkaufskommission**) von Waren oder Wertpapieren für Rechnung eines anderen (**Kommittent**) in eigenem Namen.

1. Begriff der Kommission

(1) Kommission ist also die Übernahme von Geschäftsabschlüssen durch einen   631 **Kaufmann** (§ 1 HGB) **im eigenen Namen**, aber für **fremde Rechnung** (§ 383 I, II HGB). Es liegt ein Fall der **verdeckten** (mittelbaren) **Stellvertretung** vor, da der Kommittent den Kommissionär beauftragt, Geschäfte abzuschließen, bei denen der Kommissionär gegenüber dem Dritten (Kunden) im eigenen Namen handelt, die Folgen des Geschäfts aber nicht den Kommissionär, sondern den Kommittenten treffen sollen. Im Gegensatz dazu steht die unmittelbare Stellvertretung durch den **Handelsvertreter**, der im fremden Namen handelt (§§ 164 ff. BGB).

(2) Nach § 383 HGB kann der Kommissionsvertrag als Einkaufs- oder Verkaufskommission abgeschlossen werden. Der **Einkaufskommissionär** schließt in eigenem Namen Kaufverträge ab, und nur er wird zur Zahlung des Kaufpreises verpflichtet. Der **Verkaufskommissionär** tritt im eigenen Namen als Verkäufer auf und wird zur Übergabe der Ware verpflichtet und kann Zahlung an sich verlangen. Gem. § 406 HGB wird der Anwendungsbereich der Kommission erweitert auf Fälle der **Gelegenheitskommission** und **Geschäftsbesorgungskommission** (z. B. Veräußerung fremder Beteiligungen, Vermittlungstätigkeit einer Werbeagentur).

(3) Zwischen den Beteiligten entstehen drei Rechtsverhältnisse. Auf Grund des zwischen dem Kommittenten und dem Kommissionär geschlossenen **Kommissionsvertrages** im Innenverhältnis, vereinbart der Kommissionär mit einem Dritten (Kunden) einen Kaufvertrag im Außenverhältnis als **Ausführungsgeschäft**.

Schaubild 71: *Kommission*

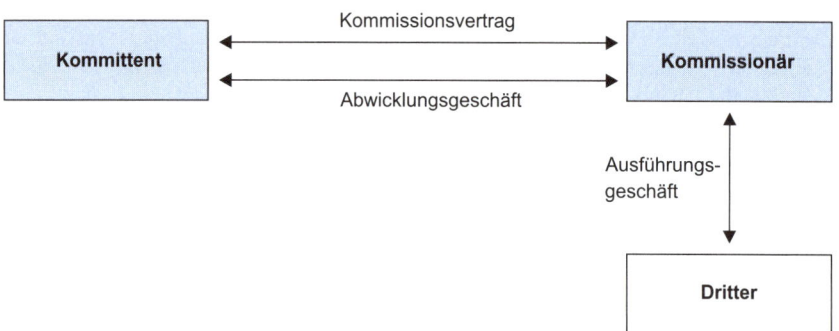

Das hieraus erzielte Geschäftsergebnis (Eigentum an der Kaufsache oder Kaufpreis) hat der Kommissionär auf den Kommittenten wiederum im Innenverhältnis im **Abwicklungsgeschäft** zu übertragen.

> A und K haben einen Kommissionsvertrag geschlossen. Als dessen wesentliche Merk-
> male werden vor allem die Vereinbarung eines bestmöglichen Preises bzw. ein Min-
> destpreis, Provision und ein Weisungsrecht angesehen.

2. Kommissionsvertrag

632   **Fall 4**: Der Interessent D bietet € 30 000. Muß K zu diesem Preis abschließen, und darf
er den Überschuß behalten?

(1) Der Kommissionsvertrag ist ein **Geschäftsbesorgungsvertrag** (§ 675 BGB),
auf den **Werkvertragsrecht** (§§ 631 ff. BGB) bei einem Einzelgeschäft bzw.
Dienstvertragsrecht (§§ 611 ff. BGB) bei einer längeren Verbindung anzuwenden
ist. Diese Unterscheidung ist wichtig im Hinblick auf die unterschiedlichen Kün-
digungs- und Verjährungsvorschriften in §§ 627, 195 BGB und §§ 649, 634 a BGB.

(2) Der Kommissionär hat aufgrund des Kommissionsvertrages die Pflicht, das
übernommene **Geschäft mit der Sorgfalt eines ordentlichen Kaufmanns aus-
zuführen** (§ 384 I HGB). Dabei hat er das **Interesse** des Kommittenten zu **wahren** (z. B. vorteilhafte Bedingungen) und dessen **Weisungen** (z. B. Mindestpreis)
zu befolgen. Besonders ausgestaltet ist diese Weisungsgebundenheit in § 385
HGB, wonach bei Pflichtverletzungen Schadensersatz aus vermutetem Verschulden zu leisten ist und Nichtgelten des Geschäfts für den Kommittenten. Der
Kommissionär hat gegenüber dem Kommittenten eine **Benachrichtigungspflicht** (z. B. von dem Ausführungsgeschäft, § 384 II HGB), eine **Rechenschafts-
und Rechnungslegungspflicht** und er hat das, was er aus der Geschäftsbesorgung erlangt hat, **herauszugeben** (§§ 384 II HGB). Eine **Delkrederehaftung**
trifft den Kommissionär, wenn er sie vertraglich übernommen hat (§ 394 HGB).
Zudem **haftet** er für das Kommissionsgut im Rahmen des § 390 HGB.

> K hat die Pflicht gegenüber A, mit dem Kunden D einen Kaufvertrag über € 30 000 ab-
> zuschließen. K muß den gesamten Erlös an A herausgeben (§§ 387, 384 II HGB).

(3) Andererseits hat der Kommissionär einen Anspruch auf **Provision**, wenn das Ausführungsgeschäft zustande gekommen ist bzw. auch bei Nichtausführung, wenn der Grund in der Person des Kommittenten liegt (§ 396 I HGB). Eine **Delkredereprovision** steht ihm zu, wenn er das Ausfallrisiko des Geschäftsgegners übernommen hat (§ 394 II HGB), sowie zusätzlich **Aufwendungsersatz** gem. §§ 675, 670 BGB, 396 II HGB (z.B. Werbung, Porto, Umsatzsteuer bei Einkaufskommission). Zur Sicherung seiner Ansprüche hat der Kommissionär ein **gesetzliches Pfandrecht** an dem Kommissionsgut, das er in Besitz hat (§§ 397, 398 HGB, vgl. Rn. 581).

3. Ausführungsgeschäft

Fall 5: Kann A von D den Kaufpreis von € 30 000 selbst verlangen?   633

(1) Das Ausführungsgeschäft wird nur zwischen dem Kommissionär und dem Dritten abgeschlossen. Die Rechte und Pflichten aus dem Ausführungsgeschäft treffen nur diese beiden.

> **Beispiel**: K soll für E einen Baukran an D verkaufen. K schließt mit D den Kaufvertrag. D kann dann nur von K die Übergabe und das Eigentum verlangen, während K nur von D den Kaufpreis fordern kann.

Bei **Leistungsstörungen** im Ausführungsgeschäft (z. B. Unmöglichkeit, Verzug) hat der Kommissionär einen vertraglichen Schadensersatzanspruch gegen den Kunden. Der Schaden tritt allerdings bei dem Kommittenten ein, für dessen Rechnung der Kommissionär gehandelt hat. Dieser kann jedoch den Schaden des Kommittenten gegenüber dem Dritten geltend machen (**Drittschadensliquidation**).

(2) Hinsichtlich der **Eigentumsverhältnisse** bei der Verkaufskommission bleibt der Kommittent Eigentümer der Kommissionsware, über welche der Kommissionär mit Einwilligung des Kommittenten (§ 185 BGB) verfügt. Bei der Einkaufskommission wird dagegen grundsätzlich erst der Kommissionär Eigentümer und muß dann im Wege von Einigung und Übergabe (§§ 929–931 BGB) dem Kommittenten das Eigentum verschaffen.

(3) In bezug auf die **Forderungen** (z.B. Kaufpreis) ist der Kommissionär zur Abtretung an den Kommittenten verpflichtet (§§ 384 II, 392 I HGB). Das bedeutet somit, daß der Kommissionär Inhaber aller Forderungen aus dem Ausführungsgeschäft ist. Zum **Schutz des Kommittenten** wird aber in § 392 II HGB eine Forderungsinhaberschaft des Kommittenten **fingiert**. Tritt der Kommissionär vertragswidrig die Forderungen an seine Gläubiger ab, so ist die Abtretung gegenüber dem Kommittenten unwirksam. Ebenso kann der Kommittent gegen eine Forderungspfändung beim Kommissionär Drittwiderspruchsklage (§ 771 ZPO) erheben und im Insolvenzverfahren des Kommissionärs ein Aussonderungsrecht (§ 47 InsO) geltend machen.

> A kann nicht den Kaufpreis von D verlangen, sondern erst nach Abtretung des Kaufpreisanspruchs durch K an ihn (§ 392 I HGB).

IV. Vertragshändler

634 Der **Vertrags- oder Eigenhändler** ist ein **Kaufmann** (§ 1 HGB), der in die Vertriebsorganisation des Herstellers von Markenwaren **eingegliedert** und **ständig** damit betraut ist, Waren des Herstellers bzw. eines Zwischenhändlers

- im **eigenen Namen** und
- auf **eigene Rechnung** zu vertreiben.

> **Beispiele**: Kfz-Verkauf über Vertragshändler, Computerverkauf, Vertrieb von Hifi-Marken

Das Vertriebssystem über Vertragshändler ist gesetzlich nicht geregelt und unterliegt einem langfristigen Rahmenvertrag zwischen Hersteller und Vertragshändler. Dieser erhält in der Regel ein Alleinvertriebsrecht für ein bestimmtes Vertragsgebiet, wobei auch eine Bezugsbindung des Vertragshändlers vereinbart werden kann. Da keine gesetzliche Regelung besteht, aber das **Handelsvertreterrecht** ähnliche Wertungen enthält, werden die Rechtsfragen der Kündigung des Händlervertrages (vgl. §§ 89, 89 a HGB), des Schadensersatzes (vgl. § 87 II HGB) und eines Ausgleichsanspruchs nach Vertragsbeendigung (vgl. § 89 b HGB) **analog** angewendet.

V. Franchising

635 Das Franchising (engl. franchise = Freizügigkeit) ist eine aus den USA stammende Form des Vertriebs von Waren und Dienstleistungen. Ein **Franchise-Geber** ermächtigt einen **Franchise-Nehmer** gegen eine Franchisegebühr, die **Vertriebsrechte** wahrzunehmen. Das Franchising ist daher ein besonderes **Gesamtsystem von Vertragshändlerverträgen**.

> **Beispiele**: Kfz-Einzelhandelssystem des VW-Werks, Restaurantkette McDonald's, Brautmoden Pronuptia, Hotellerie (Hilton, Holiday Inn)

Der Franchise-Nehmer stellt beispielsweise sein Einzelhandelsgeschäft in den Dienst eines Konzerns, ohne dadurch seine Selbständigkeit zu verlieren. Damit ist der Franchise-Nehmer den Weisungen des Franchise-Gebers unterworfen. Dafür wird er ermächtigt, Namen, Warenzeichen und die Ausstattung des Lokals des Franchise-Gebers zu übernehmen, da der Franchise-Geber meist das Produkt oder die Dienstleistung entwickelt hat. Dem Franchise-Nehmer wird dann gegen Entgelt der Vertrieb im eigenen Namen und auf eigene Rechnung übertragen.

Die rechtliche Behandlung des Franchise-Vertrages erfolgt ähnlich dem **Handelsvertreterrecht** nach §§ 84 ff. HGB Zulassungshindernisse ergeben sich oftmals aus dem europäischen und deutschen **Kartellrecht** (Art. 81, 82 EGV, §§ 25, 18, 26 II GWB).

Merksätze

1. **Handelsvertreter** (§§ 84 ff. HGB)
   - **Begriff**
     - selbständige Vermittlung oder Abschluß von Geschäften für anderen Unternehmer
     - ständige Betrauung (Agenturvertrag)
     - Tätigkeit in fremdem Namen und für fremde Rechnung
     - Kaufmann nach §§ 1 ff. HGB
   - **Pflichten des Handelsvertreters** (§§ 86, 90 a HGB)
     - Tätigkeit
     - Interessenwahrnehmung
     - Benachrichtigung
     - Sorgfaltspflicht eines ordentlichen Kaufmanns
     - Rechenschaft
     - Verschwiegenheit
     - Wettbewerbsverbot nach Beendigung bei Vereinbarung
   - **Pflichten des Unternehmers** (§§ 86a ff. HGB)
     - Unterstützung
     - Provisionszahlung
     - Aufwendungsersatz
     - Karenzentschädigung bei Wettbewerbsverbot
     - Ausgleichsanspruch (§ 89 b HGB)
   - **Provisionsarten**
     - Abschlußprovision (§ 87 I HGB)
     - Überhangprovision (§ 87 III HGB)
     - Bezirksvertreterprovision (§ 87 II HGB)
     - Delkredereprovision (§ 86b HGB)
     - Inkassoprovision (§ 87 IV HGB)

2. **Handelsmakler** (§§ 93 ff. HGB)
   - Kaufmann nach §§ 1 ff. HGB
   - selbständige Vermittlung von Verträgen in fremdem Namen für fremde Rechnung
   - keine ständige Betrauung
   - unparteiische Vermittlung

3. **Kommissionär** (§§ 383 ff. HGB)
   - **Begriff**
     - An- oder Verkauf von Waren oder Wertpapieren
     - in eigenem Namen für fremde Rechnung
   - **Kommissionsvertrag** zwischen Kommittent und Kommissionär ist Geschäftsbesorgung mit Ausführungs- und Provisionspflichten
   - **Ausführungsgeschäft** zwischen Kommissionär und Dritten wird zwischen diesen abgewickelt (§§ 394 II, 392 I, II HGB)
   - **Abwicklungsgeschäft** zur Übertragung von Eigentum/Kaufpreis zwischen Kommissionär und Kommittent

4. **Vertragshändler**
   - Vertrieb von Markenwaren bei Eingliederung in fremde Verkaufsorganisation
   - Tätigkeit in eigenem Namen und für eigene Rechnung
   - Zum Teil analoge Anwendung von §§ 84 ff. HGB

5. **Franchise-Nehmer**
   - System von Vertragshändler-Verträgen
   - Franchise-Geber ermächtigt Franchise-Nehmer gegen Gebühr zu Vertriebsrechten
   - Zum Teil analoge Anwendung von §§ 84 ff. HGB

6. **Leitentscheidungen**
   - **Handelsvertreter und fristlose Kündigung** (BGH, 26. 5. 1999, NJW–RR 1999, 1481)
   - **Vertragshändler und Ausgleichsanspruch** (BGH, 17. 4. 1996, NJW 1996, 2159)

§ 24

Transportgeschäfte bei Fracht, Spedition und Lager

> **Lernziele:**
>
> Nachdem Sie dieses Kapitel 24 durchgearbeitet haben, können Sie
> • die Grundlagen des Frachtrechts erläutern.
> • die Rechte und Pflichten des Spediteurs nennen.
> • die Rechte und Pflichten aus dem Lagervertrag beschreiben.

636 In den Bestimmungen des HGB über Handelsgeschäfte ist neben den selbständigen Hilfspersonen des Kaufmanns für den Bereich des Warenabsatzes auch das Transportrecht für Güter geregelt. **Das Transportrechtsreformgesetz** faßte mit Wirkung vom 1. 7. 1998 alle bis dahin verstreut gewesenen Vorschriften des Fracht-, Spedition- und Lagerrechts für die Bereiche in den §§ 407 bis 475 h HGB zusammen. Hierbei ist der Anwendungsbereich auf jene Verträge beschränkt, bei denen der Unternehmer **Gewerbetreibender** ist (§§ 407 III Nr. 2, 453 III, 467 III HGB).

I. Frachtrecht

> **Fall 1:** Der Unternehmer Fleißig (F) fährt mit seinen fünf Lastkraftwagen täglich die Strecke Frankfurt/M – München im Auftrag verschiedener Absender. Ist F Frachtführer?

Schaubild 72: *Transportrecht*

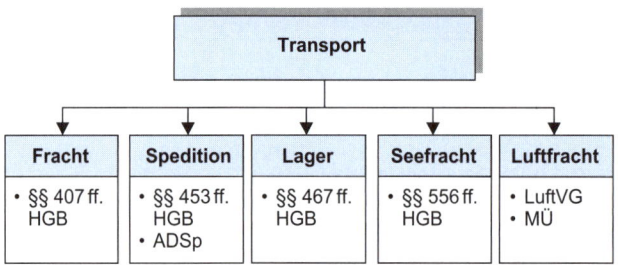

1. Anwendungsbereich

637 (1) Der **Frachtführer** übernimmt durch den Frachtvertrag die gewerbsmäßige Beförderung eines **Gutes** zum Bestimmungsort

• zu **Lande** (Straße, Schiene),
• auf **Binnengewässern** oder
• mit **Luftfahrzeugen** (§ 407 HGB).

Ausgenommen ist alleine die Seebeförderung, welche in §§ 556 ff. HGB im Fünften Buch eine abschließende Sonderregelung hat. Der Frachtführer kennzeichnet sich also damit, daß er das Gut selbst befördert.

(2) Der Vertragspartner des Frachtführers ist der **Absender**, für den nicht Kaufmannseigenschaft Voraussetzung ist. Für ihn sind zahlreiche **Verbraucher-**

schutzvorschriften in das Gesetz aufgenommen. Hierbei ist der Verbraucher in § 13 BGB definiert als eine natürliche Person, die den Vertrag zu einem Zweck abschließt, der weder ihrer gewerblichen noch ihrer selbständigen beruflichen Tätigkeit zugerechnet werden kann.

(3) Bei **grenzüberschreitender Beförderung** sind die nach Völkerrecht vorrangigen Internationalen Übereinkommen zu beachten. Bei der Straßenbeförderung ist dies die **CMR**, bei der Eisenbahnbeförderung die **COTIF**, im Luftverkehr das Warschauer Abkommen (**WA**) mit seinen Zusatzabkommen und im Seerecht die §§ 556 ff. HGB.

(4) Die Beförderung von **Personen** ist nicht im HGB geregelt. Insoweit liegt ein durch AGB abänderbarer **Werkvertrag** nach § 631 BGB vor, da das Beförderungsunternehmen sich verpflichtet, den Beförderten zu einem vertraglich festgelegten Bestimmungsort zu bringen. Überlagert wird dieser Werkvertrag durch vorrangige, zwingende Vorschriften nach

- dem **Personenbeförderungsgesetz** und **Straßenverkehrsgesetz** für den Bus auf der Straße,
- der **Eisenbahnverkehrsordnung** (national) und das Übereinkommen **COTIF** (international) für die Bahn, soweit Personenbeförderung vorliegt,
- dem nationalen **Luftverkehrsgesetz** und dem **Montrealer Übereinkommen** über die Beförderung im internationalen Luftverkehr,
- dem **Binnenschiffahrtsgesetz** und dem **Seerecht** der §§ 664 ff. HGB mit der Anlage zu § 664 HGB für die internationale Seepassage.

> F ist gewerblicher Frachtführer im Sinne des HGB, da er mit seinen Leuten, wie den Fahrern (§ 428 HGB), die Beförderung vom Absender zum Empfänger am Bestimmungsort selbst durchführt.

2. Frachtvertrag

> **Fall 2:** Der Frachtführer F transportiert für A eine Druckmaschine zum Empfänger Kaufmann E. Nach der Auslieferung will F wissen, von wem er die Fracht verlangen kann.

638

Der Frachtvertrag ist nach § 407 HGB formlos gültig und zugleich Vertrag zugunsten Dritter (§ 328 BGB), also des Empfängers. Parteien sind der „Absender" und der „Frachtführer". Auf Verlangen des Frachtführers ist jedoch ein **Frachtbrief** mit den Angaben in § 408 HGB auszustellen. Neuerdings kann auch anstelle des Frachtbriefs ein Ladeschein nach §§ 444 ff. HGB ausgestellt werden. Frachtbrief oder Ladeschein müssen vom Absender und auf dessen Aufforderung auch vom Frachtführer unterzeichnet sein (§§ 408 II, 444 I, 475 c III HGB). Der Frachtbrief ist ein **Beweispapier** und hat den Zweck, den Abschluß und den Inhalt des Frachtvertrages sowie den äußerlich guten Zustand von Gut und Verpackung und die Übernahme des Gutes durch den Frachtführer bis zum Beweis des Gegenteils nachzuweisen (§ 409 HGB). Zudem bewirkt die Annahme von Gut und Frachtbrief durch den Empfänger, daß dieser für noch nicht bezahlte Fracht zahlungspflichtig wird (§ 421 HGB).

> Im Fall 2 liegt zwischen den Absender A und Frachtführer F ein Frachtvertrag nach § 407 HGB vor. Kein Vertragsverhältnis besteht zwischen dem Empfänger E und F. Da

> der Frachtvertrag jedoch ein Vertrag zugunsten Dritter ist, erhält E gegen den Frachtführer F Rechte aus dem Frachtvertrag. Zwischen A und E besteht in der Regel ein Vertragsverhältnis wie z. B. ein Kaufvertrag.

3. Vertragspflichten der Parteien

639 Die Rechte und Pflichten der Parteien sind eingehend geregelt, wobei das Gesetz nur **dispositive** Vorschriften schafft. Es geht davon aus, daß die Parteien die Bedingungen ihres Beförderungsvertrages nach ihren Bedürfnissen gestalten.

(1) Das Gesetz legt dem **Absender** des Guts insbesondere folgende Pflichten auf:

- Zahlung der vereinbarten **Fracht** bei Ablieferung (§§ 407 II, 420 HGB),
- ordnungsgemäße **Verpackung, Kennzeichnung, Information** bei gefährlichem Gut und Übergabe der **Urkunden** (§§ 410, 411, 413 HGB),
- beförderungssicheres **Verladen und Entladen** (§§ 412, 421 HGB).

Bei Verstößen gegen diese Verpflichtungen haftet der Absender nach § 414 HGB. Die Bestimmung geht, soweit es sich beim Absender nicht um einen Verbraucher handelt, von einer **verschuldensunabhängigen Haftung des Absenders** aus, beschränkt diese jedoch für den Regelfall auf 8,33 Sonderziehungsrechte je Kilogramm der Sendung (SZR = 1,0528 Euro am 8. 5. 2008, § 431 IV HGB)

> Soweit im Frachtvertrag nichts anderes vereinbart ist, ist A als Absender verpflichtet, die vereinbarte Fracht bei Ablieferung an E zu zahlen (§§ 407 II, 420 I HGB).

(2) § 415 HGB gibt dem Absender ein jederzeitiges Kündigungsrecht mit einer zu zahlenden Entschädigung (Standgeld, Fautfracht). Besondere Rechte sieht § 417 HGB für den Fall vor, daß die Ladung nicht rechtzeitig zur Verfügung steht oder vom Absender verladen wird. Das gleiche gilt für die Bestimmungen über die Teilbeförderung (§ 416 HGB), bezüglich der Beförderungs- und Ablieferungshindernisse und des Weisungsrechts von Absender und Empfänger (§§ 418, 419 HGB).

(3) Der **Frachtführer** ist verpflichtet,

- das Gut vom Übernahmeort zum Bestimmungsort zu **befördern** (§ 407 I HGB),
- bis zur **Ablieferung** beim Empfänger die Weisungen des Absenders zu beachten (§ 418 HGB),
- die **Lieferfrist** einzuhalten (§ 423 HGB).

§ 441 gewährt dem Frachtführer wegen aller Forderungen aus dem Frachtvertrag und wegen unbestrittener Forderungen aus anderen mit dem Absender abgeschlossenen Fracht-, Speditions- und Lagerverträgen ein **Pfandrecht** an dem Gut.

(4) Der **Empfänger** des Gutes hat folgende Rechte und Pflichten:

- Recht auf **Ablieferung** (§ 421 I HGB),
- Zahlung der geschuldeten **Fracht**, soweit diese nicht der Absender übernimmt (§ 421 II, IV HGB),
- **Doppelberechtigung** von Empfänger und Absender bei Güterschäden durch die gesetzlich angeordnete Drittschadensliquidation in § 421 I 2 HGB),
- Zahlung einer **Nachnahme** bei einer entsprechenden Vereinbarung (§ 422 HGB).

4. Haftung des Frachtführers

Fall 3: Während des Transports der Druckmaschine vom Verkäufer A zum Käufer E   640
wird diese fahrlässig durch den Fahrer L beschädigt. Welche Rechte hat E?

Kern des neuen Frachtrechts sind die Haftungsregeln der §§ 425 ff. HGB, welche
den Bestimmungen der Art. 17 ff. CMR nachgebildet sind.

(1) § 425 HGB schafft eine **Obhutshaftung** des Frachtführers für die Zeit von der
Übernahme des Gutes zur Beförderung bis zu seiner Ablieferung für Schäden
durch Verlust, Beschädigung oder Überschreiten der Lieferfrist. Bei Mitverursa-
chung durch den Absender oder Empfänger findet eine Schadensteilung statt.
Hierbei wird das **Verschulden vermutet**, es sei denn der Frachtführer beweist,
daß er auch bei größter Sorgfalt das Ereignis und den Schaden nicht vermeiden
oder abwenden konnte (§ 426 HGB). Der Frachtführer ist auch durch die besonderen **Haftungsausschlußgründe** des § 427 HGB befreit wie bei Verwendung
offener Fahrzeuge und ungenügender Verpackung, also Gründe die auf Eigenar-
ten des Gutes oder der Beförderung oder auf Handlungen des Absenders beruhen. Der Beweis des Verlustes wird durch eine Verlustvermutung erleichtert
(§ 424 HGB). Für Handlungen und Unterlassungen seiner **Leute** haftet der
Frachtführer in gleicher Weise wie für eigenes Verhalten (§ 428 HGB, § 278 BGB).

(2) Der **Schadensumfang** richtet sich gemäß §§ 429 bis 432 HGB nach dem **Wert
des Gutes** am Übernahmeort. § 429 III 2 HGB vermutet, daß der in der Rechnung
ausgewiesene Kaufpreis abzüglich darin enthaltener Beförderungskosten der
Marktpreis ist. Zusätzlich hat der Frachtführer nach § 430 HGB auch die Kosten
der **Schadensfeststellung** zu tragen. Über die Begrenzung auf den Wert des Gutes
hinaus, ist der Schadensumfang summenmäßig weiter auf den Betrag von **8,33
SZR/kg** begrenzt (§ 431 I HGB), wobei durch AGB bei Nichtverbrauchern als
Absender, ein Variationsspielraum mit einem Korridor von 2 bis 40 SZR eröffnet
wird (§ 449 HGB). Formale Voraussetzung ist dafür, daß der abweichende Haf-
tungssatz in den AGB drucktechnisch deutlich hervorgehoben wird (§ 449 II Nr. 1
HGB). Für **Verspätungsschäden** ist die Haftung auf die dreifache Fracht begrenzt (§ 431 III HGB). Für reine Vermögensschäden welche durch Verletzung
sonstiger vertraglicher Pflichten aus **pVV** entstehen (z. B. falsche Auskünfte des
Frachtführers), ist die Haftung auf das Dreifache des bei Verlust der Güter zu zahlenden Betrags beschränkt (§ 433 HGB). **Konkurrierende Ansprüche** aus
§§ 823 ff. BGB unterliegen den gleichen gesetzlichen oder vertraglichen Haftungs-
beschränkungen (§ 434 HGB). Die Haftungsbefreiungen und -begrenzungen gelten allerdings dann nicht, wenn **Vorsatz** oder **Leichtfertigkeit**, d. h. bewußte grobe Fahrlässigkeit, nachweisbar ist (§ 435 HGB). Die **Verjährung** beträgt nach
§ 439 HGB ein Jahr und in den Fällen des groben Verschuldens drei Jahre.

(3) Neben dem vertraglichen Frachtführer als Vertragspartner des Absenders haftet auch ein **ausführender Frachtführer** als Gesamtschuldner für Schäden durch
Verlust, Beschädigung oder Lieferfristüberschreitung (§ 428 HGB).

(4) Die gesetzliche Haftung ist grundsätzlich durch AGB im Rahmen des § 449
HGB **abänderbar**. Wenn der Absender ein Verbraucher ist, kann jedoch nicht zu
seinem Nachteil abgewichen werden.

Im Fall 3 haben A und E einen Kaufvertrag geschlossen. Damit kommt wegen der Beschädigung der Druckmaschine auf dem Transport die Vorschrift des § 447 BGB über die Gefahrtragung beim Versendungskauf zur Anwendung (vgl. S. 218 ff., § 474 II BGB). Der Absender A hat keinen Schaden, da die Preisgefahr mit der Auslieferung an F auf den Käufer und Empfänger E übergegangen ist. Seinen Schaden kann E nach § 421 I 2 HGB als Anspruch aus dem Frachtvertrag zu seinen Gunsten im eigenen Namen gegen F geltend machen (gesetzliche Drittschadensliquidation). E kann nach § 425 HGB von F Schadensersatz für die Beschädigung der Druckmaschine verlangen. § 426 HGB vermutet ein Verschulden des F und seines Fahrers L (§ 428 HGB). Ein besonderer Haftungsausschlußgrund nach § 427 HGB ist nicht ersichtlich. F hat Wertersatz gem. § 429 HGB zu leisten, wobei die Entschädigung auf einen Betrag von 8,33 SZR/kg begrenzt ist. Kann E Leichtfertigkeit des Fahrers nachweisen, besteht keine Summenbegrenzung (§ 435 HGB). E hat den äußerlich erkennbaren Schaden dem F bei der Ablieferung schriftlich anzuzeigen, da sonst vermutet wird, daß die Maschine in vertragsgemäßem Zustand ausgeliefert wurde (§ 438 HGB). Für den Bereich des Straßengüterverkehrs muß der Frachtführer eine Pflichtversicherung für diese Haftung abschließen (§ 7 a I GüKG).

5. Sondervorschriften für Umzug und multimodalen Verkehr

641 Die §§ 451 bis 451 h HGB regeln abschließend die Beförderung von Umzugsgut im verbraucherschützenden Sinn, wobei die Haftung auf 620 Euro pro Kubikmeter des benötigten Laderaums beschränkt ist (§ 451 c HGB). In §§ 452 bis d HGB ist eine Regelung für den multimodalen Verkehr mit verschiedenen Beförderungsmitteln vorgesehen.

Schaubild 73: *Spedition und Fracht*

II. Speditionsrecht

1. Speditionsvertrag

642 **Fall 4:** Wie im vorherigen Fall hat Verkäufer V die Druckmaschine an E verkauft und nun den Spediteur S mit der Versendung beauftragt. S übergibt die Maschine an den bisher sorgfältig arbeitenden Frachtführer F. Während des Transports durch den Fahrer des F wird das Gut auf nicht aufklärbare Weise beschädigt. Welche Rechte hat V?

(1) Das Speditionsrecht ist in den §§ 453 bis 466 HGB geregelt. Nach § 453 I HGB wird der Spediteur als Gewerbeunternehmen verpflichtet, die Versendung des Gutes zu besorgen. Die Spedition **besorgt die Organisation des Transports.** Der

Spediteur befördert also nicht selbst das Gut, außer er tritt selbst als Frachtführer auf (Selbsteintritt nach § 458 HGB). Die Parteien des Speditionsvertrags heißen Spediteur und Versender. Diese Legaldefinition des Speditionsvertrages ist enger als der berufsständische Begriff des Spediteurs, der unter dem modischen Begriff der Logistik auch Fracht-, Lager- und Umsatzgeschäfte betreibt.

(2) Abweichende Vereinbarungen durch die Allgemeinen Deutschen Spediteurbedingungen (**ADSp**), welche bisher weitgehend als AGB vereinbart wurden und wodurch die Haftung des Spediteurs durch die Versicherung ersetzt wurde, sind nur noch im Rahmen des § 466 HGB möglich.

> Im Fall 4 ist zwischen dem Verkäufer V als Versender und S als Spediteur ein Speditionsvertrag nach § 453 HGB zustande gekommen. Zwischen V und E besteht ein Kaufvertrag über die Druckmaschine in Form eines Versendungskaufs (§ 447 BGB). Danach ist mit der Auslieferung des Guts an die Transportperson die Preisgefahr auf den Käufer E übergegangen.

2. Vertragspflichten der Parteien

a) Pflichten des Spediteurs

Die Besorgung der Versendung wird in § 454 I HGB näher ausgestaltet. Dazu **643** gehören

- die Bestimmung des **Beförderungsmittels** und des -**weges**,
- die **Auswahl** der ausführenden Unternehmer, der Abschluß der erforderlichen Fracht-, Lager- und Speditionsverträge und die Erteilung der Informationen und
- die **Sicherung** von Schadensersatzansprüchen des Versenders.

Nach § **454 II HGB** zählen zu den Pflichten des Spediteurs nur dann die Ausführung sonstiger, auf die Beförderung bezogener Leistungen wie z. B. die Versicherung und Verpackung des Gutes, seine Kennzeichnung und Zollbehandlung, wenn dies besonders vereinbart wurde. Diese Pflichten nach Abs. 2 braucht der Spediteur nicht selbst zu übernehmen. Vielmehr kann er mit dem Versender auch vereinbaren, daß er nur den Abschluß der dazu erforderlichen Verträge schuldet. Dann haftet er insoweit nur für ein Auswahlverschulden. Stets hat der Spediteur das Interesse des Versenders wahrzunehmen und dessen Weisungen (z. B. Transportmittel) zu befolgen (§ 454 IV HGB).

> Im Fall 4 hat S als Spediteur das Gut entgegenzunehmen und möglicherweise auch zu lagern, die notwendigen Begleitpapiere zu besorgen, das beste Transportmittel und einen geeigneten Frachtführer auszuwählen und das Gut an den Frachtführer zu übergeben.

b) Rechte des Spediteurs

(1) Nach § 455 I HGB ist der Versender dem Spediteur, wie im Frachtrecht, zur **644** **Verpackung** und **Kennzeichnung** des Gutes und zur **Auskunftserteilung** verpflichtet. Diese Nebenpflicht ist bei gefährlichem Gut besonders ausgeprägt. Für die Erfüllung dieser Rechte des Spediteurs haftet ihm der Versender ohne Verschulden. Ist der Versender jedoch ein Verbraucher tritt diese Haftung nur bei Verschulden ein (§ 455 II, III HGB).

(2) Der Spediteur hat ein **Selbsteintrittsrecht** (§ 458 HGB). Sofern der Versender es ihm nicht untersagt hat, kann er also das Gut selbst befördern und erlangt damit auch die Rechtsstellung eines Frachtführers. Frachtführer ist er auch bei Spedition zu festen Kosten und bei Sammelladung (§§ 459, 460 HGB).

(3) Die **Vergütung** des Spediteurs wird fällig, wenn das Gut dem Frachtführer oder Verfrachter übergeben worden ist (§ 456 HGB). Nach § 464 HGB hat der Spediteur ein gesetzliches **Pfandrecht** an dem Gut (vgl. Rn. 581).

3. Haftung des Spediteurs

645 (1) Nach §§ 461 I, 426, 427 HGB haftet der Spediteur für den Schaden, welcher bei **Verlust oder Beschädigung** des in seiner **Obhut** befindlichen Gutes entsteht, in gleicher Weise wie der Frachtführer. Diese Neuregelung ersetzt die frühere Konzeption der ADSp, wonach der Spediteur nicht haftete, wenn die Speditionsversicherung eingriff. Nun haftet der Spediteur für Güterschäden regelmäßig in Höhe von 8,33 SZR/kg wie ein Frachtführer aus vermutetem Verschulden. Diese Haftung ist, wie beim Frachtvertrag, AGB-fest im Rahmen des § 466 HGB. Bei Vorsatz oder Leichtfertigkeit entfällt die Summenbegrenzung.

> Im Fall 4 kommt eine eigene Obhutshaftung des S nicht in Betracht, da die Maschine beim Transport durch F beschädigt wurde und nicht während einer Obhutszeit des S.

(2) § 461 II HGB enthält die Haftung für alle Schäden, die nicht während der Obhut des Spediteurs entstandene Güterschäden sind wie Auswahl des Frachtführers, Überschreitung der Lieferfrist und aus pVV wegen Verletzung von Informationspflichten. Diese Haftung greift also ein, wenn der Spediteur seine **Pflichten zur Besorgung der Versendung** nach § 454 HGB verletzt hat. Hier hat er für sich und seine Leute einzustehen (§ 462 HGB). Für diese Haftung ist im Gesetz keine Summenbegrenzung vorgesehen.

> Auch insoweit ist S dem V nicht schadensersatzpflichtig, da er den F sorgfältig ausgewählt und die Maschine ordnungsgemäß übergeben hat. Er hat auch nicht für ein Verschulden des Frachtführers F und seines Fahrers nach § 278 BGB einzustehen, da diese keine Erfüllungsgehilfen des S sind. Sie erfüllen nicht die Verbindlichkeit des S dem Versender V gegenüber, sondern erfüllen eine eigene Verbindlichkeit gegenüber dem S. Dieser kann grundsätzlich einen Schaden des Versenders V gegen den Frachtführer F geltend machen (Drittschadensliquidation). Da hier aber nach § 447 BGB die Preisgefahr auf den Käufer E übergegangen ist, hat jedoch V keinen Schaden. Dessen Schaden kann S gegenüber dem Frachtführer F geltend machen. Da S nach § 454 I Nr. 3 HGB die Pflicht hat, Schadensersatzansprüche des Versenders zu sichern, kann V die Abtretung des Anspruchs S gegen F an sich verlangen. Diese Abtretung erfolgt in der Regel schon vorweggenommen im Speditionsvertrag zwischen V und S.

III. Lagerrecht

646 (1) Das Lagergeschäft ist durch die Neuregelung in §§ 467 bis 475 h HGB modernisiert, jedoch im wesentlichen beibehalten worden. Die Verordnung über Orderlagerscheine ist aufgehoben worden. Das Lagergeschäft hat die **gewerbliche,** auch kleingewerbliche, **Lagerung** und Aufbewahrung von Gütern zum

Gegenstand. Der Lagerhalter verwahrt hierbei **lagerfähige Güter** (z. B. Getreide, Mineralöl, Kühlhausware, nicht: Geld, Wertpapiere, lebende Tiere).

(2) Für den **Lagervertrag** zwischen dem Einlagerer und dem Lagerhalter gelten die vertraglichen Vereinbarungen, welche im Leitbild in §§ 467 ff. HGB niedergelegt sind. Bei den **Lagerarten** wird unterschieden zwischen der grundsätzlich vorliegenden Einzellagerung und der Sammellagerung (§ 469 HGB).

(3) Der Lagerhalter muß die Güter **aufbewahren** und **haftet** für Verlust oder Beschädigung des Guts von der Übernahme bis zur Auslieferung, falls er nicht nachweist, daß der Schaden auch nicht durch die Sorgfalt eines ordentlichen Kaufmanns abgewendet werden konnte (§ 475 HGB). Für das Verschulden seiner Hilfspersonen haftet er über § 278 BGB.

(4) Zu den Rechten des Lagerhalters zählen der Anspruch auf die vereinbarte **Vergütung** (§ 467 II HGB) und **Aufwendungsersatz** (§ 474 HGB), die durch ein gesetzliches **Pfandrecht** gesichert sind (§ 475 b HGB).

Merksätze

1. **Frachtrecht** (§§ 407 ff. HGB)
   - **Begriff**
     Gewerbsmäßige Beförderung von Gütern zu Lande, mit Luftfahrzeugen oder auf Binnengewässern
   - **Frachtvertrag**
     – formlos, bei Verlangen Frachtbrief
     – Vertrag zugunsten des Empfängers
   - **Pflichten des Frachtführers**
     – Beförderung
     – Beachtung von Weisungen des Absenders
     – Einhaltung der Lieferfrist
     – Obhutshaftung mit Verschuldensvermutung
   - **Rechte des Frachtführers**
     – Doppelberechtigung von Empfänger und Absender bei Güterschäden
     – Zahlung der Fracht
     – Gesetzliches Pfandrecht
   - **Sondervorschriften** für Umzug und multimodalen Verkehr
2. **Speditionsrecht** (§§ 453 ff. HGB)
   - **Speditionsvertrag**
     – Gewerbsmäßige Besorgung einer Güterversendung durch Frachtführer
     – im eigenen Namen (kein Transport!)
     – ADSp als AGB
   - **Pflichten des Spediteurs**
     – Besorgung der Versendung
     – Sicherung von Schadensersatzansprüchen des Versenders
     – Wahrung des Interesses des Versenders
   - **Rechte des Spediteurs**
     – Vergütung
     – Verpackung, Kennzeichnung, Auskunft durch Versender
     – Gesetzliches Pfandrecht
     – Selbsteintrittsrecht
   - **Haftung des Spediteurs:** Zweiteilung in
     – Verlust, Beschädigung bei eigener Obhut: 8,33 SZR/kg
     – Verletzung der Besorgung der Versendung ohne Summengrenze

3. **Lagerrecht** (§§ 467 ff. HGB)
   - **Begriff:** gewerbsmäßige Übernahme der Lagerung und Aufbewahrung lagerfähiger Güter (nicht: Geld, Wertpapiere)
   - **Lagervertrag zwischen Lagerhalter und Einlagerer**
   - **Pflichten des Lagerhalters**
     - Aufbewahrung
     - Haftung bei Verlust, Beschädigung mit Verschuldensvermutung
   - **Rechte des Lagerhalters**
     - Vergütung und Aufwendungsersatz
     - Gesetzliches Pfandrecht

4. **Leitentscheidungen**
   - **Frachtführer und Rechtswegstreit**
     BGH, 21. 10. 1998, NJW 1999, 648
   - **Sorgfaltspflichten des Spediteurs/Frachtführers bei der Eingangs-/Ausgangskontrolle**
     BGH, 25. 3. 2004, NJW 2004, 2445

7. Kapitel: Gesetzliche Schuldverhältnisse

§ 25
Ungerechtfertigte Bereicherung

> **Lernziele:**
>
> Nachdem Sie dieses Kapitel 25 durchgearbeitet haben, können Sie
> - differenzieren zwischen der Leistungskondiktion und der Nichtleistungs-
>   kondiktion.
> - die Grundzüge der Herausgabe und des Wegfalls der Bereicherung erläu-
>   tern.

I. Rückabwicklung ungerechtfertigter Vermögensverschiebungen

Fall 1: Kaufmann K hat von Immobilienhändler V ein Grundstück erworben und wurde als Eigentümer im Grundbuch eingetragen. Nach einiger Zeit stellt sich heraus, daß
der notarielle Kaufvertrag unwirksam ist. Kann V das Grundstück zurückverlangen?

647

Mit den Vorschriften über die ungerechtfertigte Bereicherung (§§ 812 ff. BGB) erfolgt die **Rückabwicklung nicht gerechtfertigter Vermögensverschiebungen**
durch Herausgabeansprüche. Danach sollen alle Vermögensvorteile wieder
zurückgegeben werden, wenn für sie ein rechtlicher Grund fehlt. Auf irgendwelche Pflichtverletzungen oder ein Verschulden der Beteiligten kommt es nicht an.
Diese Rückabwicklung ist **Folge des Abstraktionsprinzips** des BGB, wonach
eine Trennung von Verpflichtungs- und Verfügungsgeschäft vorgenommen wird
(vgl. Rn. 15, 454). Ein fehlender Rechtsgrund („**causa**"), z. B. ein nichtiger Kaufvertrag, schließt eine rechtswirksame Verfügung wie die Verschaffung des Eigentumsrechts nach § 929 BGB nicht aus. Infolge dieser Trennung der Eigentumsübertragung von dem vertraglichen Verpflichtungsgeschäft kann das Vermögen
des Erwerbers ungerechtfertigt um das Eigentumsrecht an einer Sache „berei-
chert" werden. Die Korrektur dieser Bereicherung erfolgt durch Rück-
übertragung des Eigentumsrechts. Ein solcher in den §§ 812 ff. BGB wurzelnder
Anspruch wird auch **Kondiktion** genannt. Danach entsteht ein **gesetzliches
Schuldverhältnis** mit einem Anspruch auf Rückgängigmachung der ungerechtfertigten Vermögensverschiebung.

> V hat gegen K einen Anspruch aus ungerechtfertigter Bereicherung auf Rückübertra-
> gung des Eigentumsrechts an dem Grundstück (§ 812 I 1 BGB). K hat das Eigentums-
> recht an dem Grundstück „durch die Leistung" des V, aber ohne „rechtlichen Grund"
> erlangt. Rechtsgrund für den Eigentumserwerb sollte der Kaufvertrag (§§ 433, 311 b
> BGB) sein. Da dieser Vertrag aber unwirksam ist, hat V ohne rechtlichen Grund ge-
> leistet.

Schaubild 74: *Ungerechtfertigte Bereicherung*

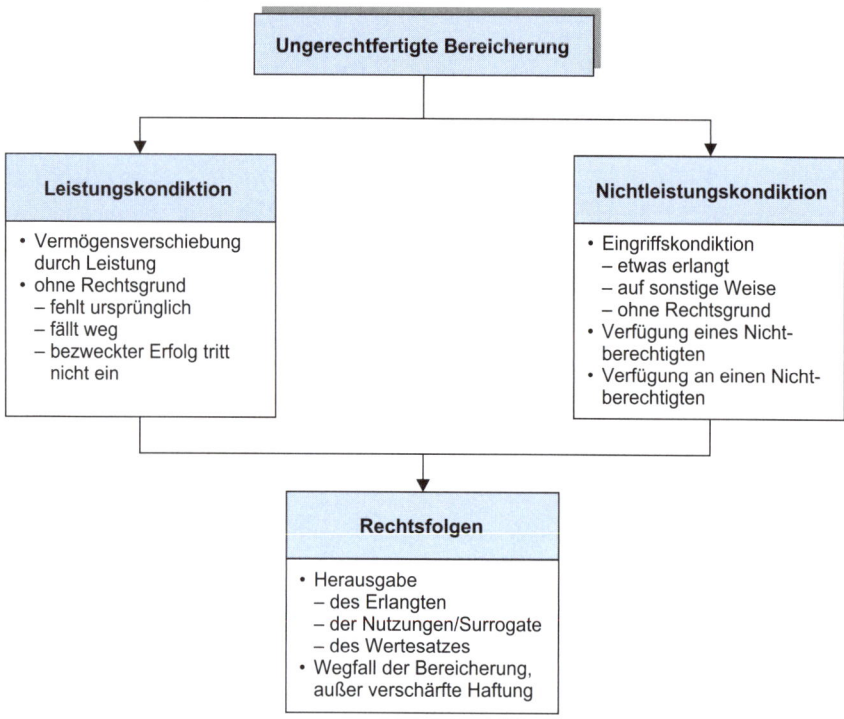

II. Grundtatbestände der ungerechtfertigten Bereicherung

648 Die gesetzliche Regelung sieht nach der Art der Erlangung des Vermögensvorteils **zwei Grundtatbestände** in § 812 BGB vor. Die erste Möglichkeit besteht darin, daß jemand durch **Leistung** eines anderen etwas ohne rechtlichen Grund erlangt hat (Leistungskondiktion, § 812 I 1 1. Alt. BGB). Die zweite Möglichkeit ist die **Nichtleistungskondiktion**, bei der die Bereicherung auf „sonstige Weise" eintritt, meist durch Eingriff in ein fremdes Recht (§ 812 I 1 2. Alt. BGB).

1. Leistungskondiktion

Fall 2: Steuerberater S zahlt an den Vermieter V der Praxisräume die monatliche Miete irrtümlich doppelt und verlangt einen Monatsmietzins zurück. Kann S dies?

Der Zweck der Leistungskondiktion besteht nach § 812 I BGB darin, den Vermögenszuwachs aufgrund einer Leistung wieder rückgängig zu machen, bei der eine gültige Verpflichtung hierzu

- von vornherein **fehlt,**
- nachträglich **wegfällt** oder
- der bezweckte **Erfolg nicht eintritt.**

Damit setzt die Leistungskondiktion voraus, daß der andere (1) etwas (2) durch Leistung (3) ohne rechtlichen Grund erlangt hat.

(1) Der andere muß also **etwas erlangt** haben. Das ist dann der Fall, wenn er einen Vermögensvorteil erhalten hat.

> **Beispiele**: Vermögensrechte wie Eigentum, Besitz oder Forderungen, Befreiung von Verbindlichkeiten (Schulderlaß), Nutzungsmöglichkeiten
>
> V hat von S den Mietzins für die Praxisräume, also einen Vermögensvorteil erhalten.

(2) Dieses Erlangte muß der Leistende bewusst und gewollt an den Empfänger geleistet haben. Eine **Leistung** ist also jede bewusste zweckgerichtete Zuwendung zwischen Leistendem und Leistungsempfänger.

> **Beispiele**: Zahlung, Übergabe einer Sache, Arbeitstätigkeit
>
> S hat den Mietzins zwar irrtümlich, aber doch in Erfüllung des Mietvertrages über die Praxisräume überwiesen.

(3) Der Vermögensvorteil wurde ungerechtfertigt erlangt, wenn die Leistung auf eine nicht bestehende Verbindlichkeit erbracht wurde, also **kein rechtlicher Grund** vorlag. Dieser Rechtsgrund fehlt, wenn weder ein gesetzlicher noch ein vertraglicher Grund für die Bereicherung gegeben ist oder wenn der rechtliche Grund später wegfällt.

> **Beispiele**: Nichtiger Verpflichtungsvertrag, irrtümliche Annahme einer Leistungspflicht, Irrtum über die Person des Leistungsempfängers, angefochtener, schuldrechtlicher Vertrag, Rückzahlung von Vorausleistungen wegen einer fristlosen Kündigung
>
> Die Geldzahlung durch S an V erfolgte ohne Rechtsgrund. Die Zahlung erfolgte hier in der irrtümlichen Meinung, eine Zahlungspflicht bestünde in dieser Höhe.

Hat der **Leistende allerdings gewußt**, daß er zur **Leistung nicht verpflichtet** war, ist eine **Rückforderung ausgeschlossen (§ 814 BGB)**. Grobe Fahrlässigkeit schadet dagegen nicht. Die Rechtswirkung des § 814 BGB kann aber durch eine Leistung unter Vorbehalt der Rückforderung ausgeschlossen werden.

2. Nichtleistungskondiktion

> **Fall 3**: Den Kühen des Bauern B gelingt es, unbemerkt von der ordentlich eingezäunten sauren Wiese des B zum saftigen Gras des Nachbarn N zu trampeln und dort die ganze Wiese abzuweiden. Kann N Ersatz für das gefressene Gras von B verlangen?

(1) In seiner 2. **Alternative sieht § 812 I 1 BGB** eine Vermögensverschiebung nicht durch Leistung eines anderen vor, sondern „**in sonstiger Weise**" durch andere Ursachen. Nach dem **Grundsatz der Subsidiarität** geht die Leistungskondiktion dieser Nichtleistungskondiktion vor, d. h., es ist zunächst zu prüfen, ob die Bereicherung nicht durch eine zweckgerichtete Zuwendung erfolgt ist. Zur Nichtleistungskondiktion gehören demnach nur die Fälle, in denen die Eingriffshandlung keine rechtsgeschäftliche Verfügung ist, also insbesondere der Eingriff des Bereicherten in eine fremde Rechtssphäre, Handlungen eines Dritten oder auch nur tatsächliche Geschehensabläufe. Hierbei bilden die Fälle der **Eingriffskondiktion** den Hauptanwendungsbereich der Bereicherung in sonstiger Weise.

649

> **Beispiele**: Unerlaubte Wegnahme einer Sache, Diebstahl, Anschwemmung, unbefugte Nutzung gewerblicher Schutzrechte wie Patente, Rechtsverlust bei Verbindung, Ver-

mischung oder Verarbeitung beweglicher Sachen gem. § 951 BGB, Einzug einer fremden Forderung, Gebrauch einer fremden Sache, Aufwendungen auf eine fremde Sache

(2) Die Eingriffskondition setzt voraus, daß der Anspruchsgegner **etwas erlangt** hat, **keine Leistung** vorliegt und ein **Eingriff in ein fremdes Recht** vorliegt **ohne Rechtsgrund**.

> Der Bauer B erspart durch die unbefugte Weide seiner Kühe eigene Aufwendungen. B greift damit in das Eigentum des N ein. Die Bereicherung des B erfolgt auf Kosten des N, ohne daß ein Rechtsgrund vorliegt.

(3) Einen **speziellen Fall der Nichtleistungskondiktion** regelt § 816 BGB. Hier erfolgt die Bereicherung durch **rechtsgeschäftliche Verfügungen**, die in der Regel nur wirksam sind, wenn sie ein Berechtigter trifft. Wenn aber in Ausnahmefällen im Interesse des Rechtsverkehrs die Verfügung durch einen Nichtberechtigten zu Lasten des wirklichen Rechtsinhabers doch wirksam ist, schafft § 816 I einen Ausgleich. Als wichtigstes Beispiel gilt der **entgeltliche Erwerb einer beweglichen Sache vom Nichtberechtigten** (§§ 932–934 BGB), wenn der Erwerber **gutgläubig** war. Der Nichtberechtigte muß das Erlangte an den Berechtigten herausgeben (vgl. Rn. 455).

> **Beispiel**: Kaufmann K hat sich eine Betonmischmaschine des E geliehen und an den gutgläubigen Geschäftspartner D veräußert. Da K weder Eigentümer noch von E zur Veräußerung befugt war, hat er ohne Rechtsgrund über die Maschine verfügt. Wegen des guten Glaubens des D war auch die Veräußerung wirksam, d. h., E hat sein Eigentum an D verloren. E kann aber von K nach § 816 I 1 BGB den bei D erzielten Kaufpreis herausverlangen.

Liegt ein Fall nach **§ 935 I BGB** vor, bei dem ein **gutgläubiger Erwerb ausgeschlossen** ist (z. B. Erwerb einer gestohlenen Sache) oder war der Erwerber bösgläubig, kann der Berechtigte die Verfügung des Nichtberechtigten durch **Genehmigung** (§ 185 BGB) wirksam machen. Auch in diesem Fall ist § 816 I 1 BGB erfüllt und der **Berechtigte hat einen Herausgabeanspruch** auf das, was der Nichtberechtigte durch das zugrundeliegende Verpflichtungsgeschäft **erlangt** hat (z. B. Kaufpreis).

Die Vorschrift des **§ 816 II BGB** findet meist Anwendung bei der Zahlung einer mehrfach abgetretenen Geldforderung an einen Scheingläubiger, wenn also eine **Leistung an einen Nichtberechtigten gegenüber dem Berechtigten wirksam ist**. Dann ist der nichtberechtigte Leistungsempfänger zur Herausgabe an den Berechtigten verpflichtet.

> **Beispiel**: Kaufmann K hat eine Geldforderung gegen seinen Geschäftspartner G. K tritt sie durch stille Zession an die Bank B ab. In Unkenntnis zahlt G an seinen vermeintlichen Gläubiger K und wird nach § 407 BGB von seiner Schuld frei. B hat gegen K einen Herausgabeanspruch bezüglich des erlangten Geldes.

III. Art und Umfang der Bereicherungsansprüche

1. Herausgabeanspruch

650 (1) Der Bereicherungsschuldner hat in erster Linie das **Erlangte in Natur** herauszugeben (§§ 812 I 1, 816 BGB). Welche Art der Herausgabeanspruch hat, ist objektabhängig und rechtlich unterschiedlich.

> **Beispiele**: Rückübereignung einer Sache, Wiedereinräumung des Besitzes, Rückabtretung einer Forderung

(2) Herauszugeben sind auch **gezogene Nutzungen und Surrogate** (§ 818 I BGB, z. B. Versicherungssumme für eine zerstörte Sache).

(3) Ist die Herausgabe des Erlangten nicht möglich, ist nach § 818 II BGB **Wertersatz** zu leisten. Dies kommt beispielsweise bei einer Zerstörung oder der Veräußerung einer Sache in Betracht und bei Bereicherungen durch Nutzung von Sachen oder die Inanspruchnahme von Arbeitsleistungen. Maßgebend ist der **objektive Wert**, der regelmäßig dem Verkehrswert entspricht.

2. Wegfall der Bereicherung

(1) Charakteristisch für das Bereicherungsrecht ist es, dem Schuldner nur das **651** rechtsgrundlos Erlangte wieder abzunehmen, aber **nicht einen dem Gläubiger entstandenen Schaden auszugleichen**. Wo und soweit das **Erlangte nicht mehr vorhanden** ist, entfallen die genannten Verpflichtungen (§ 818 III BGB) – der Schuldner ist dann „**entreichert**".

> **Beispiele**: Auto wurde schuldlos zerstört, Verbrauch von Unterhalt, bestimmungsgemäße Verwendung überlassener Werte

Ob eine Bereicherung noch vorliegt, wenn der Bereicherungsgegenstand nicht mehr vorhanden ist, muß **wirtschaftlich** betrachtet werden. Gerade bei der Verwendung von Geld muß gefragt werden, ob der Schuldner hierdurch andere Ausgaben eingespart hat oder ob damit Leistungen finanziert wurden, die er normalerweise nicht in Anspruch genommen hätte, wie z. B. eine teure Luxusreise.

(2) Der Schuldner kann sich nur dann auf den Entreicherungsschutz des § 818 III BGB berufen, wenn er **schutzwürdig** ist. Diese liegt nicht mehr in den in §§ 818 IV, 819 und 820 BGB geregelten Fällen der **verschärften Haftung des Empfängers** vor, etwa dann, wenn Rechtshängigkeit (Klageerhebung und Zustellung) bzw. Bösgläubigkeit (Kenntnis des Rechtsgrundmangels) oder ein Verstoß gegen ein gesetzliches Verbot bzw. gegen die guten Sitten vorliegen. Eine grob fahrlässige Unkenntnis reicht nicht aus.

Merksätze

1. **Wesen**
   Rückabwicklung ungerechtfertigter Vermögensverschiebungen durch Herausgabeansprüche

2. **Grundtatbestände**
   - **Leistungskondiktion** (§ 812 I 1 1. Alt. BGB) setzt voraus:
     - etwas erlangt (jeder Vermögensvorteil)
     - durch Leistung eines anderen (bewußte und gewollte zweckgerichtete Zuwendung)
     - ohne Rechtsgrund (i. d. R. Verpflichtungsvertrag)
   - **Nichtleistungskondiktionen**
     - **Eingriffskondiktion** (§ 812 I 1 2. Alt. BGB) setzt voraus:
       * etwas erlangt
       * in sonstiger Weise (i. d. R. durch Eingriff in fremden Vermögensbereich)
       * ohne Rechtsgrund

> – **Verfügung eines Nichtberechtigten** (§ 816 I BGB) setzt voraus:
>   * Nichtberechtigter trifft Verfügung (entgeltlich: Satz 1, unentgeltlich: Satz 2)
>   * Wirksamkeit der Verfügung gegenüber Berechtigtem
> – **Einziehung an Nichtberechtigten** (§ 816 II BGB) setzt voraus:
>   * Leistung
>   * Empfänger zur Einziehung nicht berechtigt
>   * Leistung gegenüber Berechtigtem wirksam
>
> 3. **Art und Umfang des Bereicherungsanspruchs** (§§ 818, 819 BGB)
>   • Herausgabe des Erlangten in Natur und Nutzungen oder Wertersatz
>   • Keine Herausgabe bei „Entreicherung“
>   • Kein Wegfall der Bereicherung bei verschärfter Haftung des Empfängers
>   – Rechtshängigkeit des Bereicherungsanspruchs
>   – Bösgläubigkeit des Empfängers
>   – Verstoß gegen gesetzliches Verbot oder gute Sitten
>
> 4. **Leitentscheidungen**
>   • **Bereicherung Minderjähriger (Flugreise)**
>   BGH, 7.1.1971, BGHZ 55, 128 = NJW 1971, 609
>   • **Sartirische Darstellung in Werbeanzeige – Rücktritt Lafontaine**
>   BGH, 26.10.2006, NJW 2007, 689

§ 26
Unerlaubte Handlungen

> **Lernziele:**
>
> Nachdem Sie dieses Kapitel 26 durchgearbeitet haben, können Sie
> • unterscheiden zwischen der grundsätzlichen Verschuldenshaftung des Deliktsrechts und der verschuldensunabhängigen Gefährdungshaftung.
> • die Grundtatbestände der unerlaubten Handlungen in § 823 I BGB (Absolute Rechte), § 823 II BGB (Schutzgesetz), § 826 BGB (Sittenwidrige Schädigung) und Haftung des Geschäftsherrn für unerlaubte Handlungen seines Verrichtungsgehilfen (§ 831 BGB) erläutern.

I. Haftungsprinzipien

652 Die gesetzlichen Schadensersatzansprüche beruhen auf außervertraglichen Haftungstatbeständen und sind im

• **Recht der unerlaubten Handlungen** (Deliktsrecht) der §§ 823–853 BGB und
• **Spezialgesetzen** außerhalb des BGB geregelt.

Beim Deliktsrecht des BGB handelt es sich um eine Haftung aus **verschuldetem Unrecht** oder um eine Haftung aus **vermutetem Verschulden**. Ein Opfer soll einen finanziellen Ausgleich für erlittene Nachteile eines Unrechts bekommen. Demgegenüber setzt die Haftung aufgrund der Spezialgesetze in den meisten Fällen als eine sog. **Gefährdungshaftung kein Verschulden** voraus.

Schaubild 75: *Gesetzliche Haftung für Schäden*

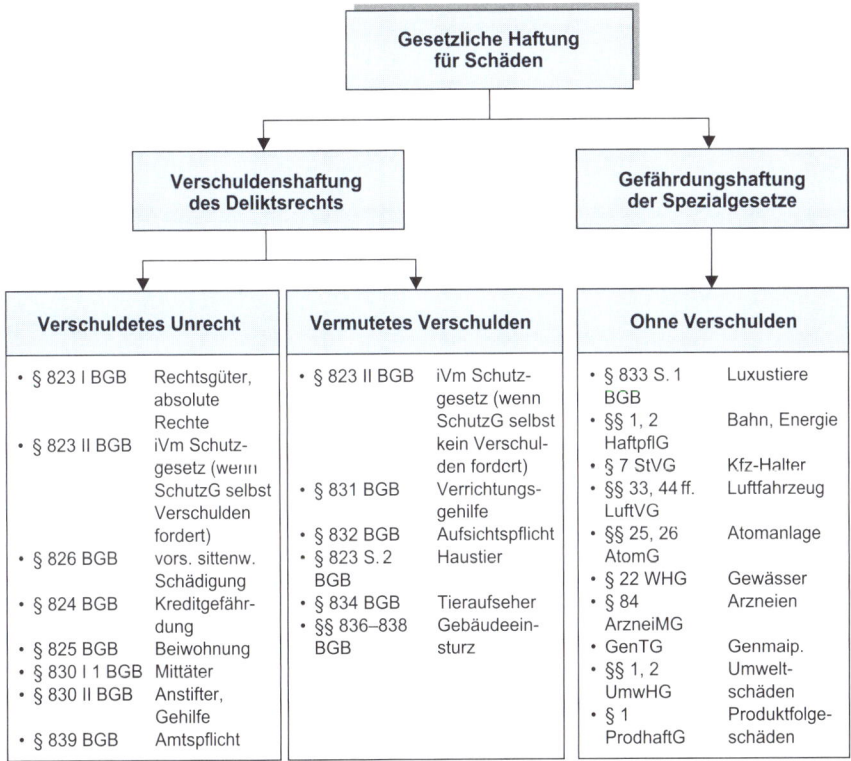

1. Verschuldensprinzip des Deliktsrechts

(1) Das Deliktsrecht beruht auf dem Verschuldensprinzip als Haftungsgrund. Ein **653** Schadensersatzanspruch nach den §§ 823 ff. BGB besteht also nur, wenn der Schädiger **rechtswidrig** und **schuldhaft** im Sinne des **§ 276 BGB** handelt. Hierbei ist es im Deliktsrecht meist gleichgültig, ob Vorsatz oder Fahrlässigkeit vorliegt. Zwar sind die Vorschriften der §§ 823 ff. BGB gleichsam die **schadensersatzrechtliche Parallele zum Strafrecht**; daher auch der Begriff Deliktsrecht. Im Strafrecht geht es jedoch um die individuelle Schuld des Täters und seine Bestrafung. Daher ist es im Strafrecht für die Höhe der Strafe wichtig, ob der Täter die Tat vorsätzlich oder nur fahrlässig begangen hat. Im zivilrechtlichen Deliktsrecht geht es dagegen um den **Ausgleich des Schadens** des Betroffenen, ohne daß es auf die Schwere der Schuld ankommt.

(2) Das Haftungsmodell in den §§ 823 ff. BGB differenziert hierbei zwischen   **654**

- **verschuldetem Unrecht** in den §§ 823 I, II 824–826, 830 und 839 BGB
- und den Fällen des **widerleglich vermuteten Verschuldens** in den §§ 831–834, 836–838 BGB. Hierbei hat der Schädiger den Beweis zu führen, daß ihm kein Verschulden an dem schädigenden Ereignis trifft. Das Verschulden wird also zuerst einmal unterstellt.

2. Gefährdungshaftung

655 (1) In Ausnahmefällen kennen das BGB (z. B. § 833 S. 1 BGB für Schäden durch Luxustiere) und **Spezialgesetze eine verschuldensunabhängige Haftung**. Im Rahmen dieser sog. Gefährdungshaftung sind Haftpflichttatbestände normiert, bei denen ein besonders hohes Risiko des Schadenseintritts besteht. Grundgedanke dieser Vorschriften ist, daß jemand, der rechtmäßigerweise einen **gefährlichen Betrieb eröffnet oder unterhält**, auch die Schäden tragen soll, die typischerweise dann bei anderen eintreten können und gegen die sie sich nicht wehren können, da das Verhalten rechtmäßig ist. Erst recht haftet dann derjenige, dessen Betrieb oder Anlage von Anfang an unerlaubt war.

656 (2) Eine Gefährdungshaftung tritt nur dann ein, wenn sie durch eine **spezielle Vorschrift** angeordnet wird. Solche Haftpflichtvorschriften finden sich z. B. im

- **§ 833 S. 1 BGB** für die Haftung des Tierhalters für „Luxustiere",
- **HaftpflG (§§ 1, 2)** für Schäden aus dem Betrieb von Schienen- und Schwebebahnen und Energie- und Versorgungsanlagen,
- **StVG (§ 7)** für Schäden beim Betrieb eines Kfz,
- **LuftVG (§§ 33, 44 ff.)** beim Betrieb von Luftfahrzeugen,
- **AtomG (§§ 25, 26)** für Strahlungsschäden aus Atomanlagen,
- **WHG (§ 22)** für Gewässerschäden,
- **ArzneiMG (§ 84)** für Schäden durch Arzneimittel,
- **GenTG** für Schäden durch Genmanipulationen,
- **UmweltHG (§§ 1, 2)** für Umweltschäden und
- **ProdHaftG (§ 1)** für Produktfolgeschäden.

657 (3) Die Innovationskraft der Wirtschaft würde aber entscheidend beeinträchtigt, würden auf den Verantwortlichen für diese Gefahren auch nicht mehr kalkulierbare und damit versicherbare Risiken abgewälzt. Die Gefährdungshaftung setzt daher immer voraus, daß sich der ersatzpflichtige Schaden gerade in dem **typischen Betriebsrisiko** der betreffenden Gefahrenquelle verwirklicht hat. Es muss also eine Kausalität bestehen (vgl. Rn. 321).

> **Beispiel:** Der Fluggast erleidet beim Flug einen Herzinfarkt. Es liegt ein natürliches Lebensrisiko und kein flugtypisches Risiko vor. Ein typisches Betriebsrisiko beim Flug sind schwere Turbulenzen mit Personenschäden.

Für die Unternehmenspraxis äußerst bedeutsam ist das **ProdHaftG**, das die verschuldensunabhängige Haftung des Herstellers eines fehlerhaften Produkts gegenüber einem hierdurch Geschädigten regelt (vgl. näher Rn. 684 ff.).

658 (4) Die Gefährdungshaftung führt nicht nur zum Ersatz **materieller Schäden,** sondern gibt in der Regel **auch einen Anspruch auf Schmerzensgeld nach § 253 II BGB,** welcher nicht nur vertragliche und deliktische Anspruchsgrundlagen erfaßt, sondern auch Gefährdungshaftungstatbestände. Zudem ist häufig als Ausgleich zur weiten Haftung dem Grunde nach der Umfang der Haftung durch **Höchstbeträge** begrenzt (z. B. §§ 9, 10 HaftpflG, § 10 ProdHaftG, § 12 StVG).

659 (5) Auch wenn die Haftungstatbestände der Verschuldenshaftung und der Gefährdungshaftung verschieden geregelt sind, besteht gleichwohl im konkreten Schadensfall eine **Parallelität der Ansprüche**. Diese **Anspruchskonkurrenz** ist von erheblicher praktischer Bedeutung. Kann z. B. der Geschädigte das Verschulden des Schädigers nachweisen, ist der zu ersetzende Schaden nicht durch Höchstbeträge wie in der Gefährdungshaftung begrenzt. Die deliktische Haftung nach §§ 823 ff. BGB kennt keine gesetzlichen Höchstsummen.

> **Beispiel**: Fahrer F verursacht fahrlässig einen Verkehrsunfall mit dem Firmenwagen der Firma K. Nach § 823 I BGB haftet F als Fahrer unbegrenzt in der Höhe dem Geschädigten G für dessen Schaden einschließlich Schmerzensgeld. Nach § 7 StVG haftet daneben die Firma K ohne Verschuldensnachweis als Halter des Fahrzeugs, jedoch insoweit nur im Rahmen der Höchstbeträge des § 12 StVG (z. B. € 50 000 für Sachschäden). F und Firma K haften als Gesamtschuldner gemäß § 421 BGB, d. h., G kann nach seiner Wahl von einem der Gesamtschuldner seinen vollen Schaden verlangen (vgl. § 840 I BGB).

II. Grundtatbestände der Verschuldenshaftung

Die folgende Darstellung beschränkt sich auf die wesentlichen Grundlagen des **660** Deliktsrechts. Ziel ist es, die Grundzüge dieses Rechtsgebiets aufzuzeigen, auf deren Basis sich die hierauf aufbauenden Spezialtatbestände dann relativ leicht erkennen lassen. Hierbei geht das Deliktsrecht von den **drei Haupttatbeständen** als Anspruchsgrundlagen aus,

- **der Verletzung eines absolut geschützten Rechtsguts** wie bestimmte Personenrechtsgüter, das Eigentum oder sonstige absolute Rechte (§ 823 I BGB),
- dem **Verstoß gegen ein Schutzgesetz**, um so die Einbeziehung gesetzlicher Verhaltensnormen aus anderen Bereichen in das Deliktsrecht zu erreichen (§ 823 II BGB) und
- der **vorsätzlichen sittenwidrigen Schädigung**, um durch den Bezug auf die „guten Sitten" eine Anpassung an die sich wandelnde gesellschaftliche Moral zu schaffen (§ 826 BGB).

1. Verletzung absoluter Rechtsgüter (§ 823 I BGB)

> **Fall 1**: Die Heizungsfirma H hat den Auftrag, bei Kaufmann K eine defekte Gasheizung zu reparieren. Durch ein Mißgeschick kommt es zu einer Gasexplosion, welche das Gebäude erheblich beschädigt. K verlangt von H Schadensersatz.

Der wichtigste Grundtatbestand des Deliktsrechts ist § 823 I BGB. Diese An- **661** spruchsgrundlage gibt dem Geschädigten **unabhängig von anderen vertraglichen Ansprüchen** einen Schadensersatzanspruch gegen denjenigen, der vorsätzlich oder fahrlässig das Leben, den Körper, die Gesundheit, die Freiheit, das Eigentum oder ein sonstiges Recht des Geschädigten widerrechtlich verletzt. Nur eine **tatbestandsmäßige**, **rechtswidrige** und **schuldhafte** Handlung begründet diesen Schadensersatzanspruch. In Abwandlung der Reihenfolge der im Gesetz genannten Merkmale müssen somit folgende **Voraussetzungen** für einen Anspruch nach § 823 I BGB vorliegen:

- der **Tatbestand** der Verletzung eines absoluten Rechts und eines kausalen Schadens,
- die **Rechtswidrigkeit** der Verletzungshandlung und
- das **Verschulden** des Handelnden.

a) Tatbestand

662 (1) Nicht jede Schädigung eines anderen verpflichtet zum Schadensersatz. Als **Rechtsgutsverletzung** erkennt § 823 I BGB nur eine Verletzung der dort genannten Rechtsgüter und Rechte an. Hierunter zählen zunächst die **Rechtsgüter Leben, Körper, Gesundheit, Freiheit** und **Eigentum**. Verletzung des Lebens bedeutet die Tötung eines Menschen. Körperverletzung ist jeder äußere Eingriff in die körperliche Unversehrtheit eines Menschen. Gesundheitsverletzung liegt vor bei einer Störung der inneren, körperlichen und seelischen Lebensvorgänge. Eine Eigentumsverletzung setzt die Einwirkung auf eine Sache voraus (Zerstören, Beschädigen, Diebstahl, Eigentumsentzug z. B. durch unberechtigte Veräußerung).

Mit in den Schutzbereich des § 823 I BGB aufgenommen sind die dem Eigentum gleichgestellten **sonstigen Rechte**. Hierzu gehören zunächst die **sieben dinglichen Rechte** (z. B. Pfandrecht, Hypothek, Besitzrecht) und die dinglichen Anwartschaften, ferner die **Immaterialgüterrechte** wie das allgemeine Namensrecht (§ 12 BGB), das allgemeine Persönlichkeitsrecht wie die Intim- und Privatsphäre, die Firma (§ 17 HGB) einschließlich der Geschäftsbezeichnung, die Urheberrechte für Literatur, Wissenschaft und Kunst sowie die gewerblichen Schutzrechte (z. B. Patente) und das Recht am eigenen Bild (§§ 22–24 KunstUrhG, BGH NJW 2007, 689). Einbezogen sind auch **Mitgliedschaftsrechte** wie GmbH-Anteile oder Aktien und **Familienrechte** wie z. B. der Schutz der Privatsphäre der ehelichen Wohnung oder das Recht der elterlichen Sorge.

Um den Unternehmensschutz zu stärken, erkennt die Rechtsprechung auch den **eingerichteten und ausgeübten Gewerbebetrieb als sonstiges Recht** an. Geschützt wird hierbei jeder auf Dauer und Gewinnerzielung angelegte Gewerbebetrieb. Der Betriebsinhaber soll sowohl vor Eingriffen in den Bestand seines Unternehmens (z. B. Geschäftsräume, Produktionsanlagen) als auch in seinem gewerblichen Tätigkeitsbereich (z. B. Geschäftsbeziehungen) geschützt werden. Haftungsbegründend sind jedoch nur **betriebsbezogene Eingriffe**, die sich unmittelbar gegen den Gewerbebetrieb als solchen richten. Als **Fallgruppen** sind anerkannt

- geschäftsschädigende Äußerungen,
- Boykottaufrufe und Blockaden,
- ungerechtfertigtes Abmahnen.

Keine sonstigen Rechte sind dagegen **Forderungsrechte**, da sie nur gegen eine bestimmte Person gerichtet sind und daher nicht „absolut" sind, sondern „relativ" sowie das **Vermögen als wertmäßige Zusammenfassung** der Aktiva einer Person.

663 (2) Diese sog. absoluten Rechte müssen durch eine **Verletzungshandlung** geschädigt werden. Dies kann durch ein **positives Tun** oder durch ein **Unterlassen** geschehen. So macht es keinen Unterschied, ob Eltern ihr Kind vergiften oder pflichtwidrig verhungern lassen. Ein Unterlassen ist aber nur dann haftungsbegründend, wenn der Schädiger eine sog. **Garantenstellung** hat, welche von ihm ein Einschreiten fordert. Eine solche Rechtspflicht kann sich ergeben aus

- **Gesetz** (z. B. § 1626 BGB: elterliche Sorgepflicht),
- **Verträgen**, die eine bestimmte Fürsorge zum Inhalt haben (z. B. Werkführer, Arzt, Krankenschwester, Gastwirt gegenüber betrunkenen Gästen) und

- **vorausgegangenem Tun** durch Schaffen oder Aufrechterhalten einer Gefahrensituation.

Der letzte Fall umfaßt die **Verkehrssicherungspflicht**. Danach muß derjenige, der eine objektive Gefahrenlage schafft oder sie in dem von ihm beherrschten Gefahrenbereich andauern läßt, entsprechende Sicherungsmaßnahmen treffen wie die Absicherung einer Baustelle oder die Beleuchtung eines Treppenhauses. Hierzu zählt die für den kaufmännischen Bereich wichtige **Produzentenhaftung**. Danach muß der Hersteller eines Produkts die erforderlichen technischen und organisatorischen Sicherheitsmaßnahmen einhalten, damit bei einer sachgemäßen Verwendung kein Schaden entsteht (vgl. näher zur Produkthaftung Rn. 684).

> **Beispiele**: Fabrikationsfehler bei Limonadeflasche, Konstruktionsfehler einer Bremse, Informationsfehler bei Kindertee, Produktbeobachtungsfehler bei Kfz

Verkehrssicherungspflichten hat aber auch derjenige, der den **Zugang** zu privaten oder öffentlichen Gebäuden **gestattet**.

> **Beispiele**: Parkplatz bei Gasthaus, Fußboden im Lebensmittelmarkt, Parkett in Gastwirtschaft, Abdeckroste eines Lichtschachts

(3) Durch die Verletzungshandlung muß weiterhin ein **Schaden** verursacht worden sein. Hierbei ist grundsätzlich vom materiellen Schadensbegriff auszugehen, d. h. vom **Vermögensschaden**. Der Schaden ist also der Unterschied zweier Güterlagen, wobei die durch die Verletzungshandlung geschaffene Güterlage mit der früheren Güterlage zu vergleichen ist (vgl. näher Rn. 315 ff.). **664**

> Im Fall 1 haftet H dem K abgesehen aus pVV des Werkvertrags auch aus unerlaubter Handlung nach § 823 I BGB. H hat den Tatbestand des § 823 I BGB erfüllt, wenn er das Eigentum des K verletzt, wobei die Verletzungshandlung in der unzureichenden Reparatur lag, welche zum eingetretenen Schaden führt.

Der Schuldner muß aber nur für den **kausalen Schaden** haften. Diese haftungsausfüllende Kausalität zwischen Verletzungshandlung und Schaden ist notwendig, um nicht den Schadensumfang ausufern zu lassen. Nur solche Schäden sind zu ersetzen, die objektiv im Rahmen der Wahrscheinlichkeit und Vorhersehbarkeit liegen (vgl. näher Rn. 322).

b) Rechtswidrigkeit

Die Verletzungshandlung muß weiter widerrechtlich, d. h. rechtswidrig sein, also **665** gegen ein Rechtsgebot oder ein Rechtsverbot verstoßen. Nun wird also der Tatbestand der Verletzungshandlung rechtlich bewertet, ob ihn die **Rechtsordnung mißbilligt**. Allerdings braucht die Rechtswidrigkeit in den meisten Fällen nicht besonders geprüft werden, weil bei Erfüllung des objektiven Tatbestands in der Regel auch die Rechtswidrigkeit gegeben („**indiziert**") ist. Eine besondere Prüfung der Rechtswidrigkeit ist nur veranlaßt, wenn Anhaltspunkte für einen sog. **Rechtfertigungsgrund** vorliegen. Hierzu zählen beispielsweise

- Notwehr (§ 227 BGB),
- Defensivnotstand (§ 228 BGB),
- Selbsthilfe (§ 229 BGB),
- Aggressivnotstand (§ 904 BGB),

- die Einwilligung des Verletzten,
- Ortsüblichkeit bei Immissionen (§ 906 BGB) oder
- das Recht auf Meinungsäußerung (Art. 5 GG).

> Im Fall 1 war die mißglückte Reparatur auch rechtswidrig, da die Einwilligung des K nur bezüglich der Reparatur bestand, nicht aber soweit ging, daß H das Haus beschädigte.

c) Verschulden

666 Der Schuldner muß die tatbestandsmäßige und rechtswidrige Handlung auch zu vertreten haben. Verschulden setzt hierbei

- die **Deliktsfähigkeit** (§§ 827, 828 BGB, vgl. Rn. 45) und
- die **fahrlässige** oder **vorsätzliche** Verletzung der im Verkehr erforderlichen Sorgfalt (§ 276 BGB, vgl. Rn. 336) voraus. Beide Verschuldensformen sind also nach dem Gesetz gleichwertig. Daher haftet der Schuldner schon bei nachgewiesener Fahrlässigkeit.

> Im Fall 1 handelte H auch schuldhaft, denn als Heizungsbauer muß er wissen, wie man Explosionen bei der Reparatur von Gasheizungen vermeidet (§ 276 II BGB). Damit liegt Fahrlässigkeit vor.

d) Rechtsfolgen

667 (1) Als Rechtsfolgen einer unerlaubten Handlung entstehen Ansprüche des Geschädigten auf

- **Schadensersatz** nach §§ 249 ff. BGB (vgl. Rn. 314 ff.),
- **Schmerzensgeld** bei Personenschäden nach §§ 823, 253 II BGB,
- Schadensersatz für **Nutzungsmöglichkeit der Arbeitskraft** (§§ 842 ff. BGB),
- Schadensersatz für **Tötung** (§§ 844, 845 BGB),
- **Unterlassung** künftiger Beeinträchtigungen nach §§ 823, 1004 BGB und
- **Beseitigung** weiterer fortdauernder Störungen nach §§ 823, 1004 BGB.

668 (2) Haben mehrere Personen durch eine gemeinschaftlich begangene unerlaubte Handlung einen Schaden verursacht oder läßt sich unter mehreren Beteiligten der Täter nicht ermitteln, so ist jeder als **Gesamtschuldner** für den Schaden verantwortlich (§ 830 BGB). Der Geschädigte kann sich nach seiner **Wahl** an jeden der Schädiger wenden und seinen Schaden ganz oder teilweise – insgesamt aber nur einmal – geltend machen (§§ 421, 840 BGB).

669 (3) Gemäß **§ 195 BGB verjährt** jeder Schadensersatzanspruch aus unerlaubter Handlung in der Regelverjährung von 3 Jahren (§ 195 BGB, Rn. 251), beginnend vom Zeitpunkt der Kenntnisnahme des Verletzten vom Schaden **und** der Person des Ersatzpflichtigen, spätestens jedoch 30 Jahre nach der Verletzungshandlung (§ 199 I, II BGB).

2. Verstoß gegen ein Schutzgesetz (§ 823 II BGB)

670 (1) Die Schadensersatzpflicht des § 823 I BGB gilt gemäß § 823 II BGB auch dann, wenn der Schädiger gegen ein „dem Schutz eines anderen bezweckendes Gesetz" verstößt. Der Verstoß gegen das **Schutzgesetz** muß ebenfalls **schuldhaft begangen** werden (§ 823 II 2 BGB). Damit erweitert diese Vorschrift wesentlich den

Kreis der ersatzpflichtigen Handlungen, da auch solche Fälle erfaßt werden, die aus dem Anwendungsbereich des § 823 I BGB herausfallen, weil keines der dort genannten absoluten Rechtsgüter verletzt ist. Dies gilt beispielsweise dann, wenn die Verletzungshandlung sich gegen das „Vermögen" gewandt hat (vgl. Rn. 662).

Beispiel: Durch unwahre Behauptungen verleitet der Kaufmann K seinen Geschäftspartner G zu einem riskanten Rechtsgeschäft. § 823 I BGB greift nicht ein, weil nämlich nicht das Eigentum, sondern nur das Vermögen des G verletzt ist. Stellt das Verhalten des K sich jedoch als strafrechtlichen Betrug dar, dann haftet K auf Schadensersatz gem. § 823 II BGB iVm § 263 StGB (Schutzgesetz).

(2) Als Schutzgesetze werden alle Gesetze angesehen, die gerade bestimmte **671** Rechtsgüter oder Interessen einzelner Personen schützen wollen. Einen solchen **echten Individualschutz** gewähren insbesondere viele Strafgesetze sowie zahlreiche Ge- und Verbotsnormen des Straßenverkehrs-, Lebensmittel-, Arzneimittel- und Umweltrechts.

Beispiele: §§ 211, 212 StGB (Mord, Totschlag), §§ 223 ff. StGB (Körperverletzung), §§ 242 ff. StGB (Diebstahl, Unterschlagung), §§ 249 ff. StGB (Raub), nachbarschützende Bebauungsvorschriften (z.B. Geschoßzahl), Arbeitnehmerschutzvorschriften (AZG, JArbSchG, JSchÖG, MuSchG), § 64 I GmbHG (Schutz der Gläubiger auf Erhaltung des Gesellschaftsvermögens bei Insolvenz)

3. Vorsätzliche sittenwidrige Schädigung (§ 826 BGB)

(1) Die beiden in § 823 I, II BGB formulierten Tatbestände werden ergänzt durch **672** die Vorschrift des § 826 BGB. Danach ist ferner derjenige zum Schadensersatz verpflichtet, der einem anderen vorsätzlich und sittenwidrig einen Schaden zufügt. Während also im Vertragsrecht sittenwidrige Umstände beim Vertragsschluß zur Nichtigkeit des Vertrags führen (§ 138 BGB), haben **sittenwidrige Handlungen** im geschäftlichen Verkehr eine Schadensersatzpflicht zur Folge. Geschützt ist hier **auch der bloße Vermögensschaden**. Zudem ist nicht wie bei § 823 I BGB eine Verletzung eines besonderen Rechts oder Rechtsguts erforderlich. Zu den **Voraussetzungen** des Schadensersatzanspruchs gehören nur:

- eine **schädigende Handlung**,
- deren **Sittenwidrigkeit** und
- **Vorsatz** hinsichtlich der Schädigung sowie ein
- **Schaden**.

(2) Der Schaden muß also in einer gegen die guten Sitten verstoßenden Weise her- **673** beigeführt worden sein. Dieser Bezug auf die „guten Sitten" erlaubt es, künftige Entwicklungen in der Rechtspraxis aufzufangen, insbesondere die **Wertordnung des Grundgesetzes** in seinen Grundrechten im BGB mitzuberücksichtigen (vgl. Rn. 19, 210). Zur Konkretisierung dieser **Generalklausel** haben die Gerichte Fallgruppen entwickelt. So kann sich die Sittenwidrigkeit ergeben aus:

- **Verhalten bei Vertragsschluß** bei arglistiger Täuschung des Geschäftspartners, unwahren Angaben und Auskünften, Verschweigen wesentlicher Umstände,
- **Verleiten zum Vertragsbruch** bei erschlichenem Urteil durch Verleiten eines Zeugen zur Falschaussage, Übernahme einer Vertragsstrafe oder Abwerbung von Arbeitskräften,

- **Wettbewerbsverhalten** durch Bestechung, Wucher, Zahlung von Schmiergeldern, Mißbrauch einer Machtstellung, Verweigerung einer Vereinsaufnahme bei Monopolstellung oder unbefugter Verwertung fremder Geheimnisse.
- **Existenzvernichtungshaftung des Gesellschafters** durch eine missbräuchliche Schädigung des im Gläubigerinteresses zweckgebundenen Gesellschaftsvermögens einer GmbH (BGH NJW 2007, 2689).

III. Haftung aus vermutetem Verschulden

674   In den folgenden Fällen sieht das Gesetz eine Haftung aus **widerleglich** vermutetem Verschulden vor. Der Schädiger kann also den Entlastungsbeweis führen, daß ihm kein Verschulden an dem Schadensereignis trifft. Zu den wichtigsten **Fallgruppen** gehören die

- Haftung des Geschäftsherrn für den Verrichtungsgehilfen (§ 831 BGB),
- Haftung des Aufsichtspflichtigen (§ 832 BGB),
- Haftung des Tierhalters für Nutztiere (§ 833 S. 2 BGB),
- Haftung des Tieraufsehers (§ 834 BGB),
- Gebäudehaftpflicht (§§ 836–838 BGB).

1. Haftung des Geschäftsherrn für Verrichtungsgehilfen

Fall 2: Der Bauhelfer B wirft ein Schalbrett vom Gerüst auf die Straße und trifft zufällig einen Passanten P, so daß dieser schwere Verletzungen erleidet. Der Schaden des P beträgt € 8000. B ist mittellos. Hat P gegen den Arbeitgeber U einen Schadensersatzanspruch?

a) Charakteristik

675   (1) In § 831 BGB ist ein deliktischer Schadensersatzanspruch definiert gegen den Geschäftsherrn, der sich im Rahmen der arbeitsteiligen Wirtschaft eines Verrichtungsgehilfen bedient. Der Haftungsgrund des Unternehmers ist hier sein **eigenes Fehlverhalten wegen einer unzureichenden Auswahl und Überwachung** seiner Hilfspersonen. Dieses Auswahl- oder Überwachungsverschulden wird vom Gesetz vermutet.

676   (2) Anders als bei der vertraglichen Zurechnungsvorschrift des § 278 BGB (Haftung für Erfüllungsgehilfen) handelt es sich hier um eine **selbständige Anspruchsgrundlage**. Sie ist unabhängig davon anwendbar, ob zwischen dem Schädiger und dem Geschädigten ein Vertragsverhältnis besteht oder nicht. Besteht dagegen zwischen dem Geschäftsherrn und dem Geschädigten bereits ein Vertrag und hatte die herangezogene Hilfsperson die Aufgabe, an der Erfüllung der vertraglichen Pflichten mitzuwirken und hat er in diesem Rahmen Schaden verursacht, dann handelte die Hilfsperson insoweit auch als „**Erfüllungsgehilfe**" nach § 278 BGB (vgl. Rn. 342). Für das Verschulden des Erfüllungsgehilfen hat der Vertragspartner im Bereich der vertraglichen Haftung dann wie für eigenes Verschulden einzustehen.

Beispiel: Bauhelfer B trifft nicht Passanten, sondern den Bauherrn mit dem Schalbrett. Dann haftet U dem Bauherrn für seinen Personenschaden aus Verletzung einer Schutzpflicht (pVV) des Werkvertrages (§§ 631, 280 I, 243 II BGB).

Schaubild 76: *Erfüllungsgehilfe und Verrichtungsgehilfe*

	Erfüllungsgehilfe § 278 BGB	Verrichtungsgehilfe § 831 BGB
Anwendungsbereich	• Pflichtverletzung bei Vertrag	• Schädigung durch Delikt
Haftung	• Haftung für fremdes Verschulden • Keine selbständige Anspruchsgrundlage	• Haftung des Geschäftsherren bei Auswahl/Überwachung • Eigene Anspruchsgrundlage des Deliktsrechts
Gehilfe	• Jeder, der mit Wissen und Wollen für Schuldner tätig wird • bei Erfüllung einer Verbindlichkeit	• Jeder, der weisungsgebunden • in einem Abhängigkeitsverhältnis zum Geschäftsherrn steht
Exkulpation	• Nicht möglich	• Verschulden bei Überwachung wird vermutet • Entlastungsbeweis möglich

b) Haftungsvoraussetzungen

Der Geschäftsherr haftet für eigenes Auswahl- oder Überwachungsverschulden **677** unter folgenden **Voraussetzungen**:

• **Verrichtungsgehilfe**,
• **widerrechtliche**, nicht notwendig schuldhafte **Handlung des Verrichtungsgehilfen**,
• **in Ausübung der Verrichtung**,
• **Schaden** und
• **keine Exkulpation** des Geschäftsherrn.

(1) Als **Verrichtungsgehilfen** gelten diejenigen Hilfspersonen, die mit Wissen **678** und Wollen des Geschäftsherrn in dessen Interesse tätig sind und von den Weisungen des Geschäftsherrn abhängig sind. Wer über Zeit und Umfang seiner Tätigkeit selbst bestimmen kann, ist nicht weisungsgebunden tätig.

> **Beispiele**: Arbeitnehmer des Unternehmers, Auszubildende, **nicht**: Vertragshändler, Leistungsträger des Reiseveranstalters, Kommissionäre, Franchisenehmer, Frachtführer, Spediteure, Subunternehmer

> Der Bauhelfer B ist weisungsgebunden für den Unternehmer U auf der Baustelle tätig und somit Verrichtungsgehilfe.

(2) Der Gehilfe muß selbst eine **widerrechtliche unerlaubte Handlung** i. S. d. **679** §§ 823 ff. BGB begangen haben. Ein Verschulden des Gehilfen ist dagegen nicht erforderlich.

> Dadurch, daß B das Schalbrett vom Gerüst warf und den Passanten P schwer verletzte, hat B den Tatbestand einer rechtswidrigen Körperverletzung verwirklicht.

(3) Ebenso wie bei § 278 BGB muß der Gehilfe auch hier den Haftungstatbestand **680** **in Ausführung seiner Verrichtung** erfüllt haben. Zwischen der aufgetragenen Verrichtung und der Schadenszufügung muß somit ein **innerer Zusammenhang** bestehen.

Auch diese Voraussetzung ist bei B erfüllt, da das Hinabwerfen des Bretts vom Gerüst eine noch im Leistungsbereich liegende Fehlleistung darstellt. Kein innerer Zusammenhang mit der Arbeit läge vor, wenn B nachts betrunken das Brett auf die Straße werfen würde.

681 (4) Dem Anspruchsteller muß letztlich durch die rechtswidrige Handlung des Verrichtungsgehilfen ein **kausaler Schaden** entstanden sein.

P erlitt hier einen Schaden in Höhe von € 8000, den er von U verlangt.

682 (5) Das Verschulden des Geschäftsherrn wird vermutet bis dieser den Nachweis führt, daß er bei der Auswahl, Anweisung und Beaufsichtigung seines Gehilfen sowie bei der Beschaffung seiner Gerätschaften die im Verkehr erforderliche Sorgfalt beobachtet hat oder daß der Schaden auch bei Anwendung dieser Sorgfalt trotzdem entstanden sein würde (**Exkulpationsbeweis**). In der Praxis gelingt dieser Entlastungsbeweis oftmals. Gerade in Großbetrieben haben die Gerichte einen mehrstufigen **dezentralisierten Entlastungsbeweis** zugelassen, weil es dem Unternehmer nicht möglich ist, sein gesamtes Personal selbst auszuwählen und zu überwachen. Hier reicht es aus, wenn höhere Angestellte eine ordnungsgemäße Aufsicht durchführen und diese wiederum vom Unternehmer beaufsichtigt werden. Der Unternehmer kann sich dann entlasten, wenn er nachweist, daß er diese von ihm persönlich eingestellten Angestellten sorgfältig ausgesucht und überwacht hat. Dann entfällt der gegen ihn gerichtete Schadensersatzanspruch.

P hat gegenüber U also einen Anspruch auf Schadensersatz gem. § 831 I 1 BGB. Dieser Anspruch ist allerdings nicht durchsetzbar, wenn U gem. § 831 I 2 BGB den Entlastungsbeweis führen kann, in dem er nachweist, daß ihn bezüglich des Bauhelfers B kein Auswahl- oder Überwachungsverschulden trifft.

2. Tierhalterhaftung für Nutztiere

683 Nach **§ 833 S. 2 BGB** wird eine widerlegliche Verschuldenshaftung des Tierhalters für **Haustiere** begründet, die dem Beruf, der Erwerbstätigkeit oder dem Unterhalt des Tierhalters dienen.

Beispiele: Gewerbliche Reittiere, Schlachttiere auf Bauernhof, Wachhunde

Eine Ersatzpflicht tritt nicht ein, sofern der Tierhalter nachweist, daß er nicht fahrlässig gehandelt hat bzw. der Schaden auch bei sorgfältiger Verhaltensweise entstanden wäre (z. B. die Tatsache, daß auch eine ordnungsgemäße Sicherung den Ausbruch der Kühe nicht verhindert hätte).

Merksätze

1. **Anspruchsgrundlagen für Schadensersatz**
   - **Vertragliche Haftung durch Pflichtverletzung** (§ 280 BGB)
   - **Gesetzliche Haftung**
     - Verschuldenshaftung aus unerlaubter Handlung (§§ 823 I, II, 824–826, 830, 839 BGB)
     - Haftung aus vermutetem Verschulden (§§ 831–834, 836–838 BGB)
     - Gefährungshaftung ohne Verschulden (§ 833 S. 1 BGB)

2. Grundtatbestand des § 823 I BGB zum Schutz absoluter Rechte
- **Voraussetzungen**
  - **Tatbestand**
    * Verletzungshandlung (Tun, Unterlassen)
    * Absolut geschütztes Rechtsgut
    * Schaden (kausal)
  - **Rechtswidrigkeit:** wenn kein Rechtfertigungsgrund vorliegt
  - **Verschulden** (Vorsatz oder Fahrlässigkeit)
- **Rechtsfolgen**
  - Umfang des Vermögensschadens nach §§ 249 ff. BGB
  - Schmerzensgeld nach § 253 II BGB bei erheblichen Personenschäden
  - Leistungen nach §§ 842 ff. BGB
  - Regelverjährung binnen 3 Jahren (§§ 195, 199 BGB)

3. Schutzgesetzverletzung (§ 823 II BGB) setzt voraus:
- **Handlung** (Tun oder Unterlassen) des Schädigers
- Handlung verstößt gegen ein **Schutzgesetz,** das den Individualschutz bezweckt
- Handlung ist **rechtswidrig und schuldhaft** begangen
- **Ursächlichkeit** zwischen Handlung und Schaden

4. Vorsätzliche sittenwidrige Schädigung (§ 826 BGB) setzt voraus:
- Schädigende Handlung
- Sittenwidrigkeit
- Vorsatz bezüglich der Schädigung
- Schaden

5. Haftung des Geschäftsherrn für Verrichtungsgehilfen (§ 831 BGB)
- Verrichtungsgehilfe (weisungsgebundene, abhängige Tätigkeit)
- widerrechtliche, unerlaubte Handlung des Verrichtungsgehilfen (nicht notwendig: schuldhaft)
- in Ausübung der Verrichtung
- Schaden
- keine Entlastung durch Geschäftsherrn durch ordnungsgemäße Auswahl/Überwachung
- Rechtsfolge: Schadensersatz durch Geschäftsherrn

6. Gefährdungshaftung
- **Verschuldensunabhängige** Haftung bei gefährlichem Betrieb für typische Betriebsrisiken
- **Vorschriften** in:
  - § 833 S. 1 BGB (Haftung des Tierhalters für **Luxustiere**)
  - § 1 HaftpflG (Haftung des Unternehmers von **Schienen- und Schwebebahnen**)
  - § 2 HaftpflG (Haftung des Inhabers einer **Energie- oder Versorgungsanlage**)
  - § 3 HaftpflG (Haftung des Inhabers eines **Bergwerks**)
  - § 7 StVG (Haftung des **Kfz-Halters**)
  - §§ 33, 44, 43, 54 LuftVG (Haftung des Halters eines **Luftfahrzeugs** bzw. des **Luftfrachtführers**)
  - §§ 25, 26 AtomG (Haftung des Inhabers einer **Atomanlage**)
  - § 22 WHG (Haftung für **Gewässerverunreinigung**)
  - § 84 ArzneiMG (Haftung für **Arzneimittelschäden**)
  - §§ 1, 2 UmweltHG (Haftung für **Umweltschäden**)
  - § 1 ProdHaftG (Haftung für **Produktfolgeschäden**)

7. Leitentscheidungen
- **Kein Schutz des Bauunternehmervermögens bei Halteverboten**
  BGH, 18. 11. 2003, NJW 2004, 356
- **Geldentschädigung bei Persönlichkeitsverletzung** (Caroline und Ernst August)
  BGH, 5. 10. 2004, NJW 2005, 215
- **Verrichtungsgehilfe** (Subunternehmer)
  BGH, 21. 6. 1994, NJW 1994, 2756

§ 27

Produkthaftung

> **Lernziele:**
>
> Nachdem Sie dieses Kapitel 27 durchgearbeitet haben, können Sie
> * unterscheiden zwischen der verschuldensabhängigen Produzentenhaftung aus unerlaubter Handlung und der verschuldensunabhängigen Produkthaftung nach dem ProdHaftG.
> * die Haftungsvoraussetzungen nach dem ProdHaftG erläutern.
> * die Rechtsfolgen der Produkthaftung nennen.

684 Neben der **verschuldensabhängigen Produzentenhaftung** aus § 823 I BGB (vgl. Rn. 663) existiert aufgrund der EG-Richtlinie Produkthaftung vom 25. 7. 1985 seit dem 1. 1. 1990 eine **verschuldensunabhängige Gefährdungshaftung des Herstellers** für Folgeschäden, die ein Dritter aufgrund eines Fehlers seines Erzeugnisses erleidet (§ 1 ProdHaftG). Das ProdHaftG **ergänzt** die herkömmliche Haftung gem. § 823 I BGB, welche die Gerichte aufgrund produktionsspezifischer Verkehrssicherungspflichten entwickelt hat für alle Produkte, die nach dem 1. 1. 1990 in Verkehr gebracht worden sind. Die Produkthaftung nach dem ProdHaftG tritt auch **neben** eine vertragliche Haftung der Hersteller aus **Garantieverträgen** mit dem Verbraucher (vgl. Rn. 499). Die Haftung aus dem ProdHaftG kann der Hersteller gem. § 14 ProdHaftG nicht ausschließen.

I. Haftungsvoraussetzungen

> **Fall 1:** Die Fa. F vertreibt flüssige Grillanzünder, welche sie mit ihrem Firmennamen versieht. Hersteller ist ein unbekanntes chinesisches Unternehmen. Der Student G verwendet diesen Grillanzünder bei seiner Geburtstagsfeier zum Anzünden seines Holzkohlegrills. Dabei explodiert die Flasche in seiner Hand, ohne daß G sich unachtsam verhält. G zieht sich schwere Verbrennungen zu. Für die Heilbehandlungen müssen € 150.000 aufgewendet werden. Hat G gegen F einen Schadensersatzanspruch?

685 Haftungsvoraussetzungen sind:
* **Produkt** (§ 2 ProdHaftG),
* mit einem **Fehler** (§ 3 ProdHaftG),
* wird durch einen **Hersteller in Verkehr gebracht** (§ 4 ProdHaftG),
* welches zu einem **Personen- oder Sachschaden** führt (§ 1 I 1 ProdHaftG) und
* **kein Haftungsausschluß** greift ein (§ 1 II ProdHaftG).

1. Produkt

686 Die Haftung ist auf **Produkte** nach § 2 ProdHaftG begrenzt. Hierzu zählen
* **bewegliche Sachen** wie
  technische Anlagen, Maschinen, Einzelteile von Maschinen wie Bremsen oder Stoßdämpfer, Fahrzeuge, Konsumgüter, Nahrungsmittel, Verpackungen, Druckerzeugnisse, EDV-Programme analog,

Schaubild 77: *Produkthaftung*

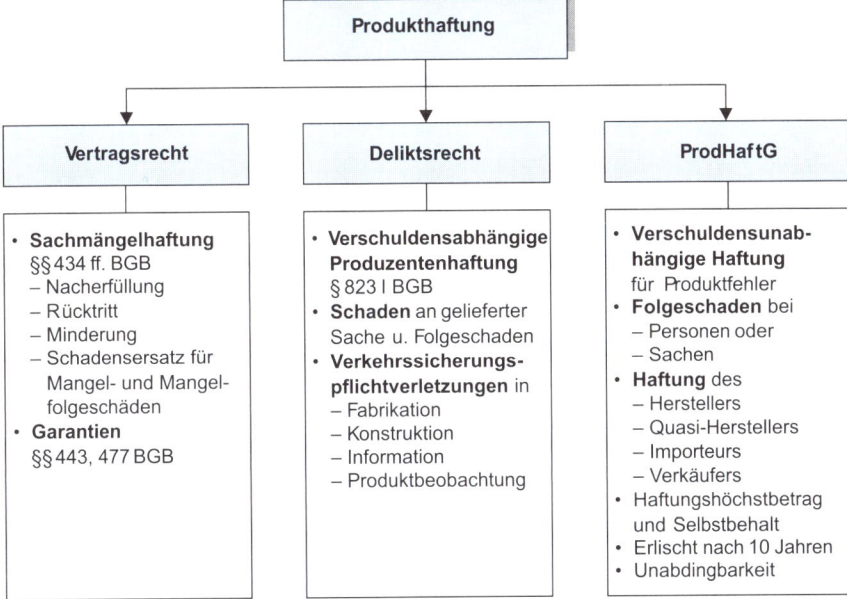

- **landwirtschaftliche Erzeugnisse,**
- **Elektrizität** (z. B. Stromausfälle, Spannungsschwankungen).

Nach § 1 IV ProdHaftG hat G die Beweislast, daß ein Produkt einen Fehler hat, sowie für seinen Schaden und den unsächlichen Zusammenhang zwischen Fehler und Schaden. Der Grillanzünder ist als bewegliche Sache ein Produkt (§ 2 ProdHaftG).

2. Produktfehler

Ein **Produktfehler** liegt vor, wenn das Produkt nicht die **Sicherheit** bietet, die unter Berücksichtigung aller Umstände, insbesondere seiner Darbietung (Werbung, Gebrauchsanweisung) und des Gebrauchs im Zeitpunkt des Inverkehrbringens erwartet werden kann (§ 3 ProdHaftG). Damit wird für **Konstruktions- und Fabrikationsfehler** gehaftet einschließlich der sog. Ausreißer, während eine Haftung für nicht erkennbare Entwicklungsfehler ausgeschlossen ist (§ 1 II Nr. 5 ProdHaftG). Entscheidend ist der **Stand der Technik in dem Zeitpunkt des Inverkehrbringens** des Produkts. Der Fehlerbegriff geht hier also weiter als derjenige des Sachmängelrechts. Maßstab sind die technischen Normen wie DIN, VDE, GS-Zeichen oder CE.

687

> **Beispiele**: Fehlerhafter Autoreifen, fehlerhafte Bremsen, Bazillen in Trinkmilch, zahnschmelzlösender Kindertee, ungenügende Gebrauchsanweisung, Salmonellen im Bienenstich, explodierende Mineralwasserflasche, aidsverseuchte Blutkonserve, unterbliebener Hinweis auf Gefahren bei Holzschutzmittel

Den Hersteller trifft eine **Instruktionspflicht** zur ordnungsgemäßen Beschreibung des Produktes und seines Gebrauchs sowie eine **Produktbeobachtungspflicht**. Seine Instruktionen müssen so sein, daß sie nicht nur von Fachleuten, sondern auch von einfachen Menschen verstanden werden. Die Produktbeobachtung muß sich auf die Verwendungsfolgen (z. B. Verschleiß, Nebenwirkungen) erstrecken und umfaßt auch Rückrufaktionen oder Warnaufrufe.

> Der Grillanzünder ist fehlerhaft, da er nicht die Sicherheit geboten hat, die unter Einhaltung der Gebrauchsanweisung im Zeitpunkt des Inverkehrbringens erwartet werden konnte (§ 3 ProdHaftG).

3. Hersteller

688 Ein Inverkehrbringen bzw. Herstellen liegt vor bei jedem **Herstellen** für wirtschaftliche Zwecke und bei jeder freiwilligen **Auslieferung** eines Produkts an einen Dritten zur Weiterverwendung, zum Vertrieb oder zum Ge- bzw. Verbrauch. Ein Geschädigter hat damit nicht nur Ansprüche gegen den Unternehmer, der das **Endprodukt**, einen Grundstoff oder ein Teilprodukt hergestellt hat (z. B. auch Assembler, der ein Auto konstruiert und aus zugelieferten Teilen zusammensetzt, Lizenznehmer, Verleger bzw. Autoren von Druckwerken), sondern auch gegen **Zulieferer** für Schäden, die aus Fehlern der von ihnen hergestellten Halbfertig- oder Fertigprodukte entstehen (§ 4 I ProdHaftG). Daneben gilt als Hersteller auch der **Quasi-Hersteller**, der auf einem fremden Produkt nur sein Herstellerzeichen anbringt (z. B. Versandhandel), der **Importeur aus Drittstaaten** der EG und des EWR und schließlich subsidiär auch der **Händler**, sofern dieser als Verkäufer dem Geschädigten keine Auskunft über den Hersteller oder Lieferanten geben kann (§ 4 II, III ProdHaftG). Mehrere Ersatzpflichtige haften **gesamtschuldnerisch** (§ 5 ProdHaftG).

> F haftet als Quasi-Hersteller, da sie auf dem nur von ihr vertriebenen Grillanzünder ihr Herstellerzeichen angebracht hat (§ 4 I 2 ProdHaftG).

4. Haftungsausschlüsse

689 Die Haftung ist nach § 1 II, III ProdHaftG **ausgeschlossen**, wenn

- der Hersteller das **Produkt nicht in den Verkehr gebracht** hat. Die Haftung greift also nur ein, wenn der Hersteller das Produkt freiwillig aus seiner Verfügungsmacht gegeben hat,
- das Produkt im **Zeitpunkt des Inverkehrbringens fehlerfrei** war,
- das Produkt nicht für den Verkauf oder für den Vertrieb mit **wirtschaftlichem Zweck** hergestellt wurde, nicht kommerziell hergestellt oder vertrieben wurde
- der Produktfehler auf einer **zwingenden Rechtsvorschrift** beruht oder
- der Produktfehler im Zeitpunkt des Inverkehrbringens nach dem **Stand der Wissenschaft und Technik** nicht erkannt werden konnte (Entwicklungsfehler). Damit wird dem Hersteller nicht das sog. Entwicklungsrisiko aufgebürdet.

> Die Haftung von F ist nicht nach § 1 II Nr. 5 ProdHaftG ausgeschlossen, da es sich nicht um einen Fehler handelt, der nach dem Stand der Wissenschaft und Technik im Zeitpunkt, in dem das Produkt von F in Verkehr gebracht wurde, nicht erkannt werden konnte. Nach § 1 IV 2 ProdHaftG hat F für diesen Haftungsausschluß die Beweislast.

II. Rechtsfolgen

1. Produktfolgeschäden

Ersetzt werden nur **Folgeschäden** (Personen- und Sachschäden) außerhalb des feh- **690** lerhaften Produkts (§ 1 I ProdHaftG), nicht jedoch der Schaden am Produkt selbst.

> **Beispiel**: Der Pkw-Reifen, durch den der Unfall verursacht wurde, wird nur im Rahmen der vertraglichen Gewährleistung bzw. eines Garantievertrags ersetzt. Wird der Fahrer verletzt, kann dieser seine Heilbehandlungskosten beim Hersteller geltend machen.

Werden Personen verletzt, ist **jedermann** – Privatpersonen oder Mitarbeiter im Betrieb – geschützt, bei Sachschäden nur der **private Ge- oder Verbrauch**, also solche Sachen, die ein Endverbraucher als Privatperson ohne Erwerbszweck einsetzt (z. B. Privatkühlschrank, nicht aber Kühlschrank im Büro). Dies gilt auch dann, wenn der Geschädigte rein zufällig betroffen ist. Reine Vermögensschäden (z. B. entgangener Gewinn) werden nicht ersetzt. (§ 8 ProdHafG). Nach der **Reform des Schmerzensgeldrechts** ist auch **Schmerzensgeld** bei erheblichen Personenschäden zu leisten (§ 253 II BGB i. V. mit § 8 S. 2 ProdHafG).

> G kann seine Heilbehandlungskosten wegen der erlittenen Gesundheits- und Körperverletzung in Höhe von € 150.000 von F verlangen. Zusätzlich hat G einen Anspruch auf ein angemessenes Schmerzensgeld (§§ 253 II BGB, 8 S. 2 ProdHaftG).

2. Höchstbeträge

Der **Haftungshöchstbetrag**, der von der EU alle 5 Jahre ab 1990 angepaßt wer- **691** den kann, ist bei Personenschäden auf 85 Mio. Euro beschränkt, während im Falle der Sachbeschädigung der Geschädigte einen Schaden bis zu einer Höhe von 500 Euro selbst zu tragen hat (§§ 10, 11 ProdHaftG). Eine Höchstbetragsgrenze für Sachschäden besteht nicht. Die Höchstgrenze für Personenschäden kann schnell aufgebraucht sein, wenn EU-weit an gleichen Produkten (z. B. Pkw gleichen Typs, Lebensmittel) immer der gleiche Serienschaden gilt, da für jedes Produkt die Haftsumme nur einmal zur Verfügung steht.

Soweit diese Höchstgrenzen unter- oder überschritten werden, kann die verschuldensabhängige Produzentenhaftung nach § 823 I BGB zu einem zusätzlichen Schadensersatzanspruch führen, wenn zusätzlich ein Verschulden vorliegt (vgl. Rn. 663).

3. Rechtsdurchsetzung

(1) Weiterhin gilt die deliktische **Verjährung** von drei Jahren, gerechnet von dem **692** Zeitpunkt an, in welchem der Geschädigte vom Schaden und der ersatzpflichtigen Person **Kenntnis** erlangt hat oder hätte erlangen müssen (§ 12 ProdHaftG).

(2) Endgültig **ausgeschlossen** sind Ansprüche nach Ablauf von **10 Jahren**, nachdem das Produkt **in den Verkehr gebracht** wurde (§ 13 ProdHaftG). Solche Produkte, die vor dem 1. 1. 1990 in den Verkehr gebracht worden sind, werden ebenfalls nicht vom ProdHaftG erfaßt.

(3) Schließlich muß sich der Geschädigte ein **Mitverschulden** nach § 254 BGB zurechnen lassen (§ 6 ProdHaftG).

(4) Nach § 1 IV ProdHaftG hat der Geschädigte die Pflicht, den Schaden und die Kausalität zwischen **Fehler** und **Schaden** zu **beweisen**. Somit hat der Geschädigte zwar kein Verschulden nachzuweisen, jedoch den Produktfehler, also daß das Produkt nicht den berechtigten Sicherheitserwartungen der Allgemeinheit entsprach.

(5) Die Ersatzpflicht des Herstellers darf im voraus **weder ausgeschlossen noch beschränkt** werden. Entgegenstehende Vereinbarungen z.B. in Garantiekarten sind nichtig (§ 14 ProdHaftG). Daher kann sich z.B. der Hersteller eines Autos nicht freizeichnen, indem er die Haftung für Zulieferteile auf den Zulieferer verlagert.

(6) Die **Arzneimittelhaftung** ist in einem besonderen Gesetz geregelt, das dem ProdHaftG vorgeht (§ 15 ProdHaftG). Nach dem Arzneimittelgesetz (**AMG**) umfaßt die Haftung bei fehlerhaften Arzneimitteln auch sog. Entwicklungsgefahren. Ferner gelten andere Höchstbeträge.

> **Beachte:** Neben dem ProdHaftG gilt seit 1. 8. 1997 das öffentlich-rechtliche **Produktsicherheitsgesetz** (ProdSG). Sein Zweck ist, neben dem Schutz des CE-Zeichens, nach § 1 ProdSG, zu bewirken, daß Hersteller und Händler dem Verbraucher nur sichere Produkte zur Nutzung überlassen. Die §§ 2–13 schaffen allgemeine Sicherheitsstandards.

III. Umwelthaftungsgesetz

693 (1) Ähnlich wie das ProdHaftG begründet das Umwelthaftungsgesetz vom 10. 12. 1990 eine spezialgesetzliche Gefährdungshaftung, welche neben eine deliktische verschuldensabhängige Haftung gem. § 823 I, II BGB tritt (§ 18 I UmweltHG). Haftungsgrund ist nur die **Anlagenhaftung**, also die Gefahr von Umwelteinwirkungen, die von bestimmten Anlagen ausgeht, und keine Haftung für sämtliche Umweltschäden. Welche Anlagen erfaßt sind, ergibt sich aus dem Anhang 1 des Gesetzes.

> **Beispiele:** Kraftwerke, Feuerungsanlagen, Müllverbrennungsanlagen, Abfallbeseitigungsanlagen, Metall-, Chemie-, Arzneifabriken, Recyclinganlagen

(2) **Umwelteinwirkungen** sind körperliche und unkörperliche Erscheinungen, die sich in Boden, Luft oder Wasser ausbreiten (§ 3 I UmweltHG) wie Schadstoffe, Erschütterungen, Geräusche, Strahlen, Gase oder Wärme. Schäden durch **höhere Gewalt** sind ausgeschlossen (§ 4 UmweltHG).

(3) Der **Inhaber der Anlage** haftet für Personen- und Sachschäden, wobei jedoch keine Sachschäden ersetzt werden, wenn die Sache nur unwesentlich oder durch Umwelteinwirkungen bei dem bestimmungsgemäßen Betrieb der Anlage beeinträchtigt worden ist (§§ 1, 5 UmweltHG). Nach § 6 UmweltHG wird vermutet, daß der Schaden durch Umwelteinwirkungen von einer bestimmten Anlage verursacht ist, um so den Nachweis zu erleichtern. Allerdings greift diese Ursachenvermutung nicht bei einem bestimmungsgemäßen Betrieb der Anlage ein. Die Haftungshöchstgrenzen liegen bei je 85 Mio. Euro für Personen- oder Sachschäden aus einer einheitlichen Umwelteinwirkung (§ 15 UmweltHG). Zur Rechtsdurchsetzung kann der Geschädigte Auskunft vom Anlageninhaber und von Behörden verlangen (§§ 8 bis 10 UmweltHG).

Merksätze

1. **Haftungsvoraussetzungen (ProdHaftG)**
   - Tötung, Körper-, Gesundheitsverletzung, Sachschaden (§ 1 I)
   - Produkt (§ 2)
   - Produktfehler (§ 3)
   - Inverkehrbringen durch
     - Hersteller (§ 4 I)
     - Quasi-Hersteller (§ 4 I)
     - Drittstaaten-Importeur (§ 4 II)
     - Lieferant (§ 4 III)
   - Kein Haftungsausschluß (§ 1 II, III)

2. **Rechtsfolgen**
   - Verschuldensunabhängiger Ersatz von Produktfolgeschäden
     - Personenschäden einschließlich Schmerzensgeld (§§ 1, 7, 8)
     - Sachschäden (nur bei privatem Ge- oder Verbrauch, § 1 I 2)
     - nicht: Schaden am Produkt
   - Selbstbeteiligung bei Sachschäden bis € 500 (§ 11)
   - Höchstbetrag bei Personenschäden € 85 Mio. (§ 10)
   - Rechtsdurchsetzung
     - Verjährung 3 Jahre ab Kenntnis (§ 12)
     - Ausschluß 10 Jahre ab In-Verkehr-Bringen des Produkts (§ 13)
     - Mitverschulden (§ 6)
     - Unabdingbarkeit (§ 14)
     - Sonderregelung im AMG für Arzneimittel

3. **Umwelthaftungsgesetz** (UmweltHG) mit Anlagenhaftung bei Umwelteinwirkungen

4. **Leitentscheidungen**
   - **Produkthaftung (Mineralwasserflaschenfall)**
     BGH, 9. 5. 1995, BGHZ 129, 353 = NJW 1995, 2162
   - **Hersteller- und Quasihersteller (Grillanzünder)**
     BGH, 21. 6. 2005, NJW 2005, 2695

Teil 3:
Gesellschaftsverträge

Kapitel 8: Personengesellschaften

§ 28
Einführung in das Gesellschaftsrecht

> **Lernziele:**
>
> Nachdem Sie dieses Kapitel 28 durchgearbeitet haben, können Sie
> - die Personengesellschaften von den Kapitalgesellschaften unterscheiden.
> - die Grundsätze zur Ermittlung der geeigneten Rechtsform beschreiben.
> - die Grundsätze des Rechtsformzwangs, der Gesellschaftstypenvermischung, der Unterscheidung des Innen- und Außenverhältnisses sowie zwischen Geschäftsführung und Vertretung erklären.

I. Privatrechtliche Unternehmensformen

Fall 1: Die Optischen Werke O werden in der Rechtsform einer Stiftung betrieben. Welche Rechtsgrundlagen sind zu beachten?

Der Betrieb eines privaten Unternehmens ist als **Einzelunternehmen**, als **Gesell-** 694
schaft oder als **Stiftung** möglich. Das Einzelunternehmen kann ohne gesellschaftliche Beteiligung anderer natürlicher oder juristischer Personen durch einen nichtkaufmännischen Einzelunternehmer oder durch einen Einzelkaufmann durchgeführt werden. Jede durch Vertrag begründete Personenvereinigung zur Verfolgung eines gemeinsamen Zwecks ist eine Gesellschaft. Auch im Privatrecht sind nach §§ 80 bis 88 BGB rechtsfähige Stiftungen als Unternehmensträger möglich, deren Merkmale ein Stiftungszweck, ein Stiftungsvermögen und eine Stiftungsorganisation sind.

> Privatrechtliche Stiftungen zählen nicht zu den Gesellschaften und unterliegen den §§ 80 bis 88 BGB und dem jeweiligen landesrechtlichen Stiftungsgesetz. Sie unterliegen der Rechtsaufsicht des jeweiligen Bundeslandes.

II. Einteilung der Gesellschaften

Unsere Wirtschafts- und Rechtsordnung bietet zur Gestaltung von Unternehmen verschiedene Gesellschaftsformen an. Hierbei versteht man unter Gesellschaften

Schaubild 78: *Privatrechtliche Unternehmensformen*

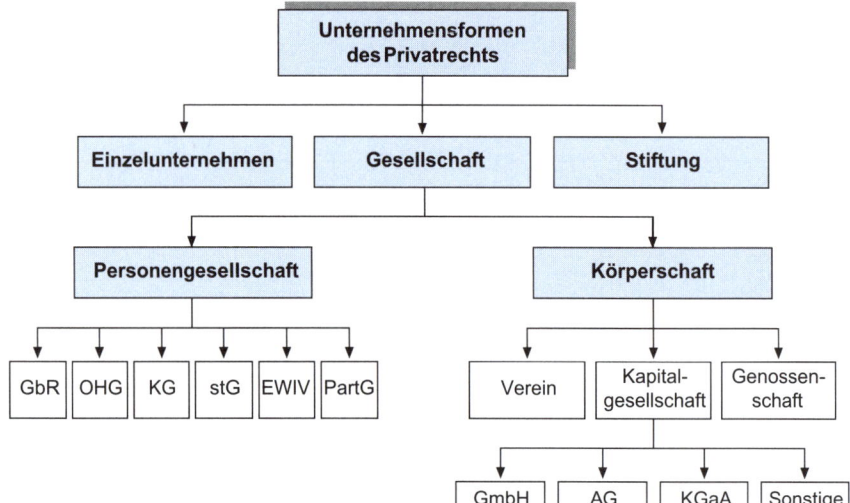

alle Zusammenschlüsse zur Erreichung eines **gemeinsamen Zwecks**, die durch **privat-rechtliche Vereinbarungen** zustande kommen. Man unterscheidet **Personengesellschaften** und **Körperschaften**.

1. Personengesellschaften

> **Fall 2:** Die Kaufleute Emsig (E) und Fleißig (F) wollen eine Personengesellschaft zum Betrieb einer Boutique gründen. Welche Gesellschaftsformen stehen ihnen zur Verfügung?

695 Personengesellschaften sind dadurch gekennzeichnet, daß die Person der Gesellschafter im Vordergrund steht. Daher sind **Personengesellschaften** keine rechtsfähigen juristischen Personen. Sie sind jedoch teilrechtsfähig. Zu den Personengesellschaften gehören: die Gesellschaft bürgerlichen Rechts (GbR), die Offene Handelsgesellschaft (OHG), die Kommanditgesellschaft (KG), die stille Gesellschaft (stG), die Europäische Wirtschaftliche Interessenvereinigung (EWIV) und die Partnerschaftsgesellschaft (PartG).

> E und F können eine OHG, KG oder stille Gesellschaft gründen, jedoch keine GbR, da der Zweck der Boutique der Betrieb eines Handelsgewerbes ist und die GbR für den Betrieb eines Handelsgewerbes nicht zur Verfügung steht (§ 705 BGB, § 1, § 105 I HGB).

2. Teilrechtsfähige Personengesellschaften

696 Im Wirtschaftsleben haben neben natürlichen und juristischen Personen teilrechtsfähige Personengesellschaften eine große Bedeutung. Nach § 14 II BGB sind rechtsfähige Personengesellschaften solche, welche mit der Fähigkeit ausgestattet sind, Rechte zu erwerben und Verbindlichkeiten einzugehen.

Beispiele: Gesellschaft bürgerlichen Rechts (GbR, §§ 705 ff. BGB), Offene Handelsgesellschaft (OHG, §§ 105 ff. HGB), Kommanditgesellschaft (KG, §§ 161 ff. HGB), Partnerschaftsgesellschaft, Stille Gesellschaft (§§ 230 ff. HGB), Europäische Wirtschaftliche Interessenvereinigung (EWIV), Erbengemeinschaft, Wohnungseigentümergemeinschaft, Eheliche Gütergemeinschaft

Die **Grundform** dieser nicht mit voller Rechtsfähigkeit ausgestatteten Personenverbände ist die **GbR**, deren **Sonderformen** die **Personengesellschaften** des Handelsrechts (OHG, KG, PartG, EWIV) sind. Diese Gesellschaften sind zwar keine juristischen Personen, sind aber nach allgemeiner Meinung teilrechtsfähig. Unter den Unternehmerbegriff fällt auch die nach neuerer BGH-Rechtsprechung (BGH NJW 2001, 1056) teilrechtsfähige GbR. Sie ist eine sog. **Außengesellschaft**, d. h. sie nimmt durch ihre Vertreter am Rechtsverkehr teil.

3. Körperschaften

Fall 3: Welche Rechtsform ist der Grundtyp der Körperschaften und welche gibt es?

Körperschaften sind die **Vereine**, die **Kapitalgesellschaften** und die **Genossen-** 697
schaften. Ihre Charakteristik ist die **rechtliche Verselbständigung** (Fortdauer bei Tod und Austritt, Vertretung durch Dritte, Mehrheitsentscheidungen). Aus diesem Grunde können die Gesellschafter ihre Kapitalanteile in der Regel auch frei übertragen.

Der Grundtyp der Körperschaften ist der Verein. Körperschaften sind der eingetragene Verein (e. V.), die drei Kapitalgesellschaften der Aktiengesellschaft (AG), Kommanditgesellschaft auf Aktien (KGaA), Gesellschaft mit beschränkter Haftung (GmbH) und die Genossenschaft (eG).

4. Verein als Grundform der Körperschaften

a) Eingetragener Idealverein

Vereine, deren Zweck nicht auf einen wirtschaftlichen Geschäftsbetrieb gerichtet 698
ist, sondern die sich sportlichen, politischen, wissenschaftlichen, künstlerischen oder wohltätigen Zwecken widmen, erlangen die Rechtsfähigkeit mit der **Eintragung** in das Vereinsregister des Amtsgerichts ihres Sitzes (§ 21 BGB). Das private Vereinsrecht ist in den §§ 21 ff. BGB geregelt. Öffentlich-rechtliche Vorschriften stehen in Art. 9 GG (Vereinigungsfreiheit) und im Vereinsgesetz.

Beispiele: Sportvereine, Haus-und Grundbesitzervereine, Mietervereine, Berufsvereine

b) Wirtschaftliche Vereine

Vereine, deren Zweck auf einen wirtschaftlichen Geschäftsbetrieb gerichtet sind, 699
erlangen anders als der Idealverein die Rechtsfähigkeit erst durch **staatliche Verleihung** (Konzession, § 22 BGB). In der Wirtschaftspraxis hat der wirtschaftliche Verein des BGB fast keine Bedeutung, da die Sonderformen der Kapitalgesellschaften (AG, GmbH, eG), diesen Vereinstyp verdrängt haben. Die folgenden Ausführungen beziehen sich daher auf den Idealverein.

Beispiele: Verkehrsverein, Inkassoverein, Verwertungsgesellschaft VG Wort

c) Entstehung

700 Der eingetragene Verein ist die **Grundform aller Körperschaften**. Daher muß seine Grundstruktur körperschaftlich organisiert sein. Zu seiner Gründung müssen folgende Voraussetzungen (§§ 21, 57, 56, 59 BGB) vorliegen:

- **Satzung** mit Angabe des
  - ideellen Zwecks,
  - Namens,
  - Vereinssitzes,
  - Vorstands,
- **mindestens 7 Gründungsmitglieder** (notariell beglaubigt),
- **Anmeldung** zur Eintragung ins Vereinsregister und die
- **Eintragung**.

d) Verfassung

701 (1) Die Vereinsverfassung ist körperschaftlich strukturiert, d. h., der Verein handelt im Rechtsverkehr durch seine notwendigen **Vereinsorgane**

- **Vorstand** und
- **Mitgliederversammlung**.

(2) Der **Vorstand** ist das nach außen vertretungsberechtigte Organ (§ 28 BGB) und hat die Stellung eines gesetzlichen Vertreters (§ 26 II BGB). Er führt die laufenden Geschäfte und kann sich hierzu auch Vertreter bedienen, wie z. B. Geschäftsführer und Angestellte. Nach § 31 BGB ist der Verein für den Schaden verantwortlich, den einer seiner **Organe** (besonders der Vorstand) in Ausführung seiner Aufgaben einem Dritten zugefügt hat. Der Verein haftet also für alle Schäden, so als ob er selbst gehandelt hätte. Nach herrschender Meinung gilt § 31 BGB für **alle juristischen Personen** und ist auch auf die Gesellschaft bürgerlichen Rechts (GbR) sowie **OHG** und **KG analog** (also vom Rechtsgedanken entsprechend) anzuwenden.

> **Beispiel**: Sportverein TSV haftet für alle Personen- und Sachschäden, wenn der Vorstand es zuläßt, daß eine für 1000 Personen gebaute Tribüne mit 2000 Personen besetzt wird und diese deswegen zusammenbricht.

(3) Der Vereinsname, die Ziele, der Erwerb und der Verlust der Mitgliedschaft und die Rechte und Pflichten der Organe ergeben sich aus der **Vereinssatzung**.

(4) Der Verein haftet den Gläubigern gegenüber als juristische Person mit seinem **Vereinsvermögen**. Die Mitglieder haften selbst grundsätzlich nicht.

e) Nichtrechtsfähiger Verein

702 (1) Wird der Verein nicht ins Vereinsregister eingetragen, fehlt ihm die Rechtsfähigkeit. Gleichwohl ist der nichtrechtsfähige Verein körperschaftlich wie der e. V. organisiert, so daß der Unterschied im wesentlichen in der fehlenden Eintragung gem. §§ 55 ff. BGB liegt. Daher bedarf er nach § 54 BGB

- keiner schriftlichen Satzung und
- bei Satzungsänderungen nur eines Beschlusses.

> **Beispiele**: Gewerkschaft, Arbeitgeberverband, Politische Parteien, Kartelle, Fanclub

(2) Die Rechtsprechung wendet entgegen § 54 BGB nicht das Recht der BGB-Gesellschaft (GbR) an, sondern die Vorschriften des **rechtsfähigen Idealvereins analog**, soweit sie nicht die Rechtsfähigkeit betreffen.

5. Stiftung

Die §§ 80–88 BGB regeln die rechtsfähige Stiftung des Privatrechts und werden 703
vielfach durch landesrechtliche Stiftungsgesetze ergänzt. **Begriffsmerkmale** der
Stiftungen sind:

- eigene **Rechtsfähigkeit** einer Vermögensmasse,
- **keine Mitglieder**,
- Zweckbindung des Stiftungsvermögens durch den **Stifterwillen**,
- Entstehung durch **Stiftungsgeschäft** mit **Genehmigung** des Bundeslandes.

Beispiele: Familienstiftung, Unternehmensträgerstiftung, Stiftung & Co. KG

III. Ermittlung der geeigneten Rechtsform

Eine der wichtigsten Aufgaben der Betriebswirtschaft und des Wirtschaftsrechts 704
ist die richtige Auswahl der geeignetsten Rechtsform für das Unternehmen. Diese
Grundlagenentscheidung, die in die strategische Unternehmungsplanung einzubeziehen ist und daher in regelmäßigen Abständen von fünf bis zehn Jahren
überprüft werden soll, ist für die Zukunftssicherung des Unternehmens von entscheidender Bedeutung. Ziel der Rechtsformwahl ist es, diejenige Rechtsform zu
finden, die den Zielvorstellungen möglichst entspricht und negative Auswirkungen möglichst gering hält. Möglicherweise erweist sich die gewählte Rechtsform
im Laufe der Zeit als unzweckmäßig, so daß sich eine Umwandlung der Rechtsform als notwendig erweist.

1. Situation des Unternehmens

Bei der Ermittlung der geeigneten Rechtsform ist zuerst die Situation des Unter- 705
nehmens zu ermitteln. Zu diesem Ist-Zustand zählen

- der **Gesellschafterkreis** (Familien, Bindung, tätige Gesellschafter, Nachfolger),
- die **Unternehmensgröße** (unternehmerische Mitbestimmung der Arbeitnehmer, Bilanzsumme, Umsatzerlöse),
- das wirtschaftliche **Umfeld** (Marktstellung, Marktgröße, Marktbeurteilung)
  und
- die **strategische Situation** (Industriebetrieb, Dienstleistungsunternehmen,
  Substanz, Stellung des Managements in der Geschäftsführung, Expansionspläne).

2. Vergleichskriterien

Im Anschluß daran ist zu ermitteln, inwieweit die verschiedenen Rechtsformen 706
diesen tatsächlichen und künftigen Bedürfnissen am geeignetsten entsprechen.
Hierbei kann von folgenden Vergleichskriterien ausgegangen werden.

a) Organisation

Besondere Aufmerksamkeit verdient die Organisation des Unternehmens. Bei Personengesellschaften gilt der Grundsatz der **Selbstorganschaft**, d. h., es besteht eine untrennbare Verbindung der Geschäftsführungs- und Vertretungsbefugnis mit der Person der persönlich haftenden Gesellschafter. Angestellten Managern oder Kommanditisten bei der KG kann lediglich rechtsgeschäftlich Vertretungsmacht (Prokura, Handlungsvollmacht) übertragen werden. Bei Kapitalgesellschaften (GmbH, AG) besteht dieser Grundsatz nicht. Bei einer GmbH kann also auch ein Nichtgesellschafter als Geschäftsführer bestellt werden (**Fremdorganschaft**), weshalb eine Kapitalgesellschaft für qualifizierte Manager attraktiver als eine Personengesellschaft ist.

b) Haftung

707 Während bei der GbR und OHG alle Gesellschafter als Gesamtschuldner persönlich für Verbindlichkeiten der Gesellschaft haften und bei der KG die persönliche Haftung des Komplementärs durch die beschränkte Haftung des Kommanditisten ergänzt wird, erlauben die Kapitalgesellschaften grundsätzlich eine Haftungsbeschränkung auf das Vermögen der juristischen Person. Insoweit ist das Risiko des Gesellschafters auf den Verlust seiner Einlage beschränkt.

c) Vermögensordnung

708 Bei den Personengesellschaften (GbR, OHG, KG) sind die Gesellschafter selbst Träger des Gesellschaftsvermögens, das ihnen grundsätzlich nur gemeinschaftlich als **Gesamthandsvermögen** zusteht und dem Gesellschaftszweck dient. Die gesamthänderische Bindung besagt, daß jeder Gesellschafter zwar Träger des gemeinschaftlichen Vermögens ist, seine Verfügungsmacht darüber jedoch beschränkt ist durch die Mitberechtigung der anderen (vgl. § 719 BGB).

Bei den Körperschaften ist **Inhaber des Vermögens die juristische Person**. Die Gesellschafter der GmbH, AG, KGaA und e. G. haben also nur ein Anteilsrecht am Grund- bzw. am Stammkapital.

d) Kontrolle

709 Bei der AG ist zwingend als Kontrollorgan ein **Aufsichtsrat** vorgesehen (§§ 95 ff. AktG), während die Kontrollbefugnis bei den Personengesellschaften und der GmbH in der Regel bei den **Gesellschaftern** liegt (§§ 116 ff., 164, 166 HGB; §§ 46 Nr. 5, 6, 51a GmbHG).

e) Unternehmensmitbestimmung

710 Die unternehmerische Mitbestimmung der Arbeitnehmer ist als Ausgleich für die persönliche Haftung am wenigsten bei Personengesellschaften ausgeprägt. Lediglich **Kapitalgesellschaften** und die **GmbH & Co. KG**, bei der die Haftung letztlich auch beschränkt ist, unterliegen grundsätzlich der Mitbestimmung (vgl. §§ 76 VI, 77 BetrVG 1952; §§ 95 ff. AktG; Mitbestimmungsgesetz; § 52 GmbHG).

f) Publizität

Für alle **Kapitalgesellschaften** besteht eine **Publizitätspflicht** des Jahresab- **711** schlusses gestaffelt nach Größenmerkmalen (§§ 325 ff. i. V. mit §§ 267 HGB). **Personengesellschaften** oder Einzelkaufleute unterliegen nach §§ 1, 3 **Publizitätsgesetz** nur dann der Pflicht zur Veröffentlichung des Jahresabschlusses, wenn sie von den Kriterien Bilanzsumme über 65 Mill. Euro, Umsatzerlöse über 130 Mill. Euro und über 5000 Arbeitnehmer mindestens zwei Merkmale erfüllen.

g) Steuerrecht

Vor allem der Einfluß des Steuerrechts ist auf die Rechtsformwahl erheblich. Als **712** Faustformel läßt sich hinsichtlich der Besteuerung der Grundsatz aufstellen, **substanzstarke Unternehmen** tendieren zur Personengesellschaft, während **ertragsorientierte Unternehmen** zur Kapitalgesellschaft tendieren.

h) Finanzierung

Die Auswirkungen der Rechtsformwahl auf die Fremdfinanzierung ist nicht zu un- **713** terschätzen. So ist Tatsache, daß die Personengesellschaften aufgrund der persönlichen Verantwortlichkeit der Gesellschafter bei Banken höheres Ansehen genießen als Kapitalgesellschaften. Gerade die GmbH hat insoweit einen schlechten Ruf.

3. Inhalt des Gesellschaftsvertrages

Rechtsformübergreifend werden in den Gesellschaftsverträgen folgende Bereiche **714** geregelt:

- Wahl der Rechtsform,
- Firma, Sitz,
- Gegenstand des Unternehmens,
- Gesellschafter, Haftung,
- Kapitalanteil, Einlagen,
- Gewinn- und Verlustverteilung,
- Geschäftsführung, Vertretung,
- Tätigkeitsvergütung,
- Wettbewerbsverbot,
- Geschäftsjahr, Jahresabschluß,
- Gesellschafterversammlung, Gesellschafterbeschlüsse,
- Informations- und Kontrollrechte,
- Kündigung, Austritt, Abfindung,
- Eintritt von Gesellschaftern,
- Erbfolge,
- Form, Vertragsänderung, Kosten,
- Gerichtsstand, Schiedsvereinbarung.

Schaubild 79: *Kriterien der Unternehmensformen*

Rechtsform / Kriterien	Einzelkaufmann	GbR	OHG	KG
Wesen	Inhaber ist unbeschränkt	Personenges durch mehrere	Personenges mit unbeschr. Haftung	Personenges mit Voll/Teilhafter
Zweck	Handelsgewerbe	jeder gemeinsame Zweck	vollkfm Handelsgewerbe	vollkfm Handelsgewerbe
Rechtsgrundlagen	HGB, BGB	§§ 705–740 BGB	§§ 105–160 HGG §§ 705–740 BGB	§§ 161–177a HGB §§ 107 ff. HGB
Rechtsfähigkeit	Inhaber ist natürliche Person	teilrechts- und insolvenzfähig	nein teilrechtsfähig	wie OHG
Gründung Gründerzahl	Geschäftsbeginn 1	GesellschaftsV mind 2	GV und HR mind 2	wie OHG mind 1 Voll/Teilh.
Mindestkapital	nein	nein	nein	nein
Mindestein- zahlung	nein	nein	nein	nein
Handelsregister	HRA	nein	HRA	HRA
Firma	Personen-, Sach-, Phantfa., Zusatz eK	nein	Personen-, Sach-, Phantfa., Zus. OHG	Personen-, Sach-, Phantfa., Zusatz KG
Beteiligung	keine	Anteil am Gesamt- handsvermögen	Stand der Kapitalkonten	wie OHG
Vermögen	Geschäftsvermö- gen	Gesamthands- vermögen	Gesamthands- vermögen	Gesamthands- vermögen
Organe	keine	Selbstorganschaft	Selbstorganschaft	Selbstorganschaft
Geschäftsfüh- rung, Vertretung	Inhaber allein	durch alte Gter ge- meinsam	Einzelgeschäfts- führung	Komplementäre
Haftung	Inhaber unbeschränkt	Gter unmittelb, pers, unbeschr, solidar	Gesellvermögen, Gter wie GbR	Kompl wie OHG Komm mit Einlage
Gewinn	Inhaber allein	gleiche Anteile	4 % v. Kapitaleinl, Rest angemessen	4 % v. Kapitaleinl, Rest angemessen
Verlust	Inhaber allein	gleiche Anteile	nach Köpfen	angemessene Anteile
Kontrolle	keine	Kontrollrecht des Gter	ähnlich GbR	ähnlich GbR
Publizität	Grundsätzlich keine, außer nach PublG: 2 von 3 Merkmalen an 3 aufeinander fol- genden Bilanzstichtagen: Bilanzsumme > 65 Mio. €, Umsatzerlöse >			
Gesellschafter- wechsel	keiner	Zustimmung aller Gter	wie GbR	wie OHG
Auflösung	Insolvenz Liquidation	Kündig, Zwecker, Tod, Ins Gter	Kündig, Tod, Ins Gter, Ins der OHG	wie OHG, Tod Komm nicht
Vorteile	flexibel	flexibel, Gelegen- heitsgesell	flexible, hohe Bo- nität	Kompl hat Leistung, Kom haftet beschr
Nachteile	Eigenkapital gering Nachfolgeproblem	unbeschr Haftung Gesamthand	wie GbR	wie OHG

GmbH & Co. KG	stG	GmbH	AG
KG mit Kompl-GmbH	Personenges als Innengesell	Kapitalges mit beschränk Haftung	Kapitalges, Grundkap in Aktien zerlegt
wie KG	Beteil mit Einlage b. Handelsgewerbe	jeder Zweck Formkaufmann	jeder Zweck Formkaufmann
wie KG GmbH: GmbHG	§§ 230–237 HGB	GmbH	AktG
wie KG	nein	ja juristische Person	ja juristische Person
GV zwischen KG und GmbH	Inhaber übernimmt mit GV Einlage	Notar GV und HR mind.1	Notar GV, Stufen und HR, mind. 1
KG nein, Kompl wie GmbH	nein	€ 25 000 St-kap	E 50 000 Gr-kap 1 €-Aktie
wie KG Kompl wie GmbH	nein	Bar 25% Sach voll zus mind 12 500 €	Bar 25%, Sach voll Überpari-emission
HRA	nein	HRB	HRB
Name Kompl., Zusatz GmbH & Co. KG	ohne Kennzeichen	Sach/Personenfa mit Zusatz GmbH	Sach-, Pers.-, Phantfa. Zusatz AG
wie KG	Stiller mit Kapitaleinlage	Geschäftsanteile am St-kap	Aktien am Grundkapital
Gesamthands-vermögen	Vermögen des Inhabers	Ges-vermögen der juristischen Person	Ges-vermögen der juristischen Person
wie KG	nur Inhaber	GF (Fremdorg), Gesvers, AR > 500	Vorst (Fremdorg), AR, HV
wie KG, bei GF der Kompl-GmbH	Inhaber allein	Geschäftsführer (GF)	Vorstand
wie KG, aber Kompl-GmbH	Stiller mit Einlage	Ges-vermögen der juristischen Person	Ges-vermögen der juristischen Person
wie KG	angemessene Anteile	anteilmäßiger Gewinn	Dividende
ähnlich OHG	wie KG	beschränkt auf Geschäftsanteil	keinen Anteil außer bei Ins
wie KG	wie KG	Auskunft und Einsicht	AR und Auskunft bei Ins
130 Mio. €, Beschäftigte > 5000	wie AG		nach Größe, §§ 316 ff, 325 ff HGB
wie KG	wie OHG	frei veräußerlich	frei nach Wertpapier-recht
wie KG	wie OHG, Tod Stiller nicht	Beschluß, Insolvenz Zeitablauf	Beschluß, Insolvenz Zeitablauf
Haftung nur mit Kompl-GmbH	Kapital ohne Mitspracherecht	keine persönliche Haftung, FremdGF	FremdGF, Kapbeschaff, Kontinuität
Zweifache Buchführung	Stiller kein Unternehmerrisiko	Gründg kompliziert, Bonität gering	Gründung teuer, Kap-erhalt streng

IV. Grundlagen des Gesellschaftsrechts

1. Rechtsformzwang und Gründungstheorie in der EU

Fall 4: Unternehmer U möchte in Frankfurt/M im dortigen Handelsregister eine Zweigniederlassung seiner englischen „private limited company" gründen. Wie ist die Rechtslage?

715 Die gesellschaftsrechtlichen Rechtsformen sind durch den Zwang gekennzeichnet, nur zwischen den gesetzlich vorgesehenen Gesellschaftsarten, deren Organisation und Haftung wählen zu können. Der geschäftliche Verkehr soll vor Phantasiegesellschaften geschützt werden. Damit ist im Gesellschaftsrecht die Vertragsfreiheit des Privatrechts stark eingeschränkt. Grundsätzlich stehen nur die durch das deutsche Gesellschaftsrecht möglichen Rechtsformen als Hauptniederlassung im Sinne eines **Numerus clausus** zur Verfügung.

Dem Unternehmer U stehen grundsätzlich nur die in Deutschland gesetzlich festgelegten Geschäftsformen für die Hauptniederlassung zur Verfügung. Wird also eine Gesellschaft in Frankfurt/M gegründet, kann keine Rechtsform eines anderen Staates gewählt werden, auch wenn es sich um einen EU-Staat handelt. Zudem können gewisse Branchen nur in bestimmten Rechtsformen betrieben werden wie private Versicherungen als AG, KGaA oder VVaG, Bausparkassen als AG und Hypothekenbanken als AG oder KGaA.

Allerdings fordert die Niederlassungsfreiheit innerhalb der EU die Anerkennung einer in einem anderen Mitgliedstaat gegründeten plc. U kann daher in England eine plc in das Handelsregister von England und Wales eintragen lassen (Companies House). Das Mindestkapital beträgt ein Pfund. Seit der wichtigen Entscheidung (Urt. v. 5. 11. 2002–Überseering, NJW 2002, 3414) ist der EuGH der Meinung, dass die bisher im deutschen IPR vorherrschende „Sitztheorie" gegen den Binnenmarkt (Art. 43, 48 EGV) verstößt. Gesellschaften dürfen nicht nach dem Recht ihres tatsächlichen Verwaltungssitzes beurteilt werden, sondern nach der Rechtsordnung ihrer Gründung („Gründungstheorie"). Der Unternehmer U muss jedoch für eine Geschäftstätigkeit in Deutschland eine inländische Zweigniederlassung nach deutschem Handelsregisterrecht (§ 13 d ff. HGB) gründen.

2. Gesellschaftstypenvermischung

Fall 5: Kaufmann K möchte alleine eine GmbH gründen und diese in eine KG einbringen. Ist dies rechtlich möglich?

716 Obwohl ein fester Rahmen von Gesellschaftsarten besteht, haben sich in der Wirtschaftspraxis Variationen der Gesellschaftstypen herausgebildet. Diese Typenvermischung ist weniger bei dem e. V. (§§ 21 ff. BGB), der OHG (§§ 105 ff. HGB), der e. G. (GenossG) und AG (AktG) anzutreffen. Bei diesen Gesellschaften sorgt das Gesetz für relativ starre Gestaltungen. Anders ist es dagegen bei der GbR (§§ 705 ff. BGB), der KG (§§ 161 ff. HGB) und der GmbH (GmbHG), wo die gesetzlichen Vorschriften nicht so eng sind und im Wirtschaftsleben oft variiert werden.

K kann als Alleingesellschafter eine Betriebs-GmbH für sein Unternehmen gründen (§ 1 GmbHG), wobei er Geschäftsführer wird, und diese Gesellschaft als Komple-

mentär für eine KG auftreten lassen, dessen Kommanditanteile er persönlich übernimmt (§§ 161 I ff. HGB).

3. Innen- und Außenverhältnis

Fall 6: Gläubiger G will die S OHG auf Zahlung von € 2500 in Anspruch nehmen,
während der Gesellschafter K von seiner S OHG seinen Gewinnanteil will.

Im Gesellschaftsrecht ist zwischen dem **Innenverhältnis der Gesellschafter** und 717
dem **Außenverhältnis der Gesellschaft zu Dritten** (Geschäftspartner) zu unterscheiden. Das Innenverhältnis wird grundsätzlich durch den Gesellschaftsvertrag
und gesetzliche Vorschriften bestimmt, während das Außenverhältnis zu Dritten
überwiegend gesetzlich zwingend geregelt ist, um Gesellschaftsgläubiger zu
schützen.

> G nimmt die S OHG wegen seiner Forderung von € 2500 im Außenverhältnis in An-
> spruch (§ 124 I HGB), während der Anspruch auf den Gewinnanteil des K sein Innen-
> verhältnis zur OHG betrifft (§§ 120, 121 HGB).

4. Entstehung der Gesellschaften

Fall 7: Mit welchem Zeitpunkt entstehen e. V., GbR, OHG, KG, stille Gesellschaft,
GmbH und AG?

Eng mit der Unterscheidung zwischen dem Innen- und Außenverhältnis sind die 718
Rechtsfragen bei der Gründung von Gesellschaften verbunden. Bei der Entstehung der Gesellschaften ist daher zu unterscheiden, ab wann zwischen den Gesellschaftern im Innenverhältnis das Gesellschaftsrecht gilt und ab wann aus der
Sicht Dritter im Außenverhältnis eine Gesellschaft vorliegt.

Bei der Gesellschaftsgründung ist zudem zwischen zwei Gründungsarten zu unterscheiden. Die **einaktige Gründung** setzt nur einen Gesellschaftsvertrag im Innenverhältnis voraus, während die **mehraktige Gründung** zusätzlich eine Geschäftsaufnahme oder Eintragung im Handelsregister vorsieht.

> Der **e. V.** erlangt seine Rechtsfähigkeit mit der Eintragung im Vereinsregister; diese ist
> daher konstitutiv. Mit der Satzungserrichtung entsteht nur ein Vorverein im Innenver-
> hältnis zwischen den Gründungsmitgliedern (vgl. §§ 21, 25, 26, 57 ff., 59, 77 BGB).
> Diese mehraktige Gründung gilt für alle juristischen Personen, also auch für die **GmbH**
> (§ 11 I GmbHG) und die **AG** (§ 41 I AktG). **GbR** und **stille Gesellschaft** entstehen
> schon mit dem Abschluß des Gesellschaftsvertrages, während bei der **OHG** und **KG**
> zwischen Innen- und Außenverhältnis zu unterscheiden ist. Im Innenverhältnis gilt
> Gesellschaftsrecht schon mit Abschluß des Gesellschaftsvertrages. Im Außenverhältnis
> muß zum Abschluß des Gesellschaftsvertrages die Eintragung im Handelsregister oder,
> wenn die OHG und KG ein Handelsgewerbe nach § 1 HGB betreiben, der Geschäfts-
> beginn kommen (§§ 105, 123, 161 II HGB). Bis zu diesen Zeitpunkten liegt im Außen-
> verhältnis nur eine GbR vor.

5. Geschäftsführung und Vertretung

Fall 8: Gesellschafter G der GHI OHG gibt dem Architekten A den Auftrag zu einem Umbau auf dem Geschäftsgrundstück, ohne die Zustimmung der Mitgesellschafter H und I einzuholen. Ist die OHG an den Werkvertrag mit A gebunden?

Eine Konsequenz des Innen- und Außenverhältnisses ist der Gegensatz zwischen **Geschäftsführung** und **Vertretung**. Die Geschäftsführung betrifft die Entscheidungskompetenzen im Innenverhältnis (was *darf* der Gesellschafter tun?), die Vertretung betrifft dagegen die Befugnis zu rechtsgeschäftlichem Handeln gegenüber Dritten (was *kann* der Gesellschafter tun?).

In der GHI OHG kann im Zweifel jeder Gesellschafter, also auch G, außergewöhnliche Geschäfte wie Baumaßnahmen auf dem Geschäftsgrundstück mit Wirkung für und gegen die Gesellschaft abschließen. Diese Vertretung im Außenverhältnis ist nach §§ 125, 126 HGB grundsätzlich wirksam, obwohl seine Geschäftsführung als Befugnis im Innenverhältnis auf Handlungen beschränkt ist, die der gewöhnliche Betrieb des Handelsgewerbes mit sich bringt (§ 116 HGB).

Merksätze

1. **Einteilung der privaten Unternehmensformen**
   - Einzelunternehmen
   - Gesellschaften
   - Stiftungen

2. **Gesellschaften**
   - Personengesellschaften
     - BGB-Gesellschaft (GbR)
     - OHG
     - KG
     - stille Gesellschaft (stG)
     - EWIV
     - PartG
   - Körperschaften
     - Verein (e. V., nicht rechtsfähiger)
     - Kapitalgesellschaften (GmbH, AG, KGaA)
     - Genossenschaft (eG)

3. **Rechtsformwahl und deren Vergleichskriterien**
   - Organisation
   - Haftung
   - Vermögensordnung
   - Kontrolle
   - Unternehmensmitbestimmung
   - Publizität
   - Steuerrecht
   - Finanzierung

4. **Rechtsformzwang**
   - Numerus clausus der Rechtsformen
   - EuGH: Jede Gesellschaftsform eines Mitgliedstaates der EU ist anzuerkennen (Gründungstheorie)
     - Geschäftstätigkeit im Inland erfordert Zweigniederlassung
     - Zweigniederlassung richtet sich nach inländischem Registerrecht (§§ 13 d ff. HGB)

- Typenzwang für bestimmte Unternehmen (z. B. Versicherungen nur als AG, KGaA, VVaG)
- Gesellschaftstypenvermischung möglich (z. B. GmbH & Co. KG)

5. **Innen- und Außenverhältnis**
   - Innenverhältnis geregelt in Gesellschaftsvertrag und Gesetz (meist dispositiv)
   - Außenverhältnis geregelt im Gesetz und Gesellschaftsvertrag (meist zwingend)

6. **Entstehung der Gesellschaften**
   - Einaktige Gründung durch Gesellschaftsvertrag bei GbR, stG
   - Mehraktige Gründung durch
     - Gesellschaftsvertrag und
     - Geschäftsaufnahme oder Eintragung im Handelsregister (e. V., GmbH, AG, OHG, KG)

7. **Geschäftsführung und Vertretung**
   - Geschäftsführung regelt die Kompetenzen im Innenverhältnis
   - Vertretung regelt die Befugnis zu Handeln gegenüber Dritten im Außenverhältnis

§ 29
Gesellschaft des bürgerlichen Rechts (GbR)

Lernziele:

Nachdem Sie dieses Kapitel 29 durchgearbeitet haben, können Sie
- den Begriff, die Entstehung, das Innenverhältnis und das Außenverhältnis und die Beendigung der GbR erläutern.
- die Vor-und Nachteile der GbR nennen.

I. Begriff und Entstehung

Die Gesellschaft des bürgerlichen Rechts (GbR) erlangt im Wirtschaftsleben stei- 720
gende Bedeutung. Sie ist die typische Organisationsform der freien Berufe, der
Gewerbebetriebe durch Kleingewerbetreibende, wenn sie keine OHG wünschen
(§ 105 II HGB), der Gelegenheitsgesellschaften und der Arbeitsgemeinschaften in
der Bauwirtschaft (Arge).

1. Begriff und Arten

Fall 1: Die Steuerberater und Wirtschaftsprüfer Fuchs (F) und Treu (T) wollen eine gemeinsame Sozietät gründen. Ist die Rechtsform der GbR möglich?

Aus § 705 BGB ergibt sich, daß die Gesellschaft bürgerlichen Rechts (GbR) eine
vertragliche Verbindung mehrerer Personen zur Förderung eines gemeinsamen Zwecks ist. Die GbR ist die **Grundform der Personengesellschaften** und in
den §§ 705 bis 740 BGB nur lückenhaft geregelt.

Die GbR ist **keine juristische Person**. Nach der neuen Rechtsprechung des BGH
ist die **GbR im Außenverhältnis rechtsfähig**, soweit sie durch die Teilnahme am
Rechtsverkehr eigene Rechte und Pflichten begründet. Insoweit ist sie auch im

Zivilprozeß aktiv und passiv **parteifähig** (BGH NJW 2001, 1056) und im **Grundbuch** als Eigentümerin eintragungsfähig (BGH NJW 2006, 3716),

Sie kann eine Geschäftsbezeichnung führen, einen Firmennamen im Sinne des § 17 HGB jedoch nicht. Gleichwohl wird diese Gesellschaft oft als Kooperation, Interessengemeinschaft, GbR oder Arbeitsgemeinschaft bezeichnet.

Folgende **Merkmale** kennzeichnen die GbR:

- **Mehrere Gesellschafter,**
- **Gesellschaftsvertrag,**
- **gemeinsamer beliebiger Zweck,**
- **Förderungspflicht der Gesellschafter,**
- **keine Haftungsbeschränkung der Gesellschafter,**
- **kein Betrieb eines Handelsgewerbes, da dann stets OHG.**

Die GbR kann also jeden beliebigen Gesellschaftszweck verfolgen. Sie darf nur kein kaufmännisches Handelsgewerbe betreiben, da dann gesetzlich zwingend eine offene Handelsgesellschaft vorliegt (§§ 105 I, 123 I HGB). Nach der Neuregelung durch das **Handelsrechtsreformgesetz** vom 22. 6. 1998 kann sich jedoch auch eine GbR auf Wunsch als OHG oder KG in das Handelsregister eintragen lassen, soweit ein Gewerbe betrieben wird (§§ 105 II, 161 II HGB).

> **Beispiele:** Sozietäten der Anwälte, Steuerberater, Wirtschaftsprüfer, Ärzte, Architekten; Betriebe von Kleingewerbetreibenden, Bauherrengemeinschaften, Bankenkonsortien zur Emission von Wertpapieren, Kartelle, Holdings, Argen, Fahrgemeinschaften, Spielgemeinschaften, Grundstücksverwaltungsgesellschaften, Ehegattengesellschaften, nichteheliche Lebensgemeinschaften

> Als Angehörige freier Berufe können sich F und T durch Gesellschaftsvertrag zu einer GbR zusammenschließen. Sie wollen ihren Beruf in gemeinsamen Räumen zusammen mit gemeinschaftlicher Einrichtung, Organisation und Abrechnung ausüben.

2. Entstehung

> **Fall 2:** F und T wollen nun eine GbR gründen. Wie müssen sie vorgehen?

721   Die GbR entsteht durch **Abschluß des Gesellschaftsvertrages.** Durch diesen einaktigen Gründungsvorgang entfällt für die GbR eine Handelsregistereintragung. Der Vertrag kann **formlos,** also schriftlich, mündlich oder durch konkludente Handlungen geschlossen werden. Aus Gründen der Beweissicherung und aus steuerlichen Gründen ist die schriftliche Form unbedingt zu empfehlen.

> T und F sind an keine Formvorschriften gebunden, wenn kein Grundstück in das Gesellschaftsvermögen nach §§ 311 b, 925 BGB eingebracht werden soll.

Gesellschafter einer GbR können natürliche und juristische Personen sein, ferner die Personengesellschaften wie eine andere GbR, eine OHG, Partnerschaft oder KG.

> **Beispiel:** Eine AG, eine GmbH und ein Einzelunternehmer schließen sich zu einer GbR als „Arge" für die Erstellung eines Autobahnabschnitts zusammen.

Schaubild 80: *Gesellschaftsvertrag der GbR*

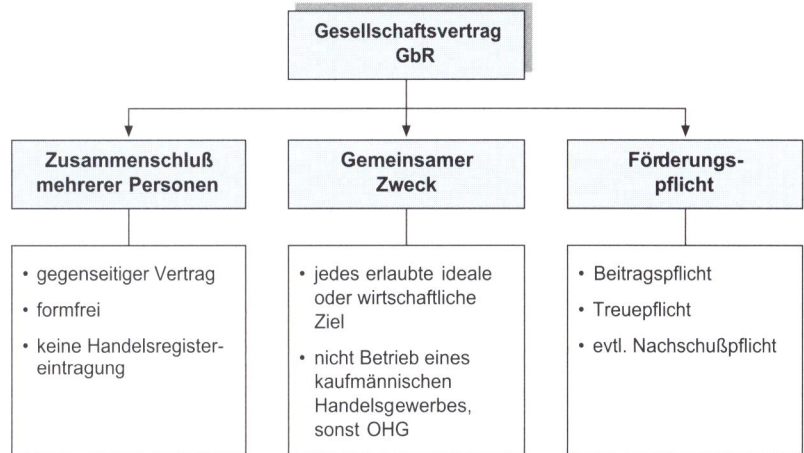

II. Pflichten und Rechte der Gesellschafter im Innenverhältnis

Durch den Abschluß des Gesellschaftsvertrages werden verschiedene Pflichten **722**
und Rechte der Gesellschafter begründet. Hierbei ist entscheidend, daß insoweit
eine **gesamthänderische Bindung** besteht. Träger der Rechte und Pflichten sind
daher die einzelnen Gesellschafter in ihrer Verbundenheit. Das unterscheidet die
GbR von den rechtsfähigen Körperschaften, insbesondere von dem eingetragenen Verein und den Kapitalgesellschaften. Diese schuldrechtlichen Beziehungen sind in den §§ 705–722 BGB geregelt. Danach stehen der GbR als Gesamthand gegen den einzelnen Gesellschafter zahlreiche Ansprüche zu (sog.
Sozialansprüche der Gesellschaft). Allerdings haben die Gesellschafter wegen
der **Abänderbarkeit der Vorschriften des Innenverhältnisses** die Möglichkeit,
im Gesellschaftsvertrag etwas anderes zu vereinbaren.

1. Pflichten der Gesellschafter

a) Beitragspflicht

> **Fall 3:** F und T fragen sich, welche Beiträge sie zur Gesellschaft leisten können, insbe-
> sondere ob F € 5000 und T seine alte Büroeinrichtung mietweise einbringen kann.

(1) Nach § 705 BGB sind die Gesellschafter verpflichtet, den gemeinsamen Zweck **723**
der GbR durch die **vereinbarten Beiträge** zu fördern. Hierbei haben die Gesellschafter grundsätzlich die gleichen Beiträge zu leisten (§ 706 I BGB). Die Bei-
tragshöhe richtet sich aber primär nach dem Gesellschaftsvertrag; die Gleichbe-
handlungsregel in § 706 I BGB gilt damit nur subsidiär, wenn nichts anderes
vereinbart wurde.

(2) Wie hoch die **Bewertung** der Einlage (Beiträge sind die noch zu bewirkenden **724**
Leistungen, Einlagen sind bereits bewirkte Leistungen der Gesellschafter an die
Gesellschaft) ist, unterliegt der freien Vereinbarung der Gesellschafter. Die Be-

Schaubild 81: *Innenverhältnis der Gesellschafter*

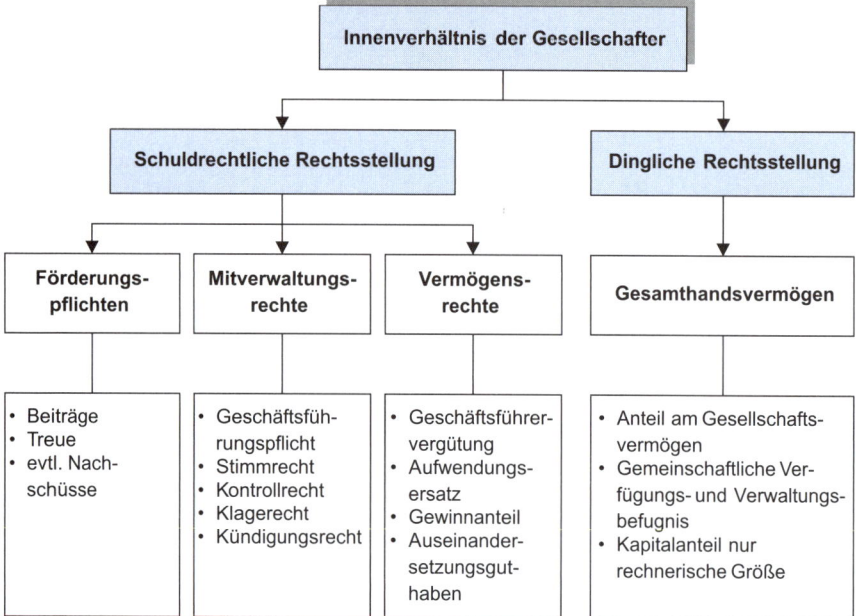

wertung der Einlage ist allerdings nur für das Innenverhältnis der Gesellschafter untereinander von Bedeutung (z. B. Gewinnbeteiligung), nicht im Außenverhältnis zu Geschäftspartnern, da bei der GbR eine volle persönliche Haftung der Gesellschafter besteht.

725 (3) Folgende **Beitragsarten** sind üblich und anerkannt:

- Geldzahlungen,
- Einbringung von Grundstücken (§§ 311 b, 925 BGB), Sachen (§§ 929 ff. BGB) oder Forderungen (§§ 398 ff. BGB),
- Leistung von Diensten (§ 706 III BGB),
- Einbringen von Sachen zum bloßen Gebrauch (§§ 535 ff. BGB).

> F und T können im Gesellschaftsvertrag alle geldwerten Gegenstände als Beitrag bezeichnen und bewerten. Hierbei können sie festlegen, ob eingebrachte Sachen in das Gesellschaftsvermögen fallen oder ob das Eigentum beim Einbringenden bleibt und die Gesellschaft nur ein Gebrauchsrecht entsprechend den Mietvorschriften erhält. F kann daher den Geldbetrag einzahlen und T die Büroeinrichtung in das Gesellschaftsvermögen nur zum mietweisen Gebrauch einbringen.

726 (4) Eine **Erhöhung des vereinbarten Beitrags** oder **Nachschüsse** zum Ausgleich eingetretener Verluste sieht § 707 BGB nicht vor. Gleichwohl kann der Gesellschaftsvertrag eine Beitragserhöhung aufgrund eines Mehrheitsbeschlusses vorsehen, wobei aber die Vertragsklausel dies deutlich zum Ausdruck bringen muß.

b) Geschäftsführung

727 Soweit der Gesellschaftsvertrag keine abweichende Regelung vorsieht, sind die einzelnen Gesellschafter zur Führung der Geschäfte nicht nur berechtigt, sondern auch **gemeinschaftlich verpflichtet** (Gesamtgeschäftsführung, § 709 BGB).

c) Treuepflicht

728 Besondere Bedeutung hat die Treuepflicht (§§ 242, 241 II BGB) der Gesellschafter untereinander, weil sie sich zur Erreichung eines gemeinsamen Zwecks vertraglich zu einem **Vertrauensverhältnis** zusammengeschlossen haben. Der Gesellschafter ist daher verpflichtet, alles zu unterlassen, was den Interessen der Gesellschaft zuwiderlaufen würde.

> **Beispiele:** Wahrung der Geschäftsgeheimnisse, Stimmenthaltung bei Interessenkollision, Nicht-Hintergehen der Mitgesellschafter

Ein gesetzliches Wettbewerbsverbot des Gesellschafters gibt es nicht, kann sich aber im Einzelfall aus der Treuepflicht herleiten lassen.

Im Falle der Verletzung der Treuepflicht haftet der Gesellschafter für einen möglichen **Schaden** (§§ 280 I, 241 II BGB, pVV) und kann aus wichtigem Grund ohne Einhaltung einer Kündigungsfrist nach § 723 BGB **gekündigt** werden.

d) Haftung für Sozialansprüche

729 Der Gesellschafter haftet der GbR für die Erfüllung dieser Sozialansprüche nach § 708 BGB nur abgemildert mit der Sorgfalt, die er in eigenen Angelegenheiten anzuwenden pflegt. Das heißt, die Gesellschafter sollen sich so nehmen, wie sie sind, mit der Folge, daß die Haftung für leichte, nicht aber für **grobe Fahrlässigkeit** ausgeschlossen ist (§ 277 BGB). Dieser Haftungsmaßstab kann jedoch im Gesellschaftsvertrag abgeändert werden.

e) Durchsetzung von Sozialansprüchen

> **Fall 4:** F überweist trotz Fälligkeit und Mahnung nicht seinen Beitrag von € 5000 auf das Geschäftskonto der GbR. Ist T berechtigt, von F die Zahlung an die GbR zu verlangen und diese Forderung auch klageweise durchzusetzen?

730 **Ansprüche der Gesellschaft**, also der Gesellschafter in ihrer gesamthänderischen Verbundenheit, gegen den einzelnen säumigen Gesellschafter werden in der Regel von den anderen Gesellschaftern im Klagewege geltend gemacht, wenn sie nicht freiwillig erfüllt werden. Kläger sind damit die anderen Gesellschafter, vertreten durch den vertretungsberechtigten Geschäftsführer. In der Rechtsprechung und Literatur ist aber anerkannt, daß auch ein nicht zur Geschäftsführung und Vertretung befugter Gesellschafter diese Sozialansprüche geltend machen kann, indem er im eigenen Namen auf Leistungen an die Gesellschaft klagt (sog. **actio pro socio**).

> T ist somit zur Gesellschafterklage berechtigt und kann so die Forderung der GbR über € 5000 klageweise geltend machen.

2. Rechte der Gesellschafter

731 Aus dem Gesellschaftsvertrag und den ergänzenden gesetzlichen Vorschriften der §§ 705 ff. BGB ergeben sich auch zahlreiche Ansprüche des einzelnen Gesellschafters gegen die GbR (sog. **Sozialverpflichtungen der Gesellschaft**). Diese sind insbesondere gerichtet auf Beteiligung am Gewinn und Verlust, Informations- und Kontrollrechte und auf das Auseinandersetzungsguthaben. Für diese Sozialverpflichtungen der GbR haften die übrigen Gesellschafter grundsätzlich nicht als Gesamtschuldner nach § 426 BGB.

a) Gewinn und Verlust

732 Jeder Gesellschafter kann verlangen, daß er am Gewinn oder Verlust beteiligt wird. Es gelten insbesondere die §§ 721, 722 BGB, sofern der Gesellschaftsvertrag nichts anderes bestimmt. Bei **Gelegenheitsgesellschaften** ist der Gewinn nach § 721 I BGB mit der Auflösung auszuzahlen, bei **Dauergesellschaften** am Jahresschluß mit Feststellung der Bilanz (§ 721 II BGB). Gewinn ist hierbei der Überschuß des aktiven Vermögens über die Gesellschaftsschulden und Einlagen am Stichtag. Nach § 722 I BGB gilt vorbehaltlich einer anderen Regelung im Gesellschaftsvertrag die Gewinnteilung nach **Kopfteilen**, nicht nach Kapitalteilen, da die GbR eine Personengesellschaft ist. Eine Verpflichtung zum **Verlustausgleich** entsteht erst im Rahmen der Auseinandersetzung der GbR (vgl. §§ 707, 721 I, 735 BGB) und erfolgt als Korrelat der Gewinnbeteiligung wie diese.

b) Kontrollrecht

733 Jeder Gesellschafter, insbesondere auch der von der Geschäftsführung ausgeschlossene, hat ein persönliches Kontrollrecht (§ 716 BGB). Der Gesellschafter darf die Geschäftsräume betreten, Anlagen besichtigen, Bilanzen und Geschäftsbücher einsehen, eine eigene Bilanz anfertigen und einen geeigneten Sachverständigen hinzuziehen. Die Kosten trägt grundsätzlich der einsehende Gesellschafter.

c) Auseinandersetzungsguthaben

734 Endet die Gesellschaft durch Auflösung, so regelt sich das Verfahren der Auseinandersetzung, insbesondere die Ermittlung des Guthabens, nach den §§ 731–735 BGB (vgl. Rn. 750).

3. Gesellschaftsvermögen

735 Die Gesellschafter benötigen in der Regel zur Erreichung des verfolgten Gesellschaftszwecks Mittel. Daher bilden sie ein gemeinschaftliches Vermögen.

a) Träger des Gesellschaftsvermögens

> **Fall 5:** Im Fall 3 verpflichtet sich T, neben der mietweisen Einbringung seiner alten Büroeinrichtung auch sein Büro (Eigentumswohnung) in die Gesellschaft als Beitrag einzubringen. Gehört die Eigentumswohnung zum Gesellschaftsvermögen?

Das Gesellschaftsvermögen der GbR gehört als zweckgebundenes Sondervermögen (sog. **Gesamthandsvermögen**) den Gesellschaftern zur gesamten Hand

(§ 718 BGB). Dies bedeutet, die zum Vermögen gehörenden Sachen stehen allen Gesellschaftern gemeinschaftlich zu. Hierbei ist streng zwischen dem **Privatvermögen der einzelnen Gesellschafter** und dem **Gesellschaftsvermögen** zu unterscheiden. Gegenstände, die ein Gesellschafter in die GbR eingebracht hat, unterliegen nicht mehr seiner Verfügungsgewalt.

> Hat T die Eigentumswohnung wirksam an die Gesellschaft aufgelassen und ist dies im Grundbuch eingetragen (§§ 873, 925 BGB), dann gehört diese nicht mehr zu seinem Privatvermögen, sondern zum Gesellschaftsvermögen. Bewegliche und unbewegliche Sachen sind zu übereignen (§§ 929 ff. bzw. §§ 873, 925 BGB), Forderungen und Rechte sind abzutreten (§§ 398 ff. BGB).

b) Erwerb des Gesellschaftsvermögens

In das Gesellschaftsvermögen gelangen damit die **Beiträge** der Gesellschafter **736** (§ 718 I 1. Alt. BGB). Nach § 718 I 2. Alt. BGB gelangen weiter die durch die **Geschäftsführung** für die Gesellschaft erworbenen Gegenstände in das Gesellschaftsvermögen sowie alles, was im Wege des sog. Surrogationserwerbs in das Gesellschaftsvermögen gelangt (§ 718 II BGB). Hierzu zählen insbesondere Versicherungs- und Schadensersatzforderungen.

c) Verfügung über das Gesellschaftsvermögen

> **Fall 6**: Kann T nach Übereignung der Eigentumswohnung auf die Gesellschaft noch über seinen Anteil daran verfügen und diesen an den Interessenten I veräußern?

Die zum Gesellschaftsvermögen gehörenden Gegenstände stehen den Gesell- **737** schaftern **gesamthänderisch** zu (§ 719 BGB). Daher können über das Gesellschaftsvermögen **insgesamt** und über die einzelnen dazu gehörenden **Gegenstände** nur alle Gesellschafter zusammen verfügen. Der einzelne Gesellschafter kann auch nicht über seinen **Anteil** am Gesellschaftsvermögen verfügen oder die **Teilung** des Gesellschaftsvermögens außerhalb der Auseinandersetzung verlangen.

> T ist es also verwehrt, über seinen Anteil an der Wohnung zu verfügen. Selbst wenn F dazu zustimmen würde, wäre dies nicht möglich, da das dem Gesamthandsprinzip widersprechen würde. § 719 I 2. Alt. BGB ist zwingendes Recht.

III. Geschäftsführung und Vertretung

1. Geschäftsführung

(1) Die gesetzliche Regelung in den §§ 709–713 BGB geht davon aus, daß die Ge- **738** schäftsführungsbefugnis im Innenverhältnis zwischen den Gesellschaftern diesen **gemeinschaftlich** zusteht (**Grundsatz der Gesamtgeschäftsführung** in § 709 I BGB). Zu jeder Geschäftsführungsmaßnahme ist daher die Zustimmung aller Gesellschafter erforderlich. Einstimmigkeit ist also die gesetzliche Regelform.

> **Beispiel:** Im Ausgangsfall haben F und T gemeinschaftliche Geschäftsführungsbefugnis, wenn der Gesellschaftsvertrag keine andere Regelung vorsieht.

739 (2) Der Gesellschaftsvertrag enthält meistens eine davon **abweichende Vereinbarung** darüber, wer welche Aufgaben zu erledigen hat. So kann die Geschäftsführungsbefugnis auf einen oder mehrere Gesellschafter übertragen werden, so daß die übrigen ausgeschlossen sind und ihnen auch kein Widerspruchsrecht zusteht (§§ 710, 711 BGB). Es ist aber auch das Mehrheitsprinzip mit gleichem Stimmrecht aller Gesellschafter oder nach ihrer Kapitalbeteiligung zulässig (§ 709 II BGB). Schließlich kann die Geschäftsführungsbefugnis mehrerer oder aller Gesellschafter vereinbart werden mit der Möglichkeit des Widerspruchs jedes Gesellschafters, so daß dann das Geschäft unterbleiben muß (§ 711 BGB).

Die Geschäftsführung kann jedoch nicht insgesamt auf Angestellte übertragen werden, da organschaftlicher Geschäftsführer nur ein Gesellschafter sein kann (**Prinzip der Selbstorganschaft**).

740 (3) Verletzt ein Gesellschafter vorsätzlich oder grob fahrlässig seine Geschäftsführungspflicht, so kann die GbR aus Verletzung von Schutzpflichten (§ 241 II BGB, pVV) **Schadensersatz** verlangen und ihm gem. § 712 BGB die Geschäftsführung **entzogen** werden.

2. Vertretung

741 (1) Im **Außenverhältnis der GbR zu Geschäftspartnern** bestimmt sich die Vertretungsbefugnis im Zweifel nach der Geschäftsführungsbefugnis, falls eine vertragliche Regelung fehlt (§§ 714, 709 BGB). Soweit also ein Gesellschafter zur Geschäftsführung im Innenverhältnis zu seinen Mitgesellschaftern befugt ist, ist er auch berechtigt, nach außen mit Dritten Rechtsgeschäfte zu tätigen.

> **Beispiel:** Da F und T im Ausgangsfall Gesamtgeschäftsführungsbefugnis haben, ist anzunehmen, daß sie auch Gesamtvertretungsmacht haben. Ein Mietvertrag der Sozietät muß also von F und T unterschrieben werden.

(2) Die Gesamtvertretung ist im Geschäftsverkehr äußerst unpraktisch, so daß viele Gesellschaften von der Möglichkeit Gebrauch machen, die Vertretungsmacht anders als die Geschäftsführungsbefugnis zu regeln.

> **Beispiel:** F und T können im Innenverhältnis Einstimmigkeit, im Außenverhältnis dagegen Alleinvertretungsmacht vereinbaren. Bei Zweifeln, ob eine wirksame gesellschaftsvertragliche Abänderung der Vertretungsmacht vorliegt, ist bei Anwalts- und Steuersozietäten in der Regel jedes Mitglied der Sozietät geschäftsführungs- und damit vertretungsbefugt.

Zum Schutz der Geschäftspartner, welche Beschränkungen der Vertretungsmacht in der Regel nicht kennen, ist jedoch anzunehmen, daß ein **Widerspruch**, den ein Gesellschafter gemäß § 711 BGB gegen eine Geschäftsführungsmaßnahme einlegt, die Vertretungsmacht unberührt läßt. Der Widerspruch läßt jedoch im Außenverhältnis die Wirksamkeit des Geschäfts entfallen, wenn dieser dem Geschäftspartner bekannt war.

IV. Haftung für Gesellschaftsschulden

Fall 7: Der Gläubiger G hat im Ausgangsfall eine offene Forderung gegen die Sozietät aus Kaufvertrag für eine EDV-Anlage in Höhe von € 25 000. An wen kann sich G zur Bezahlung halten?

(1) Gesellschaftsschulden sind Verbindlichkeiten aus dem Gesellschaftsverhältnis, **743** für die das **Gesellschaftsvermögen** haftet. Für **Schulden** haften die Gesellschafter als Gesamtschuldner aus §§ 421, 427 BGB mit dem **Gesellschaftsvermögen**.

(2) Zugleich haften die Gesellschafter mit ihrem **Privatvermögen** als Gesamt- **744** schulder in unbeschränkter Höhe. Jeder Gesellschafter kann also von dem Gläubiger bis zur vollen Höhe der Gesellschaftsschuld in Anspruch genommen werden. Der Ausgleich erfolgt dann im Innenverhältnis, außer dieser Ausgleich wurde im Gesellschaftsvertrag ausgeschlossen. Die **Haftung mit dem Privatvermögen** der Gesellschafter **entfällt** in allen Fällen, wenn nach außen erkennbar die Vertretungsmacht beschränkt war (z. B. durch Vereinbarung mit dem Gläubiger).

(3) Das Haftungsverhältnis zwischen der GbR und ihren Gesellschaftern ent- **745** spricht nach der neuesten Rechtsprechung demjenigen der OHG in § 128 HGB (BGH NJW 2001, 1056). Danach wird primär die GbR mit ihrem Gesellschaftsvermögen berechtigt und verpflichtet. Die Gesellschafter trifft eine **akzessorische Haftung** entsprechend § 128 HGB.

(4) Von den Gesellschaftsschulden sind die Privatschulden des Gesellschafters zu **746** unterscheiden. Dem **Privatgläubiger** haftet das Gesellschaftsvermögen grundsätzlich nicht. Der Privatgläubiger kann aber mit einem Titel den Gesellschaftsanteil seines Schuldners pfänden und anschließend die Gesellschaft kündigen (§ 725 BGB). Dann wird die GbR aufgelöst, und das Auseinandersetzungsguthaben des gepfändeten Gesellschafters wird in Höhe der Forderung dem Privatgläubiger vom Vollstreckungsgericht überwiesen.

Schaubild 82: *Gesamtschuldnerische Haftung*

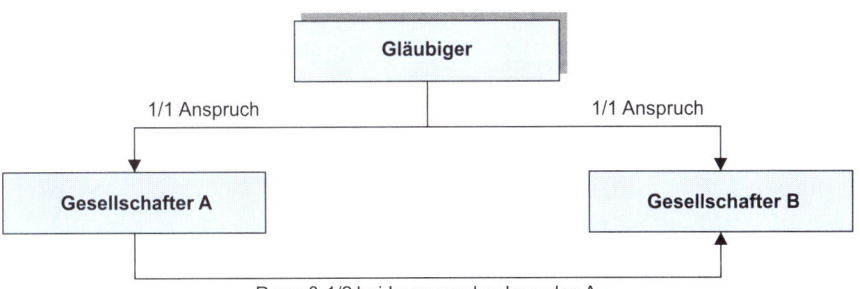

V. Gesellschafterwechsel und Kündigung

Fall 8: A will wegen Differenzen mit T aus der GbR ausscheiden. Wie ist zu verfahren?

747 (1) Die Gesellschaft bürgerlichen Rechts ist auf die Persönlichkeit der einzelnen Gesellschafter ausgerichtet und kennt daher **grundsätzlich keinen Wechsel der Gesellschafter** (§ 717 BGB). Ein Ausscheiden eines Gesellschafters führt daher in der Regel zur **Auflösung der GbR**. Die gesetzliche Regelung sieht auch keine Neuaufnahme von Gesellschaftern vor. Gleichwohl schafft das Gesetz in § 736 BGB die Möglichkeit, daß die Gesellschafter durch Vereinbarung im Gesellschaftsvertrag das Fortbestehen der GbR trotz Kündigung, Tod oder Insolvenz eines Gesellschafters regeln können. Nach überwiegender Meinung regelt das Gesetz damit nicht alle Fälle des Gesellschafterwechsels. Das Gesetz ist insoweit **dispositiv**.

A kann durch Vereinbarung mit T aus der GbR ausscheiden oder kündigen. Da es keine Einmann-GbR gibt, ist die Fortsetzung der GbR als Personengesellschaft nicht möglich. T kann aber mit A die Übernahme des Gesellschaftsvermögens durch T vereinbaren. Dann wird T ohne besondere Übertragungsakte Alleininhaber.

748 (2) Hinsichtlich des Gesellschaftsvermögens tritt bei Veränderung im Gesellschafterbestand eine **An- bzw. Abwachsung** kraft Gesetzes ein (§ 738 BGB). Die Zahl der am Gesellschaftsvermögen gesamthänderisch Berechtigten erhöht bzw. verringert sich automatisch um eine Person, ohne daß eine Übertragung von Einzelrechten notwendig ist. Die **Identität der GbR bleibt erhalten**. Der ausscheidende Gesellschafter erwirbt lediglich einen **schuldrechtlichen Abfindungsanspruch**, nachdem ihm die zur Benutzung überlassenen Gegenstände zurückgegeben wurden und er von den gemeinschaftlichen Schulden befreit wurde (§ 738 BGB). Der ausscheidende Gesellschafter haftet unbeschadet davon gegenüber Gesellschaftsgläubigern für bestehende Verbindlichkeiten fort, falls diese einer Schuldbefreiung nicht zustimmen.

Im Fall 5 übereignete T die Eigentumswohnung an die GbR und überließ mietweise die Büroeinrichtung. Letztere ist ihm nach § 732 BGB zurückzugeben, wobei er keinen Wertersatz für den Gebrauch erhält. Die Wohnung erhält er nicht zurück, da das Eigentum in das Gesellschaftsvermögen fiel. Insoweit ist der gesetzliche Abfindungswert, der Verkehrswert, zu ermitteln und dasjenige auszuzahlen, was T bei der Auseinandersetzung erhalten würde, wenn die Gesellschaft aufgelöst worden wäre.

VI. Beendigung der Gesellschaft

1. Auflösungsgründe

749 Die GbR kann durch folgende Gründe (§§ 723–728 BGB) aufgelöst werden:
- Auflösungsbeschluß der Gesellschafter,
- Kündigung durch einen Gesellschafter,
- Kündigung durch einen Privatgläubiger,
- Erreichung oder Unmöglichwerden des Gesellschaftszwecks,
- Tod eines Gesellschafters,

- Insolvenz der GbR (§ 728 BGB),
- Insolvenz eines Gesellschafters,
- Zeitablauf einer befristeten Gesellschaft,
- Herabsinken der Zahl der Gesellschafter bis auf einen Gesellschafter.

Den Gesellschaftern ist es möglich, durch Vereinbarungen im Gesellschaftsvertrag **weitere Auflösungsgründe** zu schaffen oder die Fortsetzung der Gesellschaft (sog. **Fortsetzungsklausel**) zu vereinbaren.

2. Auseinandersetzung

Wird die GbR aufgelöst, ist zur Beendigung der Gesellschaft ihre Liquidation **750** bzw. Auseinandersetzung erforderlich. Für die GbR gelten insoweit die abänderbaren §§ 730–735 BGB. Der Gesellschaftszweck wandelt sich um zur Abwicklung und Verwertung des Gesellschaftsvermögens. Ziel dieser Auseinandersetzung ist es:

- **Gegenstände**, die die Gesellschafter der GbR lediglich zur Nutzung übertragen haben, ihnen zurückzugeben,
- **Gesellschaftsschulden** auszugleichen,
- **Einlagen** zurückzuerstatten,
- das **verbliebene Gesellschaftsvermögen** unter den Gesellschaftern nach ihrem Gewinnanteil zu verteilen.

Reicht das Gesellschaftsvermögen zur Berichtigung der gemeinschaftlichen Schulden nicht aus, werden die Einlagen nicht zurückerstattet und es besteht eine **Nachschußpflicht** der Gesellschafter nach dem Verhältnis ihrer Verlustbeteiligung (§ 735 BGB).

Die **persönliche Haftung** der Gesellschafter für Gesellschaftsschulden gegenüber Dritten bleibt hiervon unberührt. Auch nach der Verteilung des Gesellschaftsvermögens haften die Gesellschafter daher für noch offene Gesellschaftsschulden mit ihrem Privatvermögen.

Merksätze

1. **Begriff der GbR** (§ 705 BGB)
   - Vertragliche Verbindung mehrerer Personen
   - Förderung eines gemeinsamen Zwecks, aber kein Handelsgewerbe
   - teilrechtsfähig
   - mit persönlicher unbeschränkter Haftung jedes Gesellschafters

2. **Entstehung**
   - formloser Gesellschaftsvertrag
   - keine Handelsregistereintragung

3. **Innenverhältnis**
   - Gesamthandsvermögen (§ 718 BGB)
     - keine Verfügung über Anteil
     - keine freie Teilung
   - Pflichten der Gesellschafter
     - Beitragspflicht (§§ 706, 707 BGB)
     - Geschäftsführungspflicht (§ 709 BGB)
     - Treuepflicht (§§ 242, 241 II BGB)

- Rechte der Gesellschafter
  - Gewinn- und Verlustbeteiligung im Zweifel gleicher Anteil (§§ 721, 722 BGB)
  - Kontrollrechte (§ 716 BGB)
  - Anspruch auf Auseinandersetzungsguthaben
- Geschäftsführung (§§ 709–713 BGB)
  - Gesamtgeschäftsführung durch alle Gesellschafter (Grundsatz)
  - Einzelgeschäftsführung möglich nach Gesellschaftsvertrag

4. Außenverhältnis
- Vertretung (§ 714 BGB)
  - Gesamtvertretung durch alle Gesellschafter (Grundsatz)
  - Einzelvertretung möglich
- Haftung
  - gesamtschuldnerisch, unbeschränkt und unmittelbar (§§ 421, 427 BGB)
  - Titel gegen sämtliche Gesellschafter oder Gesellschaft

5. Beendigung der Gesellschaft
- Auflösungsgründe (§§ 723–728 BGB)
  - vertragliche Vereinbarung der Gesellschafter
  - Kündigung durch Gesellschafter
  - Kündigung durch Privatgläubiger
  - Zweckerreichung
  - Zeitablauf
  - Tod eines Gesellschafters
  - Insolvenz der GbR
  - Insolvenz eines Gesellschafters
  - Vereinigung aller Anteile bei einem Gesellschafter
- Liquidation (§§ 730–735 BGB)

6. Vor- und Nachteile der GbR
- **Vorteile**
  - Aufwand und Gründungskosten gering
  - Flexible Gestaltung des Gesellschaftsvertrags möglich
  - Variabel für viele Gesellschaftszwecke
  - Offenlegungs- und Mitbestimmungsfragen unerheblich
- **Nachteile**
  - Unbeschränkte, persönliche Haftung als Gesamtschuldner
  - Gesamthandsprinzip macht GbR schwerfällig

7. Leitentscheidungen
- **Persönliche Haftung**
  BGH, 27. 9. 1999, NJW 1999, 3483 = BGHZ 142, 315
- **GbR als Mitgesellschafter**
  BGH, 2. 10. 1997, NJW 1998, 376
- **Rechtsfähigkeit der Außen-GbR und Akzessorität der Gesellschafterhaftung**
  BGH, 29. 1. 2001, NJW 2001, 1056

§ 30
Offene Handelsgesellschaft (OHG) und Sonderformen

> **Lernziele:**
>
> Nachdem Sie dieses Kapitel 30 durchgearbeitet haben, können Sie
> * die Gründung der OHG beschreiben.
> * die Rechte und Pflichten der Gesellschafter im Innenverhältnis erläutern.
> * die Vertretung und Haftung in der OHG skizzieren.
> * die Sonderformen der Partnerschaftsgesellschaft und der Europäischen Wirtschaftlichen Interessenvertretung beschreiben.
> * die Vor-und Nachteile der OHG nennen.

I. Begriff und Gründung der OHG

Die offene Handelsgesellschaft ist eine Sonderform der Personengesellschaft, **751** deren Zweck auf den Betrieb eines Handelsgewerbes unter gemeinschaftlicher Firma gerichtet ist, wobei alle Gesellschafter den Gesellschaftsgläubigern gegenüber unbeschränkt haften. Die **gesetzlichen Grundlagen** finden sich in den §§ 105 bis 160 HGB und ergänzend in den §§ 705 bis 740 BGB (§ 105 III HGB). Die OHG hat ihre größte **Bedeutung** für kleinere und mittlere Gewerbebetriebe, in denen die Gesellschafter selbst mitarbeiten.

1. Begriff und Rechtsnatur

> **Fall 1:** Die Kaufleute Emsig (E) und Reich (R) wollen sich zum Betrieb eines Schlachtviehhandels zusammenschließen. R bringt Eigenkapital von € 25000 ein, während E als ausgebildeter Betriebswirt über Verkaufstalent verfügt. Welche Gesellschaftsform ist ihnen zu raten, wenn beide Gesellschafter mitarbeiten und die Persönlichkeiten der Gesellschafter und deren Kreditwürdigkeit im Vordergrund stehen sollen?

Nach der gesetzlichen Definition in § 105 I HGB kann eine OHG nur dann vor- **752** liegen, wenn der vertragliche Gesellschaftszweck auf den **Betrieb eines Handelsgewerbes** unter einer gemeinschaftlichen **Firma** gerichtet ist. Neuerdings kann auch eine Gesellschaft, deren Gewerbebetrieb nicht schon nach § 1 II HGB ein Handelsgewerbe ist („Kleingewerbe") oder die nur eigenes Vermögen verwaltet (Immobilienverwaltungs-, Besitz- und Holdinggesellschaften), als OHG eingetragen werden. Kleingewerbe müssen sich damit nicht mehr wie bisher „groß lügen".

Zum Wesen der OHG gehört weiter, daß **bei keinem ihrer Gesellschafter die Haftung beschränkt** ist gegenüber den Geschäftspartnern im Außenverhältnis. Allerdings ist die OHG noch **keine juristische Person**, sondern sie ist eine Gesamthandsgemeinschaft, die **teilrechtsfähig** ist (§ 124 HGB). Spezielle Vorschriften verleihen ihr die Partei- und Prozeßfähigkeit, die Deliktsfähigkeit, die Grundbuchfähigkeit, die Insolvenzfähigkeit und das Recht, unter ihrer Firma Rechte und Verbindlichkeiten einzugehen.

Für E und R kommt eine GbR nicht in Betracht, da sie ein kaufmännisches Handelsgewerbe betreiben wollen, das nach Art oder Umfang einen in kaufmännischer Weise eingerichteten Geschäftsbetrieb erfordert (§ 1 II HGB). Da alle Gesellschafter selbst mitarbeiten und eine persönliche, unbeschränkte und unmittelbare Haftung für Gesellschaftsverbindlichkeiten nicht ausgeschlossen sein soll, kommt eine OHG in Betracht.

2. Firma

Fall 2: Welchen Firmennamen können die zwei Gesellschafter wählen?

753 Die Firma einer OHG ist in § 19 HGB geregelt. Danach ist eine Personalfirma, eine Sachfirma oder eine Phantasiefirma zulässig, wenn diese eine Kennzeichnungs- und Unterscheidungskraft besitzt (§ 18 I HGB). Die OHG muß aber die Bezeichnung „offene Handelsgesellschaft" oder eine allgemein verständliche Abkürzung dieser Bezeichnung wie OHG enthalten (§ 19 I Nr. 2 HGB). Die Abkürzung „& Co." reicht nicht mehr aus.

E und R können mit ihrer OHG also firmieren „E & R OHG", „E OHG", „Schlachtvieh OHG" oder „Fleischkontor OHG".

3. Gründung

Fall 3: Welche Schritte müssen E und R unternehmen, um die OHG zu gründen?

a) Gesellschafter

754 Gesellschafter einer OHG können **natürliche** wie **juristische Personen** sein. Auch eine andere OHG oder KG kann als Personengesellschaft Gesellschafter sein. Andererseits können Gesellschafter einer OHG (KG) nicht eine GbR, ein nichtrechtsfähiger Verein oder eine Erbengemeinschaft sein, da die OHG grundsätzlich eine persönlichkeitsbezogene Haftungs- und Arbeitsgemeinschaft ist.

b) Entstehung

755 (1) Im Innenverhältnis der Gesellschafter entsteht die OHG mit dem **Abschluß des Gesellschaftsvertrages**. Offene Handelsgesellschaften, die einen kaufmännischen Geschäftsbetrieb nach § 1 II HGB haben, werden dann mit der Geschäftsaufnahme im Einverständnis aller Gesellschafter im Außenverhältnis wirksam (BGH BB 2004, 1357). Die später folgende Handelsregistereintragung ist also nur deklaratorisch.

(2) Wenn die **OHG ein Kleingewerbe oder eine „Vermögensverwaltung"** nach § 105 II IIGB betreibt, wird sie erst mit der **Eintragung ins Handelsregister** wirksam. Bis zu dieser konstitutiven Eintragung gilt die Gesellschaft als GbR (§ 123 HGB).

c) Formfragen

756 Der Gesellschaftsvertrag der OHG ist **formfrei**. Ein Vertragsabschluß kann schon beim tatsächlich gemeinsamen Betreiben eines Handelsgewerbes vorliegen.

Etwas anderes gilt, wenn ein Gesellschafter eine Verpflichtung übernimmt, die nur in einer bestimmten Form übernommen werden darf. Der ohne die erforderliche Form geschlossene Vertrag ist nach § 125 BGB nichtig.

> **Beispiele:** Übertragung eines Grundstücks (§ 311 b BGB), Übertragung eines GmbH-Anteils (§ 15 IV GmbHG)

d) Anmeldung und Eintragung im Handelsregister

Die OHG muß beim **Amtsgericht (Registergericht)** ihres Sitzes zur Eintragung 757
in das Handelsregister von **allen Gesellschaftern** angemeldet werden (§§ 106 bis 108 HGB). Die Anmeldung oder Änderungen des Gesellschaftsvertrages sind durch **notariell beglaubigte** schriftliche Erklärungen vorzunehmen (§ 12 HGB).

> Die Gesellschafter E und R werden aus Beweisgründen einen schriftlichen Gesellschaftsvertrag abschließen. Da ein kaufmännisch eingerichteter Geschäftsbetrieb erforderlich ist, wird die OHG im Außenverhältnis schon mit der Geschäftsaufnahme wirksam. Allerdings sind E und R nach § 106 HGB verpflichtet, die OHG beim Handelsregister ihres Sitzes anzumelden und hierbei den Namen, Vornamen, Geburtsdatum und Wohnort jedes Gesellschafters, die Firma, den Sitz und den Zeitpunkt des Geschäftsbeginns anzugeben.

II. Innenverhältnis zwischen den Gesellschaftern

Die Beziehungen der Gesellschafter untereinander sind in erster Linie im **Gesell-** 758
schaftsvertrag geregelt, soweit nicht die zwingende Regelung des Kontrollrechts des Gesellschafters (§ 118 I HGB) eingreift. Liegt keine vertragliche Regelung vor, gelten in zweiter Linie die §§ 110 **bis 122 HGB**. In dritter Linie greifen die §§ 705 ff. BGB ein (§ 105 III HGB).

Wenn keine abweichende Regelung im Gesellschaftsvertrag getroffen worden wird, ist immer die Gleichheit der Rechte und Pflichten aller Gesellschafter zu vermuten. Dies gilt insbesondere für die Beitragspflicht (vgl. § 706 BGB). Dieser **Grundsatz der Gleichberechtigung** bedeutet somit ein Verbot unsachlicher Differenzierung zwischen den Gesellschaftern.

1. Geschäftsführung

Die Wahrnehmung der Geschäftsführungsaufgaben obliegt den Gesellschaftern. 759
Zu diesen Aufgaben gehören alle Maßnahmen, die zum Betrieb des Handelsgewerbes vorgenommen werden. In der Regel enthält der Gesellschaftsvertrag eine **konkrete Vereinbarung**, wer welche Aufgaben zu erledigen hat.

a) Art und Umfang

> **Fall 4:** E veräußert ohne Wissen des R verdorbene Kühlhausware an Klug (K), wobei E den Zustand der Ware kennt. Nach Auslieferung der Ware an K wird diese durch die Polizei beschlagnahmt. Hat R ein Widerspruchsrecht gegen den Kauf?

(1) Die Vorschriften der §§ 114, 115, 116 HGB gehen von der Berechtigung zur 760
Einzelgeschäftsführung eines jeden Gesellschafters aus. Jeder persönlich haf-

tende Gesellschafter ist damit allein für Geschäftsführungsaufgaben berechtigt und verpflichtet. **Gewöhnliche Geschäftsführungsaufgaben** müssen jedoch unterbleiben, wenn ein **geschäftsführender Gesellschafter widerspricht** (§ 115 I HGB). Solche normalen, laufenden Aufgaben sind alle Maßnahmen, die nach der Verkehrsanschauung der gewöhnliche Betrieb gerade **dieser Branche** mit sich bringt.

> **Beispiele**: Übliche Kreditgewährung, normale Umsatzgeschäfte

> Im Fall 4 hat R ein Widerspruchsrecht, da der Verkauf ein gewöhnliches Geschäft für die OHG ist. Der Kauf ist aber im Innenverhältnis zwischen E und R nicht zu beanstanden, da der geschäftsführungsbefugte R dem Geschäft nicht widersprach. E hat aber bei allen Geschäftsabschlüssen das Wohl der OHG im Auge zu behalten. E haftet daher der OHG aus vorsätzlicher Verletzung des Gesellschaftsvertrages (pVV) auf Schadensersatz für ihr entstandene Schäden durch den Verkauf der verdorbenen Ware.

761 (2) **Außergewöhnliche Geschäftsführungsmaßnahmen** müssen dagegen von **sämtlichen** – also nicht nur von den geschäftsführenden – **Gesellschaftern** gemeinsam beschlossen werden (§ 116 II HGB). Solche Geschäfte sind alle Maßnahmen, die über den Rahmen des Unternehmens der konkreten Gesellschaft hinausgehen oder mit einem Risiko verbunden sind.

> **Beispiele**: Bauausführungen auf Geschäftsgrundstück, Errichtung von Zweigniederlassungen, Aufnahme eines stillen Gesellschafters

762 (3) Die Erteilung der **Prokura** ist gesondert geregelt (§ 116 III HGB). Für die Erteilung müssen zwar nicht alle Gesellschafter zustimmen, sondern nur sämtliche geschäftsführungsbefugten Gesellschafter. Für die Abberufung des Prokuristen ist jedoch jeder geschäftsführungsbefugte Gesellschafter allein berechtigt.

b) Entzug der Geschäftsführungsbefugnis

763 Die Befugnis zur Geschäftsführung kann einem Gesellschafter auf Antrag der übrigen Gesellschafter **durch gerichtliche Entscheidung** entzogen werden, wenn hierzu ein **wichtiger Grund** vorliegt (§ 117 HGB).

> **Beispiele**: Unfähigkeit zu ordnungsgemäßer Geschäftsführung, hartnäckige Mißachtung der Mitwirkungsrechte anderer Gesellschafter, dauernde Krankheit

Der Entzug der Geschäftsführung ist damit für die OHG strenger geregelt als bei der GbR, bei der ein Mehrheitsbeschluß ausreicht. § 117 HGB kann jedoch im Gesellschaftsvertrag abgeändert werden, so daß auch ein Mehrheitsbeschluß ausreichend sein kann.

c) Gesellschafterbeschlüsse

764 (1) Eines **Beschlusses aller Gesellschafter** der OHG bedarf es in folgenden Fällen:

- außergewöhnliche Geschäftsführungsmaßnahmen (§ 116 II HGB),
- Ausübung des Eintritts- oder Schadensersatzrechts bei Wettbewerbsverletzungen (§ 113 II HGB),
- einvernehmliche Auflösung der OHG (§ 131 Nr. 2 HGB),

- Maßnahmen in der Liquidation (§§ 146 I, 147, 152 HGB),
- Wahl des Abschlußprüfers,
- Abänderung des Gesellschaftsvertrages.

(2) Sofern die Gesellschafter Beschlüsse zu fassen haben, bedarf es hierzu der **765** **Zustimmung aller** zur Mitwirkung berufenen Gesellschafter, also auch der nicht geschäftsführungsberechtigten Gesellschafter (§ 119 I HGB). Diese gesetzliche Regelung ist jedoch **dispositiv**, so daß der Gesellschaftsvertrag **Mehrheitsbeschlüsse** zulassen kann. Jeder Gesellschafter hat grundsätzlich das gleiche Stimmrecht (Abstimmung nach „Köpfen" nach § 119 II HGB). Der Gesellschaftsvertrag kann das Stimmrecht auch an die Höhe des Kapitalanteils binden oder bestimmten Gesellschaftern ein mehrfaches Stimmrecht einräumen. Als Zusammenfassung mehrerer Willenserklärungen unterliegt jeder Beschluß den §§ 104 ff. BGB über die **Geschäftsfähigkeit**.

(3) Obwohl das Recht der Personengesellschaft keine Vorschriften über die Einberufung einer **Gesellschafterversammlung** enthält, können die Gesellschafter vertraglich für die Willensbildung eine Gesellschafterversammlung vorsehen. **766**

2. Gesellschaftsvermögen

(1) Träger des Gesellschaftsvermögens sind wie bei der GbR die **Gesellschafter** **767** **zur gesamten Hand**, allerdings unter ihrer gemeinsamen Firma, unter der die OHG im Handelsverkehr auftritt (§ 105 III HGB i. V. mit § 718 BGB). Vom Gesellschaftsvermögen der OHG ist streng das Privatvermögen der Gesellschafter zu trennen.

(2) Der **Kapitalanteil** des einzelnen Gesellschafters ist nach überwiegender Meinung kein Recht des Gesellschafters, sondern nur das auf dem **Kapitalkonto ausgewiesene Guthaben des Gesellschafters**, das sich aus seiner Einlage und den ihm gutgeschriebenen Gewinnen – vermindert um Abschreibungen, Entnahmen und Verluste – zusammensetzt. Bedeutung hat der Kapitalanteil vor allem für den Wert der Einlage, den Umfang der Mitgliedschaftsrechte sowie den Abfindungsanspruch des einzelnen Gesellschafters. **768**

3. Rechte und Pflichten der Gesellschafter

a) Sozialverpflichtungen der OHG

Fall 5: R unternimmt eine Geschäftsreise von München nach Berlin. Kann R die Reisekosten verlangen?

Aus dem Gesellschaftsverhältnis ergeben sich Ansprüche der Gesellschafter gegen die OHG. Diese Verpflichtungen der OHG sind insbesondere gerichtet auf **769**

- Beteiligung am Gewinn und Verlust (§§ 120, 121 HGB),
- Kontrolle der Geschäftsführung (§ 118 HGB),
- Aufwendungsersatz in Gesellschaftsangelegenheiten (§ 110 HGB),
- Entnahmerecht (§ 122 HGB),
- Stimmrecht,
- Anspruch auf Vergütung für Geschäftsführung.

> Nach § 110 HGB kann R wegen seiner Kosten Aufwendungsersatz von der OHG ver-
> langen. Der Mitgesellschafter E haftet nicht, sonst läge eine unzulässige Beitragser-
> höhung gem. §§ 105 III HGB, 707 BGB vor.

b) Sozialansprüche der OHG

770 Im Innenverhältnis ergeben sich auch zahlreiche Ansprüche der OHG gegen die
einzelnen Gesellschafter (sog. **Sozialansprüche der OHG**). Hierzu zählen insbesondere Ansprüche auf

- Zahlung der Beiträge (§§ 105 III HGB, 705, 706 BGB),
- Unterlassung von Wettbewerb (§§ 112, 113 HGB),
- Schadensersatz bei schuldhafter Verletzung von Geschäftsführerpflichten.

Diese Sozialansprüche der OHG haben in erster Linie die geschäftsführungsbefugten Gesellschafter gegen den betreffenden Gesellschafter geltend zu machen.
Es ist aber auch allgemein anerkannt, daß auch ein nicht zur Geschäftsführung
befugter Gesellschafter diese Ansprüche der OHG gegen seine Mitgesellschafter
aus dem Gesellschaftsverhältnis geltend machen kann, in dem er im eigenen Namen auf Leistung an die Gesellschaft klagt (sog. **actio pro socio**).

III. Außenverhältnis zu Dritten

771 Die Rechtsfragen des Außenverhältnisses der OHG zu Dritten befassen sich insbesondere mit den Regeln der Vertretung der OHG und der Haftung für Schulden. Die einschlägigen gesetzlichen **Vorschriften** sind **überwiegend zwingend**
und soweit **Abweichungen** zulässig sind, müssen diese zum Schutz des Geschäftspartners **in das Handelsregister eingetragen** werden.

1. Vertretung

> **Fall 6**: Konnte im Fall 4 E rechtswirksam im Verhältnis zu dem Käufer K die verdor-
> bene Ware verkaufen?

a) Vertretungsberechtigung

772 (1) In der OHG ist grundsätzlich jeder Gesellschafter allein zur Vertretung ermächtigt (§ 125 I HGB). Im Gesellschaftsvertrag können von dieser **Einzelvertretung** abweichende Regelungen vereinbart werden wie Gesamtvertretung aller
oder mehrerer Gesellschafter (§ 125 II HGB) oder Gesamtvertretung, indem die
vertretungsberechtigten Gesellschafter entweder zusammen oder einzeln mit
einem Prokuristen handeln (§ 125 III HGB, unechte Gesamtvertretung). Hat ein
Dritter der OHG gegenüber eine Willenserklärung abzugeben (z. B. eine Kündigung), so genügt die Erklärung gegenüber einem vertretungsberechtigten Gesellschafter oder gegenüber einem Prokuristen, auch wenn Gesamtvertretung vereinbart ist.

Sieht der Gesellschaftsvertrag entgegen der gesetzlichen Regelung einen **Ausschluß eines Gesellschafters von der Vertretung** oder **Gesamtvertretung** vor
oder werden Vertretungsbefugnisse später geändert, so ist das von allen Gesell-

schaftern zur **Eintragung** in das Handelsregister anzumelden (§§ 106 II Nr. 4, 107 HGB). Solange eine entsprechende Eintragung fehlt, ist gemäß § 125 I i. V. mit § 15 I HGB von Einzelvertretung auszugehen.

> E konnte rechtswirksam den Kaufvertrag zwischen der OHG und K allein abschließen, da seine Vertretungsmacht nicht im Gesellschaftsvertrag ausgeschlossen war (§ 125 I HGB). Selbst wenn R gegen den Verkauf Widerspruch eingelegt hätte, entfiele nur die Geschäftsführungsbefugnis im Innenverhältnis, nicht auch die Vertretungsmacht. K soll in jedem Fall auf die Vertretungsmacht des E vertrauen können, ohne sich um Interna der Gesellschaft kümmern zu müssen.

(2) Nach § 125 a HGB müssen auf **Geschäftsbriefen** einschließlich der Bestell- **773** scheine die Firma mit Rechtsformzusatz, der Ort der Niederlassung, das Registergericht und die Registernummer angegeben werden.

b) Umfang der Vertretungsmacht

(1) Der Gesellschafter, der zur Vertretung der OHG berufen ist, kann **alle ge-** **774** **richtlichen und außergerichtlichen Geschäfte und Rechtshandlungen** einschließlich der Veräußerung und Belastung von Grundstücken sowie die Erteilung und den Widerruf der Prokura vornehmen (§ 126 I HGB). Anders als die Geschäftsführungsbefugnis ist die Vertretungsmacht nicht auf gewöhnliche, brancheneigene Geschäfte beschränkt.

(2) **Beschränkungen des Umfangs** der Vertretungsmacht wie auf bestimmte Ge- **775** schäftsarten, Zeitdauer, Orte, sind **Dritten gegenüber unwirksam** (§ 126 II HGB). Dies gilt auch dann, wenn er die Beschränkungen kennt. Möglich ist lediglich eine Beschränkung auf eine von mehreren **Niederlassungen**, wenn diese unter verschiedenen Firmen betrieben werden (§§ 126 III, 50 III HGB).

(3) Allerdings findet die Vertretungsmacht der Gesellschafter ihre Grenze bei den **776** **Grundlagen des Gesellschaftsverhältnisses**. Sie erstreckt sich damit nicht auf Geschäfte, die das Innenverhältnis der Gesellschafter betreffen wie

- Änderungen des Gesellschaftsvertrages,
- Entziehung der Geschäftsführungsbefugnis und Vertretungsmacht,
- Aufnahme von neuen Gesellschaftern,
- Ausschluß von Gesellschaftern,
- Änderungen der Firma.

Alle diese Rechtsgeschäfte auf der Ebene des Gesellschaftsvertrages müssen von allen Gesellschaftern gemeinschaftlich vorgenommen werden, es sei denn, der Gesellschaftsvertrag bestimmt etwas anderes.

(4) Eine **Entziehung der Vertretungsmacht** kann grundsätzlich nur durch eine **777** gerichtliche Entscheidung erfolgen, wenn ein wichtiger Grund vorliegt (§ 127 HGB).

2. Haftung für Verbindlichkeiten

Nach § 124 HGB ist die OHG verpflichtet, jeden von einem Vertreter mit Ver- **778** tretungsmacht im Namen der OHG abgeschlossenen Vertrag zu erfüllen. § 128 HGB erweitert diese Haftung der OHG. Die **Gesellschafter haften daneben**

persönlich, unbeschränkt und **gesamtschuldnerisch** für die Erfüllung dieser Verbindlichkeiten. Nach § 129 HGB bestimmt sich, welche Einwendungen den Gesellschaftern zustehen, wenn sie wegen einer Gesellschaftsschuld in Anspruch genommen werden.

Schaubild 83: *Haftung in OHG*

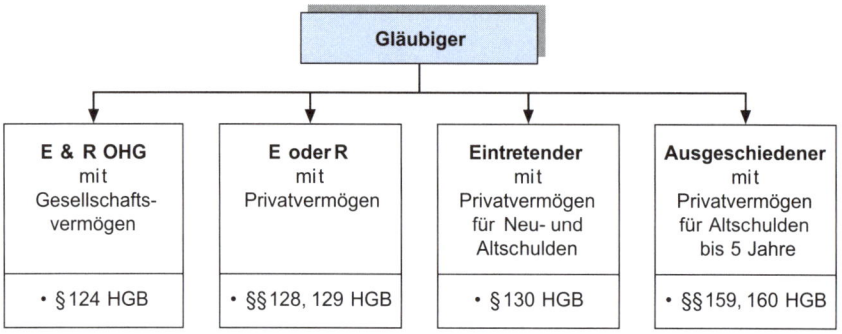

a) Haftung des Gesellschaftsvermögens

> **Fall 7:** Der geschädigte K verlangt von der OHG Schadensersatz für die verdorbene Ware, die er schon bezahlt hat. Haftet die OHG?

779 (1) Dritte haben nach § 124 HGB das Recht, Ansprüche aus Verbindlichkeiten der Gesellschaft von der OHG aus dem Gesellschaftsvermögen zu verlangen. Für solche Verbindlichkeiten der Gesellschaft haftet die **OHG**, da sie **rechtlich selbständig** ist. Wesentlich ist zu prüfen, ob der Dritte (Geschäftspartner) wirksam mit einem Vertreter der OHG (Gesellschafter, Prokurist, Handlungsbevollmächtigter) im Namen der OHG die in Rede stehende Verbindlichkeit begründet hat. Schuldner dieser Verbindlichkeit ist die OHG.

880 (2) Dritte können auch Schadensersatzansprüche gegen die OHG aus **Deliktsrecht** (§§ 823 I, II, 826 BGB) geltend machen, da eine Zurechnung der schuldhaften Pflichtverletzung eines Gesellschafters oder einer Hilfsperson der OHG **analog § 31 BGB** erfolgt, wenn ein Gesellschafter als „Organ" seine Pflichten verletzt (vgl. S. 31).

> Die OHG haftet dem Gläubiger K auf Schadensersatz für die verdorbene Ware, die beschlagnahmt worden ist, aus dem Kaufvertrag nach §§ 433, 434, 437 Nr. 3 und 281 BGB, aus §§ 826, 31 BGB und §§ 823 II BGB, 8 LMBG. Der geschäftsführungsbefugte E hat K gegenüber arglistig den Ablauf des Haltbarkeitsdatums verschwiegen.

b) Haftung der Gesellschafter

> **Fall 8:** K fragt sich, ob es nicht zweckmäßig und erfolgreich ist, neben der OHG auch die Gesellschafter E und R in Anspruch zu nehmen und zu verklagen.

781 (1) Neben dem Gesellschaftsvermögen der OHG haften die Gesellschafter nach § 128 HGB für die Erfüllung der Verbindlichkeiten der Gesellschaft

- **persönlich** und **unbeschränkt**, d. h. mit ihrem gesamten Privatvermögen ohne eine Haftungsbeschränkung auf einen bestimmten Betrag,
- **primär** und **unmittelbar**, d. h., der Gläubiger kann sofort, ohne die OHG in Anspruch genommen zu haben, die Erfüllung der Schuld von jedem Gesellschafter verlangen,
- als **Gesamtschuldner**, d. h., der Gläubiger kann die gesamte Leistung von jedem Gesellschafter verlangen, insgesamt aber nur einmal (§§ 421, 426 BGB).

Die Gesellschafter schulden einem Gläubiger die Leistung in Natur und nicht nur Geldersatz. Grundsätzlich besteht **eine Identität von Gesellschafts- und Gesellschafterschuld**. Hiervon ist nur dann eine Ausnahme zu machen und eine Haftung aus § 128 HGB abzulehnen, wenn es dem in Anspruch genommenen Gesellschafter tatsächlich oder rechtlich **unmöglich** ist, die Verbindlichkeit zu erfüllen (z. B. Rechnungslegung, Auskunft, Auflassung eines Gesellschaftsgrundstücks) oder wenn es sich um eine **personenbezogene Leistung** handelt, die dem einzelnen Gesellschafter persönlich unzumutbar ist (z. B. Abgabe einer Willenserklärung namens der OHG).

> Infolgedessen kann K seine Forderung nach seiner Wahl entweder von der OHG, von E oder R unmittelbar und in voller Höhe verlangen und die Gesellschaft und die Gesellschafter zusammen verklagen. Die OHG ist selbst prozeßfähig und muß daher selbst verklagt werden, wenn der Gläubiger K Zugriff auf das Gesellschaftsvermögen nehmen will. Eine Vollstreckung in das Privatvermögen der Gesellschafter E und R ist aber nur dann möglich, wenn K auch ein gegen diese selbst ergangenes erfolgreiches Urteil erlangt hat. Aus einem Urteil gegen die OHG kann nämlich nur in das Gesellschaftsvermögen vollstreckt werden (§§ 129 IV, 124 II HGB). Für die Zwangsvollstreckung in das persönliche Vermögen der Gesellschafter muß die Klage und das Urteil auch gegen die jeweiligen Gesellschafter gerichtet sein. Deshalb ist es üblich, immer die OHG und zugleich alle Gesellschafter zu verklagen.

(2) Der in Anspruch genommene Gesellschafter kann gemäß § 129 HGB sowohl **782** die **Einwendungen** vorbringen, die der OHG zustehen (z. B. Stundung der Forderung), als auch persönliche Einwände, deren Rechtsinhaber nicht die OHG, sondern er persönlich ist (z. B. Aufrechnung mit einer privaten Gegenforderung).

> **Beispiel:** Sofern die Forderung des K gegen die OHG verjährt ist, kann der in Anspruch genommene R nach § 129 HGB sich ebenfalls auf die Einrede der Verjährung berufen.

(3) Sofern ein Gesellschafter die Zahlung leistet, kann er **entweder** den vollen Be- **783** **trag von der OHG als Aufwendungsersatz** verlangen (§ 110 HGB) oder von den übrigen Gesellschaftern einen **Ausgleich aus dem Gesamtschuldverhältnis** fordern (§ 426 BGB). Im Ausgleich der Gesamtschuldner sind alle Gesellschafter einander zu gleichen Teilen verpflichtet, soweit nicht im Gesellschaftsvertrag etwas anderes vereinbart ist.

> **Beispiel:** Zahlt der in Anspruch genommene R gemäß § 128 HGB dem K € 10 000, so kann er nach § 426 BGB von seinem Mitgesellschafter E nur € 5000 im gesamtschuldnerischen Ausgleich verlangen, es sei denn, im Gesellschaftsvertrag ist die Haftungsquote anders geregelt.

(4) Im **Innenverhältnis** kann jedoch im Gesellschaftsvertrag eine **Haftungsfrei-** **784** **stellung** festgelegt werden, daß für einzelne oder alle Geschäfte gewisse Gesellschafter überhaupt nicht oder nur in bestimmtem Umfang haften.

c) Gesellschafter als Gläubiger

785 (1) Soweit ein Gesellschafter aus einem **anderen Rechtsgrund als dem Gesellschaftsverhältnis** als Gläubiger der OHG auftritt, haften die Mitgesellschafter nach § 128 HGB. Aufgrund seiner Gesellschafterstellung (Treuepflicht) ist er einmal gehalten, sich zunächst an das Gesellschaftsvermögen zu halten. Ist dann jedoch kein ausreichendes Vermögen vorhanden, kann er über § 128 HGB sich an jeden Mitgesellschafter halten. Dieser haftet ihm in Höhe der Forderung abzüglich eines Teils entsprechend dem Verlustanteil des Gesellschaftergläubigers.

> **Beispiel:** X, Y und Z haben gleiche Verlustbeteiligung. X kann aus einem der OHG gewährten Darlehen € 4500 fordern. Wenn Y zahlungsunfähig ist, kann X von Z 4500 ./. 1500 ./. 750 = € 2250 fordern.

786 (2) Für **Forderungen aus dem Gesellschaftsverhältnis** (z. B. auf Aufwendungsersatz, Geschäftsführervergütung, Gewinn) haften während des Bestehens der OHG die Mitgesellschafter grundsätzlich nicht. Sie würden sonst entgegen § 707 BGB zu Nachschüssen in die OHG gezwungen. Eine Ausnahme gilt nur, wenn ein Gesellschafter gemäß § 128 HGB eine Schuld der OHG getilgt hat.

d) Haftung bei Eintritt und Ausscheiden eines Gesellschafters

787 Wer in eine bestehende **OHG eintritt**, haftet **unabdingbar** nach § 130 HGB wie alle anderen Gesellschafter für die **vor seinem Eintitt begründeten Verbindlichkeiten**, und zwar auch dann, wenn die Firma sich ändert. Eine im Innenverhältnis bei der Neuaufnahme festgelegte Haftungsfreistellung des neuen Gesellschafters wirkt nicht im Außenverhältnis zu Gläubigern der OHG (§ 130 II HGB). Entsteht aber durch den Eintritt eines Gesellschafters in ein bestehendes Einzelkaufmannsgeschäft eine OHG, dann kann die Haftung für Altschulden durch eine Vereinbarung, die ins Handelsregister einzutragen ist, ausgeschlossen werden (§ 28 II HGB). Durch den **Austritt aus einer OHG** wird die persönliche Haftung des Gesellschafters für Gesellschaftsschulden nicht beendet. Er haftet für bis dahin begründete Verbindlichkeiten, wenn sie vor **Ablauf von 5 Jahren** nach dem Ausscheiden fällig und gegen ihn gerichtlich geltend gemacht oder von ihm schriftlich anerkannt sind (§ 160 I, II HGB).

IV. Gesellschafterwechsel

788 Die OHG ist grundsätzlich darauf angelegt, daß der Gesellschaftsanteil nicht übertragbar ist, wenn keine abweichenden Vereinbarungen im Gesellschaftsvertrag getroffen wurden. **Alle Gesellschafter** können somit nach ihrem Belieben das Ausscheiden eines Gesellschafters oder den Eintritt eines neuen Gesellschafters in die OHG **vereinbaren**. Die Änderungen sind zur Eintragung in das **Handelsregister anzumelden** (§ 107 HGB).

1. Ausscheiden von Gesellschaftern

> **Fall 9:** R will freiwillig aus der OHG austreten. Kann er dies und welche Folgen treten ein?

(1) Neben dem **einvernehmlichen Gesellschafteraustritt**, der in der Praxis der 789
Regelfall ist, kann der Gesellschafter auch einseitig seine Gesellschafterstellung
kündigen. Die **Kündigung** ist gemäß § 132 HGB nur als ordentliche Kündigung
mit einer Frist von 6 Monaten zum Ende des Geschäftsjahres möglich. Dieses
Kündigungsrecht kann nicht durch Gesellschaftsvertrag ausgeschlossen werden.

(2) Statt der außerordentlichen Kündigung gibt das Gesetz in § 133 HGB dem 790
Gesellschafter das Recht zur **Auflösungsklage aus wichtigen Grund**. Ein sol-
cher Grund liegt vor bei Verletzung einer wesentlichen Verpflichtung aus dem
Gesellschaftsvertrag oder bei dauerndem Zerwürfnis der Gesellschafter.

> R kann kündigen (§ 131 III Nr. 3 HGB), was nach der Neuregelung durch das Han-
> delsrechtsreformgesetz nicht die Auflösung der OHG zur Folge hätte, sondern nur
> zum Ausscheiden des R führt nach Ablauf einer Kündigungsfrist.

(3) Auch **ohne eine Fortsetzungsklausel** scheidet ein Gesellschafter bei Eintritt 791
eines der nachfolgenden Umstände **automatisch** aus:

- Tod des Gesellschafters (§ 131 III Nr. 1 HGB),
- Eröffnung des Insolvenzverfahrens über das Vermögen des Gesellschafters
  (§ 131 III Nr. 2 HGB),
- Kündigung durch den Gesellschafter (§ 131 III Nr. 3 HGB),
- Kündigung durch einen Privatgläubiger des Gesellschafters (§§ 131 III Nr. 4,
  135 HGB),
- Beschluß der Gesellschafter, welcher einstimmig erfolgen muß (§§ 131 III
  Nr. 6, 119 I HGB).

(4) Nach § 140 HGB kann statt der Auflösung der OHG auch die **Ausschließung** 792
eines Gesellschafters verlangt werden, wenn hierfür in der Person des Auszu-
schließenden ein wichtiger Grund vorliegt.

> **Beispiele:** Steuerhinterziehung, Verschleierung von Sonderentnahmen, Aufbau eines
> Konkurrenzunternehmens

Falls eine **zweigliedrige OHG** vorliegt, steht der Ausschließungssklage nicht
entgegen, daß nach der Ausschließung nur ein Gesellschafter verbleibt (§ 140 I
HGB).

2. Eintritt eines Gesellschafters

Außenstehende Personen können auf **zwei Arten** in eine bestehende OHG ein- 793
treten. Entweder erfolgt die Neuaufnahme durch Abschluß eines Aufnahmevertrags oder ein Gesellschafter überträgt einvernehmlich seinen Gesellschaftsanteil
auf eine andere Person. Der Hauptfall ist der einstimmige Abschluß eines geänderten Gesellschaftsvertrages.

Möglich ist auch eine Regelung im Gesellschaftsvertrag, daß ein Mehrheitsent-
scheid über die Aufnahme genügt. Mit Abschluß des Aufnahmevertrags wird der
Eintretende im **Innenverhältnis** Gesellschafter und ist z. B. zur Zahlung der
Beiträge verpflichtet. Dem Neugesellschafter wächst damit ein entsprechender
Anteil am Gesellschaftsvermögen zu unter **Wahrung der Identität** der OHG.
Besondere Eigentumsübertragungen wie z. B. eine Auflassung sind nicht not-

wendig. Im **Außenverhältnis** zu Geschäftspartnern der OHG ist § 123 HGB anzuwenden, so daß die Gesellschafterstellung erst beginnt, wenn die Änderung ins
Handelsregister eingetragen ist oder die Fortsetzung der Geschäfte mit Zustimmung des Neuen und auf seine Rechnung erfolgt. Erst dann greift die Haftung
des Neuen nach § 130 HGB ein.

3. Todesfall eines Gesellschafters

794   Für den Todesfall eines Gesellschafters sehen die Gesellschaftsverträge oft eine
Nachfolgeklausel vor. Nach der Neuregelung des § 131 HGB führt der Tod eines
Gesellschafters auch gesetzlich zu einem **Ausscheidungsgrund** und nicht wie
früher zu einem Auflösungsgrund der OHG. Wer Erbe ist, bestimmt sich ausschließlich nach dem Erbrecht. Die Erben haben nur einen Abfindungsanspruch
gem. § 105 III HGB, §§ 738–740 BGB. Hierbei sind auch stille Reserven zu
berücksichtigen.

V. Auflösung und Liquidation

1. Auflösung

795   Die **gesetzlichen Auflösungsgründe** sind in § 131 I HGB aufgezählt. Allerdings
sind die Gesellschafter nicht gehindert, über diese Gründe hinaus weitere **vertragliche Auflösungsgründe** zu vereinbaren. Die Auflösung der OHG ist zur
Eintragung in das **Handelsregister anzumelden** (§ 143 HGB). Die Gesellschaftsinsolvenz wird von Amts wegen in das Handelsregister eingetragen.

2. Liquidation

796   Wenn die Gesellschafter im Gesellschaftsvertrag nichts anderes vereinbart haben,
findet nach der Auflösung der OHG die Liquidation des Gesellschaftsvermögens
statt (§§ 145 ff. HGB). Bei Auflösung der OHG durch Insolvenz findet das Insolvenzverfahren statt, das vom Insolvenzverwalter betrieben wird. Die OHG
erhält den Firmenzusatz „i. L." und wird von den **Liquidatoren**, die die Gesellschafter bestellen können (§ 146 HGB), auseinandergesetzt. Aus der „werbenden" wird eine „sterbende" Gesellschaft.

Die Liquidatoren sind in das Handelsregister einzutragen (§ 148 HGB). Sie haben die **Geschäfte zu beenden**, Forderungen **einzuziehen**, das übrige Vermögen
zu **versilbern**, die Gläubiger zu **befriedigen**, eine **Schlußbilanz** aufzustellen
(§ 154 HGB) und einen möglichen **Überschuß** nach dem Verhältnis der Kapitalanteile zu **verteilen** (§ 155 I HGB). Verbleibt nach der Schlußbilanz ein Verlust,
so sind die Liquidatoren nicht verpflichtet, **Nachschüsse** der Gesellschafter zu
fordern. Die Gläubiger müssen sich wegen ihrer Ausfälle direkt an die Gesellschafter halten (vgl. §§ 159, 160 HGB). Nach Abschluß der Liquidation ist das
Erlöschen der Firma von den Liquidatoren zur Eintragung in das Handelsregister anzumelden (§ 157 HGB).

VI. Sonderformen der OHG

1. Partnerschaftsgesellschaft (PartG)

Für die **Angehörigen der freien Berufe** ist durch das Partnerschaftsgesell- 797
schaftsgesetz die Möglichkeit geschaffen worden, sich in der neuen Rechtsform
der „Partnerschaft" zusammenzuschließen. Damit können Freiberufler ihre
Dienstleistungen überregional, international und interprofessionell anbieten,
ohne auf die bis dahin nur zulässige GbR angewiesen zu sein.

> **Beispiele:** Ärzte, Heilpraktiker, Krankengymnasten, Masseure, Psychologen, Rechtsan-
> wälte, Patentanwälte, Wirtschaftsprüfer, Steuerberater, beratende Volks- und Betriebs-
> wirte, Steuerbevollmächtigte, Ingenieure, Architekten, Sachverständige, Journalisten

Die Partnerschaftgesellschaft (PartG) ist durch folgende **Merkmale** gekennzeichnet:

- Personengesellschaft für Freiberufler,
- keine Handelsgesellschaft,
- Gesamthandsgemeinschaft und keine juristische Person,
- Namens-, Grundbuch- und Parteifähigkeit (teilrechtsfähig),
- Möglichkeit der Zweigniederlassungen,
- Haftung für Verbindlichkeiten das Vermögen der Partnerschaft und die Part-
  ner als Gesamtschuldner.

Die Partnerschaft steht damit ihrem **Charakter nach zwischen der GbR und
OHG**, so daß neben den 11 Paragraphen des PartGG durch Verweis viele Vorschriften der OHG entsprechend gelten. Da keine gravierenden Besonderheiten
inbesondere zur GbR vorliegen und zudem die Rechtsprechung die GmbH auch
für Freiberufler ausgedehnt hat, ist die **praktische Bedeutung** der PartG bisher
eher gering.

2. Europäische Wirtschaftliche Interessenvereinigung (EWIV)

> **Fall 10:** Zehn Steuerberater und Rechtsanwälte wollen ihre europäischen Aktivitäten in
> den EG-Staaten verstärken. Welche Möglichkeiten bieten sich, diese grenzüberschrei-
> tende Zusammenarbeit zu ermöglichen?

a) Begriff und Bedeutung

(1) Die Europäische Wirtschaftliche Interessenvereinigung (EWIV) ist eine **su-** 798
pranationale Gesellschaftsform zur Erleichterung der grenzüberschreitenden
Zusammenarbeit von Unternehmen und Freiberuflern in der **EU**. Die EWIV
stellt an sich **keine Gesellschaft im eigentlichen Sinne** dar, sondern ist ein Ge-
staltungsrahmen, der helfen soll, Kooperationsformen von der einfachen Arbeitsgemeinschaft bis zum Joint Venture zu fördern, vor allem in den Bereichen
Forschung und Entwicklung, Einkauf, Produktion, Absatz und EDV. Die EWIV
soll zudem für die Beteiligung an Ausschreibungen für öffentliche und private
Aufträge die Bildung von multidisziplinären Konsortien erleichtern. Rechtlich
steht die EWIV der **OHG nahe**, wobei deren Geschäftsführer eine ähnliche
Rechtsstellung wie bei der GmbH haben. Die EWIV gilt als **Handelsgesellschaft**
im Sinne des HGB und ist **teilrechtsfähig** ähnlich wie die OHG.

(2) Rechtsgrundlage ist die **VO über die Schaffung einer EWIV** (EG-VO Nr. 2137/85) vom 25. 7. 1985, welche seit 1. 7. 1989 unmittelbar in jedem Mitgliedstaat der EG gilt. Ergänzt wird die VO durch das deutsche **EWIV-Ausführungsgesetz** (EWIVG) vom 18. 4. 1988 (BGBl. I S. 514). Soweit das EWIVG nichts bestimmt, gelten die **§§ 105 ff. HGB**.

b) Gründung

799   Die EWIV wird gegründet, indem die Gründer einen **schriftlichen Gesellschaftsvertrag** schließen und die **Eintragung** der EWIV in das Handelsregister vornehmen lassen.

(1) Der schriftliche **Gesellschaftsvertrag** unterliegt weitgehend der **Vertragsfreiheit**, muß aber Mindestangaben enthalten wie u. a. den **Namen** der Vereinigung mit dem Zusatz EWIV und den **Zweck**. Die EWIV hat nicht den Zweck, Gewinn für sich selbst zu erzielen. Sie soll vielmehr die wirtschaftliche Tätigkeit ihrer Mitglieder erleichtern oder entwickeln sowie die Ergebnisse dieser Tätigkeit verbessern. Ihre Tätigkeit ist damit nur eine **Hilfstätigkeit** für ihre Mitglieder. Die EWIV darf also keinen freien Beruf selbst gegenüber Dritten ausüben. Aus diesem Zweck abgeleitet ergeben sich folgende **Verbote**:

- keine **konzernleitende Tätigkeit**, insbesondere im Personal-, Finanz- und Investitionswesen,
- keine **Haltung von Anteilen oder Aktien** an einem Mitgliedsunternehmen,
- keine Beschäftigung von **mehr als 500 Arbeitnehmer** (kein Unterlaufen der Mitbestimmung),
- keine **Mitgliedschaft in einer anderen EWIV**.

Mitglieder der EWIV können nur solche **natürlichen Personen** sein, die eine gewerbliche, kaufmännische, handwerkliche, landwirtschaftliche oder freiberufliche Tätigkeit in der EU ausüben, und alle **juristischen Personen** und **sonstigen Gesellschaften**, die ihren Sitz und ihre Hauptverwaltung in der EU haben. Da die EWIV eine **supranationale Vereinigung** ist, müssen mindestens zwei Gesellschafter in verschiedenen Mitgliedstaaten ihre Hauptverwaltung haben oder ihre Haupttätigkeit ausüben.

(2) Die EWIV ist im Staat des Sitzes in das **Handelsregister einzutragen**. Mit der Eintragung entsteht die EWIV. Die Gründung ist im Bundesanzeiger und im Amtsblatt der EG **bekanntzumachen**.

> Im Fall 10 können diese Freiberufler eine EWIV (z. B. Fa. Eurotreuhand EWIV) gründen. Auftragnehmer für Mandanten ist jedoch nicht die Gesellschaft, sondern jeweils der einzelne Gesellschafter. Die EWIV will nur die grenzüberschreitende Zusammenarbeit erleichtern.

c) Organe

800   Die EWIV hat wie die GmbH **Geschäftsführer** und **gemeinschaftlich handelnde Gesellschafter**. Der Gesellschaftsvertrag kann daneben noch einen **Beirat** vorsehen, der Kontrollbefugnisse hat.

d) Geschäftsführung und Vertretung

(1) Die Geschäftsführung wird von einer oder mehreren **natürlichen Personen**   801
durchgeführt. Die Geschäftsführer – Dritte oder Gesellschafter – werden im Gesellschaftsvertrag oder durch Gesellschafterbeschluß bestellt. Bestellung, Entlas-
sung und Befugnisse der Geschäftsführer regelt entweder der Gesellschaftsvertrag oder ein einstimmiger Gesellschafterbeschluß. Soweit keine andere Regelung
vereinbart wird, ist die Bestellung der Geschäftsführer **jederzeit widerruflich**.
Die Geschäftsführer haben bei ihrer Arbeit die Sogfalt eines ordentlichen und ge-
wissenhaften Geschäftsleiters anzuwenden und die Schweigepflicht zu beachten.
Bei **Pflichtverletzungen** sind sie der EWIV als Gesamtschuldner schadensersatzpflichtig, wobei die Beweislast für das fehlende Verschulden die Geschäftsführer trifft. Die Geschäftsführer sind für die ordnungsgemäße **Buchführung**
verantwortlich und haben den Jahresabschluß aufzustellen.

(2) Die Vertretung der EWIV kann **organschaftlich** durch die Gesellschafter oder   802
rechtsgeschäftlich durch Vollmacht an einen fremden Dritten erfolgen. Organschaftlich besteht Einzelvertretung durch jeden Geschäftsführer, es sei denn, der
Gesellschaftsvertrag bestimmt Gesamtvertretung.

e) Rechte und Pflichten der Gesellschafter

Jedes Mitglied der EWIV hat **eine Stimme** in der Mitgliederversammlung. Wei-   803
ter hat jeder Gesellschafter **Kontrollrechte**, insbesondere ein Auskunftsrecht und
Einsichtsrecht in die Bücher gegenüber den Geschäftsführern. **Gewinne und
Verluste** aus der Tätigkeit der Vereinigung sind nicht der EWIV, sondern den
Mitgliedern zu gleichen Teilen direkt zuzuordnen. Die Gesellschafter haben für
die Verbindlichkeiten der EWIV **unbeschränkt und gesamtschuldnerisch** zu
haften. **Gesellschaftsveränderungen** und Neuaufnahmen von Mitgliedern sind
nur einstimmig durch Beschluß aller Mitglieder möglich. Im übrigen gilt **OHG-
Recht**, soweit die VO der EWIV nicht eingreift.

Merksätze

1. **Begriff der OHG** (§ 105 I HGB)
   - Personengesellschaft ohne volle Rechtsfähigkeit
   - zum Betrieb eines Handelsgewerbes (auch Kleingewerbe, Vermögensverwaltung)
   - unter gemeinschaftlicher Firma
   - mit unbeschränkter Haftung aller Gesellschafter

2. **Gründung** (§§ 106–108 HGB)
   - Formfreiheit des Gesellschaftsvertrags
   - Anmeldung zum Handelsregister
   - Entstehung bei
     - Handelsgewerbe mit Geschäftsaufnahme
     - sonst mit Eintragung im Handelsregister

3. **Innenverhältnis** (§§ 109–122 HGB)
   - Geschäftsführung
     - maßgeblich Gesellschaftsvertrag
     - sonst Einzelgeschäftsführung aller mit Widerspruchsrecht geschäftsführungsbefug-
       ter Gesellschafter
     - außergewöhnliche Geschäfte nur mit Zustimmung aller Gesellschafter

- Gesellschaftsvermögen
  - Gesamthand wie GbR
  - kein Mindestkapital
- Gewinn- und Verlustbeteiligung
  - maßgeblich Gesellschaftsvertrag
  - sonst: Gewinn 4 % des Kapitalanteils, darüber hinausgehender Gewinn sowie jeder Verlust nach Köpfen

4. Außenverhältnis (§§ 123–130b HGB)
- Vertretung
  - maßgeblich Gesellschaftsvertrag (Ausschluß eintragungspflichtig)
  - sonst Einzelvertretung jedes Gesellschafters
- Haftung der OHG
  - für Gesellschaftsschulden haftet das Gesellschaftsvermögen
  - Klage und Zwangsvollstreckung in Gesellschaftsvermögen nur mit Titel gegen OHG
- Haftung der Gesellschafter
  - persönliche, unbeschränkte, unmittelbare, gesamtschuldnerische Haftung für Gesellschaftsverbindlichkeit
  - Klage und Zwangsvollstreckung gegen Gesellschafter mit Titel gegen Gesellschafter
  - Weiterhaftung bei Gesellschafterwechsel: Neue Gesellschafter haften für Altschulden, ausscheidende Gesellschafter haften für Altschulden noch maximal 5 Jahre

5. Gesellschafterwechsel
- Wechsel unter Lebenden durch Änderung des Gesellschaftsvertrages
- Wechsel im Todesfall: Tod eines Gesellschafters grundsätzlich nur Ausscheidungsgrund

6. Vor- und Nachteile der OHG
- **Vorteile**
  - GV läßt flexible, personenbezogene Gestaltung zu
  - Hohe Kreditwürdigkeit durch persönliche Haftung
- **Nachteile**
  - Unbegrenzte Haftung mit Privatvermögen
  - Hohes Maß an Vertrauen nötig

7. Sonderformen der OHG
- **Partnerschaftsgesellschaft (PartG)**
  - Personengesellschaft für Freiberufler
  - Rechtsgrundlagen sind PartGG und Teile des OHG-Rechts
- **Europäische Wirtschaftliche Interessenvereinigung (EWIV)**
  - Supranationale EU-Unterstützungsgesellschaft
  - Rechtsgrundlagen sind EG-VO Nr. 2137/85 und EWIVG

8. Leitentscheidungen
- **Überschreitung der Geschäftsführungsbefugnis**
  BGH, 4.11.1996, NJW 1997, 314
- **Entstehung vor HR-Eintragung**
  BGH, 26.4.2004, BB 2004, 1357 = DB 2004, 1359

§ 31
Kommanditgesellschaft (KG)

> **Lernziele:**
>
> Nachdem Sie dieses Kapitel 31 durchgearbeitet haben, können Sie
> - die KG mit der Rechtsstellung des Kommanditisten und seiner Haftung erklären.
> - die Vor-und Nachteile der KG nennen.

I. KG als Sonderform der OHG

1. Begriffsmerkmale und Bedeutung der KG

(1) Die Kommanditgesellschaft ist eine Sonderform der OHG. Bei der KG ist bei **804** einem oder einigen Gesellschaftern die Haftung gegenüber den Gesellschaftsgläubigern auf dem Betrag der im Gesellschaftsvertrag vereinbarten Haftsumme beschränkt (§ 161 HGB). Es gibt also zwei **Arten von Gesellschaftern**: Die persönlich haftenden Gesellschafter (**Komplementäre**) und die **Kommanditisten**, deren Haftung beschränkt ist. Daher sind bis auf einige Ausnahmen die Vorschriften über die OHG auch auf die KG anzuwenden, soweit die §§ 161 ff. HGB nichts anderes vorschreiben (§ 161 II HGB). Folgende **Merkmale** charakterisieren die KG:

- **Handelsgewerbe unter gemeinschaftlicher Firma**,
- keine juristische Person, aber weitgehend **verselbständigte Gesamthandsgemeinschaft**,
- **Komplementäre haften unbeschränkt, Kommanditisten beschränkt**.

(2) Die KG hat im Wirtschaftleben eine außerordentliche Bedeutung. Diese Ge- **805** sellschaftsform tritt häufig bei **mittelständischen Unternehmen** und bei **Familienbetrieben** in Erscheinung. Insbesondere der Eintritt von Familienangehörigen als Kommanditisten kann die Nachfolge eines persönlich haftenden Gesellschafters vorbereiten. Hervorzuheben sind folgende **Schwerpunkte der wirtschaftlichen Bedeutung**:

- Beschränktes Haftungsrisiko des Kommanditisten,
- Verteilung der Einkünfte auf verschiedene Personen ist progressionsmindernd bei ESt,
- Beteiligung von vielen Kommanditisten möglich,
- Möglichkeit der Schaffung einer Publikums-KG als Abschreibungsgesellschaft.

Besondere Bedeutung haben in den letzten Jahren als **Sonderformen** der KG die **Publikums-KG**, welche rein kapitalistisch orientiert ist, und die **GmbH & Co.KG** erlangt. Beide Sonderformen werden im Anschluß an die GmbH behandelt, da wesentliche Vorschriften des GmbH-Rechts gelten (vgl. Rn. 892 ff.).

2. Entstehung der KG

a) Neugründung

806   Die KG entsteht grundsätzlich durch einen **Gesellschaftsvertrag**, für das die gleichen Rechtsregeln gelten wie für den OHG-Vertrag. Im Falle einer solchen in der Praxis selteneren Neugründung, können die Gesellschafter das **Innenverhältnis** entsprechend ihrer Interessenlage weitgehend frei gestalten und von den §§ 163 bis 169 HGB abweichen. Im **Außenverhältnis** sind die §§ 170 ff. HGB weitgehend zwingend, so daß z. B. einen Kommanditist die KG nicht wirksam vertreten kann (§ 170 HGB).

Die Namen der Kommanditisten sind mit den jeweiligen Haftsummen zusammen mit der KG zur **Eintragung in das Handelsregister** anzumelden. Bei der Bekanntmachung der Eintragung sind keine Angaben zu den Kommanditisten zu machen (§ 162 I, II HGB).

b) Umwandlung

Fall 1: Die Reisekaufleute Reich (R) und Fleißig (F) wollen in ihre Fa. Reisebüro R+F OHG den ehemaligen Konkurrenten Billig (B) als Kommanditisten mit einer Einlage von € 25 000 aufnehmen. Welche Folgen hat dies für die OHG?

807   Die KG entsteht meist durch Umwandlung einer OHG, indem ein Kommanditist aufgenommen oder die Haftung eines bisher unbeschränkt haftenden Gesellschafters beschränkt wird auf eine Haftsumme oder, daß beim Tode eines OHG-Gesellschafters die Gesellschaft mit dessen Erben als Kommanditisten fortgeführt wird (§§ 139, 162 III HGB). Umwandlungen bedürfen der **Zustimmung aller Gesellschafter**.

Die Fa. R+F OHG wandelt sich mit Zustimmung der bisherigen persönlich haftenden Gesellschafter R und F durch den Beitritt des Kommanditisten B in eine KG um. Durch diese Umwandlung ändert sich nicht die Identität der bisherigen Gesamthandsgesellschaft. Es ist aber die Firma zu ändern, wobei der Rechtsformzusatz „KG" aufzunehmen ist (§ 19 I Nr. 3 HGB).

II. Rechtsstellung der Gesellschafter

1. Komplementär

808   Die Rechtsstellung des Komplementärs entspricht derjenigen des Gesellschafters einer OHG. Er ist wie dieser im Zweifel geschäftsführungsbefugt (§§ 114 ff. HGB) und organschaftlicher Vertreter der KG (§§ 125 ff., 170 HGB), unterliegt dem Wettbewerbsverbot der §§ 112, 113 HGB und hat ein Entnahmerecht von den Geschäftskonten gemäß § 122 HGB.

2. Kommanditist

Fall 2: B fragt sich, ob er bei dem geplanten Umbau des Geschäfts ein Widerspruchsrecht hat oder gar seine Zustimmung notwendig ist?

Die **Rechte und Pflichten** des Kommanditisten sind in den §§ 163 ff. HGB gere- **809**
gelt. Danach haben sie:

- keine Geschäftsführungs- und Vertretungsbefugnis (§§ 164, 170 HGB),
- ein Widerspruchsrecht bei außergewöhnlichen Geschäften (§ 164 HGB),
- keine Mitwirkung an der Aufstellung des Jahresabschlusses,
- kein Wettbewerbsverbot (§ 165 HGB),
- Kontrollrechte, auch über einen Beirat (§ 166 HGB),
- Beteiligung am Gewinn und Verlust (§§ 167–169 HGB).

Der Kommanditist ist daher grundsätzlich auf eine **kapitalistische Beteiligung** an der Gesellschaft beschränkt. Gesellschaftsverträge größerer Gesellschaften sehen häufig ein eigenes **Kontrollorgan** vor, das als Aufsichtsrat oder Verwaltungsrat bezeichnet wird und einen maßgebenden Einfluß auf die Unternehmensleitung haben kann.

> B als Kommanditist ohne Geschäftsführungsbefugnis kann ausnahmsweise unge-
> wöhnlichen Geschäften widersprechen, soweit diese über den gewöhnlichen Betrieb
> des Reisebüros hinausgehen (§ 164 HGB). Zu solchen außergewöhnlichen Geschäften
> zählen bauliche Maßnahmen im Reisebüro.

3. Einlage und Haftung des Kommanditisten

Schaubild 84: *Haftung in KG*

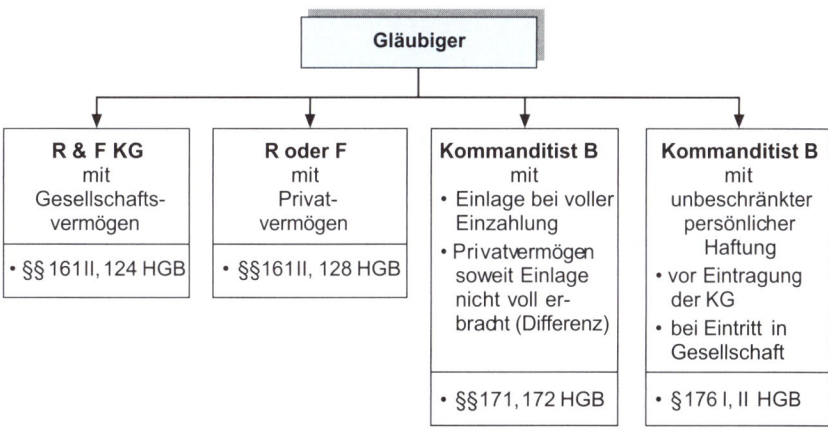

a) Erbringung der Haftsumme

> **Fall 3**: B soll nach dem Gesellschaftsvertrag seine Einlage von € 25 000 durch Einbrin-
> gung seines alten Gewerbebetriebs mit € 15 000 und mit einer Barzahlung von € 10 000
> leisten. Die Barzahlung ist gestundet bis 5 Jahre nach seinem Beitritt. Der Gläubiger G
> überlegt, ob ihm für seine Forderung von € 25 000 neben der KG und den Komple-
> mentären R und F auch B haftet.

(1) Die Kommanditisten haben die im Gesellschaftsvertrag **vereinbarten Einla-** **810**
gen zu leisten. Die erbrachten Geld- oder Sachleistungen werden Bestandteil des Gesellschaftsvermögens der KG und stehen damit auch dem Zugriff der Gläubi-

ger der KG offen. Solche **Pflichteinlagen** können Geldbeträge, Übernahme von Gesellschaftsverbindlichkeiten, Einbringung von Patenten, Dienstleistungen oder stehengelassene Gewinne sein.

811 (2) Der Begriff Einlage hat für den Kommanditisten auch noch die Bedeutung einer **Haftsumme**. Sie begrenzt den Umfang der Haftung eines Kommanditisten gegenüber den Gesellschaftsgläubigern. Die Haftsumme muß betragsmäßig in das Handelsregister eingetragen werden (§ 172 I HGB) und muß sich nicht mit der Pflichteinlage decken. Zwar wird die im Innenverhältnis bestehende Pflichteinlage sich häufig mit der Haftsumme decken, gleichwohl kann die Einlage niedriger oder höher als die Haftsumme oder auch erlassen sein.

Hat der Kommanditist seine Haftsumme der KG zur Verfügung gestellt, kann er insoweit wegen Verbindlichkeiten der KG von deren Gläubigern nicht mit seinem Privatvermögen in Anspruch genommen werden (§ 171 I HGB).

> B müßte die Forderung des G in Höhe von € 10000 erfüllen. Die Vereinbarung der Gesellschafter, den eingebrachten Gewerbebetrieb des B mit € 15000 zu bewerten, berührt den Gläubiger G nicht (§ 172 I HGB). Zwar hat B der KG gegenüber seine Pflichteinlage mit einem Betrag von € 15000 geleistet, zur Haftsumme in Höhe von € 25000 fehlen aber noch € 10000, welche tatsächlich dem Gesellschaftsvermögen noch nicht zugeführt wurden. Die insoweit zwischen den Gesellschaftern im Innenverhältnis getroffene Stundungsvereinbarung ist zudem gegenüber G im Außenverhältnis unwirksam (§ 172 III HGB). B haftet damit direkt, aber summenmäßig beschränkt auf € 10000, gesamtschuldnerisch neben dem Gesellschaftsvermögen und neben R und F, die als Komplementär unbegrenzt haften.

812 (3) Im Innenverhältnis können die Gesellschafter die Sacheinlage grundsätzlich frei bewerten, wobei diese aber mit dem objektiven Zeitwert anzusetzen ist. Im Fall der **Überbewertung** gilt die Einlage als nicht erbracht (§ 172 I HGB).

> Stellt sich heraus, daß das eingebrachte Handelsgeschäft des B nur einen objektiven Zeitwert von € 10000 hatte, haftet B persönlich gegenüber G darüber hinaus bis zu einem Betrag von € 5000.

b) Zurückzahlung der Einlage

> **Fall 4**: Die KG bezahlt eine persönliche Schuld des B gegenüber dem Autohändler A aus dem Kauf eines Privatwagens des B. Wirkt sich diese Zahlung auf die Haftung des B aus?

813 (1) Ein Kommanditist, der seine Einlage erbracht hat, haftet wieder nach § 171 I HGB, wenn er sie **zurückerhält** (§ 172 IV HGB). Die Einlage gilt in diesem Fall den Gläubigern gegenüber als nicht geleistet, um so diesen das Gesellschaftsvermögen als Haftungsmasse zu erhalten. Nicht nur die gegenständliche Rückgewähr der Einlage, sondern jede Leistung aus dem Gesellschaftsvermögen an den Kommanditisten **ohne gleichwertige Gegenleistung** an die KG ist eine Rückzahlung gem. § 172 IV HGB. Als Rückzahlungen kommen in Betracht:

- Eigenentnahmen des Kommanditisten vom KG-Konto,
- Darlehensgewährung der KG,
- Bezahlung persönlicher Schulden des Kommanditisten,

- nicht: Umwandlung der Hafteinlage für ein Darlehen, da das Gesellschaftsvermögen tatsächlich nicht gemindert.

Durch die Begleichung der persönlichen Verbindlichkeit des B durch die KG lebt die Haftung des B insoweit betragsmäßig wieder auf.

(2) Ein Wiederaufleben der Haftung kommt auch in Betracht, wenn der Kapi- **814** talanteil des Kommanditisten durch **Gewinnentnahme** unter den Betrag der Haftsumme gebracht wird (§ 172 IV HGB), weil die Minderung der Kommanditeinlage wirtschaftlich der Einlagenrückgewähr gleichsteht. Nicht als Rückzahlung ist anzusehen, was der Kommanditist aufgrund einer im **guten Glauben errichteten Bilanz** gutgläubig als Gewinn bezogen hat (§ 172 V HGB).

(3) Eine Ausnahme gilt im Falle der **Insolvenz der KG**. Um ein Wettrennen der **815** Gesellschaftsgläubiger um die Verwertung der Einlage des Kommanditisten zu unterbinden, geht das Recht auf Inanspruchnahme einzelner Kommanditisten mit Eröffnung des Insolvenzverfahrens auf den **Insolvenzverwalter oder Sachwalter** über (§ 171 II HGB). Allerdings können die Gläubiger weiterhin gegen den Komplementär und die nach § 176 HGB unbeschränkt haftenden Kommanditisten vorgehen (BGH BB 2004, 1244: Insolvenz einer GmbH & Co. KG).

c) Unbeschränkte Haftung des Kommanditisten

Fall 5: Nach Abschluß des Aufnahmevertrags mit B nimmt R – ohne Wissen des B – ein Darlehen für die KG über € 50000 bei D auf. Danach wird B im Handelsregister eingetragen. Haftet B für die Rückzahlung des Darlehens persönlich?

(1) Wenn die KG ihre **Geschäfte** als Handelsgewerbe (§ 1 II HGB) mit Zustim- **816** mung aller Gesellschafter **schon vor der Handelsregistereintragung begonnen** hat und der Geschäftspartner nicht weiß, daß einer der Gesellschafter Kommanditist ist, haftet dieser für die durch die Geschäfte begründete Verbindlichkeiten wie ein Komplementär. Diese **unbeschränkte Haftung gilt nur, wenn ein Handelsgewerbe gem. § 1 II HGB betrieben wird**, nicht aber beim Kleingewerbetreibenden, dessen Kaufmannseigenschaft und damit die Anwendung des HGB erst mit der Registereintragung nach § 2 HGB ausgelöst wird. Dies ist in § 176 I 2 HGB durch Hinweis auf § 2 HGB und § 105 II HGB ausdrücklich klargestellt. Die Haftung aus § 176 HGB entfällt nicht mit der späteren Eintragung. Der Anspruch verjährt aber gem. §§ 159, 160 HGB ab Eintragung.

(2) Die gleiche unbeschränkte Haftung gilt im Fall des **Eintritts eines Komman- 817 ditisten** in eine bestehende Handelsgesellschaft für die Verbindlichkeiten, die in der Zeit zwischen seinem Eintritt und dessen Eintragung begründet werden (§ 176 II HGB). Anders als nach § 176 I 1 HGB ist **keine Zustimmung des Eintretenden** zur Fortführung der Geschäfte erforderlich.

B haftet unter den Voraussetzungen des § 176 I, II HGB persönlich, da er in eine bestehende OHG eintrat, die dadurch zur KG wurde, der Darlehensvertrag zwischen Eintritt (Gesellschaftsvertrag) und Eintragung des B abgeschlossen wurde und es auf die Zustimmung zur Geschäftsführung nicht ankommt.

818 (3) Im übrigen gelten für **Eintritt und Ausscheiden** von Gesellschaftern die Vorschriften der OHG (§§ 161 II, 130, 128 HGB). Auch der eintretende Kommanditist haftet für die vor seinem Entritt entstandenen Verbindlichkeiten der KG (§ 173 HGB).

Merksätze

1. **Rechtsnatur und Rechtsgrundlagen**
   - Betrieb eines Handelsgewerbes unter gemeinsamer Fa., wenn bei mindestens einem Gesellschafter die Haftung gegenüber den Gläubigern auf eine bestimmte Vermögenseinlage beschränkt ist und mindestens eine Person unbeschränkt haftet
   - §§ 161–177 a HGB, § 161 II i. V. mit §§ 105 ff. HGB, 705 ff. BGB

2. **Handelsregister**
   - Keine Bekanntmachung zu den Kommanditisten

3. **Rechtsstellung des Kommanditisten**
   - Haftungsbeschränkung auf Einlage
   - keine Geschäftsführungs- und Vertretungsbefugnis
   - Widerspruchsrecht bei außergewöhnlichen Geschäften
   - kein Wettbewerbsverbot
   - Kontrollrechte
   - Beteiligung am Gewinn und Verlust

4. **Haftung des Kommanditisten**
   - Vor Eintragung unbeschränkt wie Komplementär bei Gründung oder Eintritt
   - Nach Eintragung
     - unmittelbare Haftung bis zur Einlagenhöhe
     - Haftung ausgeschlossen, soweit Einlage geleistet und nicht wieder zurückgezahlt

5. **Vor- und Nachteile der KG**
   - **Vorteile**
     - Vollhafter behält Leitungsbefugnis
     - Beschränktes Haftungsrisiko des Kommanditisten
     - Beteiligung vieler Kommanditisten möglich
   - **Nachteile**
     - Unbegrenzte Haftung des Komplementärs mit Privatvermögen
     - Auflösung der KG bei Tod des Vollhafters, wenn keine Nachfolgeregelung

6. **Leitentscheidungen**
   - **Freistellung von Haftung im Innenverhältnis**
     BGH, 28. 11. 1994, NJW–RR 1995, 226
   - **Kommanditeinlage**
     BGH, 11. 12. 1989, BGHZ 109, 334 = NJW 1990, 1109
   - **GbR als Kommanditist einer KG**
     BGH, 16. 7. 2001, NJW 2001, 3121 = DB 2001, 1983

§ 32
Stille Gesellschaft (stG)

Lernziele:

Nachdem Sie dieses Kapitel 32 durchgearbeitet haben, können Sie
- die stille Gesellschaft einschließlich ihrer steuerlichen Arten erklären.
- die stille Gesellschaft von ähnlichen Rechtsformen abgrenzen.
- die Vor-und Nachteile der stillen Gesellschaft nennen.

I. Gesellschaftscharakter

1. Begriff der stillen Gesellschaft

Fall 1: Die Bauträgergesellschaft B KG schließt mit dem Makler M einen Beteiligungs-vertrag ab, in dem dieser sich zur Einzahlung von € 100000 verpflichtet. M soll nur am Gewinn, nicht aber am Verlust beteiligt sein. Im Vertrag wird weiter vereinbart, daß M nicht für Schulden der KG haften und die Beteiligung nicht nach außen in Erscheinung treten soll. Welche Gesellschaftsform liegt vor?

Eine stille Gesellschaft nach §§ 230 ff. HGB liegt vor, wenn sich jemand als stiller **819** Gesellschafter am Gewinn und Verlust eines fremden Handelsgewerbes mit einer Einlage beteiligt (§§ 231, 232 HGB), ihm bezüglich der Geschäftsführung gewisse Überwachungsrechte zustehen (§ 233 HGB) und von der Bildung eines gemeinsamen Vermögens abgesehen wird, so daß nur eine schuldrechtliche Beteiligung am Vermögen des Geschäftsinhabers vorliegt. Die stille Gesellschaft ist somit eine nicht rechtsfähige Personengesellschaft – nicht aber eine Handelsgesellschaft –, bei der sich der stille Gesellschafter im Wege der **Innengesellschaft** am Handelsgewerbe eines Kaufmanns beteiligt. Als **Merkmale der stillen Gesellschaft** sind anzusehen:

- **Gesellschaftsvertrag,**
- Beteiligung am **Handelsgeschäft eines Kaufmanns,**
- **Vermögenseinlage**, die in das Vermögen des tätigen Gesellschafters eingeht,
- **Innengesellschaft**, da der Gesellschafter nicht nach außen auftritt,
- **keine Firma**, kein Gesellschaftsvermögen, kein Handelsregistereintrag, keine Rechtsfähigkeit,
- Gesellschaftszweck ist **Gewinnbeteiligung,**
- **zweigliedrige Gesellschaft** mit zwei Gesellschaftern (Inhaber als tätiger Gesellschafter und ein stiller Gesellschafter).

2. Gesellschafter

a) Inhaber

Der tätige Gesellschafter muß Inhaber eines Handelsgeschäftes, also **Kaufmann** **820** sein. Als **Unternehmensträger** kommen u.a. in Betracht:

- Einzelkaufmann,
- OHG, KG,
- GmbH, AG, KGaA, eG.

Beteiligt sich ein Stiller mit einer Einlage an einem Unternehmen, das nicht als Gewerbe oder nicht als kaufmännisch zu qualifizieren ist, wendet die überwiegende Meinung darauf die §§ 230 ff. HGB weitgehend analog an.

> Die B KG kann als tätiger Gesellschafter einer stillen Gesellschaft mit M Unternehmerträger sein.

b) Stiller Gesellschafter

821 Stiller Gesellschafter kann **jedermann** sein, also jede natürliche und jede juristische Person, OHG, KG, GbR oder auch Erbengemeinschaft. Es ist aber auch anerkannt, daß **mehrere still** an einem Handelsgeschäft Beteiligte je für sich in einem Gesellschaftsverhältnis nach § 230 HGB zum Inhaber sich befinden können oder sich die Anleger zu einer GbR zusammenschließen.

> Makler M kann sich als Stiller an der KG beteiligen. Dadurch wird M nicht Kaufmann, da nur eine kapitalmäßige Beteiligung mit einer Vermögenseinlage angestrebt wird. Damit liegt eine stille Gesellschaft vor, da M nur am Gewinn, nicht aber am Verlust beteiligt sein soll (§ 231 II HGB).

c) Bedeutung

822 Die stille Gesellschaft hat ihre praktische Bedeutung vor allem deswegen gewonnen, weil **keine Offenlegung** der Beteiligung erfolgt, der **Stille keine Pflicht zur Mitarbeit** hat und seine **Haftung nur auf die Einlage begrenzt** ist. Andererseits kann durch die Einlage des Stillen die Kapitalbasis des Inhabers gestärkt werden, so daß die stille Gesellschaft in kleineren Betrieben als Weg zur Kapitalbeschaffung in Betracht kommt. Gerade bei **Familienbetrieben** können so Angehörige, insbesondere Junioren abgesichert werden und **steuerliche Vorteile** mit in Anspruch genommen werden. Die Verteilung des Gewinns senkt die Progression der Einkommensteuer und die dem Stillen zufließenden Erträge mindern das Vermögen des Inhabers, so daß insoweit im Erbfall keine Erbschaftssteuer anfällt.

Schließlich hat die stille Gesellschaft auch als Publikums-, Massen- oder **Anlagegesellschaft** Bedeutung vor allem in Kombination mit einer GmbH ("**GmbH & Still**"). Dabei wird die atypische Gestaltung angestrebt, um den Stillen als Mitunternehmern nach § 15 I Nr. 2 EStG Steuervergünstigungen zu verschaffen.

3. Atypische stille Gesellschaft

823 Aus diesen vorgenannten steuerlichen Gründen hat sich neben der **typischen stillen Gesellschaft** mit Gewinn- und gegebenenfalls auch Verlustbeteiligung die **atypische stille Gesellschaft** entwickelt. Wenn im Gesellschaftsvertrag vereinbart ist, daß im Verhältnis der Parteien das Gesellschaftsvermögen als gemeinsames Vermögen behandelt werden soll, hat dies zur Folge, daß der stille Gesellschafter wie ein Mitunternehmer Einkünfte aus dem Gewerbebetrieb erzielt (§ 15 I Nr. 2 EStG). Der typische Stille hat dagegen Einkünfte aus Kapitalvermögen. **Indizien für eine Mitunternehmerschaft** sind:

- Unternehmerinitiative und Risikotragung,
- schuldrechtliche Vermögensrechte des Stillen,
- Wertänderungen des ganzen Gesellschaftsvermögens kommen auch dem Stillen zu,
- Stiller hat Rechte wie ein Kommanditist einer KG,
- Stiller wird bei der Auseinandersetzung nach Auflösung der stillen Gesellschaft so gestellt, als wäre er am Gesellschaftsvermögen gesamtschuldnerisch beteiligt,
- Kontrollrechte des Stillen gehen über die des § 233 HGB hinaus,
- Stiller hat Geschäftsführungsbefugnisse.

Zu beachten ist, daß im Handelsrecht die **steuerliche Unterscheidung** zwischen typischer und atypischer stiller Gesellschaft nicht getroffen wird. Im Sinne des Handelsrechts sind beide Arten stille Gesellschaften und damit reine Innengesellschaften, welche nach außen unerkannt bleiben.

II. Gesellschaftsvertrag

Der Gesellschaftsvertrag einer stillen Gesellschaft ist grundsätzlich **formfrei** und **824** daher auch **stillschweigend möglich**. Schriftlichkeit ist aber zweckmäßig, um die erheblichen praktischen Abgrenzungsprobleme, die hauptsächlich steuerliche Wirkungen haben, zu verwandten Verträgen wie Darlehen oder Arbeitsverhältnis zu erleichtern. Soll der Stille ein **Grundstück** einbringen, gilt § 311 b BGB und der Gesellschaftsvertrag ist notariell zu beurkunden. Sofern die Einlage als **Schenkung** erfolgen soll, bedarf das Versprechen der notariellen Form, außer die vereinbarte Einlage ist dem Beschenkten tatsächlich übereignet worden und der Formmangel dadurch geheilt (§ 518 I, II BGB). **Minderjährige** bedürfen zur stillen Beteiligung der vormundschaftlichen Genehmigung (§§ 1643, 1822 Nr. 3 BGB). Auf einen nichtigen oder anfechtbaren Vertrag über die Gründung einer stillen Gesellschaft sind die Grundsätze über die fehlerhafte Gesellschaft anwendbar (BGH NJW 2005, 1784: Kapitalanlagemodell).

> Mit dem Vertragsschluß zwischen der B KG und M ist die stille Gesellschaft entstanden. Die Leistung der Einlage ist dazu nicht notwendig. Eine Eintragung in das Handelsregister erfolgt nicht.

III. Verhältnisse der Beteiligten

1. Rechte und Pflichten der Gesellschafter

a) Geschäftsführung des Inhabers

Nur der **Inhaber** hat nach § 230 II HGB das Recht und die Pflicht zur Ge- **825** schäftsführung hinsichtlich des Handelsgeschäfts mit der Sorgfalt nach §§ 708, 277 BGB. Dies gilt auch für außergewöhnliche Geschäfte. Lediglich **wesentliche Veränderungen**, **Veräußerung** und **Einstellung** bedürfen der **Zustimmung des Stillen**. Im Gesellschaftsvertrag kann aber auch der Stille an der Geschäftsführung beteiligt werden (atypische stille Gesellschaft).

b) Einlagepflicht des Stillen

826   Der Stille hat eine Vermögenseinlage in das Handelsgeschäft des Inhabers zu leisten. Die Einlage kann wie beim Kommanditisten in jedem **geldwerten Vorteil** bestehen wie

- Einzahlung von Geld,
- Dienstleistungen (§ 706 III BGB),
- Umwandlung einer Darlehensforderung in stille Beteiligung,
- Know-how.

Die Einlage ist so zu leisten, daß sie **in das Vermögen des Inhabers übergeht**. Eine sachenrechtliche Übereignung oder Abtretung bei Rechten hat zu erfolgen. Es entsteht damit kein gemeinschaftliches Vermögen.

> M hat also im Fall 1 seine Geldeinlage von € 100000 auf das Geschäftskonto der KG einzuzahlen.

c) Gewinn und Verlust

827   **Unabdingbare Voraussetzung** für die Beteiligung als Stiller ist die **Gewinnbeteiligung**. Mangels abweichender Vereinbarung ist der Stille auch am Verlust beteiligt (§ 231 II HGB). Die Bildung der Gewinn- oder Verlustanteile regelt grundsätzlich der Gesellschaftsvertrag. Falls keine Regelung vorliegt, gilt ein den Umständen nach angemessener Anteil als bedungen (§ 233 I HGB) und grundsätzlich eine Verzinsung nach der Höhe der Einlage.

Der Stille erlangt im Umfang seines Gewinns am Schluß des Geschäftsjahrs auf Grund der Handelsbilanz einen **Zahlungsanspruch** gegen den Inhaber. Ein Entnahmerecht hat der Stille nicht. Wenn er den Gewinn stehenläßt, erhöht sich seine Einlage nicht, außer es ist etwas anderes vereinbart (§ 232 III HGB).

Der auf den Stillen entfallende Verlust wird von seinem Kapitalkonto abgebucht und verringert damit sein Auseinandersetzungsguthaben. Der Stille nimmt also nur bis zum Betrag seiner eingezahlten oder rückständigen Einlage am **Verlust** teil (§ 232 II 1 HGB). Er ist zu **keinen Nachschüssen** verpflichtet, darf aber keine Gewinne entnehmen, solange seine Einlage durch Verluste gemindert ist (§ 232 II 2 HGB).

> Im Fall 1 haben die Beteiligten in zulässiger Weise die Verlustbeteiligung des M ausgeschlossen.

d) Kontrollrechte des Stillen

828   Da der Stille grundsätzlich von der Geschäftsführung ausgeschlossen ist, stehen ihm dagegen die disponiblen Kontrollrechte nach § 233 HGB zu, die es ihm ermöglichen sollen nachzuprüfen, ob sein Gewinn- oder Verlustanteil richtig ermittelt worden ist. Ähnlich einem Kommanditisten (§ 166 HGB) kann der Stille

- die Abschrift des Jahresabschlusses verlangen,
- Einsicht nehmen in Bücher und Papiere,
- ein außerordentliches Kontrollrecht auf Antrag durch gerichtliche Anordnung ausüben.

e) Wettbewerbsverbot des Inhabers

Fall 2: Kann M ohne Zustimmung der B KG eine Beteiligung an einem anderen Unternehmen eingehen?

Der Inhaber und der Stille unterliegen grundsätzlich einer gegenseitigen **Treue-** 829
pflicht, so daß beide alle schädigenden Handlungen zu unterlassen haben. Wenn
also eine konkurrierende Tätigkeit die Interessen des Stillen schädigt, besteht für
den **Inhaber** ein **Wettbewerbsverbot**. Wegen der bloßen kapitalistischen Beteiligung des Stillen trifft diesen jedoch in der Regel kein Wettbewerbsverbot.

Da M nur als typischer stiller Gesellschafter beteiligt ist, kann er ohne Zustimmung des
Inhabers sich auch an einem konkurrierenden Unternehmen beteiligen.

2. Geschäftstätigkeit mit Dritten

Bei der stillen Gesellschaft handelt es sich um eine reine **Innengesellschaft**. Diese 830
Gesellschaft wirkt daher nicht nach außen. Der Stille erscheint weder im Handelsregister noch im Firmennamen. Rechtsbeziehungen des Stillen zu außenste-
henden Geschäftspartnern entstehen nicht.

a) Vertretung

Da das Geschäftsvermögen im Alleinvermögen des Inhabers steht, berechtigen 831
und verpflichten die im Betrieb geschlossenen Geschäfte nur den Inhaber. Nur
der **Inhaber** ist vertretungsberechtigt (§ 230 II HGB) und schließt Verträge mit
Dritten im Namen seiner Firma ab.

b) Haftung

Fall 3: Die B KG kauft von dem Bauern Alt (A) ein Grundstück für € 25 000. Hat A
auch einen Kaufpreisanspruch gegen den Stillen M?

Der Stille haftet Gesellschaftsgläubigern **weder unmittelbar noch in Höhe sei-** 832
ner Einlage. Solange aber der Stille seine Einlage nicht geleistet hat, können die
Gläubiger aufgrund eines Titels gegen den Inhaber den Anspruch des Inhabers
gegen den Stillen auf Leistung der Einlage pfänden und sich überweisen lassen.

A hat keinen Kaufpreisanspruch gegen M, da der Kaufvertrag nur zwischen der B KG
und A geschlossen wurde. M könnte nur für die Kaufpreisschuld haften, wenn er sich
besonders verpflichtet hätte, z. B. durch eine Bürgschaft.

3. Gesellschafterwechsel und Auflösung

a) Gesellschafterwechsel

Die §§ 230 ff. HGB enthalten keine Spezialvorschriften zur Regelung des Gesell- 833
schafterwechsels, so daß entsprechend § 717 BGB eine Übertragung der Gesellschafterstellung des Stillen auf einen neuen Gesellschafter nur mit **Zustimmung**
des Inhabers möglich ist. Sofern der Inhaber weitere Beteiligungen vergeben will,
muß er jeweils einzelne Gesellschaftsverträge mit weiteren Stillen abschließen.

Demgegenüber kann der Inhaber sein Geschäft frei veräußern mit dem Recht des Stillen zur außerordentlichen Kündigung nach § 723 BGB.

b) Kündigung

834 Auf die Kündigung des Stillen finden die OHG-Vorschriften Anwendung (§ 234 HGB). Bei einer auf unbestimmte Zeit eingegangenen Gesellschaft kann die **ordentliche Kündigung** durch den Inhaber oder den Stillen nur für den Schluß des Geschäftsjahres und unter Einhaltung einer Kündigungsfrist von 6 Monaten ausgesprochen werden (§§ 234, 132, 134 HGB). Aus **wichtigem Grund** ist die außerordentliche Kündigung ohne Einhaltung einer Kündigungsfrist zulässig (§ 234 I HGB, § 723, § 314 BGB). Auch ein **Gläubiger des Stillen** kann die Gesellschaft mit einer Frist von 6 Monaten zum Ende des Geschäftsjahres kündigen nach fruchtloser Vollstreckung, Pfändung und Überweisung des Auseinandersetzungsguthabens (§ 135 HGB).

c) Tod

835 Der Tod des **Inhabers** löst im Zweifel die stille Gesellschaft auf (§ 727 I BGB). Nach § 234 II HGB ist jedoch der Tod des **Stillen** kein Auflösungsgrund. Seine Einlage geht auf seine Erben über.

d) Insolvenz des Inhabers

> **Fall 4**: B fällt mit seiner KG in Insolvenz. Welche Rechte hat M bei einer Insolvenzquote von 6 v. H.?

836 Wird über das Vermögen eines der **Gesellschafter das Insolvenzverfahren eröffnet**, dann wird die stille Gesellschaft gemäß § 728 BGB **aufgelöst**. Für die Insolvenz des Inhabers bestimmen §§ 235, 236 HGB, daß auf den Tag der Insolvenzeröffnung ein Abschluß aufzustellen und das – durch eine mögliche Verlustbeteiligung geminderte – Guthaben des Stillen zu ermitteln ist. Dieses Auseinandersetzungsguthaben kann der **Stille als Insolvenzgläubiger** wie die anderen nicht bevorrechtigten Gläubiger geltend machen und erhält wie sie die **Insolvenzquote**. Soweit der Stille seine Einlage noch nicht einbezahlt hat, braucht er sie nur bis zur Höhe seines Verlustanteils in die Insolvenzmasse zu zahlen.

> M nimmt an der Insolvenz der Inhaber-KG als normaler Insolvenzgläubiger teil und erhält von seiner Einlage von € 100 000 einen Betrag über € 6000 zurück. Eine Verlustbeteiligung wurde nicht vereinbart.

Der Stille stellt sich damit besser als ein **Kommanditist**, der seine Einlage in voller Höhe verliert, da er den Gläubigern unmittelbar bis zur Einlagenhöhe haftet. Hat er seine Einlage noch nicht erbracht, kann sie bei der KG der Insolvenzverwalter verlangen (§ 171 I, II HGB).

e) Auseinandersetzung

837 Die Auseinandersetzung gemäß § 235 HGB führt zu keiner Liquidation, da die Gesellschaft kein Gesellschaftsvermögen hat. Mit der Auflösung ist die Gesellschaft auch beendet und es entsteht kraft Gesetzes der Anspruch des Stillen auf **Auszahlung seines Auseinandersetzungsguthabens in Geld**. Der Inhaber hat diesen Betrag – mit einem Vorbehalt der Abrechnung über schwebende Geschäfte (§ 235 II, III HGB) – mit einer **Schlußbilanz** auf den Auflösungstag zu ermitteln, jedoch mit der für die typische stille Gesellschaft geltenden beschränkten Teilnahme an den Wertänderungen des Gesellschaftsvermögens.

IV. Abgrenzung zu ähnlichen Rechtsformen

1. Darlehen

Das Darlehen (§ 488 BGB) ist gekennzeichnet durch eine **feste Verzinsung** und　**838** einen **Ausschluß einer Gewinnbeteiligung** (vgl. Rn. 541). Der Stille ist dagegen immer am Gewinn zu beteiligen, während eine Verzinsung der Einlage der Annahme einer stillen Gesellschaft nicht entgegensteht.

2. Partiarisches Darlehen

Unter einem partiarischen Darlehen ist die Hingabe von Geld oder anderen ver-　**839** tretbaren Sachen gegen **Gewinnbeteiligung anstelle fester Zinsen** zu verstehen. Wegen der Ähnlichkeit zur stillen Gesellschaft werden beide Vertragsformen häufig in der Praxis verwechselt. Vom partiarischen Darlehen unterscheidet sich die stille Gesellschaft durch den **gemeinsamen Zweck**, also das gemeinsame Streben nach einem Ziel anstelle der Abstimmung **gegenläufiger Austauschinteressen wie bei Kreditaufnahme**. Bei der Abgrenzung des auszulegenden Vertragszwecks sprechen u. a. folgende **Kriterien für ein Darlehen mit Gewinnbeteiligung**:

- Bezeichnung (z. B. „Beteiligung"),
- keine Kontrollrechte des Geldgebens,
- keine Beteiligung am Verlust,
- Gewinnbeteiligung und kein Festzins,
- Maß der Teilnahme am Geschäftsrisiko.

3. Unterbeteiligung

An Anteilen von Kapitalgesellschaften, Personengesellschaften oder auch an stillen　**840** Beteiligungen sind Unterbeteiligungen denkbar. Durch die Einräumung einer Unterbeteiligung entstehen **nur Rechtsbeziehungen zwischen dem Beteiligten und dem Unterbeteiligten**, nicht aber zwischen dem Unterbeteiligten und der Gesellschaft oder den übrigen Gesellschaftern. Der **Unterbeteiligte ist nur am Kapitalanteil eines Gesellschafters beteiligt** im Gegensatz zum Stillen, der am Gewinn des Inhaberunternehmens beteiligt ist und in der Regel ein Stimmrecht hat. Zwischen dem Gesellschafter und dem Unterbeteiligten besteht in der Regel eine **GbR**.

4. Arbeitsverhältnis

Im Unterschied zur stillen Gesellschaft wird beim Arbeits- oder Dienstverhältnis　**841** normalerweise eine **feste Vergütung** für den vollen Einsatz der Arbeitskraft vereinbart, wobei auch eine **Gewinnbeteiligung** für besondere Arbeitserfolge, jedoch **keine Verlustbeteiligung** denkbar ist. Ein weiterer Unterschied liegt in der **Über- und Unterordnung** zwischen Inhaber und dem kaufmännischen Angestellten, während die Gesellschafter gleichgeordnet gegenüberstehen.

Merksätze

1. **Begriff (§ 230 HGB)**
   - Beteiligung am Handelsgewerbe eines Kaufmanns (Innengesellschaft)
   - Einlage geht in das Vermögen des Inhabers über
   - Gewinnbeteiligung, event. Verlustbeteiligung begrenzt auf Einlage
   - Kontrollrechte des Stillen

2. **Steuerliche Arten**
   - Typische stille Gesellschaft (Einkünfte aus Kapitalvermögen)
   - Atypische stille Gesellschaft (= Mitunternehmerschaft durch wirtschaftliche Beteiligung am Gesellschaftsvermögen, Einkünfte aus Gewerbebetrieb)

3. **Geschäftsführung und Vertretung, Haftung**
   - Grundsätzlich durch Inhaber
   - Stiller haftet nicht für Verbindlichkeiten

4. **Gewinn und Verlust**
   - Vertraglich geregelt oder angemessener Anteil
   - Verlusttragung bis zum Betrag der eingezahlten oder rückständigen Einlage, Ausschluß der Verlusttragung möglich

5. **Insolvenz des Inhabers**
   - Stiller haftet nicht
   - Stiller kann seine Einlage als normaler Insolvenzgläubiger geltend machen

6. **Ähnliche Rechtsformen**
   - **Darlehen**
     - fester Zins
     - Ausschluß der Gewinnbeteiligung
   - **Partiarisches Darlehen**
     - Gewinnbeteiligung statt Festzins
     - keine Kontrollrechte
   - **Unterbeteiligung**
     - Beteiligung an der Beteiligung

7. **Vor- und Nachteile der stG**
   - **Vorteile**
     - Inhaber erhält Kapital ohne Mitspracherecht des Stillen
     - für Kapital ist nur bei Gewinn etwas zu zahlen
     - Teilnahme an Verlusten ist ausschließbar
   - **Nachteile**
     - Stiller trägt kein Unternehmerrisiko
     - Stiller hat keine Geschäftsführungsbefugnis

8. **Leitentscheidungen**
   - **Begriff Stille Gesellschaft**
     BGH, 29. 6. 1992, NJW 1992, 2696
   - **Fehlerhafte stG**
     BGH, 21. 3. 2005, NJW 2005, 1784

9. Kapitel: Kapitalgesellschaften

§ 33
Gesellschaft mit beschränkter Haftung
(GmbH)

Lernziele:

Nachdem Sie dieses Kapitel 33 durchgearbeitet haben, können Sie
- die Gründung der GmbH und die Haftung im Gründungsstadium erklären.
- die wesentlichen Aufgaben der Organe Geschäftsführer, Gesellschafterversammlung und Aufsichtsrat beschreiben.
- die Rechtstellung des Gesellschafters erläutern.
- die GmbH Co. KG mit Ihren Vorteilen beschreiben.
- die Vor-und Nachteile der GmbH erklären.

I. Begriff und Bedeutung

1. Begriff

Fall 1: Groß (G) und Klein (K) betreiben ein Software-Unternehmen als GbR und bie-
ten im Zusammenhang mit dem Internet Dienstleistungen an. Aufgrund größerer Verluste im letzten Geschäftsjahr wollen sie ihr Haftungsrisiko vermindern. Zudem hat G
die Absicht, sich bald aus der aktiven Mitarbeit zurückzuziehen. Welche Gesellschaftsform ist beiden zu raten?

(1) Die Gesellschaft mit beschränkter Haftung (GmbH) ist eine **rechtsfähige,** 842
durch **Organe** handelnde **Körperschaft**, die zu **jedem gesetzlich zulässigen
Zweck** durch eine oder mehrere Personen errichtet werden kann und bei der den
Gläubigern nur das **Gesellschaftsvermögen haftet** (§§ 1, 13 GmbHG). Die Gesellschafter sind durch einen Geschäftsanteil (**Stammeinlage**) am Gesellschaftsvermögen beteiligt. Die GmbH hat ein durch die Satzung bestimmtes **Stammkapital**, das der Summe der von den Gesellschaftern zu leistenden Stammeinlage
entspricht. Die GmbH gilt als **Handelsgesellschaft** und ist daher **Formkaufmann** (§§ 13 III GmbHG, 6 HGB). Das Wesen der GmbH läßt sich damit nach
diesen wichtigsten gesetzlichen Merkmalen charakterisieren mit

- **juristische Person,**
- **Kapitalgesellschaft,**
- Vorhandensein eines festen, zu erhaltenden Gesellschaftsvermögens in Höhe
  des **Stammkapitals**, an dem jeder Gesellschafter mit einer Stammeinlage beteiligt ist,
- **Fremdorganschaft** (Geschäftsführung und Aufsichtsrat bestehen nicht notwendig aus Gesellschaftern),

- **Handelsgesellschaft** und **Formkaufmann**,
- **Haftungsbegrenzung**.

> Im Fall 1 kommt eine KG als Rechtsform wegen der unmittelbaren Haftung des K nicht in Betracht. Gleichwohl können die Kleingewerbetreibenden G und K eine GmbH gründen, da als Zweck der Gesellschaft nicht unbedingt ein Handelsgewerbe betrieben werden muß, die GmbH selbst Formkaufmann ist, keine persönliche Haftung von K und G eingreift und K als geschäftsführender Gesellschafter die GmbH vertreten kann, wenn sich G zurückzieht. Allerdings bleiben die bisherigen Verbindlichkeiten von G und K weiter bestehen.

843 (2) Das **GmbHG** als wichtigste Rechtsquelle der GmbH wird ergänzt durch das HGB insbesondere durch §§ 238 ff. HGB, das Umwandlungsgesetz vom 28. 10. 1994 (**UmwG**), das Aktiengesetz (**AktG**), die Mitbestimmungsgesetze (**MitbestG, BetrVG 1952, Montan-MitbestG, MitbestErgG**) und zur Lückenausfüllung das **Vereinsrecht** des BGB insbesondere durch die §§ 30, 31, 35 BGB. Im Gegensatz zu den Personengesellschaften will das GmbHG durch nicht dispositive Vorschriften im Außenverhältnis den **Anleger- und Gläubigerschutz** sichern.

2. Bedeutung

844 Die GmbH dient in der Praxis hauptsächlich dazu, eine **persönliche Haftung** der Gesellschafter **auszuschließen** und das Geschäftsrisiko auf das Stammkapital zu begrenzen. Zudem kann die **Geschäftsführung Dritten**, also angestellten Managern überlassen werden. Diese Gründungsmotive neben dem geringen Kapitalaufwand, die flexible Gestaltung des Innenverhältnisses sowie steuerliche Gründe machen die GmbH zu einer bevorzugten Gesellschaftsform für **kleine und mittlere Unternehmen**, insbesondere für Familienunternehmen. Die GmbH eignet sich besonders für die Bereiche der Dienstleistung, Handel und im Fertigungssektor für kleinere Unternehmen ohne großes Anlagevermögen und für Rechtsanwälte oder Steuerberater, wenn sie eine Gesellschaft gründen wollen.

Die GmbH findet aber auch bevorzugt Anwendung als **Einmann-GmbH**, so vor allem, wenn der Geschäftsführer zugleich Alleingesellschafter ist. Weil die GmbH offen ist für **jeden Zweck**, eignet sie sich aber auch als Baustein für Konzerne, für Kooperationen in Gemeinschaftsunternehmen und als Organisationsform von Verbänden und Forschungsinstituten. Schließlich ist der Einsatz als **Komplementär-GmbH** einer GmbH & Co. KG sehr praxisrelevant. Die GmbH ist dann meist der einzige persönlich haftende Gesellschafter einer KG.

3. Reform des GmbH-Gesetzes durch das MoMiG

845 Durch das Gesetz zur Modernisierung des GmbH-Rechts und zur Bekämpfung von Missbräuchen (MoMiG), welches 1. 11. 2008 in Kraft getreten ist, wurde das GmbH-Gesetz grundlegend reformiert. Mit dem MoMiG verfolgt der Gesetzgeber zwei Ziele: die **Steigerung der Attraktivität** der GmbH im Vergleich zu ausländischen Gesellschaftsarten, insbesondere der englischen Limited und die **Verbesserung des Gläubiger- und Verkehrsschutzes**.

II. Gründung der GmbH

(1) Die GmbH entsteht als rechtsfähige Gesellschaft mit ihrer Eintragung im **846** Handelsregister (§ 11 I GmbHG). Bis zur Eintragung werden **fünf Gründungsstadien** durchlaufen (mehraktiger Gründungsvorgang):

- Abschluß des Gesellschaftsvertrages (Entstehung der Vor-GmbH),
- Bestellung der Organe,
- Aufbringung des Stammkapitals,
- Anmeldung zum Handelsregister.
- Eintragung im Handelsregister.

(2) Das **MoMiG** führt zu einer Erleichterung und Beschleunigung der Gründung, **847** wenn die GmbH höchstens drei Gesellschafter und einen Geschäftsführer hat und der Gründungsvertrag keine vom GmbHG abweichenden Bestimmungen enthält. Für die Gründung im vereinfachten Verfahren ist ein Musterprotokoll zu verwenden, welches als Anlage dem GmbHG beigefügt ist.

1. Notarieller Gesellschaftsvertrag

(1) Die GmbH wird im ersten Schritt, auch bei Verwendung des Musterproto- **848** kolls im vereinfachten Verfahren, durch einen **notariellen** Gesellschaftsvertrag gegründet (§ 2 I, Ia GmbHG). Diese Satzung kann auch von einer **einzelnen Person** beschlossen werden (§ 1 GmbHG). **Gesellschafter** können sein natürliche Personen (auch Ehegatten, Ausländer), juristische Personen (wie AG, GmbH,

Schaubild 85: *Gründungsstadien der GmbH*

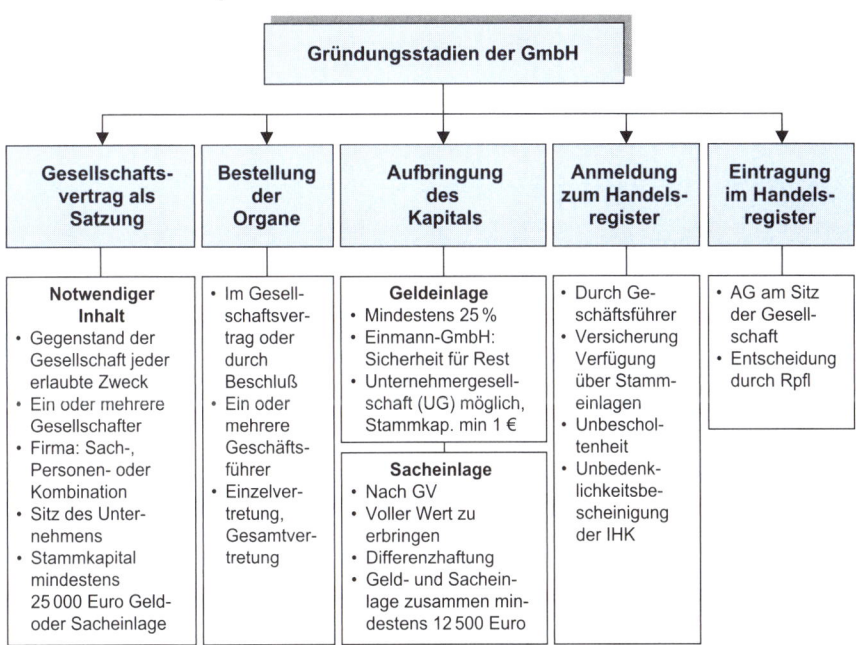

e. V.), Personenhandelsgesellschaften (OHG, KG, Partnergesellschaft) oder Gesamthandsgemeinschaften (wie GbR, Erbengemeinschaft).

849   (2) Schon vor dem notariellen Gesellschaftsvertrag können verbindliche Vereinbarungen zwischen den späteren GmbH-Gesellschaftern vorhanden sein. In der Regel handelt es sich bei einer solchen **Vorgründungsgesellschaft** um eine OHG (Betrieb eines Handelsgeschäfts) oder um eine GbR (Betrieb eines sonstigen Unternehmens).

a) Notwendiger Inhalt

Fall 2: Welchen Firmennamen können G und K wählen?

850   Der Gesellschaftsvertrag muß die in **§ 3 GmbHG** vorgeschriebenen Regelungen enthalten.

(1) Der Gesellschaftsvertrag muß die **Firma** (§ 4 GmbHG) und den **Sitz** (§ 4 a GmbHG) der Gesellschaft enthalten. Die Firma kann entweder als **Sachfirma** dem Gegenstand des Unternehmens entlehnt sein,

Fa. Webdesign GmbH

oder als **Personenfirma** den Namen wenigstens eines Gesellschafters enthalten,

Groß GmbH oder Groß und Klein GmbH

oder als **Mischfirma** von Personen- und Sachfirma,

Fa. Webdesign Gross GmbH

oder mit einer **Phantasiebezeichnung**

Fa. Dotcom GmbH

gebildet werden. Der Rechtsformzusatz, auch als Abkürzung „GmbH", ist zwingend (§ 4 GmbHG) und muß auf den Geschäftspapieren erscheinen (§ 35 a GmbHG).

(2) Der **Gegenstand des Unternehmens** muß bezeichnet sein und kann jeder erlaubte Zweck sein (§ 1 GmbHG). Sie kann auch von Freiberuflern und für gemeinnützige Zwecke verwendet werden. Der Unternehmensgegenstand muß den Geschäftsbereich konkretisieren, d. h. konkret die Tätigkeit umschreiben.

Falls die Fa. Dotcom GmbH bloß einen Handel beabsichtigt, muß sie das in der Firma zum Ausdruck bringen, z. B. Fa. Dotcom Distribution GmbH.

(3) Der **Betrag des Stammkapitals** muß angegeben werden. Es muß mindestens 25 000 Euro in Geld oder Sacheinlagen betragen und in Euro durch fünfzig teilbar sein (§ 5 GmbHG).

851   (4) Weiter muß die Zahl und die Nennbeträge der Geschäftsanteile, die jeder Gesellschafter gegen Einlage auf das Stammkapital (Stammeinlage) übernimmt, enthalten sein (§ 3 I Nr. 4, § 5 GmbHG), also die von jedem Gesellschafter auf das

Stammkapital zu leistende Einlage, benannt werden (§ 5 GmbHG). Der Nennbetrag jedes Geschäftsanteils muss auf volle Euro lauten, wobei die Summe der Nennbeträge aller Geschäftsanteile mit dem Stammkapital übereinstimmen muss (§ 5 III GmbHG). Durch den Betrag der Stammeinlage wird der Betrag des Geschäftsanteils bestimmt.

b) Unternehmergesellschaft

Für kapitalschwache Existenzgründer sieht § 5a GmbHG eine Einstiegsvariante **852** zur GmbH vor, die ohne ein bestimmtes Mindeststammkapital errichtet werden kann („haftungsbeschränkte Unternehmergesellschaft"). Aus § 5 II GmbHG folgt, dass diese Unternehmergesellschaft als Einmann-GmbH ein **Stammkapital von mindestens einem Euro** haben muss. Diese Gesellschaft darf, abweichend von § 4 GmbHG, in ihrer Firma nicht den Rechtsformzusatz „GmbH" führen, sondern muss nach § 5a I GmbHG als **„Unternehmergesellschaft"** oder **„UG"** bezeichnet werden, jeweils mit dem Zusatz „haftungsbeschränkt". Abweichend von § 7 II GmbH darf die Anmeldung zum Handelsregister erst erfolgen, wenn das Stammkapital in voller Höhe eingezahlt ist, was aber im Hinblick auf die zulässige Ein-Euro-GmbH kein Problem ist (§ 5a II GmbHG). Um die Gläubiger zu schützen, muss in der Bilanz eines jeden Jahresabschlusses eine gesetzliche Rücklage gebildet werden, jeweils in Höhe eines Viertels des Jahresüberschusses (§ 5a III 1 GmbHG). Diese Rücklage darf außer für eine nominelle Kapitalerhöhung (§ 57c GmbHG) auch zum Ausgleich eines Jahresfehlbetrages oder Verlustvortrages verwendet werden (§ 5a III 2 GmbHG). Führt die Unternehmergesellschaft eine Kapitalerhöhung durch, entfällt nach § 5a V GmbHG die Ansparpflicht, wenn hierdurch das gesetzliche Mindeststammkapitals nach § 5 I GmbHG von € 25 000 erreicht wird. Dann darf statt „UG" die Bezeichnung „GmbH" geführt werden. Abweichend von § 49 III GmbHG hat der Geschäftsführer eine verschärfte Pflicht zur Einberufung einer Gesellschafterversammlung schon bei drohender Zahlungsunfähigkeit (§ 5a IV GmbHG).

c) Fakultativer Inhalt

Der notarielle Gesellschaftsvertrag kann über diesen Mindestinhalt hinaus noch **853** weitere **freiwillige Regelungen** enthalten. Meist finden sich Bestimmungen über die Geschäftsführung, Vertretungsregeln, Kontrollorgane, die Gesellschafterversammlung, Abtretungsbeschränkungen für Geschäftsanteile und Sonderrechte bzw. Sonderpflichten einzelner Gesellschafter wie ein Vetorecht gegen Mehrheitsbeschlüsse.

2. Bestellung der Organe

Für die Handlungsfähigkeit der Vor-GmbH und zur Registeranmeldung ist Ein- **854** tragungsvoraussetzung, daß die Gesellschafter im **Gesellschaftsvertrag** oder durch einfachen **Mehrheitsbeschluß** in einer Gesellschafterversammlung mindestens einen Geschäftsführer benennen. Als solche können Gesellschafter oder andere Personen (**Drittorganschaft**) bestellt werden (§ 6 III GmbHG). Sie müssen unbeschränkt geschäftsfähige Personen sein und weder wegen Insolvenzstraftaten vorbestraft noch mit einem brancheneinschlägigen Berufsverbot belegt sein (§ 6 II Nr. 1 bis 3 GmbHG). Auch Ausländer können Geschäftsführer sein.

3. Aufbringung des Stammkapitals

> **Fall 3:** G und K wollen nunmehr die Fa. Dotcom GmbH mit einem Stammkapital von € 25 000 gründen. Davon übernehmen G € 15 000 und K € 10 000 in bar. G soll die € 15 000 in Höhe von € 5000 in bar und in Höhe von € 10 000 durch Sacheinlage von Maschinen leisten. Ist dies möglich?

855 Die Anmeldung zum Handelsregister darf erst erfolgen, wenn die Gesellschafter auch tatsächlich der Gesellschaft das versprochene Stammkapital zur Verfügung gestellt haben (§ 7 GmbHG). Hierbei ist zwischen Bargründung und Sachgründung zu unterscheiden.

(1) Bei **Bargründung** müssen die **Hälfte des Mindeststammkapitals** gemäß § 5 I GmbHG, also 12 500 Euro, auf das Geschäftskonto eingezahlt werden, wobei auf jeden Geschäftsanteil **mindestens ein Viertel des Nennbetrages** einzuzahlen ist (§ 7 II GmbHG). Der Gesellschaftsvertrag kann auch die volle Einzahlung vorsehen oder eine Bestimmung enthalten, wonach die Anforderung des Restbetrages der Geschäftsführung übertragen wird. Der Geldbetrag muß bei der Anmeldung **zur freien Verfügung der Geschäftsführer** stehen (§ 8 II GmbHG), d. h., er muß tatsächlich und rechtlich endgültig in das Gesellschaftsvermögen übergegangen sein (Einzahlungsnachweis).

856 (2) Der Gesellschaftsvertrag kann bestimmen, daß das Gesellschaftskapital ganz oder teilweise **(Mischeinlage)** durch Sachwerte aufgebracht werden kann.

> **Beispiele:** Sachen (z. B. Fahrzeuge, Grundstücke), beschränkt dingliche Rechte (z. B. Grundschuld, Erbbaurecht), Rechte (z. B. Forderungen, Patente), Unternehmen

Die Sacheinlagen sind zur freien Verfügung der Geschäftsführer bereitzustellen, müssen also **voll erbracht** sein (§ 7 III GmbHG). Dabei müssen auf das Stammkapital mindestens **12 500 Euro gezahlt oder durch Sacheinlagen erbracht** sein. Um dem Registergericht die Prüfung zu ermöglichen, daß der Wert der Sacheinlage auch dem Nominalwert der übernommenen Stammeinlage entspricht, muß der **Gegenstand der Sacheinlage** und der **Betrag des Geschäftsanteils**, auf die sich die Sacheinlage bezieht, festgesetzt werden (§ 5 IV GmbHG).

> Im Fall 3 übernimmt K eine Bareinlage von € 10 000, worauf er € 2500 ($^1/_4$ von € 10 000) einzahlen muß. G übernimmt eine Mischeinlage, wobei er die Maschinen gem. § 929 BGB der GmbH übereignen (Wert € 10 000) und auf die Bareinlage € 1250 ($^1/_4$ von € 5000) einzahlen muß. Insgesamt sind daher € 13 750 (10 000 + 2500 + 1250) zu erbringen. Damit ist die Mindestgrenze nach § 7 II 2 GmbHG von € 12 500 überschritten.

Bei der Einbringung von Sacheinlagen ist ein **Sachgründungsbericht** anzufertigen, in dem die Angemessenheit der einzubringenden Sachwerte darzulegen ist. Eine Überbewertung ist unzulässig (§§ 9, 9 c GmbHG). Als **Bewertungszeitpunkt** ist der Zeitpunkt der Eintragung maßgeblich. Der **Wertansatz** erfolgt grundsätzlich nach den allgemeinen Bewertungsregeln wie für die Eröffnungsbilanz. Soweit eine **Sacheinlage überbewertet** wird, erfolgt **keine Handels-**

registereintragung. Zudem besteht nach § 9 GmbHG ein Geldanspruch der GmbH gegen den säumigen Gesellschafter in Höhe des Fehlbetrags (**Differenz-haftung**).

4. Anmeldung zum Handelsregister

Die Geschäftsführer haben die GmbH zum **Registergericht** des Amtsgerichts ih- 857 res Sitzes anzumelden (§ 8 GmbHG). Sie haben unter anderem zu **versichern**, daß ihnen die Geschäftsanteile ganz oder mindestens in der gesetzlich vorge- schriebenen Höhe endgültig zur freien Verfügung stehen, und sie haben ihre Na- mensunterschrift zur Hinterlegung zu zeichnen. Als Unterlagen sind u. a. der Ge- sellschaftsvertrag, das Protokoll über die Bestellung der Geschäftsführer, eine Gesellschafterliste, eine Unbedenklichkeitsbescheinigung der IHK, die die Fir- menbildung und die Zulässigkeit des Gesellschaftszwecks prüft, und bei Sach- gründungen zusätzliche Unterlagen vorzulegen.

5. Eintragung im Handelsregister

(1) Der Eintragungsantrag und die vorgelegten Unterlagen, insbesondere der 858 Wert der Sacheinlagen, werden vom Registergericht überprüft, und bei ord- nungsgemäßer Errichtung wird die GmbH in die Abteilung B des Handelsregi- sters (HRB) eingetragen. Damit – nicht erst mit Bekanntmachung – ist der Grün- dungsvorgang abgeschlossen und die GmbH **konstitutiv** als juristische Person mit ihrer Haftungsbeschränkung entstanden (§ 11 I GmbHG). Bei unrichtigen Eintragungen ist § 15 I HGB zu beachten.

(2) Durch das MoMiG wurden die **Eintragungszeiten beim Handelsregister** 859 **verkürzt**, da staatliche Genehmigungsurkunden wie sie notwendig sind bei Handwerks- oder Gaststättenbetriebe sowie bei Bauträger, nicht bei der Grün- dung vorzulegen sind (Aufhebung des § 8 I Nr. 6 GmbHG).

6. Haftung im Gründungsstadium für Verbindlichkeiten

a) Haftung der Vor-GmbH

Fall 4: Nach Abschluß des Gesellschaftsvertrags und der Benennung von K und G als Geschäftsführer kauft K mit Zustimmung des G eine neue Säge für die GmbH von V zum Preis von € 35 000. Die Eintragung der GmbH verzögert sich. V fragt sich, ob er von der GmbH den Kaufpreis verlangen kann.

Mit Abschluß des notariellen Gesellschaftsvertrags entsteht die sog. Vor-GmbH, 860 die mit der Eintragung ins Handelsregister in die GmbH übergeht. Sie ist noch kei- ne GmbH (§ 11 I GmbHG), sondern eine **Organisation eigener Art**, auf die das **GmbH-Recht** zur Anwendung kommt, soweit es mit dem Wesen der Vor-GmbH vereinbar ist. Die Vor-GmbH kann schon am Geschäftsleben teilnehmen. Für Ver- bindlichkeiten haftet diese Vor-GmbH mit dem den Gründern gesamthänderisch zustehenden **Gesellschaftsvermögen**. Zum Gesellschaftsvermögen zählt auch der Anspruch der Vor-GmbH gegen die Gesellschafter auf die vereinbarte Einlage.

Im Fall 4 hat V keinen Kaufpreisanspruch (§ 433 II BGB) gegen die GmbH, da diese noch nicht zum Zeitpunkt des Kaufvertragsabschlusses als juristische Person existierte. V hat aber einen Anspruch gegen die Vor-GmbH, da K in deren Namen aufgetreten ist. K hatte auch zum Kauf die Vertretungsmacht, da die Zustimmung des G vorlag. Wird die Vor-GmbH eingetragen, geht die Kaufpreisverbindlichkeit auf die GmbH als Gesamtrechtsnachfolgerin über.

b) Haftung der Gesellschafter

Fall 5: Hat V auch einen Kaufpreisanspruch gegen die Gesellschafter K und G?

861 Umstritten ist die persönliche Haftung der Gesellschafter. Nach überwiegender Meinung haften die Gesellschafter als Folge der gemeinsamen Verpflichtung **persönlich bis zur Höhe ihrer offenen Einlagenschuld**. Soweit die Einlage noch nicht geleistet ist, haften sie daher auch mit ihrem Privatvermögen. Dieses **Haftung erlischt** aber mit der Eintragung der GmbH in das Handelsregister.

Im Fall 5 wurden K und G durch den von K abgeschlossenen Kaufvertrag persönlich bis zur Höhe ihrer jeweiligen Einlage, also bis zur Höhe von € 10 000 (K) bzw. € 15 000 (G) verpflichtet. Durch die teilweise Leistung ihrer Einlage werden sie in entsprechender Höhe von der Zahlungspflicht befreit. Sie haften also nur noch in Höhe der Beträge, die sie auf das Stammkapital noch nicht geleistet haben, also K mit € 7500 (10 000 ./. 2500) und G mit € 3750 (15 000 ./. 10 000 ./. 1250). Diese persönliche Haftung erlischt mit der Eintragung.

c) Haftung des Handelnden

Fall 6: Hat V zusätzlich auch einen gesonderten Kaufpreisanspruch gegen K, der den Kauf tätigte?

862 Nach § 11 II GmbHG haften die Handelnden **persönlich** und **gesamtschuldnerisch**, wenn sie nach Abschluß des Gesellschaftsvertrags vor der Eintragung im Namen der Gesellschaft gehandelt haben. **Handelnde** nach § 11 II GmbHG sind alle Personen, die als Geschäftsführer oder wie Geschäftsführer der künftigen GmbH auftreten.

K ist Handelnder nach § 11 II GmbHG, da er als Geschäftsführer namens der künftigen GmbH gegenüber V auftrat. Daher haftet K in vollem Umfang auf € 35 000 mit seinem Privatvermögen. Die Handelndenhaftung erlischt mit Eintragung der GmbH, da die Verbindlichkeit dann auf diese übergeht.

7. Gründerhaftung

863 Um die Gründer zur Einhaltung der Gründungsvorschriften zu zwingen, steht der **GmbH** nach **§ 9a GmbHG** ein verschuldensabhängiger **Schadensersatzanspruch** gegen die Geschäftsführer, Gesellschafter und Hintermänner als Gesamtschuldner zu, wenn zum Zwecke der Errichtung der GmbH falsche Angaben gemacht werden (z. B. Unterbewertung von Sacheinlagen). Das **Verschulden** wird nach § 9a III GmbHG **vermutet** mit der Möglichkeit des Entlastungsbeweises. Über den Wortlaut des § 9a GmbHG hinaus ist der gesamte durch die Falschangaben verursachte Schaden einschließlich des entgangenen Gewinns zu ersetzen. Die Geltendmachung des Anspruchs setzt einen Gesellschafterbeschluß nach § 46 Nr. 8 GmbHG voraus. Die **Verjährungsfrist** für den Anspruch beträgt fünf Jahre.

III. Organe der GmbH

Die GmbH handelt durch ihre Organe Geschäftsführer, Gesellschafter und Auf- **864** sichtsrat. Sie hat **zwei notwendige Organe**: die **Gesellschafterversammlung** und die **Geschäftsführer**. Zwischen diesen Organen besteht eine **Funktionsteilung**. Die Geschäftsführer vertreten die GmbH nach außen und leiten die Geschäfte nach innen, während die Gesellschafter als Kapitaleigner die Inhaber der GmbH sind und nur bestimmte Geschäfte grundsätzlicher Art selbst ausführen. Der fakultative **Aufsichtsrat** hat in der Regel Überwachungsfunktionen.

1. Geschäftsführer

a) Bestellung und Abberufung

Fall 7: K und G sind Geschäftsführer mit Alleinvertretungsbefugnis. Wer bestellt sie dazu und wie können sie abberufen werden?

Die Geschäftsführer sind das **vertretungsberechtigte Organ** der GmbH **865** (§§ 35 ff. GmbHG). Die Bestellung erfolgt im **Gesellschaftsvertrag** (§ 6 III

Schaubild 86: *Organisation der GmbH*

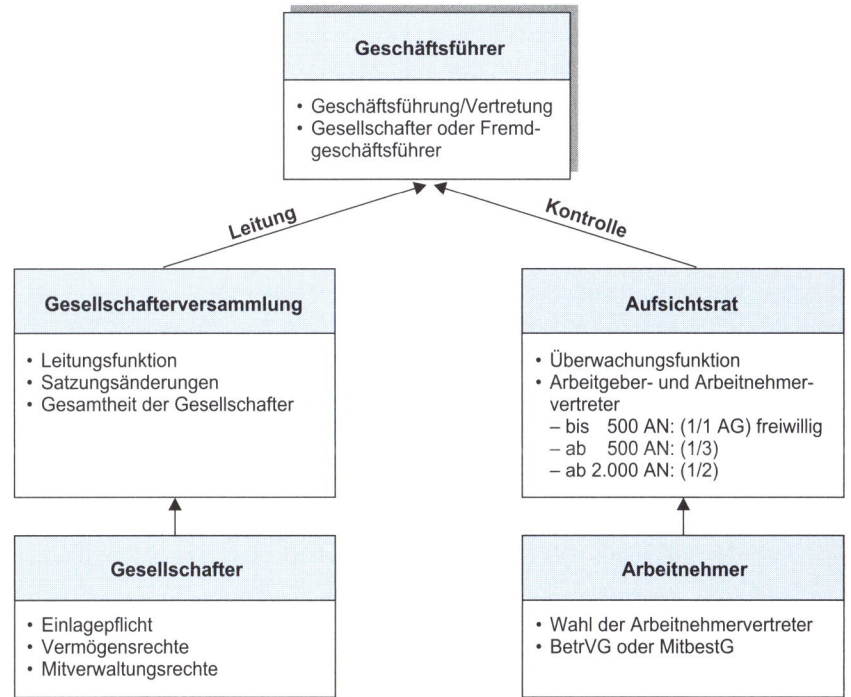

GmbHG) oder durch **Beschluß der Gesellschafterversammlung** (§ 46 Nr. 5 GmbHG). Die Bestellung kann jederzeit widerrufen werden, wobei der Gesellschaftsvertrag die Widerrufsmöglichkeit einschränken kann (§ 38 I GmbHG).

Die Bestellung und Abberufung als Organisationsakt ist streng zu trennen von dem Abschluß und der Kündigung des damit verbundenen **Dienstvertrags des Geschäftsführers** mit der GmbH. Beide Rechtsverhältnisse können ein getrenntes Schicksal haben. Während der Dienstvertrag durch Kündigung beendet wird, endet die organschaftliche Geschäftsführung durch Amtsniederlegung oder durch Abberufung durch die Gesellschafterversammlung mit Mehrheitsentscheidung und Kundgabe des Beschlusses an den Abberufenen. Die **Eintragung** der Bestellung oder Abberufung im Handelsregister nach § 39 GmbHG ist nur **deklaratorisch.**

> K und G können im Gesellschaftsvertrag bei der Gründung oder durch Beschluß der Gesellschafterversammlung bestellt werden. Solche nicht korporativen Bestimmungen sollten jedoch aus der Satzung herausgehalten werden, da sie nur mit einer $^3/_4$-Mehrheit geändert werden können. Beide Gesellschafter K und G können bei der Abberufung mitstimmen und so ihre Abberufung verhindern. Kein Stimmrecht hat der Abzuberufende bei Vorliegen eines wichtigen Grundes.

b) Aufgaben im Außenverhältnis

> **Fall 8:** K möchte einen ihm persönlich gehörenden Pkw an die GmbH veräußern. Ist dies möglich?

866   (1) Nach § 35 GmbHG wird die GmbH durch die Geschäftsführer gerichtlich und außergerichtlich vertreten. Nach dem Gesetz gilt **Gesamtvertretung aller Geschäftsführer.** In der Praxis wird von dieser unzweckmäßigen Regelung abgesehen und entweder Allein-Geschäftsführung jedes Geschäftsführers oder jeweils zweier Geschäftsführer oder eines Geschäftsführers mit einem Prokuristen (unechte Gesamtvertretung) vereinbart. In diesen Fällen muß aber eine Vertretung der GmbH allein durch den Geschäftsführer möglich bleiben. Der einzige Geschäftsführer kann daher nicht an die Mitwirkung eines Prokuristen gebunden werden.

867   (2) Inhaltlich kann die Vertretungsmacht **nicht beschränkt** werden (§ 37 II GmbHG). Ausgenommen sind die Bestellung und Abberufung der Geschäftsführer selbst sowie die Geltendmachung von Ersatzansprüchen gegen sie. Nach § 46 Nr. 5, 8 GmbHG wird die GmbH insoweit von den Gesellschaftern vertreten. Eine etwaige Beschränkung durch den Gesellschaftsvertrag wirkt nur im Innenverhältnis.

868   (3) Immer dann, wenn die GmbH mit ihren geschäftsführenden Gesellschaftern Darlehens-, Kauf- oder Mietverträge abschließt, unterliegen die Geschäftsführer den **Beschränkungen des § 181 BGB.** Das bedeutet, daß sie nicht als Vertreter der GmbH mit sich selbst oder als Vertreter eines anderen Rechtsgeschäfte abschließen können, außer sie werden generell durch den Gesellschaftsvertrag oder im Einzelfall durch Beschluß der Gesellschafter hiervon befreit. Auch bei der Einmann-GmbH gilt § 181 BGB (§ 35 III GmbHG). Die generelle Befreiung ist in

das Handelsregister einzutragen, um die Gesellschaftsgläubiger auf die Gefahr hinzuweisen, daß der alleinige geschäftsführende Gesellschafter der GmbH das Gesellschaftsvermögen zugunsten seines Privatvermögens systematisch verlagert.

K ist beim Verkauf des Pkws an die Gesellschaft an das Verbot des Selbstkontrahierens in § 181 BGB gebunden, außer K wäre generell im Gesellschaftsvertrag oder durch Gesellschafterbeschluß für dieses konkrete Rechtsgeschäft von § 181 BGB befreit (vgl. Rn. 234).

c) Aufgaben im Innenverhältnis

Den Geschäftsführern obliegt im Innenverhältnis die Besorgung der Geschäfte der **869** GmbH. Die **Geschäftsführungsbefugnis** bestimmt also, in welchem Umfang Maßnahmen zur Verfolgung des Unternehmenszwecks den Gesellschaftern gegenüber zulässig sind. Die Geschäftsführer haben damit die Beschränkungen einzuhalten, die ihnen der Gesellschaftsvertrag, die Gesellschafterversammlung oder der Aufsichtsrat auferlegen. Hierbei ist jede Einschränkung bis hin zur völligen Entziehung zulässig. Es gibt damit keinen weisungsfreien Bereich des Geschäftsführers. Das GmbH-Gesetz hebt in den §§ 41 ff. einzelne besondere Aufgaben der Geschäftsführer hervor, wie z. B. die **Pflicht zur ordnungsgemäßen Buchführung und Bilanzierung**. Damit geht die Pflicht einher, die Liquidität und den Schuldenstand der GmbH zu beobachten. Wird die GmbH zahlungsunfähig oder ergibt die Bilanz eine Überschuldung, haben die Geschäftsführer und Aufsichtsratsmitglieder spätestens nach drei Wochen die Eröffnung des Insolvenzverfahrens zu beantragen (§ 15a InsO). Im Falle der Verletzung der Antragspflicht wird eine zivilrechtliche **Schadensersatzhaftung** nach § 823 II BGB begründet.

d) Haftung des Geschäftsführers

Fall 9: Im Gesellschaftsvertrag haben G und K festgelegt, daß bei Begründung von Verbindlichkeiten über € 25000 zuvor die Zustimmung der Gesellschafterversammlung einzuholen ist. K erwirbt einen Computer zum Preis von € 30000 für die GmbH. Ist diese an den Kauf gebunden? Welche Rechte bestehen gegenüber K?

(1) Die Geschäftsführer haften der **GmbH** nach § 43 II GmbHG zwingend für **870** die **schuldhafte Verletzung ihrer Obliegenheiten auf Schadensersatz** (§§ 280 I, 243 II BGB) Ferner kann die Geschäftsführerbestellung **widerrufen** werden (§ 38 GmbHG). In folgenden Fällen ergibt sich eine zusätzliche Haftung für

- falsche Angaben bei der Anmeldung der GmbH (§ 9 a GmbHG),
- die ungesetzliche Rückzahlung von Stammeinlagen (§ 43 III GmbHG),
- Nichtanmeldung des Insolvenzverfahrens (§ 15a InsO),
- Steuerschulden der GmbH bei Vorsatz oder grober Fahrlässigkeit (§§ 69, 34 AO),
- Nichtabführung von Arbeitnehmeranteilen zur Sozialversicherung (§ 823 II BGB iVm § 266 a StGB).

Die GmbH ist im Außenverhältnis zum Verkäufer des Computers rechtswirksam vertreten worden. Die Vertretungsmacht ist nach § 35 I GmbHG unabhängig von der Geschäftsführungsbefugnis, also der Beschränkung im Innenverhältnis. Gegenüber der GmbH hat K schuldhaft seine Obliegenheiten aus dem Gesellschaftsvertrag verletzt und haftet ihr daher für den entstandenen Schaden (§ 43 II GmbHG). Der Schaden ist der

Kaufpreis, da es auf die Minderung des Gesellschaftsvermögens ankommt. Die Geltendmachung des Anspruchs setzt allerdings einen Gesellschafterbeschluß nach § 46 Nr. 8 GmbHG voraus, wobei der betroffene K von der Abstimmung ausgeschlossen ist.

871   (2) Ferner machen sich die Geschäftsführer auch **strafbar**, wenn sie

- die GmbH nicht informieren, obgleich die Hälfte des Stammkapitals aufgezehrt ist (§ 84 I GmbHG),
- nicht rechtzeitig die Eröffnung des Insolvenzverfahrens anmelden (§ 15a IV, V InsO),
- die Arbeitnehmerbeiträge zur Sozialversicherung nicht abführen (§ 266a StGB),
- im Insolvenzverfahren Straftaten begehen (§§ 283 ff., 14 StGB),
- falsche Angaben gegenüber dem Handelsregister in den in § 82 GmbHG genannten Fällen machen,
- Geheimhaltungspflichten verletzen (§ 85 GmbHG).

872   (3) **Dritten** stehen gegen den Geschäftsführer der GmbH grundsätzlich keine vertraglichen Ansprüche zu, da Vertragspartner die GmbH ist. Unberührt bleibt seine mögliche Haftung aus **unerlaubter Handlung**, insbesondere aus § 826 BGB. Darüber hinaus ist es jedoch ausnahmsweise anerkannt, daß ein Geschäftsführer auch aus **culpa in contrahendo** (§ 311 II, III BGB) in Anspruch genommen werden kann, wenn

- er bei einem Geschäftsabschluß in besonderem Maße **persönliches Vertrauen** in Anspruch genommen hat **oder**
- dem Verhandlungsgegenstand besonders nahe steht, weil er wirtschaftlich **selbst stark an dem Vertragsschluß interessiert** ist und aus dem Geschäft **eigenen Nutzen** erstrebt (z. B. Übernahme selbstschuldnerischer Bürgschaften oder Grundschuldbestellungen).

Die bloße Gesellschafterstellung oder Geschäftsführertätigkeit ist allein kein Grund für eine solche „**Durchgriffshaftung**".

873   (4) Schädigt ein Geschäftsführer einen Dritten durch ein Rechtsgeschäft oder durch eine unerlaubte Handlung, so muß die GmbH dafür unmittelbar gem. § 31 BGB die Haftung übernehmen. Da die GmbH eine juristische Person ist, gilt auch **§ 31 BGB für die Organhaftung**.

2. Gesellschafterversammlung

874   Die Gesellschafterversammlung ist die Gesamtheit der Gesellschafter und als solche das **oberste Willensbildungsorgan** der GmbH.

a) Aufgaben

875   (1) Die in der Gesellschafterversammlung zusammengefaßten Gesellschafter haben in erster Linie die Befugnisse, die ihnen der **Gesellschaftsvertrag** übertragen hat. Enthält er keine Regelungen, greifen die Vorschriften des GmbH-Gesetzes, insbesondere § 46 GmbHG ein. Zu den Aufgaben gemäß **§ 46 GmbHG** zählen die:

- Feststellung des Jahresabschlusses und Gewinnverteilung,
- Einforderung der Einlagen,

- Rückzahlung von Nachschüssen,
- Teilung, die Zusammenlegung sowie die Einziehung von Geschäftsanteilen,
- Bestellung und Abberufung von Geschäftsführern sowie deren Entlastung,
- Maßregeln zur Prüfung und Überwachung der Geschäftsführung,
- Bestellung von Prokuristen und Handlungsbevollmächtigten zum gesamten Geschäftsbetrieb,
- Geltendmachung von Ersatzansprüchen, welche der GmbH gegen Geschäftsführer oder Gesellschafter zustehen,
- Vertretung der GmbH mit Prozessen, welche sie gegen die Geschäftsführer zu führen hat.

(2) Die Gesellschafterversammlung kann alle Zuständigkeiten an sich ziehen, so- **876** weit nicht das Gesetz oder die Satzung entgegenstehen. Sie kann insbesondere durch **Weisungen** direkt in die Geschäftsführung der GmbH eingreifen (§ 37 I GmbHG). Allerdings hat sie grundsätzlich **keine Außenvertretung**, so daß Rechtsgeschäfte mit Dritten vom Geschäftsführer vorzunehmen sind (Ausnahme: §§ 46 Nr. 5, 8 GmbHG).

(2) Zwar kann die Gesellschafterversammlung grundsätzlich jede Angelegenheit **877** der GmbH an sich ziehen. Sie ist aber nicht berechtigt, bestimmte ihr gesetzlich übertragene Aufgaben zu delegieren. So ist die **Änderung der Satzung** ausschließlich Aufgabe der Gesellschafterversammlung (§ 53 GmbHG) oder der Beschluß über die **Auflösung** der GmbH (§ 60 I Nr. 2 GmbHG) oder die Einforderung von **Nachschüssen** über die Nennbeträge der Geschäftsanteile hinaus (§ 26 GmbHG).

b) Einberufung der Gesellschafterversammlung

Fall 10: Der Jahresabschluß der Fa. Dotcom GmbH wurde erst im Dezember des Folgejahres fertiggestellt und der Gesellschafterversammlung vorgelegt. Welche Konsequenzen hat diese Vorlage?

Die **Geschäftsführer** berufen die Gesellschafterversammlung nach § 49 I **878** GmbHG ein. Sie haben die **Tagesordnung** festzusetzen und die Gesellschafter unter Angabe des Zwecks mit einer Frist von **mindestens einer Woche** mit eingeschriebenem Brief einzuladen (§ 51 GmbHG). Der Gesellschaftsvertrag darf aber einfachen Brief genügen lassen. Nach § 51 III GmbHG können Beschlüsse mangels ordnungsgemäßer Ladung nur bei Anwesenheit sämtlicher Gesellschafter gefaßt werden. Nicht „anwesend" ist aber ein Gesellschafter, der zwar erschienen ist, der aber Durchführung der Versammlung ausdrücklich oder schlüssig widerspricht. Die **Gründe für die Einberufung** ergeben sich aus der Satzung. Fehlt eine Regelung, dann gelten die Vorschriften §§ 42 a, 49 II und 50 GmbHG.

Nach § 42 a II 1 GmbHG haben die Gesellschafter bis zum Ablauf der ersten **acht Monate** des Geschäftsjahres über die **Feststellung** des **Jahresabschlusses** und über die **Gewinnverwendung** zu beschließen. Bei **kleinen Gesellschaften** i. S. von § 267 I HGB beträgt diese **Frist elf Monate**. Die Satzung kann längere Fristen nicht vorsehen. Die Überschreitung der Frist ist aber sanktionslos. Ein Abschlußprüfer hat auf Verlangen eines Gesellschafters teilzunehmen (§ 42 a III GmbHG).

Weiterhin muß die Gesellschafterversammlung stattfinden, wenn die **Hälfte des Stammkapitals verlorengegangen** ist oder wenn eine Minderheit von **mindestens 10 % des Stammkapitals** dies verlangt (§§ 49 III, 50 I GmbHG).

c) Willensbildung der Gesellschafter

879 (1) Für die **Beschlußfassung** sind grundsätzlich **Versammlungen** vorgesehen (§ 48 I GmbHG). Auf die Abhaltung einer Versammlung kann jedoch verzichtet werden, wenn sich alle Gesellschafter schriftlich entweder mit dem zu fassenden Beschluß oder mit schriftlicher Stimmabgabe einverstanden erklären (§ 48 II GmbHG). Die Versammlung wird von dem im Gesellschaftsvertrag bestimmten Gesellschafter **geleitet**, regelmäßig von einem Geschäftsführer, wenn dieser auch Gesellschafter ist. Fehlt eine Vereinbarung, so wird die Leitung von der mit einfacher Mehrheit bestimmten Person übernommen.

(2) **Beschlüsse** werden grundsätzlich mit einfacher Kapitalmehrheit der abgegebenen Stimmen gefaßt, wenn nicht der Gesellschaftsvertrag oder das Gesetz, wie für Satzungsänderungen in § 53 GmbHG, etwas anderes bestimmen. Stimmenthaltungen gelten als nicht abgegebene Stimmen. Abgestimmt wird nach Geschäftsanteilen, wobei der abänderbare § 47 II GmbHG je Euro eines Geschäftsanteils eine **Stimme** gewährt. Die Satzung kann auch Mehrstimmrechte schaffen. Das Stimmrecht ist nicht übertragbar, kann aber von einem schriftlich bevollmächtigten **Vertreter** ausgeübt werden (§ 47 III GmbHG). Nach § 47 IV GmbHG besteht ein **Stimmverbot**, sofern der Beschluß eigene Interessen des Gesellschafters berührt. Dieses Verbot des Urteilens in eigener Sache betrifft nicht nur Entlastungsbeschlüsse, sondern auch Beschlüsse über die Einziehung eines Geschäftsanteils oder die Abberufung eines Geschäftsführers. Eine besondere **Beschlußform** ist nicht vorgesehen. Lediglich bei einer Einmann-GmbH muß eine Niederschrift aufgenommen und unterschrieben werden (§ 48 III GmbHG). **Fehlerhafte Gesellschafterbeschlüsse** können entsprechend den §§ 241 ff. AktG angegriffen werden, da das GmbH-Gesetz insoweit keine Regelung enthält. Die Anfechtung ist danach nur durch **Klageerhebung** innerhalb einer angemessenen Frist, welche nicht kürzer als ein Monat sein soll, zulässig.

d) Satzungsänderung

880 Die Änderung der Satzung hat gem. §§ 53 ff. GmbHG zu erfolgen. Eine **zwingende Mehrheit von** ³/₄ der abgegebenen Stimmen verlangt § 53 II GmbHG. Folgender **Verfahrensablauf** ist einzuhalten:

- Gesellschafterbeschluß mit ³/₄-Mehrheit in einer Gesellschafterversammlung und nicht im schriftlichen Verfahren,
- notarielle Beurkundung des Beschlusses,
- Anmeldung zum Handelsregister,
- Eintragung (konstitutiv) und Veröffentlichung (deklaratorisch).

3. Aufsichtsrat

881 Der Aufsichtsrat ist bei der GmbH **grundsätzlich fakultativ** (§ 52 GmbHG). Freiwillige Aufsichts- oder Verwaltungsräte (Beiräte) durch Vereinbarung im Ge-

sellschaftsvertrag sind in der Praxis häufig. **Obligatorisch** ist der Aufsichtsrat bei mitbestimmten Gesellschaften:

- **§ 77 BetrVG 1952** (ein Drittel Arbeitnehmervertreter bei mehr als 500 Beschäftigten),
- **MontanMitbestG** v. 21. 3. 1951 und Holding-Novelle v. 7. 8. 1956 (Parität mit neutralem Mann bei mehr als 1000 Beschäftigten bei Kohle/Stahl),
- **MitbestG 1976** (Parität bei mehr als 2000 Beschäftigten).

Die **Aufgaben** des Aufsichtsrats legen die Gesellschafter fest. Seinem Wesen nach dient er gerade bei größerer Gesellschafterzahl der **Kontrolle der Geschäftsführung**. Seine **Mitglieder** werden von den Gesellschaftern gewählt und abberufen. Sie werden nicht im Handelsregister eingetragen, aber öffentlich bekanntgemacht.

IV. Rechtsstellung des Gesellschafters

1. Geschäftsanteil als Mitgliedschaftsrecht

a) Übertragbarkeit

> **Fall 11**: G will sich aus der GmbH zurückziehen und seinen Anteil an X und Y veräußern. Ist dies möglich?

(1) Die Mitgliedschaft des einzelnen Gesellschafters ist verkörpert in seinem Ge- **882** schäftsanteil. Er ist die **vermögensrechtliche Beteiligung** am Gesellschaftsvermögen. Über seinen Geschäftsanteil kann der Gesellschafter grundsätzlich **frei verfügen**, es sei denn, in der Satzung wurde die **Vinkulierung** des Anteils festgelegt (§ 15 V GmbHG). Das Ziel dieser Zustimmung ist insbesondere bei personalistischen Gesellschaften der Schutz der Mitgesellschafter vor dem Eindringen unliebsamer Dritter. Häufig wird in Satzungen auch ein **Vorkaufsrecht** oder Übernahmerecht der übrigen Gesellschafter vereinbart, um so ein Eindringen Dritter zu verhindern.

(2) Das Verfügungsrecht des Gesellschafters umfaßt die **Übertragung, Belastung, Aufgabe** und inhaltliche **Änderung** des Anteils. Daher ist der Geschäftsanteil auch **vererbbar** (§ 15 I GmbH). Die Vererblichkeit kann nicht ausgeschlossen werden.

(3) Die dingliche **Abtretung** des Geschäftsanteils wie der obligatorische **Vertrag** (z. B. Kauf, Schenkung) bedürfen der **notariellen Form** (§ 15 III, IV GmbHG). Ein Formmangel im Verpflichtungsgeschäft wird jedoch durch das formwirksame Verfügungsgeschäft geheilt (§ 15 IV 2 GmbHG, vgl. Rn. 214).

> G kann seinen Geschäftsanteil durch notariellen Kauf- und Abtretungsvertrag an X und Y veräußern, ohne an die Zustimmung des K gebunden zu sein, da die Satzung eine solche Vinkulierung nicht vorsieht. Soll eine Zustimmung bei einer bestehenden GmbH nachträglich eingeführt werden, bedarf es dazu einer Satzungsänderung unter Zustimmung aller betroffenen Gesellschafter (§ 53 III GmbH).

b) Einziehung

883 Das GmbH-Recht kennt zwei Möglichkeiten zur Einziehung des Geschäftsanteils. Der Geschäftsanteil kann nach § 34 GmbHG eingezogen werden, wenn die Satzung dies zuläßt (**Amortisation**) oder durch **Kaduzierung**.

(1) Verzögert der Gesellschafter die Einzahlung der Stammeinlage, so kann nach §§ 21 bis 25 GmbHG der Gesellschafter zwangsweise ausgeschlossen werden. Diese **Kaduzierung** setzt eine Zahlungsaufforderung mit Fristsetzung voraus. Der säumige Gesellschafter wird des Geschäftsanteils dann für verlustig erklärt (§ 21 II GmbHG). Er haftet aber weiter für den Ausfall, den die GmbH durch sein Verhalten erleidet. Der Geschäftsanteil selbst fällt entweder an den Rechtsvorgänger, der nach §§ 22 ff. GmbHG für die rückständige Einlage aufkommt, oder der Anteil wird nach § 23 GmbHG versteigert oder sonst verwertet.

(2) Es ist darüber hinaus auch anerkannt, einen Gesellschafter aus wichtigem Grund aus der GmbH auszuschließen. Notwendig ist hierzu eine **Ausschlußklage** der GmbH gegen den Gesellschafter. Der **Austritt** aus der GmbH ist nicht gesetzlich geregelt, aber nach der Rechtsprechung jedenfalls dann zulässig, wenn ein wichtiger Grund vorliegt.

2. Rechte der Gesellschafter

a) Gewinnverwendung

884 Das wichtigste Vermögensrecht ist der Anspruch auf den erzielten Reingewinn, also den Bilanzgewinn, der nach dem Verhältnis der Geschäftsanteile zu verteilen ist. Entsprechend § 29 I GmbHG bestimmt die Gesellschafterversammlung (§ 46 Nr. 1 GmbHG) über die Ergebnisverwendung, also darüber, inwieweit der Jahresüberschuß zuzüglich eines Gewinnvortrags und abzüglich eines etwaigen Verlustvortrags in Gewinnrücklagen eingestellt, als Gewinn vorgetragen oder an die Gesellschafter ausgeschüttet wird.

b) Mitwirkungsrechte

885 Daneben stehen den Gesellschaftern Mitwirkungsrechte zu, insbesondere
- Stimmrechte in der Gesellschafterversammlung (§ 47 GmbHG),
- Auskunfts- und Einsichtsrechte (§ 51 a GmbHG),
- Minderheitsrechte (§ 50 GmbHG),
- Sonderrechte aus der Satzung.

3. Pflichten des Gesellschafters

886 Die Pflichten des Gesellschafters bestehen in der Aufbringung und der Erhaltung der Stammeinlage. Es gilt der **Grundsatz der Kapitalaufbringung und Kapitalerhaltung**. Für Verbindlichkeiten der GmbH **haftet nicht** der Gesellschafter, da dafür das Gesellschaftsvermögen zur Verfügung steht, das regelmäßig durch thesaurierte Gewinne das Stammkapital übersteigt (§ 13 II GmbHG). **Nachschußpflichten** bestehen nur, sofern sie von der Satzung vorgesehen sind (§ 26 GmbHG).

a) Kapitalaufbringung

(1) Den Gesellschafter trifft in erster Linie die **Einlagepflicht** (§§ 5, 14 GmbHG). **887** Die Einzahlung wird vom Geschäftsführer angefordert und setzt, soweit es sich nicht um die Mindesteinzahlung handelt, die vor der Eintragung der GmbH zu erbringen ist, einen Gesellschafterbeschluß voraus (§ 46 Nr. 2 GmbHG), wenn die Satzung die Anforderung durch den Geschäftsführer nicht genügen läßt.

(2) Die Aufbringung des Stammkapitals durch die Gesellschafter im Gründungsstadium wird durch folgende gesetzliche Maßnahmen gesichert.

(a) Vor Eintragung der GmbH müssen die Geschäftsführer bei der Anmeldung zum Handelsregister versichern, daß die nach dem Gesetz vorgesehene **Mindestdeckung** auf die Stammeinlage bewirkt ist. Werden falsche Angaben gemacht, machen sie sich **strafbar** (§ 82 I Nr. 1 GmbHG) und **schadensersatzpflichtig** (§ 823 II BGB). Ohne einen Nachweis, daß das Kapital mindestens in Höhe der Hälfte des Mindeststammkapitals geleistet worden ist, wird die GmbH **nicht eingetragen** (§ 7 II GmbHG).

(b) Bei Sachgründungen sichert der **Sachgründungsbericht** und die **Differenzhaftung**, daß der versprochene Wert tatsächlich in das Gesellschaftvermögen eingebracht wird (§§ 9, 9 a GmbHG).

(c) Ab Eintragung der Gesellschaft sichert § 19 II GmbHG, daß eine **Befreiung von der Einlagepflicht ausgeschlossen** ist. Ob eine Befreiung vorliegt, ist weit auszulegen. Als unzulässig werden angesehen

- Stundung der Einlage,
- Leistung mit Mitteln der Gesellschaft oder mit Geldern, für deren Rückzahlung die GmbH haftet,
- Aufrechnung eines Gesellschafters gegen Einlageforderung (§ 19 II 2 GmbHG),
- Abtretung oder Verpfändung der Einlageforderung durch die GmbH ohne Zufluß eines entsprechenden Gegenwerts an die GmbH.

(d) Alle Gründer haften im Wege der **Ausfallhaftung** für die Aufbringung des Kapitals (§ 24 GmbHG). Wenn also eine Stammeinlage eines Gesellschafters nach Anforderung nicht beigetrieben und auch nicht durch Verkauf des Anteils gedeckt werden kann, haften die übrigen Gesellschafter anteilig für den Fehlbetrag.

b) Kapitalerhaltung

(1) Nach § 30 I GmbHG darf keine Auszahlung von Vermögen an die Gesell- **888** schafter erfolgen, welche das nominale Stammkapital angreift. Diese Vorschrift ist **unabdingbar**. Zahlungen an die Gesellschafter sind damit verboten, wenn der Betrag des Stammkapitals nicht durch Gesellschaftsvermögen gedeckt ist oder durch die Zahlung darunter absinken würde (Unterbilanz). Die Rechtsprechung hat diese Auszahlungsverbote weit ausgelegt und sie selbst bei Vollwertigkeit eines Gegenanspruchs der GmbH, z. B. im Cash-Pool, angewandt. Dies gilt nach § 30 I 2 GmbHG nicht bei einer Kapitalbindung beim **Cash-Pooling** im Konzern. Dabei wird Liquidität von den Tochtergesellschaften abgezogen und bei der Muttergesellschaft zentral für alle Konzerngesellschaften verwaltet.

(2) Vom **Rückzahlungsverbot** werden Zahlungen an Gesellschafter erfaßt, für die die GmbH keine vollwertige Gegenleistung erhält (verdeckte Gewinnausschüttung).

> **Beispiele**: Zahlung einer Schuld eines Gesellschafters (z. B. Steuern), Zahlungen an nahe Angehörige oder wirtschaftlich eng verbundene Personen oder Unternehmen, Sachleistung ohne Gegenleistung, Bestellung einer Grundschuld auf Betriebsgrundstück der GmbH zugunsten eines Gesellschafters, überhöhte Vergütung an geschäftsführenden Gesellschafter

(3) Verbotswidrige Rückzahlungen müssen durch den Empfänger nach § 31 GmbHG **der Gesellschaft erstattet** werden. Der bei der Rückzahlung gutgläubige Gesellschafter wird zum Teil geschützt. Er muß nur insoweit erstatten, als es zur Befriedigung der Gläubiger der GmbH erforderlich ist (§ 31 II GmbHG). Soweit der Gesellschafter als Empfänger gutgläubig Gewinnanteile bezogen hat, muß er diese überhaupt nicht zurückzahlen (§ 32 GmbHG).

(4) Der **Erwerb eigener Geschäftsanteile** kann nur erfolgen, wenn die **Einlage vollständig geleistet** ist (§ 33 I GmbHG). Es ist gleichgültig, ob der Erwerb entgeltlich oder unentgeltlich ist. Die GmbH darf weiter **voll eingezahlte Geschäftsanteile** nur mit dem **freien Vermögen** erwerben, also mit Mitteln, die ihr über das Stammkapital hinaus zur Verfügung stehen (§ 33 II GmbHG).

(5) **Kapitalerhöhung und Kapitalherabsetzung** regeln die §§ 55 bis 58 f GmbHG besonders datailliert.

c) Nachschußpflicht

> **Fall 12**: K, X und Y beschließen in einer ordnungsgemäß einberufenen Gesellschafterversammlung, daß zur Überwindung von Liquidationsproblemen jeder Gesellschafter weitere € 10 000 zu zahlen habe. Y hält deren Beschluß für unwirksam. Zu Recht?

889 (1) Mit der Einzahlung der satzungsgemäßen Nennbeträge der Geschäftsanteile haben die Gesellschafter ihre vermögensrechtlichen Pflichten gegenüber der GmbH erfüllt. § 26 I GmbHG läßt darüber hinaus zu, daß die **Satzung** Nachschußpflichten begründet. Diese können **unbeschränkt** oder auf einen **bestimmten Betrag** begrenzt sein. Ohne eine Satzungsermächtigung kann jedoch durch Einforderungsbeschluß kein Nachschuß verlangt werden. Eine **nachträgliche Einführung** durch eine Satzungsänderung bedarf außer der satzungsändernden Mehrheit der Zustimmung aller Gesellschafter, die mit der Nachschußpflicht belastet werden sollen (§ 53 III GmbHG).

(2) Der zu leistende Nachschuß kann betragsmäßig beschränkt (§ 28 GmbHG), aber auch unbeschränkt sein. Bei unbeschränkter Nachschußpflicht kann der Gesellschafter jedoch seinen Geschäftsanteil der GmbH zur Verfügung stellen (**Abandonrecht**), vorausgesetzt der Gesellschafter hat seine Stammeinlage voll erbracht.

> Der Gesellschafterbeschluß von X, Y und K ist unwirksam, wenn die Grundlage der Nachschußpflicht in der ursprünglichen Satzung fehlt.

V. Auflösung und Liquidation

(1) Die GmbH wird durch die in § 60 **GmbHG** genannten Gründe aufgelöst: **890**

- Ablauf der im Gesellschaftsvertrag benannten Zeit,
- Beschluß der Gesellschafter mit ¾-Mehrheit der abgegebenen Stimmen,
- gerichtliches Urteil (z. B. wenn die Erreichung des Gesellschaftszwecks unmöglich wird),
- Eröffnung des Insolvenzverfahrens bei Zahlungsunfähigkeit und Überschuldung (§ 64 GmbHG, § 15a InsO),
- Ablehnung des Insolvenzverfahrens mangels Masse,
- Verfügung des Registergerichts,
- Vermögenslosigkeit der Gesellschaft.

Weitere Auflösungsgründe kann die **Satzung** bestimmen. Die Auflösung ist zur Eintragung in das Handelsregister **anzumelden** und von den Geschäftsführern als „geborene" Liquidatoren **dreimal bekanntzugeben**, mit einer Aufforderung an die Gläubiger, sich zu melden (§§ 65, 66 I GmbHG).

(2) Die Liquidatoren haben die GmbH i. L. nach den Grundsätzen von § 70   **891**
GmbHG **abzuwickeln**. Als Inhaber der Geschäftsführungsbefugnis und Vertretungsmacht haben sie

- die laufenden Geschäfte zu beenden,
- die Verbindlichkeiten zu erfüllen,
- ausstehende Forderungen einzuziehen,
- das Vermögen zu verwalten und in Geld umzusetzen
- und die Schlußverteilung vorzunehmen.

Nach Ablauf eines **Sperrjahres**, beginnend mit der dritten Auflösungsbekanntgabe (§ 73 GmbHG), erfolgt die Verteilung eines etwaigen Liquidationserlöses. Danach haben die Liquidatoren gem. § 74 GmbHG die **Löschung** zu beantragen. Mit der Eintragung im Handelsregister ist die GmbH beendet.

VI. GmbH & Co. KG

1. Begriff und Vorteile

(1) Die GmbH & Co. KG ist rechtlich eine **KG, an der eine GmbH** als fast im-   **892**
mer einziger **Komplementär** beteiligt ist. Als KG ist sie an sich eine Personengesellschaft, die den Regeln der §§ 161 ff. HGB unterliegt. Da ihr persönlich haftender Gesellschafter eine GmbH ist, führt dies zu einer **Typenvermischung** und zu einer wirtschaftlichen Annäherung an die GmbH. Neben den **Rechtsvorschriften für die KG** sind daher für den Komplementär die **Regelungen des GmbHG** anzuwenden. Das Recht der KG wird durch Rechtsregeln der Kapitalgesellschaften überlagert. Der Gesetzgeber hat die GmbH & Co. KG nicht einheitlich geregelt, sondern nur durch einzelne Bestimmungen im Personengesellschaftsrecht diesem Mischtyp Rechnung getragen.

(2) Die GmbH & Co. KG ist sowohl aus gesellschaftlichen als auch aus steuerli-   **893**
chen Gründen sehr beliebt. Gleichwohl hat sie sich vor allem aus steuerlichen Gründen rasch ausgebreitet. Nachdem heute steuerlich kein erheblicher Anlaß

mehr besteht, eine GmbH & Co. KG zu gründen, stehen die gesellschaftsrechtlichen Motive im Vordergrund. Zu den **wesentlichen Vorteilen** gehören die

- **Haftungsbeschränkung** durch die GmbH-Komplementärin,
- **Fremdorganschaft**,
- **leichtere Kapitalbeschaffung** durch Anwerbung einer Vielzahl von Kommanditisten,
- **Beherrschung der Gesellschaft** durch die GmbH und ihre Geschäftsführer ohne Kapitalmehrheit,
- **Sachfirma**,
- **Einmanngesellschaft**,
- **freiere Gestaltung des Innenverhältnisses** in der Personengesellschaft,
- **Entnahmerecht in der KG** auch ohne Gewinnerwirtschaftung.

2. Erscheinungsformen

a) Echte GmbH & Co. KG

894   Sind die Gesellschafter der GmbH und die Kommanditisten der KG **personen- und beteiligungsgleich**, handelt es sich um den in der Praxis häufigsten Fall der echten GmbH & Co. KG. Durch diese Verzahnung kommt es zu einem rechtlichen Gleichlauf. Ein Sonderfall der personengleichen GmbH & Co. KG ist die **Einmann-GmbH & Co.** Hier ist der Alleingesellschafter der GmbH zugleich der einzige Kommanditist.

b) Nicht personengleiche GmbH & Co. KG

895   Sind die Gesellschafter der GmbH und die Kommanditisten der KG nicht identisch oder ihre Beteiligungsverhältnisse weichen in beiden Gesellschaften ab, spricht man von einer nicht personengleichen GmbH & Co. KG. Diese Spielart hat Bedeutung, wenn bestimmte Gesellschafter keinen Einfluß auf die Geschäftspolitik haben wollen oder sollen. Besondere Ausgestaltungen dieser häufigen Erscheinungsform sind die **kapitalistische GmbH & Co. KG** oder die **Publikums-KG**.

c) Einheitsgesellschaft

896   Bei der **wechselseitig beteiligten GmbH & Co. KG** (Einheitsgesellschaft) besteht die nach dem Gesellschaftsvertrag zu erbringende Einlage der Kommanditisten in ihren Anteilen an der GmbH. Damit kann die KG Alleingesellschafter der GmbH, also ihres eigenen Komplementärs werden.

3. Entstehung der GmbH & Co. KG

a) Neugründung von zwei Gesellschaften

897   Bei der **Neugründung** der GmbH & Co. KG ist zum Entstehen dieser Gesellschaftsform der Abschluß

- des **GmbH-Gesellschaftsvertrages** nach dem GmbHG sowie
- des **KG-Vertrages** zwischen der GmbH und den Kommanditisten nach §§ 161 ff. HGB notwendig.

Wirksam wird die GmbH & Co. KG zum einen durch die Eintragung der GmbH (§ 11 I GmbHG) und der KG (§§ 123 I, 161 II HGB) im Handelsregister. Darüber hinaus tritt unter den Voraussetzungen von § 1 HGB (Betrieb eines kaufmännischen Gewerbes) die Wirksamkeit der GmbH & Co. KG bereits durch die Aufnahme der Geschäfte ein (§ 123 II HGB), denn auch die noch nicht eingetragene **Vor-GmbH** kann schon **persönlich haftender Gesellschafter der KG** sein. Wenn der Geschäftsbetrieb nicht unter § 1 HGB fällt, so handelt es sich bis zur Eintragung um eine GbR.

b) Firma

Für die Firma der GmbH & Co. KG ist **§ 19 II HGB** zu beachten. Grundsätzlich 898 hat die Firma immer die Haftungsbeschränkung (GmbH & Co. KG) als Zusatz zu enthalten.

4. Rechtsbeziehungen der Gesellschafter untereinander (Innenverhältnis)

a) Geschäftsführung

Die Geschäftsführung für **gewöhnliche Geschäfte** obliegt der **Komplementär-** 899 **GmbH**, d. h. deren Geschäftsführern. Den Kommanditisten steht insoweit kein Widerspruchsrecht zu (§ 161 HGB). **Außergewöhnliche Geschäftsführungsaufgaben** müssen im Einvernehmen mit den Kommanditisten behandelt werden. Auch hier kann der Gesellschaftsvertrag den Kommanditisten die Geschäftsführung übertragen. Der **Geschäftsführer der GmbH** hat grundsätzlich einen Dienstvertrag mit der GmbH und erhält von ihr die Vergütung. Weisungsbefugt ist in der Regel nur die GmbH und nicht die KG. Sowohl für die GmbH als auch für die KG sind **gesondert Bücher zu führen**; es sind auch zwei Jahresabschlüsse zu erstellen.

b) Gesellschafterversammlung

Über die **Willensbildung** innerhalb der GmbH & Co. KG enthält meist der Ge- 900 sellschaftsvertrag Regelungen. Oftmals ist nicht eine Abstimmung nach Köpfen vorgesehen, sondern wie bei der AG nach Kapitalanteilen. Ferner wird der **GmbH**, vertreten durch den Geschäftsführer, häufig **kein Stimmrecht** gewährt. Ansonsten hätte der GmbH-Geschäftsführer, der zugleich Kommanditist ist, ein ungerechtfertigtes Übergewicht bei der Abstimmung bzw. ein Geschäftsführer, der Nichtgesellschafter ist, kann so von der Stimmrechtsausübung abgehalten werden.

c) Verhältnis der Gesellschafter

Für das Verhältnis der Gesellschafter untereinander und zur Gesellschaft gelten 901 die **allgemeinen Regeln**. Hinsichtlich des **Vermögens** ist strikt zu trennen zwischen dem Vermögen der GmbH & Co. KG, dem Vermögen der Komplementär-GmbH sowie dem Privatvermögen der Kommanditisten. Erst bei über 2000 Arbeitnehmern (bei GmbH schon ab 500) ist ein **Aufsichtsrat** zu bilden und hierzu sind Arbeitnehmervertreter zuzulassen.

5. Rechtsbeziehungen zu Dritten (Außenverhältnis)

a) Vertretung

902 Die GmbH & Co. KG wird **organschaftlich** von der GmbH vertreten. Diese wird vertreten durch den **Geschäftsführer**. Im **Prozeß** der GmbH & Co. KG ist der Geschäftsführer der GmbH als Partei und nicht als Zeuge zu hören. Auch kann mit einem Titel gegen die GmbH keine **Vollstreckung** gegen die KG betrieben werden.

Daneben können auch **rechtsgeschäftlich** andere Personen, auch Kommanditisten entgegen § 170 HGB, Prokura oder Vollmacht für die KG erhalten.

Besondere Probleme ergeben sich bei **In-Sich-Geschäften**, wenn also Rechtsgeschäfte vorliegen zwischen der KG und der Komplementär-GmbH oder zwischen der GmbH & Co. KG und dem Geschäftsführer der GmbH. Nach § 181 BGB sind derartige Verträge nur wirksam, wenn im Gesellschaftsvertrag der jeweils vertretenen Gesellschaft von dem Verbot des Selbstkontrahierens befreit wird.

b) Haftung

903 Für Verbindlichkeiten der GmbH & Co. KG haftet die **KG** mit ihrem gesamten Vermögen (§§ 124 I, 161 II HGB). Die gleiche Haftung trifft die **Komplementär-GmbH** nach §§ 128, 161 II HGB. Die Haftung der **Kommanditisten** richtet sich nach §§ 171 ff. HGB. Hierbei ist zu beachten, daß der Kommanditist bereits vor seiner Eintragung nach § 176 HGB unbeschränkt mit seinem Privatvermögen haften kann. Daneben ist im Einzelfall eine Haftung des **GmbH-Geschäftsführers** möglich:

- im Gründungsstadium nach § 11 II GmbHG,
- bei Prospekthaftung, wenn Werbeprospekte unrichtig sind,
- im Wege der Durchgriffshaftung beim alleingeschäftsführenden Alleingesellschafter.

6. Auflösung und Liquidation

904 Die Auflösung und Liquidation der beiden Gesellschaften KG und GmbH erfolgen nach den jeweils dafür im Gesetz vorgeschriebenen Bestimmungen. Für die Komplementär-GmbH gelten die §§ 60 ff. GmbHG, während die Auflösung und Liquidation der GmbH & Co. KG sich nach den §§ 145 ff., 161 II HGB richtet. So findet die Auflösung wegen Wegfalls des einzigen Komplementärs immer dann statt, wenn die GmbH endet.

Merksätze

1. **Begriff**
   - Juristische Person und Handelsgesellschaft
   - Haftungsbegrenzung auf Gesellschaftsvermögen
   - Jeder gesetzlich zulässige Zweck
2. **Gründung der GmbH**
   - **Notarieller Gesellschaftsvertrag**
     - Mindestinhalt: Firma, Sitz, Gegenstand des Unternehmens, Betrag des Stammkapi-

tals (mind. 25 000 Euro), Höhe der jeweiligen Stammeinlage (mind. 1 Euro bzw. Bestimmung der Sacheinlage)
- möglich auch als Einmann-GmbH
- **Unternehmergesellschaft** (UG) haftungsbeschränkt möglich zur Erleichterung der Gründung und Ansparung des Mindeststammkapitals von 25 000 Euro
- **Bestellung der Geschäftsführer**
- **Schaffung der Eintragungsvoraussetzungen**
  - Kapitalaufbringung: mind. $\frac{1}{4}$ der Bareinlagen eingezahlt, Sacheinlagen voll, zusammen mind. 12 500 Euro
  - Anmeldung zum Handelsregister
- **Entstehung der GmbH durch Eintragung**

3. **Haftung im Gründungsstadium**
- **Haftung der Vor-GmbH** mit bisherigem Gesellschaftsvermögen
- **Haftung der Gesellschafter der Vor-GmbH**
  - beschränkt auf offene Einlage mit subsidiärer Inanspruchnahme
  - Erlöschen mit Eintragung der GmbH
- **Handelndenhaftung**
  - Handelnde sind nur Organe der künftigen GmbH
  - Handeln im Namen der künftigen GmbH
  - Erlöschen mit Eintragung der GmbH

4. **Organe**
- **Geschäftsführer**
  - Fremdorganschaft möglich
  - Vertretung nach außen (unbeschränkbar) und Geschäftsführung (beschränkbar)
  - Bestellung durch Satzung oder Gesellschafterbeschluß
  - Abberufung jederzeit, auf wichtige Gründe beschränkbar
- **Gesellschafterversammlung**
  - Gesamtheit der Gesellschafter und oberstes Leitungsorgan
  - Aufgaben nach § 46 GmbHG und Satzungsänderungen
  - Willensbildung durch formlosen Beschluß mit einfacher Kapitalmehrheit, bei Satzungsänderung: $\frac{3}{4}$-Mehrheit
- **Aufsichtsrat**
  - Überwachungsfunktion
  - bei Mitbestimmung obligatorisch (ab 500 Arbeitnehmer $\frac{1}{3}$, paritätisch nach MitbestG ab 2000 Arbeitnehmer)
  - fakultativ unter 500 Arbeitnehmer durch Satzung

5. **Rechtsstellung des Gesellschafters**
- **Geschäftsanteil** verkörpert Mitgliedschaftsrecht
  - grundsätzlich frei übertragbar
  - Einziehung aufgrund Satzung
  - Austritt aus wichtigem Grund
- **Rechte** des Gesellschafters
  - Vermögensrechte (Gewinnanspruch)
  - Mitwirkungsrechte (Stimmrecht, Kontrollrecht)
  - Minderheitsrechte
- **Pflichten** des Gesellschafters
  - Kapitalaufbringung und Kapitalerhaltung
  - grundsätzlich keine persönliche Haftung für GmbH-Verbindlichkeiten

6. **GmbH & Co. KG**
- **KG mit Komplementär-GmbH**
- **Vorteile**
  - Haftungsbeschränkung auf GmbH
  - Weisungsrecht der GmbH
  - Besteuerung

7. Vor- und Nachteile der GmbH
- **Vorteile**
  - – Haftungsbeschränkung auf Gesellschaftsvermögen
  - – Fremdgeschäftsführer möglich
  - – Geschäftsanteil frei veräußerlich und vererbbar
- **Nachteile**
  - – Gründung kompliziert und teuer
  - – Bonität eingeschränkt wegen Haftungsbegrenzung

8. Leitentscheidungen
- **Verschwiegenheit des Geschäftsführers**
  BGH, 8.11.1999, NJW 2000, 207
- **Haftung des Geschäftsführers**
  BGH, 21.6.1999, NJW 1999, 2817
- **Haftung des Geschäftsführers für öffentlich-rechtliche Pflichten**
  BGH, 15.10.1996, BGHZ 133, 370 = NJW 1997, 130
- **Vor-GmbH Haftung**
  BGH, 9.3.1998, NJW 1998, 1645

§ 34
Aktiengesellschaft (AG)

Lernziele:

Nachdem Sie dieses Kapitel 34 durchgearbeitet haben, können Sie
- die AG mit Grundkapital und Aktie erklären.
- den Gründungsvorgang einer AG beschreiben.
- die Organe der AG mit ihren Rechten und Pflichten erläutern.
- die Arten der verbundenen Unternehmen bei Verflechtungen der AG nennen.
- die Vor-und Nachteile der AG nennen.

I. Rechtsnatur der AG und Bedeutung

1. Rechtsnatur

Fall 1: Ein Kaufmann und drei Techniker wollen eine Computer-Software AG (CS AG) gründen. Bestehen dagegen rechtliche Bedenken?

905 Die Aktiengesellschaft (AG) ist im § 1 AktG durch folgende drei Wesensmerkmale gekennzeichnet:

- **eigene Rechtspersönlichkeit,**
- **Beschränkung der Haftung** gegenüber den Gesellschaftsgläubigern auf das Gesellschaftsvermögen,
- **Grundkapital,** das in Aktien zerlegt ist.

Daher wird die AG **definiert** als eine juristische Person, bei der die Haftung für Verbindlichkeiten auf das Gesellschaftsvermögen beschränkt ist und deren Gesellschafter mit Einlagen auf das in Aktien zerlegte Grundkapital beteiligt sind. Das Recht der AG ist im Aktiengesetz (AktG) geregelt.

Die AG gilt auf Grund ihrer Rechtsform stets als **Handelsgesellschaft** (Formkaufmann), auch dann, wenn der Unternehmensgegenstand nicht im Betrieb
eines Handelsgewerbes besteht (§ 3 AktG). Die AG führt eine **Firma**, die als Per-
sonal-, Sach- oder Phantasiefirma zulässig und zusätzlich die Bezeichnung „Aktiengesellschaft" oder „AG" enthalten muß (§ 4 AktG).

> Rechtlich bestehen keine Bedenken gegen die Gründung der Fa. CS AG. Gemäß § 3
> AktG ist der Zweck des Unternehmens nicht vorgeschrieben. Wenn die AG zu einem
> Markt zugelassen ist, bezeichnet man sie als „börsennotiert" (§ 3 II AktG).

2. Bedeutung

(1) Die AG ist der Prototyp der kapitalistischen Unternehmensverfassung und 906
daher die bevorzugte Rechtsform für **Industrie-, Handels- und Verkehrsunter-
nehmen mit großem Kapitalbedarf.** Hierbei bietet die AG die Möglichkeit, das
Risiko auf viele Personen zu verteilen und durch die **Haftungsbeschränkung** auf
die Einlagen das individuelle Risiko geringzuhalten.

(2) Seit 1995 besteht die von der Wirtschaft zunehmend wahrgenommene Möglichkeit, eine weitgehend „entschlackte" AG, die **Kleine AG**, zu gründen. Daher
genügt nunmehr zur Gründung eine Person, die Hauptversammlung ist vereinfacht und verbilligt und die Mitbestimmung ist mit der GmbH-Regelung gleichgestellt. Bis zur Kleinen AG wurde diese Rechtsform von vielen Unternehmen als
schwerfällig und teuer empfunden.

> Da eine Einmann-Gründung zulässig ist, können auch die 4 Gründer ohne weiteres die
> CS AG gründen.

II. Vermögensordnung

1. Grundkapital

a) Begriff

> **Fall 2**: Welchen Kapitalbetrag müssen die vier Gründer der CS AG mindestens auf-
> bringen?

Das Grundkapital der AG ist der in der Satzung festgesetze Kapitalbetrag, den 907
aufzubringen sich die Gründer durch Übernahme von Aktien verpflichten. Es
muß mindestens 50000 Euro betragen (§§ 6, 7 AktG) und ist nicht mit dem
Gesellschaftsvermögen identisch. Bei wirtschaftlichem Erfolg der AG ist das
tatsächliche Gesellschaftsvermögen viel höher als das Grundkapital. Der Kurs der
Aktie ist dann auch sehr viel höher als ihr Ausgabebetrag.

> Das Grundkapital der CS AG muß damit mindestens € 50000 betragen. Welcher Be-
> trag auf jede Aktie eingezahlt werden muß, bestimmt die Satzung, mindestens jedoch
> ein Viertel des geringsten Ausgabebetrages (§§ 36, 36 a AktG).

b) Sicherung

Fall 3: Durch welche Vorschriften sichert das AktG den Gläubigern der AG das Grundkapital als Haftungsmasse?

908 Für Verbindlichkeiten der AG haftet den Gläubigern nur das Gesellschaftsvermögen. Eine Haftung der Aktionäre oder der Organe mit dem Privatvermögen ist grundsätzlich nicht möglich. Daher muß als **Mindesthaftungsgrundlage** das Grundkapital unbedingt erhalten werden. Allerdings übersteigt das Gesellschaftsvermögen das Grundkapital von Anfang an, wenn die Aktien zu Preisen ausgegeben werden, die über ihrem Nennbetrag liegen (Überpari-Emission). Die Sicherung des Grundkapitals erfolgt unter anderem durch folgende Maßnahmen:

- Verbot der Aktienausgabe unter pari (§ 9 AktG),
- Verbot der Rückgewähr von Einlagen (§ 57 AktG),
- Beschränkter Erwerb eigener Aktien (§§ 71 ff. AktG),
- Pflicht zu gesetzlichen Rücklagen (§ 150 AktG),
- Bilanzvorschriften (§§ 152, 158 AktG).

Schaubild 87: *Organisation der AG*

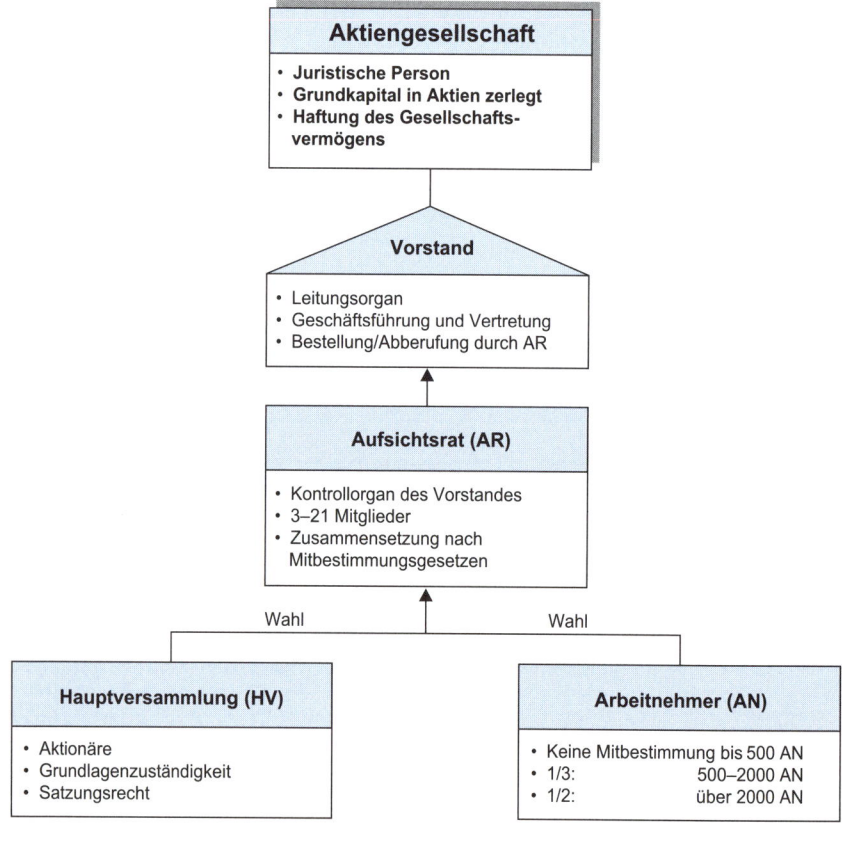

2. Aktie

Fall 4: Die Gründer der CS AG haben in einem notariellen Vorgründungsvertrag schriftlich vereinbart, daß das Grundkapital € 50 000 und der Nennbetrag der Aktien 1 Euro betragen soll. Solange die Einlagen bei der Gründung nicht voll eingezahlt sind, sollen Zwischenscheine ausgegeben werden. Ist diese Vorgehensweise zu beanstanden?

(1) Die Mitgliedschaft in einer AG wird als **Aktie** bezeichnet (§§ 12, 54 AktG). **909** Die Aktien bestehen in einem Anteil am Grundkapital (§ 1 II AktG) und müssen auf einen **Nennbetrag** von **mindestens 1 Euro** lauten (§ 8 II AktG) oder als **Stückaktien** begründet werden (§ 8 III AktG). Die Rechte der Aktionäre bestimmen sich nach dem Betrag der ihnen gehörenden Aktien.

(2) Nach der **Übertragungsart** auf einen Erwerber werden grundsätzlich **zwei 910 Aktienarten** unterschieden: Die **Inhaberaktie** als Normalform und die **Namensaktie** (§ 10 AktG). Beide Aktien sind **Wertpapiere.** Die Inhaberaktien, die auf den Inhaber lauten, wie bewegliche Sachen nach §§ 929 ff. BGB übertragen, während die Namensaktien, die auf den Namen lauten, wie Wechsel als sog. Orderpapiere durch Indossament (Einigung und Übergabe mit Übertragungserklärung) übertragen werden (§ 68 AktG). Die meisten Aktien sind Inhaberaktien. Mit dem Eigentum an der Urkunde der Inhaberaktie geht auch das in dem Wertpapier verbriefte Mitgliedschaftsrecht an der AG auf den Erwerber über („Das Recht aus dem Papier folgt dem Recht am Papier"). Wird die Übertragung an die Zustimmung der Gesellschaft gebunden (§ 68 II AktG), spricht man von einer **vinkulierten Namensaktie.**

(3) Daneben kann man von der **Rechtsstellung des Aktionärs** die Stammaktie **911** und die Vorzugsaktie unterscheiden. So können **Vorzugsaktien** ohne Stimmrecht einem Inhaber irgendwelche Vorteile einräumen, wie z. B. eine Vorzugsdividende (§ 12 AktG). **Stammaktie** nennt man die normale nicht bevorrechtigte Aktie, deren Dividende dann grundsätzlich erst nach der Vorzugsdividende gezahlt wird (vgl. auch §§ 139 ff. AktG). Nach § 10 III, IV AktG kann noch eine Art Vorstufe zu einer Aktie, der sog. **Zwischenschein** ausgegeben werden, wenn bei der Gründung der AG die Einlagen noch nicht voll bezahlt sind. Auf Zwischenscheine werden die gleichen Rechtsgrundsätze wie auf die Aktie angewendet.

Die Gründer der CS AG haben einen zulässigen Vorgründungsvertrag, der ebenfalls der notariellen Form bedarf, geschlossen und mit rechtlicher Bindung die Höhe des Grundkapitals zulässigerweise auf € 50 000, den Aktiennennbetrag auf 1 Euro und die Ausgabe von Zwischenscheinen vereinbart.

III. Gründung der AG

Fall 5: Wie müssen die Gründer der CS AG bei der Gründung vorgehen?

Die Gründung ist durch nicht abänderbare gesetzliche Vorschriften in den **912** §§ 23 ff. AktG geregelt. Diese zwingende Regelung ist notwendig, um die Gründungsaktionäre und das anlagesuchende Publikum zu schützen. Die AG kann durch einfache oder qualifizierte Gründung entstehen.

1. Einfache Gründung

913 Bei der einfachen Gründung, die das Gesetz als Normalfall ansieht, wird das Unternehmen mit den durch die Gründung aufgebrachten Barmitteln gekauft oder errichtet. Hierbei entsteht nach einem möglichen notariellen Vorgründungsvertrag erst die Vorgesellschaft, sodann wird die Handlungsfähigkeit der Gesellschaft hergestellt und schließlich werden die Eintragungsvoraussetzungen in das Handelsregister geschaffen.

a) Entstehung der Vorgesellschaft

914 Zuerst haben der oder die Gründer (§§ 2, 28 AktG) die **Satzung** der AG in einer **notariellen Urkunde festzustellen** (§ 23 AktG). Der **Mindestinhalt** der Satzung ergibt sich aus § 23 III AktG (Firma, Sitz, Unternehmensgegenstand, Höhe des Grundkapitals (mindestens 50 000 Euro), Nennbeträge und Gattung der Aktien, Form der Bekanntmachung). Sodann haben die Gründer sämtliche Aktien zu

Schaubild 88: *Einfache Gründung*

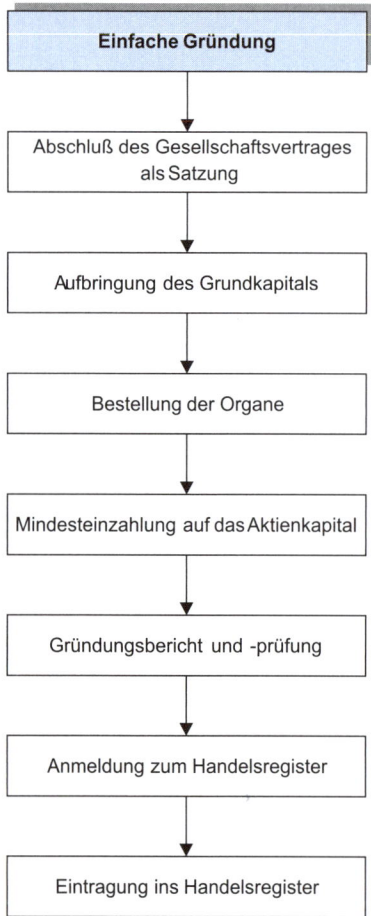

übernehmen (§ 29 AktG), d. h., der oder die Gründer verpflichten sich zur Aufbringung des Grundkapitals. Die Übernahme ist nicht Teil der Satzungsfeststellung, vollzieht sich aber meist zugleich mit ihr.

> Im vorliegenden Fall bestehen hinsichtlich der Gründerzahl und hinsichtlich des beabsichtigten Grundkapitals keine rechtliche Bedenken. Wenn die Gründer das Grundkapital in bar zur Verfügung stellen wollen, liegt eine Bargründung vor. Mit der Entstehung der Vorgesellschaft haften die im Namen der noch nicht bestehenden AG Handelnden persönlich (§ 41 I AktG). Die später entstande AG kann jedoch die Verpflichtungen der Vorgesellschaft durch Vertrag mit dem Schuldner übernehmen (§ 41 II AktG).

b) Herstellung der Handlungsfähigkeit

Als nächstes haben die Gründer die Handlungsfähigkeit der AG herzustellen. Die **915** Bestellung des **Aufsichtsrats** und des **Abschlußprüfers** erfolgt nach § 30 I AktG durch die Gründer. Dieser erste Aufsichtsrat hat noch keine Arbeitnehmervertreter (§§ 30 II, 31 AktG). Der Aufsichtsrat bestellt dann den ersten **Vorstand** (§ 30 IV AktG).

c) Schaffung der Eintragungsvoraussetzungen

Schließlich haben die Gründer die Eintragungsvoraussetzung dadurch zu schaf- **916** fen, daß sie mindestens ein Viertel des Nennbetrags der Aktien, bei Überpariemission auch den Mehrbetrag über den Nennbetrag, in bar **einzahlen** (§§ 36 II, 36 a, 54 III AktG), den **Gründungsbericht** erstatten (§ 32 I AktG) und die **Gründungsprüfung** durch Vorstand und Aufsichtsrat einleiten (§ 33 AktG).

d) Entstehung der AG

Nunmehr erfolgt die **Anmeldung** der AG zum Handelsregister durch alle Grün- **917** der, Vorstands- und Aufsichtsratsmitglieder (§§ 36 I, 37 AktG), die **Prüfung** durch das Registergericht (§ 38 AktG) und die **konstitutive Eintragung** (§§ 39, 40, 41 AktG). Damit ist die AG als juristische Person **entstanden**.

> Mit der Satzungsfestellung der CS AG ist diese **gegründet**, mit der Aktienübernahme **errichtet** und mit der Registereintragung **entstanden**.

2. Qualifizierte Gründung

Die Gründungsvorschriften sind strenger, wenn Regelungen geschaffen werden, **918** die für künftige Gläubiger oder Aktionäre gefährlich sein können, insbesondere wenn für einzelne Aktionäre **Sondervorteile** eingeräumt werden (z. B. besondere Gewinnanteile), wenn **Sacheinlagen** statt Geldleistungen eingebracht werden (z. B. Grundstück, Übernahme von Unternehmen) oder wenn **Sachübernahmen** durch die AG beabsichtigt sind (§§ 26, 27 AktG). Um diese Vorschriften nicht zu umgehen, sind sog. „**Nachgründungen**" nur unter den Voraussetzungen der §§ 52, 53 AktG möglich.

Zur Durchsetzung von Gründungsvorschriften sieht das AktG **Straf-** (§ 399 AktG) **und Haftungstatbestände** (§§ 46 bis 51 AktG) vor.

IV. Organe der AG

1. Vorstand

a) Stellung

919   Der Vorstand ist das **Leitungsorgan der AG** und wird durch den Aufsichtsrat bestellt und abberufen. Die Vorstandsmitglieder (eine oder mehrere Personen) werden höchstens 5 Jahre bestellt (§ 84 I AktG), wobei eine Wiederholung zulässig ist und die persönlichen Voraussetzungen in § 76 III AktG festgelegt sind. Die **Anstellung** erfolgt durch einen Dienstvertrag (§§ 611 ff. BGB) mit der AG, der insbesondere den Vergütungsanspruch regelt. Die **Abberufung** aus wichtigem Grund (§ 84 III AktG) betrifft lediglich die Bestellung, nicht den Anstellungsvertrag. Dieser ist nach § 626 BGB zu kündigen. Soweit Aktiengesellschaften dem Mitbestimmungsgesetz, dem Montanbestimmungsgesetz oder dem Mitbestimmungsergänzungsgesetz unterliegen, muß dem Vorstand ein sog. Arbeitsdirektor angehören.

b) Aufgaben

920   (1) Der Vorstand hat die Aufgaben der **Geschäftsführung** (§§ 76 I, 77 AktG) und der **Vertretung** (§ 78 AktG) der AG. Er **vertritt die AG grundsätzlich unbeschränkt und unbeschränkbar** im Außenverhältnis (§ 82 AktG). Lediglich die Geschäftsführungsbefugnis kann im Innenverhältnis beschränkt werden. Bei mehreren Vorstandsmitgliedern besteht grundsätzlich **Gesamtvertretung** (§ 78 II, III, IV AktG). Als **Geschäftsführungsbefugnisse** obliegen dem Vorstand insbesondere die

- Buchführung (§ 91 AktG),
- Erstellung des Jahresabschlusses (§§ 148 ff. AktG),
- Berichterstattung an den Aufsichtsrat (§ 90 AktG),
- Vorbereitung und Ausführung von Beschlüssen (§ 83 AktG),
- Einberufung der Hauptversammlung (§ 121 II AktG),
- Pflichten bei Verlusten, Überschuldung oder Zahlungsunfähigkeit (§ 92 AktG).

921   (2) Der Vorstand ist verpflichtet, in den ersten drei Monaten des Geschäftsjahres den Jahresabschluß (Jahresbilanz, Gewinn- und Verlustrechnung und Anhang) für das vergangene Geschäftsjahr aufzustellen und den Lagebericht vorzulegen (§§ 264 ff., 290 ff. HGB). Durch das **Bilanzrichtlinien-Gesetz** sind die wesentlichen Vorschriften für die Rechnungslegung und den Jahresabschluß der AG wie für alle Kaufleute in den **§§ 238 ff., 264 ff. HGB** normiert worden. Das AktG enthält in den §§ 150 ff. AktG nur noch auf die AG bezogene Regelungen zur gesetzlichen Rücklage und Kapitalrücklage (§ 150 AktG), zur Bilanz (§ 152 AktG) und zum Anhang (§ 160 AktG). Die **detaillierten, zwingenden Regelungen** im HGB und im AktG wurden im Interesse der AG und ihrer Gläubiger sowie zum Schutz des Publikums geschaffen, um insbesondere überhöhte Gewinnausschüttungen an die Aktionäre zu verhindern und zu sichern, daß das Grundkapital unangetastet bleibt.

c) Haftung

Fall 6: Durch Bestechung vergibt der dreiköpfige Vorstand der CS AG einen Investitionsauftrag an die Fa. X, ohne den Aufsichtsrat, wie in der Satzung festgelegt, um Zustimmung zu bitten. Dadurch entstehen der CS AG Schäden in Höhe von € 100 000. Hat die AG einen Schadensersatzanspruch gegen den Vorstand?

(1) Der Vorstand unterliegt einer strengen **persönlichen Haftung** gegenüber der 922 AG. So hat die AG nach § 93 II, III AktG einen Schadensersatzanspruch gegen Vorstandsmitglieder, die ihre Pflichten verletzen.

(2) Für zum Schadensersatz verpflichtende Handlungen, die der Vorstand oder 923 ein Vorstandsmitglied in Ausführung einer Geschäftsführungsmaßnahme begangen hat, besteht gegenüber **Dritten** eine **Haftung der AG** als juristische Person aus § 31 BGB in Verbindung mit der maßgeblichen Anspruchsgrundlage, die dem Geschädigten einen Schadensersatzanspruch gewährt (z. B. §§ 823 ff. BGB oder pVV).

Im Fall 6 kann die CS AG, vertreten durch den Aufsichtsrat, den Ersatz des Schadens in Höhe von € 100 000 von jedem Vorstandsmitglied als Gesamtschuldner verlangen (§ 93 II AktG, § 421 BGB).

2. Aufsichtsrat

a) Zusammensetzung

(1) Zur sachverständigen Kontrolle des Vorstands ist der Aufsichtsrat berufen. Er 924 besteht aus 3 bis 21 Mitgliedern (§ 95 AktG), wobei die Vertreter der Anteilseigner durch die Hauptversammlung für höchstens 4 Jahre bestellt oder abberufen werden (§§ 101–103 AktG).

(2) Die Zusammensetzung des Aufsichtsrats richtet sich danach, ob die AG der 925 Unternehmensmitbestimmung gemäß dem **MitbestG 1976**, dem **Montan-MitbestG 1951** oder dem **BetrVG 1952** unterliegt. Bei Betrieben unter 500 Arbeitnehmer besteht der Aufsichtsrat nur aus Vertretern der Anteilseigner, Betriebe mit 500 bis 2000 Arbeitnehmern haben $1/3$ Arbeitnehmervertreter und $2/3$ Anteilseigner, während bei Betrieben über 2000 Arbeitnehmer der Aufsichtsrat je zur Hälfte aus Arbeitnehmervertretern und Anteilseignern besteht. Soweit der Zweck der AG den Montanbereich betrifft, besteht der Aufsichtsrat aus 15 Mitgliedern, davon je 7 Vertreter der Anteilseigner und der Arbeitnehmer sowie ein weiteres Mitglied.

(3) Die **persönlichen Voraussetzungen** an ein Aufsichtsratmitglied ergeben sich 926 aus §§ 100, 105 AktG, insbesondere kann ein Vorstandsmitglied nicht gleichzeitig im Aufsichtsrat Mitglied sein. Die **innere Struktur** des Aufsichtsrats, seine Einberufung, die Sitzungsfragen und die Vergütung ergeben sich aus den §§ 107 bis 110, 113 bis 116 AktG.

b) Aufgaben

Als **Kontrollorgan des Vorstands** hat der Aufsichtsrat im wesentlichen folgende 927 Aufgaben:

- Bestellung und Abberufung des Vorstands (§ 84 AktG),
- Überwachung des Vorstands (§ 111 AktG), insbesondere Informationsrecht (§ 90 AktG), Püfung der Bücher und Sachverhalte,
- Vertretung der AG gegenüber den Vorstandsmitgliedern (§§ 112, 89 AktG),
- Prüfung und Feststellung des Jahresabschlusses (§§ 170–172 AktG),
- Zustimmung zu Geschäften, die er sich vorbehalten hat (§ 111 IV 2 AktG),
- Sorgfaltspflicht (§§ 116, 93 AktG).

3. Hauptversammlung

928 (1) Die Hauptversammlung ist das Organ, in dem die Aktionäre ihre Rechte ausüben. Daher sind zur Teilnahme **alle Aktionäre** ohne Rücksicht auf das Stimmrecht befugt (§ 118 I AktG).

929 (2) Die **Aufgaben** der Hauptversammlung sind **zwingend** gesetzlich geregelt, so daß **keine „Allzuständigkeit"** anzunehmen ist. Folgende **Grundlagenzuständigkeiten** kommen der Hauptversammlung zu (§ 119 AktG) wie:

- Satzungsänderung,
- Wahl und Abberufung der Aktionärsvertreter im Aufsichtsrat (§§ 101, 103 AktG),
- Entlastung von Vorstand und Aufsichtsrat (§ 120 AktG),
- Entscheidung über die Gewinnverwendung (§ 174 AktG).

930 (3) Jedem Aktionär ist auf Verlangen in der Hauptversammlung vom **Vorstand vollständige Auskunft** über Angelegenheiten der Gesellschaft zu geben, soweit sie zur sachgemäßen Beurteilung der Tagesordnung erforderlich ist (§ 131 AktG).

> **Beispiele**: Geschäftspolitik, Beziehungen zu verbundenen Unternehmen, Auskunftsverweigerung nur in den sechs Fällen des § 131 III AktG

931 (4) Das **Stimmrecht** in der Hauptversammlung wird nach Aktiennennbeträgen ausgeübt (§ 134 AktG). Nach der Neuregelung durch die **Kleine AG** tritt eine Vereinfachung und Verbilligung ein, da die obligatorische notarielle Beurkundung der Beschlüsse entfällt. Nur für Satzungsänderungen oder kapital- oder konzernrechtliche Entscheidungen ist ein Notar zuzuziehen.

V. Kommanditgesellschaft auf Aktien (KGaA)

932 Die KGaA ist eine Gesellschaft mit eigener Rechtspersönlichkeit, bei der mindestens ein Gesellschafter als natürliche Person den Gesellschaftsgläubigern unbeschränkt haftet (**persönlich haftender Gesellschafter**) und die übrigen an dem in Aktien zerlegten Grundkapital beteiligt sind, ohne als **Kommanditaktionäre** persönlich für die Verbindlichkeiten der Gesellschaft zu haften (§ 278 I AktG). Diese Mischform kommt jedoch in der **Praxis selten** vor. Auf die KGaA finden die Vorschriften des HGB über die KG und das AktG sinngemäß Anwendung (§ 278 II, III AktG).

VI. Verbundene Unternehmen

1. Begriff und Bedeutung

Die eigene Rechtspersönlichkeit der AG und die wirtschaftlichen und rechtlichen **933** Möglichkeiten des AktG lassen es zu, daß Unternehmen sich verflechten, welche letztlich deren Selbständigkeit beeinträchtigt. Um Minderheitsaktionäre und Gläubiger zu schützen und die Verflechtung durchsichtiger zu machen, sind solche verbundenen Unternehmen **rechtlich selbständige Unternehmen** (§ 15 AktG) wie bei

- **Mehrheitsbeteiligungen** (§ 16 AktG),
- **abhängigen und herrschenden Unternehmen** (§ 17 AktG),
- **Konzernen** (§ 18 AktG),
- **wechselseitigen Beteiligungen** (§ 19 AktG),
- **Unternehmensverträgen** (§§ 291, 292 AktG),
- **Eingliederungen** (§§ 319 ff. AktG).

2. Unternehmensverträge

Verbundene Unternehmen entstehen auch durch besondere schuldrechtliche Un- **934** ternehmensverträge (vgl. §§ 291, 292 AktG). Folgende Unternehmensverträge kennt das AktG:

- **Beherrschungsvertrag** (Leitung der AG wird anderem Unternehmen unterstellt),
- **Gewinnabführungsvertrag**,
- **Gewinngemeinschaftsvertrag** (Gewinn wird zusammengelegt),
- **Betriebspacht- oder Betriebsüberlassungsvertrag**.

Merksätze

1. **Rechtsnatur**
   - Juristische Person, Kapitalgesellschaft, Formkaufmann
   - Haftungsbeschränkung auf Gesellschaftsvermögen
   - Grundkapital in Aktien zerlegt
2. **Vermögensordnung**
   - **Grundkapital**
     - Mindestkapitalbetrag 50 000 Euro
     - von Gründern durch Aktienübernahme aufzubringen
     - nicht identisch mit Gesellschaftsvermögen, da nur Rechnungsgröße
   - **Aktie**
     - verkörpert Mitgliedschaftsrecht des Aktionärs
     - Mindestnennbetrag 1 Euro
     - Wertpapier (Inhaber- und Namensaktie)
     - Nennbetrags-, Stück- und Vorzugsaktien
     - Erwerb gem. §§ 929 ff. BGB (Inhaberaktie) bzw. § 929 BGB und Indossament (Namensaktie)
3. **Gründung**
   - **Einfache Gründung**
     - Feststellung der notariellen Satzung (mind. 1 Gründer)
     - Übernahme sämtlicher Aktien durch Gründer

- Bestellung der Organe (Aufsichtsrat, Vorstand)
- Kapitaleinzahlung, mind. $1/4$
- Gründungsbericht nach Gründungsprüfung durch Vorstand und Aufsichtsrat
- Anmeldung zum HR durch alle Gründer, Vorstandsmitglieder und Aufsichtsräte
- Prüfung durch Registergericht
- Eintragung hat konstitutive Wirkung
- **Qualifizierte Gründung**
  - Bei gefährlichen Abreden oder Sacheinlagen bzw. Sachübernahmen durch AG
  - auch als Nachgründung möglich

4. **Organe**
   - **Vorstand**
     - Geschäftsführung und Vertretung der AG
     - Bestellung, Anstellung und Abberufung durch AR
     - Bericht in Hauptversammlung und gegenüber Aufsichtsrat
   - **Aufsichtsrat (AR)**
     - Überwachung des Vorstands
     - Bestellung und Abberufung des Vorstands
     - 3–21 Mitglieder (Vertreter der Anteileigner durch Hauptversammlung, Arbeitnehmervertreter nach MitbestG 1976, BetrVG 1952 und Montan-MitbestG 1951)
   - **Hauptversammlung (HV)**
     - Grundlagenzuständigkeit, keine Allzuständigkeit
     - alle Aktionäre ohne Rücksicht auf Stimmrecht
     - Beschlüsse mit einf. Kapitalmehrheit bzw. $3/4$ Mehrheit bei Satzungsänderungen

5. **KGaA**
   - Mischform aus AG und KG (persönlich haftender Gesellschafter und Kommanditaktionäre)
   - Anwendung des AktG und der §§ 161 ff. HGB

6. **Verbundene Unternehmen**
   - Mehrheitsbeteiligungen
   - Abhängige Unternehmen
   - Konzern
   - Wechselseitige Beteiligungen
   - Unternehmensverträge

7. **Vor- und Nachteile der AG**
   - **Vorteile**
     - Trennung zwischen Geschäftsführung und Eigentümern (Aktionäre)
     - Kontinuität des Unternehmens
     - Möglichkeit der Eigenkapitalbeschaffung durch Neuaktien, Obligationen
   - **Nachteile**
     - Gründung kompliziert und teuer
     - Mitbestimmung ab 500 Arbeitnehmer
     - Strenge Regeln für Kapitalaufbringung und -erhaltung

8. **Leitentscheidungen**
   - **Überwachung durch Aufsichtsrat – ARAG/Garmenbeck**
     BGH, 21.4.1997, BGHZ 135, 244 = NJW 1997, 1926
   - **Untreue wegen Verletzung aktienrechtlicher Pflichten – Mannesmann/Vodafone**
     BGH, 21.12.2005, BGHSt 50, 331 = NJW 2006, 522

Anhang: Gerichtliches Mahnverfahren

I. Bedeutung des Mahnverfahrens

Fall 1: Der Käufer K eines Lexikons bezahlt nach Fälligkeit nicht den Kaufpreis von € 1500 an den Verlag V. K reagiert nicht auf zwei außergerichtliche Mahnungen durch V. Was soll V tun?

Durch das in den §§ 688 bis 703 d ZPO geregelte gerichtliche Mahnverfahren **935** kann sich der Gläubiger einer voraussichtlich unstreitigen Geldforderung ohne mündliche Verhandlung und Beweisaufnahme einen vollstreckbaren Titel verschaffen. Das Verfahren ist

- **einfach**, da Formulare verwendet werden,
- **schnell**, wegen des Fehlens einer mündlichen Verhandlung,
- **billig**, da nur eine halbe Prozeßgebühr zu entrichten ist.

Das Mahnverfahren hat eine große **Praxisbedeutung**, da eine zwangsweise Rechtsdurchsetzung oft bei an sich **nicht bestrittenen Ansprüchen** deswegen notwendig wird, weil der Schuldner wegen Nachlässigkeit, Unwilligkeit oder aus Geldmangel nicht zahlt. Es wäre unwirtschaftlich, deswegen eine Klage zu erheben, um sich den notwendigen Titel zur Zwangsvollstreckung zu verschaffen. Das Mahnverfahren ist aber auch dann angebracht, wenn die Verjährung schnell gehemmt werden soll (§ 204 I Nr. 3 BGB).

V ist zu raten, das gerichtliche Mahnverfahren einzuleiten, um sich den notwendigen Vollstreckungstitel zu beschaffen. Das gerichtliche Mahnverfahren darf nicht mit den beiden in der Praxis üblichen betrieblichen Mahnungen verwechselt werden.

II. Voraussetzungen des Mahnbescheids

Fall 2: Was muß V unternehmen, daß das Gericht einen Mahnbescheid erläßt, wenn V seinen Firmensitz in Kempten hat und K in Stuttgart wohnt?

Das Mahnverfahren setzt – ohne Anwaltszwang – einen Antrag des Gläubigers **936** an das AG oder Arbeitsgericht (ArbG) voraus, einen Mahnbescheid zu erlassen (§ 688 I ZPO). Darin wird der Schuldner aufgefordert, innerhalb von zwei Wochen die behauptete Schuld nebst Zinsen und Kosten zu erfüllen (§ 692 I Nr. 3 ZPO). Neben den allgemeinen Prozeßvoraussetzungen prüft der zuständige Rechtspfleger die folgenden Voraussetzungen:

1. Zulässigkeit

Im Mahnverfahren können nicht alle Ansprüche durchgesetzt werden. Zulässig **937** ist nach § 688 ZPO das Mahnverfahren, wenn

- eine **bestimmte Geldsumme** in Euro gefordert wird,

- der Gläubiger einen **Antrag** mit einem Formular stellt,
- der geltend gemachte **Anspruch unbedingt und fällig** ist,
- der bei einem Verbraucherdarlehen nach §§ 491 bis 504 BGB anzugebende **effektive Jahreszins** nicht den Basiszinssatz bei Vertragsschluß um 12 % übersteigt (vgl. S. 272),
- die geforderte Leistung nicht von einer noch **nicht** erbrachten **Gegenleistung** abhängt,
- **keine öffentliche Zustellung** des Mahnbescheides notwendig ist (z. B. Schuldner ist unbekannten Aufenthalts),
- wenn die **Zustellung im Inland** oder in den Vertragsstaaten des **EuGVÜ** möglich ist (Belgien, Frankreich, Italien, Luxemburg, Niederlande, Dänemark, Großbritannien, Irland, Griechenland, Spanien und Portugal und EWR-Staaten einschließlich Schweiz),
- die $^1/_2$ **Gerichtsgebühr** einbezahlt ist.

> Im Fall 1 ist das Mahnverfahren zulässig, da es sich um einen fälligen Kaufpreisanspruch von € 1500 handelt, wobei das Lexikon als Gegenleistung schon an K ausgeliefert ist.

2. Zuständigkeit

938　Das Mahnverfahren wird von den sachlich zuständigen **Amtsgerichten** durchgeführt, ohne Rücksicht auf die Höhe des Streitwerts. Für Ansprüche, die zur Zuständigkeit des **Arbeitsgerichts** gehören, werden die **Arbeitsgerichte** tätig (§ 46 a ArbGG).

Örtlich ist ausschließlich das AG zuständig, bei dem der **Antragsteller** seinen allgemeinen Gerichtsstand – also Wohnsitz oder Sitz – hat (§ 689 ZPO). Anders als bei der Klageerhebung ist damit nicht der Wohnsitz des Schuldners, sondern der des Gläubigers maßgeblich. Ein Amtsgericht kann für mehrere Bezirke anderer Gerichte oder im automatisierten elektronischen Mahnverfahren zuständig sein.

> Für den Gläubiger V mit Wohnsitz in Bayern ist das Zentrale Mahngericht in Coburg örtlich und sachlich zuständig. Dort können Mahnanträge online oder mit Formular gestellt werden.

3. Inhalt des Mahnantrags

939　Die Einzelheiten zum Inhalt des Antrags auf Erlaß des Mahnbescheides regelt § 690 ZPO. Danach hat der Antragsteller in dem zu verwendenden **Mahnantragsformular** vor allem den Anspruch unter bestimmter Angabe der verlangten Leistung zu bezeichnen. Der Anspruch muß dabei so genau konkretisiert werden, daß er von anderen Ansprüchen unterschieden werden kann.

> V wird in Zeile 5 des Formulars folgenden Anspruch geltend machen:
> „Kaufpreisforderung aus Kauf eines Lexikons vom…". V braucht keine weiteren Tatsachen vortragen, aus denen sich das Bestehen des Anspruchs ergibt.

III. Verfahrensgang

1. Inhalt des Mahnbescheids

Kennzeichen des Mahnverfahrens ist es, daß der Mahnbescheid ergeht, ohne daß 940 geprüft wird, ob dem Gläubiger der Anspruch tatsächlich zusteht (§ 692 I Nr. 2 ZPO). Auch wird der Antragsgegner nicht gehört. Im Mahnbescheid wird der Schuldner aufgefordert,

- binnen einer Frist von **zwei Wochen** entweder an den **Gläubiger zu zahlen oder**
- gegen den Mahnbescheid **Widerspruch zu erheben**, wenn er vermeiden will, daß ein, dem Mahnbescheid entsprechender, Vollstreckungsbescheid ergeht.

2. Zustellung des Mahnbescheids

Der Mahnbescheid wird dem Antragsgegner von Amts wegen zugestellt. Soll 941 durch die Zustellung eine **Frist gewahrt** oder die **Verjährung gehemmt** werden oder neu beginnen, so tritt die Wirkung bereits mit der Einreichung des Antrags auf Erlaß des Mahnbescheids ein, wenn die **Zustellung demnächst** erfolgt. Diese Vorauswirkung entfällt, wenn der Mahnbescheid wirkungslos wird oder der Mahnbescheid zurückgenommen wird (§ 693 II ZPO).

> **Beispiel**: Der Unternehmer U bemerkt, daß eine Werklohnforderung zum 31. 12. verjähren würde. U reicht am 30. 12. beim AG seines Firmensitzes einen Mahnbescheidsantrag ein, wobei der Mahnbescheid am 7. 1. dem Schuldner zugestellt wird. Die Verjährung wurde am 30. 12. gehemmt (§ 204 I Nr. 3 BGB), da die Zustellung „demnächst" war (vgl. S. 114).

Die Geschäftsstelle des AG **benachrichtigt** den **Antragsteller von der Zustellung** des Mahnbescheids. Dadurch hat der Antragsteller die Möglichkeit, rechtzeitig den Vollstreckungsbescheid zu beantragen (§ 695 ZPO).

3. Widerspruch

Gegen den Mahnbescheid hat der Antragsgegner als Rechtsbehelf den Wider- 942 spruch, wenn er nicht freiwillig bezahlt. Der schriftliche (auch Fax) Widerspruch kann gegen den **ganzen Anspruch** oder einen **Teil des Anspruchs** beim AG, das den Mahnbescheid erlassen hat, erhoben werden. Eine Begründung ist nicht notwendig, aber zweckmäßig.

Der Widerspruch ist grundsätzlich in der Frist von **2 Wochen** seit Zustellung des Mahnbescheids zu erheben (§§ 692 I Nr. 3, 694 ZPO). Diese Frist ist jedoch **keine Ausschlußfrist**. Das bedeutet, daß der Widerspruch so lange möglich ist, bis der Rechtspfleger den Vollstreckungsbescheid verfügt hat. Die Frist hat für den Antragsteller die Bedeutung, daß er erst nach deren Ablauf den Erlaß eines Vollstreckungsbefehls beantragen kann. Geht der **Widerspruch verspätet** ein, wird er als **Einspruch behandelt**. Dies ist dem Antragsgegner, der den Widerspruch erhoben hat, mitzuteilen.

4. Verfahren nach Widerspruch

943 (1) Nach rechtzeitigem Widerspruch wird die Sache entsprechend dem **Antrag** einer Partei an das Gericht **abgegeben**, das in dem Mahnbescheid für die Durchführung des streitigen Verfahrens bezeichnet worden ist. Hierzu wird der Antragsteller vorher noch aufgefordert, die **zweite Hälfte der Gerichtskosten** und die **Zustellungsgebühr** zu bezahlen. Die Abgabe ist den Parteien mitzuteilen. Mit Eingang der Akten bei dem Prozeßgericht gilt der Rechtsstreit als dort rechtshängig. Dadurch wird auch die Verjährung unterbrochen.

> Im Fall 2 wird der Rechtsstreit im Falle des Widerspruchs vom AG Coburg an das örtlich zuständige Prozeßgericht AG Stuttgart abgegeben.

944 (2) Das Prozeßgericht leitet nun das **Streitverfahren** nach § 697 ZPO ein und fordert den Antragsteller auf, seinen Anspruch binnen 2 Wochen in einer der Klageschrift entsprechenden Form zu begründen. Unterläßt der Antragsteller eine solche **Begründung** oder kann er seinen Anspruch nicht hinreichend auf Tatsachen stützen, wird die Klage abgewiesen. Mit Eingang der Anspruchsbegründung bestimmt der Vorsitzende entweder **Termin** zur mündlichen Verhandlung oder er setzt dem Antragsgegner ein Frist zur **schriftlichen Klageerwiderung** von mindestens 2 Wochen. Nach Eingang der Schriftsätze wird der Termin bestimmt. Bis zum Termin kann der Antragsgegner seinen **Widerspruch zurücknehmen** und so den Anspruch anerkennen, jedoch nicht nach Erlaß eines Versäumnisurteils gegen ihn.

5. Vollstreckungsbescheid

945 (1) Wird vom Antragsgegner nicht innerhalb der Zweiwochen-Frist Widerspruch erhoben, erläßt der Rechtspfleger auf **Antrag** den Vollstreckungsbescheid (§ 699 ZPO). Dieser Antrag kann nicht mit dem Mahnantrag gestellt werden, sondern erst **nach Ablauf der Widerspruchsfrist**, wobei die Erklärung abzugeben ist, ob und welche Zahlungen geleistet worden sind. Wird der Antrag auf Erlaß eines Vollstreckungsbescheides nicht binnen **6 Monaten** gestellt, verliert der Mahnbescheid seine Kraft und er wird **wirkungslos** (§ 701 ZPO). Damit gilt auch eine Hemmung einer Verjährung als nicht erfolgt (§ 204 II BGB). Die gleiche Wirkung tritt ein, wenn der Rechtspfleger den Antrag zurückweist.

946 (2) Der Vollstreckungsbescheid wird **von Amts wegen** nach Zahlung der Auslagen durch das **Gericht zugestellt**. Der Antragsteller kann aber auch die Übergabe an sich zur **Zustellung im Parteibetrieb** über den Gerichtsvollzieher beantragen. Von dieser Möglichkeit wird der Antragsteller dann Gebrauch machen, wenn mit der Zustellung durch den Gerichtsvollzieher gleichzeitig die Zwangsvollstreckung in das bewegliche Vermögen des Antragsgegners betrieben werden soll. Da der Vollstreckungsbescheid einem für vorläufig vollstreckbar erklärten Versäumnisurteil gleichsteht (§ 700 ZPO) kann der Antragsteller aus dem Vollstreckungsbescheid schon **vor Ablauf der Einspruchsfrist die Zwangsvollstreckung** betreiben. Wird Einspruch eingelegt, kann das Gericht auf Antrag des Schuldners anordnen, daß die Zwangsvollstreckung **einstweilen eingestellt** wird (§§ 719, 707 ZPO).

Schaubild 89: *Ablaufschema Mahnverfahren*

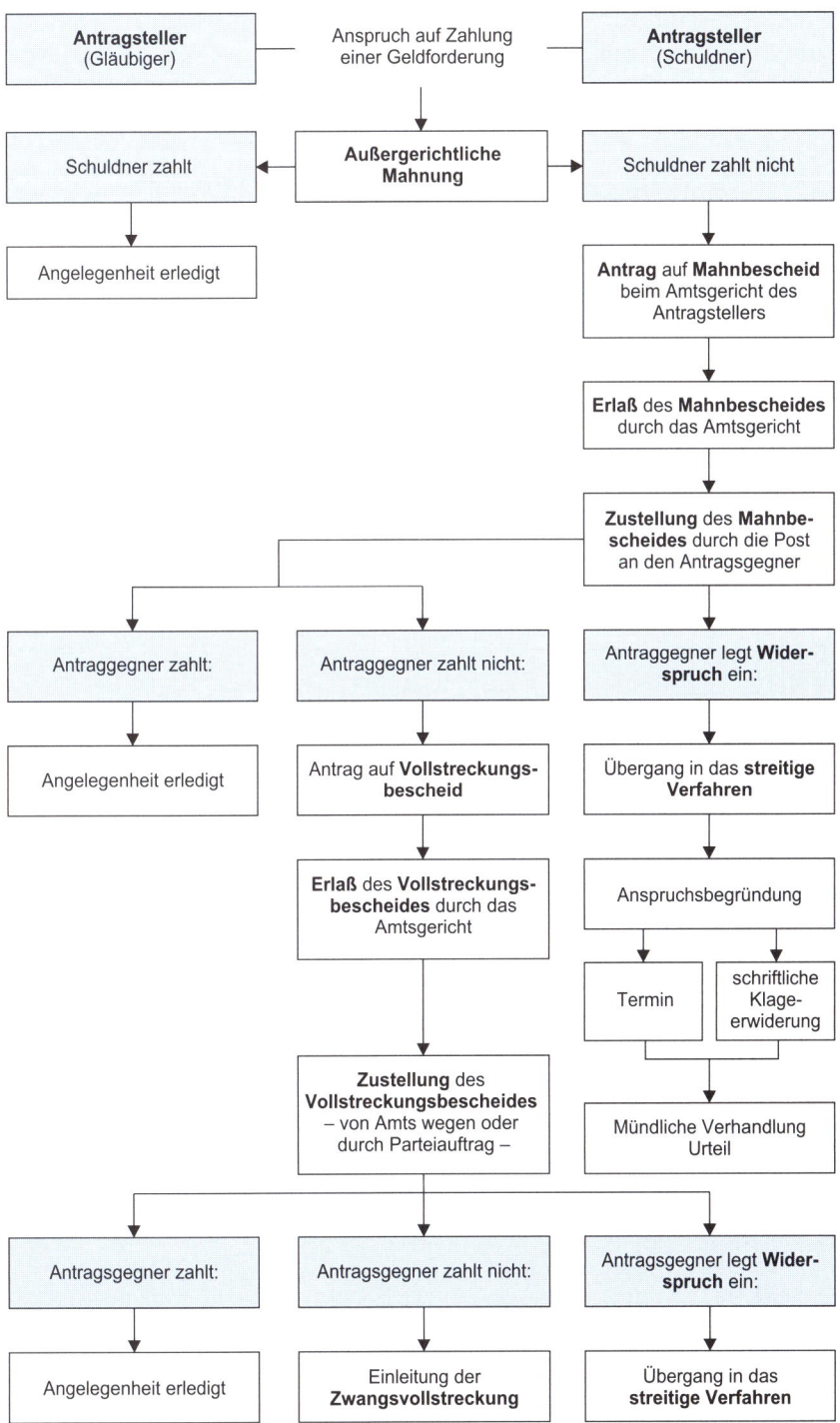

6. Einspruch

947 (1) Gegen den Vollstreckungsbescheid kann innerhalb einer **Frist von zwei Wochen**, die mit der Zustellung des Bescheids beginnt, Einspruch eingelegt werden. Er ist an das AG zu richten, das den Vollstreckungsbescheid erlassen hat, und muß **schriftlich** oder **zu Protokoll der Geschäftsstelle** erklärt werden. Eine Begründung ist nicht erforderlich, aber zweckmäßig.

948 (2) Der **Übergang in das Streitverfahren** nach dem Einspruch ist in Anlehnung an die Regelung beim Widerspruch gestaltet. So ist der Rechtsstreit von Amts wegen an das im Mahnbescheid bezeichnete Prozeßgericht abzugeben. Die unanfechtbare Abgabe wird beiden Parteien mitgeteilt. Mit Eingang der Akten beim Prozeßgericht gilt der Rechtsstreit als dort anhängig. Für den Beginn der Rechtsanhängigkeit ist der Zeitpunkt der Zustellung des Mahnbescheids maßgeblich.

IV. Urkunden-, Wechsel- und Scheckmahnverfahren

949 Ist der Antrag auf Erlaß eines Urkunden-, Wechsel- oder Scheckmahnbescheids gerichtet, muß der Mahnbescheid auch insoweit **deutlich gekennzeichnet** sein (§ 703 a ZPO). Das dafür vorgesehene Verfahren ist wesentlich vereinfacht:

- die **Urkunden** sollen dem Mahnantrag beiliegen bzw. spätestens mit der Antragsbegründung vorgelegt werden,
- bei Widerspruch findet der **vereinfachte Urkunden-, Wechsel- oder Scheckprozeß** statt (beschränkte Sachprüfung, kurze Einlassungs- und Ladungsfristen),
- der **Widerspruch** kann sich darauf **beschränken**, dem Beklagten die Ausführung seiner Rechte vorzubehalten; dann ist der Vollstreckungsbescheid zu erlassen und der Schuldner kann im ordentlichen Verfahren weiter seine Rechte verfolgen.

Merksätze

1. **Voraussetzungen des Mahnbescheids (MB)**
   - **Zulässigkeit**
     - Zahlung einer bestimmten Geldsumme
     - Antragsformular/Online-Mahnantrag (www.online-mahnantrag.de)
     - keine Abhängigkeit von Gegenleistung
     - Anspruch fällig und nicht bedingt
     - kein eff. Jahreszins von mehr als 12 % über Basiszinssatz bei Verbraucherdarlehen
   - **Zuständigkeit**
     - ausschließlich AG (ArbG) des Antragstellers/Zentrales Mahngericht
     - kein Anwaltszwang
   - **Kosten:** Zahlung $1/2$ Gerichtsgebühr und Zustellungsgebühr
2. **Verfahrensablauf**
   - MB des Rechtspflegers des AG
   - Zustellung des MB
   - Widerspruch oder kein Widerspruch in Frist von 2 Wochen
   - Bei Widerspruch Abgabe an beantragtes Streitgericht
   - Kein Widerspruch, dann Vollstreckungsbescheid (VB)
   - Einspruchsmöglichkeit binnen Ausschlußfrist von 2 Wochen

Literatur und Internetadressen zur Vertiefung

I. Lehrbücher

Brox/Walker, Allgemeines Schuldrecht, 33. Aufl., München 2009
ders./Walker, Besonderes Schuldrecht, 33. Aufl., München 2009
Brox/Henssler, Handelsrecht, 20. Aufl., München 2009
Führich, Basiswissen Reiserecht, 2. Aufl., München 2010
Larenz/Wolf, Allg. Teil des Bürgerlichen Rechts, 9. Aufl., München 2004
Klunzinger, Grundzüge des Gesellschaftsrechts, 15. Aufl., München 2009
Prütting, Sachenrecht, 33. Aufl., München 2008
Medicus/Petersen, Bürgerliches Recht, 22. Aufl., Köln 2009
ders., Grundwissen zum Bürgerlichen Recht, 8. Aufl., Köln 2008
Musielak, Grundkurs BGB, 11. Aufl., München 2009
Steckler, Wirtschaftsrecht, 7. Aufl., Ludwigshafen 2009

II. Kommentare

Baumbach/Hopt, Handelsgesetzbuch, 34. Aufl., München 2010
Baumbach/Hueck, GmbH-Gesetz, 19. Aufl., München 2010
Führich, Reiserecht, 6. Aufl., München 2010
ders., Reiserecht von A–Z, 3. Aufl., dtv München 2006
ders., Mein Recht auf Reisen, 2. Aufl., dtv München 2003
Jauernig (Hrsg.), BGB, 13. Aufl., München 2009
Köhler/Bornkamm, Wettbewerbsrecht, 28. Aufl., München 2010
Kropholler, Studienkommentar BGB, 11. Aufl., München 2008
Münchner Kommentar zum BGB, 5. Aufl. 2007
Palandt, Bürgerliches Gesetzbuch, 69. Aufl., München 2010

III. Fallsammlungen

Führich/Werdan, Wirtschaftsprivatrecht in Fällen und Fragen, 4. Aufl., München 2008
Kornblum/Schünemann, Privatrecht für den Bachelor, 10. Aufl., Heidelberg 2008
Eisenmann/Gnauk/Quittnat, Rechtsfälle aus dem Wirtschaftsprivatrecht, 8. Aufl., Heidelberg 2007

IV. Wirtschaftsprivatrecht online

1. Linksammlungen

www.jura.uni-sb.de . . . . Juristisches Internetprojekt Saarbrücken
www.juracafe.de . . . . Einstiegsseite zum Recht

www.recht.de . . . . Juristische Linkpage
www.fuehrich.de . . . . Juristische Links

2. Juristische Portale

www.europa.eu . . . . Europäische Union online
www.dpma.de . . . . Deutsches Patent- und Markenamt
www.juris.de . . . . Informationssystem für Jura

3. Gesetze

www.bundesanzeiger.de . . . . Bundesgesetzblatt
www.bundesgesetzblatt.de . . . . . . Bundesgesetzblatt
www.bmj.de . . . . Gesetze des BMJ

4. Online-Datenbanken

www.juris.de . . . . Datenbank
www.recht-in.de . . . . Freie Datenbank
www.beck-online.de . . . . Datenbank Verlag C. H. Beck

5. Institutionen und Gerichte

www.bmj.de . . . . Bundesministerium der Justiz
www.bundeskartellamt.de . . . . . Bundeskartellamt
www.bundesverfassungsgericht.de . . Bundesverfassungsgericht
www.bundesgerichtshof.de . . . . . Bundesgerichtshof

6. Aktuelle Informationen

www.beck.de . . . . Beck aktuell zum Recht
www.ratgeberrecht.de . . . . ARD-Ratgeber Recht
www.wirtschaftsprivatrecht-online.de   Homepage Lehrbuch Führich
www.reiserecht-fuehrich.de . . . . . . Homepage Reiserecht

Stichwortverzeichnis

Die angegebenen Fundstellen beziehen sich auf die Seitenzahlen.